D1326246

HARLEY-DAVIDSON
MOTOR
CYCLES

Le Guide de la Moto

LA BIBLE DES MOTOCYCLISTES

2009
15ᵉ ÉDITION

LES GUIDES
MOTOCYCLISTES

Pour leur soutien et les divers services qu'ils ont rendus et qui ont aidé la réalisation du Guide de la Moto 2009, nous tenons à sincèrement remercier les personnes suivantes. Merci à tous et à toutes.

Christian Lafrenière, Christian Dubé, Jocelyne Beslile, Jean Tardif, Marc Bouchard, Sylvain Drouin, Nathalie Grégoire, Jacques Grégoire, Michel Boivin, Daniel Héraud, Laurent Trudeau, Karen Caron, Sonia Boucher, Jean-Pierre Belmonte, Roger Saint-Laurent, John Campbell, John Maloney, Pete Thibaudeau, Jack Gramas et le personnel de l'ASM, Alan Labrosse, David Booth, Garth Burns, Christian Touchais, Alain Trottier, François Laliberté, Charles Gref, Raymond Gref, Chantal Cournoyer, Jean-Guy Bibeau, Raymond Calouche, Alfred Calouche, Ilka Michaelson, Daniel Chicoine, Jean Leduc, Kimberly Moore, Warren Milner, Jean Deshaies, Michel Olaizola, Marc-André Lortie (Reviens-nous fort!), Ian McKinstray, Nathan Naslund, Jeff Comello, Christina DeGuzman, Stéphane Nadon, André Leblanc, Jacques Tinel, Julie Garry, Marie-Pierre Laflamme, Mario Lajoie, Francis Ouimette, Patrick Beaulé, Norm Wells, Rob Dexter, Chris Duff, Joanne Bon, Chris Ellis, Hélène Binet, Piero Manzini, Marie-Eve Doyon, Carl Patoine, Christian Sperandio, Ric Marrero, Alex Carroni, Paul James, Jennifer Gruber, Erik Buell, Dana Wilke, Bill Davidson, John Bayliss, François Morneau, Tim Kennedy, Bryan Hudgin, Luc Boivin, Manny Pandya, Robert Pandya, Steve Hicks, John Paolo Canton, Jim McKenna, DOCC, Tom Riles, Brian J. Nelson, Steven Graetz, Kevin Wing, Rob O'Brien, Colin Fraser

Graphisme : CRI agence
Chargé de projet : Pascal Meunier
Direction artistique : Philippe Lagarde
Direction de l'infographie : Wolfgang Housseaux
Infographie : Cécilia Boissy, Karine Viger, Annie Rhéaume
Retouche photo : Claude Lemieux
Associé - directeur de la création : Christian Lafrenière
Révision linguistique : Anabelle Morante, Gilberte Duplessis
Révision technique : Ugo Levac
Rédacteur section hors-route : Claude Léonard
Collaborateur : Didier Constant
Éditeur, rédacteur en chef : Bertrand Gahel
Impression : Imprimerie Transcontinental
Représentant : Robert Langlois (514) 294-4157

LES GUIDES MOTOCYCLISTES

Téléphone : (450) 583-6215
Télécopieur : (450) 583-6201
Adresse Internet : info@leguidedelamoto.com
Site Internet : www.leguidedelamoto.com

ÉDITIONS ANTÉRIEURES

Des éditions antérieures du Guide de la Moto sont offertes aux lecteurs qui souhaiteraient compléter leur collection. Les éditions antérieures peuvent être obtenues uniquement par service postal. Voici la liste des éditions que nous avons encore en stock ainsi que leur description :

- 2008 (français, 368 pages en couleurs)
- 2007 (français, 384 pages en couleurs)
- 2006 (français, 400 pages en couleurs)
- 2005 (français, 368 pages en couleurs)
- 2004 (épuisée)
- 2003 (français, 300 pages en couleurs)
- 2002 (français, 272 pages en couleurs)
- 2001 (français, 256 pages en noir et blanc avec section couleur)
- 2000 (français ou anglais, 256 pages en noir et blanc avec section couleur)
- 1995, 1996, 1997, 1998, 1999 (épuisées)

Pour commander, veuillez préparer un chèque ou un mandat postal à l'ordre de : *Le Guide de la Moto* et postez-le au : C.P. 904, Verchères QC. J0L 2R0. N'oubliez pas de préciser quelle(s) édition(s) vous désirez commander et d'inclure votre nom et votre adresse au complet écrits de manière lisible, pour le retour ! Les commandes sont en général reçues dans un délai de trois à quatre semaines.

Coût total par Guide, donc incluant taxe et transport, selon l'édition :

- 30 $ pour les éditions 2008, 2007, 2006, 2005 et 2003
- 25 $ pour l'édition 2002
- 20 $ pour l'édition 2001
- 15 $ pour l'édition 2000

IMPORTANT : Les éditions antérieures du Guide de la Moto que nous offrons à nos lecteurs sont des exemplaires ayant déjà été placés en librairie. Il se peut donc qu'ils affichent certaines imperfections mineures, généralement des couvertures très légèrement éraflées. La plupart sont toutefois en excellent état.

Dépôt légal : Premier trimestre 2009
Bibliothèque nationale du Québec
Bibliothèque nationale du Canada
ISBN : 978-2-9809146-3-8
Imprimé et relié au Québec

TABLE DES MATIÈRES

POUR QUE CHAQUE JOUR SOIT UNE ÉVASION. KTM 990 ADVENTURE / KTM 990 ADVENTURE R

Pour vous, le début de l'Aventure se déclenche à la fin d'une route asphaltée. De la civilisation jusqu'aux contrés sauvages, c'est sans contre dit votre moyen de transport le plus fiable vers la liberté. Si vous recherchez les routes en gravier les plus difficiles, les traverses de rivières et des terrains sinueux vous êtes prêts pour la plus sportive des Enduros de route de tous les temps: La KTM 990 Adventure R. Soyez prêts pour l'aventure – votre compagnon vous attend : chez votre concessionnaire le plus proche !

_ADVENTURE TOURS

AVANT-PROPOS

S'il faut croire certains experts de la piastre, la fin serait proche. À cause de cette fameuse crise financière américaine-mais-devenue-globale, les «gens» seraient en train de tellement ralentir leurs activités que l'économie mondiale serait en péril. Bien entendu, le premier secteur souffrant des effets de cette crise serait celui des loisirs, celui des activités divertissantes, mais au bout du compte «inutiles», comme les sorties au resto, le bowling et... la moto. Résultat: des concessionnaires qui coupent leurs commandes par crainte de rester coincés avec des unités invendues et des constructeurs qui gonflent tout aussi subitement leurs prix afin de combler les pertes prévues. Bref, c'est la panique. Une panique qui nous complique d'ailleurs pas mal la vie, à nous qui devons, finalement, publier une image précise de toutes les gammes de toutes les marques. Je ne joue pas au bowling et je ne suis certes pas économiste, mais je suis, comme vous, motocycliste. Et selon mon avis de motocycliste, je crois que toutes ces craintes, bien qu'elles soient probablement justifiées jusqu'à un certain point, ne tiennent pas assez compte d'un facteur pourtant fondamental de la moto. La passion du sport. Je me dis que si cette passion est tellement forte qu'elle arrive à nous faire accepter tous les risques liés à la conduite d'une moto, elle devrait survivre à une crise économique. Je crois que, malgré tout, il en faudrait plus pour nous pousser à choisir d'arrêter de respirer le bonheur à chaque randonnée. En fait, je crois tellement à la force de cette passion qu'au lieu de tout faire pour réduire les coûts —et la qualité— de cette 15e édition du Guide de la Moto, je me suis plutôt affairé à prendre les moyens et le temps requis pour qu'elle soit la plus complète et la plus précise de l'histoire du livre. Et qu'elle soit également «sur son trente-six» pour cet important anniversaire. Je crois par ailleurs que cette même et commune passion vous gardera au rendez-vous, même si les experts de la piastre prétendent le contraire. Peut-être devraient-ils rouler un peu ? Ça leur ferait du bien.
Bertrand Gahel

Carte à la main, l'auteur fait la pose devant la lentille de Tom Riles juste avant prendre la route vers un dîner qu'il n'a jamais trouvé. En fait, on lui expliqua qu'il avait presque atteint la frontière de la Pologne lorsqu'il coupa enfin les gaz, sur l'autobahn...

Toutes les données figurant dans les fiches techniques proviennent de la documentation de presse des constructeurs. Elles sont mises à jour avec les modèles courants et changent donc occasionnellement même si la moto n'a pas été modifiée. Les puissances sont toujours mesurées en usine par les constructeurs et représentent donc des chevaux « au moteur » et non à la roue arrière. Les performances représentent des moyennes générées par *Le Guide de la Moto*. Il s'agit d'attributs qui peuvent toutefois être dupliqués par un bon pilote, dans de bonnes conditions. Les vitesses de pointes sont mesurées et non lues sur les instruments de la moto, qui sont habituellement optimistes par une marge de 10 à 15 pour cent. Selon la mention, les poids sont soit donnés à sec, ce qui signifie sans essence, huile, liquide de frein, liquide de batterie, liquide de refroidissement, etc., soit donnés avec tous pleins faits. Enfin, les prix indiqués sont les prix de détail suggérés par les manufacturiers. Les prix en magasin peuvent varier selon la volonté de l'établissement de baisser ou hausser ce montant, ou encore en raison d'une hausse ou d'une baisse dictée par le constructeur.

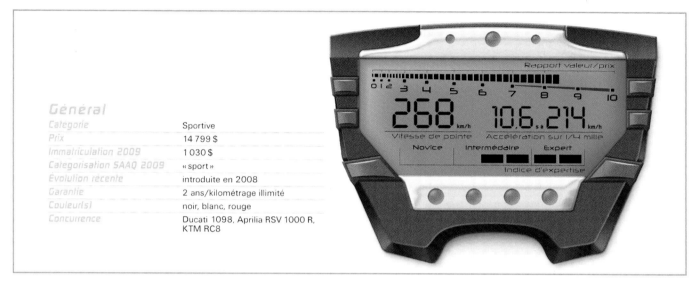

Général	
Catégorie	Sportive
Prix	14 799 $
Immatriculation 2009	1 030 $
Catégorisation SAAQ 2009	« sport »
Évolution récente	introduite en 2008
Garantie	2 ans/kilométrage illimité
Couleur(s)	noir, blanc, rouge
Concurrence	Ducati 1098, Aprilia RSV 1000 R, KTM RC8

Données SAAQ

Les données concernant les coûts d'immatriculation ainsi que la catégorisation établie par la SAAQ proviennent des renseignements les plus à jour fournis par la SAAQ au moment d'aller sous presse. Lorsqu'un nouveau modèle n'a pas encore été catégorisé par la SAAQ, une mention NC (non catégorisé) apparaît à côté d'une catégorie qui devrait logiquement être celle que la SAAQ finira par adopter si ses propres critères ne changent pas. Il est important de réaliser que la catégorisation de la SAAQ n'est pas fixe et qu'une moto catégorisée « sport » une année peut devenir « régulière » l'année suivante, et vice versa. Ces situations devraient toutefois être rares, selon la Société. Le Guide de la Moto établit sa propre catégorisation et se détache complètement des critères de catégorisation de la SAAQ ainsi que de sa logique de tarification.

RAPPORT VALEUR/PRIX

Le Rapport Valeur/Prix du Guide de la Moto indique la valeur d'un modèle par rapport à son prix. Une moto peu dispendieuse et très généreuse en caractéristiques se mérite la plus haute note, tandis qu'une moto très dispendieuse qui n'offre que peu de caractéristiques intéressantes mérite une note très basse. Une évaluation de 7 sur 10 représente « la note de passage ». Tout ce qui est au-dessus représente une bonne valeur, et tout ce qui est en dessous une mauvaise valeur, à plusieurs degrés.

La note de 10/10 n'est donnée que très rarement au travers du Guide. Elle représente une valeur imbattable à tous les points de vues. Elle est généralement accordée à des montures affichant un prix budget, mais qui offrent des caractéristiques très généreuses.

La note de 9/10 est donnée à des montures de très haute valeur, soit parce que leur prix est peu élevé pour ce qu'elles ont à offrir, soit parce qu'elles offrent un niveau de technologie très élevé pour un prix normal, comme c'est le cas pour plusieurs sportives, par exemple.

La note de 8/10 est donnée aux montures qui représentent une valeur supérieure à la moyenne. Le prix n'est pas nécessairement bas, mais la qualité et les caractéristiques de ce qu'on achète restent élevées.

La note de 7/10 est donnée aux montures qui affichent un prix plus ou moins équivalent à leur valeur. On paie pour ce qu'on obtient, pas plus, pas moins.

La note de 6/10 est donnée aux modèles qui, sans nécessairement être de mauvaises motos, sont trop chères par rapport à ce qu'elles ont à offrir.

La note de 5/10 est donnée aux modèles dont la valeur est médiocre, soit parce qu'ils sont carrément trop chers, soit parce qu'ils sont simplement désuets. À ce stade, ils ne sont pas recommandés par *Le Guide de la Moto*.

INDICE D'EXPERTISE

L'indice d'expertise du Guide de la Moto est un indicateur illustrant l'intensité ou la difficulté de pilotage d'un modèle, donc le niveau d'expérience que doit détenir son pilote. D'une manière générale, plus les graduations « allumées » sont élevées et peu nombreuses dans l'échelle, plus il s'agit d'une monture destinée à une clientèle expérimentée, comme une Suzuki GSX-R1000. À l'inverse, plus les graduations « allumées » sont peu nombreuses et basses sur l'échelle, plus il s'agit d'une monture destinée à une clientèle novice, comme une Yamaha V-Star 250. Il est à noter qu'il n'existe aucune étude liant directement la puissance ou la cylindrée aux accidents. En raison de leur nature pointue, certaines sportives peuvent toutefois surprendre un pilote peu expérimenté, tandis que le même commentaire est valable pour une monture peu puissante, mais lourde ou haute. De telles caractéristiques ont pour conséquence de repousser l'étendue des graduations « allumées » vers le côté Expert de l'indice. À l'inverse, certaines montures, même puissantes, ont un comportement général relativement docile, comme une Honda VFR800. D'autres ont une grosse cylindrée, mais sont faciles à prendre en main, comme une Yamaha V-Star 1100. De telles caractéristiques ont pour conséquence d'élargir l'étendue des graduations « allumées » vers le côté Novice de l'indice, puisqu'il s'agit à la fois de modèles capables de satisfaire un pilote expérimenté, mais dont le comprtement relativement calme et facile d'accès ne devrait pas surprendre un pilote moins expérimenté. Ainsi, chaque graduation vers le haut indique des réactions un peu plus intenses ou un niveau de difficulté de pilotage un peu plus élevé, tandis que chaque graduation vers le bas indique une plus grande facilité de prise en main et une diminution du risque de surprise lié à des réactions inhérentes au poids ou à la performance. L'information donnée par l'indice d'expertise en est donc une qu'on doit apprendre à lire, et qui doit être interprétée selon le modèle.

10 ANS. 15 MOTOCYCLETTES. 1 CONVICTION.

NE RESTEZ PAS EN PLACE. SORTEZ DU COMMUN.

IMPOSSIBLE À ARRÊTER.

La nouvelle F650GS:
71 hp et 171 kg (377 lb) poids à vide pour performance impressionante sur toute les surfaces.

Quand les temps changent,

la passion reste et s'adapte.

LE SALON DE LA MOTO VTT ET DU QUÉBEC

ADMISSION
11$
TAXES INCLUSES

6, 7 et 8 février 2009

CENTRE DE FOIRES DE QUÉBEC

VENDREDI 12 h à 22 h   **SAMEDI** 10 h à 21 h   **DIMANCHE** 10 h à 17 h

www.salonmotoquebec.com

ExpoCité
Centre de foires de Québec

LE SALON DE LA MOTO DE MONTRÉAL

ADMISSION
13$⁵⁰
TAXES INCLUSES

20, 21 et 22 février 2009

PALAIS DES CONGRÈS DE MONTRÉAL

VENDREDI 12 h à 22 h   **SAMEDI** 10 h à 21 h   **DIMANCHE** 10 h à 17 h

www.salonmotomontreal.com

PLACE-D'ARMES

Une propriété & présentation de :

MMIC CIMC
Motorcycle & Moped Industry Council
Le conseil de l'industrie de la motocyclette et du cyclomoteur

COHV CVHR
Canadian Off-Highway Vehicle Distributors Council
Conseil Canadien des Distributeurs de Véhicules Hors Route

Une production de :

ExpoMAX Canada inc.

APRILIA

RSV 1000 R Factory		22 995
RSV 1000 R		17 995
RS 125		6 500
Tuono 1000 R Factory		19 995
Tuono 1000 R		16 995
Mana 850		11 995
Shiver 750		9 995
Dorsoduro 750		11 695

BMW

K1200LT	(+0)	24 750
K1300GT	(+225)	21 600
R1200RT	(+0)	19 000
K1300S	(+150)	16 650
HP2 Sport	(+0)	26 640
F800ST	(+200)	12 350
K1300R	(+150)	16 350
R1200R	(+0)	14 500
R1200GS	(+150)	16 900
R1200GS Adventure	(+200)	19 200
F800GS	(+0)	12 250
F650GS	(+500)	9 490
G650X Country	(-1 250)	8 200

BUELL

1125R	(+1 880)	14 799
Firebolt XB12R	(+1 070)	11 789
Ulysses XB12XT	NM	13 999
Ulysses XB12X	(+1 240)	13 619
1125CR	NM	12 599
Lightning XB12Ss (couleur)	(+1 140)	12 429
Lightning XB12Ss (noir)	(+540)	11 829
Lightning XB12Scg (couleur)	(+1 140)	12 429
Lightning XB12Scg (noir)	(+540)	11 829
Lightning XB9SX CityX	(+970)	10 669
Blast	(+630)	5 679

BRP CAN-AM

Spyder	(+500)	18 499
Spyder SE5	(+500)	20 499

DUCATI

1098R	(+4 000)	48 995
1198S	(+1 000)	25 995
1198	(+0)	19 995
848	(+500)	16 495
Monster 1000S	NM	15 695
Monster 1000S	(+500)	13 495
Monster 696	(+0)	9 995
Multistrada 1100S	(+0)	16 995
Hypermotard 1100S	(+0)	17 995
Hypermotard 1100	(+0)	14 995
Streetfighter S	NM	21 495
Streetfighter	NM	16 995
Sport 1000S	(+0)	13 995
Sport 1000	(+0)	13 495
GT1000 Touring	NM	12 995
GT1000	(-500)	12 495

HARLEY-DAVIDSON

Tri Glide Ultra Classic	NM	37 399
Electra Glide Ultra Classic	(+2 490)	25 429
Electra Glide Classic	(+2 180)	22 999
Electra Glide Standard	(+2 130)	20 589
Street Glide	(+2 240)	22 999
Road Glide	(+2 400)	22 529
Road King Classic	(+1 990)	21 849
Road King	(+1 020)	20 589
Fat Boy	(+250)	19 379
Heritage Softail Classic	(+2 050)	21 989
Softail Deluxe	(+1 990)	21 379
Softail Cross Bones	NM	20 589
Softail Custom	(+1 930)	20 669
Night Train	(+1 790)	19 419
Rocker C	(+2 190)	23 869
Rocker	(+1 950)	21 199
Dyna Super Glide Custom	(+1 490)	15 899
Dyna Super Glide	(+1 350)	14 739
Street Bob	(+310)	15 729
Dyna Low Rider	(+1 720)	18 319
Fat Bob	(+1 770)	18 149
V-Rod Muscle	NM	18 939
Night Rod Special	(+1 850)	20 349
V-Rod	(-350)	18 149
Sportster XR1200	NM	13 079
Sportster 1200 Nightster	(+1 220)	11 989
Sportster 1200 Custom	(+1 100)	12 099
Sportster 1200 Low	(+1 120)	11 909
Sportster 883 Custom	(+930)	9 779
Sportster 883 Low	(+550)	8 469
Screamin'Eagle Ultra Classic EG	(+4 160)	42 999
Screamin'Eagle Road Glide	NM	37 539
Screamin'Eagle Softail Springer	(+5 050)	32 699
Screamin'Eagle Dyna Fat Bob	NM	30 649

HONDA

Gold Wing AD	(+0)	30 849
Gold Wing AL	(+0)	29 399
ST1300A	(+0)	19 699
CBF1000	(+0)	11 999
VFR800A	(+0)	14 699
DN-01	NM	17 999
CBR1000RR ABS Édition Exclusive	NM	16 999
CBR1000RR ABS	NM	16 599
CBR600RR ABS	NM	13 499
CBR600RR Édition Exclusive	NM	12 799
CBR600RR	(+0)	12 499
CBR125R Édition Exclusive	NM	3 549
CBR125R	(+0)	3 499
Varadero	(+0)	13 999
VTX1300T Tourer	(+400)	13 199
VTX1300R	(+300)	11 599
VTX1300C	(+300)	11 799
Shadow 750 Tourer	(+0)	10 099
Shadow Aero 750 Édition Exclusive	NM	8 899
Shadow Aero 750	(+0)	8 699
Shadow Spirit 750 motifs	(+0)	8 999
Shadow Spirit 750	(+0)	8 799
Rebel 250	(+0)	4 999

HYOSUNG

GT 650 R 2 tons	(+300)	7 495
GT 650 R	(+400)	7 395
GT 250 R 2 tons	(-100)	5 295
GT 250 R	(-200)	4 995
GT 250	(-100)	4 495
Aquila 650 SE	NM	8 495
Aquila 650	(+500)	8 395
Aquila 250	(+600)	4 895

KAWASAKI

Voyager 1700 ABS	NM	21 699
Voyager 1700	NM	20 249
Concours 14 ABS	(+0)	19 099
Concours 14	(+0)	17 799
Nina ZX-14 Édition Spéciale	(+0)	15 399
Nina ZX-14	(+0)	15 099
Ninja ZX-10R Édition Spéciale	NM	14 799
Ninja ZX-10R	(+0)	14 599
Ninja ZX-6R Édition Spéciale	(+200)	12 599
Ninja ZX-6R	(+200)	12 299
Ninja 650R	(+0)	8 199
ER-6n	NM	7 799
Ninja 500R	(+0)	6 899
Ninja 250R Édition Spéciale	NM	4 699
Ninja 250R	(+300)	4 549
Versys	(+0)	8 499
Vulcan 1700 Nomad	(+700)	17 799
Vulcan 1700 Classic LT	NM	17 249
Vulcan 1700 Classic	(-100)	15 399
Vulcan 900 Classic LT	(+0)	10 499
Vulcan 900 Classic	(+0)	8 949
Vulcan 900 Custom Édition Spéciale	NM	9 399
Vulcan 900 Custom	(+0)	8 999
Vulcan 500 LTD	(+0)	6 799

KTM

1190 RC8	(+0)	20 898
990 Adventure	(+100)	16 998
690 SMC	(+1 100)	10 998
690 Duke	(+900)	10 498

MOTO GUZZI

Norge 1200		19 295
Griso 1200 8V		17 295
V7 Classic		9 995
California Vintage		18 995
Stelvio		17 995

SUZUKI

GSX1300R Hayabusa	(+100)	15 199
GSX-R1000	(+200)	15 499
GSX-R750	(+0)	12 999
GSX-R600	(+400)	12 399
GSX650F ABS	(+200)	8 799
B-KING ABS	(+700)	15 699
Bandit 1250SE ABS	(+400)	12 399
Bandit 1250S ABS	(+100)	10 899
SV650S ABS	(+100)	8 899
SV650 ABS	(+100)	8 599
Gladius	NM	8 899
V-Strom 1000 SE	NM	12 499
V-Strom 1000	(-500)	11 499
V-Strom 650 SE ABS	NM	9 999
V-Strom 650 ABS	(+0)	8 999
GS500F	(+100)	6 899
GS500	(+0)	6 499
Boulevard C109R T	(+200)	17 999
Boulevard C109R SE	(+200)	17 799
Boulevard C109R	(+200)	16 199
Boulevard M109R	(+200)	15 599
Boulevard M109R Limited	(+200)	16 099
Boulevard M109R2	(+200)	15 599
Boulevard C90 T	(+100)	14 699
Boulevard C90 SE	(+100)	14 499
Boulevard C90	(+100)	12 599
Boulevard M90	NM	12 899
Boulevard S83	(+100)	10 899
Boulevard C50 T	(+0)	9 999
Boulevard C50 SE	(+100)	9 899
Boulevard C50 SE Limited	NM	9 999
Boulevard C50	(+100)	8 699
Boulevard M50	(+100)	8 899
Boulevard S50	(+100)	8 399
Boulevard S40	(+100)	6 299
Marauder 250	(+0)	4 699

TRIUMPH

Sprint ST ABS	(-400)	13 599
Tiger ABS	(-400)	13 599
Daytona 675	(-1 200)	10 799
Speed Triple	(-800)	12 199
Street Triple R	NM	10 499
Street Triple	(-300)	9 699
Thruxton	(-400)	9 599
Scrambler	(-500)	9 499
Bonneville T100	(-500)	9 799
Bonneville 50	NM	11 199
Bonneville SE	NM	9 399
Bonneville	(-300)	8 699
Rocket III Touring 2 tons	(-1 300)	18 999
Rocket III Touring	NM	18 669
Rocket III Classic	(-1 300)	17 699
Rocket III	NM	16 899
America 2 tons	(-600)	9 899
America noir	(-600)	9 699
Speedmaster 2 tons	(-900)	9 899
Speedmaster noir	(-900)	9 699

VICTORY

Vision Tour 10e Anniversaire	NM	32 334
Vision Tour Premium	(+1 338)	25 309
Vision Tour Comfort	(+558)	23 414
Vision Tour	(+300)	22 299
Arlen Ness Vision	NM	27 875
Vision Street Premium	(+1 338)	24 194
Vision Street	(+285)	21 184
Kingpin Tour	(+0)	20 515
Kingpin	(+0)	18 285
Kingpin Low	NM	18 285
Kingpin 8-Ball	(+47)	15 609
Cory Ness Jackpot	NM	27 316
Vegas Jackpot	(+557)	20 626
Vegas	(+334)	18 173
Vegas Low	(+334)	18 173
Vegas 8-Ball	(+224)	15 386
Hammer S	(-1 524)	20 626
Hammer	(+557)	19 511

YAMAHA

Royal Star Venture S	(+0)	22 499
	PA09	23 799
Royal Star Venture	(+0)	21 899
	PA09	23 199
Royal Star Tour Deluxe S	(+0)	18 999
	PA09	20 199
Royal Star Tour Deluxe	(+0)	18 599
	PA09	19 799
FJR1300AE	(+0)	20 999
	PA09	21 999
FJR1300A	(+0)	19 099
	PA09	20 099
YZF-R1 (noir, jaune)	(+400)	15 699
	PA09	16 699
YZF-R1	(+300)	15 599
	PA09	16 699
YZF-R6	(+0)	12 499
	PA09	13 199
YZF-R6S	(+0)	11 599
	PA09	12 299
FZ1	(+0)	12 499
	PA09	13 099
FZ6R	NM	8 299
	PA09	8 799
FZ6	(+0)	9 299
	PA09	9 749
VMAX	(+9 200 vs 2007)	21 999
	PA09	21 999
MT-01	(+0)	16 099
	PA09	17 599
Stratoliner S	(+0)	19 999
	PA09	23 199
Stratoliner Midnight	(+0)	20 999
	PA09	22 199
Roadliner S	(+0)	19 999
	PA09	22 099
Roadliner Midnight	(+0)	18 999
	PA09	20 099
Raider S (rouge)	(+0)	18 669
	PA09	19 799
Raider S (noir)	(+0)	18 499
	PA09	19 599
Raider (argent)	(+0)	18 199
	PA09	19 399
Raider (noir)	(+0)	17 999
	PA09	19 099
Road Star Midnight Warrior	(+0)	18 299
	PA09	19 399
Road Star Warrior	(+0)	17 999
	PA09	19 099
Road Star Silverado S	(+0)	17 999
	PA09	19 099
Road Star Silverado	(+0)	17 299
	PA09	18 399
Road Star S	(+0)	15 889
	PA09	16 899
Road Star	(+0)	15 449
	PA09	16 449
V-Star 1300 Tourer	(+0)	11 499
	PA09	14 099
V-Star 1300	(+0)	11 499
	PA09	12 499
V-Star 1100 Silverado	(+100)	9 999
	PA09	12 799
V-Star 1100 Classic	(+100)	9 799
	PA09	10 999
V-Star 1100 Custom	(+0)	9 199
	PA09	10 399
V-Star 950 Tourer	NM	10 599
	PA09	11 999
V-Star 950	NM	9 049
	PA09	9 999
V-Star 650 Silverado	(+0)	9 099
	PA09	9 799
V-Star 650 Classic	(+0)	7 699
	PA09	8 399
V-Star 650 Custom	(+0)	7 999
	PA09	23 799
V-Star 250	(+0)	5 399

Légende
PND = prix non déterminé
(-100) = coûte 100 $ de moins qu'en 2008
(+100) = coûte 100 $ de plus qu'en 2008
(+0) = aucune variation de prix par rapport à 2008
NM = nouveau modèle
PA09 = prix ajusté au cours de 2009
Les prix indiqués sont les prix de base et n'incluent aucune option.

PROTOS, ET AUTRES...

Honda V4 Concept

Cette magnifique étude de style qu'est le V4 Concept est présentée par Honda comme un symbole du renouveau de sa division moto et de la direction que le géant nippon aimerait prendre dans un avenir rapproché. Malgré son design futuriste tellement épuré que nous avons décidé de lui laisser orner notre couverture en 2009, la raison d'être du prototype est son moteur. Pas parce qu'il affiche une quelconque nouvelle technologie, mais plutôt parce qu'il s'agit d'un V4. Cette configuration représente d'une certaine manière la signature mécanique de Honda, signature qu'il n'a d'ailleurs pas beaucoup exploitée ces derniers temps. Le V4 Concept se veut ainsi le symbole du dévouement dont Honda compte faire preuve envers ce type de moteur dans le futur. Une sorte de célébration sculpturale du 4-cylindres en V.

Victory Vision 800

Lorsqu'elle fut présentée, il y a déjà quelques années, l'étude de style Vision 800 de Victory semblait emprunter une direction tellement étrange qu'on ne savait trop quoi en penser. Surtout que la Vision de production, présentée peu après le proto, n'a strictement rien en commun avec celui-ci. Mais Victory est une toute jeune compagnie et le dévoilement du prototype CORE cette année met en perspective l'évolution de son design. Animée par un bicylindre parallèle de 800 cc marié à une boîte à rapport constamment variable, la Vision 800 n'était en fait qu'une étude sans autre but que celui d'expérimenter.

Photographe : Peter Beens

L'aventure n'attend que vous...

Découvrez les paysages!
Vivez l'euphorie!
Vivez le mode de vie Suzuki!

Il arrive parfois qu'un moment résume à lui seul notre plaisir de piloter. C'est lors de ces rares occasions où vous vous retrouvez dans un site enchanteur, que vous devez vous arrêter pour vous imprégner de tout ce qui vous entoure. Cela consiste à s'évader du train-train quotidien pour faire le plein et vous ressourcer. C'est une sensation qui ne s'acquiert qu'en pilotant et qui peut vous accompagner pendant le restant de vos jours. L'aventure n'attend que vous. Laissez-nous vous y mener aux commandes d'une Suzuki.

www.suzuki.ca

Spécifications caractéristiques des couleurs sujettes à changement sans avis préalable. Des frais de vérification avant livraison, des frais de transport et des frais d'administration s'appliquent. « Des frais de vérification avant livraison de 176 $ à 528 $, selon le modèle, ainsi que des frais de transport de 78 $ à 169 $, selon le modèle, sont en supplément. » Veuillez lire votre manuel du propriétaire avec soin. Portez toujours un casque et des vêtements de protection, lorsque vous pilotez votre moto. Suzuki respecte Suzuki respecte les règlements de sécurité. Suivez un cours de sécurité et respectez toujours l'environnement. Demandez tous les détails à votre concessionnaire après Suzuki participant. Suzuki. Un mode de vie !

SUZUKI

Un mode de vie !

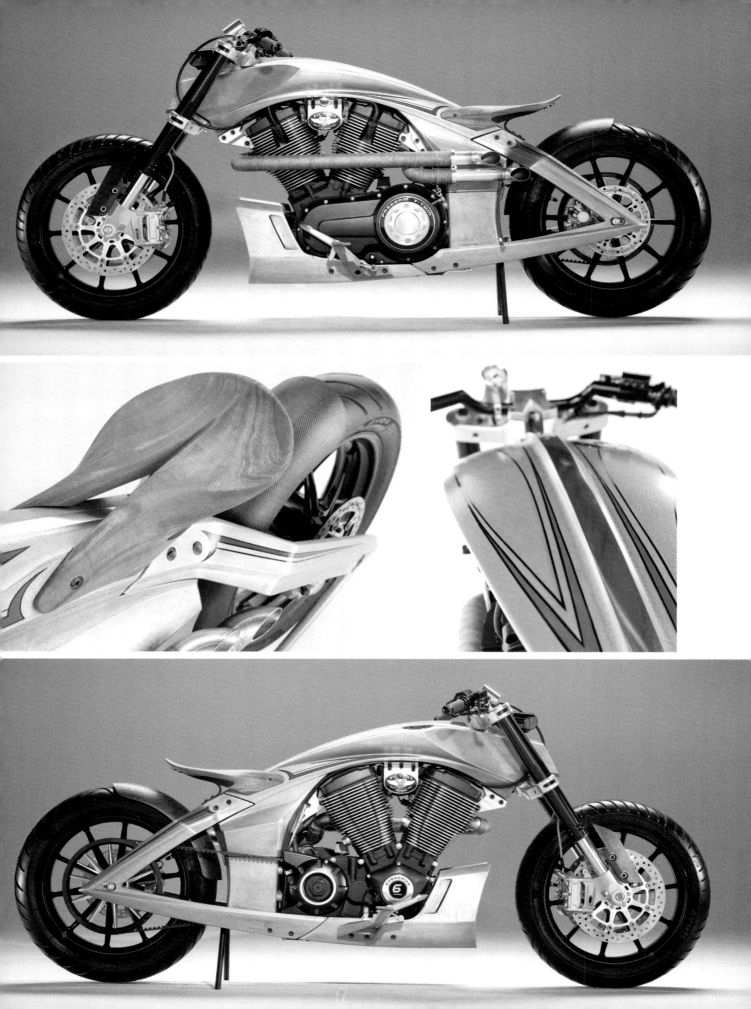

Victory CORE

Si la Vision 800 n'avait pas de direction précise, le prototype CORE présenté cette année par Victory, lui, affiche des traits et des caractéristiques établissant beaucoup mieux ses objectifs. Tout d'abord, le CORE est remarquable dans le sens où il s'agit d'une étude de style sur thème custom, ce qui est extrêmement rare. Donc, si sa mission est d'étudier quelle direction pourrait prendre le style d'une custom futuriste, le modèle a aussi une autre fonction. En effet, son rôle est également d'expérimenter avec une technologie de moulage de l'aluminium qui permet d'obtenir pratiquement n'importe quelle forme. Le châssis-réservoir, la partie arrière fixe du cadre et l'entrée d'air du radiateur d'huile ont été conçus en utilisant cette technique.

VMAX
yamaha-motor.ca

« Sur la Grande Allée comme sur la piste d'accélération, ma VMAX fait tourner les têtes. Elle les fait tourner plus rapidement sur piste, c'est tout! Avis aux maniaques de vitesse : c'est la créature Yamaha qu'il vous faut! »

- Puissant V-4 de 1 679 cm³ refroidi par liquide, à injection
- Cadre en alu avec suspension réglable
- Système électronique de commande des gaz et de l'admission (YCC-T et YCC-I)
- Freins antiblocage et dispositif de blocage d'allumage

YAMAHA

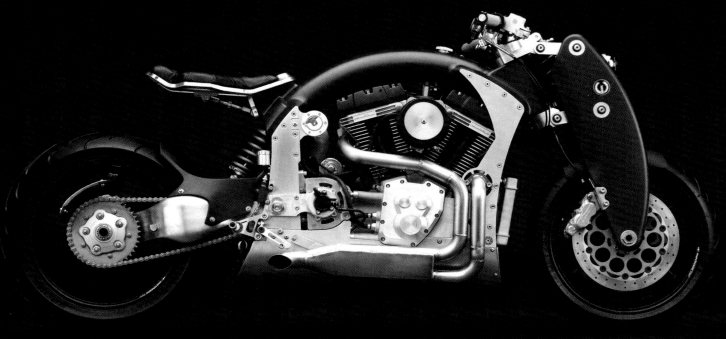

Confederate

La marque américaine Confederate est responsable de certaines des lignes les plus remarquables de l'univers du motocyclisme, comme en témoignent sa Wraith (en haut à gauche), sa Hell Cat (en bas à gauche), sa Fighter (ci-contre) et son étude Renovatio (ci-bas). La firme s'est établie depuis son tout premier modèle comme une compagnie misant avant tout sur l'anticonformisme de ses designs et tranchant avec le reste d'un marché où tous les grands constructeurs offraient des customs qui se ressemblaient. En cette période de stagnation des lignes customs, les idées de cette minuscule compagnie pourraient-elles générer assez d'intérêt chez un grand constructeur pour que celui-ci se risque à produire quelque chose d'aussi inhabituel? Et vous, changeriez-vous votre Fat Boy pour une Wraith?

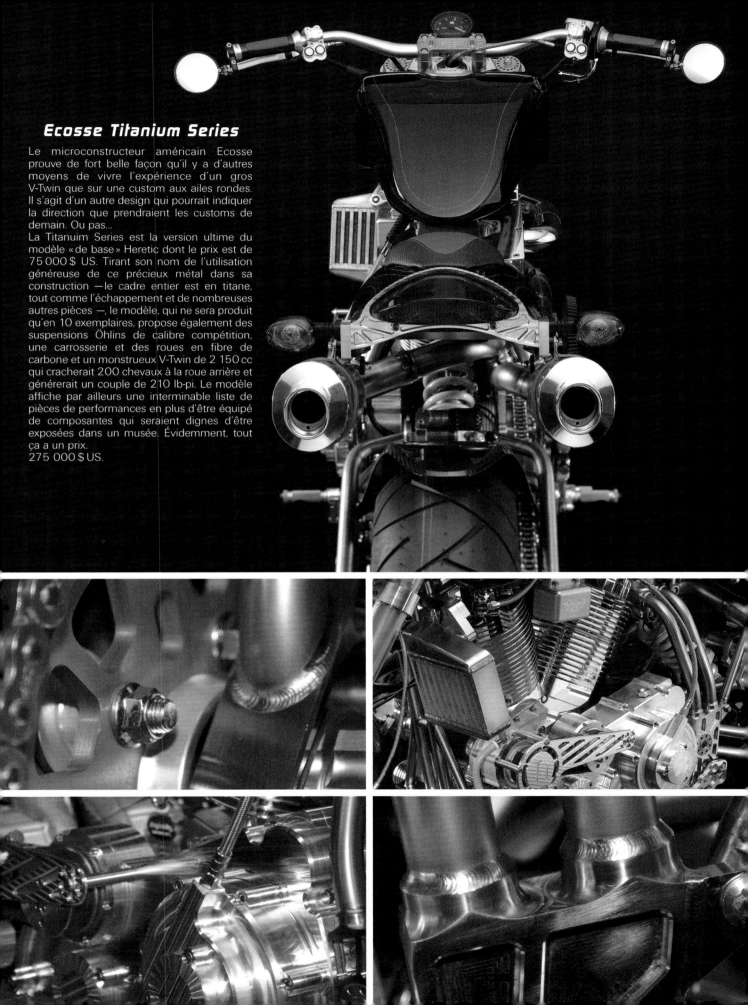

Ecosse Titanium Series

Le microconstructeur américain Ecosse prouve de fort belle façon qu'il y a d'autres moyens de vivre l'expérience d'un gros V-Twin que sur une custom aux ailes rondes. Il s'agit d'un autre design qui pourrait indiquer la direction que prendraient les customs de demain. Ou pas...

La Titanuim Series est la version ultime du modèle «de base» Heretic dont le prix est de 75 000 $ US. Tirant son nom de l'utilisation généreuse de ce précieux métal dans sa construction — le cadre entier est en titane, tout comme l'échappement et de nombreuses autres pièces —, le modèle, qui ne sera produit qu'en 10 exemplaires, propose également des suspensions Öhlins de calibre compétition, une carrosserie et des roues en fibre de carbone et un monstrueux V-Twin de 2 150 cc qui cracherait 200 chevaux à la roue arrière et générerait un couple de 210 lb-pi. Le modèle affiche par ailleurs une interminable liste de pièces de performances en plus d'être équipé de composantes qui seraient dignes d'être exposées dans un musée. Évidemment, tout ça a un prix.

275 000 $ US.

Honda Fury

Un modèle 2010 dont l'arrivée sur le marché est prévue pour le printemps 2009, la nouvelle Fury est une surprise totale de la part de Honda dont les designs customs se sont avérés timides et prévisibles ces dernières années. Animée par une version injectée du V-Twin de la VTX1300, la Fury démocratise le thème chopper récemment rendu très populaire par des émissions comme *American Chopper*. Selon le constructeur, malgré sa ligne très typée et sa géométrie de direction extrême, la nouveauté gardera un comportement tout à fait accessible et n'affichera pas une position de conduite déraisonnable. La fascination du grand public pour les choppers du petit écran se traduira-t-elle par de bonnes ventes ? Décidément à suivre.

Complice
de votre passion!

Être client chez Univesta vous apporte beaucoup plus qu'une prime avantageuse pour votre moto. **Profitez en exclusivité d'un taux préférentiel pour vos assurances auto et habitation**, et surtout, bénéficiez de notre expertise.

Chez Univesta, la moto c'est aussi une passion !

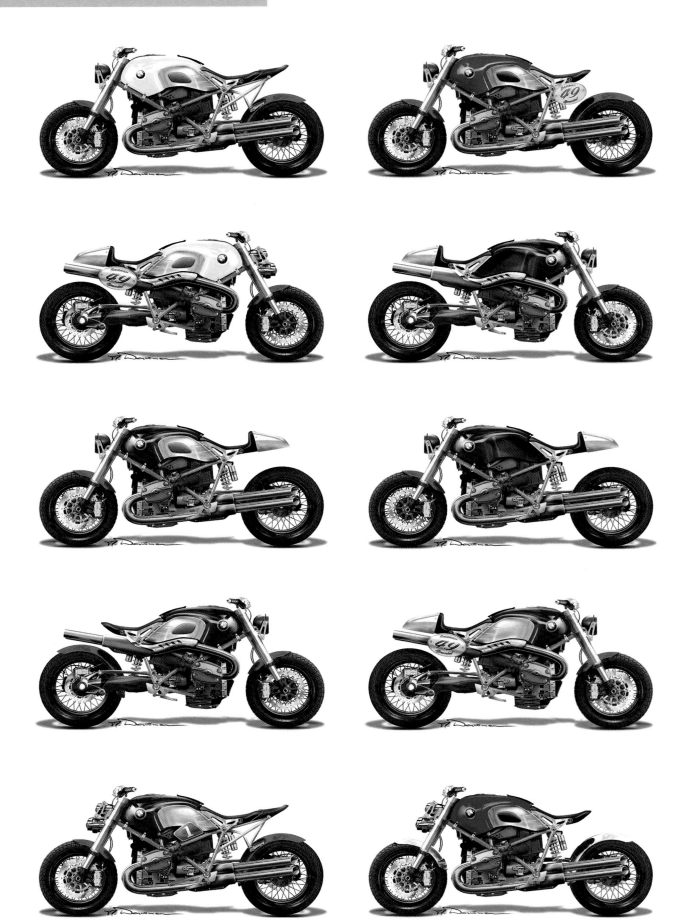

BMW Lo Rider Concept

La forte croissance des ventes de customs durant les années 90 a poussé BMW à produire sa R1200C, une monture qui, bien qu'intéressante et même plutôt populaire à une certaine époque, ne correspondait pas vraiment à la direction que comptait alors prendre le constructeur allemand. Le Lo Rider Concept donne une idée de la forme que pourrait prendre une «remplaçante» de la R1200C. Plus qu'une étude de style même s'il ne s'agit pas encore d'une machine de production, la Lo Rider tente de combiner certains éléments de la culture custom à une ligne et à des composantes mécaniques qui représentent la nature de la firme de Munich. Selon de bonnes sources, personne ne devrait s'étonner de l'annonce d'une version de production dans un avenir rapproché.

L'amorce de freinage

3- Freinage
- ✔ Application du frein avant avec pression appropriée
- ✔ Débrayage complet

4- Ajustement
- ✔ Ajustement de la pression du frein avant
- ✔ Ajustement de la pression du frein arrière

2- Équilibre (mise en)
- ✔ Mise à la verticale
- ✔ Pression au niveau des bras et jambes
- ✔ Redressement du torse
- ✔ Positionnement des doigts et pieds

1- Décélération
- ✔ Fermeture complète de la commande de l'accélérateur
- ✔ Application du frein arrière

Les études en matière de sécurité exposent clairement un sérieux problème d'exécution de la part de l'ensemble des motocyclistes au niveau du freinage d'urgence. Ce problème est caractérisé par un sous-freinage de la roue avant et un sur-freinage entraînant un blocage de la roue arrière.

Fondation
PROMOCYCLE
WWW.PROMOCYCLE.COM

Les pièges à éviter

Trois accidents de moto sur quatre impliquent une collision avec un autre véhicule, généralement une automobile. Dans la majorité des cas l'automobiliste affirmera ne pas avoir vu la motocyclette. Arrangez-vous pour vous faire voir. Comportez-vous en tout temps comme si vous étiez invisible.

Dans les accidents n'impliquant pas d'autre véhicule, on retrouve deux types d'erreur de la part du pilote de la motocyclette; soit un mauvais freinage, soit une trop grande vitesse à l'amorce d'un virage.

Le mauvais freinage. Trois motocyclistes sur quatre n'ont pas utilisé leur frein avant. Ce dernier est pourtant responsable de la majeure capacité de freinage d'une motocyclette. Apprenez à vous servir de votre frein avant avec efficacité.

L'amorce de virage. Ayant l'impression d'être rentré trop vite dans un virage, le motocycliste fige et déborde de sa trajectoire. Dans la majeure partie des cas, la motocyclette disposait d'assez d'adhérence et de garde au sol pour prendre le virage à la vitesse en question. Dans une telle situation, inclinez d'avantage la motocyclette.

Dans presque un cas sur trois, le motocycliste n'a entrepris aucune manoeuvre pour éviter l'accident. Vous disposez de moins de deux secondes pour détecter, analyser et réagir lors d'une situation d'accident. Soyez toujours prêt même à faible vitesse. Trois accidents de motocyclettes sur quatre surviennent à moins de 50 km/h. Un seul sur 20 se produit à 100 km/h ou plus.

Fondation
PROMOCYCLE
WWW.PROMOCYCLE.COM

Concepts KTM

Ces 3 créations virtuelles sont le fruit de l'imagination d'étudiants en design à qui la compagnie autrichienne KTM a demandé de créer «quelque chose» qui pourrait sortir de ses usines. Le Deuce (haut), le Barracuda (milieu) et le Buggy ne sont que quelques-uns des projets soumis, qui comprenaient même une machine volante... Regardez-les autant que vous voudrez, mais de grâce, ne retenez pas votre souffle...

Ecosse Spirit ES1

Annoncée comme la sportive la plus rapide, la plus puissante et la plus précise jamais construite, l'ES1 du microconstructeur américain Ecosse compte respecter ses promesses grâce une construction d'inspiration F1 «sans châssis» permettant un poids incroyablement faible de 120 kilos. Les qualités aérodynamiques de l'ES1 seraient grandement améliorées en positionnant le pilote plus près du sol, tandis qu'un entraînement par chaîne central permettrait de réduire la surface frontale encore plus. Poussée par les 200 chevaux de son 4-cylindres en ligne, l'ES1 aurait la capacité d'atteindre près de 400 km/h! Le prix pour l'un des 10 exemplaires que la firme prévoit construire: de 330 000 $ à plus d'un million de dollars américains, selon les options désirées...

LA SUPRÉMATIE EN COURSE
SX 2009 »

La KTM 450 SX-F augmente encore une fois les standards en motocross. Plus puissante, plus frappante et plus dominante que jamais, la SX est l'arme idéale pour les gagnants en série.

» Moteur DACT avec de nouveaux arbres à cames pour plus de puissance sur toute la ligne

» Démarreur électrique standard – un avantage considérable pour les batailles en course

» Chassis ultra léger en chrome-moly pour garantir une plus grande stabilité

» Suspension WP – avec de nouveaux ajustements pour rouler facilement d'un saut à l'autre

» Graphiques exclusifs pour assurer un design imbattable

La meilleure SX, 100% "Ready to Race"!
Chez votre concessionnaire KTM maintenant !

MOTOREX
Oil of Switzerland
KTM Group Partner

Ne pas imiter la scène de motocross ci-haut, portez des vêtements de protection et suivez les indications de la piste.

Mana X

La Mana X est une étude de style construite autour de l'Aprilia Mana 850. Destinée à attirer l'attention des jeunes après leur «période scooter», la Mana X tente de proposer une suite au scooter en offrant une conduite similaire grâce à une transmission automatique et à un frein arrière actionné par un levier plutôt que par une pédale. Le prototype se veut donc un véhicule urbain extrêmement facile de prise en main et non une moto de stunt comme son coup de crayon agressif — et fort réussi, d'ailleurs — pourrait le laisser croire. À ce sujet, on note un feu arrière dont la forme est censée imiter les cornes d'un diable, ainsi qu'un pneu arrière de type double-usage emprunté à la Harley-Davidson Fat Bob.

Harley-Davidson 883 Iron

Annoncée après le reste de la gamme 2009, la Harley-Davidson 883 Iron est une variante stylistique construite autour de la même plateforme que les autres Sportster 883. Son thème «noir» est évident et poursuit une tendance «Dark Custom» que la firme de Milwaukee explore de plus en plus ces temps-ci. Outre ses multiples pièces peintes en noir mat, la 883 Iron se distingue par son étroit guidon de type «drag», par sa fourche à protecteurs en «accordéon» et par son garde-boue arrière exempt d'un feu classique. Les clignotants arrière agissent aussi comme feu de frein. Offerte au prix de 9 569$, la nouveauté est livrée en version solo, l'équipement nécessaire pour transporter un passager étant optionnel.

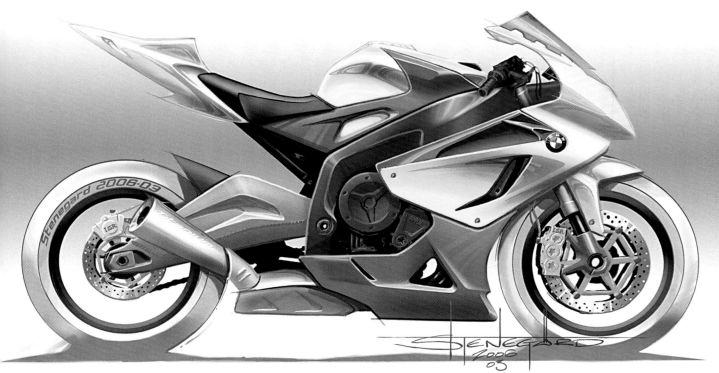

BMW S1000RR

La S1000RR représente l'un des projets les plus ambitieux jamais entrepris par BMW qui compte ni plus ni moins qu'aller concurrencer les constructeurs japonais sur leur propre terrain avec une sportive pure d'un litre. La firme de Munich est parfaitement consciente qu'aucun retard technologique ne serait toléré par la clientèle intéressée par ce genre de motos. Elle sait aussi qu'il ne sera pas possible pour elle de réussir un tel projet si le prix d'achat est trop élevé. Le manufacturier allemand annonce donc que la S1000RR, qui participera au Championnat du monde de Superbike en 2009 et sera mise en production en 2010, produira au moins 180 chevaux, pèsera environ 200 kilos en ordre de marche et ne coûtera pas beaucoup plus qu'une 1000 japonaise. Bref, qu'elle serait concurrentielle dès son arrivée sur le marché.

LE LUXE A UN NOUVEAU VISAGE
VULCAN 1700 VOYAGER

PHARES ANTIBROUILLARD   **CONSOLE CLASSIQUE**   **BICYLINDRE EN V PUISSANT**   **FEUX ARRIÈRE À DEL**

Le luxe a un nouveau visage : la première moto à bicylindre en V entièrement équipée de Kawasaki. La nouvelle Vulcan 1700 Voyager personnifie l'allure classique, qu'il s'agisse de son carénage inspiré par ceux des années 60, sa console classique ou ses phares antibrouillard à l'avant qui illuminent votre chemin. Nous y avons également ajouté toute une panoplie de technologies modernes, telles que le régulateur de vitesse électrique, une chaîne stéréo compatible avec un iPod®, les freins ABS (en option) et le système K-ACT perfectionné de Kawasaki. Pilotez en toute confiance avec cette moto qui intègre l'allure, la fiabilité et la qualité légendaires de Kawasaki. L'aventure vous attend!

Kawasaki

kawasaki.ca/fr/voyager

Triumph Thunderbird

Quiconque a déjà piloté l'une des variantes de la Bonneville sait que malgré les lignes sympathiques que ces motos affichent, elles ne sont décidément pas les plus puissantes qui soient. La Thunderbird 2010 a pour but d'offrir aux amateurs de Triumph une option capable de satisfaire une clientèle plus exigeante en termes de performances. Propulsée par un Twin parallèle de 1 600 cc, la Thunderbird aura le plus gros moteur de cette configuration jamais produit. Mais elle n'aura pas un V-Twin, ce qui porte à croire que Triumph tente de se démarquer en choisissant de perpétuer sa tradition de bicylindres verticaux. Relativement peu de données techniques sont connues pour le moment, mais on annonce que la puissance devrait approcher la centaine de chevaux, que la transmission aura 6 rapports et que l'entraînement sera par courroie, une première chez Triumph. La Thunderbird sera offerte dès l'automne 2009 à 15 399 $, ou 16 399 $ en version ABS.

BMW F800R

S'inspirant du style de la K1300R, la nouvelle F800R se veut le cinquième modèle construit autour du Twin parallèle de 800 cc présenté il y a quelques années sur les F800S et ST, puis utilisé sur les F800GS et F650GS. Pour cette version, qui n'arrivera chez nous qu'en 2010 malgré le fait qu'elle est vendue en Europe en 2009, BMW a poussé le côté sportif en ajoutant quelques chevaux à la mécanique qui en produit 87 pour l'occasion, ainsi qu'en modifiant les rapports de la boîte à 6 vitesses afin de favoriser les performances. Notons qu'un bras oscillant à double branche est utilisé plutôt que le monobranche des F800S et ST, tandis que l'entraînement final est dans ce cas par chaîne plutôt que par courroie.

Skini Mini

Affichant une ligne merveilleusement bien inspirée de celles des voitures Mini, qui sont produites par BMW, le Skini Mini est, selon le communiqué de presse envoyé par la firme allemande, étonnamment avancé. Produisant une puissance littéralement incroyable de 50 chevaux pour une cylindrée de seulement 220 cc, le Skini Mini propose même une première mondiale puisqu'il s'agit d'un véhicule à 2 roues motrices. Un système de contrôle de la traction «intelligent», une boîte automatique avec mode manuel, une suspension à ajustement pneumatique et un puissant ordinateur de bord ne sont que quelques-unes des nombreuses caractéristiques annoncées par le constructeur. En fait, le Skini Mini pourrait bien être l'un des véhicules à 2 roues les plus avancés au monde. Pour cela, il faudrait toutefois qu'il n'ait pas été annoncé un premier avril, et qu'il existe...

« Bienvenue aux dames... »

Pour une raison qui n'a jamais vraiment été déterminée, la moto a traditionnellement été un milieu à forte majorité masculine. Ce qui n'est pas dire qu'il s'agit d'un environnement sexiste envers les femmes. Loin de là, en fait, car à peu près n'importe quel monsieur amateur de deux-roues avouera franchement trouver quelque chose de sexy chez une femme pilotant sa propre moto. Par ailleurs, dès qu'une femme prend la décision d'apprendre à piloter, une horde de messieurs accourt invariablement à sa «rescousse», pour lui montrer «comment faire»... Bref, si ce sont en grande majorité des hommes qui achètent des motos, tout indique qu'ils ne traitent absolument pas l'activité selon une culture de taverne. Du côté des constructeurs, toutefois, la situation est assez différente. Non pas qu'on ait quelque chose contre les femmes. Au contraire! Le travail du constructeur est de vendre autant de motos que possible, un point c'est tout. Qu'on les vende à des jeunes, à des Bébé Boomers ou à des femmes n'a pas la moindre importance tant qu'on les vend. Pourtant, très rares sont les compagnies qui courtisent directement les femmes. Pourtant, un quelconque modèle de moto n'est presque jamais clairement destiné aux femmes. Et pourtant, les publicités montrant une femme aux commandes d'un nouveau modèle sont essentiellement inexistantes. Pourquoi donc?

«Motos de filles»

La vérité est qu'il y a déjà quelques années que les constructeurs ont commencé à s'intéresser à la clientèle féminine. Certaines marques ont même lancé des modèles aux lignes moins agressives et au comportement très accessible dans le but d'attirer des femmes. Mais curieusement, jamais ces modèles n'ont été présentés de cette façon. On les qualifiait plutôt d'amicaux et de tout un tas d'autres qualificatifs destinés à faire paraître ces motos accessibles. Mais la question de la clientèle féminine est traitée en vitesse et immanquablement suivie d'une précision indiquant que le modèle en question n'est PAS une «moto de filles». Pourquoi donc?

La réponse est toute bête et franchement, elle est peut-être aussi insultante pour les hommes qu'elle l'est pour les femmes. La voici: les constructeurs ont traditionnellement été convaincus qu'étiqueter un quelconque modèle comme une «moto de fille» ruinerait ses ventes. Quel homme voudrait être vu aux commandes d'une moto de filles? Et comme la grande majorité des motos sont vendues aux hommes, on ne veut pas prendre le risque.

De nouveaux besoins

Compte tenu de cette situation, nous avons été très surpris de découvrir, lors de la réception du matériel destiné à la production du Guide de la Moto 2009, un nombre important de photos de presse provenant des services de marketing des constructeurs montrant enfin des femmes sur et autour de nouvelles motos, comme cela a toujours été fait avec des modèles masculins. Il faut savoir que ces photos sont extrêmement révélatrices sur les intentions des compagnies. Chacune d'elles est le fruit d'un «shooting» de très haute qualité et comporte une multitude de choix absolument volontaires qui vont de l'environnement jusqu'à la tenue vestimentaire en passant par l'âge des mannequins, l'expression de leur visage, leur coupe de cheveux, etc. Bref, non seulement tout y passe, mais ces séances produisent des centaines, voire des milliers de photos dont quelques-unes seulement sont finalement choisies. Le tout dans un seul et unique but, celui de faire «parler» ces photos, de leur faire passer un message qui, on l'espère évidemment, poussera quelqu'un —ou quelqu'une— à décider d'acquérir le modèle présenté. Ça reste le but du jeu...

Quant à la raison exacte derrière cette nouvelle direction, personne n'en parle ouvertement. Nous soupçonnons toutefois qu'elle est aussi simpliste que la raison pour laquelle les constructeurs ont jusqu'à tout récemment choisi d'éviter le sujet de la clientèle féminine. Nous croyons tout bonnement que les femmes sont devenues assez importantes en termes de ventes potentielles pour que le «risque» décrit plus tôt soit justifié. Nous croyons aussi que les compagnies cherchent à renouveler leur «vieille» clientèle puisque celle-ci ne rajeunit certainement pas. Les jeunes font d'ailleurs aussi partie de ces nouveaux acheteurs potentiels qui sont désormais visés par les constructeurs.

Regardons un peu ça...

Nous avons pensé profiter de cette occasion très particulière pour jeter un coup d'œil —tout sauf scientifique, d'ailleurs!— à ces fameuses photos. Dans certains cas, nous risquerons d'en interpréter la signification, tandis que dans d'autres, nous constaterons tout simplement de quelle façon les constructeurs ont choisi «d'utiliser» la femme dans leur matériel promotionnel.

Il y a du bon, du très bon, et oui, même du moins bon...

Le scooter : unisexe

Du point de vue d'un constructeur, un scooter est un véhicule très facile à offrir aux femmes. Accessible au niveau du pilotage grâce à sa légèreté et à sa transmission automatique, il est, en plus, parfois perçu comme un genre d'accessoire de mode. Il est aussi parfait pour attirer une clientèle qui craindrait les performances élevées ou la masse importante d'une moto et, en plus, il est unisexe. Donc, aucun risque d'affecter les ventes de scooters aux messieurs en présentant une femme qui en pilote un.

Quant aux photos présentées sur ces pages, elles sont du meilleur goût. Elles associent de manière très claire le lien entre « mode, beauté, succès, jeunesse, praticité, vie urbaine active » et le type de véhicule qu'est le scooter. Par ailleurs, ce genre de décor, de mannequins et de choix vestimentaires ne correspondrait tout simplement pas à un autre type de deux-roues. En fin de compte, ces photos donnent envie de rouler en scooter et atteignent donc leur objectif.

Le scooter, la mode et la sécurité

L'un des aspects d'une photo de presse par rapport auxquels les grands constructeurs prennent très rarement des raccourcis est la sécurité. On s'efforce de montrer les motos dans l'environnement qui correspond à leur classe, tandis que les pilotes portent toujours l'équipement requis, ce qui implique des bottes, des gants, un casque, un blouson capable de résister à une chute et, à tout le moins, des jeans. Dans le cas des scooters, ces mêmes constructeurs semblent de toute évidence convaincus que la clientèle féminine convoitée n'accepterait tout simplement pas de porter de tels trucs. Du même coup, tailleurs, t-shirts, souliers à talons et même jupes deviennent acceptables pour leurs photos. On comprend de ces clichés que la volonté de vendre des véhicules aux femmes est plus forte que celle de responsabiliser les acheteurs potentiels à la conduite sécuritaire d'une deux-roues. Ces photos sont toutes mignonnes, mais elles montrent très clairement à quel point les équipes de marketing n'ont qu'un seul but : vendre.

La femme, motocycliste

Trop souvent, les constructeurs semblent percevoir la femme comme un être craintif, voire chétif à qui seule une monture légère comme une bicyclette conviendrait. La réalité est pourtant qu'une femme peut piloter les mêmes modèles qu'un homme. Du moins, si elle fait preuve de la même détermination pour apprendre à les maîtriser. Un poids élevé peut devenir une limite et les selles souvent hautes peuvent être gênantes, mais à ces exceptions près, tous les modèles sont permis. Ces photos montrent par ailleurs quelque chose qu'on a très rarement vu dans le passé : des femmes parfaitement à l'aise aux commandes de montures «pleine grandeur». Il s'agit probablement des clichés les plus «justes» envers la clientèle féminine de toute cette section puisqu'ils montrent un habillement à la fois chic et sécuritaire, de «vraies» motos (la photo du bas est celle d'une Triumph Rocket III Classic de 2 300 cc!) et des femmes qui ne semblent pas éprouver la moindre difficulté à les piloter. En fait, il s'agit du genre de photos sur lesquelles le mannequin est généralement un homme.

La moto, en couple

Les constructeurs ont presque toujours considéré leur clientèle comme étant avant tout masculine. La réalité est qu'elle l'était d'ailleurs. Leurs photos d'action montraient donc généralement un homme pilotant une nouveauté, occasionnellement accompagné d'une passagère. L'une des tendances affichées par les plus récentes mises en scène est de suggérer au couple de rouler à moto, mais chacun avec sa propre monture. L'idée est brillante puisque si elle prend racine, elle aura comme résultat la vente de deux modèles plutôt qu'un! Un détail particulièrement intéressant des photos de cette page est qu'elles montrent homme et femme aux commandes du même modèle, un fait qui envoie intelligemment le message que la femme peut piloter la même moto que l'homme, et ce, malgré tous les mythes prétendant le contraire. En effet, si les constructeurs arrivent à convaincre les femmes d'envisager tous les modèles de leur gamme plutôt que seulement quelques-uns, leur clientèle potentielle vient de doubler. Autre fait intéressant, les mannequins sont jeunes. On s'adresse donc clairement à une nouvelle génération de motocyclistes dans laquelle la femme semble occuper une place potentiellement aussi « payante » que l'homme pour le constructeur.

Femme préhistorique

Les plus récentes photos de presse communiquées par les grands constructeurs de motos donnent une place clairement plus importante aux femmes, et les pages de cette section l'ont démontré. Si certaines sont un peu irresponsables en termes de sécurité, toutes ont pour but d'interpeller la femme à titre de cliente à part entière et toutes sont de fort bon goût. C'est à ce chapitre que le ton change ici. Même si certaines de ces photos-ci, comme celles du haut, ne sont pas le résultat d'un «shooting» organisé, l'environnement a par contre été établi et approuvé par un constructeur. Et franchement, sans qu'elles soient de très mauvais goût, disons qu'elles ne sont pas nécessairement très habiles ou très flatteuses dans le message qu'elles diffusent. Celle du bas est particulièrement intéressante puisqu'elle a été réalisée en studio et que ses moindres détails sont voulus. Franchement, nous ne sommes pas certains de ce qu'elle tente de vendre. Qu'en achetant un scooter à trois roues on rencontre ce genre de femme ? Que ce genre de fille roule de tels scooters ? Qu'un scooter à trois roues c'est sexy ? Aidez-nous !

MORE OF MARISA MILLER ON THE NEW V-ROD MUSCLE™ MOTORCYCLE AT H-D.COM/MUSCLE

La femme et Harley-Davidson

À presque tous les niveaux de l'univers du motocyclisme, Harley-Davidson est une exception. En termes de contrôle et de maîtrise de l'image, aucun constructeur n'arrive à sa hauteur. Ses publicités sont toujours imprégnées d'un thème anticonformiste que le service du marketing a magiquement réussi à transformer en très fortes ventes. Il est donc tout à fait normal pour la firme de cultiver ce thème. Mais le constructeur est aussi conscient qu'il n'y a parfois qu'un pas à franchir avant de tomber dans le mauvais goût. Cette fine ligne est son domaine. Tantôt du bon côté de celle-ci, comme sur les photos du bas, il s'en approche avec un thème légèrement rebelle sur le cliché ci-contre. Puis, comme pour réveiller ses troupes, il arrive avec quelque chose comme la campagne publicitaire ci-haut, pour laquelle il a retenu les services de la modèle Marisa Miller. Qu'on aime ou qu'on déteste, qu'on trouve correct ou inacceptable, qu'on qualifie d'artistique ou de vulgaire, le constructeur a atteint son but : générer un intérêt, fut-il imprégné de controverse. Le côté intéressant de cette campagne est qu'il est fort probable qu'aucune autre compagnie ne puisse se tirer d'affaire indemne à la suite d'un tel choix de photo. En fait, ce choix représente un genre de provocation de la part de Harley-Davidson qui l'utilise afin de dire haut et fort qu'il se permet de défier «le système» et les normes que la société a établis. Il le fait parce qu'il le peut, et il le peut parce qu'il est Harley-Davidson. Or, le sentiment de rébellion qui se dégage d'une telle attitude est à la base des raisons pour lesquelles les modèles de Milwaukee sont aussi populaires.

Et la pose classique...

On pourrait vite tomber sur le cas de la «pose classique» où l'homme pilote et la femme admire tranquillement le paysage, en l'interprétant comme une façon vieux jeu de considérer la femme dans l'univers de la moto. Mais la vérité est que toutes les femmes n'éprouvent pas l'envie de piloter une moto et que plusieurs sont parfaitement heureuses comme passagères. Sans oublier que pour bien des couples, rouler en duo amène un romantisme qu'une balade sur une paire de motos ne pourrait jamais reproduire. Ce genre de photos risque donc de faire partie des ambiances communiquées par les équipes de marketing encore très longtemps. Si elles vendent donc évidemment la pratique de la moto en couple, elles suggèrent aussi que s'il possède une moto ou un scooter, l'homme – ou l'ado – «pourrait» se retrouver en agréable compagnie, dans une ambiance définie par la détente et le plaisir. Or, comme il est bien documenté qu'une telle suggestion a le potentiel de générer des ventes, et ce, autant à des hommes qu'à des femmes et aussi bien pour du parfum ou des vêtements que pour des motos, ce type de photos représente l'un des outils favoris des gens de marketing.

Toutes nos excuses...

Cette section du Guide de la Moto consacrée aux scooters répertorie les modèles de toutes cylindrées offerts sur le marché canadien. Les informations qu'elle contient sont aussi justes et aussi à jour que possible, mais en raison du contexte très particulier dans lequel évolue ce marché, certaines explications sont de mise. Les voici.

Le Guide de la Moto évalue des motocyclettes depuis maintenant une quinzaine d'années. Ça fait beaucoup, beaucoup de données recueillies, vérifiées, compilées et présentées. Cette récolte de renseignements, qui prend autant la forme d'essais «sur le terrain» que d'échanges de matériel avec les constructeurs, est la base même du livre. Il s'agit, comme on dit, d'un travail de moine, mais c'est le nôtre et nous tentons de le faire du mieux que nous pouvons. Tout ce bagage et toute cette expérience ont toutefois été mis à rude épreuve depuis que nous consacrons une section du Guide aux scooters. Nous cherchons à appliquer la même rigueur à cette section qu'au reste de l'ouvrage, et vous, les lecteurs du Guide, attendez ni plus ni moins que la même chose, avec raison. Mais la tâche frôle l'impossible. La source du problème est la popularité sans cesse croissante des scooters, ces dernières années, puisqu'avec celle-ci est apparu un nombre élevé de nouvelles «compagnies» voulant saisir l'occasion de bénéficier de cette effervescence. Ce qui est d'ailleurs tout à fait normal. Sauf que plusieurs de ces «compagnies» n'ont pas la moindre compréhension des besoins de la presse ni, apparemment, l'intention de faire les efforts pour les combler. C'est du moins notre cas. En fait, selon notre interprétation de la situation, l'intérêt de certaines de ces «compagnies» se résume à vendre des scooters parce que les scooters se vendent bien. L'an prochain, ça pourrait être des souliers, de la crème solaire ou des grille-pain. Encore une fois, cette réalité qui n'est pas celle de toutes les nouvelles compagnies, mais plutôt de certaines d'entre elles, a des conséquences tant pour *Le Guide de la Moto* que pour les acheteurs de ces véhicules.

Nous ne demandons pas grand-chose aux constructeurs ou aux importateurs afin de présenter leurs modèles dans le Guide, soit à peine quelques données techniques, des prix et des photos. Nous ne demandons pas d'argent en échange, pas de faveur, pas de modèle gratuit ni de prêts «à long terme». Seulement de l'information à transmettre à nos lecteurs. Ce que nous recevons est, dans certains cas, tellement minable en termes de qualité qu'on devrait tout simplement le refuser. Mais comme cela équivaudrait à publier une section incomplète, nous nous débrouillons avec ce qu'on nous donne. On parle de photos de qualité ridicule, de modèles présents sur la liste de l'année en cours, mais qui ne sont finalement jamais amenés sur notre marché, de données techniques qui changent d'une année à l'autre sans la moindre explication, bref, du cahot le plus total. L'ironie de la situation est qu'ensuite, ces mêmes «compagnies» essaient de nous faire avaler que les produits qu'elles importent sont dignes de confiance sous prétexte que l'entreprise qui les construit fabrique aussi, de façon anonyme bien entendu, les scooters vendus par telle ou telle marque japonaise établie. Et qu'il y a déjà «75 ans» qu'elle existe. On nous demande de croire tout ça, mais on n'est pas fichu de fournir une photo qui ne provient pas d'un téléphone cellulaire. *Come on.*

Le but de cette petite montée de lait se résume en deux parties. La première et la plus importante est de prévenir le consommateur qu'une certaine recherche est de mise lorsqu'on envisage l'achat d'une marque, disons, moins commune. Certains produits chinois, taïwanais, coréens ou autres sont excellents, mais d'autres sont honteusement construits. Certains sont vendus par des compagnies respectables, d'autres par des opportunistes. Au fur et à mesure que le marché continuera de se gonfler avec de nouveaux produits et de nouvelles marques, le défi du consommateur sera d'établir en qui avoir confiance et qui fuir. Quant à la seconde raison de cette montée de lait, c'est de préciser que si une photo n'est pas belle —ou si un modèle est introuvable sur le marché...— ben c'est pas notre faute, même si on s'en excuse.

SILVER WING 600 ABS
+ 400 CC

Richement équipé, le Silver Wing 600 fourmille de détails pratiques comme de nombreux compartiments de rangement, un immense coffre logé sous la selle pouvant recevoir deux casques, l'ABS de série, etc. Son puissant moteur bicylindre offre un niveau de performances très intéressant avec de bonnes accélérations, des reprises franches et une vitesse maximale d'environ 160 km/h. Il s'agit d'un des meilleurs mégascooters sur le marché. D'ailleurs, les acheteurs l'utilisent même parfois comme monture de tourisme.

Moteur	bicylindre de 582 cc, 4-temps, refroidi par liquide
Pneus avant-arrière	120/80-14 & 150/70-13
Freins avant-arrière	à disque - à disque (ABS)
Poids	250 kg (tous pleins faits)
Réservoir	16 litres
Prix	10 499 $
Nombre de places	2

XCITING 500RI
+ 400 CC

Le Xciting 500Ri représente l'entrée du constructeur taïwanais Kymco dans le club select des fabricants de mégascooters. Le monocylindre de 498,5 cc est injecté et refroidi par liquide. Le style élégant rappelle étrangement celui de l'ancien Yamaha T-Max 500 réservé au marché européen. Il possède un système de freinage intégral à 3 disques (l'ABS est offert en équipement optionnel), un large coffre avec prise pour accessoires de 12 V et de nombreux équipements.

Moteur	monocylindre de 498,5 cc, 4-temps, refroidi par liquide
Pneus avant-arrière	120/70-15 & 150/70-14
Freins avant-arrière	à disque - à disque
Poids	215 kg
Réservoir	12,8 litres
Prix	7 000 $ (ABS : 7 500 $)
Nombre de places	2

+ 400 CC *PIAGGIO*
# MP3 250/400/500

Le succès remporté par le MP3 original a poussé Piaggio à en faire une famille. On peut désormais choisir un 250, un 400 ou un 500, ce dernier étant un Gilera Fuoco 500 rebaptisé qui n'offre pas de trappe de coffre arrière, mais plutôt un porte-bagages tubulaire. Les MP3 sont très particuliers non seulement en raison de leur architecture à 3 roues, mais aussi parce qu'en dépit de celle-ci, ils penchent en virage. Un dispositif leur permet toutefois de demeurer à la verticale à l'arrêt, ce qui élimine le besoin de mettre les pieds au sol.

Moteur	mono. de 243,3/398,9/492,7 cc, 4-temps, ref. liquide
Pneus avant-arrière	120/70-12 & 140/70-14
Freins avant-arrière	à disque - à disque
Poids	204 kg/238 kg/244 kg
Réservoir	12 litres
Prix	8 995 / 9 995 / 10 495 $
Nombre de places	2

+ 400 CC *PEUGEOT*
# SATELIS 500 PREMIUM

Les scooters de petite cylindrée, c'est sympathique, mais pour un certain type de pilote, rien ne peut remplacer l'aisance qu'amène la puissance d'un modèle à gros moteur. Avec ses 500 cc, ses 37 chevaux et ses 160 km/h en vitesse de pointe, le Satelis 500 du constructeur français Peugeot est décidément l'un de ces engins. Au-delà d'un généreux niveau d'équipements et d'un grand volume de rangement, le gros Satelis propose sur sa version Executive un système ABS couplé et assisté extrêmement sophistiqué.

Moteur	monocylindre de 492,7 cc, 4-temps, refroidi par liquide
Pneus avant-arrière	120/70-14 & 150/70-14
Freins avant-arrière	à disque - à disque (ABS assisté)
Poids	213 kg
Réservoir	13,5 litres
Prix	9 995 / 10 995 $
Nombre de places	2

+ 400 CC *SUZUKI*
# BURGMAN 650 ABS

Le Burgman 650, c'est non seulement l'initiateur de la catégorie des mégascooters au Canada, mais c'est aussi le summum absolu en la matière sur notre marché. Son bicylindre injecté de 638 cc génère des accélérations étonnantes et permet d'atteindre 180 km/h au compteur. La transmission automatique possède un mode manuel. L'agrément de conduite étonnant du gros Burgman arrive même à attirer des motocyclistes de longue date, dont plusieurs en font l'achat dans le but de l'utiliser comme monture de tourisme léger.

Moteur	bicylindre de 638 cc, 4-temps, refroidi par liquide
Pneus avant-arrière	120/70-15 & 160/60-14
Freins avant-arrière	à disque - à disque (ABS)
Poids	277 kg (tous pleins faits)
Réservoir	15 litres
Prix	11 099 $
Nombre de places	2

+ 400 CC *SUZUKI*
# BURGMAN 400 ABS

Assez proche de son frère de 650 cc en termes de dimensions, mais plus léger, le Burgman 400 propose un très intéressant compromis entre la puissance, la masse et le prix du 650 et les mêmes caractéristiques d'un quelconque modèle de plus petite cylindrée. Capable de passer le cap des 150 km/h indiqués, il représente l'une des meilleures valeurs sur le marché. Il est spacieux, confortable et offre une excellente protection au vent en plus d'afficher un grand côté pratique venant de son gros coffre logé sous la selle.

Moteur	monocylindre de 399 cc, 4-temps, refroidi par liquide
Pneus avant-arrière	120/80-12 & 150/70-13
Freins avant-arrière	à disque - à disque (couplés, ABS)
Poids	222 kg (tous pleins faits)
Réservoir	13,5 litres
Prix	7 999 $
Nombre de places	2

YAMAHA
TMAX

`+ 400 CC`

Le TMAX est un scooter unique en raison de sa construction faisant appel à beaucoup de composantes de moto. Animé par un puissant bicylindre parallèle de 500 cc, le TMAX possède un châssis dernier cri de type coulé en aluminium ainsi que des suspensions et des freins qu'on jurerait avoir déjà vu sur une sportive de la marque comme la YZF-R6. De grandes roues de 15 pouces chaussées de gommes tendres complètent un ensemble décidément particulier qui a la rare possibilité de satisfaire ceux qui aiment piloter.

Moteur	bicylindre parallèle de 499 cc, 4-temps, refroidi par liquide
Pneus avant-arrière	120/70-15 & 160/60-15
Freins avant-arrière	à disque - à disque
Poids	222 kg (tous pleins faits)
Réservoir	15 litres
Prix	10 499/10 599 $
Nombre de places	2

YAMAHA
MAJESTY 400

`+ 400 CC`

Pratique, économique, confortable et doté d'un monocylindre injecté relativement puissant, le Majesty est l'exemple du mégascooter équilibré. Il s'agit décidément d'un bon achat, d'autant plus que son large coffre de 60 litres logé sous la selle permet de charger suffisamment de matériel pour partir quelques jours. De nombreux compartiments de rangements sont incorporés. Le tableau de bord numérique est complet et luxueux et la protection au vent excellente.

Moteur	monocylindre de 395 cc, 4-temps, refroidi par liquide
Pneus avant-arrière	120/80-14 & 150/70-13
Freins avant-arrière	à disques - à disque
Poids	212 kg (tous pleins faits)
Réservoir	14 litres
Prix	8 399 $
Nombre de places	2

APRILIA
SCARABEO 200

`51 - 400 CC`

Chez Aprilia, le nom Scarabeo est synonyme d'un style bien particulier déterminé par de grandes roues de 16 pouces augmentant la stabilité et le niveau de confort. Propulsé par un monocylindre 4-temps à carburateur produisant près d'une vingtaine de chevaux, le Scarabeo 200 propose un bon nombre de caractéristiques intéressantes comme un système combinant le frein avant à celui de l'arrière, une instrumentation avec écran numérique, un petit pare-brise et un compartiment de rangement pouvant loger un casque.

Moteur	monocylindre de 180,8 cc, 4-temps, refroidi par liquide
Pneus avant-arrière	110/80-16 & 120/80-16
Freins avant-arrière	à disque - à disque (couplés)
Poids	154 kg
Réservoir	8 litres
Prix	4 395 $
Nombre de places	2

APRILIA
SPORTCITY 50/250

`51 - 400 CC`

Les Sportcity proposent un style urbain moderne combiné à des roues plus grandes que celles de la moyenne des scooters affichant ce genre de ligne puisque celles du 50 ont un diamètre de 14 pouces et celles du 250 de 15 pouces. Outre cette caractéristique, le 50 offre les mêmes équipements que la plupart des modèles de cette cylindrée. Malgré une ligne similaire, le 250 est construit autour d'une autre plateforme. Il est animé par un monocylindre refroidi par liquide de 244 cc injecté produisant 22 chevaux.

Moteur	monocylindre de 49/244 cc, 4-temps, ref. par air/liquide
Pneus avant-arrière	120/70-14/15 & 120/70-14/15
Freins avant-arrière	à disque - à tambour/disque
Poids	n/d
Réservoir	7,5 litres
Prix	2 595/5 895 $
Nombre de places	2

51 - 400 CC

LEGEND 300

51 - 400 CC

CHASE 50/50S/150

Le Legend représente de loin le scooter le plus luxueux de la gamme Chironex. Ses dimensions se situent entre celles d'un modèle normal de 150 cc et celles de montures comme les Yamaha Majesty 400. La version 150 utilise une mécanique refroidie par air tandis que la 300 est animée par un moteur de 262 cc refroidi par liquide. Ce dernier possède même une suspension arrière ajustable. Le Legend 300 est le seul modèle de la gamme Chironex qui, selon la compagnie, aurait la capacité de franchir les 100 km/h.

Les Chase de Chironex figurent parmi les scooters les plus économiques du marché. La version de base est propulsée par un monocylindre de 49,5 cc 4-temps tandis que le modèle 150 est animé par un mono 4-temps de 149,5 cc. Aucun équipement extravagant n'est offert, un fait évident au niveau du freinage qui utilise un tambour à l'arrière, mais l'essentiel est là. Le modèle intermédiaire, le 50S, est un 50 dont le niveau de finition est plus poussé. Une garantie de 2 ans accompagne chaque version.

Moteur	monocylindre de 149,5/262 cc, 4-temps, ref. air/liquide
Pneus avant-arrière	110/90-13 & 110/90-13
Freins avant-arrière	à disque - à disque
Poids	149/171 kg
Réservoir	13 litres
Prix	3 399/4 499 $
Nombre de places	2

Moteur	monocylindre de 49,5/149,5 cc, 4-temps, refroidi par air
Pneus avant-arrière	120/70-12 & 120/70-12
Freins avant-arrière	à disque - à tambour
Poids	90/105 kg
Réservoir	5 litres
Prix	1 999/2 399 $
Nombre de places	2

51 - 400 CC

VINNY 50/150

51 - 400 CC

PISTOL 50/50R/150

Affichant une ligne à saveur rétro inspirée des looks rendus célèbres par les Vespa de la Belle Époque, le Vinny est l'équivalent visuel chez Chironex du Jazz chez Honda ou du Vino chez Yamaha. Propulsé par les mêmes moteurs 4-temps de 49,5 cc ou 149,5 cc que les Chase de la compagnie, le Vinny est tout de même techniquement différent, notamment au niveau du système de freinage qui utilise un disque à l'avant et à l'arrière, et à celui de la suspension avant qui est du type à bascule. La garantie est de 2 ans.

Une ligne moderne et agressive marquée par une paire d'immenses phares à l'avant, un choix de moteurs 4-temps de 49,5 cc ou 149 cc, une place pour un passager avec repose-pieds arrière repliables, un coffre verrouillable sous la selle et un porte-bagages, voilà autant de caractéristiques offertes par le Chironex Pistol. Le système de freinage retient un disque actionné hydrauliquement à l'avant et un tambour mécanique à l'arrière tandis que les feux sont à DEL. Le modèle 50R utilise une mécanique 2-temps plutôt que 4-temps.

Moteur	monocylindre de 49,5/149,5 cc, 4-temps, refroidi par air
Pneus avant-arrière	120/70-12 & 120/70-12
Freins avant-arrière	à disque - à disque
Poids	95/98 kg
Réservoir	5 litres
Prix	2 299/2 699 $
Nombre de places	2

Moteur	monocylindre de 49,5/149,5 cc, 4-temps, ref. liquide/air
Pneus avant-arrière	120/70-12 & 120/70-12
Freins avant-arrière	à disque - à disque
Poids	87/95 kg
Réservoir	5 litres
Prix	2 699/2 899 $
Nombre de places	2

S1 125

51 - 400 CC

Malgré le fait que son monocylindre 4-temps soit refroidi par air (un radiateur refroidit aussi l'huile du moteur), le S1 125 de Daelim est alimenté par injection d'essence, une rareté pour ce genre de cylindrée. Il est équipé d'une selle de dimension généreuse pouvant facilement accueillir un passager. Les roues et les pneus affichent une bonne taille et les freins sont à disque aux 2 extrémités. Les produits Daelim proviennent de la Corée du Sud et sont accompagnés, au Canada, d'une garantie de 2 ans.

Moteur	monocylindre de 127 cc, 4-temps, refroidi par air
Pneus avant-arrière	120/70-13 & 140/60-14
Freins avant-arrière	à disque - à disque
Poids	127 kg
Réservoir	9,5 litres
Prix	3 595 $
Nombre de places	2

MATRIX 50/150

51 - 400 CC

Le Matrix est entièrement redessiné pour 2009. Alors que la version 50 est propulsée par un monocylindre 2-temps similaire à celui du modèle Beamer III, le plus gros bénéficie de tout près de 150 cc, quoique dans une technologie 4-temps. Au-delà de sa ligne très effilée dominée par un double bloc optique de très grande surface, le Matrix offre la plupart des caractéristiques habituelles. On retrouve notamment des freins à disque aux deux extrémités, un coffre de rangement sous la selle et le nécessaire pour accueillir un passager.

Moteur	mono. de 49,3/149,5 cc, 2/4-temps, refroidi par air
Pneus avant-arrière	120/70-12 & 130/70-12
Freins avant-arrière	à disque - à disque
Poids	91/112,5 kg
Réservoir	5,7 litres
Prix	2 999/3 699 $
Nombre de places	2

Modèle européen

SH150

51 - 400 CC

Le SH150 existe depuis des années sur d'autres marchés, mais Honda l'offre enfin en 2009 en Amérique du Nord. Notons que la version que nous recevons est un modèle 2010. Il s'agit d'un scooter dont le style est moderne, mais pas sportif et dont la conception est caractérisée par l'utilisation de grandes roues de 16 pouces. Le moteur 4-temps de 153 cc est propre et techniquement avancé avec son injection PGM-FI et son refroidissement par liquide. Le constructeur l'annonce aussi très économique en carburant.

Moteur	monocylindre de 153 cc, 4-temps, refroidi par liquide
Pneus avant-arrière	100/80-16 & 120/80-16
Freins avant-arrière	à disque - à tambour
Poids	136 kg (tous pleins faits)
Réservoir	7,5 litres
Prix	n/d
Nombre de places	2

MS3 250

51 - 400 CC

Présenté il y a 2 ans, le Hyosung MS3 250 est le plus gros scooter du manufacturier coréen. Il est animé par un monocylindre de 249 cc qui aurait la capacité d'atteindre 130 km/h. Les lignes sont élégantes et font davantage penser à une machine de plus gros calibre. Le large carénage et le haut pare-brise devraient offrir une bonne protection. La selle ample et étagée semble accueillante et confortable. Elle cache un vaste espace de rangement qui accueille deux casques.

Moteur	monocylindre de 249 cc, 4-temps, refroidi par liquide
Pneus avant-arrière	120/70-13 & 140/60-14
Freins avant-arrière	à disque - à disque
Poids	160 kg
Réservoir	9 litres
Prix	4 495 $
Nombre de places	2

51 - 400 CC
KEEWAY
ARN 150

Établie au Canada depuis peu, Keeway est la marque européenne des produits récréatifs Quinjiang, le deuxième manufacturier chinois de deux-roues en importance, qui est également propriétaire de la légendaire marque italienne Benelli. Le ARN 150 est le plus gros scooter de Keeway. D'allure sportive, il est propulsé par un monocylindre 4-temps carburé et refroidi par air qui développe une puissance de 8,3 ch et n'atteindrait que 90 km/h, ce qui est relativement peu pour la cylindrée. Son prix est en revanche raisonnable.

Moteur	monocylindre de 150 cc, 4-temps, refroidi par air
Pneus avant-arrière	120/70-12 & 130/70-12
Freins avant-arrière	à disque - à tambour
Poids	105 kg
Réservoir	5,2 litres
Prix	2 999 $
Nombre de places	2

51 - 400 CC
KYMCO
BET & WIN 150/200

Les Bet & Win sont les scooters intermédiaires de Kymco. Offerts en 150 et 250 cc, ils peuvent circuler sur les voies rapides où le 250 atteindrait 140 km/h au compteur grâce à son monocylindre 4-temps refroidi par liquide. Le Bet & Win autorise une utilisation en duo et offre un petit espace de rangement sous la selle. En plus de la béquille latérale, une béquille centrale facilite l'entretien. Kymco tente de combler le fait qu'il soit relativement peu connu sur le marché canadien en offrant une garantie de 2 ans sur ses produits.

Moteur	mono. de 149,5/249,1 cc, 4-temps, refroidi par liquide
Pneus avant-arrière	120/70-12 & 130/70-12
Freins avant-arrière	à disque - à disque
Poids	152/158 kg
Réservoir	10 litres
Prix	3 900/4 900 $
Nombre de places	2

51 - 400 CC
KYMCO
PEOPLE S 125/200

Les People S proposent un style anguleux dont la ligne est dominée par le grand diamètre des roues. Le monocylindre refroidi par air du 125 développe 10,4 ch pour 115 kg contre 11,1 ch pour 116 kg dans le cas du 200. Grâce à leurs grandes roues de 16 pouces, les People S devraient être assez stables sur les voies rapides. On loge un casque sous leur selle, ce qui est bien pour des machines de ce type. Les deux modèles sont munis d'une prise 12 volts pour accessoires dans le coffre.

Moteur	monocylindre de 124,6/163 cc 4-temps, refroidi par air
Pneus avant-arrière	100/80-16 & 120/80-16
Freins avant-arrière	à disque - à disque/tambour
Poids	115/116 kg
Réservoir	7 litres
Prix	3 600/4 300 $
Nombre de places	2

51 - 400 CC
KYMCO
FROST 200i

Le Frost 200i est un nouveau venu dans la gamme Kymco. Il s'agit d'un scooter de cylindrée intermédiaire affichant plusieurs caractéristiques intéressantes dont une selle et une protection au vent généreuses, ainsi qu'un petit dossier de passager. La mécanique est à jour avec son injection et son refroidissement par liquide, tandis que l'équipement comprend un écran numérique multifonction et un coffre volumineux situé sous la selle. Les roues ont toutefois un diamètre assez petit, surtout à l'arrière.

Moteur	monocylindre de 174,5 cc, 4-temps, refroidi par liquide
Pneus avant-arrière	130/70-13 & 140/70-12
Freins avant-arrière	à disque - à disque
Poids	140 kg
Réservoir	11 litres
Prix	4 700 $
Nombre de places	2

PGO
T-REX B1 50

`51 - 400 CC`

Si son nom semble indiquer un quelconque aspect sportif, dans les faits, le T-Rex B1 de PGO se veut plutôt un scooter de 50 cc relativement commun. Sa ligne affiche un style urbain plutôt sage, tandis que le moteur est un typique monocylindre 2-temps refroidi par air. En revanche, les caractéristiques principalement recherchées sont là, comme la possibilité d'accueillir un passager, des roues de 12 pouces et un compartiment verrouillable sous la selle.

Moteur	monocylindre de 49 cc, 2-temps, refroidi par air
Pneus avant-arrière	120/70-12 & 130/70-12
Freins avant-arrière	à disque - à tambour
Poids	102 kg
Réservoir	6,7 litres
Prix	3 175 $
Nombre de places	2

PGO
METRO 50/125

`51 - 400 CC`

Le constructeur taïwanais PGO, qui a vu le jour en 1964, a longtemps misé sur ses Big Max 50 (des répliques du Yamaha BW's) et ses T-Rex 50/150 pour attirer une clientèle jeune. Les Metro 50 et 125 d'inspiration plus rétro rappellent quant à eux les courbes des Vespa d'antan. Ils sont bâtis autour de technologies simples et éprouvées (refroidissement par air, frein arrière à tambour...). La version 50 cc retient néanmoins des roues de seulement 10 pouces de diamètre qui s'abîment plus facilement sur un réseau routier en mauvais état.

Moteur	mono. de 49/124,9 cc, 2/4-temps, refroidi par air
Pneus avant-arrière	90/90-10 & 90/90-10/3,5-12 & 3.5-12
Freins avant-arrière	à disque - à tambour
Poids	88/102 kg
Réservoir	6,3 litres
Prix	2 895/3 795 $
Nombre de places	2

PIAGGIO
FLY 50/150

`51 - 400 CC`

Le Fly est un scooter intermédiaire italien qui rivalise avec les coréens, les chinois et les taïwanais au niveau du prix. Il est fabriqué en Chine. Sa ligne est banale, mais il offre plusieurs aspects pratiques qui sont toujours appréciés comme un grand coffre, une boîte à gants logeable et un plancher plat. L'instrumentation est relativement complète. Conçu pour être à l'aise dans la circulation dense, le Fly est offert en version 50 cc ou 150 cc. Il s'agit dans les 2 cas d'une mécanique 4-temps refroidie par air.

Moteur	monocylindre de 49,9/150 cc, 4-temps, refroidi par air
Pneus avant-arrière	120/70-12 & 120/70-12
Freins avant-arrière	à disque - à tambour
Poids	100/112 kg
Réservoir	7,2 litres
Prix	2 795/3 895 $
Nombre de places	2

PEUGEOT
SATELIS 125/ BLACKSAT

`51 - 400 CC`

Si les scooters de cette cylindrée ne sont pas difficiles à trouver, ceux qui offrent des dimensions aussi généreuses et un équipement aussi complet, eux, sont quasi inexistants. Parlant de produits uniques, on ne fait pas beaucoup mieux que l'édition Blacksat Compressor, une version du Satelis 125 dont le monocylindre est suralimenté par un compresseur (!) et dont la puissance passe de 15 à 20 chevaux. Offert en nombre limité — seulement 25 unités pour le Canada — au prix de 10 995 $, ce modèle ne s'adresse évidemment pas à tous.

Moteur	monocylindre de 124,8 cc, 4-temps, refroidi par liquide
Pneus avant-arrière	120/70-14 & 140/60-13
Freins avant-arrière	à disque - à disque
Poids	160 kg
Réservoir	13,2 litres
Prix	6 175/10 995 $
Nombre de places	2

Le secret le mieux gardé.
Maintenant révélé.

Voici la gamme de scooters SYM . Déjà un meneur établi dans l'industrie du véhicule sportif à travers le monde, SYM capture l'essence même de la grandeur du design européen avec plus de 10 millions d'unités vendues à travers le monde. Avec des distributeurs dans plus de 55 pays, c'est au tour du Canada de découvrir que SYM ne fera aucun compromis sur la qualité, le style, la performance, le prix et la garantie.
SYM se marie bien avec tous, quels que soient leur train de vie, leur style de vie, et leurs désirs.

SYM
Engine of Life

www.symcanada.ca

SCOOTERS

PEUGEOT
SATELIS 250 PREMIUM `51 - 400 CC`

Peugeot ne «donne» peut-être pas ses gros scooters, mais il les équipe en revanche assez pour expliquer la facture. Le Satelis 250 Premium en est un bel exemple. En plus de la généreuse protection au vent, de la large selle étagée, de l'ordinateur de bord et de l'injection électronique, le scooter français offre un immense coffre capable d'accepter une paire de casques intégraux. Plusieurs autres compartiments peuvent également accueillir de menus objets. La mécanique refroidie par liquide produit 22 chevaux.

Moteur	monocylindre de 244,3 cc, 4-temps, refroidi par liquide
Pneus avant-arrière	120/70-14 & 140/60-13
Freins avant-arrière	à disque - à disque
Poids	160 kg
Réservoir	14 litres
Prix	7 999 $
Nombre de places	2

SYM
FIDDLE II 50/125 `51 - 400 CC`

Beaucoup de modèles de scooters ont un style qui s'inspire des vieux Vespa, mais la ligne des Fiddle II de SYM est beaucoup plus proche de la silhouette des modèles italiens actuels, ce qui devrait les rendre attrayants à une clientèle beaucoup plus large. Les carrosseries affichent de légères différences entre les versions 50 et 125, mais la plupart des autres caractéristiques sont très similaires. Tous deux ont l'avantage d'être équipés d'une selle longue facilitant le transport d'un passager.

Moteur	monocylindre de 49,4/124,6 cc, 4-temps, refroidi par air
Pneus avant-arrière	110/70-12 & 120/70-12
Freins avant-arrière	à disque - à tambour
Poids	96 kg
Réservoir	5,2 litres
Prix	2 595/3 695 $
Nombre de places	2

SYM
HD 200 `51 - 400 CC`

Le HD 200 est un scooter de calibre intermédiaire propulsé par un monocylindre 4-temps refroidi par liquide et produisant une vingtaine de chevaux, ce qui est amplement suffisant pour circuler sans problèmes sur l'autoroute. En favorisant la stabilité et en rendant la direction moins nerveuse, les grandes roues de 16 pouces améliorent le comportement à ces vitesses. Une longue selle pouvant accueillir un passager, un coffre situé sous la selle et un petit porte-bagages font partie de l'équipement d'origine.

Moteur	monocylindre de 171,2 cc, 4-temps, refroidi par liquide
Pneus avant-arrière	100/80-16 & 120/80-16
Freins avant-arrière	à disque - à disque
Poids	135 kg
Réservoir	8 litres
Prix	3 995 $
Nombre de places	2

SYM
RV250 `51 - 400 CC`

Produisant 21 chevaux, le monocylindre refroidi par liquide du RV250 atteindrait, selon SYM, les 140 km/h. Le large carénage et le grand pare-brise sont conçus pour garder le pilote et son passager à l'abri de la pression du vent à ces vitesses, tandis que le volumineux espace de rangement et la généreuse selle avec dossiers pour le pilote et le passager permettent de rouler longtemps. Un système de freinage couplé à disques, une instrumentation numérique et des feux DEL font aussi partie de l'équipement.

Moteur	monocylindre de 250,6 cc, 4-temps, refroidi par liquide
Pneus avant-arrière	110/90-13 & 130/70-13
Freins avant-arrière	à disque - à disque
Poids	173 kg
Réservoir	12 litres
Prix	5 595 $
Nombre de places	2

51 - 400 CC
SYM
CITYCOM 300i

Dessiné de façon à la fois sobre et élégante, le Citycom 300i est animé par un monocylindre 4-temps injecté produisant une vingtaine de chevaux. Il offre une grande protection au vent et des roues de 16 pouces, des caractéristiques qui favorisent la conduite sur l'autoroute. L'instrumentation est non seulement complète, mais aussi très moderne, tandis que le volume de rangement est particulièrement généreux. Contrairement à la plupart des scooters, le Citycom n'a pas un plancher plat, mais plutôt des plateformes.

Moteur	monocylindre de 262,8 cc, 4-temps, refroidi par liquide
Pneus avant-arrière	110/70-16 & 140/70-16
Freins avant-arrière	à disque - à disque
Poids	184 kg
Réservoir	10 litres
Prix	5 895 $
Nombre de places	2

51 - 400 CC
VESPA
S 50/150

Le Vespa S représente la manière la plus économique d'accéder à l'univers de nostalgie dans lequel baigne chacun des modèles de la gamme italienne. Le style est évidemment rétro, mais quand même pas de manière trop marquée. La même plateforme peut être équipée d'un moteur de 50 ou 150 cc, la plus grosse cylindrée étant une option facturée presque 1 500 $. Malgré les prix assez élevés (on demande tout près de 4 000 $ pour le 50 cc), on n'a droit qu'à un frein à tambour à l'arrière ainsi qu'à des roues de petit diamètre.

Moteur	monocylindre de 49/150 cc, 4-temps, refroidi par air
Pneus avant-arrière	110/70-11 & 120/70-10
Freins avant-arrière	à disque - à tambour
Poids	110 kg
Réservoir	8,7 litres
Prix	3 995/5 395 $
Nombre de places	2

51 - 400 CC
VESPA
LX 50/150/LXV 150

Le marché du scooter regorge de petits modèles dont les formes arrondies sont un clin d'œil évident au passé. Si le LX joue le même jeu, son cas est différent puisqu'il s'agit de son propre passé qu'il évoque grâce à sa sympathique mine rétro. Comme tous les Vespa, il est cher, que ce soit en version 50 ou 150 cc. La marque italienne se fera même un plaisir de vous soutirer un montant encore plus gros si vous optez pour le modèle LXV 150, une variante plus luxueuse et plus équipée du LX 150.

Moteur	monocylindre de 49/150 cc, 4-temps, refroidi par air
Pneus avant-arrière	110/70-11 & 120/70-10
Freins avant-arrière	à disque - à tambour (LXV : disque)
Poids	102/110 kg
Réservoir	8,6 litres
Prix	4 395/5 595/6 995 $
Nombre de places	2

51 - 400 CC
VESPA
GTS 250/300/GTV

Vespa a puisé dans sa riche histoire qui remonte aux années 50 pour offrir à l'amateur de scooters le GTS 250 et sa nouvelle version 300, le modèle ayant la plus grosse cylindrée de la marque. Les lignes du GTS sont classiques. Il est propulsé par un monocylindre 4-temps injecté dont le refroidissement se fait par liquide. La suspension arrière est ajustable et tout est en place pour accueillir un passager. Une gamme complète d'accessoires est offerte aux acheteurs qui désirent personnaliser leur monture.

Moteur	monocylindre de 244/278 cc, 4-temps, refroidi par liquide
Pneus avant-arrière	120/70-12 & 130/70-12
Freins avant-arrière	à disque - à disque
Poids	146 kg
Réservoir	9,2 litres
Prix	7 995/8 295/8 995 $
Nombre de places	2

TGB
303R 50/150

`51 - 400 CC`

Le 303R de TGB peut être livré en 2 versions. La première est animée par un monocylindre 2-temps de 50 cc tandis que la seconde est plutôt propulsée par un monocylindre 4-temps de 150 cc. Le refroidissement est par air dans les deux cas. La plateforme est la même pour les 2 versions, mais le 150 profite de roues de plus grand diamètre et d'une suspension arrière partiellement ajustable. Il est aussi nettement plus lourd que le 50. Le freinage est par disque à l'avant et par tambour mécanique à l'arrière.

Moteur	monocylindre de 49,3/151,1 cc, 2/4-temps, refroidi par air
Pneus avant-arrière	120/70-12 & 120/70-12 / 130/60-13 & 130/60-13
Freins avant-arrière	à disque - à tambour
Poids	92/122 kg
Réservoir	4,9 litres
Prix	2 599/3 499 $
Nombre de places	2

TGB
DELIVERY 50/150

`51 - 400 CC`

Il y a les scooters pour ados, ceux pour adultes... et il y a aussi ceux pour livrer de la pizza. Équipé d'une grosse boîte de 150 litres dans laquelle un sac chauffant optionnel peut même être installé, le Delivery de TGB porte très bien son nom. Propulsé au choix par un moteur 2-temps de 50 cc ou 4-temps de 150 cc, il offre un tas de caractéristiques ayant pour seul but de faciliter le travail de livraison. Des paniers additionnels peuvent lui être fixés, tandis qu'il a même une béquille latérale de chaque côté.

Moteur	monocylindre de 49,3/151,1 cc, 2/4-temps, refroidi par air
Pneus avant-arrière	3,00-14 & 130/60-13
Freins avant-arrière	à disque - à tambour
Poids	n/d
Réservoir	6,8 litres
Prix	2 999/3 699 $
Nombre de places	2

YAMAHA
BW's 125

`51 - 400 CC`

Une nouveauté en 2009, le BW's 125 s'inspire de manière on ne peut plus claire du style de «tank à 2 roues» qui a rendu son petit frère de 50 cc aussi populaire au fil des ans. L'apparence du BW's 125 se distingue aussi par le fait que son massif cadre en acier tubulaire est visible. Évidemment, des roues à gros pneus de type double-usage font partie de l'ensemble. Le monocylindre qui l'anime est tout nouveau et bénéficie de l'injection d'essence.

Moteur	monocylindre de 125 cc, 4-temps, refroidi par air
Pneus avant-arrière	120/70-12 & 130/70-12
Freins avant-arrière	à disque - à tambour
Poids	122 kg (tous pleins faits)
Réservoir	6 litres
Prix	4 199 $
Nombre de places	2

YAMAHA
VINO 125

`51 - 400 CC`

Le Vino 125 est l'interprétation japonaise du Vespa. Sous son thème classique de scooter urbain, il est propulsé par un monocylindre 4-temps de 125 cc légèrement moins avancé que celui du nouveau BW's 125, mais quand même moderne. Parmi les caractéristiques pratiques, on note un porte-bagages à l'arrière et une selle biplace. Celle-ci cache un compartiment permettant de ranger un casque intégral. Le freinage est confié à un tambour à l'arrière et à un disque à l'avant.

Moteur	monocylindre de 125 cc, 4-temps, refroidi par air
Pneus avant-arrière	3,50-10 & 3,50-10
Freins avant-arrière	à disque - à tambour
Poids	109 kg (tous pleins faits)
Réservoir	4,7 litres
Prix	3 899 $
Nombre de places	2

50 CC

La firme de Noale s'est inspirée de la ligne de sa RSV1000R pour dessiner ce scooter au côté technique étonnamment avancé. Le SR50 offre en plus des caractéristiques comme un système antivol, un compartiment sous la selle pouvant contenir un casque ainsi qu'un indicateur de vitesse numérique. Le monocylindre 2-temps de 49 cc est offert en version à carburateur ou, dans sa livrée Factory, à injection directe. Le SR50 est doté de roues de 13 pouces et de freins à disques.

Moteur	monocylindre de 49 cc, 2-temps, refroidi par liquide
Pneus avant-arrière	130/60-13 & 130/60-13
Freins avant-arrière	à disque - à disque
Poids	106 kg
Réservoir	7 litres
Prix	3 995 $
Nombre de places	2

50 CC

On ne trouve pas beaucoup de scooters moins chers que le Cordi R de Daelim, et on n'en trouve pas non plus de plus basique. En effet, partout où l'on regarde, les composantes utilisées sont les plus simples et les moins coûteuses. Le modèle coréen est animé par un petit monocylindre 2-temps refroidi par air et roule sur de minces roues de 10 pouces chaussées de minuscules pneus. Le freinage est par tambour à l'avant, ce qu'on ne retrouve pratiquement plus de nos jours, même sur un modèle économique.

Moteur	monocylindre de 49 cc, 2-temps, refroidi par air
Pneus avant-arrière	90/90-10 & 90/90-10
Freins avant-arrière	à tambour - à tambour
Poids	77 kg
Réservoir	4,8 litres
Prix	1 995 $
Nombre de places	2

50 CC

Le nom du G3000LX fait référence au moteur électrique sans balai qui l'anime. Il a la particularité d'utiliser un type de batteries (phosphate de fer au lithium ou LiFePo4) dont les propriétés seraient supérieures aux batteries classiques. On annonce, entre autres, de 1 000 à 2 000 cycles de recharge et un temps de recharge de 1 à 3 heures seulement. La vitesse de pointe serait de 67 km/h et l'autonomie atteindrait 80 kilomètres. La partie cycle du véhicule est très similaire à celle d'un scooter de 50 cc.

Moteur	3000 W
Pneus avant-arrière	90/90-10 & 90/90-10
Freins avant-arrière	à disque - à tambour
Poids	114 kg
Réservoir	aucun
Prix	4 995 $
Nombre de places	2

50 CC

Le E-Ton Beamer III fabriqué à Taïwan est un autre modèle inspiré du Yamaha BW's. Selon l'importateur canadien, plusieurs pièces proviendraient même de l'ancienne génération du BW's. Le Beamer III est propulsé par un monocylindre de 49,3 cc 2-temps refroidi par air. Ce dernier respecterait les normes environnementales en vigueur, ce qui le distinguerait du Beamer II précédent. Il roule sur de larges roues de 10 pouces chaussées de pneus mixtes, un ensemble qui résiste généralement bien aux dommages routiers.

Moteur	monocylindre de 49,3 cc 2-temps, refroidi par air
Pneus avant-arrière	120/90-10 & 130/90-10
Freins avant-arrière	à disque - à tambour
Poids	82 kg
Réservoir	5,5 litres
Prix	2 499 $
Nombre de places	2

E-TON
SPORT 50
50 CC

Tout nouveau pour 2009, le Sport 50 est le modèle le plus économique chez E-Ton ainsi que le premier 50 cc 4-temps de la marque. Même s'il est construit de manière à réduire sa facture, comme en témoigne par exemple le frein à tambour à l'arrière, le Sport 50 reste assez bien équipé. La ligne est profilée sans toutefois être révolutionnaire, tandis que tout le nécessaire pour accepter un passager est présent. Même les roues ne sont pas trop petites, ce qui est pourtant souvent le cas sur les modèles bas de gamme.

Moteur	monocylindre de 49,4 cc, 4-temps, refroidi par air
Pneus avant-arrière	120/70-12 & 130/70-12
Freins avant-arrière	à disque - à tambour
Poids	99 kg
Réservoir	5,2 litres
Prix	2 199 $
Nombre de places	2

HONDA
JAZZ
50 CC

Mignon comme tout avec ses courbes évoquant les traits des vieux Vespa, le Jazz est un petit scooter 4-temps de 49 cc à vocation urbaine. Il offre un poids très faible même pour la classe et un tas d'options : un coffre arrière, un pare-brise, un porte-bagages et même un panier intérieur. Très silencieux, il bénéficie du freinage combiné, mais utilise 2 tambours. En raison de sa puissance limitée et de ses dimensions réduites, il n'offre pas la possibilité de transporter un passager.

Moteur	monocylindre de 49 cc, 4-temps, refroidi par liquide
Pneus avant-arrière	90/90-10 & 90/90-10
Freins avant-arrière	à tambour - à tambour
Poids	80 kg (tous pleins faits)
Réservoir	5 litres
Prix	2 849 $ (blanc : 2 799 $)
Nombre de places	1

HONDA
RUCKUS
50 CC

Le Ruckus est un peu l'équivalent du Hummer en version scooter, les deux véhicules affichant une ligne volontairement difforme et une apparence de tout-terrain indestructible. Derrière ce look presque militaire se cache néanmoins un scooter classique à moteur 4-temps de 49 cc refroidi par liquide. Son phare double surdimensionné et son cadre tubulaire lui donnent un air inimitable. Le Ruckus possède un frein de stationnement, mais ne peut compter que sur deux tambours pour s'immobiliser. Une version de 250 cc était offerte il y a quelques années.

Moteur	monocylindre de 49 cc, 4-temps, refroidi par liquide
Pneus avant-arrière	120/90-10 & 130/90-10
Freins avant-arrière	à tambour - à tambour
Poids	88 kg (tous pleins faits)
Réservoir	5 litres
Prix	2 949 $ (rouge : 2 849 $)
Nombre de places	1

HYOSUNG
PRIMA RACING/RALLY
50 CC

Le modèle Prima de Hyosung est offert en deux versions qui partagent la même base. Outre des différences relativement mineures comme le petit saute-vent et le porte-bagages dont est équipé le Rally, mais pas le Racing, le Rally roule sur des pneus larges à crampons montés sur des roues de 10 pouces, comme le Yamaha BW's. Le Racing opte plutôt pour des roues de 12 pouces et des pneus de route. Les Prima sont propulsés par un monocylindre 2-temps refroidi par air et sont offerts au même prix.

Moteur	monocylindre de 49 cc, 2-temps, refroidi par air
Pneus avant-arrière	120/90-10 & 130/90-10 (110/70-12 & 120/70-12)
Freins avant-arrière	à disque - à tambour
Poids	88 kg
Réservoir	4,3 litres
Prix	2 295 $
Nombre de places	2

Lorsque passion...
rencontre performance.

Avec la nouvelle gamme de scooter Peugeot, la passion rencontre la performance. Son style européen et son évolution technique font de Peugeot une marque sans égale. Innovatif, sécure et performant, Peugeot saura répondre et surpasser toutes vos attentes. Par ses gammes diversifiées: sportive, urbaine et prestige, nous avons assurément le modèle qui vous convient! Lorsque vous les verrez, vous comprendrez pourquoi Peugeot représente **L'ÉVOLUTION DU TRANSPORT.**

peugeotcanada.ca

PEUGEOT

KEEWAY
F-ACT 50

`50 CC`

Très bien implantés en Chine, la compagnie Quinjiang et ses produits restent peu connus chez nous, comme la plupart des marques et des modèles de ce marché. Le F-ACT 50 présente une ligne sportive appuyée par des pièces intéressantes comme un échappement et un disque de frein avant de type «performance». Il est propulsé par un monocylindre 2-temps carburé et refroidi par air. Selon la fiche technique du modèle, sa vitesse maximale serait de 45 km/h, mais l'importateur canadien insiste sur le fait qu'elle avoisine plutôt les 70 km/h.

Moteur	monocylindre de 49,26 cc, 2-temps, refroidi par air
Pneus avant arrière	120/70-12 & 130/70-12
Freins avant arrière	à disque - à tambour
Poids	86 kg
Réservoir	4,8 litres
Prix	2 299 $
Nombre de places	2

KEEWAY
HURRICANE 50

`50 CC`

Le Hurricane 50 est une version moins agressive du F-ACT 50 dont il reprend le monocylindre 2-temps, refroidi par air de 49,26 cc. Il roule sur des roues de 12 pouces, plus étroites (100 mm de large) et est équipé de systèmes d'échappement et de freins plus classiques, mais il offre également un petit porte-bagages et un petit coffre vertical à l'avant. Comme c'est le cas pour le F-ACT, la documentation du constructeur parle d'une vitesse maximale de 45 km/h, mais l'importateur canadien prétend qu'elle serait plutôt de 70 km/h.

Moteur	monocylindre de 49,26 cc, 2-temps, refroidi par air
Pneus avant arrière	100/60-12 & 100/60-12
Freins avant arrière	à disque - à tambour
Poids	81 kg
Réservoir	5 litres
Prix	1 999 $
Nombre de places	2

KYMCO
VITALITY 50 2T/4T

`50 CC`

Malgré sa grande simplicité, le Vitality 50 offre toutes les caractéristiques auxquelles on s'attend d'un scooter urbain moderne : moteur économe, pneus sportifs montés sur des roues de 12 pouces, frein avant à disque, coffre sous la selle, tableau de bord lisible, béquille latérale à repli automatique, béquille centrale, porte-bagages arrière et crochet d'arrimage. Le Vitality, qui est équipé de façon à pouvoir accueillir un passager, peut être propulsé par un moteur 2-temps ou 4-temps, au choix.

Moteur	monocylindre de 49,5 cc 2/4-temps, refroidi par air
Pneus avant-arrière	120/70-12 & 130/70-12
Freins avant-arrière	à disque - à tambour
Poids	97 kg
Réservoir	5 litres
Prix	2 400 $
Nombre de places	2

KYMCO
PEOPLE S 50

`50 CC`

Tout comme le Scarabeo 50 d'Aprilia, le People S 50 de Kymco se distingue par ses grandes roues de 16 pouces de diamètre qui lui confèrent une stabilité supérieure à «haute vitesse» et qui permettent d'absorber les nids-de-poule plus facilement. L'envers de la médaille est une ligne pas vraiment jolie. La garde au sol est plus élevée que sur les modèles à petites roues, tout comme le centre de gravité. La direction de ces modèles est généralement moins nerveuse et la tenue de route habituellement plus neutre et plus rassurante.

Moteur	monocylindre de 49,5 cc, 4-temps, refroidi par air
Pneus avant arrière	100/80-16 & 120/70-16
Freins avant arrière	à disque - à tambour
Poids	102 kg
Réservoir	7 litres
Prix	2 900 $
Nombre de places	2

50 CC
SENTO 50

Le Sento 50 est un autre de ces modèles dont la ligne rétro est clairement inspirée de la silhouette classique des vieux Vespa. À peine plus cher que les modèles d'entrée de gamme de Kymco, le Sento est propulsé par un monocyclindre 4-temps refroidi par air. Afin de garder les coûts le plus bas possible, le modèle est équipé de toutes petites roues de 10 pouces qui s'endommagent facilement lors de chocs avec les nids-de-poule. Grâce à des repose-pieds arrière rétractables, un passager peut être transporté.

Moteur	monocylindre de 49,5 cc, 4-temps, refroidi par air
Pneus avant-arrière	90/90-10 & 90/90-10
Freins avant-arrière	à disque - à tambour
Poids	83 kg
Réservoir	5 litres
Prix	2 600 $
Nombre de places	2

50 CC
KYMCO
SUPER 9 A/C

Malgré le fait qu'il s'agit d'un scooter dont le style est décidément sportif, le Super 9 A/C conserve un prix assez raisonnable. Proposant des coloris et des graphiques attrayants surtout pour les jeunes, il offre une silhouette très effilée. Son monocylindre 2-temps permettrait un niveau de performances respectable. Il est équipé de jantes de 12 pouces chaussées de pneus sportifs à gomme tendre, d'un étrier de frein avant flottant à 2 pistons, et de repose-pieds repliables en aluminium.

Moteur	monocylindre de 49 cc, 2-temps, refroidi par air
Pneus avant arrière	120/70-12 & 130/70-12
Freins avant arrière	à disque - à tambour
Poids	95 kg
Réservoir	7 litres
Prix	3 000 $
Nombre de places	2

50 CC
PGO
BIG MAX 50

Le PGO Big Max 50 est une autre réplique « Made in Taïwan » du très populaire BW's de Yamaha. Il offre une selle longue permettant d'accueillir un passager, des roues de type « ballon » absorbant mieux les irrégularités de la chaussée, un tout petit porte-bagages et un coffre de taille moyenne sous la selle. Pas beaucoup moins cher que le Yamaha qu'il imite, le Big Max ne constitue pas une véritable aubaine par rapport à ce dernier, comme c'est le cas d'ailleurs pour la plupart de ces imitations.

Moteur	monocylindre de 49 cc, 2-temps, refroidi par air
Pneus avant arrière	120/90-10 & 130/90-10
Freins avant arrière	à disque - à tambour
Poids	84 kg
Réservoir	5,1 litres
Prix	2 895 $
Nombre de places	2

50 CC
PGO
PMX NAKED

Le PMX Naked est l'un des scooters sportifs les plus inusités du moment avec son look de « Streetfighter », son guidon tubulaire façon motocross, son instrumentation numérique, son disque avant de style « pétale », ses leviers de frein taillés dans la masse, ses pneus larges et sa suspension arrière à réservoir séparé « à la Öhlins ». De quoi exciter un ado à coup sûr. Par ailleurs, le Naked peut aussi accueillir un passager grâce à sa selle double moulée, ses repose-pieds et ses poignées de maintien.

Moteur	monocylindre de 49 cc, 2-temps, refroidi par air
Pneus avant-arrière	120/70-12 & 130/70-12
Freins avant-arrière	à disque - à tambour
Poids	87 kg
Réservoir	5,1 litres
Prix	2 995 $
Nombre de places	2

PGO
E-METRO
`50 CC`

On trouve souvent, et avec raison, que les scooters de 50 cc se ressemblent beaucoup d'une compagnie à l'autre. Toutefois, le e-Metro est très différent puisqu'il s'agit d'un véhicule entièrement électrique à 2 roues motrices propulsé par une paire de moteurs-roues de 500 W logés dans les moyeux. PGO annonce une autonomie de 52 km avec les batteries de série, mais le e-Metro aurait la capacité d'accepter des batteries supplémentaires qui feraient grimper l'autonomie à 200 km. La vitesse de pointe serait de 58 km/h.

Moteur	moteur/roue de 500 W à l'avant et 500 W à l'arrière
Pneus avant-arrière	n/d
Freins avant-arrière	à disque - à disque
Poids	115 kg
Réservoir	aucun
Prix	4 495 $
Nombre de places	2

PEUGEOT
VS2 RETRO 50
`50 CC`

Ses minces pneus de 16 pouces, sa selle monoplace, son guidon haut et son pédalier sont autant de composantes du VS2 Retro qui pourraient provenir d'une bicyclette, mais il s'agit bel et bien d'un cyclomoteur puisqu'il est animé par un monocylindre 2-temps refroidi par air. Les pédales ne sont pas qu'une parure, car en plus de servir de repose-pieds, elles permettent aussi au pilote d'ajouter quelques fractions de cheval-vapeur à la tombée du feu vert ou dans une pente abrupte. Souvenez-vous seulement d'éviter les autoroutes...

Moteur	monocylindre de 49,1 cc, 2-temps, refroidi par air
Pneus avant-arrière	2,25/-16 & 2,25/-16
Freins avant-arrière	à tambour - à tambour
Poids	42 kg
Réservoir	5 litres
Prix	1 995 $
Nombre de places	1

PEUGEOT
NEW VIVACITY 50
`50 CC`

Sous ses traits sobres et élégants, le Peugeot Vivacity cache une petite merveille de praticité. Car en plus du compartiment habituel situé sous la selle, ce scooter du célèbre constructeur français possède un second coffre dans sa partie avant. Le réservoir d'essence est logé sous le plancher. Le monocylindre qui l'anime peut être commandé en version 2-temps ou 4-temps, tandis qu'une multitude de détails comme une prise 12 volts et un ordinateur de bord à écran numérique ajoutent à sa valeur.

Moteur	monocylindre de 49,9 cc, 2/4-temps, refroidi par air
Pneus avant-arrière	120/70-12 & 120/70-12
Freins avant-arrière	à disque - à tambour
Poids	90 kg
Réservoir	8,5 litres
Prix	2 945 $
Nombre de places	2

PEUGEOT
TKR FURIOUS 50
`50 CC`

Le TKR Furious se distingue avant tout grâce à sa ligne tourmentée remplie de courbes et de trappes. Une paire de phares à faisceau, un guidon découvert de type motocross, un échappement au look performance et une fourche inversée sont autant d'éléments qui élèvent le dynamisme du style encore plus. Propulsé par un monocylindre 2-temps refroidi par air, il est conçu pour accepter un passager et offre un espace de rangement verrouillable sous la selle. L'instrumentation entièrement numérique est attachée au guidon.

Moteur	monocylindre de 49,1 cc, 2-temps, refroidi par air
Pneus avant-arrière	120/90-10 & 130/90-10
Freins avant-arrière	à disque - à tambour
Poids	81 kg
Réservoir	6 litres
Prix	3 745 $
Nombre de places	2

50 CC — SPEEDFIGHT 2/RCUP
PEUGEOT

Un «Best seller» chez Peugeot, le Speedfight est l'un des scooters de 50 cc les plus techniquement avancés qui soient. Couvert d'un carénage dont les traits seraient tout à fait appropriés sur une moto de classe sportive et propulsé par un moteur 2-temps, le Speedfight possède l'unique particularité d'utiliser une suspension avant à bras oscillant, ce que même les motos n'ont pas. La version Rcup pousse l'agressivité du style encore plus loin grâce, entre autres, à de multiples décalques de course et à des couvre-plateforme en métal.

Moteur	monocylindre de 49,1 cc, 2-temps, refroidi par air/liquide
Pneus avant-arrière	120/70-12 & 130/70-12
Freins avant-arrière	à disque - à disque
Poids	90 kg
Réservoir	7,2 litres
Prix	3 995/4 150 $
Nombre de places	2

50 CC — SIMPLY 50
SYM

Malgré la multiplication de modèles de scooters sur notre marché, peu sont accompagnés d'une facture inférieure à 2 000 $. Et lorsqu'ils le sont, c'est souvent parce qu'ils ont recours aux pièces les plus économiques. Le Simply 50 du constructeur taiwanais SYM fait partie de ce club, mais se tire d'affaire plutôt bien en offrant des roues de 12 pouces, une selle longue, tout le nécessaire pour accueillir un passager et un frein à disque à l'avant. La ligne est davantage urbaine que spectaculaire et la finition est bonne. Pour 2 000 $, c'est bien.

Moteur	monocylindre de 49,4 cc, 4-temps, refroidi par air
Pneus avant-arrière	120/70-12 & 130/70-12
Freins avant-arrière	à disque - à tambour
Poids	95 kg
Réservoir	5,2 litres
Prix	1 995 $
Nombre de places	2

50 CC — MIO 50
SYM

Animé par un petit monocylindre 4-temps, le Mio 50 affiche un thème rétro s'inspirant des produits de cette célèbre marque italienne qu'il n'est plus nécessaire ne nommer. Il conserve la capacité d'accueillir un passager malgré sa selle écourtée par la partie arrière tronquée. La finition est bonne et la plupart des caractéristiques qu'on s'attend à retrouver sur un modèle de ce prix sont là. Les petites roues de 10 pouces s'abîment toutefois plus facilement que celles dont le diamètre est plus grand.

Moteur	monocylindre de 49,5 cc, 4-temps, refroidi par air
Pneus avant-arrière	90/90-10 & 90/90-10
Freins avant-arrière	à disque - à tambour
Poids	84,5 kg
Réservoir	4,8 litres
Prix	2 395 $
Nombre de places	2

50 CC — JET EURO 50
SYM

Le Jet Euro 50 joue la carte du style sportif au maximum et sans la moindre retenue. La partie avant très profilée est particulièrement frappante avec ses grands phares effilés et ses clignotants intégrés, tandis que l'arrière n'est pas en reste avec ses deux feux ronds et ses trappes d'air latérales. L'instrumentation inclut un compte-tour analogue. Le côté mécanique est plus conventionnel puisque le modèle est animé par un monocylindre 2-temps refroidi par air et que le freinage est confié à un système mixte à disque et tambour.

Moteur	monocylindre de 49,4 cc, 2-temps, refroidi par air
Pneus avant-arrière	110/70-12 & 120/70-12
Freins avant-arrière	à disque - à tambour
Poids	96 kg
Réservoir	5,2 litres
Prix	2 695 $
Nombre de places	2

TGB
R50X
`50 CC`

YAMAHA
VINO 50
`50 CC`

Le TGB R50X affiche l'une des lignes sportives les plus agressives du marché du scooter de 50 cc. Animé par un monocylindre 2-temps refroidi par air, il est équipé d'une instrumentation à double écran numérique et compte-tours analogue. Ses roues et ses pneus ont de bonnes dimensions et il a l'avantage d'être freiné par un disque à l'avant comme à l'arrière. La carrosserie comporte de multiples trappes d'air qui ajoutent beaucoup au thème sportif, ce qui n'empêche pas le R50X de pouvoir transporter un passager.

Le Vino est l'un des premiers, sinon le premier scooter dont la silhouette a été inspirée de manière aussi évidente du style des Vespa italiens. Ses lignes tout en rondeur ont du charme et semblent surtout plaire à la gent féminine. Le petit monocylindre 4-temps qui l'anime n'est décidément pas un monstre de puissance, mais il est efficace, rassurant et ne crache plus d'épaisses vapeurs bleutées comme son ancêtre à moteur 2-temps. Sa calandre chromée est particulièrement attrayante tandis qu'un petit porte-bagages l'équipe de série.

Moteur	monocylindre de 49,3 cc, 2-temps, refroidi par air
Pneus avant-arrière	130/60-13 & 130/60-13
Freins avant-arrière	à disque - à disque
Poids	95 kg
Réservoir	6,8 litres
Prix	3 099 $
Nombre de places	2

Moteur	monocylindre de 49 cc, 4-temps, refroidi par liquide
Pneus avant-arrière	90/90-10 & 90/90-10
Freins avant-arrière	à tambour - à tambour
Poids	81 kg (tous pleins faits)
Réservoir	4,5 litres
Prix	2 999 $
Nombre de places	1

YAMAHA
C CUBED
`50 CC`

YAMAHA
BW's 50
`50 CC`

Le drôle de petit scooter qu'est le C Cubed, ou C3, a d'abord été un exercice de style. Son allure de «boîte à lunch roulante» semble avoir beaucoup plu puisque Yamaha a décidé d'en faire une version de production qui est pratiquement restée intacte. Le concept proposait un intéressant coffre allongé logé sous la selle qui existe sur le C3 de production. Un petit moteur 4-temps refroidi au liquide se charge de propulser ce sympathique scooter.

Il est aujourd'hui presque inutile de présenter le BW's 50 puisque ses nombreux imitateurs s'en chargent. Indétrônable, il règne dans les stationnements de polyvalentes depuis une bonne douzaine d'années. Affirmer qu'il est devenu, pour certains ados, aussi indispensable qu'un cellulaire n'aurait d'ailleurs rien d'exagéré. Conçu expressément pour plaire aux jeunes, il est robuste et permet le transport d'un passager. Ses gros pneus ballon, ses clignotants flexibles et ses deux énormes phares constituent sa signature visuelle.

Moteur	monocylindre de 49 cc 4-temps, refroidi par liquide
Pneus avant-arrière	120/90-10 & 120/90-10
Freins avant-arrière	à tambour - à tambour
Poids	90 kg (tous pleins faits)
Réservoir	4,5 litres
Prix	2 899 $
Nombre de places	1

Moteur	monocylindre de 49 cc, 2-temps, refroidi par air
Pneus avant-arrière	120/90-10 & 130/90-10
Freins avant-arrière	à disque - à tambour
Poids	94 kg (tous pleins faits)
Réservoir	5,7 litres
Prix	3 199 $
Nombre de places	2

HORS-ROUTE

PAR
CLAUDE LÉONARD

HONDA CRF450R

NOUVEAUTÉ

MX 450 4T

Pour 2009, Honda accouche d'une toute nouvelle CRF450R. Le moteur révisé est plus compact et alimenté par un système d'injection électronique. Le nouveau cadre est aussi plus compact afin de promouvoir la centralisation des masses (voir l'intro de cette section pour plus de détails techniques). Sur le terrain, l'injection Keihin génère des reprises très franches, avec peu d'efforts à la manette. Le nouveau moteur a gagné en raffinement, surtout dans la première moitié de sa plage, et prend des tours plus librement. Le nouveau châssis est plus incisif et récompense un pilotage agressif. La sensation dominante de la nouvelle machine est celle d'une plus grande légèreté de l'ensemble. Pas parfaite, mais le potentiel de développement fait peur.

Moteur-refroidissement	monocylindre 4-temps de 449 cc - liquide
Transmission-embrayage	5 rapports - manuel
Cadre-roues avant/arrière	aluminium - 21 pouces / 19 pouces
Poids-selle-réservoir	106,5 kg - 957 mm – 5,7 litres
Prix-garantie	8 749 $ - aucune

KAWASAKI KX450F

RÉVISION

MX 450 4T

Dès sa sortie des blocs en 2006, la KX450F s'est imposée comme une machine indéniablement puissante et rapide, mais pas des plus faciles à maîtriser. Depuis, Kawasaki s'est appliqué à raffiner la bête, tant côté moteur que châssis, avec succès. Cette quête s'intensifie en 2009 avec l'arrivée d'une KX450F fortement remaniée. Le moteur à cylindre, piston et culasse redessinés reçoit l'injection électronique du carburant, assurant des reprises sans faille sur toute la plage d'utilisation. La puissance est généreuse dès les bas régimes mais arrive avec plus de douceur qu'auparavant. Le caractère du moteur est moins rugueux, et il semble prendre des tours de façon plus conviviale, ce qui facilite l'exploitation de cette nouvelle KX plus agile.

Moteur-refroidissement	monocylindre 4-temps de 449 cc - liquide
Transmission-embrayage	5 rapports - manuel
Cadre-roues avant/arrière	aluminium - 21 pouces / 19 pouces
Poids-selle-réservoir	112 kg - 965 mm - 7 litres
Prix-garantie	8 699 $ (Monster Energy : 8 899 $) - aucune

KTM 450 SX-F

MX 450 4T

Complètement remaniée en 2007, incluant un tout nouveau moteur, la 450 SX-F s'est d'entrée de jeu imposée comme une concurrente sérieuse face aux machines japonaises. Pour 2009, KTM poursuit le travail de raffinement entrepris l'an dernier. Le moteur a reçu des modifications mineures, particulièrement à la culasse, et la suspension a été légèrement corrigée. Le moteur demeure un des plus puissants de la catégorie à haut régime, mais se montre facile à utiliser grâce à la progression exemplaire de sa bande de puissance, qui s'ébranle doucement puis s'affirme avec force mais retenue. La suspension gagne en souplesse initiale en 2009. L'exclusif démarreur électrique de la KTM 450 demeure un plus appréciable, surtout à la suite d'une chute.

Moteur-refroidissement	monocylindre 4-temps de 449 cc - liquide
Transmission-embrayage	4 rapports - manuel
Cadre-roues avant/arrière	acier - 21 pouces / 19 pouces
Poids-selle-réservoir	104 kg - 985 mm - 8 litres
Prix-garantie	8 598 $ - 1 mois

SUZUKI RM-Z450

MX 450 4T

L'an dernier, la RM-Z450 est devenue la première machine de motocross de grande série à être alimentée par un système d'injection électronique de l'essence. Le moteur affichait d'excellentes reprises avec l'injection, et livrait une puissance généreuse et facile à exploiter à bas et moyen régimes. La puissance en haut n'était toutefois pas à la hauteur de celle de ses principales rivales. La géométrie incisive du châssis assurait un comportement exemplaire en virage, mais la suspension souple était plus adaptée à un débutant qu'à un pilote agressif. Sortie sur le tard en 2008, la RM-Z450 est peu changée en 2009. Les carters du moteur ont été modifiés pour contrer les bris connus l'an dernier. Pour l'essentiel, elle demeure identique à la 2008.

Moteur-refroidissement	monocylindre 4-temps de 449 cc - liquide
Transmission-embrayage	5 rapports - manuel
Cadre-roues avant/arrière	aluminium - 21 pouces / 19 pouces
Poids-selle-réservoir	101,5 kg - 955 mm – 6,2 litres
Prix-garantie	8 499 $ - aucune

MX 450 4T
YAMAHA
YZ450F

Comme l'an passé, Yamaha joue la carte du raffinement en 2009. Le plus gros changement apporté à la YZ450F est l'arrivée d'un nouveau bras oscillant à tringlerie redessinée et d'un nouveau moyeu arrière qui permettent de réduire de façon substantielle le poids non-suspendu à l'arrière. Ce changement appuie un des points forts de la grosse YZ qui avait déjà la suspension la plus efficace de sa catégorie. Côté moteur, le seul changement est l'arrivée d'un mécanisme de sélection amélioré qui facilite le passage des rapports. Le moteur est quelque peu étouffé par le gros silencieux (il répond bien à un système accessoire), mais se montre facile à exploiter. Le moulin à 5 soupapes de Yamaha jouit par ailleurs d'une excellente réputation sur le plan de la durabilité.

Moteur-refroidissement	monocylindre 4-temps de 449 cc - liquide
Transmission-embrayage	5 rapports - manuel
Cadre-roues avant/arrière	aluminium - 21 pouces / 19 pouces
Poids-selle-réservoir	108,3 kg - 989 mm - 7 litres
Prix-garantie	8 999 $ (blanc : 9 099 $) - aucune

MX 250 2T
KTM
250 SX

KTM est de loin le fabricant le plus dynamique dans le monde du moteur 2T. En fait, toute sa gamme de machines 2T affiche des révisions moteur en 2009, sauf une : la 250 SX. Mais contrairement à ce qui se passe chez les constructeurs japonais, ce n'est pas un signe d'abandon de la classe 250 2T puisque la 250 SX a reçu une partie cycle complètement redessinée et un moteur fortement révisé il y a deux ans. Pour 2009, le fabricant autrichien poursuit son raffinement avec de nouveaux tés de fourche, un frein avant plus progressif et des modifications internes à la fourche et à l'amortisseur visant, comme d'habitude, à améliorer la souplesse de la suspension. Son moteur puissant et facile à utiliser est nettement dans le coup.

Moteur-refroidissement	monocylindre 2-temps de 249 cc - liquide
Transmission-embrayage	5 rapports - manuel
Cadre-roues avant/arrière	acier - 21 pouces / 19 pouces
Poids-selle-réservoir	95,4 kg - 985 mm - 8 litres
Prix-garantie	7 598 $ - 1 mois

MX 250 2T
YAMAHA
YZ250

Avec la disparition de la Suzuki RM250, Yamaha est le seul fabricant japonais à offrir une 250 2T. La YZ250 2009 est pratiquement identique à la 2008, le changement le plus remarqué étant l'ajout de fixations réglables permettant de déplacer le guidon 10 mm vers l'arrière. Elle demeure une moto tout à fait contemporaine avec son cadre en alu et surtout sa suspension raffinée qui la rend des plus performantes sur une piste serrée et défoncée. Son moteur est un modèle d'efficacité, offrant une combinaison de vivacité et de plage d'utilisation presque parfaite. Elle constitue une arme particulièrement redoutable en enduro-cross. Les 450 4T sont plus rapides, mais le rapport qualité/prix/performances/économie d'entretien de la YZ250 est imbattable.

Moteur-refroidissement	monocylindre 2-temps de 249 cc - liquide
Transmission-embrayage	5 rapports - manuel
Cadre-roues avant/arrière	aluminium - 21 pouces / 19 pouces
Poids-selle-réservoir	105 kg - 997 mm - 8 litres
Prix-garantie	8 299 $ - aucune

MX 250 4T
HONDA
CRF250R

La CRF250R a fait un important pas en avant l'an dernier. Une série de modifications bien orchestrées au moteur ont permis de gonfler considérablement sa puissance avec l'accent sur la largeur de la bande de puissance. Une géométrie de direction plus incisive, appuyée par un nouvel amortisseur de direction, en a amélioré le comportement. Le tout a permis à la CRF250R de passer à un niveau supérieur côté efficacité et compétitivité. Pour 2009, les modifications sont mineures, Honda s'étant, de toute évidence, concentré sur la nouvelle CRF450R. L'échappement et la chambre de combustion ont été revus pour favoriser la puissance à bas régime, et les engrenages de la transmission modifiés pour un engagement plus solide. Aussi offerte en noir.

Moteur-refroidissement	monocylindre 4-temps de 249 cc - liquide
Transmission-embrayage	5 rapports - manuel
Cadre-roues avant/arrière	aluminium - 21 pouces / 19 pouces
Poids-selle-réservoir	104 kg - 965 mm - 7,5 litres
Prix-garantie	8 059 $ - aucune

KAWASAKI
KX250F

RÉVISION

MX 250 4T

Reconnue et appréciée pour son moteur volontaire et son caractère agressif depuis sa renaissance en 2006, la KX250F bénéficie cette année d'une première révision importante. Une nouvelle culasse à tubulures d'admission plus rectilignes, dotées de soupapes en titane plus robustes, un gain en inertie du vilebrequin et des révisions aux systèmes de refroidissement et de lubrification permettent un gain notable en puissance tout en privilégiant la fiabilité. Le nouveau moteur affiche des reprises plus franches en bas, et se permet même de pousser plus fort qu'auparavant sur le reste de sa plage. De nouveaux tés de fourche rendent la direction plus incisive et la suspension est améliorée. Une version noire Monster Energy ajoute 200 $ à la facture.

Moteur-refroidissement	monocylindre 4-temps de 249 cc - liquide
Transmission-embrayage	5 rapports - manuel
Cadre-roues avant/arrière	aluminium - 21 pouces / 19 pouces
Poids-selle-réservoir	104,3 kg - 955 mm – 8 litres
Prix-garantie	7 999 $ - aucune

KTM
250 SX-F

MX 250 4T

L'an dernier, la 250 SX-F a eu droit à des changements au niveau de la culasse, de l'allumage et de l'échappement visant à améliorer le couple, mais le résultat n'a pas été à la hauteur des attentes, le moteur demeurant puissant à souhait à haut régime mais un peu léthargique en bas. KTM revient à la charge en 2009 avec une nouvelle culasse à système de distribution allégé qui, cette fois, améliore nettement les reprises sans hypothéquer la puissance en haut. Les puissants freins ont été révisés pour plus de progressivité. Une fois de plus, les ingénieurs de KTM se sont penchés sur la suspension, apportant des modifications internes à la fourche et à l'amortisseur, et durcissant le ressort arrière. Et comme toujours, leur réglage exige du doigté.

Moteur-refroidissement	monocylindre 4-temps de 249 cc - liquide
Transmission-embrayage	6 rapports - manuel
Cadre-roues avant/arrière	acier - 21 pouces / 19 pouces
Poids-selle-réservoir	98 kg - 985 mm – 8 litres
Prix-garantie	7 998 $ - 1 mois

SUZUKI
RM-Z250

MX 250 4T

Après avoir complètement remanié sa RM-Z250 en 2007, tant côté châssis que motorisation, pour ensuite se concentrer sur une refonte majeure de sa RM-Z450 en 2008, Suzuki semble avoir décidé de prendre une année sabbatique en 2009. Comme la 450, la RM-Z250 est pratiquement inchangée cette année, n'affichant que des variations cosmétiques mineures. Malgré des modifications apportées l'an dernier pour bonifier la puissance à haut régime, le moteur se distingue toujours par la générosité immédiate de sa plage de puissance, qui est dans une classe à part à bas et moyen régimes, mais s'estompe en haut. Super maniable et dotée d'une suspension souple, la RM-Z est, de série, une meilleure moto de Novice que de Pro. Ce qui peut être une excellente qualité.

Moteur-refroidissement	monocylindre 4-temps de 249 cc - liquide
Transmission-embrayage	5 rapports - manuel
Cadre-roues avant/arrière	aluminium - 21 pouces / 19 pouces
Poids-selle-réservoir	92 kg - 955 mm – 7 litres
Prix-garantie	7 699 $ - aucune

YAMAHA
YZ250F

MX 250 4T

Le point fort de la YZF250F est sa suspension Kayaba SSS sensible à la vitesse qui domine la pyramide 250F. Pour 2009, l'avantage s'accentue avec l'arrivée de nouveaux bras oscillant, tringlerie et moyeu arrière qui réduisent le poids non-suspendu. Ceci compense facilement pour l'abandon du ressort arrière en titane à la faveur d'un plus lourd, mais moins dispendieux, en acier. Un nouvel échappement améliore la puissance, qui favorise toujours le milieu de la plage. Le moteur, dont le design remonte à la première 250F en 2001, demeure compétitif mais montre son âge. La bonne nouvelle, c'est que dans cette catégorie hantée par la possibilité de factures de réparations douloureuses, la YZ250F jouit d'une très bonne réputation côté fiabilité.

Moteur-refroidissement	monocylindre 4-temps de 249 cc - liquide
Transmission-embrayage	5 rapports - manuel
Cadre-roues avant/arrière	aluminium - 21 pouces / 19 pouces
Poids-selle-réservoir	102,8 kg - 984 mm – 7 litres
Prix-garantie	8 499 $ (blanc : 8 599 $) - aucune

KTM
150 SX KTM

KTM est le seul fabricant à avoir réagi quand les autorités sportives américaines ont porté la cylindrée maximale des 2T de cette catégorie de 125 à 145 cc en 2007 avec le lancement de sa 144 SX. Basée sur la 125 SX, il s'agit essentiellement de la même moto dont le moteur a été retravaillé afin de gagner 20 cc. Pour 2009, elle demeure une 144 cc mais est rebaptisée 150 SX. Des modifications au piston, à l'allumage, au carbu et à la culasse lui permettent de gagner quelques chevaux additionnels. Le moteur est plus plein en bas que le 125 et pousse plus fort tout en conservant l'allonge classique d'une petite cylindrée. Légère et maniable, la 150 SX est une excellente machine d'apprentissage. L'entretien est beaucoup moins onéreux que celui d'une 250 4T.

Moteur-refroidissement	monocylindre 2-temps de 143,6 cc - liquide
Transmission-embrayage	6 rapports - manuel
Cadre-roues avant/arrière	acier - 21 pouces / 19 pouces
Poids-selle-réservoir	90,8 kg - 985 mm - 8 litres
Prix-garantie	7 398 $ - 1 mois

KTM
125 SX KTM

Envers et contre l'attitude des autres fabricants qui, pour la plupart, ont carrément abandonné le navire 125, KTM poursuit activement le développement de sa petite huitième de litre. Fortement révisée en 2007, la 125 SX a droit à de nouvelles améliorations au moteur et à la suspension pour 2009. Un cylindre retravaillé, un nouveau piston et un nouveau carbu améliorent les reprises sur toute la plage, tandis que de nouveaux réglages visent à mieux équilibrer la suspension. Pour un jeune pilote en période d'apprentissage, la 125 SX a un excellent moteur et est très amusante à brasser. Mais avec la présence au catalogue KTM de la 150 SX, on se demande un peu ce qu'elle fait là. Son principal avantage est qu'elle coûte 400 $ de moins que la 150 SX.

Moteur-refroidissement	monocylindre 2-temps de 124 cc - liquide
Transmission-embrayage	6 rapports - manuel
Cadre-roues avant/arrière	acier - 21 pouces / 19 pouces
Poids-selle-réservoir	90,8 kg - 985 mm - 8 litres
Prix-garantie	6 998 $ - 1 mois

YAMAHA
YZ 125

Même si sa dernière refonte importante, marquée par l'arrivée d'un cadre en aluminium, remonte à 2005, la YZ125 a profité d'un raffinement annuel qui lui a permis de demeurer à la tête de sa catégorie, grâce à son moteur vif et efficace et surtout à sa suspension à la fine pointe dans ce domaine. Pour 2009, les changements se limitent essentiellement à une nouvelle housse de selle texturée et une nouvelle chaîne traitée contre la corrosion. La YZ125 demeure une excellente petite moto, légère, nerveuse et très agréable à piloter. Son grand avantage débute avec son prix (1 000 $ de moins qu'une YZ250F 4T), et se poursuit avec son coût de réparations minime comparé à celui d'une 4T. Ce qui malheureusement la rend plus attrayante usagée que neuve.

Moteur-refroidissement	monocylindre 2-temps de 124 cc - liquide
Transmission-embrayage	6 rapports - manuel
Cadre-roues avant/arrière	aluminium - 21 pouces / 19 pouces
Poids-selle-réservoir	94 kg - 998 mm - 8 litres
Prix-garantie	7 399 $ - aucune

HONDA
CRF 150R (B)

Lorsque Honda a lancé sa CRF150R contre les 2T de 85 cc et 105 cc en 2007, plusieurs ont prédit une nouvelle révolution 4T. Mais trois ans plus tard, la CRF150R demeure seule dans son camp. Malgré un net avantage côté puissance et allonge du moteur, le fort prix à payer à l'achat comme à l'entretien a de toute évidence freiné l'élan du 4T. Son poids plus important et son démarrage plus difficile prennent aussi des proportions plus importantes lorsque le pilote est de petit gabarit. Pour 2009, elle est essentiellement inchangée et demeure offerte en tant que CRF150R à petites roues (14/17 po) et CRF150RB à grandes roues (16/19 po). Des versions noires de chacune sont aussi offertes en 2009, moyennant un léger supplément.

Moteur-refroidissement	monocylindre 4-temps de 149 cc - liquide
Transmission-embrayage	5 rapports - manuel
Cadre-roues avant/arrière	acier - 17(19) pouces / 14(16) pouces
Poids-selle-réservoir	83 (85) kg - 833 (866) mm - 4,3 litres
Prix-garantie	5 799 $ (5 899 $) - aucune

KTM
KTM 105 SX

Grande sœur de la 85 SX, sur laquelle elle est basée, la 105 SX reprend l'approche popularisée par la KX100 en y ajoutant un moteur à cylindrée bonifiée et des roues de plus grand diamètre (19 po devant et 16 derrière, versus 17/14). Pour 2009, la 105 SX a droit à une fourche plus costaude et à un nouvel amortisseur. La transmission a été légèrement modifiée pour plus de douceur et de durabilité, et l'admission reçoit un nouveau bloc de clapets VForce. Plus moderne de conception et mieux équipée que la KX100, la 105 SX a l'avantage sur une piste de cross, mais ce n'est pas gratuit puisqu'elle coûte quelque 1 250 $ de plus que la KX100. Plus performante, la 105 SX est par contre moins robuste que la Kawa. La version XC est toujours offerte.

Moteur-refroidissement	monocylindre 2-temps de 104 cc - liquide
Transmission-embrayage	6 rapports - manuel
Cadre-roues avant/arrière	acier - 19 pouces / 16 pouces
Poids-selle-réservoir	68 kg - 899 mm - 5 litres
Prix-garantie	5 798 $ - 1 mois

KAWASAKI
KX100

Même si elle nous revient une fois de plus avec des changements très mineurs (transmission améliorée, nouveaux joints d'étanchéité), la KX100 demeure une petite moto impressionnante. Son moteur puissant mais convivial et sa suspension à la fois évoluée et souple en font un excellent choix pour une large brochette de pilotes de petite taille. Très abordable, elle s'est aussi imposée au fil des ans par sa fiabilité, sa robustesse ainsi que sa remarquable polyvalence. Elle se débrouille étonnamment bien en sentier et, avec un peu de préparation, demeure compétitive en motocross, même à haut niveau. Contrairement à toutes les autres KX, la KX100 n'est pas offerte en version noire Monster Energy au Canada (elle l'est pourtant aux USA).

Moteur-refroidissement	monocylindre 2-temps de 99 cc - liquide
Transmission-embrayage	6 rapports - manuel
Cadre-roues avant/arrière	acier - 19 pouces / 16 pouces
Poids-selle-réservoir	68 kg - 870 mm - 5,6 litres
Prix-garantie	4 599 $ - aucune

KAWASAKI
KX85

Essentiellement inchangée en 2009 (comme la KX100), la KX85 vous permet néanmoins de vous distinguer assez radicalement de la version 2008 en optant, moyennant un supplément de 200 $, pour la nouvelle version noire Monster Energy. Avec un peu de préparation, la KX85 est capable de gagner des courses à un haut niveau, mais telle qu'elle sort de la salle de montre, elle fera surtout le bonheur du pilote qui débute dans cette catégorie. Son moteur à valve d'échappement KIPS livre ses chevaux sur une plage relativement généreuse et facile à exploiter. Son ergonomie assez ramassée sied particulièrement aux jeunes de petite taille. Et ses suspensions efficaces, mais relativement souples se prêtent bien à une utilisation plus générale.

Moteur-refroidissement	monocylindre 2-temps de 84 cc - liquide
Transmission-embrayage	6 rapports - manuel
Cadre-roues avant/arrière	acier - 17 pouces / 14 pouces
Poids-selle-réservoir	65 kg - 840 mm - 5,6 litres
Prix-garantie	4 399 $ - aucune

KTM
KTM 85 SX

Comme la 105 SX, la 85 SX a droit à une fourche et un amortisseur révisés de même qu'une transmission et des clapets d'admission améliorés pour 2009. La nouvelle suspension sera appréciée des pilotes plus rapides, mais pour un débutant, il y a des choix plus économiques (et logiques...) sur le marché puisque, à près de 5 500 $, la 85 SX coûte quelque 20 pour cent de plus que les 85 2T japonaises. Son prix supérieur est toutefois justifié par la présence de composantes exclusives comme son système de refroidissement à double radiateur, son guidon en aluminium, son embrayage à commande hydraulique et son cadre arrière amovible en aluminium. Elle est belle, mais sur la piste, la 85 SX ne se démarque pas aussi nettement du peloton.

Moteur-refroidissement	monocylindre 2-temps de 84 cc - liquide
Transmission-embrayage	6 rapports - manuel
Cadre-roues avant/arrière	acier - 17 pouces / 14 pouces
Poids-selle-réservoir	68 kg - 865 mm - 5 litres
Prix-garantie	5 498 $ - 1 mois

SUZUKI
RM85

Avec la disparition des RM125 et 250, la petite RM85 est maintenant la seule machine à moteur 2T au catalogue moto de Suzuki. Même si son design date de plusieurs années (et demeure essentiellement inchangé pour 2009), la RM85 reste relativement dans le coup grâce à son petit monocylindre à admission dans le carter et valve à l'échappement qui, sans avoir la puissance, disons, d'une Yamaha en haut, arrive à s'imposer par la générosité de sa plage d'utilisation. La RM s'extirpe plus facilement d'un virage serré et est plus facile à exploiter à fond, ce qui permet d'éviter les erreurs. Son moteur moins pointu en fait un excellent choix pour un débutant, qui appréciera aussi sa suspension relativement souple et sa sensation de légèreté.

Moteur-refroidissement	monocylindre 2-temps de 85 cc - liquide
Transmission-embrayage	6 rapports - manuel
Cadre-roues avant/arrière	acier – 17 pouces / 14 pouces
Poids-selle-réservoir	65 kg - 850 mm - 4,9 litres
Prix-garantie	4 399 $ - aucune

YAMAHA
YZ85

Un peu comme pour ses grandes sœurs à moteur 2T (YZ125 et 250), le développement de la YZ85 semble figé dans le temps. Comme l'an dernier, elle revient essentiellement inchangée. Mais puisque sa concurrence directe n'a pas vraiment bougé non plus, elle conserve sa place au haut de la hiérarchie 85 cc 2T en termes de performances pures, grâce surtout à la puissance impressionnante de son moteur à haut régime. Démuni d'une valve à l'échappement, ce dernier demeure plutôt creux en bas, une sensation accentuée par une transition un peu brusque quand les chevaux arrivent avec force à mi-régime. Ajoutez une suspension assez ferme, et vous obtenez une 85 passablement intense qui vise surtout les jeunes pilotes expérimentés.

Moteur-refroidissement	monocylindre 2-temps de 85 cc - liquide
Transmission-embrayage	6 rapports - manuel
Cadre-roues avant/arrière	acier – 17 pouces / 14 pouces
Poids-selle-réservoir	71 kg - 864 mm - 5 litres
Prix-garantie	4 749 $ - aucune

KAWASAKI
KX65

Avec l'arrivée d'une KTM 65SX complètement remaniée, la KX65 prend un coup de vieux en 2009, ses changements se limitant à des joints d'étanchéité améliorés. Pour le reste, la KX65 2009 est essentiellement identique au modèle d'il y a 5 ans. Heureusement, la nouvelle livrée optionnelle noire Monster Energy (200 $ de plus) lui permet de se démarquer un peu. Malgré son âge, la KX65 demeure un excellent choix pour un jeune pilote prêt à passer d'une mini à embrayage automatique à une vraie machine de motocross. Elle offre un moteur performant et des suspensions efficaces, tout en demeurant conviviale. De plus, moyennant un entretien normal, elle se montre très durable. La KTM est plus «hot», mais papa appréciera que la KX coûte presque 1 000 $ de moins.

Moteur-refroidissement	monocylindre 2-temps de 65 cc - liquide
Transmission-embrayage	6 rapports - manuel
Cadre-roues avant/arrière	acier – 14 pouces / 12 pouces
Poids-selle-réservoir	57 kg - 760 mm - 3,8 litres
Prix-garantie	3 749 $ - aucune

NOUVEAUTÉ

KTM
65 SX

Si on se fie à la réaction de jeunes pilotes aux premières photos, KTM risque fort d'être accusé de détournement massif de mineurs en 2009. Complètement repensée, la nouvelle 65 SX va avoir un effet dévastateur dans les salles de montre, sans mentionner sur la piste. La 65 SX 2009 est entièrement revue, avec un moteur totalement repensé à cylindre et vilebrequin repositionnés verticalement afin d'optimiser le centrage des masses et la performance de l'admission. Plus puissant, ce moteur comprend un échappement inédit à valve d'échappement sensible à la pression dans le système. Le tout est logé dans un nouveau cadre doté de nouvelles suspensions. À côté de la radicale 65 SX, même la nouvelle Honda CRF450R fait un peu vieux jeu.

Moteur-refroidissement	monocylindre 2-temps de 65 cc - liquide
Transmission-embrayage	6 rapports - manuel
Cadre-roues avant/arrière	acier – 14 pouces / 12 pouces
Poids-selle-réservoir	55,4 kg - 750 mm - 3,5 litres
Prix-garantie	4 698 $ - 1 mois

KTM
KTM 50 SX

NOUVEAUTÉ
MX ÉCOLIERS

Comme si la nouvelle 65 SX n'était pas pour causer à elle seule suffisamment de minis vagues de demandes au Père Noël, KTM risque de complètement paralyser le département des cadeaux mécaniques au Pôle Nord avec sa 50 SX complètement redessinée. Dans le domaine de la mini moto, cette toute nouvelle 50 SX relève la barre de la technologie (et du désir capitaliste...) à la hauteur du concours de step-up aux X-Games. Le nouveau moteur à 3 arbres réalignés utilise un embrayage entraîné par l'arbre intermédiaire afin de minimiser les pertes de puissance et d'améliorer la durabilité. Le design particulier du moteur permet de mieux centraliser les masses et de minimiser l'effet de couple de la chaîne, facilitant le travail de la suspension arrière. L'ultime jouet.

Moteur-refroidissement	monocylindre 2-temps de 49 cc - liquide
Transmission-embrayage	1 rapport - automatique
Cadre-roues avant/arrière	acier - 12 (10) pouces / 10 pouces
Poids-selle-réservoir	39,8 kg - 684 mm - 2,3 litres
Prix-garantie	3 998 $ (3 498 $) - 1 mois

KTM
KTM 530 XC-W

HR 450 4T

Avec la disparition des 505 (tant SX que XC-F) du catalogue KTM en 2009, la 530 XC-W devient la seule véritable machine de classe ouverte de la gamme hors-route autrichienne. Lancée l'an dernier, la 530 est sortie des blocs comme un boulet de canon, propulsée par la version à longue course du tout nouveau moteur XC4 à simple arbre à cames en tête logé dans un nouveau châssis. Pour 2009, elle reçoit des modifications à sa fourche, son amortisseur, son embrayage, son allumage et sa culasse, de même que d'autres changements mineurs. Son couple omnipotent en fait un régal à piloter, particulièrement dans des sections ouvertes. Dans le serré, même si elle demeure efficace, elle tend à user son pilote. Un peu excessive, mais oh ! combien jouissive.

Moteur-refroidissement	monocylindre 4-temps de 510 cc - liquide
Transmission-embrayage	6 rapports - manuel
Cadre-roues avant/arrière	acier - 21 pouces / 18 pouces
Poids-selle-réservoir	112 kg - 985 mm - 9 litres
Prix-garantie	9 798 $ - 1 mois

HONDA
CRF450X

HR 450 4T

L'an dernier, Honda a apporté une série de modifications bien ciblées à la CRF450X qui ont radicalisé sa personnalité. Auparavant reconnue comme une machine de sentier agréable, mais plus corpulente qu'athlétique, la CRF450X est du coup devenue plus sportive. Amincie sur le plan de l'ergonomie, munie de nouveaux tés de fourche aiguisant la géométrie de direction et dotée d'un nouvel amortisseur de direction, elle affiche maintenant un comportement passablement plus incisif en sentier, sans perdre au change sur le plan de la stabilité. De légères modifications ont par ailleurs rendu le moteur plus nerveux et plus efficace. Inchangée en 2009, la CRF450X n'est pas une pure et dure à la KTM 450, mais elle est nettement plus fonceuse qu'avant.

Moteur-refroidissement	monocylindre 4-temps de 449 cc - liquide
Transmission-embrayage	5 rapports - manuel
Cadre-roues avant/arrière	aluminium - 21 pouces / 18 pouces
Poids-selle-réservoir	113 kg - 962 mm - 8,7 litres
Prix-garantie	9 099 $ - aucune

KAWASAKI
KLX450R

HR 450 4T

Nouvelle l'an dernier sur le marché canadien, et essentiellement inchangée pour 2009, la KLX450R suit la même approche que celle privilégiée par Honda pour sa 450X et Yamaha pour sa WR450, à savoir un adoucissement poussé de la 450 de motocross. Son moteur est efficace et agréable, avec une large plage de puissance, mais il gagnerait à être un peu plus viril, même face à la X et à la WR. Ce commentaire est un peu étonnant, considérant qu'il est basé sur le moulin rageur de la KX450F originale. La suspension souple et progressive, qui affiche un bel équilibre, et la direction précise rendent la KLX amusante et étonnamment compétente en sentier. Mais comme ses deux rivales japonaises, la grosse Kawasaki demeure plus promenade que compétition.

Moteur-refroidissement	monocylindre 4-temps de 449 cc - liquide
Transmission-embrayage	5 rapports - manuel
Cadre-roues avant/arrière	aluminium - 21 pouces / 18 pouces
Poids-selle-réservoir	115 kg - 940 mm - 8 litres
Prix-garantie	8 999 $ - aucune

HR 450 4T

450 XC-F (XC-W) KTM

HR 450 4T

WR450F

KTM offre la majorité de ses hors-route en versions XC et XC-W, qui se distinguent essentiellement côté suspension et transmission. Mais dans le cas de la 450, elle diffère beaucoup plus. Basée de près sur la SX de nouvelle génération, la 450 XC-F reprend une version à peine amadouée du châssis de la SX et de son nouveau moteur à DACT, version 5 vitesses. Elle est donc beaucoup plus «full cross» que les autres XC. Pour plusieurs amateurs de motocross loisir, elle représente même un meilleur choix que la 450 SX. La 450 XC-W est une vraie endurocross, aussi évoluée mais moins radicale que la XC, avec une suspension plus souple et le nouveau moteur enduro à SACT et 6 vitesses. Elle est beaucoup plus fonceuse que ses rivales japonaises.

Moteur-refroidissement	monocylindre 4-temps de 449 cc - liquide
Transmission-embrayage	5 (6) rapports - manuel
Cadre-roues avant/arrière	acier - 21 pouces / 18 pouces
Poids-selle-réservoir	108 (112) kg - 985 mm - 9 litres
Prix-garantie	9 398 $ (9 498 $) - 1 mois

En 2007, Yamaha a passablement modernisé sa WR450F en lui greffant un nouveau cadre en aluminium calqué sur celui de la YZ450F de motocross et doté d'éléments de suspension dernier cri. Depuis, la WR n'a à peu près pas changé, ce qui n'est pas une mauvaise nouvelle en soi puisqu'elle est reconnue comme étant une machine de sentier efficace et agréable, affichant en prime un très bon bilan sur le plan de la durabilité. Avec son moteur fort en couple et à réponse très linéaire, sa direction précise, et sa suspension souple et bien amortie, la grosse WR est surtout à l'aise en sentier lent et accidenté. Dans des conditions plus rapides, sa stabilité demeure bonne, mais son poids important et sa suspension molle mettent un frein à votre enthousiasme.

Moteur-refroidissement	monocylindre 4-temps de 449 cc - liquide
Transmission-embrayage	5 rapports - manuel
Cadre-roues avant/arrière	aluminium - 21 pouces / 18 pouces
Poids-selle-réservoir	124 kg - 980 mm - 8 litres
Prix-garantie	9 449 $ - aucune

NOUVEAUTÉ

HR 450 4T

400 XC-W KTM

HR 250 2T

EC 300 (RACING) GASGAS

Quand KTM a lancé son nouveau moteur 4T «enduro» à SACT l'an dernier, la version 400 brillait par son absence, et plusieurs orangistes n'ont pas caché leur indignation. L'affront est corrigé cette année. Utilisant essentiellement le même châssis que les 450 et 530 XC-W, la 400 reçoit une version adoucie de leur moteur, dotée du même alésage mais d'une course plus courte. Ce moteur plus petit se distingue par sa plage de puissance plus costaude et uniforme que celle d'un 250, mais moins rageuse et plus facile à contrôler que celle d'un 450. Dans la plupart des situations délicates (terrain gras, racines, montées techniques) le 400 transforme plus efficacement les coups de piston en accélération contrôlée qu'un 250 ou un 450. Pas spectaculaire, mais très efficace.

Moteur-refroidissement	monocylindre 4-temps de 393 cc - liquide
Transmission-embrayage	6 rapports - manuel
Cadre-roues avant/arrière	acier - 21 pouces / 18 pouces
Poids-selle-réservoir	105 kg - 985 mm - 9 litres
Prix-garantie	9 298 $ - 1 mois

Surtout reconnu pour ses machines de trial, le fabricant espagnol Gas Gas s'est fait un nom dans le domaine des hors-route ces dernières années en offrant une gamme complète de machines typées enduro, à moteur 2T et 4T. En 2009, la marque espagnole prend un nouvel élan à la suite de la restructuration de son siège social et à l'établissement, ici-même au Québec, d'un nouveau distributeur pour l'est canadien. En plus des modèles de trial, Gas Gas propose pour 2009 une gamme complète de machines typées enduro, avec éclairage, feu de freinage et tout. Les modèles 2T comprennent la EC 200 et les EC 250 et 300, aussi offertes en version Racing à suspension plus évoluée. La gamme 4T compte la EC 450 et la nouvelle EC 515, toutes deux à moteur injecté.

Moteur-refroidissement	monocylindre 2-temps de 295 cc - liquide
Transmission-embrayage	6 rapports - manuel
Cadre-roues avant/arrière	acier - 21 pouces / 18 pouces
Poids-selle-réservoir	100 kg - 945 mm - 9,5 litres
Prix-garantie	8 995 $ (9 445 $) - 6 mois

HUSQVARNA
WR250 (125) (300)

`HR 250 2T`

La grande nouvelle pour 2009 est que cet ancien fleuron de l'industrie suédoise, passé sous le giron de la firme italienne Cagiva dans les années 90, a été racheté par le géant allemand BMW. Ce rachat semble s'inscrire avec bonheur dans la récente renaissance de la marque qui, après un long passage à vide, connaît depuis peu une relance intéressante en Amérique. La gamme 4T d'enduro TE (comprenant déjà des modèles 250, 450 et 510, tous à injection) et la gamme 4T cross-country TXC (comprenant aussi des 250, 450 et 510, tous à carbu) accueillent pour 2009 un nouveau modèle 310, essentiellement un 250 avec un plus gros piston. Parmi les Husky les plus populaires, on retrouve des machines 2T, les WR, en versions 125, 250 et 300.

Moteur-refroidissement	monocylindre 2-temps de 249 cc - liquide
Transmission-embrayage	6 rapports - manuel
Cadre-roues avant/arrière	acier - 21 pouces / 18 pouces
Poids-selle-réservoir	104 kg - 975 mm - 9,5 litres
Prix-garantie	n/d

KTM
KTM 300 XC (XC-W)

`HR 250 2T`

Complètement renouvelées l'an dernier, les KTM 300 n'ont pas mis de temps à s'imposer, tant dans les salles de montre que dans la poussière. Pour 2009, le démarreur électrique de la version W devient universel, et de légers changements ont été apportés à la suspension et à l'embrayage. Si vous cherchez une moto tout usage, se montrant aussi à l'aise sur un sentier difficile que sur une piste de cross, la polyvalence de la KTM 300 XC est difficile à battre. Si vous êtes surtout un gars de bois, que ce soit pour le loisir ou la compétition, la 300 XC-W est nettement mieux adaptée avec sa transmission plus étagée et surtout sa suspension plus souple. Le moteur a un couple d'enfer qui se joue des difficultés en sentier. L'ultime machine de vétéran.

Moteur-refroidissement	monocylindre 2-temps de 293 cc - liquide
Transmission-embrayage	5 rapports - manuel
Cadre-roues avant/arrière	acier - 21 pouces / 18 pouces
Poids-selle-réservoir	100,4 (101,5) kg - 985 mm – 11 litres
Prix-garantie	8 698 $ (8 898 $) - 1 mois

KTM
KTM 250 XC (XC-W)

`HR 250 2T`

Reconnue comme la meilleure machine d'enduro pure et dure de la planète, la KTM 250 se contente de changements mineurs en 2009. Le démarreur électrique de la W est maintenant offert de série sur la XC, et la suspension et l'embrayage sont améliorés. Sans être aussi puissant que le 300, son moteur affiche une plus grande vivacité, jumelé à une souplesse impressionnante, qui confère à la 250 une fluidité de comportement diaboliquement efficace en forêt. Si pour les KTM 300 et 200, les versions XC-W sont généralement préférables pour le hors-route québécois (loisir comme compétition), dans le cas de la 250, le choix est moins clair. Pour un pilote rapide et agressif, la version XC peut être une meilleure arme. Pour le commun des enduristes, la W s'impose.

Moteur-refroidissement	monocylindre 2-temps de 249 cc - liquide
Transmission-embrayage	5 rapports - manuel
Cadre-roues avant/arrière	acier - 21 pouces / 18 pouces
Poids-selle-réservoir	100,4 (101,5) kg - 985 mm – 11 litres
Prix-garantie	8 498 $ (8 698 $) - 1 mois

KTM
KTM 200 XC (XC-W)

`HR 250 2T`

Hors route, la légèreté est un atout indéniable. Malheureusement, légèreté rime avec petite cylindrée, qui rime à son tour avec puissance limitée. Sauf dans le cas de la KTM 200. En alliant la légèreté d'une 125 et le muscle d'une 250, la 200 fonce sans défoncer son pilote. Héritières d'un châssis amélioré l'an dernier, les deux 200 ont reçu des modifications à leur embrayage, leurs suspensions et leur admission pour 2009. Contrairement aux 250 et 300 à bouton magique, le démarrage est par kick seulement. Le moteur affiche une bonne souplesse jusqu'à mi-régime, et pousse fort en haut. Pour la plupart des pilotes, la version enduro XC-W permet de mieux tirer profit des avantages de légèreté et maniabilité de l'approche 200 dans des conditions difficiles.

Moteur-refroidissement	monocylindre 2-temps de 193 cc - liquide
Transmission-embrayage	6 rapports - manuel
Cadre-roues avant/arrière	acier - 21 pouces / 18 pouces
Poids-selle-réservoir	95 kg - 925 mm –11 litres
Prix-garantie	7 998 $ (7 998 $) - 1 mois

HR 250 4T

HONDA
CRF250X HONDA

Bien avant la révolution 4T, Honda produisait la XR250 à monocylindre refroidi à l'air, une machine qui semblait peinarde sur papier, mais qui se montrait d'une efficacité quasi diabolique en sentier, et même en enduro compétitif. La CRF250X est en quelque sorte une version moderne de la vénérable XR. Son moteur à démarreur électrique livre un couple généreux à bas régime, qui le rend étonnamment efficace dans le serré et lorsque l'adhérence est précaire, alors que sa suspension privilégiant la souplesse avale sans broncher roches et racines. Autant la CRF250X excelle dans le serré, autant elle n'est pas une machine de grands espaces : son moteur s'essouffle rapidement et sa suspension molle devient imprécise quand ça brasse trop rapidement.

Moteur-refroidissement	monocylindre 4-temps de 249 cc - liquide
Transmission-embrayage	5 rapports - manuel
Cadre-roues avant/arrière	aluminium - 21 pouces / 18 pouces
Poids-selle-réservoir	102 kg - 957 mm - 8,3 litres
Prix-garantie	8 299 $ - aucune

HR 250 4T
KTM
250 XC-F (XCF-W) KTM

Pour 2009, les KTM 250 XC-F (version cross-country) et 250 XCF-W (version enduro à transmission plus étagée et suspension plus souple) ont droit à de légères révisions visant à améliorer le couple du moteur et la souplesse des suspensions. Basées de très près sur la 250 SX-F de motocross, avec en prime un démarreur électrique et une boîte à 6 rapports, elles sont beaucoup plus performantes que les Honda et Yamaha de cette catégorie. Pour la plupart des amateurs de sentier, la version W est nettement préférable puisqu'elle combine comme nulle autre la nature agressive d'une 250F de motocross et la convivialité d'une machine de sentier. Si vous désirez courir en endurocross sur une 250 4T, la 250 XC-W est nettement dans une classe à part.

Moteur-refroidissement	monocylindre 4-temps de 249 cc - liquide
Transmission-embrayage	6 rapports - manuel
Cadre-roues avant/arrière	acier - 21 pouces / 18 pouces
Poids-selle-réservoir	101,6 (103) kg - 985 mm - 9,2 litres
Prix-garantie	8 748 $ (8 748 $) - 1 mois

HR 250 4T

YAMAHA
WR250F

Complètement remaniée en 2007, incluant l'adoption d'un cadre en aluminium dérivé de celui de la YZ250F, la WR250F a été très légèrement retouchée en 2008 et nous revient essentiellement inchangée pour 2009. On a donc toujours affaire à une machine axée plus sur l'agrément en sentier que la compétition. Sa suspension souple est idéale pour attaquer un sentier serré et accidenté, tout en se montrant un peu plus ferme et efficace que celle de la CRF250X à plus haute vitesse. Le moteur n'a pas tout à fait le coffre de celui de la Rouge en bas, mais il lui est légèrement supérieur à haut régime. L'arrivée du cadre en alu, qui allie par ailleurs une direction précise et une excellente stabilité, a réglé les problèmes d'ergonomie de la première WR.

Moteur-refroidissement	monocylindre 4-temps de 249 cc - liquide
Transmission-embrayage	5 rapports - manuel
Cadre-roues avant/arrière	aluminium - 21 pouces / 18 pouces
Poids-selle-réservoir	117 kg - 980 mm - 8 litres
Prix-garantie	8 599 $ - aucune

HR 100 2T
KTM
105 XC (85XC) (65XC) KTM

L'an dernier, KTM est devenu le premier fabricant à s'adresser directement à la clientèle sans cesse grandissante des catégories Écoliers en endurocross en offrant de nouvelles versions XC de ses petites 65, 85 et 105 de motocross. L'initiative a connu un vif succès, même si les changements apportés aux SX demeurent relativement limités lorsqu'ils sont comparés à ceux préconisés par KTM pour ses grosses hors-route. Pour la toute nouvelle 65 comme pour les 85 et 105, les transformations apportées à la version SX se limitent en effet à un silencieux moins bruyant, des déflecteurs pour les mains, une chaîne à joints toriques et une béquille latérale articulée. On regrette l'absence d'un réservoir plus volumineux, particulièrement sur la 105.

Moteur-refroidissement	monocylindre 2-temps de 104 (84) (65) cc - liquide
Transmission-embrayage	6 rapports - manuel
Cadre-roues avant/arrière	acier - 19 (17) (14) pouces / 16 (14) (12) pouces
Poids-selle-réservoir	68 (66) (56) kg - 899 (863) (750) mm - 5 (5) (3,4) litres
Prix-garantie	5 898 $ (5 598 $) (4 698 $) - 1 mois

HONDA
CRF230F

En 2003, Honda a lancé une nouvelle génération de motos récréatives 4T appelées à prendre la relève des légendaires XR200 et XR250, tout en lançant l'appellation CRF. La CRF230F est la version pleine grandeur de la gamme, conçue pour un adulte de bonne taille. Propulsée par un convivial moteur refroidi à l'air, la 230 bénéficie d'un démarreur électrique et d'une boîte de vitesses à 6 rapports. L'an dernier, elle a eu droit à une selle et un réservoir plus sveltes et bas qui ont amélioré le confort et l'ergonomie et réduit la sensation de lourdeur. De nouveaux réglages de suspension légèrement plus fermes ont aussi amélioré le comportement. La CRF230F n'en demeure pas moins essentiellement une initiatrice, abordable et facile d'approche.

Moteur-refroidissement	monocylindre 4-temps de 223 cc – air
Transmission-embrayage	6 rapports - manuel
Cadre-roues avant/arrière	acier - 21 pouces / 18 pouces
Poids-selle-réservoir	113 kg - 866 mm - 7,2 litres
Prix-garantie	4 399 $ - 6 mois

YAMAHA
TT-R230

La TT-R230 est la machine d'initiation de Yamaha pour un adulte désirant découvrir le merveilleux monde du hors-route sur une moto pleine grandeur, mais abordable et facile d'accès. Après avoir reçu une nouvelle déco rappelant les YZ de motocross l'an dernier, elle poursuit son chemin avec son classique moteur 4T refroidi à l'air, doté d'un pratique démarreur électrique et d'une boîte à 6 rapports. Tant côté prix que fiche technique, elle est très proche de la Honda CRF230F décrite précédemment. La Yamaha est un tantinet plus conviviale tandis que la Honda est très légèrement plus poussée côté suspension et puissance maxi, mais la différence est mince. Votre préférence de couleur pourrait fort bien être le principal facteur de décision.

Moteur-refroidissement	monocylindre 4-temps de 223 cc – air
Transmission-embrayage	6 rapports - manuel
Cadre-roues avant/arrière	acier - 21 pouces / 18 pouces
Poids-selle-réservoir	107 kg - 870 mm - 8 litres
Prix-garantie	4 599 $ - 90 jours

HONDA
CRF150F

Plus petite qu'une moto pleine grandeur avec ses « grandes roues » de 19 et 16 pouces, comme la CRF100F, la 150 est plus évoluée et performante que cette dernière, affichant un moteur plus puissant, un frein avant à disque et un débattement de suspension supérieur. Elle est toutefois plus lourde et plus dispendieuse. L'an dernier, la CRF150F a reçu une selle et un réservoir plus sveltes améliorant le confort et l'ergonomie, et des réglages de suspension raffermis. Tout en demeurant peu intimidant, son moteur est fort en couple pour sa taille, ce qui, avec la suspension relativement ferme, rend cette moto passablement polyvalente. Parfaite pour initier un adolescent ou un adulte de petite taille, la 150F est amusante même pour un pilote expérimenté.

Moteur-refroidissement	monocylindre 4-temps de 149 cc – air
Transmission-embrayage	5 rapports - manuel
Cadre-roues avant/arrière	acier - 19 pouces / 16 pouces
Poids-selle-réservoir	101 kg - 825 mm - 8,3 litres
Prix-garantie	3 799 $ - 6 mois

KAWASAKI
KLX140 (L)

Lancée l'an dernier, la KLX140 nous revient essentiellement inchangée pour 2009. Elle est toujours offerte en deux versions, soit celle de base à petites roues de 17 et 14 pouces, et la version L à grandes roues de 19 et 16 pouces. Elle constitue ainsi un choix intéressant pour des débutants de tailles variées. Doté d'un démarreur électrique, son petit monocylindre 4T refroidi à l'air a une large plage de puissance mais ne pousse pas vraiment plus qu'un 125. Il est doté d'une transmission à 5 rapports un peu longs, et semble donc plus vivant sur la version à petites roues. L'amortisseur arrière, ajustable en amortissement, est de meilleure qualité que la fourche, qui s'avère un peu molle. La KLX est équipée de freins à disque avant et arrière.

Moteur-refroidissement	monocylindre 4-temps de 144 cc – air
Transmission-embrayage	5 rapports - manuel
Cadre-roues avant/arrière	acier - 17(19) pouces / 14(16) pouces
Poids-selle-réservoir	89 (90) kg - 780 (800) mm - 5,7 litres
Prix-garantie	3 299 $ (3 599 $) - 6 mois

SUZUKI
DR-Z 125 (L)

Comme les TT-R125 et KLX140, la DR-Z125 est offerte en version de base à petites roues de 17 et 14 pouces, et en version L à grandes roues de 19 et 16 pouces (qui ajoute aussi un frein à disque à l'avant), ce qui lui permet d'accueillir des pilotes de différents gabarits. Son design date de plus longtemps que celui de ses rivales directes chez Honda, Kawasaki et Yamaha, mais à moins de comparer ces motos directement, la paresse relative du moteur de la DR à bas régime et l'amortissement limité de ses suspensions passent inaperçus. L'absence d'un démarreur électrique demeure cependant un défaut majeur aux yeux de certains. Pour le reste, son petit 4T est souple et agréable, son ergonomie est excellente et sa fiabilité est depuis longtemps éprouvée.

Moteur-refroidissement	monocylindre 4-temps de 124 cc – air
Transmission-embrayage	5 rapports - manuel
Cadre-roues avant/arrière	acier – 17(19) pouces / 14(16) pouces
Poids-selle-réservoir	79 (81) kg - 775 (805) mm - 6,2 litres
Prix-garantie	2 999 $ (3 399 $) - 6 mois

YAMAHA
TT-R 125 (E) (L) (LE)

Sans réinventer la roue, Yamaha a relancé la catégorie des petites motos récréatives en introduisant sa TT-R125 au début du millénaire. Le succès ne se fit pas attendre, et la petite machine bleue s'est vite imposée comme initiatrice amusante, conviviale et quasi indestructible. L'an dernier, elle a été modernisée par l'ajout d'une nouvelle fourche plus costaude, d'un nouveau réservoir plus ergonomique, d'un habillage rappelant les YZ de motocross et d'une selle redessinée à surface antidérapante. La TT-R125 est toujours offerte en version de base à petites roues (17-14 po, freins à tambour) et en version L à grandes roues (19-16 po, disque avant). Chacune est aussi offerte en version à démarreur électrique (identifiée par le suffixe E).

Moteur-refroidissement	monocylindre 4-temps de 124 cc – air
Transmission-embrayage	5 rapports - manuel
Cadre-roues avant/arrière	acier – 17(19) pouces / 14(16) pouces
Poids-selle-réservoir	77 (84) kg - 775 (805) mm - 6,1 litres
Prix-garantie	3 299 $ (3 549 $) (3 699 $) (3 949 $) - 90 jours

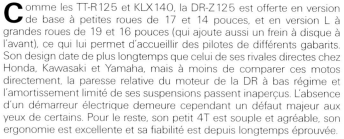

KAWASAKI
KLX 110

À son arrivée sur le marché, la KLX110 a créé sa propre niche en s'insérant à la limite supérieure de la catégorie des minis motos côté gabarit et puissance. Dotée de roues de 14 et 12 pouces et d'un petit monocylindre 4T doux et facile à exploiter, qui livre docilement ses chevaux grâce à son embrayage automatique et sa boîte à 3 rapports, la KLX110 suit la description classique de la mini moto. Mais sa taille et sa puissance supérieures en font un meilleur choix pour initier un enfant un peu plus vieux, ou pour trimbaler la carcasse plus corpulente d'un adulte. Longtemps sans rivale directe, elle doit maintenant lutter contre la Yamaha TT-R110E. Cette dernière a l'avantage d'être équipée d'un démarreur électrique, mais la KLX est un peu plus basse et légère.

Moteur-refroidissement	monocylindre 4-temps de 111 cc – air
Transmission-embrayage	3 rapports – automatique
Cadre-roues avant/arrière	acier – 14 pouces / 12 pouces
Poids-selle-réservoir	64 kg - 650 mm - 3,8 litres
Prix-garantie	2 449 $ - 6 mois

YAMAHA
TT-R 110E

À la suite de l'ajout de la TT-R50E à son catalogue, Yamaha a décidé de faire suivre un traitement aux hormones de croissance à sa populaire petite TT-R90 l'an dernier, question de la repositionner en ciblant des pilotes de plus grande taille. Rebaptisée TT-R110E en l'honneur de sa nouvelle cylindrée, la nouvelle moto a bien réagi au traitement. Elle est un peu plus grosse et plus haute que la 90, mais demeure fidèle aux roues de 14 et 12 pouces (tout comme sa nouvelle rivale directe, la KLX110). La TT-R110 se distingue toutefois de la 90 (et de la KLX110...) par deux caractéristiques : sa transmission à embrayage automatique compte 4 rapports (versus 3); et elle est dotée d'un démarreur électrique de série (il était optionnel sur la 90).

Moteur-refroidissement	monocylindre 4-temps de 110 cc – air
Transmission-embrayage	4 rapports – automatique
Cadre-roues avant/arrière	acier – 14 pouces / 12 pouces
Poids-selle-réservoir	69 kg - 670 mm - 3,8 litres
Prix-garantie	2 649 $ - 90 jours

HONDA
CRF100F

RÉCRÉATIVES

Forte d'une (très) longue carrière sous l'appellation XR100, remontant de l'époque où les suspensions arrière comptaient deux amortisseurs, la vénérable CRF100F est une des machines les plus éprouvées du monde de la moto. Même si elle ressemble beaucoup à la CRF150F, sa supérieure plus évoluée dans la gamme Honda, la CRF100F n'en bénéficie pas moins de deux avantages non négligeables : elle est plus légère de quelque 25 kg, et elle coûte environ 1 000 $ de moins. Son moteur est loin d'être une fusée, mais il a du caractère et, avec un minimum d'entretien, est quasi indestructible. L'ergonomie est très saine et malgré son âge, la CRF100F demeure une excellente moto d'apprentissage pour un jeune pilote aspirant à une machine de compétition.

Moteur-refroidissement	monocylindre 4-temps de 99 cc – air
Transmission-embrayage	5 rapports – manuel
Cadre-roues avant/arrière	acier – 19 pouces / 16 pouces
Poids-selle-réservoir	75 kg - 825 mm - 5,7 litres
Prix-garantie	2 799 $ - 6 mois

HONDA
CRF80F

RÉCRÉATIVES

Peu changée depuis des dizaines d'années (ce qui n'est pas peu dire), la CRF80F demeure la plus petite « vraie » moto sur le marché puisqu'elle est le seul modèle à « petites roues » à proposer un levier d'embrayage manuel à la gauche de son guidon, permettant de contrôler sa boîte manuelle à 5 rapports. L'effort au levier pourrait être moindre, mais la progressivité de l'embrayage et le couple généreux de son petit moteur 4T facilitent grandement l'apprentissage. Dotée d'une suspension efficace, la CRF80F est parfaite pour poursuivre l'apprentissage en sentier d'un enfant avancé. Sa robustesse et sa fiabilité sont exemplaires. Mais son inhabituelle roue avant de 16 pouces offre un choix très limité de pneus, et un disque avant serait bienvenue.

Moteur-refroidissement	monocylindre 4-temps de 80 cc – air
Transmission-embrayage	5 rapports – manuel
Cadre-roues avant/arrière	acier – 16 pouces / 14 pouces
Poids-selle-réservoir	70 kg - 734 mm - 5,7 litres
Prix-garantie	2 569 $ - 6 mois

HONDA
CRF70F

RÉCRÉATIVES

La CRF70F est une copie quasi conforme, mais agrandie d'un cran, de la légendaire Mini Trail de Honda (aujourd'hui CRF50F). De sa suspension arrière à bras oscillant triangulé à ses caches de réservoir stylisés, en passant par son classique petit monocylindre 4T horizontal et sa transmission 3 vitesses à embrayage automatique, la CRF70F reprend fidèlement le design de la 50 en une version à roues un peu plus grosses. Sans être plus intimidante (sauf pour la hauteur), la 70 est plus puissante et offre un comportement plus stable et sécurisant grâce à son empattement plus long, sa suspension plus généreuse et ses roues plus grosses. Parfaite pour initier un enfant un peu plus grand, ou comme seconde étape pour un jeune diplômé d'une PW50.

Moteur-refroidissement	monocylindre 4-temps de 72 cc – air
Transmission-embrayage	3 rapports – automatique
Cadre-roues avant/arrière	acier – 14 pouces / 12 pouces
Poids-selle-réservoir	58 kg - 663 mm - 5,7 litres
Prix-garantie	2 099 $ - 6 mois

SUZUKI
DR-Z70

RÉCRÉATIVES

Malgré son appellation qui semble cibler la Honda CRF70F, la DR-Z70 est plutôt une rivale directe de la CRF50F. Lancée l'an dernier, la petite Suzuki reprend en effet l'allure, l'architecture générale et surtout les dimensions de la classique petite mini de Honda. Comme cette dernière, elle est dotée d'un petit moteur monocylindre 4T à cylindre horizontal, d'une transmission à 3 rapports, d'un embrayage automatique, d'un bras oscillant arrière triangulé et de roues de 10 pouces de diamètre. Mais comme la Yamaha TT-R50E, la DR-Z est munie d'un démarreur électrique. Son moteur plus gros est légèrement plus puissant, ce qui compense pour le poids supérieur du démarreur et donne à la DR-Z un très léger avantage en tant que mini pour adulte.

Moteur-refroidissement	monocylindre 4-temps de 67 cc – air
Transmission-embrayage	3 rapports – automatique
Cadre-roues avant/arrière	acier – 10 pouces / 10 pouces
Poids-selle-réservoir	52,5 kg - 560 mm - 3 litres
Prix-garantie	1 899 $ - 6 mois

HONDA
CRF50F

Si un jour des archéologues effectuent des fouilles sur l'emplacement de développements domiciliaires de banlieues nord-américaines datant des années 60, ils vont sans doute déterrer de nombreuses pièces fossilisées de la légendaire Honda Mini Trail, l'ancêtre aussi lointaine que directe de la CRF50F. Après l'avoir renommée QA50 puis Z50R au fil des ans, Honda a modernisé sa légendaire petite initiatrice en 2000 en lui donnant une suspension arrière à monoamortisseur, une selle plus basse, une allure rajeunie et l'appellation XR50. Récemment rebaptisée CRF50R, la petite Honda est, sur le plan mécanique, virtuellement identique à l'increvable Mini Trail. Étonnamment, malgré son âge, elle demeure la plus sportive des « petites » minis à moteur 4T.

Moteur-refroidissement	monocylindre 4-temps de 49 cc - air
Transmission-embrayage	3 rapports - automatique
Cadre-roues avant/arrière	acier - 10 pouces / 10 pouces
Poids-selle-reservoir	47 kg - 549 mm - 3 litres
Prix-garantie	1 729 $ - 6 mois

KTM
50 SX MINI

D'abord nommée Adventure, puis rebaptisée 50 SX Mini l'an dernier, la petite KTM récréative fait un bond technologique spectaculaire en 2009. Jadis très loin de la 50 SX de motocross avec son moteur 2T refroidi à l'air et son châssis moins évolué, la Mini adopte cette année le tout nouveau moteur refroidi au liquide et à embrayage sur arbre intermédiaire de la SX de motocross. La Mini se distingue essentiellement par l'utilisation d'un carburateur de 12 mm (19 mm sur la SX) favorisant la puissance à bas régime et par l'ajout d'une pompe à injection d'huile. Côté châssis, elle se distingue par ses roues de 10 pouces (10-12 sur la SX) et par sa suspension plus courte qui abaisse la selle. Elle coûte en revanche environ 1 000 $ de plus qu'en 2008.

Moteur-refroidissement	monocylindre 2-temps de 49 cc - liquide
Transmission-embrayage	1 rapport - automatique
Cadre-roues avant/arrière	acier - 10 pouces / 10 pouces
Poids-selle-reservoir	37,8 kg - 558 mm - 2 litres
Prix-garantie	3 398 $ - 1 mois

YAMAHA
TT-R50E

Lancée il y a deux ans, la TT-R50E s'est ajoutée à la longue liste de minis calquées sur la légendaire Honda CRF50F. Fabriquée dans une usine Yamaha en Chine, la petite TT-R est propulsée, comme la légendaire mini de Honda, par un monocylindre 4T de 49 cc à cylindre horizontal refroidi à l'air, jumelé à une boîte à 3 rapports avec embrayage automatique. Mais puisque même un moteur à embrayage automatique peut caler à l'occasion, la TT-R50E est équipée d'un démarreur électrique qui permet même à un tout petit de relancer facilement. Elle coûte environ le même prix que la Honda, qui ne démarre qu'au kick, mais elle est un peu plus lourde, ce qui, en cas de chute, peut nier l'avantage du démarreur en empêchant un jeune de la relever.

Moteur-refroidissement	monocylindre 4-temps de 49,5 cc - air
Transmission-embrayage	3 rapports - automatique
Cadre-roues avant/arrière	acier - 10 pouces / 10 pouces
Poids-selle-reservoir	54 kg - 555 mm - 3,1 litres
Prix-garantie	1 849 $ - 90 jours

YAMAHA
PW50

Avec le retrait du catalogue Yamaha de la PW80, la petite PW50 devient la seule 2T de la gamme récréative Yamaha. Lancée il y a une trentaine d'années (rien de moins...), l'increvable petite PW50 a traversé l'histoire récente de la moto sans connaître de changements importants, si ce n'est au niveau de la couleur et des graphiques. Il s'agit d'un exploit peu banal, lié directement à l'excellence de son design initial. Avec son poids plume, sa selle super basse, ses contrôles à l'échelle de petites mains, son limiteur d'accélérateur et son prix sous la barre des 1 000 $, la PW50 s'impose encore aujourd'hui comme la moto d'initiation par excellence pour un(e) jeune débutant(e) de 4 à 6 ans. D'innombrables champions ont débuté sur une PW50.

Moteur-refroidissement	monocylindre 2-temps de 49 cc - air
Transmission-embrayage	1 rapport - automatique
Cadre-roues avant/arrière	acier - 10 pouces / 10 pouces
Poids-selle-reservoir	37 kg - 485 mm - 2 litres
Prix-garantie	1 199 $ - 90 jours

KTM
KTM 950 SUPER ENDURO R `DOUBLE-USAGE`

Avec la disparition de la HP2 du catalogue BMW, la 950 Super Enduro R devient le seul porte-étendard de l'exclusive — et bizarre — catégorie des « très grosses double-usage à moteur d'un litre et à vocation d'abord hors-route ». Étonnamment amusante et efficace hors route pour une machine de sa taille, sa fourchette d'utilisation demeure plutôt restreinte. Mis à part certains actes de délinquance civile, l'agrément de conduite est très limité sur la route. Et si compétente soit-elle sur un chemin forestier, sur un sentier de VTT et même sur une piste de motocross roulante, elle demeure un monstre qui peut facilement mordre un pilote entreprenant, s'autodétruisant du même coup. Et avec son modeste réservoir, oubliez les explorations sur longues distances.

Moteur-refroidissement	bicylindre en V 4-temps de 942 cc – liquide
Transmission-embrayage	6 rapports - manuel
Cadre-roues avant/arrière	acier – 21 pouces / 18 pouces
Poids-selle-réservoir	190 kg – 965 mm – 14,5 litres
Prix-garantie	16 798 $ - 1 an ou 20 000 km

KTM
KTM 690 ENDURO `DOUBLE-USAGE`

Élaborée autour du nouveau moteur de 654 cc lancé sur la 690 Supermoto en 2007, la 690 Enduro assure la succession de la vénérable 640 Adventure. Plus typée route que les 450 et 530 EXC, la 690 Enduro n'affiche pas moins un fort penchant pour les grands espaces et le terrain meuble. Elle se distingue d'office des autres hors-route autrichiennes par son cadre porteur (sans berceau) en treillis et sa suspension arrière utilisant une tringlerie. Une coque porteuse en plastique renforcé combine le réservoir à essence, le cadre arrière, le garde-boue arrière et la boîte à air. Le nouveau moteur produit des chevaux à la tonne et se montre beaucoup plus doux et agréable que l'ancien LC4. Un peu lourde, mais étonnamment efficace en sentier.

Moteur-refroidissement	monocylindre 4-temps de 654 cc – liquide
Transmission-embrayage	6 rapports - manuel
Cadre-roues avant/arrière	acier – 21 pouces / 18 pouces
Poids-selle-réservoir	138,5 kg – 930 mm – 12 litres
Prix-garantie	10 998 $ - 1 an ou 20 000 km

HONDA
XR650L `DOUBLE-USAGE`

Lancée il y a pas moins de 17 ans et quasi inchangée depuis, la vénérable XR650L épouse la philosophie classique des premières japonaises à vocation mixte. Elle se débrouille correctement sur la route, mais son attrait se situe surtout du côté hors-route de l'équation double-usage. S'il n'est pas le plus doux, son moteur refroidi à l'air pousse fort en bas et se montre fiable et facile à lancer avec le démarreur électrique. La suspension relativement efficace permet de brasser la 650L assez sérieusement en sentier avant que son poids ne prenne le dessus sur l'amortissement. Le prix à payer est une hauteur de selle vertigineuse, qui limite l'attrait de la moto pour plusieurs, et un coût d'achat quelque 1 000 $ plus élevé que celui des DR et KLR 650.

Moteur-refroidissement	monocylindre 4-temps de 644 cc – air
Transmission-embrayage	5 rapports - manuel
Cadre-roues avant/arrière	acier - 21 pouces / 18 pouces
Poids-selle-réservoir	147 kg - 940 mm - 10,5 litres
Prix-garantie	7 699 $ - 1 an/kilométrage illimité

KAWASAKI
KLR650 `DOUBLE-USAGE`

Véritable machine culte et retentissant succès commercial depuis plus de 20 ans, la KLR650 est réputée pour sa compétence générale et sa grande fiabilité, que ce soit pour se déplacer économiquement en ville ou pour partir en expédition vers des pays reculés. L'an dernier, après 21 années de loyaux services, Kawasaki a enfin décidé de moderniser sa fidèle KLR, en prenant soin de ne pas s'éloigner des qualités qui ont fait sa renommée. Le moteur, révisé surtout au niveau de la culasse, de l'allumage, du refroidissement et de l'échappement, est plus doux et fort en couple. La nouvelle suspension à débattement réduit est plus ferme et améliore la tenue de route. Côté hors-route, c'est comme avant : la KLR est conçue pour passer, pas performer.

Moteur-refroidissement	monocylindre 4-temps de 651 cc – liquide
Transmission-embrayage	5 rapports - manuel
Cadre-roues avant/arrière	acier - 21 pouces / 17 pouces
Poids-selle-réservoir	175 kg - 890 mm - 22 litres
Prix-garantie	6 699 $ - 1 an/kilométrage illimité

SUZUKI
DR650S

Lancée il y a déjà une douzaine d'années, et pour l'essentiel inchangée depuis, la grosse double-usage de Suzuki se présente depuis ses débuts comme une machine relativement conservatrice, conçue surtout pour s'illustrer du côté asphalté de l'arène double-usage. Propulsée par un moteur fort en couple et relativement doux qui ne craint pas les autoroutes, elle est agile en ville et amusante à piloter vivement sur une petite route sinueuse. Sa hauteur de selle raisonnable est un atout, mais ses capacités hors-route, quoique réelles, demeurent limitées. Si elle n'a rien perdu de ses qualités, la concurrence lui fait de plus en plus ombrage. Pour compenser un peu, Suzuki a baissé son prix de 600 $ l'an dernier et ne l'a pas augmenté en 2009.

Moteur-refroidissement	monocylindre 4-temps de 644 cc – air et huile
Transmission-embrayage	5 rapports - manuel
Cadre-roues avant/arrière	acier - 21 pouces / 18 pouces
Poids-selle-réservoir	147 kg - 885 mm - 13 litres
Prix-garantie	6 399 $ - 1 an/kilométrage illimité

DOUBLE-USAGE APRILIA
RXV 5.5 (4.5) aprilia

Sur le plan du marketing, ces Aprilia RXV sont en rivalité directe avec les KTM EXC 530 et 450 et la BMW G450X qui, comme elles, sont pour l'essentiel des machines hors-route de compétition, accessoirement légales pour la route. Tant côté châssis qu'ergonomie et présentation, les RXV se prétendent des motos d'enduro pures et dures. Elles diffèrent cependant radicalement côté mécanique, étant propulsées par un V-Twin à 77 degrés, une configuration beaucoup plus identifiée à la route qu'à la poussière. Le caractère passablement viril du V-Twin (surtout le 550) n'est pas idéal en sentier, mais si vous penchez nettement vers la route, il devient un atout. Pour les vrais marginaux, Aprilia offre aussi une version motocross, la MXV 4.5, pour 10 295 $.

Moteur-refroidissement	bicylindre en V 4-temps de 549 (449) cc – liquide
Transmission-embrayage	6 rapports - manuel
Cadre-roues avant/arrière	acier - 21 pouces / 18 pouces
Poids-selle-réservoir	126 kg - 941 mm - 7,8 litres
Prix-garantie	10 995 $ (9 995 $) - 6 mois

DOUBLE-USAGE APRILIA
SXV 5.5 (4.5) aprilia

Contrairement aux autres montures de type supermoto répertoriées dans cette section, les Aprilia SXV ne sont pas des versions légèrement modifiées d'une moto double-usage traditionnelle. Nous avons ici affaire à des machines très proches des engins de compétition d'usine de la marque, qui œuvre aux plus hauts niveaux en compétition supermoto. Leur moteur V-Twin à 77 degrés est doté de culasses SACT à 4 soupapes en titane et alimenté par un système d'injection sophistiqué. Un interrupteur au guidon permet de choisir entre deux programmations afin de privilégier la motricité ou la puissance. Le châssis est tout aussi évolué. Si votre passion route et poussière s'exprime surtout sur du bitume sinueux, les SXV vous feront déraper de bonheur.

Moteur-refroidissement	bicylindre en V 4-temps de 549 (449) cc – liquide
Transmission-embrayage	6 rapports - manuel
Cadre-roues avant/arrière	acier - 17 pouces / 17 pouces
Poids-selle-réservoir	128 kg - 918 mm - 7,8 litres
Prix-garantie	11 495 $ (10 495 $) - 6 mois

DOUBLE-USAGE KTM
530 EXC (450EXC) KTM

En 2007, KTM a sérieusement relevé la barre côté double-usage à penchant pour la poussière en modifiant deux de ses hors-route de haut niveau juste ce qu'il faut pour les rendre légales sur la route. Repensées en 2008, les 450 et 530 EXC combinent le plus récent moteur enduro à SACT et la nouvelle partie cycle utilisée depuis peu sur les modèles de motocross. La 450 et la 530 sont essentiellement identiques, exception faite des dimensions internes du moteur. La 530 jouit d'un avantage de puissance sur la route et de couple en sentier qui en font généralement une machine plus polyvalente et amusante. Mais pour celui qui rêve d'une machine d'enduro capable de prendre la route jusqu'aux sentiers, la 450 est plus efficace comme hors-route pure.

Moteur-refroidissement	monocylindre 4-temps de 510 (449) cc – liquide
Transmission-embrayage	6 rapports - manuel
Cadre-roues avant/arrière	acier - 21 pouces / 18 pouces
Poids-selle-réservoir	114 (113,5) kg - 985 mm - 9 litres
Prix-garantie	10 298 $ (9 998 $) - 6 mois ou 10 000 km

BMW
G450X

DOUBLE-USAGE

Promise pour le printemps 2008, la très attendue BMW de compétition hors-route aura finalement mis quelques mois de plus pour trouver le chemin des concessionnaires. Même si elle est commercialisée en tant que double-usage au Canada – ce qui constitue un net plus côté polyvalence –, la G450X demeure une enduro pure et dure qui s'attaque autant à la KTM 450 XC-W qu'aux EXC double-usage. Son moteur à DACT et bouton magique combine l'injection d'essence, une ligne d'échappement en inox à pot catalytique et un compact embrayage à diaphragme fixé au vilebrequin. Pour concentrer les masses, le réservoir est sous la selle et la boîte à air devant. Les axes du pignon et du bras oscillant sont concentriques pour éliminer les effets de tension de la chaîne.

Moteur-refroidissement	monocylindre 4-temps de 449 cc - liquide
Transmission-embrayage	5 rapports - manuel
Cadre-roues avant/arrière	acier - 21 pouces / 18 pouces
Poids-selle-réservoir	120 kg - 945 mm – 8,5 litres
Prix-garantie	9 400 $ - 1 an/kilométrage illimité

SUZUKI
DR-Z400S

DOUBLE-USAGE

Longtemps considérée comme la championne au combiné route/sentier de cette catégorie, la DR-Z400S a glissé au classement poussiéreux avec l'arrivée des plus radicales KTM EXC et, depuis peu, BMW G450X. Malgré cela, elle demeure un excellent choix pour celui qui cherche une machine double-usage compétente à tous les niveaux, à l'aise tant sur l'asphalte qu'en sentier. Elle combine un moteur qui sait se tirer d'affaire sur la route (la version supermoto est fort appréciée) à une partie cycle suffisamment légère et maniable pour être amusante et efficace (avec de meilleurs pneus) en sentier. Toujours dans le coup, la 400S coûte passablement moins cher que les KTM et BMW, est plus agile hors-route que les 650, et plus «fun» côté moteur que les 250.

Moteur-refroidissement	monocylindre 4-temps de 398 cc - liquide
Transmission-embrayage	5 rapports - manuel
Cadre-roues avant/arrière	acier - 21 pouces / 18 pouces
Poids-selle-réservoir	132 kg - 935 mm – 10 litres
Prix-garantie	7 399 $ - 1 an/kilométrage illimité

SUZUKI
DR-Z400SM

DOUBLE-USAGE

En 2005, Suzuki est devenu le premier fabricant japonais à épouser la philosophie supermoto en lançant sa DR-Z400SM. Essentiellement une DR-Z400S double-usage légèrement transformée par l'ajout de roues de 17 pouces, de pneus sport, d'un frein avant plus puissant et de réglages de suspension plus fermes, la version SM s'est vite taillé une place limitée, mais fort appréciée, sur le marché. Quand on compare la minceur et la légèreté de la SM à celles des sportives classiques, la Suzuki se retrouve dans une classe à part côté maniabilité. Son moteur fort en couple est amusant dans la circulation ou pour s'extirper d'un virage serré, mais sa puissance demeure relativement modeste pour une routière. Peu changée depuis son lancement, la SM offre toujours un excellent rapport plaisir-prix.

Moteur-refroidissement	monocylindre 4-temps de 398 cc - liquide
Transmission-embrayage	5 rapports - manuel
Cadre-roues avant/arrière	acier - 17 pouces / 17 pouces
Poids-selle-réservoir	134 kg - 890 mm – 10 litres
Prix-garantie	7 799 $ - 1 an/kilométrage illimité

KAWASAKI
KLX250S

DOUBLE-USAGE

Lancée l'an dernier, la KLX250S affiche un penchant inné pour le côté hors-route de la force, mais elle cultive un peu plus son aspect routier que la KLX250 précédente, qu'elle a remplacée. Le cadre et la suspension ont été revus en ce sens, afin d'améliorer la stabilité et de réduire la hauteur de la selle. Confortable sur la route, la suspension se débrouille correctement en sentier, à condition de ne pas trop pousser l'allure. Le moteur est plaisant, privilégiant le couple à bas et moyen régimes, mais s'essouffle assez vite. La KLX250S est plus lente que la DR-Z400S et moins sophistiquée que la WR250R, mais beaucoup plus abordable. En 2009, une nouvelle version supermoto fait son entrée sur le marché avec roues et pneus radiaux de 17 pouces.

Moteur-refroidissement	monocylindre 4-temps de 249 cc - liquide
Transmission-embrayage	6 rapports - manuel
Cadre-roues avant/arrière	acier - 21 pouces / 18 pouces
Poids-selle-réservoir	119 kg - 884 mm – 7,2 litres
Prix-garantie	5 799 $ - 1 an/kilométrage illimité

DOUBLE-USAGE

KAWASAKI
KLX250SF  Kawasaki

DOUBLE-USAGE

KAWASAKI
SUPER SHERPA Kawasaki

L'an dernier, Kawasaki a révisé sa KLX250S double-usage pour la rendre un peu plus efficace et agréable sur l'asphalte. En 2009, le virage vers la route s'accentue avec l'arrivée d'une nouvelle version supermoto de la petite double-usage verte, qui passe d'ailleurs au noir pour l'occasion. L'approche privilégiée est des plus classiques puisque la version SF se distingue essentiellement par ses roues de 17 pouces montées de pneus sport, par sa suspension légèrement modifiée, par son frein avant plus puissant et par son tirage final légèrement allongé (3 dents de moins à la couronne arrière). Son moteur est un peu plus volontaire que celui de la WR250X en bas, mais moins en haut. La 250SF est certes moins sophistiquée que la Yamaha, mais elle coûte 1 500 $ de moins.

Absente du catalogue l'an dernier, la Super Sherpa effectue un retour en 2009, sans doute motivé par la cote à la hausse des modes de transport économiques à l'achat et à l'utilisation. Moins chère, moins lourde et moins haute que la KLX250S, la Sherpa est une meilleure moto d'apprentissage pour un débutant sur la route, tout en étant parfaitement adaptée au rôle d'outil de transport basique. La selle demeure un peu haute, mais la suspension souple s'affaisse considérablement sous le poids du pilote, ce qui compense un peu. Son docile moteur refroidi à l'air privilégie le couple à bas et moyen régimes et est appuyé par un embrayage progressif et un pratique démarreur électrique. L'allure demeure moderne et l'équipement comprend deux freins à disque.

Moteur-refroidissement	monocylindre 4-temps de 249 cc – liquide
Transmission-embrayage	6 rapports - manuel
Cadre-roues avant/arrière	acier - 17 pouces / 17 pouces
Poids-selle-réservoir	137 kg - 860 mm - 7,2 litres
Prix-garantie	6 199 $ - 1 an/kilométrage illimité

Moteur-refroidissement	monocylindre 4-temps de 249 cc – air
Transmission-embrayage	6 rapports - manuel
Cadre-roues avant/arrière	acier - 21 pouces / 18 pouces
Poids-selle-réservoir	113 kg - 830 mm - 9 litres
Prix-garantie	5 299 $ - 1 an/kilométrage illimité

DOUBLE-USAGE

YAMAHA
WR250R

DOUBLE-USAGE

YAMAHA
WR250X

Nouvelle depuis l'an dernier, la WR250R ressemble beaucoup à la WR250F hors-route, mais c'est une moto complètement différente, propulsée par un nouveau moteur à 4 soupapes (les modèles de compétition en comptent 5) logé dans son propre cadre en alu. L'alimentation est confiée à un système d'injection Mikuni et l'échappement est doté d'un catalyseur réduisant les émissions polluantes. Le moteur répond bien et se montre enthousiaste, surtout quand on le pousse à haut régime, mais sa puissance demeure limitée. Pourquoi ne pas avoir opté pour un 300 ou plus? La suspension à orientation hors-route (comme pour l'habillage et l'ergonomie) est assez évoluée et fonctionne plutôt bien. Une version WR250X, à la sauce supermoto, est aussi offerte.

La WR250X est la version supermoto de la WR250R double-usage. Lancée l'an dernier en même temps que sa jumelle quasi identique, la version X se distingue essentiellement par ses roues de 17 pouces chaussées de pneus radiaux sport, par son frein avant plus puissant et par ses réglages de suspension raffermis. Très légère et super maniable, la WR250X peut être fort amusante dans la circulation, sur une petite route sinueuse et, pourquoi pas, sur une piste de karting. Mais encore plus que sur la version double-usage, la puissance somme toute modeste de son moteur de seulement 249 cc limite son attrait. À moins de «triper» sur le côté bonbon technique de la WR250X (cadre alu, suspension sophistiquée...), une DR400SM demeure plus satisfaisante comme routière.

Moteur-refroidissement	monocylindre 4-temps de 249 cc – liquide
Transmission-embrayage	6 rapports - manuel
Cadre-roues avant/arrière	aluminium - 21 pouces / 18 pouces
Poids-selle-réservoir	125 kg - 930 mm - 7,6 litres
Prix-garantie	7 899 $ - 1 an/kilométrage illimité

Moteur-refroidissement	monocylindre 4-temps de 249 cc – liquide
Transmission-embrayage	6 rapports - manuel
Cadre-roues avant/arrière	aluminium - 17 pouces / 17 pouces
Poids-selle-réservoir	136 kg - 895 mm - 7,6 litres
Prix-garantie	8 499 $ - 1 an/kilométrage illimité

YAMAHA
XT250

`DOUBLE-USAGE`

Même si elle fait un peu vieillot avec son moteur refroidi à l'air, la XT250 s'appuie sur de la technologie tout à fait moderne puisqu'elle a été lancée seulement l'an dernier. Elle a alors remplacé la vénérable XT225, une double-usage tranquille, facile à apprivoiser mais plutôt fade, lancée en 1992 et pratiquement inchangée depuis. Tout nouveau, le moteur 4T à SACT et 2 soupapes de la XT250 est refroidi à l'air pour des raisons de simplicité et de coût. Il fournit une plage de puissance satisfaisante pour une utilisation tranquille, mais on peut se demander pourquoi Yamaha n'a pas opté pour une cylindrée un peu plus forte, question d'amplifier le couple. La XT250 demeure agréable en promenade, en ville ou à la campagne, et son prix est dans le coup.

Moteur-refroidissement	monocylindre 4-temps de 249 cc – air
Transmission-embrayage	6 rapports - manuel
Cadre-roues avant/arrière	acier – 21 pouces / 18 pouces
Poids-selle-réservoir	123 kg - 810 mm – 9,8 litres
Prix-garantie	5 799 $ - 1 an/kilométrage illimité

HONDA
CRF230L (M)

`DOUBLE-USAGE`

L'an dernier, Honda a effectué un retour remarqué, mais peu spectaculaire dans le créneau des petites double-usage 4T (une catégorie qu'il a jadis dominée) en lançant sa nouvelle CRF230L. Si son nom, son allure générale et son moteur refroidi à l'air de 223 cc rappellent la CRF230F hors-route, son cadre est différent et le débattement des suspensions est plus court, abaissant la selle de 56 mm. La CRF230L se veut une machine d'entrée de gamme, conçue pour être abordable et peu intimidante tout en offrant des prestations équilibrées des deux côtés de la clôture. Le moteur à démarreur électrique se montre souple, mais sa puissance est modeste. Pour 2009, une version supermoto équipée de roues de 17 pouces, la CRF230M, est offerte.

Moteur-refroidissement	monocylindre 4-temps de 223 cc – air
Transmission-embrayage	6 rapports - manuel
Cadre-roues avant/arrière	acier – 21 pouces / 18 pouces
Poids-selle-réservoir	121 kg - 810 mm – 8,7 litres
Prix-garantie	5 499 $ (5 699 $) - 1 an/kilométrage illimité

SUZUKI
DR200S

`DOUBLE-USAGE`

Soyons franc, la DR200S est une machine peu évoluée, à l'allure nettement vieillotte et pas très performante. Mais grâce à son prix qui en fait la double-usage la moins dispendieuse sur le marché canadien, elle demeure attrayante comme petite monture d'initiation et de promenade tranquille, sur route comme en sentier. Son petit monocylindre 4T refroidi à l'air est plutôt timide, mais grâce à la présence d'un démarreur électrique, il est toujours prêt à poursuivre. Peu intimidante, maniable et relativement légère, la petite DR peut facilement initier un débutant à la route un jour, puis aux joies du hors-route le lendemain. Cette dualité est son grand avantage puisqu'au même prix, la Suzuki Marauder 250 est une meilleure routière.

Moteur-refroidissement	monocylindre 4-temps de 199 cc – air
Transmission-embrayage	5 rapports - manuel
Cadre-roues avant/arrière	acier – 21 pouces / 18 pouces
Poids-selle-réservoir	113 kg - 810 mm – 13 litres
Prix-garantie	4 699 $ - 1 an/kilométrage illimité

YAMAHA
TW200

`DOUBLE-USAGE`

Dans les années 80, Yamaha a lancé une moto hors-route nommée BW200, inspirée des VTT trois roues et équipée de 2 gros pneus ballon à basse pression. Elle a connu une carrière brève et anonyme. Mais envers et contre tous, la version double-usage de ce concept, la TW200 à gros pneus, a non seulement trouvé un marché sur la route, mais elle demeure en vente en 2009. Basse et facile à apprivoiser grâce à son démarreur électrique, la TW est une machine d'initiation rassurante. L'effet coussin de ses gros pneus, qui dégagent sans doute un petit air réconfortant, ajoute au confort, sur route comme en sentier. Mais côté efficacité, ils ont plus d'inconvénients que d'avantages. Il y a une raison pour laquelle la TW est seule à préférer de tels beignets.

Moteur-refroidissement	monocylindre 4-temps de 196 cc – air
Transmission-embrayage	5 rapports - manuel
Cadre-roues avant/arrière	acier – 18 pouces / 14 pouces
Poids-selle-réservoir	118 kg - 780 mm – 7 litres
Prix-garantie	5 099 $ - 1 an/kilométrage illimité

ESSAIS

RSV 1000 R

RSV 1000 R

aprilia

L'autre italienne...

La RSV 1000 R est la sportive emblématique de la firme de Noale, la machine avec laquelle Aprilia a cherché à concurrencer Ducati et sa 996/998 dès 1999. Pourtant, bien que les deux machines partagent une motorisation semblable, c'est-à-dire un bicylindre en V d'un litre, elles ne sauraient être plus différentes l'une de l'autre, surtout depuis l'arrivée de la 1098 qui a élevé la barre chez ces sportives à moteur V-Twin à un tout autre niveau. La RSV 1000 R est aussi offerte en version Factory.

TECHNIQUE

Affirmer que la RSV 1000 R sous sa forme actuelle est un concept en fin de carrière n'aurait rien de farfelu, surtout depuis la présentation de la nouvelle RSV4 qui pourrait remplacer cette « autre » sportive italienne dès 2010. En attendant, ceux qu'elle pourrait intéresser auront affaire à une sportive pure dotée d'un V-Twin DACT de 997,6 cc ouvert à 60 degrés et développant 143 chevaux. À titre de comparaison, ses rivales directes sont la Ducati 1198 de 170 chevaux, la KTM RC8 de 155 chevaux et la Buell 1125R de 146 chevaux. La partie cycle, qui est élaborée autour d'un massif cadre périmétrique en aluminium, retient une fourche inversée Öhlins entièrement réglable, des freins avant Brembo à fixation radiale et un magnifique bras oscillant en aluminium. Un « léger » surplus de 5 000 $ par rapport aux 17 995 $ de la RSV 1000 R vous permettra d'envisager la version Factory de 22 995 $. Pour ce prix, vous obtenez en plus un cadre doré, des suspensions Öhlins plus performantes, un amortisseur de direction provenant du même manufacturier, des jantes Marchesini en aluminium forgé et des pièces de carrosserie en fibre de carbone.

Général

Catégorie	Sportive
Prix	17 995 $ (Factory : 22 995 $)
Immatriculation 2009	1 030 $
Catégorisation SAAQ 2009	« sport »
Évolution récente	introduite en 1999, revue en 2004
Garantie	2 ans/kilométrage illimité
Couleur(s)	blanc, noir, bleu (Factory : noir, rouge)
Concurrence	Buell 1125R, Ducati 1198, KTM RC8

Moteur

Type	bicylindre 4-temps en V à 60 degrés, DACT, 4 soupapes par cylindre, refroidissement par liquide
Alimentation	injection à 2 corps de 57 mm
Rapport volumétrique	11,8:1
Cylindrée	997,6 cc
Alesage et course	97 mm x 67,5 mm
Puissance	143 ch @ 10 000 tr/min
Couple	74,5 lb-pi @ 8 000 tr/min
Boite de vitesses	6 rapports
Transmission finale	par chaîne

Partie cycle

Type de cadre	périmétrique, en aluminium
Suspension avant	fourche inversée de 43 mm ajustable en précharge, compresion et détente
Suspension arrière	monoamortisseur ajustable en précharge, compresion et détente
Freinage avant	2 disques de 320 mm de Ø avec étriers radiaux à 4 pistons
Freinage arrière	1 disque de 220 mm de Ø avec étrier à 2 pistons
Pneus avant/arrière	120/70 ZR17 & 190/50 ZR17
Empattement	1 418 mm
Hauteur de selle	810 mm
Poids à vide	189 kg
Reservoir de carburant	18 litres

APRILIA
RS 125

Général

Catégorie	Sportive
Prix	6 500 $
Immatriculation 2009	218 $
Catégorisation SAAQ 2009	« régulière »
Évolution récente	n/d
Garantie	3 mois
Couleur(s)	rouge
Concurrence	Honda CBR125R, Kawasaki Ninja 250R

Moteur

Type	monocylindre 2-temps, refroidissement par liquide
Alimentation	1 carburateur à corps de 28 mm
Rapport volumétrique	12,5:1
Cylindrée	124,8 cc
Alésage et course	54 mm x 54,5 mm
Puissance	32,5 ch @ 10 000 tr/min
Couple	n/d
Boîte de vitesses	6 rapports
Transmission finale	par chaîne

Partie cycle

Type de cadre	périmétrique, en aluminium
Suspension avant	fourche inversée de 40 mm non ajustable
Suspension arrière	monoamortisseur ajustable en précharge
Freinage avant	1 disque de 320 mm de Ø avec étrier radial à 4 pistons
Freinage arrière	1 disque de 220 mm de Ø avec étrier à 2 pistons
Pneus avant/arrière	110/70 R17 & 150/60 R17
Empattement	1 345 mm
Hauteur de selle	805 mm
Poids à vide	127 kg
Réservoir de carburant	14 litres

Extrême 125...

Présente au catalogue d'Aprilia depuis très longtemps, la RS 125 se veut le penchant routier de la moto championne du monde 2006 de GP125. Véritable phénomène en Europe, cette sportive 2-temps cherche à conquérir le marché canadien où la demande pour les petites cylindrées justifie désormais son importation. Avec ses performances et sa ligne de moto de compétition, la RS125 a des atouts pour séduire.

TECHNIQUE

La firme de Noale a développé son image sportive en misant d'abord sur les petites cylindrées. Très présente en GP125 et en GP250 où elle a remporté de nombreux titres, la compagnie italienne s'appuie sur ces succès pour asseoir sa réputation. La RS 125 est l'exemple parfait de son savoir-faire. Propulsée par un monocylindre 2-temps annoncé à 32,5 chevaux à 10 000 tr/min, la RS se démarque d'une 125 4-temps comme la CBR125 de Honda par une puissance beaucoup plus élevée. Sa plage de régimes utilisable serait toutefois étroite et élevée. Refroidissement au liquide, soupape à l'échappement, carburateur de 28 mm, boîte de vitesses à 6 rapports, graissage séparé, tout respire la performance. Le monocylindre est suspendu dans le cadre et bénéficie d'un échappement catalysé. La partie cycle fait appel à un cadre périmétrique et à un magnifique bras oscillant de type banane, tous deux en aluminium. La fourche inversée de 40 mm est dépourvue de réglages tandis que le monoamortisseur n'est ajustable qu'en précharge. Le gros disque avant de 320 mm pincé par un étrier à fixation radiale et le léger disque arrière de 220 mm ne seraient pas déplacés sur une « vraie » sportive. Le traitement graphique rappelant celui de l'écurie officielle et les roues sport chaussées de pneus larges pour une machine de cette cylindrée (110 mm à l'avant et 150 mm à l'arrière) s'ajoutent à la liste des caractéristiques qui expliquent le prix élevé de 6 500 $.

Tuono 1000 R

aprilia

TUONO 1000 R

RSV en caleçon...

La Tuono n'est rien d'autre qu'une RSV 1000 R débarrassée de son carénage et à laquelle on a greffé un large guidon tubulaire, accessoire indispensable des standards modernes. Inaugurée en 2003, elle a tout de suite séduit une clientèle avide de sensations fortes, mais pas au point d'envisager une sportive classique. Un peu moins chère que la RSV, la Tuono représenterait un bon compromis dans la gamme Aprilia en offrant à la fois performance et polyvalence.

TECHNIQUE

Sa réputation de délinquante classe la standard Tuono 1000 R aux côtés des KTM Super Duke 990, Buell 1125CR et Ducati Streetfighter. La confrontation entre ces 4 modèles dénudés à moteur V-Twin risque d'ailleurs de faire couler beaucoup d'encre cette année. La Tuono reprend l'essentiel de la mécanique de la RSV, laquelle a toutefois subi quelques modifications, dont une injection revue, un couple amélioré et une puissance réduite à 139 chevaux. La partie cycle est également issue de la sportive, presque sans autres changements que l'empattement raccourci pour plus de vivacité et de maniabilité. De la RSV, la Tuono reprend le massif cadre périmétrique en aluminium et le bras oscillant de type «banane», mais pas la fourche inversée Öhlins ni les freins Brembo radiaux, qui sont réservés à la version Factory. Sur cette variante exclusive se détaillant 19 995 $, soit 3 000 $ de plus que le modèle de base, on retrouve un cadre en aluminium doré, des suspensions et un amortisseur de direction provenant de chez Öhlins, des roues Marchesini en aluminium forgé également dorées, et plusieurs pièces en fibre de carbone. Selon le constructeur, la Tuono 1000 R serait un modèle dirigé vers une utilisation routière, mais dont l'origine sportive garantirait des capacités impressionnantes en piste.

Général

Catégorie	Standard
Prix	16 995 $ (Factory : 19 995 $)
Immatriculation 2009	1 030 $
Catégorisation SAAQ 2009	«sport»
Évolution récente	introduite en 2003, revue en 2006
Garantie	2 ans/kilométrage illimité
Couleur(s)	argent, orange, bleu, blanc (Factory : rouge et blanc)
Concurrence	Buell 1125CR, Ducati Streetfighter, KTM Super Duke 990

Moteur

Type	bicylindre 4-temps en V à 60 degrés, DACT, 4 soupapes par cylindre, refroidissement par liquide
Alimentation	injection à 2 corps de 57 mm
Rapport volumétrique	11,8:1
Cylindrée	997,6 cc
Alésage et course	97 mm x 67,5 mm
Puissance	139 ch @ 9 500 tr/min
Couple	78,8 lb-pi @ 8 500 tr/min
Boîte de vitesses	6 rapports
Transmission finale	par chaîne

Partie cycle

Type de cadre	périmétrique, en aluminium
Suspension avant	fourche inversée de 43 mm ajustable en précharge, compresion et détente
Suspension arrière	monoamortisseur ajustable en précharge et détente
Freinage avant	2 disques de 320 mm de Ø avec étriers radiaux à 4 pistons
Freinage arrière	1 disque de 220 mm de Ø avec étrier à 2 pistons
Pneus avant/arrière	120/70 ZR17 & 190/50 ZR17
Empattement	1 410 mm
Hauteur de selle	810 mm
Poids à vide	185 kg
Réservoir de carburant	18 litres

APRILIA

MANA 850

aprilia

Général

Catégorie	Standard
Prix	11 995 $
Immatriculation 2009	518 $
Catégorisation SAAQ 2009	« régulière »
Évolution récente	introduite en 2008
Garantie	2 ans/kilométrage illimité
Couleur(s)	rouge, argent
Concurrence	aucune

Moteur

Type	bicylindre 4-temps en V à 90 degrés, SACT, 4 soupapes par cylindre, refroidissement par liquide
Alimentation	injection à corps unique de 38 mm
Rapport volumétrique	10:1
Cylindrée	839,3 cc
Alésage et course	88 mm x 69 mm
Puissance	76,1 ch @ 8 000 tr/min
Couple	53,9 lb-pi @ 5 000 tr/min
Boîte de vitesses	automatique
Transmission finale	par chaîne

Partie cycle

Type de cadre	treillis périmétrique, en acier
Suspension avant	fourche inversée de 43 mm non ajustable
Suspension arrière	monoamortisseur ajustable en précharge et détente
Freinage avant	2 disques de 320 mm de Ø avec étriers radiaux à 4 pistons
Freinage arrière	1 disque de 260 mm de Ø avec étrier à 1 piston
Pneus avant/arrière	120/70 ZR17 & 180/55 ZR17
Empattement	1 463 mm
Hauteur de selle	800 mm
Poids à vide	200 kg
Réservoir de carburant	16 litres

Automatique !

Première moto à bénéficier d'une transmission à variateur qui offre à la fois les avantages d'une boîte automatique intelligente et d'une boîte séquentielle, la Mana 850 n'aurait peut-être jamais vu le jour si le groupe Piaggio n'avait pas acquis Aprilia en 2005. Son moteur est en effet celui du mégascooter GP800 de Gilera, une autre marque du groupe Piaggio. La Mana tente de prouver que le plaisir de conduite peut aussi passer par l'automatique.

TECHNIQUE

Si la boîte à variateur de la Mana 850 n'est pas une innovation —la majorité des mégascooters en sont équipés—, le fait de la retrouver sur une moto de moyenne cylindrée est une première. Il s'agit d'une boîte multimode qui propose un mode séquentiel, qualifié à tort de mode manuel, un mode tout automatique et un mode semi-automatique. La Mana est propulsée par un bicylindre en V à 90 degrés possédant un seul arbre à cames en tête et 4 soupapes par cylindre qui n'est nul autre que le moulin du Gilera GP800, modifié pour maximiser le couple. Possédant 2 bougies par cylindre, il est injecté par un système Weber Marelli et génère 76 chevaux. L'entraînement final est confié à une chaîne placée du côté droit en raison de l'espace occupé par la transmission du côté gauche.

Le V-Twin de la Mana 850 est logé dans un cadre en treillis d'acier. Il agit comme élément structural et participe donc à la rigidité du châssis. Une fourche inversée Showa non ajustable est retenue comme élément de suspension avant tandis qu'un monoamortisseur Sachs inhabituellement positionné de façon horizontale s'occupe d'amortir les mouvements de la roue arrière.

Décidément une proposition inhabituelle, la Mana se veut plus qu'une autre standard. Elle représente également une alternative aux mégascooters. La qualifier de genre de pont —évitons le terme mutation...— entre l'univers de la moto et celui des scooters géants ne serait probablement pas une conclusion déplacée.

SV signée Aprilia...

Présentée en grande pompe en 2007, l'Aprilia Shiver 750 a tardé à convaincre sa clientèle cible en raison d'une injection hésitante et d'un d'accélérateur électronique de type Ride-by-Wire dont le temps de réponse était trop long. Pourtant, cette standard de moyenne cylindrée a des atouts pour séduire. À commencer par un look très réussi aux lignes agressives qui met la mécanique en valeur ainsi qu'un moteur d'une cylindrée peu commune chez les V-Twin.

TECHNIQUE

La Shiver est une standard propulsée par un V-Twin à 90 degrés. Ce bicylindre à DACT possède un total de 8 soupapes, un système de refroidissement au liquide et une puissance annoncée de 95 chevaux. L'injection électronique propose 3 cartographies distinctes, soit Sport, Touring et Normal, comme sur la Dorsoduro et la Mana 850. On change de mode grâce à un bouton au guidon. Comme ses deux sœurs, la Shiver est équipée d'un accélérateur électronique de type Ride-by-Wire de deuxième génération qui corrigerait le défaut de réponse du système original. Avec cette technologie, le pilote ne commande plus directement l'ouverture des papillons dans les conduits d'admission, ceux-ci s'actionnant plutôt en fonction d'un ensemble de paramètres comme l'ouverture des gaz, le régime, la température, la pression atmosphérique, la vitesse et le rapport engagé. Des accélérations plus linéaires, une conduite plus coulée et une consommation d'essence réduite sont les bénéfices annoncés. La partie cycle de la Shiver 750 s'articule autour d'un cadre en treillis d'acier tubulaire complété, dans sa partie inférieure, par des platines latérales en aluminium qui soutiennent le moteur. La suspension est assurée par une fourche inversée non ajustable Showa à tubes de 43 mm et par un monoamortisseur arrière Sachs disposé latéralement. L'exemple même de la standard polyvalente et conviviale, la Shiver s'adresse autant aux néophytes qu'aux motocyclistes chevronnés.

Général

Catégorie	Standard
Prix	9 995 $
Immatriculation 2009	518 $
Catégorisation SAAQ 2009	« régulière »
Évolution récente	introduite en 2008
Garantie	2 ans/kilométrage illimité
Couleur(s)	noir, bleu, orange
Concurrence	Ducati Monster 696, Kawasaki ER-6n, Suzuki SV650, Suzuki Gladius

Moteur

Type	bicylindre 4-temps en V à 90 degrés, DACT, 4 soupapes par cylindre, refroidissement par liquide
Alimentation	injection
Rapport volumétrique	11:1
Cylindrée	749,9 cc
Alésage et course	92 mm x 56,4 mm
Puissance	95 ch @ 9 000 tr/min
Couple	59,7 lb-pi @ 7 000 tr/min
Boîte de vitesses	6 rapports
Transmission finale	par chaîne

Partie cycle

Type de cadre	treillis périmétrique, en acier
Suspension avant	fourche inversée de 43 mm non ajustable
Suspension arrière	monoamortisseur ajustable en précharge et détente
Freinage avant	2 disques de 320 mm de Ø avec étriers radiaux à 4 pistons
Freinage arrière	1 disque de 245 mm de Ø avec étrier à 1 piston
Pneus avant/arrière	120/70 ZR17 & 180/55 ZR17
Empattement	1 440 mm
Hauteur de selle	810 mm
Poids à vide	189 kg
Réservoir de carburant	15 litres

APRILIA
DORSODURO 750

Général

Catégorie	Supermoto
Prix	11 695 $
Immatriculation 2009	518 $
Catégorisation SAAQ 2009	« régulière »
Évolution récente	introduite en 2008
Garantie	2 ans/kilométrage illimité
Couleur(s)	noir, rouge, gris
Concurrence	Ducati Hypermotard 1100, KTM Supermoto 990 (non importée)

Moteur

Type	bicylindre 4-temps en V à 90 degrés, DACT, 4 soupapes par cylindre, refroidissement par liquide
Alimentation	injection
Rapport volumétrique	11:1
Cylindrée	749,9 cc
Alésage et course	92 mm x 56,4 mm
Puissance	92 ch @ 8 750 tr/min
Couple	60,5 lb-pi @ 4 500 tr/min
Boîte de vitesses	6 rapports
Transmission finale	par chaîne

Partie cycle

Type de cadre	treillis périmétrique, en acier
Suspension avant	fourche inversée de 43 mm non ajustable
Suspension arrière	monoamortisseur ajustable en précharge et détente
Freinage avant	2 disques de 320 mm de Ø avec étriers radiaux à 4 pistons
Freinage arrière	1 disque de 240 mm de Ø avec étrier à 1 piston
Pneus avant/arrière	120/70 ZR17 & 180/55 ZR17
Empattement	1 550 mm
Hauteur de selle	870 mm
Poids à vide	186 kg
Réservoir de carburant	12 litres

SM poids moyen...

Présentée l'an dernier, la Dorsoduro (dos dur en italien) est une monture de classe supermotard de moyenne cylindrée avec laquelle Aprilia aimerait concurrencer les KTM Supermoto 990 et Ducati Hypermotard. Pour combler son handicap de cylindrée et de performances, l'italienne mise sur une plus grande facilité de prise en main et sur le style tranchant de sa ligne qui semble ne laisser personne indifférent. Il s'agit pour le moment du seul modèle du genre offrant une telle cylindrée.

TECHNIQUE

La Dorsoduro est conçue autour du V-Twin à 90 degrés qui propulse la Shiver 750. Il s'agit d'une mécanique de conception maison à DACT et 4 soupapes par cylindre. Compte tenu de la cylindrée «limitée» à 749,9 cc, la puissance et le couple sont intéressants. L'injection électronique offre 3 cartographies, Sport, Touring et Normal, qu'on sélectionne grâce à un bouton au guidon. L'accélérateur électronique de type Ride-by-Wire sans câble est une seconde génération censée réduire le temps de réponse du système original. La partie cycle est issue de celle de la Shiver 750. Elle s'appuie par 4 points d'ancrage sur un élégant cadre en treillis d'acier relié à 2 platines latérales en aluminium. Ces 2 plaques soutiennent le moteur tout en servant de support au bras oscillant et au monoamortisseur Sachs partiellement réglable et disposé latéralement. La fourche inversée de 43 mm possède un grand débattement de 160 mm, mais n'est pas ajustable, tandis que le système de freinage fait appel à 3 disques. Son réservoir à essence d'une capacité de seulement 12 litres limite considérablement l'autonomie. Pouvant être perçue comme une alternative à la Shiver, la Dorsoduro est annoncée par le constructeur comme une monture facile à prendre en main et particulièrement agile. Son prix de détail de 11 695 $ la rend relativement accessible.

BMW
K1200LT

En attendant...

BMW annonçait il y a quelques années qu'une nouvelle direction avait été prise par la firme afin de changer l'image de la marque et d'attirer une clientèle plus jeune. Pour ce faire, entre autres, BMW entendait offrir des modèles qui domineraient leur catégorie, rien de moins. Dans le cas de la K1200LT, cela impliquerait détrôner la Honda Gold Wing, ce que le modèle actuel, sans rien lui enlever, ne peut prétendre accomplir. La rumeur qui se fait de plus en plus persistante pointe vers une machine énorme avec un couple énorme et beaucoup de cylindres. Seul le temps dira de façon précise ce que ces indices laissent sous-entendre. En attendant, la grosse LT revient sans aucune modification pour 2009.

Greffer une panoplie d'équipements plus ou moins utiles à un châssis assez robuste et massif pour en supporter le poids ne suffit évidemment pas pour réaliser une grosse routière de luxe. Sinon, toutes les marques en offriraient une dans leur gamme. Avec l'exception possible de la Vision Tour de Victory, BMW est le seul constructeur qui ait entrepris de défier la domination de la Gold Wing en présentant sa LT en 1999. Honda répliquait toutefois en 2001 avec une nouvelle génération équipée d'un large cadre en aluminium et propulsée par un monstrueux 6-cylindres de 1,8 litre gorgé de couple. L'allemande revint de plus belle en poussant la nippone au chapitre des équipements, ce qui obligea Honda à répliquer de nouveau en ajoutant une panoplie de nouveaux gadgets à sa Gold Wing dont un système de navigation et même un coussin gonflable !

Cette course effrénée à l'armement est à l'origine du plus grand problème de ces machines, le poids. Dans le cas de la LT, cela se traduit par un premier contact intimidant. La selle est assez haute et large, ce qui empêche même les pilotes grands de bien poser les pieds au sol. Conséquences : la confiance tarde à s'installer et la maniabilité à basse vitesse souffre. Pour contrer ce problème, BMW a doté la LT d'une marche arrière électrique et même, depuis 2005, d'une béquille centrale électrique. Bref, il faut absolument sortir de l'environnement urbain dans lequel la LT se sent presque étouffée avant qu'elle commence à mieux respirer.

> **UNE COURSE FOLLE À L'ÉQUIPEMENT A FAIT DE CES MONTURES DES MONSTRES TRÈS LOURDS. C'EST LEUR PLUS GRAND PROBLÈME.**

Roulant librement sur les routes secondaires dégagées et les autoroutes, la grosse allemande se retrouve finalement dans son environnement naturel et arrive enfin à faire la démonstration de ses qualités de voyageuse.

Dotée d'une très solide partie cycle, la LT fait preuve d'une stabilité sans fautes dans les grandes courbes rapides et, malgré son gabarit imposant, surprend par son agilité dans les enfilades de virages. La position de conduite est naturelle, la selle offre un confort royal autant au pilote qu'au passager et les suspensions se débrouillent très bien même sur les pires routes. L'expérience du voyage est par ailleurs agrémentée par l'efficacité des équipements comme le génial pare-brise à ajustement électrique, l'excellent système audio à changeur de CD, les poignées et la selle chauffantes, ainsi que le régulateur de vitesse. Tout fonctionne bien, tout est à sa place.

La puissance et le couple du 4-cylindres à plat de la LT, gonflés depuis 2005 afin de réduire l'écart de performance qui le séparait du fabuleux 6-cylindres Boxer de la Honda, ne font pas plus de l'allemande une fusée en ligne droite qu'elles ne renversent la suprématie de la mécanique de la Honda. Ce qui n'empêche pas la K1200LT d'offrir des performances et une souplesse tout à fait satisfaisantes. Notons enfin que si la douceur de roulement de cette version du moteur n'est pas encore exceptionnelle, elle reste considérablement améliorée par rapport à la version originale qui, elle, était plutôt vibreuse.

Général

Catégorie	Tourisme de luxe
Prix	24 750 $
Immatriculation 2009	518 $
Catégorisation SAAQ 2009	« régulière »
Évolution récente	introduite en 1999, revue en 2005
Garantie	3 ans/kilométrage illimité
Couleur(s)	noir
Concurrence	Honda Gold Wing

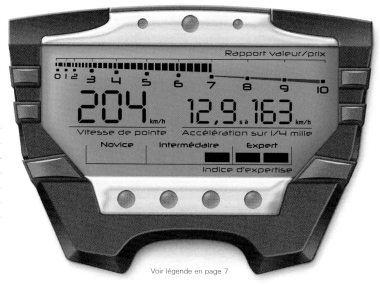

Voir légende en page 7

Moteur

Type	4-cylindres en ligne à plat 4-temps, DACT, 4 soupapes par cylindre, refroidissement par liquide
Alimentation	injection à 4 corps de 36 mm
Rapport volumétrique	10,8:1
Cylindrée	1 171 cc
Alésage et course	70,5 mm x 75 mm
Puissance	116 ch @ 8 000 tr/min
Couple	88,6 lb-pi @ 5 250 tr/min
Boîte de vitesses	5 rapports et marche arrière électrique
Transmission finale	par arbre
Révolution à 100 km/h	environ 3 000 tr/min
Consommation moyenne	6,2 l/100 km
Autonomie moyenne	387 km

Partie cycle

Type de cadre	poutre centrale, en aluminium
Suspension avant	fourche Telelever de 35 mm avec monoamortisseur non ajustable
Suspension arrière	monoamortisseur ajustable en précharge
Freinage avant	2 disques de 320 mm de Ø avec étriers à 4 pistons et système ABS Integral
Freinage arrière	1 disque de 285 mm de Ø avec étrier à 4 pistons et système ABS Integral
Pneus avant/arrière	120/70 ZR17 & 160/70 ZR17
Empattement	1 627 mm
Hauteur de selle	770/800 mm
Poids à vide	353,5 kg (tous pleins faits 387 kg)
Réservoir de carburant	24 litres

QUOI DE NEUF EN 2009 ?

Aucun changement

Aucune augmentation

PAS MAL

Un confort digne d'un fauteuil de salon; aucune moto à part la Honda Gold Wing n'est plus confortable et luxueuse lorsqu'il s'agit de traverser de très grandes distances

Un châssis équilibré et très solide qui procure une stabilité irréprochable à la LT; collée au bitume dans les grandes courbes rapides, elle sait se montrer agile sur les routes sinueuses

Un 4-cylindre puissant, coupleux et relativement doux qui seconde parfaitement la moto dans sa mission de tourisme

BOF

Un moteur dont les performances n'ont jamais menacé la suprématie de celles du fabuleux 6-cylindres Boxer de la Honda Gold Wing, et ce, même après les changements qu'il a reçus en 2005

Un gabarit très imposant qui rend les manœuvres à basse vitesse parfois périlleuses et qui nuit à la conduite en milieu urbain; une marche arrière et une béquille centrale toutes deux électriques témoignent de ce fait

Une selle aussi élevée que large qui n'aide pas le pilote à toucher fermement le sol à l'arrêt; même les gens assez grands trouvent ce point gênant

Conclusion

Il est presque inévitable de parler de la Honda Gold Wing lorsqu'il est question de la K1200LT, ce qui s'explique facilement par le bagage inégalé de la Honda en matière de tourisme de luxe. Face à ce monstre sacré du motocyclisme, la BMW se tire d'affaire d'une façon plus que respectable. Si sa mécanique n'a pas le panache du 6-cylindres Boxer de la japonaise, à peu près tout le reste est très concurrentiel, de la quantité et la qualité de l'équipement jusqu'aux belles manières du châssis en passant par une impressionnante capacité à avaler des kilomètres. Nous pouvons aujourd'hui affirmer avec assez d'assurance que les jours du modèle sous cette forme sont comptés. Mais même si BMW laisse entendre par des sourires en coin qu'une remplaçante arrive, personne ne sait si cela implique une attente d'un ou cinq ans. Donc, difficile de suggérer l'achat, ou la patience.

BMW
K1300GT

RÉVISION 2009

L'essence de BMW...

La firme de Munich a beau dire à qui veut bien l'entendre qu'elle s'engage dans une direction plus sportive, il reste que lorsqu'on pense à BMW de manière instinctive, c'est une monture comme la K1300GT qui vient à l'esprit. La marque demeure en effet surtout réputée pour ses rapides et efficaces avaleuses de kilomètres, une description qui colle très bien à la K1300GT. Ces modèles sont généralement sur le marché plusieurs années avant de subir des changements, mais celui-ci profite d'une première évolution 3 ans à peine après son introduction. Premièrement parce que BMW tient à rester à l'avant-plan de la classe, et deuxièmement, parce que la S sur laquelle la GT est basée évolue aussi en 2009.

L'évolution dont la K1300GT profite cette année l'élève à un niveau qui lui permet désormais d'être perçue comme le vaisseau amiral de la flotte moto de BMW. Du moins, jusqu'à ce qu'apparaisse la remplaçante de la K1200LT, avec les multiples cylindres et le gros cubage que les rumeurs annoncent. Ce prestigieux titre n'est d'ailleurs pas du tout difficile à porter par la GT puisqu'il s'agit d'une superbe pièce, quoiqu'un peu chère. Disons que les améliorations mécaniques amenées par le passage de 1200 à 1300 de la cylindrée (une augmentation exacte de 136 cc) aideront à justifier un peu plus la facture, du moins si elles sont aussi intéressantes que ce que le constructeur annonce. Selon BMW, au-delà de la puissance maximale qui passerait de 152 à 160 chevaux, les gains les plus importants amenés par cette nouvelle mécanique —qui propulse aussi les K1300 S et R— seraient ressentis au niveau de la puissance de l'accélération à bas et moyen régimes. Pour ce qui est du reste du modèle, les changements sont relativement mineurs. La partie cycle demeure la même à l'exception d'un système Duolever réalisé en aluminium plutôt qu'en acier, ce qui réduirait le poids non suspendu du train avant d'environ 1 kilo. Une instrumentation légèrement revue et des commandes de clignotants «normales» à un seul bouton résument les autres modifications notables. Une nouvelle version de l'*Electronic Suspension Adjustment* ainsi qu'un système antipatinage emprunté à la R1200R sont offerts en option.

> ### LES SUSPENSIONS DE LA GT FIGURENT PARMI LES MEILLEURES QU'ON PUISSE TROUVER SUR UNE ROUTIÈRE.

Même si nous n'avons pu évaluer aucune des nouvelles K1300 sur la route avant d'aller sous presse avec le Guide 2009, la logique voudrait qu'on retrouve une monture plus coupleuse grâce à l'augmentation de cylindrée, mais pratiquement identique à la K1200GT en ce qui concerne tous les aspects du comportement routier, du confort et de l'équipement. Ce qui n'est décidément rien de décevant lorsqu'on tient compte des superbes manières qui ont permis à la 1200 de tant se démarquer.

Il s'agit d'une monture qui brille, par exemple, par l'excellent travail de ses suspensions qui figurent parmi les meilleures qu'on puisse retrouver sur une routière. Douce sur revêtement uniforme, précise en courbe, stable comme un train à des vitesses très illégales, la GT offre un comportement presque sans fautes.

Le confort est d'un niveau élevé grâce à une bonne selle, à une position équilibrée et à un très bon pare-brise à ajustement électrique. La liste des équipements présents et des technologies utilisées est impressionnante et tous ces accessoires vous facilitent la vie et vous font goûter au luxe ultime sur deux roues. On regrette seulement que certains ne soient pas livrés de série compte tenu du prix plutôt élevé demandé par BMW.

La GT n'est malgré tout pas parfaite. Le freinage, bien que puissant, renvoie une sensation peu naturelle au levier tandis que certains se sentiront à l'étroit en raison de la selle relativement basse. La boîte de vitesses parfois sèche et rugueuse pourrait aussi être améliorée.

Général

Catégorie	Sport-Tourisme
Prix	21 600 $
Immatriculation 2009	518 $
Catégorisation SAAQ 2009	« régulière »
Évolution récente	introduite en 2006
Garantie	3 ans/kilométrage illimité
Couleur(s)	rouge, bleu, bronze
Concurrence	BMW R1200RT, Honda ST1300, Kawasaki Concours 14, Yamaha FJR1300

Moteur

Type	4-cylindres en ligne 4-temps, DACT, 4 soupapes par cylindre, refroidissement par liquide
Alimentation	injection à 4 corps de 46 mm
Rapport volumétrique	13:1
Cylindrée	1 293 cc
Alésage et course	80 mm x 64,3 mm
Puissance	160 ch @ 9 000 tr/min
Couple	99 lb-pi @ 8 000 tr/min
Boîte de vitesses	6 rapports
Transmission finale	par arbre
Révolution à 100 km/h	environ 3 400 tr/min (2008)
Consommation moyenne	6,7 l/100 km (2008)
Autonomie moyenne	358 km (2008)

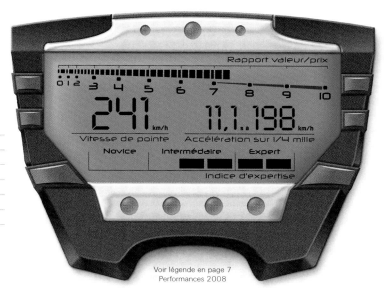

Voir légende en page 7
Performances 2008

Partie cycle

Type de cadre	périmétrique, en aluminium
Suspension avant	fourche Duolever avec monoamortisseur non ajustable (ajustable avec l'ESA optionnel)
Suspension arrière	monoamortisseur ajustable en précharge et détente (ajustable avec l'ESA optionnel)
Freinage avant	2 disques de 320 mm de ø avec étriers à 4 pistons et système ABS Semi Integral
Freinage arrière	1 disque de 294 mm de ø avec étriers à 2 pistons et système ABS Semi Integral
Pneus avant/arrière	120/70 ZR17 & 180/55 ZR17
Empattement	1 572 mm
Hauteur de selle	820/840 mm (800/820 mm avec selle basse optionnelle)
Poids à vide	255 kg (tous pleins faits 288 kg)
Réservoir de carburant	24 litres

QUOI DE NEUF EN 2009 ?

Évolution du modèle original : mécanique gonflée de 1 157 à 1 293 cc, panneaux latéraux modifiés, clignotants « normaux », instrumentation revue; seconde génération de l'ESA et système antipanitage offerts en équipement optionnel

Coûte 225 $ de plus qu'en 2008

PAS MAL

Une partie cycle phénoménale dont le comportement est imperturbable aussi bien dans les virages serrés que dans les grandes courbes rapides, sur mauvais revêtement, en duo ou même à des vitesses hautement illégales

Un niveau de perfectionnement inégalé dans l'industrie; les équipements fonctionnent si bien qu'on ne veut plus s'en défaire

Des performances qui bénéficieraient de façon nette des 136 cc additionnels, surtout au niveau du couple à bas et moyen régimes

BOF

Un système de freinage ABS assisté efficace, mais difficilement modulable en raison d'une sensation floue au levier; malgré plusieurs tentatives, BMW ne parvient pas à rendre le freinage aussi transparent qu'avec un système conventionnel

Une faible hauteur de selle qui permet de poser les pieds au sol, mais qui pourrait un peu coincer les pilotes aux grandes jambes

Une transmission qui était bruyante et rugueuse sur les premiers rapports de la 1200; peu semble avoir été fait à ce sujet sur la 1300

Un prix élevé qui monte encore plus lorsqu'on ajoute certaines options; pourtant, compte tenu de ce prix, on s'attendrait à avoir plusieurs de ces équipements livrés de série

Conclusion

Sous sa forme 1200, la K-GT nous a beaucoup impressionnés. Affichant un comportement routier incroyablement serein ainsi qu'une longue liste d'équipements tous très efficaces, elle s'est carrément révélée brillante. Cette nouvelle livrée, propulsée par une version gonflée à 1 300 cc du 4-cylindre de la K1200GT, est annoncée un peu plus puissante, mais surtout plus coupleuse par BMW. Si elle reste toujours une proposition plutôt dispendieuse, et ce, même après les récentes réductions de prix, elle arrive au moins à justifier ce montant par un ensemble qui mérite pleinement d'être qualifié de l'une des meilleures GT du marché. Il reste à voir à quel point l'évolution mécanique améliorera les performances, mais pour ce qui est de tous les autres aspects du modèle, on doit s'attendre à retrouver l'attachante et terriblement efficace machine qu'on connaissait.

BMW
R1200RT

Voyager différemment...

La course à la domination d'une classe semble inévitablement impliquer une escalade quelconque. Chez les machines de sport-tourisme, on cherche à offrir le plus gros moteur, le plus d'équipements, la partie cycle la plus sportive, les performances les plus élevées, etc. Et si la voie du succès pour ce type de motocyclisme passait plutôt par d'autres critères comme l'équilibre, l'efficacité et le caractère? Cette voie est celle que la BMW R-RT a toujours empruntée, avec des résultats magiques, et ce, plus que jamais depuis sa refonte de 2005. Il s'agit d'une machine à rouler qui n'approche tout simplement pas le voyage de la même manière que les autres sport-tourisme du marché.

L'un des aspects les plus déterminants sur une monture de sport-tourisme est l'équilibre entre équipement et encombrement que celui-ci arrive à offrir. Sur la R1200RT, BMW aborde ce problème de façon différente de celle des produits rivaux —dont fait partie l'un des propres modèles du constructeur, la K1300GT — en faisant preuve d'une certaine retenue. Du moins au niveau mécanique, puisqu'en termes d'équipements, elle ne donne pas sa place en vous accueillant même avec un véritable «cockpit». Des cadrans classiques sont complétés par un écran numérique aux fonctions multiples et une panoplie de boutons opérant système audio, hauteur et angle de l'excellent pare-brise, poignées ou selle chauffantes, régulateur de vitesse, système de navigation (notons que certains de ces équipements représentent des options), et plus. Bref, si BMW a choisi une approche du sport-tourisme un peu plus retenue avec sa RT, ce n'est certainement pas en limitant l'équipement.

La R1200RT se distingue surtout des machines rivales par l'accessibilité supérieure que sa mécanique moins encombrante à 2 plutôt que 4 cylindres lui permet d'offrir, et ce, surtout depuis la dernière génération du modèle présentée en 2005. BMW avait profité de l'occasion pour considérablement alléger la RT et gonfler la puissance du génial Twin Boxer qui l'anime. Si les performances de la R1200RT sont depuis facilement assez intéressantes pour satisfaire un pilote exigeant, ses accélérations ne sont

> **LA RT FAIT PLUS QUE COMBLER SON LÉGER RECUL EN TERMES DE PERFORMANCES AVEC UN CARACTÈRE VRAIMENT TRÈS ATTACHANT.**

tout de même pas de taille à rivaliser avec la puissante poussée des modèles rivaux à 4 cylindres. L'un des principaux attraits de la R1200RT tient du fait que ce léger recul en performances qu'elle concède à ses rivales est plus que compensé par le très attachant caractère de son bicylindre Boxer dont la sonorité feutrée et le doux tremblement agrémentent chaque instant de conduite. Également digne de mention est la souplesse exemplaire de cette mécanique qui doit, non seulement être considérée comme l'une des plus plaisantes du motocyclisme, mais qui doit aussi figurer tout en haut de la liste des raisons pour lesquelles on devrait s'intéresser à une R1200RT. Malgré toutes ses qualités, il ne s'agit pas d'un moteur parfait puisque, d'une façon typique pour les BMW à moteur Boxer, il est marié à une transmission parfois bruyante et affligé d'un agaçant jeu dans le rouage d'entraînement.

La R1200RT se distingue aussi du reste de la classe au niveau de la facilité de prise en main et de la maniabilité. Elle se manie avec plus d'aisance et de précision et s'avère même étonnamment agile pour une moto de ce gabarit. Son châssis offre d'excellentes caractéristiques permettant un comportement solide et stable en toutes circonstances. Si une R1200RT ne peut évidemment pas rivaliser avec l'agilité pure d'une sportive pointue, il reste qu'avec un pilote enclin à explorer les limites remarquables de la partie cycle à ses commandes, le rythme et les inclinaisons peuvent atteindre des niveaux très impressionnants.

Général

Catégorie	Sport-Tourisme
Prix	19 000 $
Immatriculation 2009	518 $
Catégorisation SAAQ 2009	« régulière »
Évolution récente	introduite en 1996, revue en 2001 et en 2005
Garantie	3 ans/kilométrage illimité
Couleur(s)	argent, noir, bleu
Concurrence	BMW K1300GT, Honda ST1300, Kawasaki Concours 14, Yamaha FJR1300

Moteur

Type	bicylindre 4-temps Boxer, SACT, 4 soupapes par cylindre, refroidissement par air et huile
Alimentation	injection à 2 corps de 47 mm
Rapport volumétrique	12:1
Cylindrée	1 170 cc
Alésage et course	101 mm x 73 mm
Puissance	110 ch @ 6 250 tr/min
Couple	85 lb-pi @ 6 000 tr/min
Boîte de vitesses	6 rapports
Transmission finale	par arbre
Révolution à 100 km/h	environ 3 200 tr/min
Consommation moyenne	5,9 l/100 km
Autonomie moyenne	457 km

Partie cycle

Type de cadre	treillis en acier, moteur porteur
Suspension avant	fourche Telelever de 41 mm non ajustable
Suspension arrière	monoamortisseur ajustable en précharge et détente
Freinage avant	2 disques de 320 mm de Ø avec étriers à 4 pistons et système ABS Semi Integral
Freinage arrière	1 disque de 265 mm de Ø avec étrier à 2 pistons et système ABS Semi Integral
Pneus avant/arrière	120/70 ZR17 & 180/55 ZR17
Empattement	1 485 mm
Hauteur de selle	820/840 mm
Poids à vide	229 kg
Réservoir de carburant	27 litres

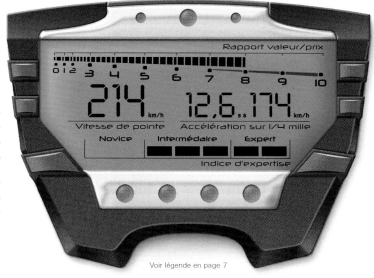

Voir légende en page 7

QUOI DE NEUF EN 2009 ?

Aucun changement

Aucune augmentation

PAS MAL

Un niveau d'équipements très complet et fonctionnel qui n'a rien à envier à celui d'une K1200LT ou d'une K1300GT

Un moteur dont le caractère est aussi unique que charmant et dont le niveau de performances arrive même à divertir un pilote exigeant

Une partie cycle admirablement efficace dans toutes les circonstances, surtout lorsqu'il s'agit de rouler vite et longtemps

Une option très intéressante d'abaissement approuvée par l'usine

Un prix qui est maintenant égal, ou presque, à ceux des modèles rivaux japonais

BOF

Un poids qui, bien qu'à la baisse, ne fait pas pour autant de la R1200RT un poids plume; elle demeure une moto assez lourde qui demande du respect dans les manœuvres lentes et serrées ou à l'arrêt; cela dit, les multicylindres de la classe sont encore plus lourdes

Une boîte de vitesses qui fonctionne bien lorsqu'il s'agit de passer les rapports en accélération, mais qui peut devenir relativement bruyante lors d'autres opérations

Un jeu excessif du rouage d'entraînement qui n'a pas vraiment sa place sur une monture de ce prix et qui rend la conduite saccadée dans certaines circonstances; le jour où BMW trouvera le moyen de se débarrasser de ce jeu sera historique

Conclusion

La pire erreur qu'on pourrait faire en considérant l'achat d'une R1200RT serait de la percevoir comme une concurrente directe des K1300GT, FJR1300A, Concours 14 et autres ST1300. Car bien qu'elle appartienne à la même classe, il s'agit tout simplement d'un autre genre de moto. S'il est vrai qu'elle accuse un certain déficit de performances par rapport à ses concurrentes à 4 cylindres, le fait est qu'elle brille en revanche par un équilibre général très difficile à prendre en défaut. Le caractère inimitable de son Twin Boxer et son niveau d'agilité nettement plus intéressant que celui de ses rivales constituent ses plus grands avantages.

K1300S

BMW
K 1300 S & R

Des objectifs plus sages...

L'une des sportives les plus rapides au monde et la standard la plus puissante de l'industrie. Voilà de quelle manière BMW annonça ses K1200S et K1200R en 2005. Si l'aspect spectaculaire de ces nouveautés n'a pas manqué de leur valoir l'attention du monde du motocyclisme, ne fut-ce que momentanément, cet aspect représente aussi une avenue dangereuse pour un constructeur. Car au rythme où évoluent les modèles aujourd'hui, on ne reste pas longtemps «le plus». D'ailleurs, les K1300S et K1300R présentées cette année ne sont pas accompagnées de titres aussi provocateurs. Ce qui n'a rien de décevant, au contraire, puisque leur évolution vise plutôt le côté pratique de la conduite.

TECHNIQUE

Dans le marché actuel, sauf exception, aucune annonce n'est aussi éphémère que celle du produit le plus rapide ou le plus puissant. Parlez-en aux constructeurs japonais. Lorsque BMW annonça il y a 4 ans qu'il mettait en production une concurrente à la Suzuki Hayabusa et une standard qui, à 163 chevaux, serait la plus puissante du moment, on a douté un instant, puis constaté que la firme de Munich disait vrai. Toutefois, comme c'était d'ailleurs prévisible, très peu de temps s'écoula avant que ces annonces tombent complètement dans l'oubli, gracieuseté de diverses nouveautés «plus». BMW aurait pu prendre la voie habituelle et revenir en frappant plus fort, mais l'évolution des K1200 S et R qu'il présente en 2009 est positionnée différemment. S'il est tout à fait clair que leur principal argument de vente tourne autour d'une augmentation de performances, cette amélioration est, dans ce cas, réalisée de manière très intéressante. Car au lieu de simplement —bêtement?— gonfler le chiffre magique qu'est le nombre de chevaux, le manufacturier s'est surtout affairé à enrichir la livrée de la puissance. Ainsi, même si la cylindrée de 1 293 cc —une augmentation de 136 cc— permet de faire passer la puissance de 167 à 175 chevaux sur la S et de 163 à 173 chevaux sur la R, ce qu'il faut surtout retenir, c'est que ces valeurs maximales sont atteintes à 9 250 plutôt qu'à 10 250 tr/min. Le couple maximal arrive quant à lui environ au même régime qu'avant, mais

augmente de 10 pour cent entre 2 000 et 8 000 tr/min. Selon le constructeur, les deux modèles livreraient 70 pour cent de leur couple maximal dès 3 000 tr/min. Tous ces chiffres signifient que la majorité des efforts de BMW ont été dirigés vers une production de couple aussi élevée et aussi hâtive que possible.

Il s'agit du genre de travail qui, lorsqu'il est réussi, se traduit par des accélérations plus fortes aux bas et moyen régimes couramment utilisés dans le quotidien, ce qui représente une qualité bien plus intéressante que quelques kilomètres à l'heure de plus en vitesse de pointe.

> LORSQU'IL EST RÉUSSI, CE GENRE DE TRAVAIL AMÉLIORE LES ACCÉLÉRATIONS LÀ OÙ ÇA COMPTE, DONC À BAS ET MOYEN RÉGIMES.

Le reste de l'évolution que subissent ces modèles en 2009 est relativement mineur. Par exemple, BMW n'a apporté que de très légers changements à la partie cycle, se limitant à fignoler les propriétés de la suspension avant Duolever et à raffermir les amortisseurs. Une seconde génération du système *Electronic Suspenion Ajustment*, le système antipatinage introduit sur la R1200R ainsi qu'un sélecteur de vitesse électrique emprunté à la HP2 Sport constituent des options qui peuvent équiper l'un ou l'autre des modèles moyennant un supplément. Quant au côté esthétique des S et R, BMW l'a habilement rajeuni en mélangeant certaines des anciennes pièces des carénages avec plusieurs composantes redessinées.

Enfin, on note un changement à la fois mineur et majeur au niveau des commandes. Croyez-le ou non, BMW a enfin délaissé ses fameux clignotants «à trois boutons» et a adopté un système «innovateur» à un seul bouton. Mieux vaut tard que jamais.

BMW A PROFITÉ DE CETTE MISE À NIVEAU POUR RAPPROCHER LES VERSIONS S ET R DE LA K1300 ENCORE PLUS QU'ELLES NE L'ÉTAIENT DANS LEUR FORME ORIGINALE. D'UN POINT DE VUE TECHNIQUE, IL S'AGIT MAINTENANT PRATIQUEMENT DE LA MÊME MOTO.

K1300R

K1300R

Général

Catégorie	Routière Sportive/Standard
Prix	K1300S : 16 650 $ K1300R : 16 350 $
Immatriculation 2009	K1300S : 1 030 $ K1300R : 518 $
Catégorisation SAAQ 2009	K1300S : « sport » K1300R : « régulière »
Évolution récente	introduites en 2005, revues en 2009
Garantie	3 ans/kilométrage illimité
Couleur(s)	K1300S : gris, orange, noir et gris K1300R : gris, orange, charbon
Concurrence	K1300S : Kawasaki Ninja ZX-14, Suzuki GSX1300R Hayabusa K1300R : Suzuki B-King

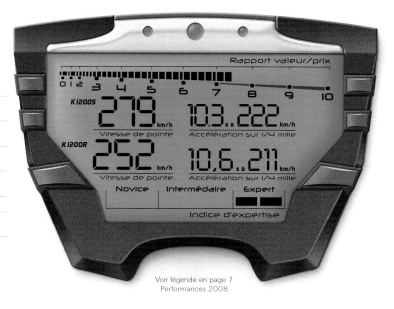

Voir légende en page 7
Performances 2008

Moteur

Type	4-cylindres en ligne 4-temps, DACT, 4 soupapes par cylindre, refroidissement par liquide
Alimentation	injection à 4 corps de 46 mm
Rapport volumétrique	13:1
Cylindrée	1 293 cc
Alésage et course	80 mm x 64,3 mm
Puissance	175 (R : 173) ch @ 9 250 tr/min
Couple	103 lb-pi @ 8 250 tr/min
Boîte de vitesses	6 rapports
Transmission finale	par arbre
Révolution à 100 km/h	n/d
Consommation moyenne	n/d
Autonomie moyenne	n/d

Partie cycle

Type de cadre	périmétrique, en aluminium
Suspension avant	fourche Duolever avec monoamortisseur non ajustable (ajustable avec l'ESA optionnel)
Suspension arrière	monoamortisseur ajustable en précharge et détente (R : en précharge et compression) (S et R : ajustable avec l'ESA optionnel)
Freinage avant	2 disques de 320 mm de ø avec étriers à 4 pistons et système ABS Semi Integral
Freinage arrière	1 disque de 265 mm de ø avec étriers à 2 pistons et système ABS Semi Integral
Pneus avant/arrière	120/70 ZR17 & 190(R:180)/55 ZR17
Empattement	1 585 mm
Hauteur de selle	820 mm (790 mm avec selle basse optionnelle)
Poids à vide	S : 228 kg (tous pleins faits : 254 kg) R : 217 kg (tous pleins faits : 243 kg)
Réservoir de carburant	19 litres

QUOI DE NEUF EN 2009 ?

Évolution des modèles originaux : mécanique gonflée de 1 157 à
1 293 cc, suspensions raffermies, ligne rajeunie, clignotants
« normaux », instrumentation revue; seconde génération de l'ESA,
changement de vitesse électrique et système antipatinage offerts
en équipement optionnel

Coûtent 150 $ de plus qu'en 2008

PAS MAL

Un travail sérieux effectué sur les moteurs qui ne vise pas à
augmenter la vitesse de pointe, mais plutôt à accroître la force
d'accélération dans les situations quotidiennes

Une tenue de route solide et précise qui était bien documentée sur
les anciens modèles et qui devrait être retrouvée sur les nouveaux
puisque la partie cycle reste presque identique

Un niveau de confort qui, lui aussi, était bien documenté sur les
anciens modèles et qu'on s'attend à retrouver sur ces évolutions

BOF

Une boîte de vitesses qui était perfectible sur les anciennes versions
et qui n'a pas fait l'objet d'une révision notable sur les nouveautés

Des suspensions qu'on annonce « raffermies pour une meilleure tenue
route », ce qui ressemble à une demande typique des Européens et
qui est pourtant loin d'être toujours justifiée; il ne reste qu'à espérer
que le bon confort des modèles n'en souffrira pas

Une option de sélecteur de vitesse à changement électrique qui
ne nous a pas du tout convaincus sur la HP2 Sport, d'où le
système provient

Conclusion

Le genre d'évolution que subissent cette année les K1200 S et R
en devenant des 1300 semble tout à fait approprié à la nature
des modèles, dont le comportement routier devrait, soit dit en
passant, être pratiquement inchangé. La K1200S qu'on a
toujours connue bien plus routière que purement sportive,
gagnerait en souplesse et en agrément de conduite à l'usage
quotidien, tandis que la puissante mais docile K1200R
bénéficierait quant à elle d'une livrée de puissance encore plus
généreuse, mais toujours pas nerveuse ni brutale. Cela dit,
n'oublions pas qu'il s'agit quand même de montures crachant
chacune environ 175 chevaux, ce qui n'a certainement rien
de banal. Bien que le verdict final doive attendre l'évaluation
routière, dans ce cas, nous serions très étonnés de découvrir
autre chose que des montures très proches des anciennes, mais
plus coupleuses. La question est combien plus ?

HP2 SPORT

Boxer extrême...

Qu'il soit question de la première R1100S ou de sa remplaçante la R1200S, la plus sportive des BMW n'a jamais pu être qualifiée de sportive pure. Compte tenu du penchant routier que la marque de Munich a toujours volontairement donné à ses produits, il s'agissait d'une situation tout à fait acceptable. Mais le désir qu'a aujourd'hui le constructeur d'attirer une clientèle plus jeune et d'entrer dans des créneaux sportifs demande des changements majeurs. Quiconque connaît l'effarant niveau de performances aujourd'hui commun chez les sportives pures n'a nullement besoin d'explications quant à la tâche colossale qui attend BMW. La HP2 Sport est un premier pas dans cette nouvelle direction.

Construire une sportive pure compétitive constitue déjà une tâche assez complexe, mais s'engager dans une telle saga avec une monture propulsée par un bicylindre Boxer refroidi par air et huile relève presque du masochisme. Plusieurs configurations mécaniques se prêtent très bien à l'exercice de la piste, des chevaux et de la légèreté, d'autres moins et d'autres, encore, pas du tout. Le fait que BMW soit arrivé à créer une sportive pure ayant légitimement sa place sur un circuit, ce qu'est la HP2 Sport, est en soi ni plus ni moins qu'un tour de force. Ce qui explique d'ailleurs la facture très salée de 26 640 $ qui accompagne chacune des rares unités produites. Pas besoin d'être un génie de la finance pour comprendre que l'exercice financier du modèle qui prend cette année la place de la R1200S risque fort de se conclure par une perte plutôt qu'un gain. En fait, la HP2 Sport se veut surtout un symbole pour BMW. Elle représente un geste concret illustrant la détermination du constructeur pour joindre les rangs exclusifs du genre sportif. D'autres modèles suivront d'ailleurs très bientôt, dont une S1000R propulsée par un tout nouveau 4-cylindres en ligne dès 2010. Selon de bonnes sources, on verra même apparaître en 2011 dans la gamme BMW une sportive de cylindrée moyenne animée par un tricylindre en ligne de 675 cc rivalisant directement la Triumph Daytona 675. Le constructeur avait commencé à l'annoncer il y a environ 6 ans et tout porte à croire qu'il va tenir parole : de très sérieuses sportives BMW verront vraiment le jour.

> **D'UN POINT DE VUE SPIRITUEL, LA HP2 SPORT IMPRESSIONNE. DANS L'ABSOLU DUR ET FROID DU GENRE SPORTIF, ELLE N'EST QUE BONNE.**

Voilà qui est très intéressant, mais, dans le cas de la HP2 Sport, qu'obtient-on au juste pour cette somme qui permettrait d'envisager l'achat d'une longue liste de redoutables sportives ? La réponse est qu'on obtient une monture assez pointue capable de boucler des tours de piste à un rythme très respectable, on obtient une machine qui pousse le concept Boxer considérablement plus loin qu'on ne l'aurait cru possible, et on obtient une BMW marquante dans l'histoire de la firme. Cependant, bien que la HP2 Sport puisse être considérée comme une impressionnante réalisation d'un point de vue spirituel, dans les termes absolus et froids selon lesquels n'importe quelle sportive est aujourd'hui jugée, elle n'est que bonne, mais pas excellente. La critique pourrait être perçue comme étant sévère lorsqu'on tient compte de tout le travail réalisé par BMW ainsi que le remarquable niveau de performances atteint par l'emblématique Twin Boxer, mais elle n'a rien à voir avec tous ces efforts qui sont non seulement louables, mais qui commandent aussi beaucoup de respect. Cette conclusion est plutôt le résultat d'une séance en piste avec la HP2 Sport qui a révélé que l'accélération dont est capable le Boxer de 130 chevaux n'est pas mauvaise du tout, que la tenue de route est étonnamment saine pour un tel concept —avec son Paralever à l'arrière, son Telelever à l'avant et ses cylindres opposés, la HP2 Sport est tout sauf un concept commun— et que la facilité de pilotage et la précision de l'ensemble sont très bonnes. Le problème est qu'il y a longtemps que le genre sportif a atteint des niveaux stupéfiants. Très bon ne suffit plus.

Général

Catégorie	Sportive
Prix	26 640 $
Immatriculation 2009¹	1 030 $
Catégorisation SAAQ 2009	« sport »
Évolution récente	introduite en 2008
Garantie	3 ans/kilométrage illimité
Couleur(s)	blanc
Concurrence	Aprilia RSV 1000 R, Buell 1125R, Ducati 1198

Moteur

Type	bicylindre 4-temps Boxer, DACT, 4 soupapes par cylindre, refroidissement par air et huile
Alimentation	injection à 2 corps de 52 mm
Rapport volumétrique	12,5:1
Cylindrée	1 170 cc
Alésage et course	101 mm x 73 mm
Puissance	130 ch @ 8 750 tr/min
Couple	85 lb-pi @ 6 000 tr/min
Boîte de vitesses	6 rapports
Transmission finale	par arbre
Révolution à 100 km/h	n/d
Consommation moyenne	6,2 l/100 km
Autonomie moyenne	258 km

Rapport valeur/prix

248 km/h — Vitesse de pointe
11.197 km/h — Accélération sur 1/4 mille
Novice / Intermédiare / Expert
Indice d'expertise

Voir légende en page 7

Partie cycle

Type de cadre	treillis en acier, moteur porteur
Suspension avant	fourche Telelever de 41 mm ajustable en précharge, compression et détente
Suspension arrière	monoamortisseur ajustable en précharge, compression, détente et pour l'assiette
Freinage avant	2 disques de 320 mm de Ø avec étriers radiaux à 4 pistons
Freinage arrière	1 disque de 265 mm de Ø avec étrier à 2 pistons
Pneus avant/arrière	120/70 ZR17 & 190/55 ZR17
Empattement	1 487 mm
Hauteur de selle	830 mm
Poids à vide	178 kg (tous pleins faits : 199 kg)
Réservoir de carburant	16 litres

QUOI DE NEUF EN 2009 ?

Retrait de la R1200S du catalogue de BMW

Aucun changement et aucune augmentation pour la HP2 Sport

PAS MAL

Une exclusivité venant de la rareté du modèle, de son prix élevé et de son positionnement qui ne rejoint qu'une très petite portion des motocyclistes; rarement a-t-on vu une moto à vocation aussi pointue

Un comportement très sain en piste qui se compare facilement à celui auquel on s'attendrait d'une sportive pure de conception plus commune, sans toutefois que ce comportement soit aussi fin

Un bon niveau de performances et surtout une grande facilité d'exploitation de la puissance disponible; grâce au couple présent à tous les régimes, on ne cherche jamais la « bonne zone » de tours

BOF

Une nature qui semble forcée puisque dérivée d'un concept routier; malgré les capacités élevées de la HP2 Sport, on sent en piste qu'il ne s'agit pas d'un environnement parfaitement naturel pour elle, ce qui contraste avec les sensations renvoyées par les sportives pures « normales » dont la raison d'être est clairement le circuit

Une puissance de 130 chevaux qui est très respectable compte tenu de la configuration mécanique, mais qui n'est pas de taille à bousculer l'ordre des choses dans un univers sportif où les V-Twin génèrent désormais plus de 170 chevaux et les 4-cylindres au-delà de 180

Un sélecteur de vitesses électrique auquel il faut s'habituer afin qu'il ne nuise pas au pilotage sur piste; l'utiliser de manière avantageuse est possible, mais seulement après avoir revu sa coordination du jeu passage de rapport/contrôle des gaz

Conclusion

Même en sachant que BMW viendra très bientôt se mêler aux hostilités de la classe des sportives d'un litre avec sa S1000R (voir section Protos), on peine encore à y croire tellement le changement est radical. La HP2 Sport aura servi à amortir le choc. Entre le BMW d'hier et celui de demain, elle aura servi à établir de manière indiscutable que l'annonce de cette fameuse métamorphose à caractère sportif était plus qu'une rumeur ou un projet, mais qu'elle reflétait bel et bien l'avenir de la marque. Elle est une éloquente démonstration de savoir-faire qui, si elle ne révolutionne pas le genre sportif, incarne tout de même l'expression ultime d'une sportive à moteur Boxer. Il s'agit d'une monture d'exception pour connaisseurs.

BMW
F800ST

Format unique...

Les routières sportives de moyenne cylindrée comme certaines japonaises de 600 ou 650 cc — Ninja 650R, SV650S, FZ6, FZ6R, etc. — sont d'excellentes motos et de très bonnes affaires, mais pour la majorité des motocyclistes «avancés», leur mécanique n'est tout simplement pas assez grosse. L'arrivée des F800S et ST en 2007 a démontré que la marge n'est cependant pas énorme avant que cette cylindrée n'atteigne un seuil intéressant. En fait, le format proposé par BMW est même très attrayant puisque tout ce qu'il concède aux plus puissantes routières sportives en termes de performances, il le reprend en termes d'agilité et d'accessibilité. Notons que la version S n'est pas offerte au Canada en 2009.

On ne le devinerait pas juste en la voyant tellement sa ligne est anonyme et son concept est simple, mais le fait est que la F800ST représente une proposition pratiquement unique sur le marché. Propulsée par un bicylindre parallèle de 800 cc nettement plus intéressant que n'importe quelle mécanique de 600 ou 650 cc équipant des produits rivaux, et affichant des dimensions beaucoup plus accessibles que celles de routières sportives de plus grosse cylindrée, la F800ST incarne la notion de compromis.

Seule version de la plateforme routière de la série F800 offerte en 2009 — la version S est retirée de la gamme canadienne cette année tandis que la nouvelle F800R n'arrivera chez nous qu'en 2010 —, la ST est une monture légère, compacte et étonnamment mince dont l'appétit pour les routes sinueuses n'a d'égale que son aisance à les négocier. Nous nous demandions depuis l'introduction du modèle comment il se comporterait sur circuit, et nous avons eu notre réponse à la suite d'une séance sur la piste de Shannonville. Le verdict est qu'il s'agit d'une moto dont l'agilité est très impressionnante, mais dont la principale qualité en piste est une facilité de pilotage déconcertante.

Cette nature se traduit, en utilisation quotidienne, par une grande légèreté de direction et par une aisance à s'engager en virage qui rend réellement l'exercice plaisant. En pleine inclinaison, le solide châssis se montre précis et communicatif tandis que l'excellent système de freinage peut être couplé, en option, à l'ABS.

> LE TWIN DE 800 CC EST NETTEMENT PLUS INTÉRESSANT QUE LES MÉCANIQUES DE 600 OU 650 CC DES PRODUITS CONCURRENTS.

Grâce à tous ces facteurs, la F800ST devient une monture capable de faire sérieusement sourire son pilote sur une route sinueuse, et ce, sans égard au niveau d'expérience de ce dernier.

Une bonne partie du grand agrément de pilotage de la F800ST est attribuable au vigoureux Twin parallèle qui l'anime. Même si sa puissance de 85 chevaux n'a rien de très impressionnant selon les normes actuelles, la réalité est qu'on se surprend à ne rien réclamer de plus tellement les chevaux et le couple disponibles sont bien exploités. À bas et moyen régimes, la poussée est si bonne qu'elle permet de se faire plaisir sans devoir grimper dans les tours, ce qui n'empêche pas l'accélération d'être agrémentée d'un amusant punch à l'approche de la zone rouge. Malgré la configuration mécanique, les vibrations ne gênent jamais, tandis que grâce à l'entraînement final par courroie, la F800ST est l'une des très rares BMW qui ne sont pas affectées par un agaçant jeu dans le rouage d'entraînement, ce qui rend son pilotage d'autant plus plaisant.

La F800ST fait honneur à la réputation de BMW en matière de montures à l'aise sur long trajet puisque le confort qu'elle offre est très respectable. La position de conduite est compacte et relevée, les suspensions sont admirablement bien calibrées et la selle, sans qu'elle soit exceptionnelle, reste confortable même après plusieurs heures de route. C'est d'ailleurs en raison de sa supériorité dans ces circonstances, grâce à son guidon tubulaire surélevé et son pare-brise plus haut, que la ST nous a plu davantage que la version S.

Général

Catégorie	Routière Sportive
Prix	12 350 $
Immatriculation 2009	518 $
Catégorisation SAAQ 2009	« régulière »
Évolution récente	introduite en 2007
Garantie	3 ans/kilométrage illimité
Couleur(s)	bleu, champagne
Concurrence	Suzuki GSX650F, Yamaha FZ6 et FZ6R

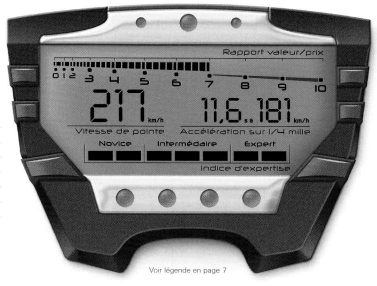

Voir légende en page 7

Moteur

Type	bicylindre parallèle 4-temps, DACT, 4 soupapes, refroidissement par liquide
Alimentation	injection à 2 corps de 46 mm
Rapport volumétrique	12:1
Cylindrée	798 cc
Alésage et course	82 mm x 75,6 mm
Puissance	85 ch @ 8 000 tr/min
Couple	63,4 lb-pi @ 5 800 tr/min
Boîte de vitesses	6 rapports
Transmission finale	par courroie
Révolution à 100 km/h	environ 3 500 tr/mn
Consommation moyenne	5,6l/100 km
Autonomie moyenne	285 km

Partie cycle

Type de cadre	périmétrique, en aluminium
Suspension avant	fourche conventionnelle de 41 mm non ajustable
Suspension arrière	monoamortisseur ajustable en précharge
Freinage avant	2 disques de 320 mm de Ø avec étriers à 4 pistons
Freinage arrière	1 disque de 265 mm de Ø avec étrier à 1 piston
Pneus avant/arrière	120/70 ZR17 & 180/55 ZR17
Empattement	1 466 mm
Hauteur de selle	820 mm
Poids à vide	187 kg
Réservoir de carburant	16 litres

QUOI DE NEUF EN 2009 ?

F800S retirée de la gamme canadienne de BMW, probablement dans le but d'écouler les modèles 2008 encore disponibles

F800ST coûte 200 $ de plus qu'en 2008

PAS MAL

Une tenue de route qui est absolument superbe; la F800ST est extrêmement agile, précise et facile à piloter dans un contexte sportif qui peut aller de la route sinueuse jusqu'à une séance d'essai libre en piste qui pourrait laisser perplexe bien des proprios de sportives

Un format pratiquement unique sur le marché puisqu'on doit en général choisir entre des montures de plus petite cylindrée et d'autres de beaucoup plus grosse

Un niveau de confort très intéressant qui permet de parcourir de bonnes distances sans trop de fatigue

Une option d'abaissement considérable de la selle offerte par BMW

BOF

Un prix relativement élevé qui place la F800ST non seulement nez à nez avec des routières de bien plus grosses cylindrées comme la Bandit 1250S, mais qui l'amène aussi dangereusement près de la facture de modèles supérieurs; elle devrait coûter moins cher

Un niveau de performances amusant, mais seulement pour les motocyclistes capables d'apprécier les avantages du format du modèle; pour les amateurs de machines de sport-tourisme de gros calibre, elle est probablement inappropriée

Une ligne qui n'a rien de laid ou de dérangeant, mais qui est anonyme et ne génère que très peu d'émotions chez les observateurs; de nombreux modèles de la gamme allemande révèlent clairement que BMW pourrait faire beaucoup mieux à ce chapitre

Conclusion

Quand BMW lança son duo de F800 il y a 2 ans, la variante ST ne constituait pas le centre d'intérêt du projet du constructeur. Il s'agissait plutôt d'un exercice dérivé de la F800S, la véritable nouveauté. Pourtant, c'est elle qui a retenu notre attention. Tout aussi sportive et agile que la S, mais nettement plus pratique et confortable, elle ne semblait avoir de défaut que sa facture un peu salée. L'absence de la F800S de la gamme canadienne en 2009 est due au fait que des modèles 2008 sont encore disponibles, une situation démontrant que nous ne sommes pas les seuls à avoir préféré la ST. Il s'agit d'une charmante petite moto qui n'est malheureusement pas du genre à fracasser des records de ventes, mais qui mérite réellement d'être mieux connue.

BMW
R 1200R

Sobre magie...

Souvent, trop souvent en fait, rouler à moto est une affaire de style d'abord et une histoire de sensations après. Trop souvent, on choisit une sportive racée ou une custom chromée, et on passe devant des motos comme la R1200R sans même prendre note de leur existence. Et pourtant, on aurait probablement une révélation en en prenant les commandes. Entièrement renouvelée en 2007, elle avait gagné 24 chevaux et perdu 20 kilos par rapport à sa sympathique devancière, la R1150R. Cette refonte a transformé le modèle en lui donnant un thème du genre « retour à l'essentiel » qui s'est avéré absolument magique. La R1200R est l'une des deux-roues les plus pures du motocyclisme.

On ne peut tout simplement pas imaginer le plaisir de pilotage qu'offre la R1200R en l'observant. Pratique et prévisible, voilà en général le type de comportement que laisse imaginer sa ligne sobre et retenue. Mais la R1200R réserve au pilote qui l'enfourche une expérience allant bien au-delà de la simple efficacité. En l'allégeant et en la tonifiant comme il l'a fait lors de sa récente refonte, BMW l'a transformée en véritable machine à sensations. Le premier compliment doit être dirigé vers le Twin Boxer qui l'anime puisqu'il s'agit d'un pur délice mécanique. Grondant juste ce qu'il faut pour rappeler qu'il ne s'agit pas d'un moteur commun et tremblant juste ce qu'il faut en pleine accélération pour chatouiller les sens, il s'adoucit presque complètement à vitesse constante, que ce soit en ville ou sur autoroute, au point d'en devenir velouté. Exceptionnellement souple, il accepte sans broncher d'accélérer sur tous les rapports supérieurs à partir de régimes aussi bas que 1 500 tr/min. Dans la majorité des situations, le couple qu'il génère entre le ralenti et 4 500 tr/min s'avère plus que suffisant. Mais faites monter les tours jusqu'à la zone rouge de 8 000 tr/min et il accélérera avec assez d'intensité pour soulever l'avant. Sans qu'elle ait la capacité de générer des accélérations époustouflantes, la R1200R reste ainsi suffisamment rapide pour distraire et amuser un pilote très expérimenté. Elle offre l'une des livrées de couple et de puissance les plus réussies et intelligentes du motocyclisme. L'un des rares défauts de ce moteur se situe au niveau du

rouage d'entraînement qui est encore et toujours affligé de cet agaçant jeu malheureusement présent sur bien des BMW et qu'on ressent surtout à la fermeture/ouverture des gaz sur les premiers rapports. Par ailleurs, si la transmission fonctionne en général très bien, elle renvoie dans certaines circonstances des bruits qui semblent inappropriés sur une BMW.

Sur la route, la R1200R reste absolument stable, peu importe les circonstances. Une direction légère, mais jamais nerveuse ainsi qu'une magnifique solidité et une étonnante précision en pleine inclinaison sont autant de qualités qui en font un outil aussi redoutable qu'agréable sur une route sinueuse. Les suspensions ont une grande part de responsabilité dans ce beau comportement puisqu'elles se montrent à la fois assez souples pour offrir un excellent niveau de confort sur une route en mauvais état et réglées de manière à allouer un rythme plutôt rapide dans une série de virages. Si le freinage offre une puissance importante, il se montre quelque peu difficile à moduler avec précision en raison de sa nature « tout ou rien ».

Bien que le niveau de confort diminue à mesure que la vitesse augmente en raison de l'absence de protection au vent, cet aspect reste tolérable tant qu'on demeure autour des limites légales. Grâce à une position de conduite droite et naturelle ainsi qu'à une selle excellente sur tous les parcours, sauf les plus longs, la R1200R se montre par ailleurs capable d'abattre d'impressionnantes distances sans le moindre problème.

> **EXCEPTIONNELLEMENT SOUPLE, LE TWIN BOXER ACCEPTE SANS BRONCHER D'ACCÉLÉRER À PARTIR DE 1 500 TR/MIN SUR LE DERNIER RAPPORT.**

Général

Catégorie	Standard
Prix	14 500 $
Immatriculation 2009	518 $
Catégorisation SAAQ 2009	« régulière »
Évolution récente	introduite en 1995, revue en 2001 et en 2007
Garantie	3 ans/kilométrage illimité
Couleur(s)	noir, gris, bleu, blanc
Concurrence	Buell XB12S Lightning, Ducati Monster 1100, Triumph Speed Triple

Moteur

Type	bicylindre 4-temps Boxer, SACT, 4 soupapes par cylindre, refroidissement par air et huile
Alimentation	injection à 2 corps de 47 mm
Rapport volumétrique	12:1
Cylindrée	1 170 cc
Alésage et course	101 mm x 73 mm
Puissance	109 ch @ 7 500 tr/min
Couple	85 lb-pi @ 6 000 tr/min
Boîte de vitesses	6 rapports
Transmission finale	par arbre
Révolution à 100 km/h	environ 3 400 tr/min
Consommation moyenne	5,7 l/100km
Autonomie moyenne	316 km

Rapport valeur/prix

0 1 2 3 4 5 6 7 8 9 10

216 km/h — Vitesse de pointe

11.8.184 s.à km/h — Accélération sur 1/4 mille

Novice — Intermédiaire — Expert

Indice d'expertise

Voir légende en page 7

Partie cycle

Type de cadre	treillis en acier, moteur porteur
Suspension avant	fourche Telelever de 41 mm non ajustable
Suspension arrière	monoamortisseur ajustable en précharge et détente
Freinage avant	2 disques de 320 mm de Ø avec étriers à 4 pistons
Freinage arrière	1 disque de 265 mm de Ø avec étrier à 2 pistons
Pneus avant/arrière	120/70 ZR17 & 180/55 ZR17
Empattement	1 495 mm
Hauteur de selle	800 mm
Poids à vide	198 kg
Réservoir de carburant	18 litres

QUOI DE NEUF EN 2009 ?

Aucun changement

Aucune augmentation

PAS MAL

Un Twin Boxer génial qui se montre non seulement merveilleusement doux et coupleux, mais aussi étonnamment rapide

Une tenue de route exceptionnelle; la R1200R est assez stable, précise et agile pour impressionner les connaisseurs les plus difficiles

Un niveau de confort élevé qui découle d'une position joliment équilibrée, de suspensions judicieusement calibrées et d'une très bonne selle

BOF

Une ligne élégante et classique, mais certes pas spectaculaire; ceux qui choisissent la R1200R ne le font pas pour faire tourner les têtes

Une transmission qui fonctionne correctement, mais qui a une nature bruyante pas toujours flatteuse lors de certaines opérations

Un rouage d'entraînement affligé d'un jeu qui rend la conduite saccadée à basse vitesse sur les rapports inférieurs

Un système de freinage très efficace, mais qui n'est pas le plus communicatif qui soit

Conclusion

La R1200R ne s'adresse décidément pas au motocycliste commun, mais interpelle surtout un genre d'amateur de motos connaisseur et ouvert aux mécaniques hors normes. La sobriété de sa ligne ne le laisse pas prévoir, mais il s'agit d'un modèle remarquable qui exprime de la manière la plus directe qui soit la nature d'une BMW à moteur Boxer. Elle fait vivre à son pilote les sensations très particulières transmises par cette emblématique mécanique de façon exceptionnellement gratifiante. Légère, précise, agile, confortable, rapide, coupleuse merveilleusement caractérielle, elle réduit l'expérience de la moto à son état le plus pur. L'une des meilleures motos qu'on puisse acheter, un point c'est tout.

R1200GS

BMW
R 1200GS

Étalon...

Voilà près d'une trentaine d'années que BMW fait sans arrêt évoluer le concept d'une grosse double-usage aventurière. Jamais durant tout ce temps la marque de Munich n'a donné la moindre importance aux regards parfois presque ricaneurs des marques rivales. Aujourd'hui, ironiquement, rares sont celles qui ne tentent pas de reprendre l'idée. Mais l'avance de BMW est telle qu'on doit encore considérer la GS comme l'étalon de mesure dans cette catégorie. Après la légère évolution de l'an dernier, la GS revient en 2009 avec une faible augmentation de prix, mais reste autrement inchangée. Une version Adventure pour explorateurs endurcis est offerte moyennant un supplément de 2 300 $.

Le nuage de poussière est infernal. Je pourrais tenter d'inverser les positions si nous étions sur une piste asphaltée, mais sur ces longues, rapides et désertes routes de terre et de gravier, aux commandes de ces monstres double-usage, mon bon ami Pete qui roule devant est chez lui. L'orgueil me pousse à me rapprocher jusqu'à arriver à la hauteur de sa R1200GS Adventure, où la poussière ne m'atteint pas, mais l'aiguille affiche presque 180 km/h et pour tout dire, un doute s'installe chez moi lorsque les 160 km/h sont dépassés sur ces routes. Surtout quand elles se mettent à tourner. Alors, je retourne dans la poussière, humble. On a quitté la Beauce ce matin, mais je n'ai aucune idée où nous sommes maintenant. Je roule en suivant, ça me suffit. Même si mon carnet de notes contient déjà la remarque, je ne cesse de me demander si j'ai bien inscrit à quel point cette 1200GS est superbe. Je le savais déjà, mais d'en reprendre les commandes dans ces conditions et après avoir roulé les dernières Triumph Tiger et Ducati Multistrada, ses rivales indirectes, ainsi que les Buell Ulysses et Honda Varadero, ses concurrentes directes, ne fait que confirmer une indiscutable réalité. La GS est dans une classe à part. Les modèles rivaux peuvent sans le moindre problème passer partout où la BMW s'engage. La différence n'est pas là. Elle se situe plutôt au niveau de la cohérence du tout qu'est la GS, de la sensation d'unité, d'efficacité et d'harmonie qui se dégage de cet ensemble de pièces. Aucune autre moto du genre ne semble si à l'aise, si naturelle dans ce genre d'environnement.

LA GS SE DISTINGUE DE SES RIVALES PAR LA SENSATION D'HARMONIE ET D'EFFICACITÉ QU'ELLE DÉGAGE DANS TOUTES LES CIRCONSTANCES.

Nous disons souvent que ces grosses double-usage que sont les routières aventurières sont beaucoup trop massives pour que le motocycliste moyen puisse en tirer plus de plaisir que de stress en terrain très accidenté, et cela reste aussi vrai pour la GS que pour chacune de ses rivales. Mais choisissez des routes non pavées en terre ou en gravier en guise de terrain de jeu et la grosse GS devient soudainement sereine. Assis bien droit sur une excellente selle, profitant de l'étonnante protection au vent générée par l'un des rares pare-brise ne causant pas de turbulences, choyé par l'action stupéfiante des suspensions même à ces vitesses et même sur des routes sans revêtement, on ne peut qu'être impressionné par la R1200GS.

Les belles qualités de l'allemande dépassent l'environnement poussiéreux et se retrouvent toutes une fois de retour sur les chemins pavés. Le caractériel moteur Boxer, ajusté par BMW pour trembler doucement sans jamais que ce soit au point de gêner, est un exemple de souplesse. Sa puissance n'est pas immense, mais elle suffit à amuser et correspond parfaitement à la nature du modèle.

Le fait que peu de montures se montrent aussi polyvalentes que la R1200GS est bien illustré par le calibre de la tenue de route puisqu'on peine à comprendre comment une monture aussi à l'aise sur route non pavée peut également l'être autant dans une série de virages asphaltés. Même transporter un passager représente une tâche qu'elle effectue bien mieux que la moyenne des motos.

Général

Catégorie	Routière Aventurière
Prix	16 900 $ (Adventure : 19 200 $)
Immatriculation 2009	518 $
Catégorisation SAAQ 2009	« régulière »
Évolution récente	introduite en 1994, revue en 2000 et en 2005; Adventure introduite en 2002, revue en 2006
Garantie	3 ans/kilométrage illimité
Couleur(s)	argent, charbon, orange, bleu (Adventure : rouge, gris)
Concurrence	Honda Varadero, KTM 990 Adventure, Moto Guzzi Stelvio, Suzuki V-Strom 1000

Moteur

Type	bicylindre 4-temps Boxer, SACT, 4 soupapes par cylindre, refroidissement par air et huile
Alimentation	injection à 2 corps de 47 mm
Rapport volumétrique	12:1
Cylindrée	1 170 cc
Alésage et course	101 mm x 73 mm
Puissance	105 ch @ 7 500 tr/min
Couple	85 lb-pi @ 5 750 tr/min
Boîte de vitesses	6 rapports
Transmission finale	par arbre
Révolution à 100 km/h	environ 3 500 tr/min
Consommation moyenne	5,9 l/100 km
Autonomie moyenne	338 km (A : 559 km)

Partie cycle

Type de cadre	treillis en acier, moteur porteur
Suspension avant	fourche Telelever de 41 mm avec monoamortisseur ajustable en précharge (ajustable avec l'ESA optionnel)
Suspension arrière	monoamortisseur ajustable en précharge et détente (ajustable avec l'ESA optionnel)
Freinage avant	2 disques de 305 mm de Ø avec étriers à 4 pistons
Freinage arrière	1 disque de 265 mm de Ø avec étrier à 2 pistons
Pneus avant/arrière	110/80 R19 & 150/70 R17
Empattement	1 507 mm (A : 1 511 mm)
Hauteur de selle	850/870 mm (A : 895/915 mm)
Poids à vide	204 kg; A : 223 kg (tous pleins faits : 229 kg; A : 256 kg)
Réservoir de carburant	20 litres (A : 33 litres)

Voir légende en page 7

QUOI DE NEUF EN 2009 ?

Aucun changement
R1200GS coûte 150 $ et R1200GS Adventure coûte 200 $ de plus qu'en 2008

PAS MAL

Un niveau de polyvalence inégalé; la R1200GS passe de la route à la poussière avec une facilité et un naturel déconcertants

Un moteur qui produit un tremblement typique de bicylindre à plat, mais qui se montre juste assez doux pour permettre d'explorer les hauts régimes sans vibrations excessives

Un pare-brise qui est si bon qu'on a envie de se pencher pour l'embrasser; il fait rougir de honte les innombrables pare-brise qui vous obligent à subir la turbulence qu'ils génèrent

Une partie cycle dont les capacités étonnent franchement et un excellent niveau de confort

BOF

Une selle haute compte tenu de l'usage surtout routier qui attend le modèle; l'Adventure est encore plus haute, en plus d'être plus lourde

Une mécanique qui a perdu un tout petit peu de son caractère grondant dans l'adoucissement qu'elle a subi lors de son passage de 1150 à 1200

Une direction tellement légère qu'elle en est parfois hypersensible; par forts vents, ou en pilotage sportif, les mouvements du pilote peuvent induire de légères impulsions dans le guidon qui sont immédiatement retransmises à la direction; la version Adventure est en revanche plus stable, peut-être à cause de sa masse poids supérieure

Conclusion

Les motocyclistes intéressés par la classe à laquelle appartient la R1200GS se demandent souvent si le prix plus élevé de la BMW est justifié. La réponse est oui. Car même si ses rivales arrivent en général à accomplir les mêmes choses, aucune ne le fait avec la sérénité et l'aisance naturelle de l'allemande. Qu'il s'agisse d'explorer de nouveaux espaces où les routes non pavées abondent, de traverser le continent par les autoroutes ou simplement de se balader confortablement sans trop s'éloigner, la grosse GS n'a pas d'égale. Nous l'avons souvent dit et le répétons encore cette année, il s'agit d'une des meilleures motos qui soient.

R1200GS Adventure

BMW
F800GS & F650GS

Aventure en tous genres...

L'aventure à moto peut être définie de bien des manières. Pour le motocycliste chevronné amateur de sentiers non battus, elle passe par «l'évasion» dans son interprétation la plus large. Pour le nouveau venu ou la nouvelle venue au monde de la moto, la signification de l'aventure est plutôt réduite à son état le plus basique, un état où le simple fait d'enfourcher une monture et rouler suffit à satisfaire au plus haut point. Les nouvelles GS 800 et 650 de BMW correspondent chacune à l'une de ces définitions. La première s'adresse au pilote exigeant qui, pour une raison ou une autre, préfère ce format à celui d'une 1200GS, tandis que la seconde est l'un des plus intéressants moyens qui soient d'accéder à la moto.

L'aventure chez BMW, on connaît. Et on prend au sérieux. À preuve, même si une quelconque destination du sud des États-Unis aurait parfaitement fait l'affaire pour lancer ce nouveau duo de GS poids moyen en plein hiver, le constructeur a préféré faire les choses en grand et organiser une randonnée dans un coin du globe où non seulement la température est encore plus clémente en février, mais aussi où le dépaysement est garanti.

Durban, Afrique du Sud.

Ayant déjà eu la chance de rouler dans ce pays, je connaissais les raisons derrière ce choix. D'abord, il faut savoir que BMW y est très bien implanté, un fait qui simplifie grandement la logistique d'un événement de cette ampleur. Il s'agit aussi d'un endroit où l'on met très peu de temps à s'éloigner des centres urbains pour essentiellement tomber dans le paradis de la route de terre et de gravier. Ajoutez des facteurs comme la magnifique côte de l'océan Indien, le chaleureux accueil des locaux, et d'inattendues rencontres avec singes, autruches et zèbres, entre autres, et vous obtenez l'ambiance parfaite pour mettre au travail «des machines à découvrir» comme ce que les GS de BMW sont censées être. Alors, découvrons.

Précisons d'abord que la F800GS et la F650GS sont à la fois très semblables et très différentes. Semblables parce que le moteur et le cadre sont identiques, la F650GS, qui est en réalité une 800, voyant toutefois sa puissance limitée à 71 chevaux au lieu des 85 de la F800GS. Et différentes parce que la F800GS est

> **OFFRANT PRESQUE L'AGILITÉ D'UNE 650 DOUBLE-USAGE, MAIS MOINS PUISSANTE QU'UNE 1200GS, LA F800GS OUVRE UNE NOUVELLE CLASSE.**

positionnée comme une aventurière de calibre expert alors que la F650GS est plutôt vendue comme une monture d'entrée en matière.

La F800GS est différente de quoi que ce soit d'autre sur le marché. Haute, mais mince et légère, elle offre une maniabilité qui est tout simplement étrangère à la R1200GS, et ce, surtout en pilotage hors-route. BMW avait prévu une route «noire» optionnelle qui n'était recommandée qu'aux «experts de la poussière». On suggérait aux autres de s'abstenir puisqu'en cas de bris ou de blessure, il aurait été très difficile d'évacuer pilote et moto. D'ailleurs, le risque d'endommager l'équipement étant trop grand, les photographes ne nous accompagneraient pas. N'étant pas un expert du hors-route, j'ai réfléchi un instant, pour rapidement conclure que je ne manquerais ça pour rien au monde.

Il s'agissait en effet d'une section montagneuse très accidentée dans laquelle une R1200GS aurait été complètement inappropriée en raison de ses dimensions, mais surtout de son poids. Dans ce difficile environnement, la F800GS s'est presque aussi bien débrouillée qu'une 650 monocylindre de type double-usage, ce qui revient à dire que le modèle correspond carrément à une nouvelle catégorie d'aventurière offrant presque l'agilité d'une 650, mais moins de puissance qu'une monture comme la R1200GS. Quant aux «experts de la poussière», ils sont tombés à s'en épuiser et ont transformé l'heure prévue pour la section en 4 heures de travail ardu. L'ironie est que l'une des seules motos qui s'en soient sorties sans la moindre égratignure fut la mienne. (voir Suite)

« CHACUNE À LEUR MANIÈRE, LES F800GS ET F650GS REPRÉSENTENT DES CHOIX EXTRÊMEMENT INTÉRESSANTS. LA PREMIÈRE POUR SES IMPRESSIONNANTES QUALITÉS D'EXPLORATRICE, LA SECONDE POUR SA GRANDE ACCESSIBILITÉ. TOUTES DEUX CORRESPONDENT TRÈS BIEN À L'IDÉE QU'ON SE FAIT D'UNE MOTO BMW. »

Deux jours en plein hiver à rouler les dernières Béhemes en Afrique du Sud, sur le bras du constructeur. Difficile à battre, non ? Hôtel somptueux, bouffe incroyable, le traitement royal. Puis, le meilleur : des centaines de kilomètres à moto à travers les terres et les montagnes de ce magnifique pays. Vraiment, mais qu'est-ce tu veux de plus ? Rien. Sauf que... Sauf que ça fait drôle de profiter d'un tel luxe au milieu d'une telle pauvreté. Je sais, c'est probablement un peu hypocrite comme réflexion ou comme gêne. Le plus drôle, c'est que le malaise n'est pas réciproque. « Eux » n'ont aucunement l'air de nous envier. Au contraire, ils sourient en nous apercevant et nous saluent vigoureusement, apparemment émerveillés par ce petit groupe de motos. Souvent, « eux », ce sont de tout jeunes enfants, marchant ensemble le long d'une route de terre. Mais d'où viennent-ils et où vont-ils ? La dernière habitation est à des dizaines de kilomètres ? Tout le monde marche. Les véhicules semblent presque inexistants. À l'entrée d'un minuscule village, à ce qui paraît être l'heure du retour de l'école, un petit en tenue de classe me tend la main. Je ne peux résister. Je ralentis et tends la mienne tout en continuant de rouler. Clac ! Nous nous touchons ! Je me retourne une seconde, espérant ne pas lui avoir fait mal, mais il saute en riant... Mon Dieu, mais qu'ai-je fait ? Devant nous, tout un groupe de jeunes tendent à leur tour la main en bordure de la route. Clac ! Clac ! Clac ! Sans qu'il ait complètement disparu, mon malaise s'estompe, remplacé par une simple envie d'être aussi respectueux que possible envers ces gens que nous visitons chez eux. Je suis sûr que la dernière chose qu'ils souhaitent est d'être perçus avec de la pitié ou quelqu'autre sentiment du genre. Un salut et un sourire, même au travers du casque, ont semblé être tout ce qu'ils demandaient.

(Suite) L'agilité démontrée par la F800GS en sentier se transporte sur la route où le comportement est dominé par une stabilité sans reproches, par une grande légèreté de direction et par une très bonne solidité en courbe. Une suspension qui plonge un peu trop à l'avant et une selle qui pourrait décidément être plus confortable sur long trajet sont parmi les seuls défauts qu'on puisse formuler à l'égard de la partie cycle dans l'environnement de la route.

Basé de très près sur le Twin parallèle de 85 chevaux qui anime les routières F800S et ST, le moteur de la F800GS offre des performances décidément moins intéressantes que celles d'une puissante et coupleuse 1200GS. En revanche, il se montre beaucoup plus plaisant qu'un mono de 650 cc. Il s'agit d'un compromis dans le sens pur du terme, mais tout de même d'un judicieux entre-deux : on ne doit pas s'attendre à l'agrément d'une grosse cylindrée, mais l'avantage par rapport à une plus petite mécanique est indéniable.

Bien que, pour un pilote exigeant, ce moteur se montre encore moins excitant dans sa version de 71 chevaux propulsant la F650GS (qui est, rappelons-le, une 800), le motocycliste possédant une expérience réduite ou moyenne du sport s'en déclarera, quant à lui, tout à fait satisfait. Il s'agit d'une mécanique assez douce et souple qui non seulement cadre très bien avec la vocation et le prix du modèle, mais qui représente aussi un immense progrès par rapport au monocylindre qui équipait la F650GS originale.

Si la F800GS est la «mini 1200GS» du duo, la F650GS doit être considérée comme l'une des meilleures valeurs du moment. Souvent catégorisée comme une moto de débutant, elle est suffisamment intéressante pour également distraire un pilote plus avancé. Considérablement plus basse que la 800GS, mais aussi légère et mince, elle offre une agilité et une facilité de prise en main qui impressionnent. Comme sur la 800, la selle n'est pas extraordinaire sur long trajet, tandis que l'espace restreint entre cette dernière et les repose-pieds est un peu juste pour les pilotes de grande taille. Hormis ces points, ce sont les belles qualités de la tenue de route qui ne démontre pas la tendance au «plongeon» de la 800, qu'on remarque. Même le freinage, qui devrait souffrir de l'absence d'un disque à l'avant par rapport à la 800, reste tout à fait à la hauteur des attentes. Par ailleurs, même si BMW a conçu la F650GS pour rouler surtout sur le bitume, les capacités de celles-ci surprennent en sentier puisqu'elle s'avère capable de passer pratiquement partout et que seuls les obstacles très sérieux la ralentissent.

Général

Catégorie	Routière Aventurière
Prix	F800GS : 12 250 $ F650GS : 9 490 $
Immatriculation 2009	518 $
Catégorisation SAAQ 2009	« régulière »
Évolution récente	introduites en 2008
Garantie	3 ans/kilométrage illimité
Couleur(s)	F800GS : titane, jaune F650GS : rouge, argent, bleu
Concurrence	F800GS : aucune F650GS : Suzuki V-Strom 650

Moteur

Type	bicylindre parallèle 4-temps, DACT, 4 soupapes, refroidissement par liquide
Alimentation	injection à 2 corps de 46 mm
Rapport volumétrique	12:1
Cylindrée	798 cc
Alésage et course	82 mm x 75,6 mm
Puissance	F800GS : 85 ch @ 7 500 tr/min F650GS : 71 ch @ 7 000 tr/min
Couple	F800GS : 61,2 lb-pi @ 5 750 tr/min F650GS : 53,3 lb-pi @ 4 500 tr/min
Boîte de vitesses	6 rapports
Transmission finale	par chaîne
Révolution à 100 km/h	environ 3 500 tr/min
Consommation moyenne	5,7 l/100 km
Autonomie moyenne	280 km

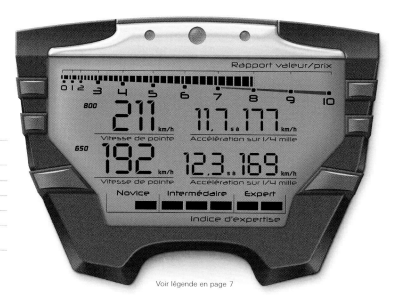

Voir légende en page 7

Partie cycle

Type de cadre	périmétrique, treillis d'acier
Suspension avant	F800GS : fourche inversée de 45 mm non ajustable; F650GS : fourche conventionnelle de 43 mm non ajustable
Suspension arrière	monoamortisseur ajustable en précharge et détente
Freinage avant	2 (650: 1) disques de 300 mm de Ø avec étriers à 2 pistons
Freinage arrière	1 disque de 265 mm de Ø avec étrier à 1 piston
Pneus avant/arrière	F800GS : 90/90-21 & 150/70 R17 F650GS : 110/80 R19 & 140/80 R17
Empattement	F800GS : 1 578 mm; F650GS : 1 575 mm
Hauteur de selle	F800GS : 880 mm (opt.: 850 mm) F650GS : 820 mm (opt.: 790 mm)
Poids à vide	F800GS : 185 kg (tous pleins faits 207 kg) F650GS : 179 kg (tous pleins faits 199 kg)
Réservoir de carburant	16 litres

QUOI DE NEUF EN 2009 ?

Aucun changement

Aucune augmentation pour la F800GS

F650GS coûte 500 $ de plus qu'en 2008

PAS MAL

Un positionnement très intéressant pour la F800GS qui est une proposition essentiellement unique située quelque part entre le luxe et le caractère d'une 1200GS et l'agilité d'une double-usage de 650 cc

Une grande capacité à affronter des terrains très abîmés qui fait de la F800GS une exploratrice beaucoup plus accessible et dont le potentiel est bien plus concret que celui de la R1200GS

Des options d'abaissement offertes par BMW qui réduisent la hauteur de selle à des valeurs presque jamais vues sur les motos de séries

Une valeur élevée et une très grande facilité de prise en main pour la F650GS qui est sans l'ombre d'un doute l'une des meilleures motos sur lesquelles on peut débuter et continuer à rouler

BOF

Une certaine déception plus ou moins justifiée pour la F800GS qui n'est pas vraiment la « mini R1200GS » que sa ligne laisse imaginer; en fait, elle l'est sur papier, mais sur le terrain, le confort de roulement et l'agrément du moteur Twin Boxer de la 1200 ne sont pas de la partie

Des selles qui sont correctes, mais sans plus dans les deux cas, et qu'on aurait vraiment souhaité meilleures sur les longs trajets dont l'une ou l'autre est parfaitement capable

Une tendance à plonger de l'avant au freinage pour la F800GS

Une distance réduite entre la selle et les repose-pieds de la F650GS qui pourrait coincer les longues jambes

Conclusion

Autant des modèles comme certaines HP2 ou la G650 Xmoto semblent d'une quelque façon inappropriés pour la marque BMW — du moins celle qu'on connaissait jusqu'à tout récemment —, autant des montures comme les F650GS et F800GS collent bien à l'image qu'on a d'une deux-roues de Munich. Propulsées par des mécaniques plaisantes à défaut d'être géniales, dotées d'une partie cycle solide, et surtout, parfaitement capables de livrer la marchandise « aventure » que leur ligne annonce, elles sont, chacune à leur façon, une réussite indiscutable. La 650 pour sa valeur et son accessibilité, la 800 pour avoir rendu le concept de la routière aventurière envisageable par le motocycliste moyen, et ce, tant au niveau du prix qu'à celui de la facilité de pilotage en terrain difficile.

BMW
G650 XCOUNTRY

Ménage...

La mise en production d'un nouveau modèle est un processus long et complexe que les constructeurs ne prennent pas du tout à la légère. Récemment, BMW semble avoir complètement oublié cette réalité en lançant des montures non seulement très pointues, comme les HP2 Enduro et HP2 Megamoto, mais aussi dont le succès était incertain. Le même scénario s'est répété avec la série G650 lancée il y a seulement 2 ans et dont certains modèles commencent déjà à disparaître du marché. Chez nous, seule la variante Xcountry demeure au catalogue de BMW, alors que les Xmoto et Xchallenge en sont retirées. On presse tous les boutons, on voit ce qui marche et on fait le ménage avec le reste...

Malgré toutes les études de marché, malgré tous les «focus groups», personne ne peut vraiment prédire de manière exacte l'ampleur du succès qu'un nouveau modèle obtiendra lorsqu'il sera enfin lancé. Les exemples sont d'ailleurs nombreux où des études démontrant la popularité presque garantie d'une nouveauté se trompent royalement, tandis que dans d'autres cas, une monture relativement timide génère des ventes inespérées. Tout ce qu'on sait vraiment à propos du trio un peu étrange des G650 inauguré en 2007, c'est que la raison d'être de ces modèles était de trouver un moyen de continuer d'offrir des monocylindres. Cette façon décidément inhabituelle de procéder nous a poussés à nous interroger dans les pages du Guide de la Moto 2008 sur l'existence même des G650. Nous concluions entre autres que la Xmoto était presque inutile, que la Xchallenge ne touchait qu'un public très restreint et que la Xcountry était sympathique, mais illogiquement chère. Pour 2009, BMW nous donne essentiellement raison en éliminant les deux premières de sa gamme et en faisant passer le prix de la troisième de 9 450 $ à 8 200 $. En observant la manière dont sont nées les G650 et en constatant le retrait d'autres modèles pourtant récents comme les HP2 Enduro et HP2 Megamoto, on a l'impression que la marque de Munich est en plein milieu d'une phase de recherche où elle accepte carrément un risque d'échec élevé dans le seul but d'essayer du nouveau. Un cas de «ça passe ou ça casse» à grande échelle...

> **BMW NOUS A DONNÉ RAISON SUR TOUTE LA LIGNE EN ÉLIMINANT LA XCHALLENGE ET LA XMOTO ET EN ABAISSANT LE PRIX DE LA XCOUNTRY.**

Compte tenu de l'utilité extrêmement restreinte des modèles Xchallenge et Xmoto, nous serons les derniers à nous plaindre du fait que la seule survivante de la série G650 est la Xcountry. Car en matière d'agrément de conduite et de polyvalence, elle est tout simplement dans une autre ligue que ses étranges sœurs. Il s'agit d'un charme de petite moto qui possède heureusement sa propre et très bonne selle — le siège des autres était très inconfortable — ainsi que des suspensions souples et raisonnablement basses au lieu des «échasses» dont les deux autres étaient équipées.

Plutôt doux, son monocylindre injecté de 53 chevaux s'avère assez coupleux pour permettre de se déplacer fort convenablement dans toutes les situations sans avoir recours à des régimes élevés. La boîte à 5 rapports limite le nombre de changements de vitesse tandis que toutes les commandes s'opèrent de manière directe et transparente.

Dotée d'une position de conduite normale de type standard ne taxant aucune partie du corps, la Xcountry s'est immédiatement démarquée de la série en se montrant la plus douce et la plus accessible du groupe. Elle est non seulement de très loin la moto de ce trio la mieux adaptée à un usage routier quotidien, mais aussi une monture dont le niveau d'accessibilité est probablement la plus grande qualité. Légère et extrêmement agile, elle incarne la moto d'initiation par excellence et ne pêche à ce chapitre qu'en ce qui concerne la hauteur de sa selle un peu trop élevée.

Général

Catégorie	Standard
Prix	8 200 $
Immatriculation 2009	518 $
Catégorisation SAAQ 2009	« régulière »
Évolution récente	introduite en 2007
Garantie	3 ans/kilométrage illimité
Couleur(s)	jaune
Concurrence	Suzuki GS500, Triumph Scrambler

Moteur

Type	monocylindre 4-temps, DACT, 4 soupapes, refroidissement par liquide
Alimentation	injection à 1 corps de 43 mm
Rapport volumétrique	11,5:1
Cylindrée	652 cc
Alésage et course	100 mm x 83 mm
Puissance	53 ch @ 7 000 tr/min
Couple	44 lb-pi @ 5 250 tr/min
Boîte de vitesses	5 rapports
Transmission finale	par chaîne
Révolution à 100 km/h	n/d
Consommation moyenne	4,1 l/100 km
Autonomie moyenne	231 km

Voir légende en page 7

Partie cycle

Type de cadre	périmétrique, en acier et en aluminium
Suspension avant	fourche inversée de 45 mm non ajustable
Suspension arrière	monoamortisseur ajustable en précharge et compression
Freinage avant	1 disque de 300 mm de Ø avec étrier à 2 pistons
Freinage arrière	1 disque de 240 mm de Ø avec étrier à 1 piston
Pneus avant/arrière	100/90-19 & 130/80-17
Empattement	1 498 mm;
Hauteur de selle	840/870 mm
Poids à vide	148 kg (tous pleins faits : 160 kg)
Réservoir de carburant	9,5 litres

QUOI DE NEUF EN 2009 ?

G650 Xchallenge et G650 Xmoto retirées du catalogue BMW

G650 Xcountry coûte 1 250 $ de moins qu'en 2008

PAS MAL

Une agilité phénoménale qui découle d'une minceur « de bicyclette », d'une direction extrêmement légère et d'une position de conduite mettant en confiance

Un mono relativement doux et coupleux dont le caractère accessible de la livrée de puissance correspond parfaitement à la vocation d'initiatrice du modèle; de plus, contrairement à certaines montures dirigées vers une clientèle peu expérimentée, la G650 Xcountry peut être gardée durant des années sans lasser son propriétaire

Une excellente valeur maintenant que le prix a été logiquement abaissé sous celui de la F650GS; nous avions « demandé » un écart de 1 000 $ entre la F650GS et la Xcountry l'an dernier, BMW s'est plutôt arrêté sur la somme de 1 290 $; nous n'en demandions pas tant...

BOF

Une selle qui pourrait être un peu plus basse dans la livrée d'origine, et dont la hauteur est surtout due au débattement considérable des suspensions

Une prétention hors-route indiquée par des pneus de type double-usage qu'on doit prendre avec une certaine réserve; cela dit, et bien que la Xcountry ne soit clairement pas une double-usage, elle reste capable d'affronter une grande variété de revêtements et même des routes non pavées

Une exposition au vent totale qui peut causer une certaine fatigue lors de longs trajets sur l'autoroute si la vitesse maintenue est supérieure aux limites légales

Conclusion

S'il était justifié de notre part l'an dernier de remettre en question plusieurs aspects de la série G650X, nous ne pouvons maintenant qu'approuver les correctifs rapides apportés par BMW, surtout que la seule survivante du trio est aussi la meilleure moto du groupe. Si les capacités hors-route du modèle auxquelles font allusion les pneus double-usage sont à prendre à la légère, il reste que la Xcountry, comme son nom l'indique d'ailleurs, offre bel et bien la possibilité de passer partout. Il s'agit d'une monture dont l'accessibilité à tous les niveaux est la plus grande qualité. Légère, mince, maniable et extrêmement facile à prendre en main, elle doit être considérée comme l'un des moyens les plus judicieux d'accéder au motocyclisme.

Filon...

Le nombre de motocyclistes, lorsqu'il est comparé à la population entière, n'est pas très élevé. La recherche d'une nouvelle clientèle qui ferait partie des très nombreux non-motocyclistes représente un intérêt de plus en plus grand pour les constructeurs qui commencent déjà à chercher la relève de la génération actuelle d'utilisateurs de motos. L'un des moyens les plus inusités, et peut-être aussi l'un des plus judicieux pour arriver à ce but, fut présenté l'an dernier par BRP sous la forme du Can-Am Spyder, un véhicule d'un tout nouveau genre élaboré autour d'une plateforme à non pas 2, mais plutôt 3 roues. Il est offert en version manuelle et semi-automatique.

L'attrait du Spyder dépend entièrement de votre *curriculum vitæ* en matière de pilotage, moto ou autre. Établissons tout d'abord que malgré les nombreux liens du véhicule avec l'univers de la moto, non le moindre étant un V-Twin Rotax dérivé de celui qui anime certains modèles Aprilia, le Spyder ne s'adresse pas au motocycliste moyen. En fait, l'étonnante création signée BRP vise plutôt tous les autres, un groupe dans lequel peuvent être inclus les gens attirés par la moto, mais intimidés par la conduite d'une machine qui penche, ainsi que les amateurs de véhicules récréatifs comme la motoneige et le VTT. Bref, sans vouloir manquer de respect à ceux et celles que le Spyder intéresse, le produit est surtout destiné à ceux que la moto effraie ou n'attire pas.

Le constructeur québécois prétend que le Spyder serait un croisement entre une moto et une voiture décapotable. Bien qu'il s'agisse d'une image aussi alléchante qu'intelligemment choisie, nous croyons qu'elle n'est pas vraiment représentative de l'expérience que réserve le véhicule. Les similitudes avec la moto sont claires et nombreuses, mais celles avec la décapotable sont davantage issues de l'imagination des gens du marketing chez BRP que de la réalité. Une description beaucoup plus réaliste, si peu romantique fût-elle, serait de présenter le Spyder comme un croisement entre une moto et un VTT destiné à la route.

Car c'est exactement l'expérience que fait vivre cet étrange, mais extrêmement intéressant type de véhicule que bien des constructeurs regardent d'ailleurs d'un œil attentif.

> **L'UN DES BUTS DU SPYDER EST DE SIMPLIFIER AUTANT QUE POSSIBLE LE PILOTAGE. LA CONFIGURATION À 3 ROUES EST DONC INSTRUMENTALE.**

Certaines caractéristiques du Spyder rappellent beaucoup la moto comme la confortable position de conduite «à la Suzuki Bandit 1250S». Le vrombissement du puissant et coupleux V-Twin d'un litre pourrait quant à lui provenir d'un bon nombre de sportives. L'angle avec lequel on perçoit la route ainsi que le vent qui frappe le haut du corps sont encore d'autres facteurs responsables du «côté moto» du Spyder.

Mais ce dernier n'est pas une moto. Il n'a pas 2, mais bien 3 roues et, surtout, il ne penche pas. Il tourne plutôt «à plat» et vous demande de vous agripper en virage afin de contrer la force centrifuge. Quiconque s'est déjà trouvé aux commandes d'un VTT ou d'une motoneige peut très bien s'imaginer de quel genre de conduite il est ici question.

L'un des buts du Spyder est de simplifier autant que possible le pilotage. La configuration à 3 roues est instrumentale à cet égard, non seulement parce qu'elle élimine tout risque de perte d'équilibre, mais aussi parce qu'elle fait complètement disparaître toute notion de poids, et avec elle toutes les craintes et la nervosité qui sont associées au pilotage d'une moto lourde. La hauteur de la selle n'est plus un facteur puisqu'on n'a plus besoin de poser les pieds au sol à l'arrêt. BRP a poussé cet exercice de simplification jusqu'à éliminer la séparation des freins avant et arrière en confiant tout freinage à un système combiné avec ABS actionné à partir d'une seule pédale au pied. La version SE5, qui est équipée d'une boîte séquentielle semi-automatique dont on peut changer les rapports avec des boutons, élimine quant à elle l'embrayage.

Général

Catégorie	3 roues
Prix	Spyder : 18 999 $
	Spyder SE5 : 20 499 $
Immatriculation 2009	518 $
Classification SAAQ 2009	« régulière »
Évolution récente	introduite en 2008
Garantie	2 ans/kilométrage illimité
Couleur(s)	argent, jaune, rouge
Concurrence	aucune

Rapport valeur/prix

177 km/h · Vitesse de pointe
13,6.158 s/km/h · Accélération sur 1/4 mille

Novice · Intermédaire · Expert
Indice d'expertise

Voir légende en page 7

Moteur

Type	bicylindre 4-temps en V à 60 degrés, DACT, 4 soupapes par cylindre, refroidissement par liquide
Alimentation	injection à 2 corps de 57 mm
Rapport volumétrique	10,8:1
Cylindrée	998 cc
Alésage et course	97 mm x 68 mm
Puissance	106 ch @ 8 500 tr/min
Couple	77 lb-pi @ 6 250 tr/min
Boîte de vitesses	5 rapports
Transmission finale	par courroie
Révolution à 100 km/h	environ 4 500 tr/mn
Consommation moyenne	7,1 l/100 km
Autonomie moyenne	352 km

Partie cycle

Type de cadre	périmétrique, en aluminium, agit aussi à titre de réservoir d'essence
Suspension avant	bras triangulaires
Suspension arrière	monoamortisseur ajustable en précharge
Freinage avant	2 disques de 260 mm de Ø avec étriers à 4 pistons avec ABS, combiné
Freinage arrière	1 disque de 260 mm de Ø avec étrier à 1 piston avec ABS, combiné
Pneus avant/arrière	165/65 R14 & 225/50 R15
Empattement	1 727 mm
Hauteur de selle	737 mm
Poids à vide	317 kg
Réservoir de carburant	25 litres

QUOI DE NEUF EN 2009 ?

Aucun changement

Coûte 500 $ de plus qu'en 2008

PAS MAL

Une alternative à la moto pour ceux ou celles que le pilotage d'une deux-roues intimide tellement qu'ils n'osent pas tenter l'expérience

Des sensations — vent, point de vue, sonorité de la mécanique, passage des vitesses — qui se rapprochent beaucoup de celles vécues à moto, mais seulement lorsqu'on roule en ligne droite; dès qu'on tourne, ça devient autre chose

Un prix très raisonnable compte tenu de la marchandise livrée; le Spyder semble bien conçu, est bien fini et utilise des composantes qui mettent en confiance, comme le moteur Rotax

BOF

Un plaisir de pilotage qui dépend énormément du vécu du pilote et qui, pour les amoureux des deux-roues, est très limité; en revanche, les adeptes d'autres types de véhicules récréatifs comme le VTT ou la motoneige découvrent avec le Spyder une occasion littéralement unique de s'aventurer sur la route; il semble d'ailleurs qu'une bonne partie des ventes seraient faites à cette même clientèle

Un côté physique au pilotage qu'on ne soupçonne pas puisqu'un simple virage sur un coin de rue demande de s'agripper et qu'une sortie d'autoroute prise à vive allure demande de faire un bon effort; à chacun de voir si ce type d'implication physique dans le pilotage est plaisant, ou pas

Un système de contrôle de la stabilité qui est supposé prévenir tout renversement, mais on arrive à soulever une roue en tournant sans trop de difficulté; la leçon à retenir est que le système ne constitue pas une garantie contre le renversement, il aide seulement à le prévenir

Conclusion

Le Spyder est un véhicule extrêmement intéressant en ce sens qu'il représente une manière complètement inédite d'attirer une clientèle nouvelle non pas à la moto, mais disons aux sports motorisés. Le projet est trop jeune pour que l'on comprenne exactement toutes les implications de son franc succès. Amènera-t-il des gens à la moto? Volera-t-il des gens à la moto? Amènera-t-il les amateurs de VTT et de « Ski-Doo » sur la route? Créera-t-il une toute nouvelle clientèle? Une chose est claire, même si les motocyclistes souhaitant en faire l'essai sont nombreux, nous ne croyons pas que le véhicule a ce qu'il faut pour en séduire beaucoup. Que voulez-vous? Quand on aime pencher, l'idée de ne plus le faire n'a rien de bien attrayant.

BUELL
1125R

Bienvenue dans le présent...

Même si la 1125R surprit un peu tout le monde lorsqu'elle fut lancée l'an dernier, avec un peu de recul, on réalise qu'une telle étape était presque obligatoire pour Buell. Car s'il est indéniable que le concept de la sportive à moteur de Harley a décidément un côté unique et sympathique, il est tout aussi clair qu'il restreint sévèrement la clientèle potentielle de la petite compagnie du Wisconsin. Reprenant certaines des solutions techniques des Buell classiques, mais propulsée par un tout nouveau V-Twin développé par Rotax, la 1125R passera à l'histoire comme le modèle qui fit passer la filiale sportive de Harley-Davidson dans l'ère moderne du motocyclisme.

«Buell, c'est cette compagnie à part, c'est ce fabricant de motos un peu étranges bâties autour d'une mécanique de Harley.» Telle était, jusqu'à l'arrivée de la 1125R en 2008, la perception de la compagnie d'East Troy qu'avait la majorité des amateurs de motos. Si la 1125R avait donc pour but de laisser savoir au motocyclisme que Buell était capable de plus, elle se devait aussi de ne pas aliéner la clientèle établie. Afin de réaliser ce véritable pont entre passé et futur, plusieurs «signatures techniques» des Buell traditionnelles sont retenues sur la 1125R. Entraînement final par courroie sans ajustement, unique disque avant surdimensionné, cadre périmétrique contenant l'essence et protubérant silencieux sous le moteur sont autant d'exemples de l'effort déployé dans le but d'établir cette continuation. Le patron et propriétaire de Buell, Harley-Davidson, insista en plus pour que le style de la 1125R ne ressemble à rien d'autre sur le marché.

Le résultat est à la fois à la hauteur des objectifs fixés par Buell et Harley-Davidson et suffisamment réussi pour être pris au sérieux sur le marché courant. Car contrairement aux Buell classiques dont l'unicité faisait qu'elles n'avaient presque aucune concurrence directe, le cas de la 1125R est bien différent. Ne pouvant être définie autrement que comme une sportive moderne à moteur V-Twin, sa crédibilité doit, avant d'être établie, passer par une comparaison à des modèles aussi redoutables que la Ducati 1098, l'Aprilia RSV 1000 R et la KTM RC8. Si elle ne domine pas ce groupe, la 1125R y appartient clairement.

BIEN QU'ELLE NE DOMINE PAS L'ÉLITISTE GROUPE QUI FORME CETTE CLASSE, LA 1125R Y APPARTIENT CLAIREMENT.

D'un point de vue physique, la 1125R se rapproche beaucoup de la moyenne de la classe avec sa position compacte, ses poignées basses et ses repose-pieds hauts. Une selle correcte pour une sportive et une excellente protection au vent la distinguent toutefois de ses rivales.

La livrée de puissance du V-Twin de 1125 cc est, elle aussi, particulière puisque Buell a opté pour un étalement et une progression très linéaire des chevaux et du couple, un choix qui contraste avec la nature pointue des moteurs rivaux qui explosent plutôt à haut régime. Buell a jugé que ce genre de répartition, en facilitant le pilotage, permettrait à la 1125R de réaliser des temps plus rapides en piste, ce qui représente toujours le but ultime d'une sportive pure. Le résultat est exactement celui-là puisque s'il est une caractéristique qui démarque la 1125R en piste, il s'agit de la facilité avec laquelle on arrive à l'exploiter. On a ainsi non seulement affaire à une sportive de très haut calibre sur circuit, mais aussi à une machine étonnamment peu intimidante, voire même accessible pour la catégorie. L'arrivée très progressive des chevaux, la rapidité et la précision de la direction, la sérénité du châssis à tous les stades d'un virage ainsi que le bon travail de la transmission et du système antidribble de l'embrayage sont autant de facteurs qui permettent au pilote de se concentrer sur la piste plutôt que sur les manies de sa monture.

Un frein avant très puissant, mais qui n'a pas tout à fait la finesse des systèmes à deux disques, un moteur qui vibre trop à très haut régime et une sonorité ordinaire sont les principaux reproches.

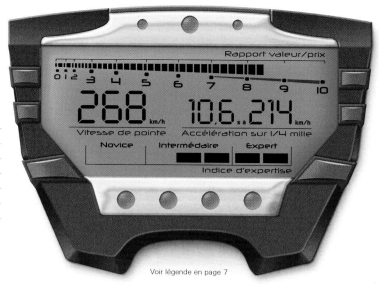

Voir légende en page 7

Général

Catégorie	Sportive
Prix	14 799 $
Immatriculation 2009	1 030 $
Catégorisation SAAQ 2009	« sport »
Évolution récente	introduite en 2008
Garantie	2 ans/kilométrage illimité
Couleur(s)	noir, blanc, rouge
Concurrence	Ducati 1198, Aprilia RSV 1000 R, KTM RC8

Moteur

Type	bicylindre « Helicon » 4-temps en V à 72 degrés, DACT, 4 soupapes par cylindre, refroidissement par liquide
Alimentation	injection à 2 corps de 61 mm
Rapport volumétrique	12,3:1
Cylindrée	1 125 cc
Alésage et course	103 mm x 67,5 mm
Puissance	146 ch @ 9 800 tr/min
Couple	82 lb-pi @ 8 000 tr/min
Boîte de vitesses	6 rapports
Transmission finale	par courroie
Révolution à 100 km/h	environ 4 000 tr/mn
Consommation moyenne	5,9 l/100 km
Autonomie moyenne	357 km

Partie cycle

Type de cadre	périmétrique, en aluminium, agit aussi à titre de réservoir d'essence
Suspension avant	fourche inversée de 47 mm ajustable en précharge, compression et détente
Suspension arrière	monoamortisseur ajustable en précharge, compression et détente
Freinage avant	1 disque de 375 mm de Ø avec étrier à 8 pistons
Freinage arrière	1 disque de 240 mm de Ø avec étrier à 2 pistons
Pneus avant/arrière	120/70 ZR17 & 180/55 ZR17
Empattement	1 387 mm
Hauteur de selle	775 mm
Poids à vide	170 kg
Réservoir de carburant	21,1 litres

QUOI DE NEUF EN 2009 ?

Injecteurs revus, capteur d'oxygène relocalisé et cartographie d'injection modifiée afin d'améliorer la réponse des gaz, de réduire la chaleur dégagée et de réduire la consommation d'essence

Fonction d'indicateur de rapport ajoutée à l'instrumentation; cadre, bras oscillant et autres noir; pare-brise teinté; alternateur plus puissant; protecteurs/supports fixés au bras oscillant

Coûte 1 880 $ de plus qu'en 2008

PAS MAL

Une répartition de la puissance qui favorise la facilité de pilotage grâce à une progression linéaire de l'arrivée des chevaux et à un couple omniprésent sur la plage de régimes

Une partie cycle qui complète bien la nature accessible de la mécanique sur circuit puisque la 1125R se montre à la fois légère, rapide, précise et neutre dans cet environnement

Une valeur très intéressante puisque le prix demandé est considérablement inférieur à celui des modèles rivaux, pour des performances non seulement similaires, mais parfois même supérieures

BOF

Un V-Twin qui ne possède pas le côté émotionnel de celui qui anime certaines concurrentes, comme la KTM ou la Ducati

Une mécanique qui vibre un peu trop à haut régime, et ce, malgré la présence de pas moins de trois balanciers

Un style très particulier qui démarque clairement la Buell du reste de la catégorie, mais peut-être pas de la bonne manière; pour la plupart des motocyclistes, une sportive à moteur V-Twin est une machine exotique dont le style doit refléter la nature flamboyante

Conclusion

Techniquement, la 1125R n'a pas grand-chose à envier au reste de la catégorie. Sa puissance n'est peut-être pas la plus élevée, mais l'ensemble fonctionne de manière exceptionnellement transparente, ce qu'on ne peut dire de toutes ses rivales. La Buell offre en plus un accès étonnamment abordable à cette classe, et ce, tant au niveau du pilotage qu'à celui du portefeuille. En fait, le seul facteur qui pourrait limiter son succès est son style controversé. Buell a réussi à lui donner un look différent, ce qui respectait les directives données par les patrons chez Harley. Mais parmi des 1198, des RC8 et des RSV 1000 R, était-ce vraiment le bon mandat ?

BUELL
FIREBOLT XB12R

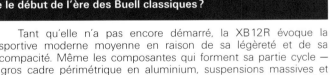

Tradition oblige...

Chez Ducati, malgré les incroyables performances des derniers V-Twin refroidis par liquide, on refuse catégoriquement de mettre au rancard les vieux moteurs refroidis par air. Il s'agit d'une question de tradition. Une situation semblable peut être retrouvée chez Buell où l'arrivée l'an dernier du V-Twin moderne inauguré sur la 1125R aurait pu sonner le glas du bon vieux moulin de Sportster qui animait presque tous les modèles de la petite gamme. Mais la firme d'East Troy au Wisconsin tient — pour l'instant — à demeurer fidèle à ses origines. La XB12R, inchangée depuis son lancement en 2004, continue donc d'être offerte en 2009 sans changements. Serait-ce le début de l'ère des Buell classiques ?

Peu d'expériences sont aussi choquantes que le passage d'une sportive Buell d'ancienne génération à une 1125R toute fraîche. En fait, le traumatisme est surtout ressenti lors du retour à la XB12R après quelque temps aux commandes de la 1125R. D'un coup, celle qui se voulait le porte-étendard sportif de la petite gamme *Made in USA* prend des airs d'engin au bas mot vétuste. Accélérations sans mordant, limiteur de régime constamment en opération, tenue de route vieillotte... Bref, on conclut vite qu'il était grand temps que Buell passe à autre chose. Pas si vite.

Si la supériorité des performances de la nouvelle 1125R et de son V-Twin de 146 chevaux refroidi par liquide est indéniable par rapport aux prestations de la XB12R et des 103 chevaux de son V-Twin de Sportster, un minimum de recul suffit pour réaliser qu'il s'agit là d'une comparaison bien maladroite. La 1125R se doit, pour gagner ses galons, d'être mesurée à une Ducati 1098 ou une KTM RC8 ; pas à une sportive de conception exceptionnellement particulière comme la Firebolt XB12R. Le fait que celle-ci a été la plus rapide et la plus sportive des Buell jusqu'à tout récemment importe peu. Elle ne peut, aujourd'hui, qu'être considérée comme un modèle classique dont la raison d'être n'est certes pas la performance pure. Au contraire, quiconque aurait un intérêt pour le modèle doit d'abord et avant tout avoir un faible pour l'excentricité du concept d'une sportive animée par une version trafiquée d'un moteur de Harley. Si et seulement si cette condition est remplie, devrait-on poursuivre.

TOUTE IMPRESSION DE NORMALITÉ RESSENTIE SUR LA XB12R NE TIENT QU'À L'ENFONCEMENT DU DÉMARREUR.

Tant qu'elle n'a pas encore démarré, la XB12R évoque la sportive moderne moyenne en raison de sa légèreté et de sa compacité. Même les composantes qui forment sa partie cycle — gros cadre périmétrique en aluminium, suspensions massives et ajustables, freins puissants, etc. — semblent tout à fait à jour. Cette impression de normalité ne tient toutefois qu'à l'enfoncement d'un bouton, celui du démarreur. Dès cet instant, toutes les comparaisons tombent, tous les points de repère s'évanouissent. Et tout se met à lourdement trembler. En un instant, la réalité s'installe. Vous êtes aux commandes d'une sportive mue par un moteur de Harley.

Bien que les performances soient tout à fait suffisantes pour annihiler un permis de conduire en le temps de le dire, les montées en régimes semblent lentes, presque paresseuses. La pétarade aussi profonde que saccadée qui les accompagne est purement américaine, ce qui n'a pour effet que de rendre l'expérience encore plus désorientante. Si force est d'admettre que toute cette mascarade possède un certain charme, tout aussi indéniable est le fait qu'une telle expérience n'est décidément pas pour tout le monde.

Au-delà de la nature très particulière de sa mécanique, la XB12R est une monture beaucoup plus commune. Sans qu'elle soit la plus fine qui soit, sa tenue de route est facilement assez relevée pour dévorer une piste, tandis qu'au quotidien, on a affaire à une machine au confort surtout limité par des suspensions fermes bien que pas rudes et par une position plutôt agressive.

Général

Catégorie	Sportive
Prix	11 789 $
Immatriculation 2009	1 030 $
Catégorisation SAAQ 2009	« sport »
Évolution récente	introduite en 2004
Garantie	2 ans/kilométrage illimité
Couleur(s)	noir, blanc
Concurrence	Ducati Sport 1000S

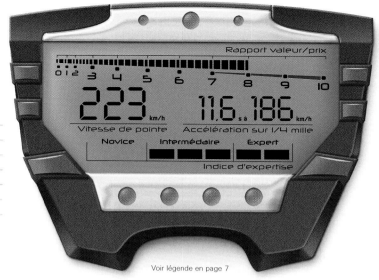

Rapport valeur/prix

0 1 2 3 4 5 6 7 8 9 10

223 km/h   11.6.186 km/h

Vitesse de pointe   Accélération sur 1/4 mille

Novice   Intermédiaire   Expert

Indice d'expertise

Voir légende en page 7

Moteur

Type	bicylindre « Thunderstorm » 4-temps en V à 45 degrés, culbuté, 2 soupapes par cylindre, refroidissement par air forcé et air ambiant
Alimentation	injection à corps unique de 49 mm
Rapport volumétrique	10,0:1
Cylindrée	1 203 cc
Alésage et course	88,9 mm x 96,8 mm
Puissance	103 ch @ 6 800 tr/min
Couple	84 lb-pi @ 6 000 tr/min
Boîte de vitesses	5 rapports
Transmission finale	par courroie
Révolution à 100 km/h	environ 3 000 tr/mn
Consommation moyenne	6,7 l/100 km
Autonomie moyenne	209 km

Partie cycle

Type de cadre	périmétrique, en aluminium, agit aussi à titre de réservoir d'essence
Suspension avant	fourche inversée de 43 mm ajustable en précharge, compression et détente
Suspension arrière	monoamortisseur ajustable en précharge, compression et détente
Freinage avant	1 disque de 375 mm de Ø avec étrier à 8 pistons
Freinage arrière	1 disque de 240 mm de Ø avec étrier à 1 piston
Pneus avant/arrière	120/70 ZR17 & 180/55 ZR17
Empattement	1 320 mm
Hauteur de selle	775 mm
Poids à vide	179 kg
Réservoir de carburant	14,5 litres

QUOI DE NEUF EN 2009 ?

Traitement noir appliqué sur le moteur ainsi que sur plusieurs pièces

Étrier de frein avant ZTL[2] à 8 pistons et 4 plaquettes

Coûte 1 070 $ de plus qu'en 2008

PAS MAL

Un concept qui sort décidément de l'ordinaire et qui permet aux amateurs d'expériences différentes de faire une trouvaille

Un niveau de performances qui, bien que loin d'être exceptionnel par rapport à celui des sportives courantes, demeure très respectable et surtout accompagné de sons et de sensations uniques

Un prix qui a beaucoup baissé ces dernières années, au point de faire de la XB12R une sportive abordable

BOF

Un concept tellement particulier qu'il ne plaira qu'à une fraction du parc motocycliste et qui représente donc un risque pour l'amateur commun ; peut-être plus que sur toute autre sportive, un essai avant l'achat serait donc souhaitable dans ce cas

Une tenue de route dont le calibre n'a rien de honteux, mais qui n'est plus à la hauteur des capacités des sportives courantes ; en matière de châssis, on a affaire à une technologie introduite au début de la décennie

Un niveau de confort beaucoup plus commun que le reste du concept; il s'agit d'une sportive dont la position charge les mains, dont la protection au vent est minimale et dont les proportions sembleront très compactes aux pilotes de grande taille

Conclusion

Dans le créneau sportif moderne, la XR12R équivaut à une anomalie, ni plus ni moins. Dans cet univers où des armées d'ingénieurs planchent sans répit afin d'extirper quelques fractions de cheval-vapeur de mécaniques dont le niveau de développement n'a d'équivalent que celui d'un moteur de Formule 1, comment qualifier autrement une sportive à moteur de Harley ? Tout ça n'est absolument pas dire que le concept est sans mérite ou sans attrait, mais plutôt qu'il s'adresse à un type de motocyclistes dont les goûts sont tout aussi anormaux. Car contrairement à la presque totalité des sportives produites aujourd'hui, la raison d'être de la Firebolt XB12R n'a rien à voir avec une quelconque chasse aux kilomètres à l'heure. Son attrait tient plutôt de l'improbabilité de son concept.

Ulysses XB 12XT

BUELL
ULYSSES XB 12X ET XB 12XT

NOUVELLE VARIANTE 2009

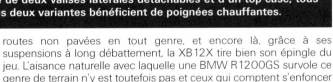

Aventures en tous genres...

Tout comme Harley-Davidson à qui il appartient, Buell présente à l'occasion des modèles en milieu d'année. Ce fut le cas l'an dernier de l'Ulysses XB12XT, une variante de l'Ulysses XB12X avec un penchant plus marqué pour la route et le tourisme que pour l'aventure tout-terrain. Offerte moyennant un supplément d'environ 1 600 $, la nouveauté propose une selle plus basse, un pare-brise plus haut, des suspensions à débattement réduit et des pneus de type route plutôt que double-usage. Mais c'est surtout par la présence de deux valises latérales détachables et d'un top case, tous rigides et livrés de série, que la nouvelle XB12XT se démarque. Les deux variantes bénéficient de poignées chauffantes.

C'est à la popularité grandissante des montures de type aventurières qu'on doit l'existence de l'Ulysses XB12X présentée en 2006. Le fait que cet engouement généralisé est né de façon assez soudaine combiné aux moyens relativement limités de la petite firme du Wisconsin a poussé celle-ci à développer sa première aventurière à partir d'une base déjà existante, la Lightning XB12Ss à long empattement et gros cadre/réservoir. Le résultat est à l'image du concept puisque la première impression renvoyée par la XB12X est celle d'être aux commandes d'une Lightning haute sur patte. On en voit décidément de tous les genres chez les aventurières de grosse cylindrée, mais la Buell est à peu près ce qui s'offre de plus improbable. Ce qui n'empêche aucunement l'Ulysses de s'acquitter très honnêtement de sa mission.

L'héritage sportif des Buell est immédiatement ressenti aux commandes de la XB12X qu'on lance en virage avec peu d'efforts et beaucoup de précision. Il s'agit d'une constatation qui ne devrait étonner personne compte tenu du fait qu'en ce qui concerne sa partie cycle, l'Ulysses reprend pratiquement les mêmes composantes que la sportive XB12R. Outre le fait qu'un freinage intense fera plonger l'avant de manière notable, on a affaire à une monture très capable sur un tracé sinueux, et ce, même si le revêtement de celui-ci ne se trouve pas dans un état idéal.

Éloignez-vous des routes asphaltées pour vous aventurer dans le terrain de jeux favori de ce type de moto, soit les

routes non pavées en tout genre, et encore là, grâce à ses suspensions à long débattement, la XB12X tire bien son épingle du jeu. L'aisance naturelle avec laquelle une BMW R1200GS survole ce genre de terrain n'y est toutefois pas et ceux qui comptent s'enfoncer de façon plus sérieuse en territoire hostile ne sont peut-être pas à la meilleure adresse ici.

La nouvelle variante de l'Ulysses présentée au courant de l'année dernière, la XB12XT, a comme mission de transformer le modèle original en machine routière de longue distance. En combinant la position assise de la XB12X à une selle aussi confortable, mais moins haute, à une meilleure protection au vent et à des suspensions qui restent souples malgré leur débattement réduit, la XB12XT remplit aisément cette mission. Si le volumineux trio de valises livré de série amène quant à lui un côté aussi indispensable que pratique en voyage, il augmente aussi le poids de l'ensemble. Même si le poids de la XB12XT demeure relativement faible, en raison de la hauteur de la masse des valises, celle-ci est ressentie lors des changements de direction.

Évidemment, quiconque envisage l'une de ces deux variantes de l'Ulysses doit d'abord et avant tout s'assurer d'être compatible avec le caractère non seulement fort, mais aussi très particulier de la mécanique de Sportster qui les anime. Pulsations très prononcées à bas régime et musique américaine à l'accélération font partie intégrante de cette expérience qui n'est décidément pas pour tout le monde. Mais ceux qui aiment, aiment beaucoup.

> PULSATIONS TRÈS PRONONCÉES À BAS RÉGIME ET MUSIQUE AMÉRICAINE À L'ACCÉLÉRATION FONT PARTIE DE L'EXPÉRIENCE.

Général

Catégorie	Routière Aventurière
Prix	XB12X : 13 619 $; XB12XT : 15 399 $
Immatriculation 2009	518 $
Catégorisation SAAQ 2009	« régulière »
Évolution récente	XB12X introduite en 2004, XB12XT en 2008
Garantie	2 ans/kilométrage illimité
Couleur(s)	rouge, bleu
Concurrence	Ducati Multistrada 1100, Suzuki V-Strom 1000, Triumph Tiger

Moteur

Type	bicylindre « Thunderstorm » 4-temps en V à 45 degrés, culbuté, 2 soupapes par cylindre, refroidissement par air forcé et air ambiant
Alimentation	injection à corps unique de 49 mm
Rapport volumétrique	10,0:1
Cylindrée	1 203 cc
Alésage et course	88,9 mm x 96,8 mm
Puissance	103 ch @ 6 800 tr/min
Couple	84 lb-pi @ 6 000 tr/min
Boîte de vitesses	5 rapports
Transmission finale	par courroie
Révolution à 100 km/h	environ 3 000 tr/mn
Consommation moyenne	6,7 l/100 km
Autonomie moyenne	249 km

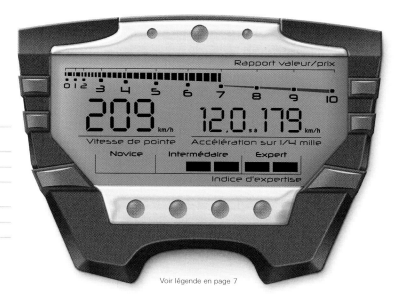

Rapport valeur/prix

Vitesse de pointe   Accélération sur 1/4 mille

Novice   Intermédiaire   Expert

Indice d'expertise

Voir légende en page 7

Partie cycle

Type de cadre	périmétrique, en aluminium, agit aussi à titre de réservoir d'essence
Suspension avant	fourche inversée de 47 mm (XB12XT : 43 mm) ajustable en précharge, compression et détente
Suspension arrière	monoamortisseur ajustable en précharge, compression et détente
Freinage avant	1 disque de 375 mm de Ø avec étrier à 6 pistons
Freinage arrière	1 disque de 240 mm de Ø avec étrier à 1 piston
Pneus avant/arrière	120/70 R17 & 180/55 R17
Empattement	1 381 mm (XB12XT : 1 370 mm)
Hauteur de selle	808 mm (XB12XT : 780 mm)
Poids à vide	193 kg (XB12XT : 211 kg)
Réservoir de carburant	16,7 litres

QUOI DE NEUF EN 2009 ?

Variante de tourisme, la XB12XT, annoncée au courant de 2008

Nouveau type de courroie; repose-pieds plus agrippants

Ulysses XB12X coûte 1 240 $ de plus qu'en 2008

PAS MAL

Une capacité à affronter des longues distances, particulièrement pour la nouvelle variante XB12XT, qui est tout à fait réelle

Un V-Twin qu'on n'a heureusement pas « détuné » par rapport à celui des autres XB et qui garde donc le gros couple et les bonnes performances pour lesquelles cette mécanique est reconnue

Un comportement routier qui possède toujours la précision et la solidité qui a fait la marque des modèles XB plus sportifs

BOF

Une capacité à affronter des terrains très abîmés qui est plutôt limitée sur la XB12X; elle n'a toutefois aucun problème avec les routes non pavées, un environnement où la XB12XT se débrouille également bien

Une hauteur de selle importante sur la XB12X qui demande une certaine expérience de la part du pilote qui s'aventure hors route

L'impression que la nouvelle XB12XT s'est peut-être trop éloignée de

la vocation première de la base autour de laquelle elle est construite; on a un peu l'impression de piloter une moto à la base légère et agile, mais dans une version alourdie et modifiée au point d'être dénaturée

Conclusion

La raison pour laquelle la classe aventurière gagne en popularité est simplement que les modèles qui la composent fonctionnent bien, dans une multitude de situations réelles. Peu partent vraiment « à l'aventure », mais la plupart, dont cette paire de variantes de l'Ulysses, ont la capacité de le faire. Elles n'offrent toutefois rien de réellement particulier ou supérieur à la moyenne et se distinguent par le caractère unique qui les propulse. Les intéressés devront donc d'abord avoir la certitude d'être compatibles avec le tempérament bien différent du V-Twin d'origine Harléenne. Le reste est facile.

Ulysses XB12X

BUELL
1125CR

C'est pourtant si simple...

La plupart des constructeurs se cassent la tête beaucoup plus qu'ils ne le devraient lorsque vient le temps d'élaborer une standard, surtout si celle-ci doit avoir un penchant sportif marqué. Mais déshabillez une de vos sportives, bon sang, est-ce si compliqué ? Un guidon haut, un habillage diminutif, on laisse le reste intact, et voilà ! C'est simple comme bonjour, ça ne coûte rien en développement et, en plus, on obtient à coup sûr une super standard instantanée. Voilà d'ailleurs qui décrit de manière très exacte le cheminement qui a transformé la sportive 1125R inaugurée l'an dernier en cette nouvelle 1125CR Café Racer.

Nous savons très bien que déshabiller une sportive ne suffit pas *toujours* à créer une bonne standard. Après tout, une moto de ce type doit, par définition, se montrer accessible et facile à vivre dans le quotidien. Or, le fait est que la mécanique d'un modèle sportif peut mal se prêter à ce jeu si elle est de nature pointue. Le cas des Buell 1125R/CR en est toutefois un où la transformation d'une sportive en standard s'est faite de manière complètement naturelle.

Étant capable de boucler des tours de piste à un rythme «japonais», la 1125R lancée l'an dernier bénéficiait déjà d'une partie cycle de très haut niveau. Intelligemment, Buell a laissé intacts le châssis et les suspensions de la nouvelle Café Racer.

Alors qu'une transformation de la sorte implique de manière générale une révision de la mécanique — rarement réussie, d'ailleurs — visant à favoriser le couple en bas au prix de quelques chevaux en haut, dans ce cas, Buell a judicieusement su résister à la tentation. La nouvelle CR est ainsi propulsée par le même V-Twin que celui de la R qui, de toute façon, avait déjà été conçu pour offrir une bande de puissance large.

La conséquence de la retenue derrière cette transformation est toute simple : la 1125CR est non seulement la standard à moteur V-Twin la plus puissante sur le marché avec ses 146 chevaux, elle est aussi l'une des plus capables en piste grâce à son authentique partie cycle de sportive.

Compte tenu de cet impressionnant curriculum vitæ, il n'est donc pas du tout étonnant de constater l'agilité et la rapidité

> **SUR CIRCUIT, AVEC SON CHÂSSIS SPORTIF ET SES 146 CHEVAUX, LA 1125CR EST L'UNE DES STANDARDS LES PLUS REDOUTABLES DU MARCHÉ.**

de la 1125CR sur circuit. Il s'agit d'une moto de piste en bonne et due forme et non d'une standard apprêtée de manière sportive.

Parmi les aspects de sa conduite qui impressionnent le plus dans l'environnement du circuit, on note la facilité avec laquelle elle se laisse apprivoiser et l'agilité qu'elle démontre sur un tracé serré. Sa direction à la fois légère, rapide et précise permet de la placer exactement où on le souhaite, tandis que la motricité du V-Twin donne la possibilité au pilote de doser avec précision la force de l'accélération en sortie de courbe. La transparence du travail de la boîte de vitesses et de l'embrayage, la finesse de l'injection à la remise des gaz et la puissance du système de freinage sont autant de points additionnels qui font de la 1125CR une redoutable arme de piste.

Toutes les qualités de pistarde de la CR n'affectent que peu ses capacités de routière. On note une selle correcte, mais pas exceptionnelle, des suspensions plutôt fermes, mais pas rudes ainsi qu'une protection au vent décente malgré le tout petit saute-vent. La mécanique est agréablement puissante, mais vibre un peu trop à haut régime. Cela dit, la générosité du V-Twin développé par Rotax pour Buell est si grande dans les tours bas et moyens qu'on a rarement recours aux très hautes révolutions.

Enfin, Buell offre deux genres de position de conduite : une sportive avec le guidon bas d'origine et une plus relevée avec le guidon haut optionnel.

« TOUS LES CONSTRUCTEURS DEVRAIENT OFFRIR AU MOINS UNE STANDARD PROVENANT D'UNE PURE SPORTIVE. TOUTEFOIS, INCOMPRÉHENSIBLEMENT, TRÈS PEU LE FONT. EN TRANSFORMANT SA 1125R SANS LA DILUER EN 1125CR, BUELL S'EST NON SEULEMENT DOTÉ D'UNE DES STANDARDS LES PLUS PERFORMANTES DU MARCHÉ, MAIS IL L'A FAIT AVEC TRÈS PEU D'EFFORTS. »

Afin de mettre sa nouvelle 1125CR bien en vue des Européens, eux qui sont si friands de standards, Buell a choisi de lancer sa nouveauté ailleurs qu'en Amérique, une première. La presse moto mondiale fut ainsi rassemblée à Berlin, en Allemagne, pour évaluer la dernière-née de la branche sportive de Milwaukee. Au programme, une journée sur la piste — et même hors-piste... — complètement inconnue de Spreewaldring, et une autre sur les pittoresques routes de campagne de la région de Berlin. C'est sur l'une d'elles que le photographe Tom Riles, cette fois pendu derrière une voiture roulant à bonne allure, a pris la photo.

Adieu virginité...

Je ne veux pas y croire. Tout en crachant du sable, je lance les pires jurons. Je ne sais si je suis davantage furieux ou humilié. Jamais ça n'est arrivé durant une présentation de presse. Jamais durant ces innombrables voyages lors desquels j'ai roulé d'incalculables kilomètres dans je ne sais combien de pays, jamais, malgré tous ces tours de pistes aux commandes des plus redoutables sportives de l'heure sur des circuits complètement inconnus, jamais je n'ai chuté avec une moto de presse. Jusque là. À plat ventre dans un «bac à sable» au bout du droit d'une petite piste en banlieue de Berlin, je ne peux qu'admettre la défaite. Et cracher du sable. Quel crétin, quel imbécile, quel enculé c't Américain. Il l'a fait exprès? Impossible que non. Où est-il? Ah bon! Évidemment, lui, il n'est pas tombé...

Le niveau de pilotage est généralement élevé lors des lancements officiels de nouveautés sportives. Une certaine différence de calibre existe bien entre les essayeurs les plus rapides et les plus lents, et il arrive même que les ego se gonflent au point de générer des minicourses improvisées. Toutefois, malgré cette atmosphère dense en testostérone, les gestes irresponsables demeurent extrêmement rares. Concurrents ou pas, tous s'en tiennent à un code, à une règle non écrite et non dite : on fait ce qu'on a à faire, mais en essayant de ne pas se ficher pas par terre pour rien et, surtout, on ne fiche pas les autres par terre pour rien. Ce n'est tout simplement pas l'endroit pour ça.

Mais les temps changent. L'Internet et le «stunt» ont donné naissance à de nouvelles publications et, avec elles, de nouveaux visages font leur apparition lors des événements. C'est d'ailleurs à l'un d'eux que l'incident dont il est ici question est en partie attribuable.

Avant d'aller plus loin, je dois admettre ne pas être blanc comme neige en matière de matériel abîmé. J'avoue, par exemple, avoir un peu exagéré en usant une bonne partie des repose-pieds et de la béquille (et un peu du cadre...) d'une Bandit à Saint-Eustache. Je plaide aussi coupable à de multiples cas de pneus arrière abusés et d'ailes avant endommagées par un cadenas oublié (une mauvaise habitude). Et tant qu'à y être, il y a aussi la regrettée destruction d'une R1100GS privée appartenant à un certain Charles Gref, un incident qui m'a d'ailleurs éloigné de toutes montures personnelles depuis. Mais jamais une moto appartenant à un manufacturier ne fut accidentée.

Il a fallu, pour altérer ce CV, que mon chemin croise celui d'un ex-StarBoyz recyclé en chroniqueur pour une revue américaine de genre «tuning». Pour ceux qui ne connaissent pas les StarBoyz, il s'agit d'un groupe de talentueux délinquants californiens qui a pratiquement lancé le phénomène du «stunt» au tournant du millénaire.

C'est en le dépassant sur le circuit du Spreewaldring Motodrom, lors de la présentation de la 1125CR, que survint l'incident présent.

On se demande souvent si l'habileté requise pour effectuer des cascades se transfère en vitesse sur piste. La réponse est non. En fait,

notre ex-stunter zigzague plutôt sans logique devant moi et refuse carrément de céder le passage lorsque je lui montre ma roue avant. Je choisis donc de demeurer patiemment derrière jusqu'à l'endroit le plus propice à un dépassement sécuritaire, que j'estime être tout juste après un long virage duquel il sort lentement. En entamant le dépassement, je l'aperçois se rabattre soudainement vers moi. L'imbécile. J'évite le contact tout en marmonnant quelques insultes, puis me résous à le dépasser une fois pour toutes immédiatement après, au bout de la ligne droite. Je ne peux plus rester près de ce type. Je le laisse choisir sa ligne, puis me décale vers sa gauche afin de pouvoir le dépasser à l'accélération et le distancer au freinage. Et puis c'est l'horreur. À peine un ou deux mètres avant que je n'arrive à sa hauteur, encore en pleine accélération, à quelques 190 km/h, il donne un coup de roue, se jette devant moi et enfonce les freins. Tout le reste se déroule de façon purement instinctive. Je freine aussi fort que je peux, mais je ne peux éviter le contact. J'arrive à ne pas l'emboutir directement en donnant un coup vers la droite, mais je l'accroche avec mon côté gauche. L'impact reçu par ma poignée gauche provoque un violent guidonnage. Avec horreur, je vois le virage suivant s'approcher à une vitesse folle. Il s'agit d'une épingle... Même si je comprends à ce moment que je vais probablement sortir de piste, j'ai l'intention de tout faire pour rester debout. J'arrive, je ne sais comment, à maîtriser le guidonnage et j'enfonce le levier de frein. Rien! J'ai beau pomper, je n'ai plus de frein avant. Il ne me reste qu'à enfoncer le frein arrière et laisser une longue trace noire jusqu'à l'échappatoire. Le sable inhabituellement profond m'empêche de garder la moto droite longtemps. L'avant finit par s'enfoncer et je suis éjecté. Tête première, je plonge dans le sable. La moto culbute et s'arrête sur moi. J'ai du sable partout, dans les yeux, dans la bouche, dans tout l'équipement... Par chance, je m'en sors avec quelques douleurs ici et là, mais rien de sérieux. Et heureusement, je n'ai pas arraché la jambe de l'autre idiot au passage. On l'a plus tard entendu raconter, tout excité, qu'il savait maintenant ce qu'on ressent lors d'une vraie course.

Il y a toujours une leçon à tirer de ces incidents. J'en retiens d'abord qu'il faudra dorénavant partager la piste avec des idiots. Puis, qu'une bonne partie de la faute me revient. J'aurais pu juger le dépassement trop peu sécuritaire et tout simplement le laisser s'éloigner. J'aurais pu, j'aurais dû...

Les gens de Buell ont très bien compris ce qui s'était passé puisque d'autres pilotes se sont plaints du même type, et m'ont immédiatement offert une autre moto. Voyant même à quel point j'étais gêné d'avoir chuté et endommagé l'une des 1125CR, Erik Buell est venu s'asseoir quelques minutes avec moi afin de me raconter comment il avait lui-même vécu quelques incidents semblables, tout en concluant que ça arrive. Mettons.

- BG

Sur le circuit du Spreewaldring Motodrom, en banlieue de Berlin, l'auteur prend contact avec la nouvelle Buell 1125CR. Tom Riles a pris la photo quelques instants à peine avant que les choses ne se gâtent.

Voir légende en page 7

Général

Catégorie	Standard
Prix	14 219 $
Immatriculation 2009	NC - probabilité : 518 $
Catégorisation SAAQ 2009	NC - probabilité : « régulière »
Évolution récente	introduite en 2009
Garantie	2 ans/kilométrage illimité
Couleur(s)	noir, rouge
Concurrence	Aprilia Tuono 1000 R, Ducati Streetfighter, KTM Super Duke 990 R

Moteur

Type	bicylindre « Helicon » 4-temps en V à 72 degrés, DACT, 4 soupapes par cylindre, refroidissement par liquide
Alimentation	injection à 2 corps de 61 mm
Rapport volumétrique	12,3:1
Cylindrée	1 125 cc
Alésage et course	103 mm x 67,5 mm
Puissance	146 ch @ 9 800 tr/min
Couple	82 lb-pi @ 8 000 tr/min
Boîte de vitesses	6 rapports
Transmission finale	par courroie
Révolution à 100 km/h	environ 4 100 tr/mn
Consommation moyenne	5,8 l/100 km
Autonomie moyenne	363 km

Partie cycle

Type de cadre	périmétrique, en aluminium, agit aussi à titre de réservoir d'essence
Suspension avant	fourche inversée de 47 mm ajustable en précharge, compression et détente
Suspension arrière	monoamortisseur ajustable en précharge, compression et détente
Freinage avant	1 disque de 375 mm de Ø avec étrier à 8 pistons
Freinage arrière	1 disque de 240 mm de Ø avec étrier à 2 pistons
Pneus avant/arrière	120/70 ZR17 & 180/55 ZR17
Empattement	1 385 mm
Hauteur de selle	775 mm
Poids à vide	168 kg
Réservoir de carburant	21,1 litres

QUOI DE NEUF EN 2009 ?

Nouveau modèle dérivé de la 1125R

PAS MAL

Un V-Twin aussi souple que puissant et dont les performances figurent aisément parmi les plus relevées chez les standards à moteur V-Twin

Une tenue de route superbe, puisque caractérisée par une agilité phénoménale et par une capacité à disséquer un circuit qui rivalise avec celle des sportives pures japonaises

Une bonne valeur puisque le prix est intéressant compte tenu des performances élevées et des composantes de très haut niveau

BOF

Un V-Twin qui vibre un peu trop à haut régime et dont le caractère est un peu trop ordinaire; la magie du grondement d'une Ducati ou du rugissement animal d'une KTM n'y est tout simplement pas

Un guidon de type Clubman d'origine qui s'avère presque aussi bas que les poignées d'une sportive pure; heureusement, Buell offre en option un guidon plat plus haut

Une selle au confort correct dans la besogne quotidienne, mais qui n'est pas conçue pour demeurer confortable sur de longues distances

Des éléments stylistiques qui gagneraient à être revus, comme la partie arrière anonyme, ou carrément cachés, comme l'énorme silencieux

Conclusion

La 1125CR est à la fois simple et brillante. Simple parce qu'elle est à peine plus qu'une 1125R en tenue légère et brillante parce malgré la sobriété du concept, elle se veut une très attachante interprétation du concept de standard à moteur V-Twin. De plus, tout ça est offert pour un prix intéressant par rapport à ce que la concurrence (Aprilia, Ducati, KTM) demande pour des montures du même type. Plus encore que la 1125R lancée l'an dernier, elle démontre que la petite firme du Wisconsin a ce qu'il faut pour se frotter aux plus grands noms du milieu. Pas mal pour une compagnie qui, il y a tout juste 2 ans, se limitait à vendre son excentricité.

Lightning XB9SX CityX

ADN...

Sans rien vouloir enlever aux impressionnantes nouveautés que sont les 1125R et 1125CR, le fait est que lorsqu'on pense à Buell, c'est plutôt une Lightning qui vient instinctivement à l'esprit. Le mariage de sa gueule de délinquante et de sa grondante mécanique piquée à une Sportster puis trafiquée représente ce qu'est et ce qui restera une Buell pour beaucoup d'amateurs de la marque. Si la popularité du concept a d'ailleurs poussé le constructeur américain à l'offrir sous pas moins de cinq configurations l'an dernier, ce chiffre est plutôt ramené à trois pour 2009. La XB12S originale et la pseudo version de supermotard appelée Super TT XB12STT disparaissent donc cette année.

L'habitude qu'a Harley-Davidson de démultiplier une même base pour en faire une famille entière de modèles semble de toute évidence avoir été adoptée par Buell qui, en accumulant variante par-dessus variante de sa bien-aimée Lightning, a fini par en proposer pas moins de cinq l'an dernier. La firme d'East Troy rationalise toutefois sa gamme en 2009 en n'offrant désormais plus que l'économique XB9SX CityX, la XB12Scg abaissée et la XB12Ss allongée. Si les deux premières reviennent dans l'ensemble inchangées (la Scg reçoit tout de même un étrier avant ZTL[2] à 8 pistons, comme la Ss, d'ailleurs), la Ss, elle, se pointe en 2009 avec les suspensions à long débattement de la défunte Super TT XB12STT.

La première étape lorsqu'on commence à envisager l'acquisition de l'une de ces Buell est toujours la même. Elle consiste à se demander s'il y a vraiment compatibilité avec une telle expérience. Piloter une Buell Lightning est à ce point différent. Nous suggérons d'ailleurs fortement aux intéressés de tenter de faire un essai avant l'achat dans ce cas puisque même après avoir lu et s'être renseignés, les gens avouent rester surpris de ce qu'ils découvrent.

Au risque d'offenser quelques propriétaires, notons tout d'abord qu'afin de vivre pleinement l'expérience Buell, seuls les modèles à moteur 1200 devraient être envisagés. La XB9SX CityX a une mine sympathique, un prix intéressant et fonctionne aussi bien que les modèles de plus grande cylindrée à tous les niveaux, mais les particularités du gros V-Twin qui font de celui-ci une mécanique aussi marquante ne sont tout simplement pas là sur la plus

petite. Il ne s'agit absolument pas un mauvais achat, mais on doit réaliser que la 9SX ne livrera qu'une version diluée de l'expérience que réservent les 12S.

Les Lightning offrent toutes une position de conduite ramassée et relevée qui ne diffère que légèrement d'un modèle à l'autre, à cause d'une selle plus basse ou plus longue. Il s'agit d'une posture qui met instantanément le pilote en confiance en lui donnant une impression de contrôle et d'aisance. Pour autant qu'il respecte la puissance tout de même considérable des modèles 1200, un pilote débutant pourrait parfaitement envisager un tel achat pour sa première moto. La XB9SX a d'ailleurs un peu le rôle d'attirer cette clientèle. Mais ce sont plutôt les motocyclistes expérimentés qui apprécieront les Lighnting en raison non seulement de leur excellent comportement routier, mais aussi et surtout à cause du côté unique de leur gros V-Twin de Sportster qui tremble au point de brouiller la vue lorsqu'il gronde au ralenti. Ses pulsations sont finement calibrées et s'effacent presque complètement après les mi-régimes. Évidemment, une profonde musique américaine accompagne chaque montée en régime. Les accélérations permises par le généreux couple et la très respectable centaine de chevaux sont surtout remarquables en raison de leur nature immédiate, mais aussi par la façon qu'a le V-Twin américain de pousser fort sans effort. En fait, la réalité est que toutes les facettes du pilotage d'une Lightning sont fortement affectées par les particularités de la mécanique.

> **LA CITYX N'EST PAS MÉCHANTE, MAIS POUR VIVRE À PLEIN L'EXPÉRIENCE D'UNE LIGHTNING, SEULES LES 1200 DEVRAIENT ÊTRE ENVISAGÉES.**

Général

Catégorie	Standard
Prix	XB9SX : 10 669 $; XB12Ss : 12 429 $ XB12Scg : 12 429 $
Immatriculation 2009	518 $
Catégorisation SAAQ 2009	« régulière »
Évolution récente	XB9S introduite en 2003, XB12S en 2004
Garantie	2 ans/kilométrage illimité
Couleur(s)	XB9SX : bleu ou rouge translucide XB12Ss et cg : bleu ou rouge translucide, noir
Concurrence	BMW R1200R Ducati Monster 1100 Triumph Speed Triple

Moteur

Type	bicylindre « Thunderstorm » 4-temps en V à 45 degrés, culbuté, 2 soupapes par cylindre, refroidissement par air forcé et air ambiant
Alimentation	injection à corps unique de 45 mm (49 mm)
Rapport volumétrique	10,0:1
Cylindrée	984 (1 203) cc
Alésage et course	88,9 mm x 79,4 (96,8) mm
Puissance	92 (103) ch @ 7 500 (6 800) tr/min
Couple	70 (84) lb-pi @ 5 500 (6 000) tr/min
Boîte de vitesses	5 rapports
Transmission finale	par courroie
Révolution à 100 km/h	environ 3 300 (3 000) tr/mn
Consommation moyenne	6,7 l/100 km
Autonomie moyenne	216 km (12Ss : 249 km)

Rapport valeur/prix

Voir légende en page 7

Partie cycle

Type de cadre	périmétrique, en aluminium, agit aussi à titre de réservoir d'essence
Suspension avant	fourche inversée de 43 mm (XB12Scg : 41 mm) ajustable en précharge, compression et détente
Suspension arrière	monoamortisseur ajustable en précharge, compression et détente
Freinage avant	1 disque de 375 mm de Ø avec étrier à 8 (9SX : 6) pistons
Freinage arrière	1 disque de 240 mm de Ø avec étrier à 1 piston
Pneus avant/arrière	120/70 ZR17 & 180/55 ZR17
Empattement	1 320 mm (9SX), 1 315 mm (12Scg), 1 364 mm (12Ss)
Hauteur de selle	765 mm (9SX), 726 mm (12Scg), 776 mm (12Ss)
Poids à vide	177 kg (9SX), 179 kg (12Scg), 181 kg (12Ss)
Réservoir de carburant	14,5 litres (12Ss : 16,7 litres)

QUOI DE NEUF EN 2009 ?

XB12Ss reçoit les suspensions à long débattement de la XB12STT et
une selle plus basse; étrier avant à 8 pistons ainsi que traitement noir
du moteur et de plusieurs pièces sur les XB12Ss et XB12Scg; selle
abaissée sur la XB9SX; courroie d'entraînement plus résistante sur
tous les modèles

Version noire des 12Ss et 12Scg offertes à 600 $ de moins

XB12Ss et XB12Scg coûtent 1 140 $ et XB9SX CityX coûte 970 $ de
plus qu'en 2008

PAS MAL

Un moteur au caractère aussi fort qu'il est unique; s'il est une raison
d'envisager une Lightning, elle doit avoir rapport avec la mécanique,
sinon, on a mal compris quelque chose

Un comportement routier étonnamment facile d'accès, une qualité
attribuable à la belle position assise ainsi qu'à la légèreté et à la
compacité de l'ensemble

Une valeur intéressante depuis que les prix ont été abaissés; acheter
une Lightning était un véritable luxe il y a tout juste quelques années

BOF

Une présence mécanique tellement forte et particulière qu'elle n'est
pas appréciée de tous les motocyclistes; la plupart trouvent en fait
les Lightning étranges

Une version XB9SX CityX dont le prix est intéressant, mais qui ne
renvoie pas toute l'intensité de l'expérience; il s'agit d'une 1200 diluée

Un guidon dont le braquage est limité, ce qui complique certaines
manœuvres serrées

Des commandes (poignées, boutons et même instrumentation) dont
l'aspect fait bon marché et peu sérieux

Conclusion

Les Lightning sont l'ADN de Buell, ni plus ni moins. Il est tout à
fait normal que la compagnie cherche à se moderniser et à se
diversifier avec des modèles de nouvelle génération qui
attireront probablement un public plus large et plus commun,
mais sans ces délinquantes standards à moteur de Harley, Buell
ne serait tout bonnement plus Buell. Elles offrent quelque chose
de très rare dans le motocyclisme. Il s'agit d'une particularité qui
se manifeste souvent par accident, mais qui, une fois comprise
et bien exploitée, devient plus précieuse que tout pour un
manufacturier : la signature mécanique.

Lightning XB12Ss

BUELL
BLAST

Outil d'apprenti...

Aucun constructeur ne peut se priver d'une moto d'initiation dans son catalogue. Une machine simple, conviviale, légère, basse de selle avec laquelle faire ses premiers pas dans le motocyclisme sans se faire peur représente la candidate idéale. C'est à peine le mandat que remplit la Buell Blast depuis 2000. Simpliste plutôt que simple et propulsée par un timide monocylindre de 500 cc refroidi par air, elle n'a jamais évolué en huit années. Personne ne retient d'ailleurs son souffle à ce sujet. Il s'agit d'un outil d'entrée en matière aussi peu attrayant que peu cher qui arrive à remplir les besoins de quelques écoles de conduite, mais qui n'a jamais vraiment réussi à générer d'intérêt.

L'entêtement de Buell à produire la Blast sous sa forme actuelle est difficile à comprendre. La petite compagnie d'East Troy, qui est aujourd'hui une filiale de Harley-Davidson, parvient finalement, au prix d'efforts considérables, à se bâtir une nouvelle image de marque après des années de concepts intéressants, certes, mais ô combien mal réalisés. L'arrivée récente des impressionnantes 1125R et 1125CR tout comme l'expérience décidément hors du commun qu'offrent les XB-R et les XB-S sont autant d'éléments qui permettent désormais à Buell d'être perçu comme un constructeur de calibre mondial. Sans vouloir être offensant, la réalité est que la Blast fait tache dans l'alignement du constructeur américain. Car si on ne peut nier sa facilité de prise en main, n'oublions pas que l'objectif du modèle est aussi d'attirer une clientèle jeune, inexpérimentée et de la fidéliser à la marque. Or, la Blast n'est pas vraiment représentative du savoir-faire de la marque, ni du sérieux de ses réalisations. Elle ne vous fait pas non plus vivre l'expérience unique offerte par les autres montures de la gamme Buell. En d'autres mots, et bien que certaines pièces mécaniques soient empruntées aux modèles de la plateforme XB, aucun lien ne peut être fait entre les sensations bien particulières renvoyées par les moteurs de ces derniers et le bourdonnement très banal du monocylindre de la petite Buell. Bien que le faible niveau performances généré par ses 34 chevaux soit adapté à la formation d'un pilote débutant, particulièrement si ce dernier est craintif et si le tout se passe dans l'environnement d'une école de conduite,

> **LA BLAST N'EST PAS REPRÉSENTATIVE DU SAVOIR-FAIRE DE BUELL NI DU SÉRIEUX DE SES RÉALISATIONS. IL S'AGIT D'UN OUTIL, SANS PLUS.**

la Blast perd tout intérêt une fois cette phase de prise de contact complétée. Tellement que l'on se demande qui peut bien avoir intérêt à acheter cette machine, d'autant plus que les solutions de remplacement ne manquent pas sur le marché.

Le petit mono vibre abondamment, mais jamais au point de devenir gênant. Si l'embrayage est correct, la boîte de vitesses est par contre terrible. Elle pourrait bien être la pire de l'industrie. Chaque passage de rapport s'effectue dans la douleur d'engrenages qui ne semblent pas se reconnaître, un défaut dont on comprend d'ailleurs mal la présence. Ça fait quand même longtemps que la Blast est sur le marché et le problème aurait dû être corrigé depuis belle lurette. Si Buell persiste dans sa volonté de produire la Blast, et surtout d'intéresser les pilotes qui l'enfourchent à ses autres produits, il devrait y remédier au plus vite.

La Blast n'est pas à proprement parler une moto poids plume, mais son extrême finesse et son assise basse la rendent très agile, un trait de caractère qui rassure les débutants. Cependant, les plus grands d'entre eux pourraient se retrouver à l'étroit à son bord, voire littéralement avoir les genoux dans les guidons. Bien qu'il soit un peu sensible, le freinage est plus qu'à la hauteur. Le niveau de confort n'est pas mauvais tant qu'on demeure dans un environnement urbain et que les sorties sont de courte durée. La selle peu rembourrée, surtout la version basse, l'exposition au vent sur l'autoroute et le travail rudimentaire des suspensions sont les premiers facteurs qui limitent le confort.

Général

Catégorie	Standard
Prix	5 679 $
Immatriculation 2009	518 $
Catégorisation SAAQ 2009	« régulière »
Évolution récente	introduite en 2000
Garantie	2 ans/kilométrage illimité
Couleur(s)	noir, jaune
Concurrence	Kawasaki Ninja 250R, Kawasaki Ninja 500R, Suzuki GS500

Moteur

Type	monocylindre 4-temps, culbuté, 2 soupapes par cylindre, refroidissement par air
Alimentation	carburateur simple Keihin à corps de 40 mm
Rapport volumétrique	9,2:1
Cylindrée	492 cc
Alésage et course	88,9 mm x 79,38 mm
Puissance	34 ch @ 7 500 tr/min
Couple	30 lb-pi @ 3 200 tr/min
Boîte de vitesses	5 rapports
Transmission finale	par courroie
Révolution à 100 km/h	environ 4 000 tr/min
Consommation moyenne	4,5 l/100 km
Autonomie moyenne	235 km

Rapport valeur/prix

160 km/h — **16.0.130** km/h

Vitesse de pointe — Accélération sur 1/4 mille

Novice — Intermédaire — Expert

Indice d'expertise

Voir légende en page 7

Partie cycle

Type de cadre	poutre centrale, en acier, agit aussi à titre de réservoir d'huile
Suspension avant	fourche conventionnelle de 37 mm non ajustable
Suspension arrière	monoamortisseur non ajustable
Freinage avant	1 disque de 320 mm de Ø avec étrier à 2 pistons
Freinage arrière	1 disque de 220 mm de Ø avec étrier à 1 piston
Pneus avant/arrière	100/80-16 & 120/80-16
Empattement	1 397 mm
Hauteur de selle	699 mm (selle optionelle : 648 mm)
Poids à vide	163 kg
Réservoir de carburant	10,6 litres

QUOI DE NEUF EN 2009 ?

Coûte 630 $ de plus qu'en 2008

PAS MAL

Une facture qui a de plus en plus de sens à mesure que Buell la réduit; la Blast coûtait 7 299 $ en 2003, un prix qui la mettait nez à nez avec une concurrence asiatique beaucoup, beaucoup plus intéressante

Une agilité exceptionnelle qui représente probablement l'atout principal du modèle compte tenu de sa mission d'initiation

Une hauteur de selle extrêmement faible, surtout avec la selle optionnelle, ce qui devrait représenter une rare qualité pour les motocyclistes en devenir vraiment petits

BOF

Une position de conduite qu'on sent étrange en raison de la hauteur exceptionnellement basse de la selle; les pilotes grands auront l'impression d'être assis sur un jouet

Une transmission rude et imprécise qui se met à grincer des dents dès que les changements de rapports ne sont pas très attentionnés

Un prix plancher qui se reflète dans la qualité des suspensions dont le travail est rudimentaire au mieux

Une selle basse optionnelle dont le rembourrage n'est pas très généreux

Conclusion

Sur papier, la Blast est parfaitement positionnée pour tirer profit de la période de renaissance dont jouit en ce moment la moto d'initiation. Légère, agile, très accessible et relativement peu chère, elle devrait en théorie facilement trouver preneur. En pratique, toutefois, elle ne peut que rêver au succès qu'obtiennent des modèles positionnés de manière similaire comme les Honda CBR125R ou Ninja 250R. Une refonte sérieuse, pourrait changer cette situation, mais d'ici là, elle n'a guère d'autre intérêt que celui de servir d'outil d'apprentissage.

1198

1198 & 848

RÉVISION 2009

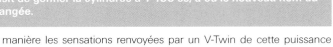

Ultimes V-Twin...

Dès son inauguration en 2007, la 1098 avait déjà fait plus pour l'image de Ducati que la 999 durant ses 4 regrettées années d'existence. D'abord, en redonnant au style du porte-étendard de la célèbre gamme italienne toute la noblesse qu'il avait perdue avec l'arrivée de la 999, puis en proposant un niveau de performances enfin digne de l'exotisme de ses lignes. Pour 2009, le constructeur de Bologne ne manque pas d'audace. Sans même qu'il ait besoin de le faire, ayant déjà le V-Twin sportif le plus puissant du monde, il choisit de gonfler la cylindrée à 1 198 cc, d'où le nouveau nom du modèle. La 848, petite sœur de la 1198, revient, quant à elle, inchangée.

Jamais nous n'avons roulé une sportive aussi insolente sur la route que la version R de la 1098 introduite l'an dernier. Se dressant bien droite sur sa roue arrière à la moindre sollicitation – et nous disons bien la moindre — des gaz en première vitesse et ne se faisant pas prier pour répéter la figure en seconde et en troisième, la 1098R amène de sérieuses questions quant à son utilisation sur la route. Deux facteurs l'excusent. Le premier est qu'il s'agit d'une véritable moto de course en tenue routière (une version routière d'un modèle doit toujours être produite afin que celui-ci puisse disputer le championnat mondial de Superbike). Le second tient du fait que la 1098R est incroyablement efficace et à l'aise lorsqu'elle se retrouve sur un circuit, son environnement de prédilection. Notons que sans qu'elle se soit montrée aussi difficile à exploiter sur la route, la 1098 avait, elle, aussi, démontré un remarquable changement de personnalité une fois en piste où toute sa puissance était soudainement devenue utilisable. Bien que nous n'ayons pu tester la 1198 avant d'aller sous presse, la nouveauté semble se situer juste entre la 1098 et la version R, du moins sur papier. Ainsi, prévoir un comportement routier plus radical que celui du modèle 2008 et des performances proches de celles de la 1098R en piste ne correspondrait probablement pas à des attentes sans fondement. Par ailleurs, sans égard au niveau de performances additionnel amené par la 1198, le fait est que celle-ci continuera d'offrir l'une des expériences les plus enivrantes de la face sportive du motocyclisme. On ne peut décrire d'aucune autre

> **LA 848 NE DEVRAIT JAMAIS ÊTRE MISE DE CÔTÉ. POUR BEAUCOUP, ELLE POURRAIT ÊTRE PLUS SENSÉE QUE LES AUTRES, QUI SONT DES BÊTES.**

manière les sensations renvoyées par un V-Twin de cette puissance en pleine accélération.

Malgré de nombreuses similitudes au niveau de la partie cycle avec les modèles supérieurs, la 848 introduite l'an dernier est une moto très différente. La position de conduite et l'environnement sont identiques, tout comme la ligne d'ailleurs. Compte tenu de l'économie qu'elle permet de réaliser et de ses performances beaucoup plus accessibles, elle pourrait même représenter un choix plus logique pour bon nombre de motocyclistes qui, de toute façon, n'utiliseraient jamais le plein potentiel des autres.

On entend souvent parler de la 848 comme s'il s'agissait d'une 600 à moteur V-Twin, une idée qui provient sûrement du fait qu'elle est acceptée dans certains championnats de 600 cc, mais la réalité est que la 848 n'a rien à voir avec la classe des 600 si ce n'est que sur un tour de piste, leurs temps se ressemblent.

La petite sœur de la 1198 génère un niveau de couple plus que respectable à bas et moyen régimes, puis continue de pousser avec vigueur jusqu'à l'entrée en jeu du limiteur. Une fois lancées, les accélérations sont probablement proches de celles d'une 600, mais en bas et au milieu, aucune comparaison ne peut être faite.

Combinez l'accessibilité d'un tel niveau de puissance au superbe comportement de la partie cycle et vous obtenez un véritable régal sur piste. La 848 ne devrait décidément jamais être mise de côté en raison de sa «petite» cylindrée. Ce serait tout simplement une erreur.

1198 S

848

Le cas R

Dire non lorsque Ducati vous invite, toutes dépenses payées, à venir évaluer la version R de son acclamée 1098 sur la piste de Barber aux États-Unis, ça fait mal. Mais j'avais déjà un engagement avec un autre constructeur, et on ne revient pas sur ses engagements. Alors, j'ai dit non... Le problème, lorsque des situations comme celle-là se présentent, n'est pas tant le fait de rater un voyage que celui de trouver le moyen de dupliquer cet essai « à la maison ». Car non seulement faut-il trouver une piste disponible au bon moment et se croiser les doigts pour que ce moment ne coïncide pas avec une journée de pluie (ou de gel, ou de neige...), il faut aussi trouver la moto et que celle-ci soit accessible lorsqu'on en a besoin. Ce qui, dans le cas d'une Ducati 1098R à 44 995 $ (prix de 2008), n'est pas la plus simple des tâches.

Dans ce cas, la solution vint avec une sonnerie du téléphone. Steve Hicks, entre autres, responsable du service pour Ducati au Canada, avait une proposition.

« *Bertrand* (accent anglais, dites Beurtraine), *since you missed our official presentation, what would you say about a couple of days on a 1098R at Calabogie next weekend. I've got one right here and it's all yours if you want it.* »

Traduction : « Gahel, t'es chanceux, même si tu nous as *flushés* pour une autre compagnie la dernière fois qu'on t'a invité, on t'offre quand même la chance de rouler notre machine. Déniaise pis amène. »

Crédit photo : 303imaging

C'était le premier week-end de juillet et le temps était absolument radieux. La température était du genre qui vous fait apprécier l'ombre et qui vous oblige à boire (de l'eau !) sans arrêt. Bref, c'était l'été, le vrai. J'avais déjà visité cette piste l'an dernier avec une YZF-R1 d'essai. C'était pour moi une première et j'en suis parti complètement déboussolé. Le circuit de Calabogie est le plus difficile et le plus technique sur lequel je n'ai jamais roulé. Ce qui, compte tenu des quelques belles pistes que j'ai à mon actif, n'est pas peu dire. On parle de calibre mondial.

L'idée de rouler une 1098R de 180 chevaux à cet endroit était à la fois exaltante et stressante. Après tout, on parle d'une monture qui n'est ni plus ni moins qu'une version de course de la déjà redoutable 1098, sans parler de la facture salée qui l'accompagne. La nature de la moto a d'ailleurs causé un certain émoi là-bas, étant la seule du genre durant ce week-end organisé par le *Ducati Owners Club of Canada*. Devant la R, même les plus endurcis des Ducatistes — tout vêtus de rouge, bien sûr — semblaient avoir une faiblesse. Moi, j'avais surtout hâte de constater comment le *Ducati Traction Control*, le

premier système antipatinage installé sur une sportive de production, se comporterait. Ajustable sur 8 positions afin contrôler le patinage de la roue arrière de façon plus ou moins sévère, le DTC est censé permettre au pilote de la R de sortir de courbe agressivement sans qu'il ait à craindre le dérapage de la roue arrière et ses douloureuses conséquences. Intéressant et intriguant. Ce qu'on ne réalise pas lorsqu'on n'a jamais eu affaire à ce genre de technologie auparavant c'est qu'avant de pouvoir en constater les bénéfices, si bénéfices il y a, on doit essentiellement amener la moto au point où elle serait normalement en dérapage, donc au point où, sur une sportive normale, on commencerait à chuter. Rouler fort en prenant des angles considérables en piste est une chose. Le faire avec l'intensité nécessaire à amener la moto à la limite de la chute — ce qui représente exactement la définition d'une course — en est une tout autre. Surtout lorsqu'une chute n'est pas une option. Il m'a fallu pratiquement toute la première journée pour apprendre à faire confiance au système et arriver à élever mon rythme à ce niveau. C'est très bien de vanter son dernier gadget en affirmant qu'il permet d'être inhabituellement agressif exactement au point où on est le plus vulnérable en piste, lors de la délicate accélération en sortie de courbe, mais si ça ne marche pas, il se passe quoi, vous pensez ?

Heureusement, ça marche. Très bien, même. En fait, l'action du DTC est à la fois terriblement efficace et littéralement imperceptible. Tout ce dont vous vous rendez compte est que l'arrière reste accroché même si, à la sortie d'un virage, vous ouvrez les gaz beaucoup plus tôt, plus grand, ou les deux. J'ai détesté le DTC ajusté pour entrer en action rapidement puisqu'il intervenait alors beaucoup trop, coupant l'allumage au point d'imiter une injection défectueuse. Mais ajusté de manière plus agressive, le DTC est un miracle. On n'entend rien et on ne sent rien si ce n'est que l'arrière se dandine un tout petit peu à l'accélération alors qu'on est encore en pleine inclinaison. Jamais la moto ne se met de travers comme certains l'imaginent. La combinaison de cette technologie à la majestueuse puissance de la 1098R et surtout à l'incroyable couple qu'elle produit sur toute sa plage de régimes a fait de la dispendieuse Ducati une arme extraordinaire en piste. Durant cet événement qui, il faut le dire, était beaucoup plus fréquenté par des amateurs de Ducati que par des coureurs professionnels, le rythme que la 1098R m'a à la fois forcé et permis d'atteindre était nettement supérieur à celui du reste des participants. Plusieurs d'entre eux, après avoir été témoins de la même scène où la 1098R arrivait à leur niveau, puis disparaissait ensuite rapidement au loin, sont même venus me décrire leur point de vue entre les sessions. Il semblerait que le spectacle de la R sortant de courbe en marquant le sol d'une longue trace noire, un fait qui témoigne du dérapage parfaitement contrôlé de la roue arrière, ait été excitant à observer.

Le DTC — comme les divers systèmes antipatinage qui équiperont bien des sportives dans un avenir rapproché — représente sans l'ombre d'un doute l'une des technologies les plus importantes de l'histoire de l'univers de la conduite sportive. Dans l'environnement de la piste, il ne s'agit ni plus ni moins que d'une avancée qui change tout. Bravo à Ducati pour l'avoir démocratisée le premier. -BG

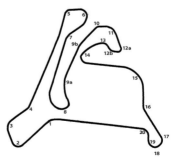

Calabogie !

Calabogie n'est ni un « drink » ni un club de danseuses, mais plutôt le nom d'un nouveau circuit canadien inauguré il y a quelques années à peine, en 2006. Situé à environ 3 heures de Montréal, à quelques kilomètres d'Ottawa, le Calabogie Motorsports Park (www.calabogiemotorsports.com) est probablement le secret le mieux gardé de l'univers sportif nord-américain. Avec ses 20 virages s'étalant sur plus de 5 kilomètres de surface parfaite, il s'agit d'une des pistes les plus impressionnantes qui soient. La combinaison de virages à la fois exceptionnellement nombreux, souvent aveugles et très techniques qu'elle offre ne se retrouve tout simplement pas ailleurs. Il s'agit d'un circuit de calibre mondial, rien de moins, que tout amateur de pilotage sur piste devrait absolument découvrir. Peu importe votre calibre, il vous faudra plusieurs jours, pas plusieurs tours, avant de commencer à le maîtriser.

Général

Catégorie	Sportive
Prix	1198 : 19 995 $; S : 25 995 $; 848 : 15 995 $; R : 48 995 $
Immatriculation 2009	1 030 $
Classification SAAQ 2009	« sport »
Évolution récente	introduite en 1997; versions R et 848 introduites en 2008; passage de la cylindrée à 1198 en 2009
Garantie	2 ans/kilométrage illimité
Couleur(s)	1198 : rouge, blanc (S : rouge, noir) 848 : rouge, blanc 1098R : rouge et blanc
Concurrence	Aprilia RSV1000R, Buell 1125R, KTM RC8

Moteur

Type	bicylindres 4-temps en V à 90 degrés, contrôle desmodromique des soupapes, 4 soupapes par cylindre, refroidissement par liquide
Alimentation	injection à 2 corps elliptiques
Rapport volumétrique	12,7:1 (12:1)
Cylindrée	1 198,4 (849,4) cc
Alésage et course	106 (94) mm x 67,9 (61,2) mm
Puissance	170 (134) ch @ 9 750 (10 000) tr/min
Couple	97 (70,8) lb-pi @ 8 000 (8 250) tr/min
Boîte de vitesses	6 rapports
Transmission finale	par chaîne
Révolution à 100 km/h	n/d (848 : environ 4 000 tr/min)
Consommation moyenne	6,5 l/100 km
Autonomie moyenne	238 km

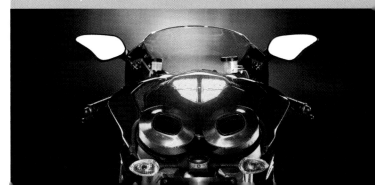

Voir légende en page 7
Performances 1098

Partie cycle

Type de cadre	treillis en acier tubulaire
Suspension avant	fourche inversée de 43 mm ajustable en précharge, compression et détente
Suspension arrière	monoamortisseur ajustable en précharge, compression et détente
Freinage avant	2 disques de 330 mm de Ø avec étriers radiaux à 4 pistons
Freinage arrière	1 disque de 245 mm de Ø avec étrier à 2 pistons
Pneus avant/arrière	120/70 ZR17 & 190/50 (180/55) ZR17
Empattement	1 430 mm
Hauteur de selle	820 (830) mm
Poids à vide	171 (S : 169; 848 : 168) kg
Réservoir de carburant	15,5 litres

QUOI DE NEUF EN 2009 ?

La 1098 devient la 1198 et gagne 100 cc

Version S de la 1198 équipée du système *Ducati Traction Control*

Aucune augmentation de prix pour la 1198 et la 848; 1198S coûte 1 000 $ de plus que la 1098S 2008 et 1098R coûte 4 000 $ de plus qu'en 2008

PAS MAL

Une ligne superbe qui mérite pleinement le qualificatif exotique

Des V-Twin fabuleux qui représentent chacun une très grande partie de l'intérêt des modèles; ces moteurs incarnent tout ce qu'est Ducati

Une tenue de route qui est dans la même ligne que celle d'une sportive japonaise de pointe courante, donc exceptionnelle

Une 1198S qui offre beaucoup plus que des suspensions de provenance renommée puisqu'elle est aussi équipée de série du révolutionnaire système antipatinage *Ducati Traction Control*

BOF

Une certaine brutalité dans la manière avec laquelle les performances sont livrées sur les modèles à moteur 1200 (1198, 1198S et 1098R); la pire à ce chapitre, la R, est presque inutilisable sur la route; il s'agit du genre de comportement qui ne s'adresse qu'aux experts

Une certaine difficulté à rouler rapidement en piste immédiatement, contrairement aux sportives japonaises qui sont dans bien des cas plus faciles à exploiter en demandant moins d'ajustements

Un niveau de confort faible et typique d'une sportive pointue

Un embrayage à limiteur de contrecoup malheureusement toujours absent sur les deux 1198

Conclusion

On nous a souvent reproché d'avoir été trop durs avec les 999, allant même jusqu'à questionner notre intégrité face aux produits sportifs de Bologne, souvent critiqués dans ces pages pour leur manque d'honnêteté. Quand une marque gagne aux plus hauts niveaux de compétition mondiale et que les performances de ses modèles routiers vendus à prix fort ne sont tout simplement pas à la hauteur de cette image, nous considérons que la marchandise n'est pas livrée. Les étincelantes prestations de la génération actuelle de sportives Ducati prouvent que nous avions raison de le voir ainsi. Chacun des modèles présents est une réussite à sa façon. Si la 848 joue très bien le rôle de l'exotique accessible, dans le cas des autres, on doit plutôt parler de montures d'exception. Les experts les plus chevronnés et exigeants s'en déclareront désormais non seulement satisfaits, mais bel et bien emballés. Elles ne sont pas données, mais ce qu'elles offrent est absolument unique. Les japonais et leurs 4-cylindres devraient prendre très au sérieux ce qui s'approche du côté V-Twin du monde sportif. Car leur suprématie est décidément défiée.

Sport 1000S

SPORTCLASSIC

Retour aux sources...

Avec sa famille SportClassic, Ducati revient à l'origine de son mythe et rend hommage à ses premiers «gros cubes» sportifs des années 70. Des machines éminemment performantes et désirables pour l'époque. Propulsées par le légendaire V-Twin à 90 degrés de la marque de Bologne, ces SportClassic sont toutes construites à partir de la même base mécanique, mais diffèrent au niveau de leur position de conduite, de leur équipement et de leur ligne. Trois versions sont proposées. La routière GT1000 dont une version Touring est aussi offerte cette année, la Sport 1000S, la plus sportive avec son demi-carénage au look rétro, et la Sport 1000, une version standard de la Sport 1000S.

Dans le genre «variations autour d'un même thème», les SportClassic rappellent le concept de la moto universelle. Une même base, 3 machines distinctes aux accents uniques. Le V-Twin refroidi par air qui les anime n'est pas la plus récente évolution du moteur, soit celle de 1 100 cc que l'on retrouve sur les Hypermotard ou Multistrada, mais la génération précédente. Il s'agit d'un bicylindre d'un litre aux performances relativement modestes. Pas vraiment souple —il cogne en bas de 2 000 tr/min—, il est surtout à l'aise aux régimes moyens. Ses accélérations manquent de punch, spécialement pour les motocyclistes expérimentés ou exigeants au chapitre des performances, mais elles restent satisfaisantes en mode balade. Un niveau de couple tout de même agréable est disponible sur une large plage de régimes. Sa sonorité grave et

> POUR UN PILOTE «BEDONNANT», LES POIGNÉES BASSES ET ÉLOIGNÉES DE LA SPORT 1000S POURRAIENT ÊTRE DIFFICILES À REJOINDRE...

mélodieuse, ainsi que le vrombissement qu'il émet en décélération constituent les éléments clés de son sympathique caractère. Les vibrations sont toujours bien contrôlées. L'injection est exempte de reproches et le Twin italien se montre très agréable aux vitesses de croisière légales sur le dernier rapport. Là, il tourne tranquillement et on ressent clairement son martèlement profond. Il s'agit d'une mécanique simple, mais réussie et très bien adaptée à la vocation des SportClassic. Ce n'est que lorsqu'on recherche une conduite plus sportive que le moteur semble hors de son élément.

Très similaires techniquement, les trois modèles SportClassic offrent des sensations de pilotage assez distinctes.

La Sport 1000S, avec son superbe carénage rétro, est vraiment particulière à ce chapitre. En collant de très près au concept Café Racer, elle hérite d'une position de conduite vraiment radicale. Trop radicale. À ses commandes, le pilote doit étirer ses bras très loin en avant pour agripper les poignées qui sont placées très bas. Un motocycliste «bedonnant» pourrait même physiquement avoir de la difficulté à atteindre ces guidons bracelets... Il s'agit évidemment d'une posture terriblement inconfortable qui ne plaira qu'à ceux prêts à souffrir pour s'imprégner de l'esprit d'une autre époque. La Sport 1000, qui est en fait une version sans carénage de la Sport 1000S, propose une position sportive, certes, mais beaucoup plus logique grâce à ses poignées moins basses et moins avancées.

La surprise de ce trio est la GT1000, la moins chère du lot et la plus simple, mais aussi la moins adroitement dessinée, avec sa section arrière «flottante». À l'utilisation, il s'agit de la meilleure moto de la famille, celle qui s'accorde le mieux avec le caractère décontracté du V-Twin d'ancienne génération. Extrêmement stable, plutôt légère de direction, solide en virage et dotée de suspensions calibrées de manière réaliste pour la route, elle offre en plus une selle confortable et étonnamment basse. Une version Touring qui comprend un pare-brise haut, un porte-bagages et des garde-boue chromés est également offerte aux amateurs nostalgiques de longs trajets. La GT1000 fait partie de ces motos sur lesquelles tout semble simple, facile et plaisant, sur lesquelles on se contente parfaitement de rouler.

Général

Catégorie	Routière Sportive/Standard
Prix	Sport 1000S : 13 995 $ Sport 1000 : 13 495 $ GT1000 : 12 495 $ GT1000 Touring : 12 995 $
Immatriculation 2009	518 $
Classification SAAQ 2009	« régulière »
Évolution récente	famille introduite en 2006
Garantie	2 ans/kilométrage illimité
Couleur(s)	Sport 1000S : noir Sport 1000 : noir GT 1000 : noir
Concurrence	BMW R1200R, Triumph Thruxton

Moteur

Type	bicylindre 4-temps en V à 90 degrés, contrôle desmodromique des soupapes, 2 soupapes par cylindre, refroidissement par air
Alimentation	injection à 2 corps de 45 mm
Rapport volumétrique	10:1
Cylindrée	992 cc
Alésage et course	94 mm x 71,5 mm
Puissance	92 ch @ 8 000 tr/min
Couple	67 lb-pi @ 6 000 tr/min
Boîte de vitesses	6 rapports
Transmission finale	par chaîne
Révolution à 100 km/h	environ 3 200 tr/min
Consommation moyenne	6,1 l/100 km
Autonomie moyenne	246 km

Voir légende en page 7

Partie cycle

Type de cadre	treillis en acier tubulaire
Suspension avant	fourche inversée de 43 mm ajustable en précharge, compression et détente
Suspension arrière	monoamortisseur ajustable en précharge, compression et détente (GT 1000 : précharge)
Freinage avant	2 disques de 320 mm de Ø avec étriers à 2 pistons
Freinage arrière	1 disque de 245 mm de Ø avec étrier à 1 piston
Pneus avant/arrière	120/70 R17 & 180/55 R17
Empattement	1 425 mm
Hauteur de selle	825 mm (GT1000 : 808 mm)
Poids à vide	Sport 1000 : 181 kg, Sport 1000S : 188 kg, GT 1000 : 185 kg
Réservoir de carburant	15 litres

QUOI DE NEUF EN 2009 ?

Aucun changement pour les Sport 1000 et Sport 1000S

GT1000 offerte en version Touring équipée d'un pare-brise, d'un porte-bagages et de garde-boue chromés moyennant un supplément de 500 $ par rapport à la GT1000 de base

GT1000 coûte 500 $ de moins qu'en 2008

PAS MAL

Les Sport 1000 et Sport 1000S affichent une ligne sensuelle qui combine modernité et caractère rétro à la perfection

Un bicylindre traditionnel refroidi à l'air, à l'aise à mi-régime et bien adapté à la vocation routière de la GT1000, en particulier; ce n'est pas un monstre de performances, mais plutôt un V-Twin sympathique

Une partie cycle au comportement rassurant, puisque stable et précis

BOF

Un moteur qui semble manquer de coeur au ventre lorsqu'il est placé dans un contexte plus sportif comme c'est le cas sur les Sport 1000 et 1000S

Une position de conduite qui frise le ridicule sur la Sport 1000S tellement elle est radicale; en revanche pour se mettre dans l'esprit des montures de courses de la Belle Époque, rien de mieux...

Une partie arrière qui semble étrangement flotter dans les airs et qui ne s'harmonise pas avec les proportions pourtant réussies de la GT1000

Conclusion

Les SportClassic sont un hommage au riche passé de Ducati. Il s'agit de très belles machines conçues avec goût, talent et respect de la tradition. Leur ligne sobre et intemporelle séduit soit les « vieux routiers » accrochés aux années 70, soit certains motocyclistes plus jeunes, mais amateurs de style rétro. Si la majorité craque pour les Sport 1000 et 1000S, aisément les plus « sexy » du trio d'un point de vue purement esthétique, la GT1000 ne laissera pas les aventuriers nostalgiques indifférents. Il s'agit de la variante la plus techniquement réussie, d'une moto confortable, étonnamment accessible et dotée d'une mécanique aussi plaisante que bien adaptée à sa nature détendue et sans prétention.

GT1000 Touring

Multistrada S

DUCATI
MULTISTRADA

En avance sur son temps ?

En 2002, la présentation du concept Multistrada, attribuable au coup de crayon de Pierre Terreblanche, a suscité intérêt et controverse, ce qui est le propre des études de style. Pourtant, Ducati décida d'aller de l'avant avec le projet et mit la Multistrada en production presque sans changements. Si elle est toujours controversée aujourd'hui, cette ligne a l'avantage d'être encore d'actualité même 5 ans après la sortie du modèle. Ces années ont par ailleurs laissé à l'identité originalement floue de la Multistrada le temps de non seulement se préciser, mais aussi d'être appréciée au point de voir plusieurs manufacturiers reprendre le concept pour leur compte. Elle ne change pas en 2009 et la version S est toujours offerte.

Partie cycle sportive, demi-carénage étrange, position de conduite relevée : la Multistrada mélange les genres et entretient le doute, la controverse. Car même si son nom signifie «toutes routes» en italien, cette aventurière que l'on confond avec une BMW R1200GS ou une Suzuki V-Strom 1000 n'aime que les routes asphaltées. Elle renie toute filiation avec l'univers du tout-terrain. Elle est propulsée par la dernière génération du légendaire V-Twin à 90 degrés refroidi à l'air de la marque italienne. Celui-ci est installé bien en vue dans un cadre en treillis tubulaire tout aussi classique. Ses suspensions à long débattement ne sont pas destinées à affronter les grands espaces non asphaltés, mais plutôt à maîtriser les routes en mauvais état... lesquelles ne manquent certes pas au Québec. En fait, la Multistrada n'est rien d'autre qu'une sportive polyvalente, facile à vivre au quotidien. Une moto logiquement conçue dont le concept est d'ailleurs de plus en plus populaire, comme en témoignent les Triumph Tiger, Buell Ulysses et même Kawasaki Versys.

La ligne aussi torturée qu'inhabituelle de la Multistrada ne lui confère pas la crédibilité sportive dont les autres modèles de la marque de Bologne semblent hériter naturellement. Ce qui ne l'empêche pas d'être à la hauteur des attentes des pilotes expérimentés. Le cadre en treillis d'acier tubulaire est très similaire à celui de l'ancienne 999, tandis que le reste des composantes de la partie cycle, des freins au bras oscillant monobranche en passant par les belles roues à 5 branches, est littéralement

> **SOUVENT MÉPRISE POUR UNE AVENTURIÈRE À LA R1200GS, LA MULTISTRADA RENIE TOUTE FILIATION AVEC LES ROUTES NON PAVÉES.**

emprunté aux modèles sportifs du manufacturier italien. La version S pousse l'aspect sport encore plus loin en ayant recours à des suspensions Öhlins entièrement réglables.

Facile à placer sur l'angle —la Multistrada ne demande qu'une poussée légère sur le guidon pour s'incliner—, elle se démarque par un caractère neutre, précis et posé en virage. La position de conduite relevée et avancée à saveur hors-route met instantanément le pilote en confiance en lui donnant l'impression d'une maîtrise parfaite des réactions de la moto. Il s'agit d'une position qui se montre très équilibrée et ne cause aucun inconfort. Calibrées juste entre souple et ferme, les suspensions autorisent une conduite soutenue sur route sinueuse et absorbent bien les irrégularités de la chaussée. La Multistrada a le potentiel pour vous faire traverser le continent. Position, suspensions, châssis, protection contre les éléments, douceur mécanique, tout y est... sauf une bonne selle. Celle-ci n'est pas aussi mauvaise que celle de la première version, mais elle reste le talon d'Achille de la Multistrada en termes de confort sur long trajet.

Le V-Twin de dernière génération qui a été adopté en 2007 n'est pas beaucoup plus puissant que l'original, bien que tout de même amélioré. Hésitant sous le seuil des 2 000 tr/min, il développe une poussée linéaire jusqu'à la zone rouge et offre une large plage de régimes utilisables. Il n'a pas une sonorité aussi mélodieuse qu'on le souhaiterait, mais il offre quand même un caractère de V-Twin sympathique bien adapté au mandat que la Multistrada doit remplir.

Général

Catégorie	Routière Crossover
Prix	16 995 $
Immatriculation 2009	518 $
Classification SAAQ 2009	« régulière »
Évolution récente	introduite en 2004
Garantie	2 ans/kilométrage illimité
Couleur(s)	rouge, blanc
Concurrence	Buell XB12X Ulysses, Triumph Tiger

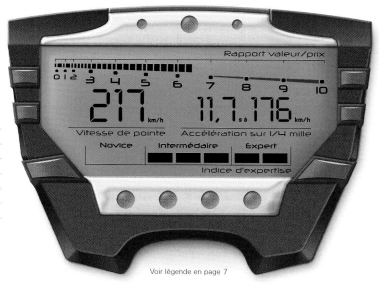

Rapport valeur/prix

Vitesse de pointe — Accélération sur 1/4 mille

Novice — Intermédaire — Expert

Indice d'expertise

Voir légende en page 7

Moteur

Type	bicylindre 4-temps en V à 90 degrés, contrôle desmodromique des soupapes, 2 soupapes par cylindre, refroidissement par air
Alimentation	injection à 2 corps de 45 mm
Rapport volumétrique	10,5:1
Cylindrée	1 078 cc
Alésage et course	98 mm x 71,5 mm
Puissance	95 ch @ 7 750 tr/min
Couple	76 lb-pi @ 4 750 tr/min
Boîte de vitesses	6 rapports
Transmission finale	par chaîne
Révolution à 100 km/h	environ 3 500 tr/min
Consommation moyenne	6,3 l/100 km
Autonomie moyenne	317 km

Partie cycle

Type de cadre	treillis en acier tubulaire
Suspension avant	fourche inversée de 43 mm ajustable en précharge, compression et détente
Suspension arrière	monoamortisseur ajustable en précharge, compression et détente
Freinage avant	2 disques de 320 mm de Ø avec étriers à 2 pistons
Freinage arrière	1 disque de 245 mm de Ø avec étrier à 2 pistons
Pneus avant/arrière	120/70 R17 & 180/55 R17
Empattement	1 462 mm
Hauteur de selle	850 mm
Poids à vide	196 kg
Réservoir de carburant	20 litres

QUOI DE NEUF EN 2009 ?

Aucun changement

Aucune augmentation de prix

PAS MAL

Une position de conduite naturelle qui met immédiatement en confiance; à mi-chemin entre celle d'une standard et celle d'une monture hors-route, elle ne taxe ni les poignets ni les mains

Une partie cycle intègre et précise qui se caractérise par une grande maniabilité et des aptitudes sportives importantes

Des suspensions bien calibrées qui combinent confort élevé sur chaussée dégradée et comportement sportif de haut niveau

BOF

Une selle indigne d'une machine de ce calibre et qui nuit au confort général; elle est mieux que celle du modèle original, mais continue de façon incompréhensible d'être inconfortable

Un bicylindre en V qui manque de caractère sonore et qui est un peu timide en termes de sensations

Une allure toujours actuelle, mais encore controversée; loin de faire l'unanimité, la ligne de la Multistrada représente souvent un facteur que les acheteurs potentiels n'arrivent pas à accepter

Conclusion

Le bien-fondé du concept qui a présidé au développement de la Multistrada — à savoir développer une routière de type aventurière exclusivement destinée à la route— n'est pas à remettre en question. En fait, toutes les statistiques démontrent que les machines qui constituent ce créneau ne sortent que très rarement des sentiers battus. Ce qui, dans ce cas, signifie routes asphaltées. Les aptitudes particulières de la Ducati en conduite sportive, son confort global et le calibrage réussi de ses suspensions militent en faveur du concept multiroute. Il ne s'agit pas de la plus palpitante monture sortie des usines de Bologne, mais décidément de l'une des Ducati les plus pratiques et polyvalentes jamais produites.

Multistrada S accessoirisée

Hypermotard

DUCATI
HYPERMOTARD

La peste de Bologne...

Depuis la sortie de la KTM Supermoto 950 en 2007, la catégorie supermoto a subi une métamorphose profonde. Les monocylindres puissants, installés dans des parties cycles légères dérivées de l'univers du tout-terrain, ont cédé la place à des V-Twin de grosse cylindrée, logés dans des cadres de routières à vocation sportive. L'Hypermotard de Ducati pousse le concept encore plus loin. Basée sur le prototype présenté au salon de Milan 2005, elle a immédiatement capté l'attention des mordus du genre et fut lancée officiellement en 2007, marquant l'entrée de la firme italienne dans ce créneau fort intéressant. Une version S avec pièces de performance est aussi offerte.

La catégorie Supermoto se porte relativement bien chez nos amis européens, mais, sur notre marché, l'histoire est différente puisque les ventes générées par ces motos ne sont guère exceptionnelles. Se pourrait-il qu'il ne s'agisse, ici, que d'une mode passagère ? Compte tenu de la disparition de la BMW HP2 Megamoto et de la Buell Lightning Super TT en 2009, ainsi que de l'absence chez nous de la KTM 990 Supermoto, la question se pose décidément. Quoi qu'il en soit, la situation est telle que l'Hypermotard de Ducati reste la seule Supermoto de cette cylindrée offerte chez nous.

Même si toutes les montures du genre reprennent la même idée directrice, la Ducati l'interprète différemment. Elle possède un style agressif unique, des proportions très habilement choisies et dégage une crédibilité instantanée. Cela tient du fait que l'italienne semble avoir été conçue spécifiquement pour l'usage auquel elle est destinée plutôt que dérivée avec plus ou moins de succès d'un modèle existant. À son guidon, cette impression se concrétise et on constate à quel point l'Hypermotard est différente de tout autre deux-roues routière. La position de conduite, qui semble calquée sur celle d'une monture hors-route en raison du positionnement très avancé du pilote ainsi que de la selle longue et étroite, est probablement l'aspect le plus singulier du modèle. L'Hypermotard vous place si près du guidon que vous avez l'impression d'être assis sur le réservoir, avec le large guidon sous les bras plutôt que devant. Les motocyclistes qui ont une expérience du hors-route se

sentiront immédiatement en terrain connu, tandis que les routiers seront simplement déroutés.

Une fois en mouvement, on ne tarde pas à remarquer que le fait d'être perché sur une selle aussi étroite n'est pas vraiment confortable. Cependant, on peut facilement changer de position. Il suffit pour ça de reculer sur le siège, et d'ainsi changer le mal de place... L'Hypermotard n'a pas été conçue pour faire du tourisme ni pour être confortable. Son but ultime est de pousser son pilote vers les actes les plus répréhensibles. Alors, allons-y. Même si le V-Twin de 1 100 cc n'est pas un monstre de puissance, son accélération reste amusante en plus d'être agrémentée d'un plaisant vrombissement. Sur les 2 premiers rapports, à pleins gaz, l'Hypermotard se soulève sans effort, mais pas violemment. Il est drôle de constater que le seuil auquel la roue avant commence à quitter le sol varie selon qu'on soit plus ou moins avancé sur la selle.

Les suspensions à long débattement sont très bien calibrées puisqu'elles se comportent aussi bien sur une route sinueuse que sur une chaussée abîmée. La minceur de la moto est extrême et contribue à sa grande agilité. Le châssis de l'Hypermotard est assez solide pour lui permettre de briller sur un circuit routier, mais sa position à saveur hors-route demande une adaptation de la part du pilote.

La version S proposée à 3 000 $ de plus que le modèle de base justifie ce supplément en remplaçant les suspensions, les freins et les roues par des composantes haut de gamme en provenance de compagnies réputées.

> **ON CONSTATE QUE LE SEUIL OÙ LA ROUE AVANT SE SOULÈVE VARIE SELON QU'ON SOIT PLUS OU MOINS AVANCÉ SUR LA SELLE.**

Général

Catégorie	Supermoto
Prix	14 995 $ (S : 17 995 $)
Immatriculation 2009	518 $
Classification SAAQ 2009	« régulière »
Évolution récente	introduite en 2007
Garantie	2 ans/kilométrage illimité
Couleur(s)	rouge, blanc (S : rouge, noir)
Concurrence	aucune

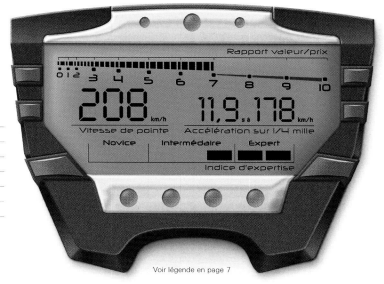

Voir légende en page 7

Moteur

Type	bicylindre 4-temps en V à 90 degrés, contrôle desmodromique des soupapes, 2 soupapes par cylindre, refroidissement par air
Alimentation	injection à 2 corps de 45 mm
Rapport volumétrique	10,5:1
Cylindrée	1 078 cc
Alésage et course	98 mm x 71,5 mm
Puissance	90 ch @ 7 750 tr/min
Couple	76 lb-pi @ 4 750 tr/min
Boîte de vitesses	6 rapports
Transmission finale	par chaîne
Révolution à 100 km/h	environ 3 500 tr/min
Consommation moyenne	6,1 l/100 km
Autonomie moyenne	205 km

Partie cycle

Type de cadre	treillis en acier tubulaire
Suspension avant	fourche inversée de 50 mm ajustable en précharge, compression et détente
Suspension arrière	monoamortisseur ajustable en précharge, compression et détente
Freinage avant	2 disques de 305 mm de Ø avec étrier radiaux à 4 pistons
Freinage arrière	1 disque de 245 mm de Ø avec étrier à 2 pistons
Pneus avant/arrière	120/70 ZR17 & 180/55 ZR17
Empattement	1 455 mm
Hauteur de selle	845 mm
Poids à vide	177 kg
Réservoir de carburant	12,5 litres

QUOI DE NEUF EN 2009 ?

Aucun changement

Aucune augmentation

PAS MAL

Une ligne inédite, à aucune autre comparable qui se veut un facteur déterminant pour les amateurs du genre; en Europe, justement en raison de ce style, l'Hypermotard est littéralement devenue un objet de mode, un accessoire sur lequel on a l'air cool...

Une agilité incomparable amplifiée par le large guidon tubulaire, l'étroitesse de la machine et une position de conduite hors-route

Un facteur d'amusement qui demande un certain talent, mais qui peut prendre plusieurs formes allant du wheelie à la glissade en passant par la piste

BOF

Une selle trop étroite; elle est conçue pour faciliter les mouvements et non pour être confortable

Une aptitude étonnante aux acrobaties en tous genres —wheelies, stoppies, dérapages contrôlés et journées d'essais libres—, mais hors de portée des motocyclistes moyens...

Une position de conduite relevée qui place le pilote très près du guidon et qui demeure étrange, même si elle ne taxe aucune partie du corps

Conclusion

Une brûlante question existentielle colle à la belle Hypermotard. À quoi ça sert au juste? Tout le monde s'accorde pour dire que d'un point de vue esthétique, c'est absolument réussi, l'esprit du nom semblant parfaitement illustré par la ligne. Mais à quoi ça sert? Car elle n'est ni confortable ni polyvalente. En fait, elle excelle surtout à une discipline, faire des bêtises —ou à donner l'impression qu'on est du genre à faire des bêtises. À cet égard, l'Hypermotard est pleine de potentiel. Osez la figure, elle suivra. Mais oserez-vous oser? Oserez-vous mettre la *Bella* en glissade des deux-roues en approchant une courbe? Pas sûr... En ce qui nous concerne, nous n'avons rien contre le concept qui, lorsqu'on y pense, n'est pas plus pointu que celui d'une sportive pure que très peu ont le talent d'exploiter. Au contraire, nous croyons que tant qu'à produire une « Hypermotard », Ducati devrait y aller sans gêne. Alors enlevez-nous ce V-Twin de 90 chevaux et donnez-nous les 170 chevaux de la 1198! Tant qu'à faire...

Hypermotard S

Streetfighter S

DUCATI
STREETFIGHTER

Mangeuse de monstres...

Dire qu'on « s'énervait » devant la Monster S4R et ses 130 chevaux... Sur papier — et fort probablement sur la route —, la nouvelle Streetfighter ne fait qu'une bouchée de l'ancienne standard extrême de la marque de Bologne. Plus légère, beaucoup plus puissante et construite autour d'une partie cycle dérivée non pas de la plateforme Monster, mais plutôt de celle de la redoutable 1098, la Streetfighter s'annonce comme l'une des motos les plus explosives du moment. Pour ceux que la version de base ne satisferait pas, Ducati propose une variante S équipée entre autres de son exclusif système antipatinage DTC. Les Buell 1125CR, KTM Super Duke 990 et Aprilia Tuono 1000 R n'ont qu'à bien se tenir.

TECHNIQUE

Il serait partiellement faux de dire qu'on assiste à la naissance d'une nouvelle classe de standards extrêmes puisque des puissantes machines déjà existantes comme les BMW K1200R (1300R à compter de 2009) et les Suzuki B-King collent très bien à cette appellation. Avec 163 chevaux (10 de plus en 2009) pour l'allemande et plus de 180 pour la japonaise, le terme extrême est en effet de mise. Mais il y a un mais. Car en dépit de tous leurs chevaux, ces modèles restent lourds et longs (une masse de l'ordre de 225 kg pour un empattement d'environ 1 550 mm), des caractéristiques rendant leur niveau de performances relativement accessible. On parle donc de montures extrêmes, oui, mais jusqu'à un certain point.

La nouvelle Streetfighter est un autre genre d'animal, car même si sa puissance maximale de 155 chevaux n'atteint pas le niveau des autres, dans ce cas, il est question non seulement d'une machine svelte, courte et légère, mais aussi d'une moto propulsée par un V-Twin très coupleux. Nous n'avons pu tester la Streetfighter avant d'aller sous presse puisqu'elle ne sera officiellement lancée qu'après notre date de tombée, mais d'ores et déjà, on s'attend à quelque chose de plutôt particulier. Car la réalité est qu'à très peu de choses près, on a affaire à une 1098 déshabillée.

Or, quiconque connaît le comportement de la sportive de Ducati sait aussi qu'il s'agit d'une machine superbe sur circuit, mais dont le tempérament devient très chaud sur la route.

Entre autres, elle se soulève violemment sur le premier rapport dès qu'on lui sert une dose généreuse d'accélérateur, et ne se fait pas prier pour reprendre la figure en seconde. Prenez en compte la puissance presque équivalente de la Streetfighter et sa position de conduite relevée plaçant bien moins de poids sur l'avant, et vous comprendrez pourquoi nous nous attendons à des moments d'une sérieuse intensité aux commandes de la nouveauté.

> **LE BUT DE LA BAISSE DE PUISSANCE PAR RAPPORT À LA 1098 N'EST PAS DE FAVORISER LES MI-RÉGIMES, MAIS DE LIMITER LES RÉACTIONS EXTRÊMES.**

D'un point de vue technique, la Streetfighter n'est pas exactement une 1098. D'abord, la puissance et le couple du moteur de la sportive ont été légèrement réduits. Dans ce cas, il ne s'agit pas d'une baisse de puissance visant à favoriser le couple à mi-régime, mais plutôt d'une baisse de puissance et de couple visant à minimiser les réactions extrêmes... Toujours dans le même but, la géométrie du châssis a été adoucie en relâchant l'angle de la direction, ce qui a généralement pour effet d'améliorer la stabilité en pleine accélération, tandis que l'empattement a été allongé, ce qui a pour effet de réduire la tendance au soulèvement lors de fortes accélérations. Les immenses freins de 330 mm à l'avant sont conservés, tout comme le splendide bras oscillant monobranche. Fait intéressant, la version S pour laquelle Ducati exige un supplément de 4 500 $ n'est pas qu'équipée des habituelles suspensions Öhlins et habillée de quelques pièces en fibres de carbone. Elle est aussi munie du système antipatinage *Ducati Traction Control* inauguré sur la 1098R l'an dernier, ce qui en fait le choix idéal des amateurs de piste.

Streetfighter S

Streetfighter

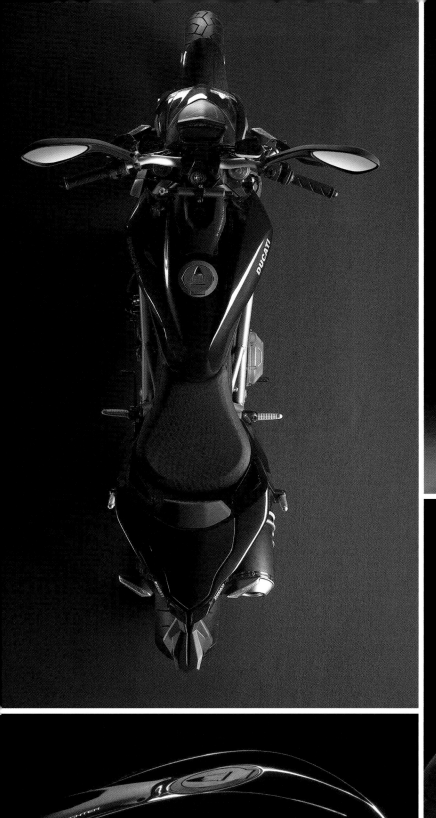

Général

Catégorie	Standard
Prix	16 995 $ (S : 21 495 $)
Immatriculation 2009	NC - probabilité : 518 $
Catégorisation SAAQ 2009	NC - probabilité : « régulière »
Évolution récente	introduite en 2009
Garantie	2 ans/kilométrage illimité
Couleur(s)	rouge, blanc (S : rouge, noir)
Concurrence	Aprilia Tuono 1000 R, Buell 1125CR, KTM Super Duke 990

Moteur

Type	bicylindres 4-temps en V à 90 degrés, contrôle desmodromique des soupapes, 4 soupapes par cylindre, refroidissement par liquide
Alimentation	injection à 2 corps elliptiques
Rapport volumétrique	12,4:1
Cylindrée	1 098 cc
Alésage et course	104 mm x 64,7 mm
Puissance	155 ch @ 9 500 tr/min
Couple	87,5 lb-pi @ 9 500 tr/min
Boîte de vitesses	6 rapports
Transmission finale	par chaîne
Révolution à 100 km/h	n/d
Consommation moyenne	n/d
Autonomie moyenne	n/d

Voir légende en page 7
Performances estimées

Partie cycle

Type de cadre	treillis en acier tubulaire
Suspension avant	fourche inversée de 43 mm ajustable en précharge, compression et détente
Suspension arrière	monoamortisseur ajustable en précharge, compression et détente
Freinage avant	2 disques de 330 mm de Ø avec étriers radiaux à 4 pistons
Freinage arrière	1 disque de 245 mm de Ø avec étrier à 2 pistons
Pneus avant/arrière	120/70 ZR17 & 190/50 ZR17
Empattement	1 475 mm
Hauteur de selle	n/d
Poids à vide	167 kg
Réservoir de carburant	n/d

QUOI DE NEUF EN 2009 ?

Nouveau modèle

PAS MAL

Un concept qui a le mérite de ne faire aucun compromis en matière de performances et de ne rien céder au nom du « politiquement correct »; sur papier, la Streetfighter est aussi extrême que quoi que ce soit d'autre sur deux roues, sinon plus

Une construction d'un sérieux absolu; on n'a pas affaire à une Monster plus ou moins bien déguisée en machine de performance, mais plutôt à une authentique 1098 transformée en standard extrême

Un prix intéressant pour la version de base; la Streetfighter est généralement compétitive avec ses principales rivales en termes de prix, mais sa fiche technique est dans une tout autre ligue

BOF

Un ensemble de facteurs comme le poids très faible, une position relevée et un couple élevé à bas régime qui laisse croire à un comportement plutôt intense, et donc, si tel est le cas, à une moto qui ne s'adresse pas à une clientèle moins qu'experte

Un niveau de confort dont l'amélioration n'a pas semblé faire partie des priorités lors du développement; par exemple, la selle ressemble beaucoup à ce qu'on retrouve sur la 1098/1198, tandis que le passager ne semble pas bénéficier d'un accueil moins sévère

Un prix malheureusement élevé dans le cas de la version S qui, en raison des suspensions plus évoluées et de l'impressionnant système antipatinage dont elle est équipée, sera vraisemblablement le seul choix logique pour l'amateur de pilotage sur circuit

Conclusion

Il est toujours délicat de s'avancer sur le comportement d'un modèle non testé, mais dans le cas de la nouvelle Streetfighter, nous serions très surpris de nous tromper en avançant qu'elle sera l'une des bêtes les plus intenses du motocyclisme. Non pas en ce qui a trait à un quelconque record de vitesse qu'elle pourrait battre, mais plutôt en raison des réactions assez radicales auxquelles on ne peut que s'attendre avec une telle recette. Ducati l'annonce comme la standard ultime et c'est fort bien ce qu'elle pourrait être. Il ne reste qu'à découvrir si une telle nature en fera une moto dont la face extrême a complètement effacé le côté pratique, ou si Ducati a réussi le tour de force de combiner les deux.

Monster 1100

DUCATI
MONSTER

Empreinte monstre...

NOUVEAUTÉ 2009

Lancée en 1993, la Monster allait, à elle seule, pousser le motocyclisme entier à redécouvrir le plaisir du pilotage simple aux commandes d'une moto simple. Grâce à une jolie ligne, à une mécanique charismatique, à une partie cycle solide et, bien entendu, à l'indéniable *sex-appeal* de la marque bolognaise, la Monster en est arrivée à incarner la définition de la moto de type standard. La justesse du concept ne pourrait d'ailleurs être mieux démontrée que par la fidélité à l'idée originale dont fait preuve la toute nouvelle génération du modèle présentée en 2009. Pour le moment, seules deux cylindrées sont offertes, une 696 et une 1100, celle-ci étant aussi proposée en version S.

Les concepts très forts sont les plus difficiles à faire évoluer. Le problème vient du fait que la soif du neuf, dans ces cas, est indissociable d'un profond attachement aux concepts originaux. Ducati en sait quelque chose, sa 999 n'ayant jamais réussi à légitimement succéder à l'emblématique 916. La nouvelle Monster s'appuie sur les leçons tirées de cette mésaventure. Car même si pratiquement rien n'est partagé entre la nouvelle et l'ancienne génération d'un point de vue mécanique, en termes de ligne et d'esprit, les points communs sont nets et nombreux. Cette fois-ci, la réussite de Ducati est indéniable, irréfutable : la nouvelle Monster est exactement ce qu'elle devait être, une interprétation mise à jour très soigneusement —donc juste assez, mais pas trop— du modèle original.

Ducati a traditionnellement offert toute une gamme de Monster allant d'un modèle d'entrée de gamme jusqu'à une Superbike en tenue légère. Pour 2009, ces choix sont toutefois limités à deux options : l'abordable 696, qui remplace la 695, et la 1100, qui remplace la 1000. L'ancienne S4R S, avec son moteur de 999, remplacée par un nouveau modèle basé sur la 1098 et appelé Streetfighter.

Toujours selon la tradition chez Ducati, plus les modèles montent dans la hiérarchie, plus les composantes qui les équipent sont désirables et performantes. Pour cette raison, et bien qu'elle représente une considérable amélioration à tous les niveaux par rapport à l'ancienne 695, la nouvelle 696 laisse encore

une certaine impression de monture de bas de gamme. L'ensemble fonctionne très bien et satisfera les motocyclistes moins expérimentés ou moins exigeants, mais les autres trouveront le travail des suspensions un peu rudimentaire et les prestations de la mécanique un peu trop justes. Si le V-Twin offre des accélérations honnêtes, il n'est en revanche pas un exemple de souplesse, demandant des hauts régimes et des changements de rapports fréquents pour livrer ses meilleures prestations. Encore une fois, pour la clientèle visée, il est probable que ce niveau de performances s'avère très suffisant. Cette même clientèle adorera par ailleurs la selle étonnamment basse ainsi que la grande légèreté et la maniabilité exceptionnelle de la 696. Notons que la nouveauté corrige l'un des défauts de l'ancienne version en proposant une position de conduite revue et beaucoup plus équilibrée. En fait, la relation entre guidon, repose-pieds et selle est désormais très similaire à celle qu'une standard moderne offrirait, c'est-à-dire compacte et naturelle.

Si la Monster 1100, que nous n'avons pu tester avant d'aller sous presse, est une très proche parente de la 696, elle s'en distingue aussi de manière importante à plusieurs égards. Son V-Twin est, par exemple, celui qui propulse les Multistrada et Hypermotard, tandis que les suspensions retenues sont nettement plus évoluées. Un bras oscillant monobranche est utilisé, ainsi que de superbes roues à rayons en Y. Comme la coutume le veut, la version S est équipée de suspensions Öhlins et allégée grâce à quelques pièces en carbone.

> **LA 696 S'ADRESSE À UNE CLIENTÈLE QUI ADORERA SA SELLE BASSE, SA GRANDE LÉGÈRETÉ ET SON EXCEPTIONNELLE MANIABILITÉ.**

Général

Catégorie	Standard
Prix	1100 S : 15 695 $ 1100 : 13 495 $ 696 : 9 995 $
Immatriculation 2009	518 $
Catégorisation SAAQ 2009	« régulière »
Évolution récente	696 et 1100 introduites en 2009
Garantie	2 ans/kilométrage illimité
Couleur(s)	1100 S : rouge, blanc 1000 : rouge, noir, argent 696 : rouge, blanc, noir
Concurrence	Aprilia Shiver 750, BMW R1200R, Buell XB-S, Suzuki Gladius

Moteur

Type	bicylindre 4-temps en V à 90 degrés, contrôle desmodromique des soupapes, 2 soupapes par cylindre, refroidissement par air
Alimentation	injection à 2 corps de 45 mm
Rapport volumétrique	10,7:1
Cylindrée	1 078 (696) cc
Alésage et course	98 (88) mm x 71,5 (57,2) mm
Puissance	95 (78,8) ch @ 7 500 (9 000) tr/min
Couple	76 (50,6) lb-pi @ 6 000 (7 750) tr/min
Boîte de vitesses	6 rapports
Transmission finale	par chaîne
Révolution à 100 km/h	n/d
Consommation moyenne	5,9 l/100 km (1100 : n/d)
Autonomie moyenne	254 km (1100 : n/d)

Voir légende en page 7
Performances 2008 (1100)

Partie cycle

Type de cadre	treillis en acier tubulaire
Suspension avant	fourche inversée de 43 mm ajustable en précharge, compression et détente 696 : non ajustable
Suspension arrière	monoamortisseur ajustable en précharge, compression et détente
Freinage avant	2 disques de 320 mm de Ø avec étriers radiaux à 2 pistons
Freinage arrière	1 disque de 245 mm de Ø avec étrier à 2 pistons
Pneus avant/arrière	120/70 R17 & 180/55 (696 : 160/60) R17
Empattement	1 462 mm
Hauteur de selle	810 mm (696 : 770 mm)
Poids à vide	696 : 161 kg; 1100 : 169 kg; 1100 S : 168 kg
Réservoir de carburant	15 litres

QUOI DE NEUF EN 2009 ?

Nouvelle génération de la Monster

696 coûte le même prix que la 695 en 2008 et 1100 coûte 500 $ de plus que la 1000 en 2008

Variante S de la 1100 désormais offerte

PAS MAL

Une ligne qui évolue de manière très habile puisque la Monster reste immédiatement reconnaissable, mais qu'elle est aussi toute nouvelle

Une partie cycle extrêmement légère et agile qui permet au modèle d'offrir une grande maniabilité et une tenue de route étonnante

Une selle particulièrement basse sur la 696 qui semble être destinée à une clientèle moins expérimentée et aussi moins exigeante

BOF

Un comportement général de haut niveau, mais dont la qualité est affectée, sur la 696, par des suspensions dont le travail est plutôt rudimentaire

Un niveau de performances correct, mais certes pas impressionnant pour la 696 qui annonce pourtant une puissance qui devrait se traduire par des prestations plus intéressantes

Une certaine déception découlant du fait que la 696 ne semble pas vraiment destinée au motocycliste expérimenté; celui-ci devra payer plus pour être rassasié

Conclusion

Ducati aurait difficilement pu mieux réussir la ligne de cette nouvelle génération de la Monster. À elle seule, celle-ci garantit au modèle un certain succès. Le reste constitue une très habile mise à jour de la totalité du concept. La partie cycle est non seulement allégée et affûtée dans ses réactions, mais elle est aussi appuyée par une position de conduite beaucoup plus naturelle. La coutume chez Ducati veut que plus le prix du modèle est élevé, plus les performances en général grimpent, et ce, de manière très palpable. Si ce fait implique que la 1100 — que nous n'avons pas testée — s'annonce très intéressante, il explique aussi que notre 696 d'essai a surtout semblé s'adresser à une clientèle moins expérimentée et moins exigeante.

Monster 696

Ultra Classic Electra Glide

SÉRIE TOURISME

RÉVISION 2009

Incorrigibles romantiques...

Plus le temps passe et plus le voyage à moto devient une affaire d'efficacité et d'équipement. Non seulement 4 cylindres ne suffisent plus, mais on s'est habitué à 6 et on ne dirait certes pas non à 8. Mouton noir de l'industrie, Harley voit la chose autrement. Pour la célèbre marque de Milwaukee, le voyage à moto tient plutôt de l'évènement sensoriel, pour ne pas dire de la romance. Peu importe la distance, on prend son temps sur une Harley. On observe et on hume, on apprécie le vent et le moment. Chacune des montures élaborées autour de sa plateforme de tourisme représente une interprétation de cette philosophie. Vous pouvez prendre ou vous pouvez laisser.

D'un point de vue froid et technique, celui du motocycliste moyen, l'Electra Glide n'arrive à rien faire de mieux qu'une Gold Wing ou qu'une K 1200LT. Interrogez toutefois l'amateur de Harley à ce propos et sans la moindre hésitation, il affirmera que l'américaine fait tout mieux. Cet écart marqué d'opinion illustre parfaitement à quel point l'une n'intéresse pas les acheteurs des autres, et vice versa, ainsi qu'à quel point il est vrai que les Harley-Davidson et leurs amateurs évoluent dans un univers bien distinct de celui du reste des motocyclistes.

L'un des aspects les plus particuliers et fascinants de cet univers est sa résistance farouche à tout changement stylistique. Ainsi, même si la partie cycle de la plateforme de tourisme de Harley-Davidson est pratiquement toute neuve en 2009, toutes les précautions nécessaires ont été prises afin de laisser absolument intactes les lignes de chacune des variantes.

Même si la masse d'une Electra Glide n'a toujours rien de négligeable, une fois installé à ses commandes et en mouvement, son gabarit semble à peine plus important que celui d'une custom « d'adulte ». La position de conduite est détendue sans être « évachée » ou extrême, et l'ambiance générale est décidément imprégnée du folklore custom. En fait, d'un point de vue technique, l'Electra Glide n'est ni plus ni moins qu'une custom accessoirisée, qu'une version généreusement équipée d'une Road King ou d'une Road Glide. Basse et relativement mince, la facilité avec laquelle elle se laisse manœuvrer impressionne.

> ON VANTE LE CADRE REPENSÉ, MAIS CE SONT LES ROUES PLUS LARGES ET LES PNEUS PRESQUE SPORTIFS QUI CHANGENT LE COMPORTEMENT.

Les nombreuses modifications apportées à la plateforme en 2009 changent considérablement le comportement des modèles. Alors que beaucoup attribuent la nouvelle impression de solidité et de précision ressentie au tout nouveau cadre, c'est en fait des roues plus larges et des pneus maintenant presque sportifs que proviennent la majorité des nouvelles sensations.

Encore plus stables en ligne droite, les modèles de tourisme 2009 offrent une direction initialement légèrement plus lourde que celle des précédents, mais un comportement en virage largement supérieur. On parle ici d'une sérénité et d'un aplomb qui rappellent carrément ceux dégagés par une routière sportive.

Le communicatif V-Twin qui anime ces motos reçoit par ailleurs cette année quelques changements visant à réduire les pulsations ressenties au ralenti. La diminution n'est heureusement pas assez importante pour trop atténuer le délicieux tremblement du bicylindre américain. Les performances de ce dernier s'avèrent très correctes tant qu'on se met dans le bon état d'esprit, c'est-à-dire tant qu'on roule de manière décontractée, sans se presser et sans attendre plus du gros V-Twin qu'une dose franche de couple à bas et moyen régimes. L'embrayage est quant à lui étonnamment léger, tandis qu'un « clonk ! » tout à fait volontaire accompagne chaque changement de rapports.

Enfin, à quelques rares exceptions près, tout ce qui a trait au confort obtient une bonne note.

Tri Glide Ultra Classic

Spyder, façon Milwaukee...

La nouvelle Tri Glide Ultra Classic est un sujet délicat qu'on doit aborder avec tact. Un peu comme le Viagra. Elle existe bien évidemment pour une clientèle qui, pour des raisons d'âge, de force physique, de handicap ou de simple peur, est incapable de piloter une vraie moto. Comme si, d'ici à ce qu'il trouve la façon d'attirer des motocyclistes plus jeunes, Harley-Davidson avait décidé de s'attarder à la portion vieillissante de sa clientèle dévouée. L'arrivée de la Tri Glide représente en tout cas une bonne nouvelle pour ceux ou celles qui préfèrent rouler à 3 roues puisque les seuls véhicules du genre disponibles jusqu'à maintenant étaient — et continuent d'être — fabriqués de façon indépendante à partir de motos de série. Techniquement, il s'agit d'un modèle à part entière, évidemment basé sur l'Electra Glide, mais qui bénéficie d'un cadre particulier avec arrière modifié et angle de direction plus ouvert, d'une fourche plus longue, d'un amortisseur de direction, d'un V-Twin de 103 pouces cubes et d'une marche arrière électrique optionnelle. Comme toute Harley-Davidson, elle est couverte par une garantie de 2 ans.

Road King

Road King Classic

Progrès discret

Seul l'œil averti arrive à distinguer la nouvelle génération de montures de tourisme de Harley-Davidson, introduite cette année, de l'ancienne. L'indice le plus évident est la largeur des roues qui a augmenté de manière notable en 2009, une modification qui a d'ailleurs permis l'installation de pneus non seulement plus larges, mais aussi beaucoup plus performants. L'amélioration du comportement routier est immédiatement ressentie. Un tout nouvel ensemble cadre-bras oscillant a lui aussi une grande part de responsabilité à ce niveau. Parmi les autres changements importants apportés aux modèles 2009, on note un système d'échappement 2-dans-1-dans-2 réduisant la quantité de chaleur ressentie par le pilote et son passager, des supports de moteur limitant l'ampleur des vibrations au ralenti et un système de coussinage de l'entraînement final revu.

Street Glide

Nouveau squelette

À la base de la révision majeure de la partie cycle en 2009, se trouve un cadre d'une toute nouvelle conception. Bénéficiant maintenant d'un assemblage entièrement robotisé, il nécessite la moitié moins de pièces (dont plusieurs sont coulées) et la moitié moins de soudures. L'avantage de ce processus est non seulement une plus grande rigidité, mais aussi un contrôle beaucoup plus précis des mesures finales. Une partie arrière maintenant séparée et boulonnée au cadre assure quant à elle un meilleur alignement de l'aile arrière par rapport au pneu.

Sacro-sainte ligne

S'il est une vérité chez Harley-Davidson, c'est que le style est roi. Le géant américain avoue d'ailleurs ouvertement que la forme vient chez lui bien avant la fonction. Ce qui n'implique pas que la fonction n'est pas importante, mais plutôt que les ingénieurs doivent réaliser tous les mandats qui leur sont donnés après et seulement après qu'ils se soient pliés aux exigences des stylistes. L'une des contraintes les plus importantes avec lesquelles ils doivent vivre est la ligne des modèles qui, sauf exception, doit absolument demeurer intacte. On qualifie souvent d'intemporel le style des Harley-Davidson pour cette raison puisque les années passent et que les motos ne changent pas. Un bref coup d'œil aux ventes du constructeur démontre d'ailleurs qu'il s'agit d'une philosophie payante. Du moins dans son cas.

Electra Glide Standard

Général

Catégorie	Tourisme de luxe/léger
Prix	20 589 $ à 25 429 $ (Tri: 37 399 $)
Immatriculation 2009	518 $
Catégorisation SAAQ 2009	« régulière »
Évolution récente	Tri Glide introduite en 2009; plateforme revue en 2009; TC96B introduit en 2007; Street Glide introduite en 2006
Garantie	2 ans/kilométrage illimité
Couleur(s)	choix multiples
Concurrence	Kawasaki Vulcan 1700 Nomad, Victory Vision Tour et Street, Yamaha Venture et Tour Deluxe

Moteur

Type	bicylindre 4-temps en V à 45 degrés (Twin Cam 96), culbuté, 2 soupapes par cylindre, refroidissement par air
Alimentation	injection séquentielle
Rapport volumétrique	9,2:1
Cylindree	1 584 cc
Alésage et course	95,25 mm x 111,25 mm
Puissance estimée	70 ch @ 5 000 tr/min
Couple	92,6 lb-pi @ 3 500 tr/min
Boîte de vitesses	6 rapports
Transmission finale	par courroie
Révolution à 100 km/h	environ 2 400 tr/min
Consommation moyenne	6,1 l/100 km
Autonomie moyenne	372 km

Voir légende en page 7

Partie cycle

Type de cadre	double berceau, en acier
Suspension avant	fourche conventionnelle de 41,3 mm ajustable pour la pression d'air
Suspension arrière	2 amortisseurs ajustables pour la pression d'air
Freinage avant	2 disques de 300 mm de Ø avec étriers à 4 pistons
Freinage arrière	1 disque de 300 mm de Ø avec étrier à 4 pistons
Pneus avant/arrière	130/80 B 17 (RKC :/90 B 16) & 180/65 B 16
Empattement	1 613 mm
Hauteur de selle	693 mm à 780 mm
Poids tous pleins faits	367 kg à 403 kg
Réservoir de carburant	22,7 litres

QUOI DE NEUF EN 2009 ?

Nouvel ensemble cadre-bras oscillant; roue avant passe de 16 à 17 pouces (sauf sur la Road King Classic); largeur de roue arrière passe de 3 à 5 pouces pour accepter un pneu de 180 mm; système d'échappement repensé; supports moteur filtrant plus de vibrations; nouveaux coussinets d'entraînement final

Introduction de la Tri Glide Ultra Classic à rois roues

Coûtent de 1 020 $ (Road King) à 2 490 $ (Ultra) de plus qu'en 2008

PAS MAL

Une manière unique d'expérimenter le tourisme à moto

Un comportement routier considérablement amélioré par la nouvelle partie cycle

Une facilité de pilotage qui surprend; tous les modèles sont lourds à l'arrêt, mais étonnent par leur maniabilité une fois en mouvement

Un niveau de confort qui va de bon à excellent selon le modèle

BOF

Un V-Twin qui se débrouille très bien dans sa cylindrée d'origine, mais qui améliorerait beaucoup le plaisir de pilotage s'il était plutôt livré en version de 103 ou 110 pouces cubes, et ce, surtout sur les modèles plus lourds; Harley préfère toutefois garder ces cylindrées en option

Une masse importante pour tous les modèles, mais surtout pour les versions très équipées; une certaine expérience est requise lors des manœuvres lentes et serrées

Une faible qualité de l'écoulement de l'air à la hauteur du casque pour presque tous les modèles; les formes et hauteur des pare-brise dépendent plus du goût des stylistes que de quoi que ce soit d'autre

Conclusion

Peu connaissent cette statistique, mais l'Electra Glide de Harley-Davidson est l'une des motos les plus vendues en Amérique du Nord. La romance avec laquelle elle aborde l'idée du voyage à moto constitue de manière indéniable l'une des deux principales raisons de son succès. L'autre étant simplement la fidélité de la clientèle envers la marque mythique puisqu'une Electra Glide représente la seule solution pour l'amateur de Harley qui souhaite soit voyager sérieusement, soit bénéficier d'un haut niveau de confort. Quant aux diverses variantes du concept que sont les Road King, Road Glide et Street Glide, elles proposent chacune une expérience très semblable, mais sans mettre un accent aussi marqué sur le voyage avec un grand V. Ce sont plutôt les Harley des longues balades.

Road Glide

Heritage Softail Classic

HARLEY-DAVIDSON

FAT BOY, SOFTAIL DELUXE
HERITAGE SOFTAIL CLASSIC

Les Softail sympathiques...

La plateforme Softail est celle qui rejoint le plus grand éventail d'amateurs chez Harley-Davidson. Même si la base s'avère très similaire sur la plupart des modèles, on y retrouve des styles suffisamment divers pour intéresser une clientèle aux goûts larges. Le trio formé par la célèbre Fat Boy, par l'élégante Softail Deluxe et par l'intemporelle Heritage Softail Classic se distingue du reste de la populaire famille par ses formes rondes aussi classiques que sympathiques. Outre le fait que l'Heritage, qui reçoit cette année quelques retouches mineures d'ordre esthétique, est équipée pour le tourisme léger, on a affaire à trois motos dont le comportement ne varie que légèrement d'un modèle à l'autre.

La manière avec laquelle Harley-Davidson conçoit ses familles de modèles est brillante. Il y a longtemps que la firme de Milwaukee a compris que le style vend une custom avant quoi que ce soit d'autre. Ce qui ne revient pas à dire que les acheteurs se fichent des autres facteurs, mais plutôt qu'on les satisfait assez facilement au chapitre de la mécanique et du comportement routier. En gros, donnez-leur quelque chose au comportement généralement sain propulsé par un V-Twin coupleux et la partie ingénierie est couverte. Le reste est une pure affaire de goûts. Donc, inutile de réinventer la roue pour chaque modèle au chapitre de la partie cycle et de la mécanique, d'où la logique d'une base commune qui ne change qu'au niveau du style.

On peut dire du trio des Fat Boy, Softail Deluxe et Heritage Softail Classic qu'il forme le groupe des «gentilles» Softail, contrairement à la Cross Bones, par exemple, qui serait celle du tueur à gages. La description peut sembler enfantine, nous l'admettons, mais n'est-ce pas de jouets pour adultes dont il est question ici?

L'ironie derrière l'image des «gentilles» Softail est que dans les faits, ce trio représente certaines des customs poids lourd les plus accessibles sur le marché en matière pilotage. Aucune d'elles n'est à proprement dire légère, ce qui demandera des propriétaires un minimum d'attention à la sortie du garage, mais toutes deviennent instantanément amicales dès l'instant où l'embrayage est relâché.

> IL S'AGIT DE CERTAINES DES CUSTOMS POIDS LOURD DONT LE PILOTAGE EST LE PLUS ACCESSIBLE DU MARCHÉ.

La Fat Boy et la Softail Deluxe, qui sont à peu de choses près la même moto avec une finition différente, sont des exemples de docilité sur la route. Leur poids semble presque disparaître une fois qu'elles sont en mouvement, tandis que leur large guidon bas élimine pratiquement tout effort lors des changements de direction. La solidité de l'ensemble en virage est difficile à prendre en faute au rythme de balade, tandis que seule la stabilité en ligne droite attire l'attention sur l'autoroute où l'on découvre que la légèreté extrême de la direction se transforme en sensibilité.

Si le comportement général de l'Heritage pouvait être décrit de la même façon, l'expérience de conduite à ses commandes diffère toutefois légèrement. La position assise et décontractée est similaire, mais le guidon moins large et plus haut demande une implication un peu plus grande en virage. Son équipement n'est pas suffisant pour en faire une légitime machine de tourisme puisque le pare-brise, bien que grand, cause de la turbulence et que les sacoches, bien que pratiques, sont trop petites pour emporter le nécessaire pour un vrai voyage. Cela dit, la réalité est qu'on n'a pas besoin de partir des mois pour apprécier ces équipements fort pratiques au jour le jour.

Chacun des modèles de ce trio est animé de belle façon par le même V-Twin de 96 pouces cubes. Celui-ci est agréable à l'oreille, coupleux sans être explosif et relativement doux partout sauf en pleine accélération alors qu'on le sent travailler.

Général

Catégorie	Custom / Tourisme léger
Prix	FB : 19 379 $; HSC : 21 989 $; SD : 21 379 $
Immatriculation 2009	518 $
Catégorisation SAAQ 2009	« régulière »
Évolution récente	plateforme revue en 2000; TC96B introduit en 2007; Deluxe introduite en 2005
Garantie	2 ans/kilométrage illimité
Couleur(s)	choix multiples
Concurrence	Kawasaki Vulcan 1700 Classic, Victory Kingpin, Yamaha Road Star, Kawasaki Vulcan 1700 Nomad, Yamaha Road Star Silverado Victory Kingpin Tour

Moteur

Type	bicylindre 4-temps en V à 45 degrés (Twin Cam 96B), culbuté, 2 soupapes par cylindre, refroidissement par air
Alimentation	injection séquentielle
Rapport volumétrique	9,2:1
Cylindrée	1 584 cc
Alésage et course	95,25 mm x 111,25 mm
Puissance estimée	70 ch @ 5 000 tr/min
Couple	89,8 lb-pi @ 2 750 tr/min
Boîte de vitesses	6 rapports
Transmission finale	par courroie
Révolution à 100 km/h	environ 2 400 tr/min
Consommation moyenne	5,7 l/100 km
Autonomie moyenne	331 km

Rapport valeur/prix

0 1 2 3 4 5 6 7 8 9 10

178 km/h — Vitesse de pointe

13.9.155 s.q km/h — Accélération sur 1/4 mille

Novice | Intermédiaire | Expert

Indice d'expertise

Voir légende en page 7

Partie cycle

Type de cadre	double berceau, en acier
Suspension avant	fourche conventionnelle de 41,3 mm non ajustable
Suspension arrière	2 amortisseurs ajustables en précharge
Freinage avant	1 disque de 292 mm de Ø avec étrier à 4 pistons
Freinage arrière	1 disque de 292 mm de Ø avec étrier à 2 pistons
Pneus avant/arrière	MT90 B16 & 150/80 B16 (FB : 140/75-17 & 200/55-17)
Empattement	1 638 mm
Hauteur de selle	FB : 699 mm; HSC : 697 mm; SD : 660 mm
Poids tous pleins faits	FB : 324 kg; HSC : 347 kg; SD : 328 kg
Réservoir de carburant	18,9 litres

QUOI DE NEUF EN 2009 ?

Heritage : selle et dossier du passager plus larges; finition des selles, des sacoches, de l'aile avant, de l'instrumentation et de la nacelle du phare; guidon plus haut et fixation du guidon revue

Softail Deluxe : selle redessinée

Fat Boy coûte 250 $, Softail Deluxe 1 990 $ et Heritage Softail Classic 2 050 $ de plus qu'en 2008

PAS MAL

Des lignes classiques et intemporelles dont la popularité est bien reflétée par le nombre de fois où on les retrouve sur des customs de manufacturiers rivaux

Un V-Twin qui, sans être le plus communicatif du catalogue américain, chante de manière fort agréable et génère un niveau de performances que la majorité des acheteurs trouvera tout à fait suffisant

Une facilité de pilotage qui surprend et rend ces motos, qui sont techniquement des poids lourds, accessibles aux moins qu'experts

BOF

Une suspension arrière dont le comportement sur des routes pas trop abîmées peut être qualifié de correct, mais qui devient sèche dès que l'état de la chaussée se détériore au-delà de ce point

Une transmission à 6 rapports qui atteint très bien son but de réduire les révolutions moteur aux vitesses d'autoroute, mais dont le rapport supplémentaire implique une quantité de changements de vitesses plus grande dans l'environnement de la ville

Une certaine nervosité de la direction sur l'autoroute où le moindre mouvement du pilote se transforme en réaction du châssis

Conclusion

Il est indéniable que le style joue un très grand rôle parmi les facteurs qui poussent un acheteur vers l'un de ces choix. Quiconque dirait autrement joue non seulement à l'autruche, mais le fait aussi pour rien puisqu'il n'y a absolument rien de mal à faire un choix de cette façon, dans ces cas. Toutes ces variantes de « la sympathique Softail ronde » offrent un comportement tout à fait satisfaisant d'un point de vue général et même étonnant au chapitre de l'accessibilité. Pour autant qu'on connaisse et qu'on accepte le caractère mécanique un peu réservé des Softail, caractère qu'on retrouve sur chacune des motos de ce trio, on ne peut pratiquement pas se tromper en y allant tout simplement avec la plus belle.

Fat Boy

Cross Bones

HARLEY-DAVIDSON
CROSS BONES, NIGHT TRAIN
SOFTAIL CUSTOM

Tueurs en série demandés...

Le trio des Cross Bones, Night Train et Softail Custom illustre de jolie manière la facilité qu'ont les stylistes de Harley-Davidson à complètement transformer une base commune. De sympathique et amical qu'il était sur la Fat boy et Cie, le visage de la plateforme Softail devient ici carrément douteux, voire sinistre. Introduite au courant de l'année dernière, la nouvelle Cross Bones — un terme qui fait référence aux os croisés du drapeau pirate — n'y va pas avec le dos de la cuillère : selle solo à ressorts, la seule fourche Springer sur une Harley de grandes séries, guidon Ape Hanger et pour finir, une ligne qui semble avoir été imaginée pour les tueurs en série de ce monde. Seulement chez Harley...

Qui sait d'où vient l'inspiration des stylistes de Milwaukee? Dans quel état doit-on se trouver pour imaginer quelque chose comme la Cross Bones? Dans un état de rage ou de révolte, sûrement. Ce sont du moins les sentiments que déclenchent sa ligne, peut-être la plus rebelle chez Harley-Davidson à ce jour.

Quelle n'est donc pas la surprise du pilote qui l'enfourche lorsqu'il découvre que toute cette agressivité se dissipe instantanément une fois en selle. Elle n'a rien de méchant, cette Cross Bones. Même la position, qui semble pourtant extrême en raison du guidon haut et de la selle à ressorts, s'avère tout à fait tolérable. Quant à la mécanique, il s'agit exactement du même V-Twin qui anime les «gentilles» Softail. Il tire agréablement bien en bas et au milieu grâce à son couple généreux, se montre très doux au ralenti comme sur l'autoroute, et ne tremble en fait vraiment qu'en pleine accélération. La sonorité qui s'échappe de ses silencieux est quant à elle profonde et mélodieuse. C'est donc tout? Pas de brûlures, de morsures, de vitres cassées par le bruit? Non. Rien si ce n'est que quelques personnes âgées détournant leur regard. Bon, c'est quand même ça.

Au chapitre du comportement routier, la Cross Bones diffère légèrement de ses cousines les Softail Custom et Night Train. Celles-ci ont recours à une longue fourche dont l'angle est ouvert et qui étrenne une grande et mince roue avant, ce qui leur confère une grande stabilité au prix de manières un tout petit peu maladroites durant les manœuvres serrées. La Cross Bones fait plutôt appel à une

> **LA CROSS BONES DONNE L'IMPRESSION D'ÊTRE LA CRÉATION DE STYLISTES TRAVAILLANT DANS UN ÉTAT DE RAGE. C'EST TRÈS RÉUSSI.**

rare fourche de type Springer et à un pneu avant plus large de moins grand diamètre. L'ensemble se comporte étonnamment bien dans la majorité des situations puisque la stabilité est toujours bonne et que le comportement en courbe, à rythme de balade évidemment, est tout ce qu'il y a de sain. Seul le guidon haut demande une certaine habitude lors de virages très serrés comme un virage en U. Mais on s'y fait. Comme sur tous les autres modèles ayant recours à ce genre de fourche, le freinage est toutefois médiocre. Malgré la très faible puissance de l'étrier avant à piston unique, la fourche s'affaisse complètement dès qu'on ralentit avec un peu de force en utilisant le frein avant.

La position de conduite de tous ces modèles doit être qualifiée de très typée, bien que pas au point de tomber dans l'extrême. Celle de la Cross Bones est étrangement la plus normale, surtout en raison de la hauteur de sa selle, tandis que la Night Train positionne plutôt son pilote les pieds et les mains devant. Quant à la Softail Custom, elle vous force à étirer les jambes loin devant, place vos mains assez hautes et vous penche même un peu vers l'arrière si vous étirez les bras. Il s'agit d'un genre de posture qu'on critiquerait sûrement beaucoup s'il ne s'agissait pas d'une Harley-Davidson, mais pour une raison étrange, tout ça semble normal sur une custom *Made in Milwaukee*. Notons enfin qu'en raison de cette position et de son style général, la Softail Custom prend un peu la place de la Dyna Wide Glide, qui est retirée du catalogue américain cette année.

Général

Catégorie	Custom
Prix	Cross Bones : 20 589 $ Night Train : 19 419 $ Custom : 20 669 $
Immatriculation 2009	518 $
Catégorisation SAAQ 2009	« régulière »
Évolution récente	Night Train introduite en 1998, Custom en 2007, Cross Bones en 2008; TC96B introduit en 2007
Garantie	2 ans/kilométrage illimité
Couleur(s)	choix multiples
Concurrence	Victory Vegas Jackpot, Yamaha Raider

Moteur

Type	bicylindre 4-temps en V à 45 degrés (Twin Cam 96B), culbuté, 2 soupapes par cylindre, refroidissement par air
Alimentation	injection séquentielle
Rapport volumétrique	9,2:1
Cylindrée	1 584 cc
Alésage et course	95,25 mm x 111,25 mm
Puissance estimée	70 ch @ 5 000 tr/min
Couple	87,9 lb-pi @ 2 750 tr/min
Boîte de vitesses	6 rapports
Transmission finale	par courroie
Révolution à 100 km/h	environ 2 400 tr/min
Consommation moyenne	5,7 l/100 km
Autonomie moyenne	331 km

Rapport valeur/prix

Vitesse de pointe — 178 km/h

Accélération sur 1/4 mille — 13.9 sa 155 km/h

Indice d'expertise : Novice / Intermédaire / Expert

Voir légende en page 7

Partie cycle

Type de cadre	double berceau, en acier
Suspension avant	fourche conventionnelle de 41,3 mm non ajustable (Cross Bones : fourche Springer)
Suspension arrière	2 amortisseurs ajustables en précharge
Freinage avant	1 disque de 292 mm de Ø avec étrier à 4 (CB : 1) pistons
Freinage arrière	1 disque de 292 mm de Ø avec étrier à 2 pistons
Pneus avant/arrière	MH90-21 (CB : MT90B-16) & 200/55 R17
Empattement	1 638 mm
Hauteur de selle	NT : 680 mm; SC : 719 mm; CB : 767 mm
Poids à vide	NT : 309 kg; SC : 319 kg; CB : 334 kg
Réservoir de carburant	18,9 litres

QUOI DE NEUF EN 2009 ?

Cross Bones introduite en cours d'année

Garde-boue avant redessiné sur Night Train et Softail Custom

Night Train coûte 1 790 $ et Softail Custom 1 930 $ de plus qu'en 2008

PAS MAL

Des styles tellement marquants qu'ils deviennent carrément des thèmes; la plateforme Softail semble être devenue la toile sur laquelle les stylistes de la marque se laissent le plus aller

Un V-Twin qui n'accomplit rien d'exceptionnel, mais qui fait quand même tout bien

Une partie cycle au comportement généralement sain, du moins tant que l'atmosphère reste à la balade

BOF

Une fourche Springer sur la Cross Bones qui s'affaisse et talonne dès que le frein avant pourtant faible est appliqué avec force

Une suspension arrière correcte tant que l'état du revêtement reste décent, mais qui devient rude sur pavé abîmé

Des positions de conduite typées qui limitent le confort sur long trajet, mais sans lesquelles le thème émanant du style n'aurait pas toute son authenticité

Conclusion

Tout comme c'est le cas avec la Fat Boy et ses cousines les Heritage Softail Custom et Softail Deluxe, on arrive invariablement à l'un des modèles présentés ici d'abord et avant tout pour des raisons de style. Et dans ce cas aussi, on a affaire à une bonne base, bien maniérée et bien propulsée, ce qui permet d'envisager celle qui nous parle sans trop réfléchir. Il faut néanmoins réaliser que le style radical de ces trois Softail amène avec lui un certain sacrifice au niveau du côté pratique et du confort. Tant qu'on s'y attend et qu'on se dit prêt à vivre avec, comme on dit en anglais, *Pick your poison*.

Softail Custom

Rocker

HARLEY-DAVIDSON
ROCKER

Enfant d'une mode...

La Rocker constituait l'une des principales nouveautés de Harley-Davidson l'an dernier. Il s'agit de l'offre de la célèbre marque de Milwaukee aux amateurs de gros pneus arrière et fourche à grand angle, bref, aux maniaques de choppers artisanaux. À la différence de ces derniers, elle est construite de manière à être parfaitement utilisable au jour le jour. En effet, sous ses traits un peu étranges inspirés des créations d'ateliers privés, se trouve une plateforme Softail modifiée afin de recevoir un pneu arrière de 240 mm et dont l'angle de la fourche est ouvert à 37 degrés. Une version de base à finition mate et une édition C beaucoup plus généreusement recouverte de chrome sont offertes.

Personne ne peut prédire combien de temps durera encore le phénoménal engouement du grand public pour les choppers artisanaux. Déjà, en raison de la crise économique actuelle, il semblerait que l'intérêt pour ces dispendieux jouets se soit considérablement estompé. Serait-ce dire que la Rocker dévoilée tout juste l'an dernier afin de tirer profit de la popularité du style est déjà dépassée? Non. Premièrement, il est encore trop tôt pour affirmer que la mode des choppers est chose du passé et deuxièmement, parce que, contrairement à la large majorité des choppers, les qualités de la Rocker ne s'arrêtent pas à sa ligne. Il s'agit d'une vraie moto construite par une vraie compagnie et qui peut donc être roulée sur une base quotidienne sans autre inconvénient que celui d'un niveau de confort limité par une position typée et une suspension arrière honnête, mais certes pas miraculeuse.

La selle extrêmement basse, le guidon plat qui ne recule que peu vers le pilote et les repose-pieds avancés se combinent pour créer une position cool qui ne tombe toutefois pas dans l'extrême. Le confort offert par la selle —son style solo cache un ingénieux système de déploiement d'une petite partie arrière permettant d'accueillir un passager— est correct tandis que le travail des suspensions ne devient rude que sur des routes dégradées. À ce sujet, Harley-Davidson a réussi un bon coup en créant une partie arrière ressemblant à s'y méprendre à un cadre rigide (sans suspension arrière), mais qui est bel et bien munie d'une

> ## HARLEY-DAVIDSON AFFIRME AVOIR TESTÉ PLUS D'UNE VINGTAINE DE COMBINAISONS DE PNEUS AVANT DE TROUVER LA BONNE.

suspension dotée d'un débattement vivable. Le constructeur s'est d'ailleurs battu à plusieurs autres niveaux avec les conflits techniques qu'amènent les lignes particulières d'un chopper. Mais le style devait absolument primer, comme c'est d'ailleurs la coutume chez Harley.

Le meilleur exemple du genre de problème amené par une ligne extrême sur une monture de grande production concerne la tenue de route qui, sur un chopper artisanal typique, est absolument atroce. Harley-Davidson affirme avoir testé plus d'une vingtaine de combinaisons de pneus spécialement préparés par Dunlop avant d'arrêter son choix. Le comportement étonnamment sain de la Rocker, qui résiste à peine en entrée de courbe et se manie bien dans toutes les autres situations, est le résultat du travail considérable des ingénieurs qui sont finalement arrivés à marier de façon harmonieuse un tel angle de fourche à des pneus de 90 et 240 mm.

Puisque la Rocker est une Softail, elle est propulsée par le même V-Twin de 96 pouces cubes que le reste de la famille. Il s'agit d'un moteur destiné à plaire à la masse plutôt qu'aux «nez fins» et qui se montre donc relativement doux, bien qu'on le sente tout de même vrombir agréablement en accélération. Sa livrée de puissance est surtout caractérisée par la bonne disponibilité de couple à bas et moyen régimes, tandis que ses performances, bien que pas spectaculaires, sont à la hauteur des attentes de la plupart des amateurs de customs poids lourd. Sa sonorité profonde et veloutée est facilement audible grâce à des silencieux juste assez bavards.

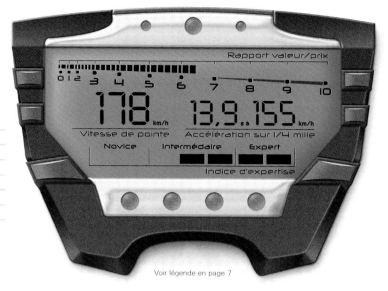

Voir légende en page 7

Général

Catégorie	Custom
Prix	Rocker : 21 199 $ (C : 23 869 $)
Immatriculation 2009	518 $
Catégorisation SAAQ 2009	« régulière »
Évolution récente	introduite en 2008
Garantie	2 ans/kilométrage illimité
Couleur(s)	noir, charbon, bleu, violet
Concurrence	Yamaha Raider

Moteur

Type	bicylindre 4-temps en V à 45 degrés (Twin Cam 96B), culbuté, 2 soupapes par cylindre, refroidissement par air
Alimentation	injection séquentielle
Rapport volumétrique	9,2:1
Cylindrée	1 584 cc
Alésage et course	95,25 mm x 111,25 mm
Puissance estimée	70 ch @ 5 000 tr/min
Couple	87,9 lb-pi @ 2 750 tr/min
Boîte de vitesses	6 rapports
Transmission finale	par courroie
Révolution à 100 km/h	environ 2 400 tr/min
Consommation moyenne	5,7 l/100 km
Autonomie moyenne	331 km

Partie cycle

Type de cadre	double berceau, en acier
Suspension avant	fourche conventionnelle de 49 mm non ajustable
Suspension arrière	2 amortisseurs ajustables en précharge
Freinage avant	1 disque de 292 mm de Ø avec étrier à 4 pistons
Freinage arrière	1 disque de 292 mm de Ø avec étrier à 2 pistons
Pneus avant/arrière	90/90-19 & 240/40 R18
Empattement	1 758mm
Hauteur de selle	622 mm
Poids tous pleins faits	313 kg (C : 327 kg)
Réservoir de carburant	18,9 litres

QUOI DE NEUF EN 2009 ?

Garde-boue avant redessiné

Rocker coûte 1 950 $ et Rocker C 2 190 $ de plus qu'en 2008

PAS MAL

Un comportement très étonnant pour une moto aussi radicalement conçue puisqu'il est très près de celui d'une custom normale

Une ligne très particulière puisqu'elle s'inspire de celle des choppers artisanaux du petit écran; à part la Yamaha Raider qui s'engage dans une direction semblable, ce thème est pour le moment unique sur une moto de production

Un moteur plaisant qu'on connaît bien puisque c'est celui qui anime le reste de la famille Softail

BOF

Une légère tendance de la direction à vouloir tomber à l'intérieur des virages pris à très basse vitesse, en sortant d'un stationnement, par exemple

Une ligne qui est aussi osée qu'elle est différente de tout ce qui se fait présentement en termes de motos de production; s'il faut applaudir l'audace de Harley-Davidson, il reste que quelque chose semble mal proportionné sur la Rocker. Serait-ce la partie arrière tronçonnée, ou l'espace qui sépare le garde-boue de la selle ?

Une suspension arrière qui travaille correctement la plupart du temps, mais qui peut se montrer rude sur une route au revêtement abîmé

Conclusion

De mémoire d'homme, on ne se souvient pas de la dernière fois où Harley-Davidson s'est retrouvé dans le rôle de l'imitateur plutôt que dans celui de l'imité. C'est pourtant le cas ici. La Rocker n'est pas, comme toutes les autres Harley, née de l'inspiration généralement géniale des stylistes de Milwaukee, mais est plutôt l'enfant d'une mode, celle des choppers artisanaux. Comme la qualité de son comportement est infiniment supérieure à celle de ces derniers et que sa mécanique, le très honnête TC96B, fait bien ce qu'elle a à faire, nous ne pouvons émettre aucune contre-indication à son égard d'un point de vue technique. Mais il ne s'agit certes pas d'un classique de la marque et nous ne pouvons nous empêcher de lui trouver un petit quelque chose de pas très authentique. D'habitude, ce sont les autres qui font comme Harley, pas le contraire.

Rocker C

Super Glide Custom

STREET BOB, SUPER GLIDE
SUPER GLIDE CUSTOM

Pas cher, pas cher...

La Super Glide et la Street Bob représentent les manières les plus abordables d'accéder aux Harley-Davidson de grosse cylindrée. Contrairement aux modèles de la famille Sportster qui sont des Harley d'entrée de gamme, celles-ci n'ont rien à envier aux modèles plus chers de la famille Softail au chapitre de la mécanique ou du châssis. En fait, pour les amateurs de sensations fortes, les montures de la famille Dyna peuvent même être considérées comme certaines des Harley-Davidson les plus désirables en raison de leur cadre qui donne littéralement vie au gros V-Twin de Milwaukee. La Super Glide est offerte en deux niveaux de finition, de base et Custom, tandis que la Street Bob reçoit quelques modifications en 2009.

Alors qu'à peu près tout le monde regarde ses ventes de customs ralentir, chez Harley-Davidson, on ne se plaint pas, surtout au Canada. C'est que malgré les tourmentes et les incertitudes de l'économie, les produits de la firme de Milwaukee continuent à trouver preneur sans trop de problèmes. La raison est simple puisqu'elle tient à des prix non seulement compétitifs face à ceux des modèles japonais équivalents, mais dans plusieurs cas, carrément inférieurs. De bons exemples de cette situation plutôt inhabituelle sont les Super Glide et Street Bob de la famille Dyna dont les prix se situent autour de 15 000 $. On pourrait penser que des sacrifices potentiellement inacceptables sont à la source de ces prix, mais ce n'est en fait qu'au niveau de la finition réduite que l'économie réalisée par Harley-Davidson se trouve. Cela dit, même si tout le monde s'accorde pour dire qu'une Super Glide de base n'a pas le panache d'une Softail Deluxe, il reste qu'en matière de châssis et de mécanique, ces Dyna sont en tout point équivalentes aux modèles plus chers. La réalité est même que le cadre Dyna, avec son unique montage souple du V-Twin de 96 pouces cubes propulsant toutes les grosses Harley, représente une direction beaucoup plus désirable pour l'amateur de mécanique custom forte en caractère. Car au chapitre des sensations surtout tactiles ressenties par le pilote, les Dyna, peu importe laquelle, figurent aisément parmi les modèles les plus communicatifs qu'on puisse acheter.

> **POUR L'AMATEUR DE V-TWIN COMMUNICATIF, UNE DYNA POURRAIT ÊTRE BIEN PLUS DÉSIRABLE QU'UNE SOFTAIL, ET CE, MALGRÉ SON BAS PRIX.**

Du ralenti jusqu'à environ 2 500 tr/min, une Dyna propose un degré de communication extraordinairement élevé entre les mouvements des pistons et les pulsations mécaniques ressenties par le pilote. Ce profond tremblement s'adoucit ensuite comme par magie, si bien que le gros V-Twin ne fait plus que doucement gronder à 100 km/h. Grâce à l'arrivée du plus gros Twin Cam 96 il y a deux ans, les performances sont d'un niveau bien plus satisfaisant que dans le passé, et ce, surtout à bas et moyen régimes, là où la mécanique se trouve la majorité du temps.

Ce groupe de Dyna affiche un comportement étonnamment accessible compte tenu de son poids approchant les 300 kilos et de sa cylindrée de presque 1 600 cc. Des selles basses, un centre de gravité bas et des guidons larges et plutôt bas qui tombent naturellement sous les mains résument les caractéristiques responsables de cette facilité de prise en main. La seule exception, à ce sujet, concerne la Street Bob dont la position de conduite dictée par son haut guidon Ape Hanger n'a non seulement rien de très naturel, mais demande même une bonne attention lors de manœuvres serrées. En raison de la distance réduite entre les selles basses et les commandes aux pieds situées en position centrale, les pilotes aux jambes le moindrement longues pourraient se sentir coincés, ou à tout le moins, étrangement installés.

Des selles honnêtes et des suspensions souples confèrent à chacun des modèles un niveau de confort satisfaisant.

Général

Catégorie	Custom
Prix	SG : 14 739 $; SGC : 15 899 $; SB : 15 729 $
Immatriculation 2009	518 $
Catégorisation SAAQ 2009	« régulière »
Évolution récente	SB introduite en 2007; TC96 introduit en 2007
Garantie	2 ans/kilométrage illimité
Couleur(s)	choix multiples
Concurrence	Kawasaki Vulcan 1700 Classic, Suzuki Boulevard C90, Yamaha Road Star 1700

Moteur

Type	bicylindre 4-temps en V à 45 degrés (Twin Cam 96), culbuté, 2 soupapes par cylindre, refroidissement par air
Alimentation	injection séquentielle
Rapport volumétrique	9,2:1
Cylindrée	1 584 cc
Alésage et course	95,25 mm x 111,25 mm
Puissance estimée	70 ch @ 5 000 tr/min
Couple	91 lb-pi @ 3 000 tr/min
Boîte de vitesses	6 rapports
Transmission finale	par courroie
Révolution à 100 km/h	environ 2 400 tr/min
Consommation moyenne	5,6 l/100 km
Autonomie moyenne	SB : 325 km; SG et SGC : 344 km

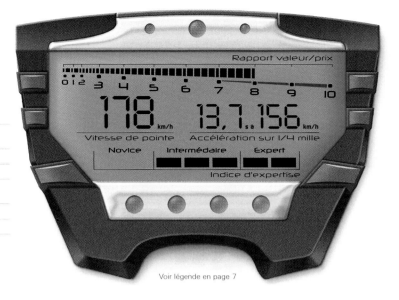

Voir légende en page 7

Partie cycle

Type de cadre	double berceau, en acier
Suspension avant	fourche conventionnelle de 49 mm non ajustable
Suspension arrière	2 amortisseurs ajustables en précharge
Freinage avant	1 disque de 300 mm de Ø avec étrier à 4 pistons
Freinage arrière	1 disque de 292 mm de Ø avec étrier à 2 pistons
Pneus avant/arrière	100/90-19 & 160/70 B17
Empattement	1 630 mm
Hauteur de selle	SB : 680 mm; SG : 700 mm; SGC : 705 mm
Poids tous pleins faits	SB : 302 kg; SG : 301 kg; SGC : 307 kg
Réservoir de carburant	Street Bob : 18,2 litres; Super Glide et Custom : 19,3 litres

QUOI DE NEUF EN 2009 ?

Street Bob : finition moins coûteuse du V-Twin; roues noires; selle solo; garde-boue arrière écourté; lumière arrière à DEL; clignotants arrière; silencieux courts

Garde-boue avant abaissé et instrumentation grise avec compteur de kilométrage sur réserve sur tous les modèles

Street Bob coûte 310 $, Super Glide 1 350 $ et Super Glide Custom 1 490 $ de plus qu'en 2008

PAS MAL

D'excellentes occasions pour quiconque rêve d'une Harley-Davidson « pleine grandeur » à prix raisonnable

Une mécanique au caractère carrément ensorcelant qui tremble et qui gronde comme aucun autre V-Twin en existence, ainsi qu'un niveau de performances tout à fait satisfaisant

Une accessibilité de pilotage étonnante pour des customs d'une telle cylindrée et de tels poids; les Dyna sont agréablement amicales à piloter

BOF

Un bas prix intéressant pour la Super Glide, mais qui se traduit par un niveau de finition rudimentaire, une selle solo et une ligne ordinaire; au moins, les bons morceaux (TC96, injection, 6 vitesses) sont tous là

Une position de conduite plus ou moins naturelle sur tous les modèles à cause de la position centrale des repose-pieds; la posture très particulière qu'impose la Street Bob ne plaira décidément pas à tous

Une mécanique dont le caractère est tellement fort que certains motocyclistes n'arrivent pas à s'y faire; il s'agit des clients parfaits pour les Softail dont les sensations mécaniques sont bien plus communes

Conclusion

Souvent, opter pour un prix moins élevé revient aussi à choisir un produit inférieur, mais dans le cas de ces trois membres de la famille Dyna, on a exceptionnellement affaire à des montures équivalentes en tout point aux modèles haut de gamme, du moins d'un point de vue technique. C'est principalement en proposant une finition moins poussée et une selle passager optionnelle sur toutes sauf la Super Glide Custom que Harley-Davidson est arrivé à réduire la facture de manière considérable. La bonne, et même très bonne nouvelle est que les grosses Harley les moins chères sont aussi celles qui possèdent la version la plus communicative du TC96. Peu importe le modèle choisi, il s'agit d'une mécanique au caractère presque magique qui renvoie des sensations d'un genre qu'on ne retrouve nulle part ailleurs que dans le catalogue de la firme de Milwaukee.

Street Bob

Fat Bob

FAT BOB & LOW RIDER

Pour hommes et femmes...

Lorsqu'on s'intéresse à une Dyna, mais qu'on recherche une ligne plus macho que celle des Super Glide ou une moins sommaire que celle de la Street Bob, on doit se tourner du côté de la Low Rider et de la Fat Bob. La première est ni plus ni moins qu'une Super Glide abaissée d'un pouce et bénéficiant du plus haut degré de finition chez Harley-Davidson. Quant à la seconde, elle fut introduite l'an dernier dans le but d'injecter un peu de testostérone dans la famille Dyna. La mine de bagarreuse que lui confèrent son phare double et ses pneus aussi costauds qu'agressifs, entre autres détails, est à cet égard tout à fait réussie. Notons que la Dyna Wide Glide est retirée du catalogue Harley-Davidson pour 2009.

Comme c'est toujours le cas avec des Harley-Davidson de même famille, les Dyna Low Rider et Fat Bob sont très proches l'une de l'autre sur le plan technique puisqu'elles partagent exactement la même mécanique et sont construites autour d'un cadre presque identique. La Low Rider se démarque par une ligne tellement sobre qu'elle en est presque anodine. Il s'agit d'une moto qui, visuellement, semble chercher à incarner la description la plus épurée possible du terme motocyclette. Un guidon classique, deux roues couvertes de garde-boue ronds, un moteur bien en vue, et rien d'autre. Certains trouvent plutôt qu'elle n'a carrément pas de style, ce qui est aussi valable comme appréciation. Quant à son nom, il fait référence à la hauteur de selle relativement faible qui découle du débattement réduit de la suspension arrière. Bien que cette particularité favorise les pilotes recherchant une selle aussi basse que possible, elle amène en revanche une certaine sécheresse de l'arrière sur chaussée dégradée. On pourrait presque argumenter que la Low Rider n'a pas le bon nom et que, compte tenu de sa présentation et de sa fiche technique, on a plutôt affaire à une Super Glide Custom Low. Sans vouloir faire la leçon à Harley-Davidson en matière de style, nous croyons quand même qu'il y a plus de potentiel dans le nom Low Rider que ce qu'offre le modèle actuel.

La Fat Bob est aussi extravertie que la Low Rider est introvertie. Son style, qui fait dans tout sauf la subtilité et la sobriété, semble être l'équivalent d'un type qui cherche la bagarre. Après tant

> **SANS VOULOIR FAIRE LA LEÇON À HARLEY, IL Y A PLUS DE POTENTIEL DANS LE NOM LOW RIDER QUE CE QU'OFFRE LE MODÈLE ACTUEL**

d'années à observer des Dyna dessinées de manière tellement retenue —à l'exception, bien entendu, de la Wide Glide retirée cette année—, la Fat Bob a, d'une certaine façon, ravivé l'espoir de voir un peu de vie injectée dans le style des modèles de la famille.

Mais l'intérêt de la Fat Bob est beaucoup plus profond qu'une simple question de look puisque l'agressivité de sa ligne est accompagnée d'une position de conduite qui change considérablement l'expérience de pilotage. On ne dira jamais assez à quel point la relation entre guidon, selle et repose-pieds affecte la perception de l'expérience de conduite. En remplaçant la posture un peu maladroite dictée par toutes les autres Dyna qui placent les pieds sous le pilote et sur lesquelles on se sent «accroupi avec les bras devant» par une position en C semblable à celle qu'offre une Night Train ou une V-Rod, Harley-Davidson a donné une tout autre dimension à la conduite de la Fat Bob. Empoignant un guidon plat et avancé, les pieds confortablement devant, vivant le rythme du magique V-Twin américain tremblant lourdement dans l'unique cadre à supports souples Dyna, le pilote de la Fat Bob est inondé de sensations aussi fortes qu'habilement calibrées.

La partie cycle des Dyna peut non seulement être qualifiée de saine et stable, mais aussi d'étonnamment accessible. Il serait difficile de déterminer exactement pourquoi les Dyna sont si faciles à manier, mais elles le sont, ce qui en fait des modèles aisément envisageables pour des motocyclistes relativement peu expérimentés.

Général

Catégorie	Custom
Prix	Fat Bob : 18 149 $ Low Rider : 18 319 $
Immatriculation 2009	518 $
Catégorisation SAAQ 2009	« régulière »
Évolution récente	Fat Bob introduite en 2008; TC96 introduit en 2007
Garantie	2 ans/kilométrage illimité
Couleur(s)	choix multiples
Concurrence	Fat Bob : Victory Hammer Low Rider : Kawasaki Vulcan 1700 Classic, Yamaha Road Star 1700

Moteur

Type	bicylindre 4-temps en V à 45 degrés (Twin Cam 96), culbuté, 2 soupapes par cylindre, refroidissement par air
Alimentation	injection séquentielle
Rapport volumétrique	9,2:1
Cylindrée	1 584 cc
Alésage et course	95,25 mm x 111,25 mm
Puissance estimée	70 ch @ 5 000 tr/min
Couple	91 lb-pi @ 3 000 tr/min
Boîte de vitesses	6 rapports
Transmission finale	par courroie
Révolution à 100 km/h	environ 2 400 tr/min
Consommation moyenne	5,6 l/100 km
Autonomie moyenne	FB : 344 km ; LR : 325 km

Partie cycle

Type de cadre	double berceau, en acier
Suspension avant	fourche conventionnelle de 49 mm non ajustable
Suspension arrière	2 amortisseurs ajustables en précharge
Freinage avant	1(FB : 2) disque de 300 mm de Ø avec étrier à 4 pistons
Freinage arrière	1 disque de 292 mm de Ø avec étrier à 2 pistons
Pneus avant/arrière	FB : 130/90 B17 & 180/70 B16 LR : 100/90-19 & 160/70 B17
Empattement	FB : 1 620 mm ; LR : 1 640 mm
Hauteur de selle	FB : 663 mm LR : 655 mm
Poids tous pleins faits	FB : 319 kg ; LR : 305 kg
Réservoir de carburant	FB : 19,3 litres ; LR : 18,2 litres

Voir légende en page 7

QUOI DE NEUF EN 2009 ?

Garde-boue avant abaissé sur Low Rider et instrumentation grise à compteur de réserve sur les deux modèles

Retrait de la Dyna Wide Glide

Low Rider coûte 1 720 $ et Fat Bob 250 $ de plus qu'en 2008

PAS MAL

Une mécanique qui dégage des sensations magiques en secouant tout sans gêne à bas régime, puis en s'adoucissant complètement en haut

Une facilité de pilotage étonnante pour des motos de tels poids qui rend ces modèles accessibles même à des motocyclistes de petite stature

Une expérience de pilotage beaucoup plus prenante sur la Fat Bob que sur les autres Dyna en raison d'une position de conduite mieux adaptée au tempérament du modèle (avec option de repose-pieds avancés)

BOF

Une position de conduite pas très naturelle sur la Low Rider (et sur la Fat Bob avec option repose-pieds en position centrale) en raison de l'emplacement central des repose-pieds

Une suspension arrière qui peut se montrer assez sèche sur mauvais revêtement dans le cas de la Low Rider qui a un débattement arrière réduit afin d'abaisser la hauteur de selle au minimum

Un nom qui ne représente pas nécessairement ce qu'offre le modèle dans le cas de la Low Rider; techniquement, il s'agirait plutôt d'une Super Glide Custom Low

Conclusion

Il y a très longtemps que *Le Guide de la Moto* affirme clairement son affection pour les Dyna, et ce, même si, visuellement, elles n'ont jamais été les plus choyées de la gamme. C'est qu'une fois en selle, rien n'est comparable à l'expérience que fait vivre leur V-Twin et son montage souple. Depuis son arrivée l'an dernier, la Fat Bob est venue ajouter juste assez de machisme au concept original pour devenir l'une de nos customs favorites. Nous la prendrons avec l'option des repose-pieds devant, pas en dessous, merci. Quant à la Low Rider, il s'agit d'une Super Glide abaissée et mieux finie qui, franchement, pourrait bénéficier du genre de médecine visuelle qui a été administrée à la Fat Bob. Son nom laisse imaginer quelque chose de bien plus impressionnant que la ligne du modèle actuel.

Low Rider

V-Rod Muscle

HARLEY-DAVIDSON
V-ROD MUSCLE, V-ROD NIGHT ROD SPECIAL

NOUVEAUTÉ 2009

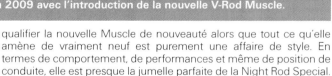

Harley de jeunes...

Depuis son arrivée applaudie en 2002, la V-Rod n'a qu'une raison d'être pour Harley-Davidson, celle d'attirer du sang neuf et surtout jeune. Si le modèle est plus ou moins parvenu à attirer la clientèle recherchée, il a aussi placé la firme de Milwaukee dans une situation inhabituelle. En effet, contrairement aux traits classiques d'une Fat Boy que les « vieux » ne se lassent jamais d'observer, la ligne de la V-Rod originale a fini par se faner aux yeux des « jeunes » dont l'imaginaire demande à être nourri à une fréquence bien plus régulière. Plusieurs incarnations de la V-Rod sont donc apparues avec le temps, un phénomène qui se répète d'ailleurs en 2009 avec l'introduction de la nouvelle V-Rod Muscle.

Il est absolument fascinant d'observer le cas « V-Rod » évoluer chez Harley-Davidson. D'un côté de cette saga se trouve un constructeur passé maître incontesté dans l'art de vendre non seulement des customs, mais aussi une image et même un état d'esprit à une catégorie bien particulière de motocyclistes. De l'autre, se trouve la volonté de ce même constructeur d'arriver à séduire d'autres catégories d'amateurs de motos. Et au milieu, se trouve la V-Rod, le modèle sur lequel la firme de Milwaukee mise pour faire le trait d'union entre tradition et avenir.

La V-Rod Muscle lancée cette année est le plus récent chapitre. Si, techniquement, il s'agit d'une Night Rod Special habillée différemment, force est d'admettre que l'effet est réussi. On connaissait déjà la force de Harley-Davidson lorsqu'il s'agit de donner une nouvelle saveur à une base existante, mais la Muscle en fait une fois de plus la démonstration. D'ailleurs, l'effet est tellement réussi et le résultat requiert tellement peu de ressources par rapport à la création d'un modèle tout nouveau qu'on se demande pourquoi d'autres constructeurs ne se simplifient pas la vie en adoptant cette méthode. Harley-Davidson saisirait-il mieux que quiconque le vrai pouvoir du style ? S'étant identifié si fortement, tout au long de son histoire et surtout récemment, en tant que « vendeur de style », obtiendrait-il maintenant du public que celui-ci accepte volontiers de renouveler son enthousiasme envers un produit juste pour des raisons de style ? Il semblerait que oui, puisqu'on accepte sans hésiter de

> **UN RELÂCHEMENT ABRUPT DE L'EMBRAYAGE SE TRADUIRA PAR UN ENFUMAGE INSTANTANÉ DU GROS 240 MM ARRIÈRE.**

qualifier la nouvelle Muscle de nouveauté alors que tout ce qu'elle amène de vraiment neuf est purement une affaire de style. En termes de comportement, de performances et même de position de conduite, elle est presque la jumelle parfaite de la Night Rod Special.

Ce qui veut dire non seulement que cette posture en C un peu extrême de type « pieds et mains loin devant » se retrouve sur les deux variantes, mais aussi que toute la fougue du brillant V-Twin de 1 250 cc de la Special fait aussi partie de l'expérience proposée par la Muscle. Il s'agit d'une mécanique douce et vraiment particulière qui marie de façon unique un style custom à un niveau de performances réellement impressionnant. Si les tout premiers régimes ne regorgent pas nécessairement de couple, la situation change rapidement dès que l'aiguille du tachymètre s'éloigne du ralenti. À partir d'un arrêt ou même d'une vitesse lente, une ouverture des gaz soudaine jumelée à un relâchement abrupt de l'embrayage se traduira par un enfumage instantané du gros pneu arrière de 240 mm, ainsi que par une étonnante poussée. Contrairement aux Harley traditionnelles sur lesquelles le travail de la transmission est volontairement lourd, sur les V-Rod, tout est léger et précis. La clientèle visée n'est pas la même.

Bien qu'ils soient à la mode ces temps-ci, les gros pneus arrière peuvent ruiner le comportement d'une custom. Pas sur les V-Rod où, grâce à un bon travail d'ingénierie, une petite lourdeur de direction à basse vitesse est le seul prix à payer.

LA NOUVELLE V-ROD MUSCLE EST UNE AUTRE DÉMONSTRATION DE SAVOIR-FAIRE SIGNÉE HARLEY-DAVIDSON EN MATIÈRE DE STYLE. C'EST RÉUSSI, C'EST OSÉ ET ÇA NE RESSEMBLE À RIEN D'AUTRE. PAS MAL COMME IMPACT POUR UNE NIGHT ROD SPECIAL RHABILLÉE.

V-Rod

La forme d'abord

On se demande souvent pourquoi les différents membres de la famille VRSC, les V-Rod, affichent une puissance légèrement différente malgré le fait qu'elles sont animées par un V-Twin identique. La réponse, comme c'est souvent le cas chez Harley-Davidson, est une question de style, et plus particulièrement dans ce cas, de style de silencieux. La réalité est que la firme de Milwaukee se fiche d'une différence de quelques chevaux et que l'important pour elle est que la ligne du modèle soit exactement celle souhaitée. On dessine donc un système d'échappement d'abord, et on donne ensuite aux ingénieurs le mandat de le réaliser en perdant le moins de puissance possible. La possibilité qu'un certain style amène le sacrifice de quelques chevaux est connue et acceptée. On se retrouve ainsi avec une V-Rod de 121 chevaux, une Night Rod Special de 125 chevaux et une V-Rod Muscle de 122 chevaux. Il est difficile de critiquer la position du constructeur à cet égard puisque le coup d'œil est vraiment réussi et qu'en selle, la différence est de toute façon imperceptible.

Night Rod Special

Général

Catégorie	Custom
Prix	V-Rod : 20 349 $ V-Rod Muscle : 20 829 $ Night Rod Special : 10 349 $
Immatriculation 2009	518 $
Catégorisation SAAQ 2009	« régulière »
Évolution récente	V-Rod introduite en 2002, Night Rod Special en 2007 et V-Rod Muscle en 2009
Garantie	2 ans/kilométrage illimité
Couleur(s)	choix multiples
Concurrence	Suzuki Boulevard M109R, Yamaha Road Star Warrior et Raider, Victory Hammer

Moteur

Type	bicylindre 4-temps en V à 60 degrés (Revolution), DACT, 4 soupapes par cylindre, refroidissement par liquide
Alimentation	par injection
Rapport volumétrique	11,5:1
Cylindrée	1 250 cc
Alésage et course	105 mm x 72 mm
Puissance	V-Rod : 121 ch @ 8 000 tr/min Muscle : 122 ch @ 8 250 tr/min Special : 125 ch @ 8 250 tr/min
Couple	V-Rod : 84 lb-pi @ 7 000 tr/min Muscle : 85 lb-pi @ 7 000 tr/min Special : 85 lb-pi @ 7 000 tr/min
Boîte de vitesses	5 rapports
Transmission finale	par courroie
Revolution à 100 km/h	environ 4 100 tr/min
Consommation moyenne	6,6 l/100 km
Autonomie moyenne	286 km

Voir légende en page 7

Partie cycle

Type de cadre	périmétrique à double berceau, en acier
Suspension avant	fourche conventionnelle de 49 mm (Muscle : 43 mm inversée) non ajustable
Suspension arrière	2 amortisseurs ajustables en précharge
Freinage avant	2 disques de 300 mm de Ø avec étriers à 4 pistons
Freinage arrière	1 disque de 300 mm de Ø avec étrier à 4 pistons
Pneus avant/arrière	120/70 ZR19 & 240/40 R18
Empattement	1 706 mm (Muscle : 1 701 mm)
Hauteur de selle	688 mm (Muscle : 678 mm)
Poids tous pleins faits	V-Rod : 304 kg; Special : 307 kg; Muscle : 305 kg
Réservoir de carburant	18,9 litres

QUOI DE NEUF EN 2009 ?

Introduction d'une nouvelle variante, la V-Rod Muscle

Retrait de la Night Rod

Night Rod Special coûte 1 850 $ de plus qu'en 2008

V-Rod coûte 350 $ de moins qu'en 2008

PAS MAL

Un V-Twin fabuleux provenant de la Screamin'Eagle V-Rod; il est doux, souple et pousse de façon très impressionnante

Un style cru et puissant pour la Special et la nouvelle Muscle qui est non seulement exécuté de main de maître, mais qui semble indiquer la direction que prendra la famille VRSC dans l'avenir; dans cette direction, la V-Rod originale pourrait même disparaître

Un comportement qui n'est pas trop touché par l'installation d'un pneu arrière ultralarge, ce qu'on ne peut dire de toutes les customs équipées de la sorte

BOF

Une position de conduite plus que typée et bel et bien extrême qui place littéralement les pieds aussi loin que les mains et plie le pilote en deux; à la défense de cette position, elle arrive à imprégner le pilote du thème très particulier des variantes Special et Muscle

Une suspension arrière qui n'est pas une merveille de souplesse et dont le rendement moyen est considérablement amplifié par la position qui place le bas du dos de manière vulnérable sur les Special et Muscle

Une certaine lourdeur de direction, un besoin d'exercer une pression constante sur le guidon et un comportement pas très naturel dans les manœuvres serrées qui découlent de la présence du gros pneu arrière

Conclusion

Les V-Rod sont les Harley pour les autres. Pour les motocyclistes que le prestige de la marque attire, mais que la nostalgie des modèles traditionnels n'intéresse pas. Elles proposent une combinaison de mythe et de sensations uniques et c'est exactement la marchandise qu'elles livrent. Après l'échec de la Street Rod, un modèle plus standard que custom et le retrait de la quelque peu timide —visuellement— Night Rod, et avec l'introduction de la Muscle, cette année, la vraie nature de la famille VRSC semble enfin faire surface. Il s'agit de Harley, oui, mais de Harley dont l'âme est noire de puissance et dont le visage est dur de brutalité. Elles n'ont besoin ni de roues à rayons ni de chrome. Elles sont les Harley de ceux qui n'aiment pas les Harley.

XR1200

NOUVEAUTÉ 2009

Une Harley d'un autre genre...

Oubliez tout des produits traditionnels Harley-Davidson puisque la nouvelle XR1200 n'en fait tout simplement pas partie. Créée d'abord et avant tout pour percer le marché européen en se servant de l'intérêt marqué de celui-ci pour les courses sur terre battue ainsi que pour les montures de type standard, cette très particulière Sportster arrive chez nous un an en retard, après que de nombreuses plaintes aient finalement convaincu la firme de Milwaukee de l'offrir aussi sur son propre territoire. Il s'agit d'une variante de la Sportster 1200 retenant le cadre et une version vitaminée du V-Twin de la custom, mais dont toutes les autres composantes sont nouvelles.

Aucun constructeur n'est aussi unidimensionnel que Harley-Davidson. De ses usines sortent des customs et seulement des customs. Si, sur l'immense marché américain, cette spécialisation sert très bien la marque, de l'autre côté de l'Atlantique, sur le colossal marché européen, cette particularité constitue plutôt un handicap culturel que le géant de Milwaukee essaie depuis toujours de surmonter. Sa dernière tentative, probablement la plus prometteuse à ce jour, consiste à miser sur la fascination de bon nombre d'Européens pour les courses sur terre battue, le *Dirt Track*. Le lien entre ce type de course et la marque de Milwaukee tient au fait que la légendaire XR750, une Harley-Davidson, domine la discipline depuis aussi longtemps qu'on puisse s'en souvenir. En reprenant l'esprit de la XR750 et en misant sur tout ce que le modèle représente, le constructeur espère presser les boutons qui généreront cette critique étincelle émotionnelle chez la clientèle visée. Non seulement le projet semble-t-il fort bien reçu en Europe, mais la réaction des Nord-Américains s'est également avérée très positive, d'où la décision d'offrir la XR1200 ici aussi.

Le fait que la XR1200 est basée de près sur la Sportster 1200, un modèle positionné au bas de la gamme américaine, pourrait semer un doute dans l'esprit de certains. Ce doute serait justifié puisque Harley-Davidson a déjà offert des modèles semblables basés sur la Sportster 883 et qui n'étaient en réalité qu'une custom légèrement maquillée. La XR1200 est très différente.

> **LA XR1200 PERMET AU PILOTE DE PRENDRE UN GRAND PLAISIR EN CONDUITE SPORTIVE SANS QU'IL AIT RECOURS À DES VITESSES FOLLES.**

Seul le cadre de la Sportster 1200 originale —dont la rigidité a été jugée suffisante— a été gardé plus ou moins intact sur la XR. Le moteur a subi plusieurs modifications ayant pour but de lui faire gagner près d'une vingtaine de chevaux, tandis que les suspensions, les roues et les freins sont de nouvelles pièces. Le résultat est un ensemble très intéressant puisqu'il ne retient que les meilleures caractéristiques de la Sportster, notamment le caractère de la mécanique, et qu'il laisse de côté toutes sensations pouvant être identifiées à celles d'une cutsom. Bref, la XR1200 est non seulement bel et bien un modèle à part entière, mais elle a aussi sa propre —et, soit dit en passant, très attachante— personnalité.

Dès le premier contact, la XR1200 établit clairement qu'il s'agit d'une monture ayant très peu de liens avec quoi que ce soit d'autre présentement sur le marché. La position de conduite est un étrange mélange. Les repose-pieds sont hauts, mais pas tout à fait aussi reculés que sur une vraie sportive. Le guidon très large est, quant à lui, légèrement plus haut et plus reculé que sur une routière commune comme une Bandit 1250S. Malgré les particularités de la position, on s'y habitue rapidement, au point de les oublier. Le confort offert par la selle est honnête sans être exceptionnel, tandis que l'espace restreint entre cette dernière et les repose-pieds peut finir par devenir inconfortable, surtout pour les pilotes qui ont de longues jambes. Le passager a droit à une selle minimaliste dictée par le style de la partie arrière et à des repose-pieds plutôt élevés. (voir suite)

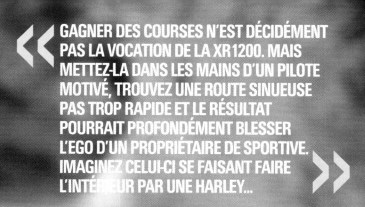

« GAGNER DES COURSES N'EST DÉCIDÉMENT PAS LA VOCATION DE LA XR1200. MAIS METTEZ-LA DANS LES MAINS D'UN PILOTE MOTIVÉ, TROUVEZ UNE ROUTE SINUEUSE PAS TROP RAPIDE ET LE RÉSULTAT POURRAIT PROFONDÉMENT BLESSER L'EGO D'UN PROPRIÉTAIRE DE SPORTIVE. IMAGINEZ CELUI-CI SE FAISANT FAIRE L'INTÉRIEUR PAR UNE HARLEY... »

La région de San Diego est souvent choisie par les constructeurs lors de lancements de nouveaux modèles. Avec quelques jours de pluie par année seulement, des routes montagneuses qui se tordent sans fin et une circulation automobile limitée, l'endroit est le terrain de jeu parfait pour ce genre d'événement. La présentation nord-américaine de la XR1200, pilotée par l'auteur sur cette photo signée Riles & Nelson, fut tenue dans cette région.

Prototype « Steroid »

Fallait y penser...

Les motos de course sur terre battue sont conçues de manière tellement unique et particulière qu'on n'aurait jamais même imaginé en voir un jour une version routière. Un prototype portant le nom de code « Steroid » présenté à la fin de 2006 démontra toutefois que l'idée semblait non seulement réalisable, mais aussi très attrayante d'un point de vue esthétique. La combinaison de la touche magique de Harley-Davidson au chapitre du stylisme et du riche passé du constructeur en matière de compétition de type Dirt Track représente l'éléments clé derrière l'authenticité du produit final. Il reste maintenant à observer comment le public réagira face à la nouveauté. Car on n'a décidément pas affaire, dans ce cas, à une Harley-Davidson comme les autres.

XR750

(suite) Le V-Twin qui anime la XR1200 représente l'autre principal facteur faisant de la nouveauté une moto très particulière. Son caractère ne semblera aucunement étrange aux motocyclistes ayant déjà eu affaire à un modèle des familles Sportster, de tourisme ou Dyna (les Harley avec une mécanique montée sur supports souples), mais les autres ont une surprise en réserve. Pulsant de manière à la fois franche et douce au ralenti, il entraîne non seulement toute la moto avec lui, mais le fait aussi au point de troubler la vision du pilote. Une fois en route, ce tremblement accompagne chaque instant de pilotage. Finement calibré par le constructeur, ce tremblement n'atteint jamais une amplitude gênante. Des tours approchant la zone rouge de 7 000 tr/min transforment ces pulsations en vibrations, mais la nature temporaire de ces régimes empêche ce fait de devenir un problème. Par ailleurs, chaque accélération est accompagnée d'une musique dont l'origine est immanquablement américaine, ce qui ajoute encore plus à la particularité et au charme du modèle.

Les performances dont est capable le V-Twin de la Sportster ont toujours été respectables. Avec environ une vingtaine de chevaux supplémentaires, la XR1200 offre des accélérations franches et linéaires, sans toutefois qu'elles soient étincelantes. Le très honnête couple livré à bas et moyen régimes permet de s'élancer sans effort à partir d'un arrêt ou de sortir de courbe autoritairement sans avoir besoin de rétrograder. D'une manière générale, on peut qualifier le niveau de performances d'assez relevé pour satisfaire un pilote expérimenté qui comprend le thème de la moto, mais pas pour l'impressionner. Pour ceux que la comparaison intéresse, notons que la puissance annoncée de la XR1200 est inférieure à celle d'une Buell Lightning 1200, un modèle qui est de plus considérablement plus léger et plus rapide.

L'une des facettes les plus intéressantes de la XR1200 concerne son comportement routier. Malgré un cadre presque identique à celui des Sportster 1200, la tenue de route affiche d'étonnantes qualités. Selon Harley-Davidson, une quantité énorme de pneus —on parle d'environ 80 types différents— ont été testés jusqu'à ce qu'un choix soit arrêté. Une solide fourche inversée, des freins puissants, mais pas trop sensibles et un bras oscillant costaud en aluminium coulé complètent un ensemble qui, s'il n'affiche pas la précision ou la légèreté d'une sportive pure, reste extrêmement bien manié. La XR1200 demande que le pilote s'implique en conduite sportive, qu'il pose des gestes déterminés et francs. En retour, elle lui fait vivre une impression de satisfaction qu'une vraie sportive ne rendra qu'à des vitesses très élevées sur circuit. Cette façon qu'a la XR1200 d'impliquer son pilote en conduite sportive, surtout combinée aux sensations fortes renvoyées par sa mécanique, est à la base de l'une des plus belles caractéristiques du modèle. Aux commandes de la XR, on arrive à se faire plaisir en pilotant de façon sportive sans que des vitesses extrêmes soient obligatoires et sans qu'on doive posséder un curriculum vitæ de coureur professionnel.

Général

Catégorie	Standard
Prix	13 079 $
Immatriculation 2009	NC - probabilité : 518 $
Catégorisation SAAQ 2009	NC - probabilité : « régulière »
Évolution récente	introduite en 2008
Garantie	2 ans/kilométrage illimité
Couleur(s)	noir, gris, orange
Concurrence	BMW R1200R, Buell Lightning XB12Ss, Ducati Monster 1100

Moteur

Type	bicylindre 4-temps en V à 45 degrés (Evolution), culbuté, 2 soupapes par cylindre, refroidissement par air
Alimentation	par injection
Rapport volumétrique	10:1
Cylindrée	1 203 cc
Alésage et course	88,9 mm x 96,8 mm
Puissance estimée	90 ch @ 7 000 tr/min
Couple	74 lb-pi @ 3 700 tr/min
Boîte de vitesses	5 rapports
Transmission finale	par courroie
Révolution à 100 km/h	n/d
Consommation moyenne	6,2 l/100 km
Autonomie moyenne	214 km

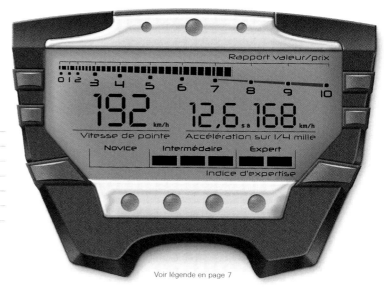

Rapport valeur/prix

192 km/h — Vitesse de pointe

12,6,168 km/h — Accélération sur 1/4 mille

Novice | Intermédiaire | Expert
Indice d'expertise

Voir légende en page 7

Partie cycle

Type de cadre	double berceau, en acier
Suspension avant	fourche conventionnelle de 43 mm non ajustable
Suspension arrière	2 amortisseurs ajustables en précharge
Freinage avant	2 disques de 292 mm de Ø avec étriers à 4 pistons
Freinage arrière	1 disque de 260 mm de Ø avec étrier à 1 piston
Pneus avant/arrière	120/70 ZR18 & 180/55 ZR17
Empattement	1 519 mm
Hauteur de selle	775 mm
Poids tous pleins faits	263 kg (à vide : 255 kg)
Réservoir de carburant	13,25 litres

QUOI DE NEUF EN 2009 ?

Nouveau modèle introduit en Europe en 2008

PAS MAL

Un concept réalisé de main de maître; pour la première fois, tout le savoir-faire de Harley-Davidson en termes de nostalgie est dirigé vers un modèle non-custom, et c'est franchement réussi; d'autres s.v.p. !

Une tenue de route qui n'inquiétera pas les sportives pures, mais qui reste assez précise et solide pour permettre de sérieusement s'amuser sur une route sinueuse

Un côté pratique, accessible, invitant et simple qui est extrêmement rafraîchissant; au-delà de son thème de machine de terre battue, la XR1200 est une excellente moto qui se montre aussi à l'aise dans la besogne quotidienne qu'en balade ou en mode sport

Un V-Twin très charismatique qui gronde et tremble comme seule une mécanique Harley-Davidson sait le faire

BOF

Un niveau de performances très correct, mais qui n'est pas du calibre à exciter un motocycliste gourmand en chevaux

Des suspensions qui fonctionnent beaucoup mieux que celles des Sportster traditionnelles, mais dont le comportement reste assez simpliste et dont les possibilités d'ajustements sont minimales

Une position de conduite un peu inhabituelle, à laquelle on finit néanmoins par s'habituer; les jambes sont par contre pliées de manière assez agressive

Une selle qui n'est pas mauvaise du tout, mais qui finit par devenir inconfortable lors de longues randonnées; l'accueil réservé au passager n'est par ailleurs pas le plus généreux

Conclusion

Il arrive de temps en temps, à force de sauter de moto en moto, que nous tombions sur une perle rare. La XR1200 en est une. Belle à croquer, réalisée avec un impressionnant souci du détail et imprégnée d'une authenticité qui ne pourrait être légitime que chez Harley-Davidson, elle étonne en offrant plus qu'un thème, plus qu'un style. La XR1200 est avant tout une bonne moto dont la polyvalence surprend franchement. Qui aurait cru que le maître de l'univers custom savait aussi construire des montures «normales» sur lesquelles on se tient droit et aux commandes desquelles une route sinueuse n'est plus terrifiante, mais bien invitante ? Beaucoup ne l'auraient jamais même imaginé. Parions que plusieurs de ces mêmes sceptiques ne se seraient jamais non plus imaginés en train d'envisager l'achat d'une Harley.

Sportster 1200 Custom

SPORTSTER 1200

Entrée de gamme plutôt que bas de gamme...

Les Sportster 1200 représentent la véritable entrée de la gamme Harley-Davidson. De cylindrée moins intéressante, les 883 sont plutôt des Harley bas de gamme, ce qui n'est pas la même chose. Pour 2009, les versions passent de 4 à 3 avec le retrait de la Roadster. La firme de Milwaukee annonce cette année une recalibration des suspensions de tous les modèles sauf la Nightster, qui a recours à des suspensions abaissées. Malgré une augmentation en 2009, les baisses de prix des dernières années ont amené les Sportster 1200 à un niveau qui rivalise maintenant facilement avec les déboursés demandés pour des produits japonais.

Nous avouons avoir été parfois durs à l'égard des Sportster, particulièrement avant que Harley-Davidson se décide finalement à les sortir de la préhistoire mécanique en 2004. Que voulez-vous, elles le méritaient. Depuis l'arrivée de la nouvelle génération, toutefois, on a heureusement affaire à des motos non seulement enfin vivables, mais même plutôt intéressantes, comme dans le cas de la Custom.

Grâce au montage souple du V-Twin, la Sportster d'aujourd'hui n'est plus affligée du problème de vibrations excessives des versions pré-2004. En fait, elle est carrément devenue la custom de cette catégorie disposant de la mécanique la plus plaisante. Observer une Sportster 1200 tourner au ralenti est un petit spectacle. Avec chaque mouvement des pistons, le moteur et le système d'échappement tout entier basculent et tremblent, au point que la roue avant semble même sautiller sur le sol, exactement comme sur les modèles de la famille de tourisme et sur les Dyna. L'arrivée de l'injection en 2007 a régularisé l'alimentation. Le système est au point et n'amène pas de critique.

Une fois installé sur une des selles plutôt dures mais basses des diverses versions, on découvre une position qui demande d'étendre les jambes jusqu'à des repose-pieds naturellement avancés pour le modèle Custom, ou de poser les pieds sur des commandes hautes et reculées pour les versions Low et Nightster. L'embrayage est léger et les vitesses se passent au son d'un « clonk » typique des V-Twin de Milwaukee.

> **LA SPORTSTER 1200 POSSÈDE AISÉMENT LA MÉCANIQUE LA PLUS CARACTÉRIELLE DANS CET ORDRE DE CYLINDRÉE.**

Si on fait exception de la nouvelle XR1200 qui est encore plus rapide, la Sportster 1200 est aisément la custom de cette cylindrée qui offre les meilleures performances. En fait, les Sportster 1200 sont même facilement plus rapides que les modèles équipés du TC96 du reste de la gamme américaine.

Au-delà de ses impressionnantes accélérations, c'est surtout par le genre d'expérience sensorielle qu'il fait vivre à son pilote que ce V-Twin se distingue. Les lourdes pulsations qu'il transmet au ralenti se transforment en un grondant et plaisant roulement de tambour à chaque montée de régime, tandis que le tout est accompagné d'une sonorité aussi profonde qu'éton-namment présente pour une mécanique de série. L'expérience rappelle d'ailleurs beaucoup les modèles de la famille Dyna. Même si elles ont pris quelques kilos après la refonte de 2004, les Sportster 1200 restent relativement légères, minces et plutôt agiles pour des customs; des avantages importants surtout pour les motocyclistes de plus faible stature. Les moins grands devraient par ailleurs apprécier la version Low et sa selle ultrabasse.

L'un des pires défauts des Sportster 1200 a toujours été leurs suspensions rudimentaires, et il reste à voir à quel point les améliorations prétendues par le constructeur sont réelles sur la route. Les modèles Low et Nightster ont toujours été les pires à cet égard en raison des débattements très faibles de leurs suspensions abaissées.

Général

Catégorie	Custom
Prix	Custom : 12 099 $ Nightster : 11 989 $ Low : 11 909 $
Immatriculation 2009	518 $
Catégorisation SAAQ 2009	« régulière »
Évolution récente	entièrement revue en 2004
Garantie	2 ans/kilométrage illimité
Couleur(s)	choix multiples
Concurrence	Honda VTX 1300, Yamaha V-Star 1100 et 1300

Moteur

Type	bicylindre 4-temps en V à 45 degrés (Evolution), culbuté, 2 soupapes par cylindre, refroidissement par air
Alimentation	par injection
Rapport volumétrique	9,7:1
Cylindrée	1 203 cc
Alésage et course	88,8 mm x 96,8 mm
Puissance estimée	65 ch @ 6 000 tr/min
Couple	79,1 lb-pi @ 4 000 tr/min
Boîte de vitesses	5 rapports
Transmission finale	par courroie
Révolution à 100 km/h	environ 2 800 tr/min
Consommation moyenne	6,0 l/100 km
Autonomie moyenne	C et L : 283 km; N : 208 km

Voir légende en page 7

Partie cycle

Type de cadre	double berceau, en acier
Suspension avant	fourche conventionnelle de 39 mm non ajustable
Suspension arrière	2 amortisseurs ajustables en précharge
Freinage avant	1 disque de 292 mm de Ø avec étrier à 2 pistons
Freinage arrière	1 disque de 292 mm de Ø avec étrier à 1 piston
Pneus avant/arrière	100/90-19 (C : MH90-21) /150/80 B16
Empattement	C : 1 534 mm; L : 1 516 mm; N : 1 524 mm
Hauteur de selle	C : 711 mm; L : 711 mm; N : 642 mm
Poids tous pleins faits	C : 267 kg; L : 263 kg; N : 255 kg
Réservoir de carburant	C et L : 17 litres; N : 12,5 litres

QUOI DE NEUF EN 2009 ?

Garde-boue avant abaissé; suspensions recalibrées (sauf Nightster); roue arrière allégée sur la version Custom

Retrait de la version Roadster

Sportster 1200 Low coûte 1 120 $, 1200 Custom 1 100 $ et Nightster 1 220 $ de plus qu'en 2008

PAS MAL

Un V-Twin qui a longtemps été plutôt désagréable en raison d'un niveau de vibrations trop élevé, mais qui est aujourd'hui devenu le moteur de custom le plus plaisant du marché dans cette classe de cylindrée

Une ligne soignée qui n'est pas nécessairement au goût du jour pour certains amateurs de customs, mais qui respecte avec élégance l'héritage des modèles

Un comportement simple, stable et exempt de vices importants qui s'avère aussi facile d'accès pour les motocyclistes ne disposant pas d'une grande expérience

BOF

Des suspensions dont le travail était rudimentaire au mieux, rude au pire; Harley-Davidson annonce une nouvelle calibration pour 2009; la Nightster n'est pas améliorée à ce niveau, elle qui en aurait besoin

Une position de conduite un peu étrange sur les modèles munis de repose-pieds en position centrale; on ne retrouve ce genre de posture que sur certains modèles Harley-Davidson et nulle part ailleurs

Un modèle Low qui arrive à une hauteur de selle exceptionnellement basse en coupant de manière importante dans les débattements de suspensions et dans le rembourrage de la selle

Conclusion

Des montures crues et décidément peu recommandables qu'elles étaient avant 2004, les Sportster 1200 sont devenues des customs caractérielles et désirables qui proposent un véritable échantillonnage de ce qu'offrent les « vraies » Harley de plus grosse cylindrée. Leurs prix compétitifs en font d'excellentes valeurs et, en raison de la différence de prix de plus en plus faible qui sépare les modèles 883 des 1200, ces dernières représentent aisément le meilleur achat. Il s'agit de Harley-Davidson d'entrée de gamme qui satisferont les nouveaux arrivants dans la firme de Milwaukee, mais dont le côté simpliste pourrait ne pas plaire aux motocyclistes plus exigeants et plus expérimentés. Ceux-ci devraient plutôt sérieusement envisager une Harley à moteur de 96 pouces cubes.

Sportster 1200 Nightster

Sportster 883 Custom

HARLEY-DAVIDSON
SPORTSTER 883

Bienvenue à Milwaukee...

La Sportster 883 est un peu le cas de la proposition trop belle pour être vraie. Une Harley-Davidson pour moins de 8 500 $? Vraiment ? Oui. Enfin, presque. Il s'agit bel et bien d'une authentique Harley fabriquée de la même manière que les modèles plus coûteux, mais il s'agit aussi d'un produit économique bas de gamme. Bref, ça fonctionne, mais on ne doit pas rêver à un rendement équivalent à ceux des modèles de grosse cylindrée. Comme la 883 de base disparaît en 2009, seules la Custom et la Low sont maintenant offertes. Notons que la Low est destinée aux débutants et aux pilotes de petite stature, dont les femmes. Même si elle est plus chère, la Custom représente toutefois un meilleur achat.

La Harley-Davidson Sportster 883 était, avant l'arrivée de la nouvelle génération en 2004, d'une atrocité mécanique digne de tout sauf du plus respecté constructeur de customs au monde. Heureusement, cette refonte l'a élevée à un niveau beaucoup plus acceptable même si elle demeure une monture bas de gamme.

Seulement deux versions sont offertes en 2009. La seule raison d'être de la 883 Low est de faciliter autant que possible l'accès au pilotage pour les motocyclistes de petite stature, notamment les femmes d'environ 5 pieds, selon le constructeur. Elle est équipée de suspensions abaissées et d'un siège moins rembourré afin de réduire la hauteur de la selle au minimum. Cette dernière est par ailleurs formée de manière à pousser le pilote légèrement vers l'avant, tandis que le guidon est reculé. Enfin, la béquille latérale est conçue de manière à minimiser l'effort requis pour relever la moto.

La 883 Custom se distingue par sa position de conduite classique avec un guidon reculé et des repose-pieds avancés. Affichant une finition un peu plus poussée, elle dispose d'une selle biplace et commande un déboursé environ 1 300 $ plus élevé que le prix de la Low. À moins d'avoir absolument besoin de la faible hauteur de selle de la Low, nous recommandons la Custom.

Malgré une cylindrée tout de même assez imposante de presque 900 cc, du moins pour cette classe, la 883 n'est pas particulièrement rapide. L'arrivée de l'injection de concert

> À MOINS D'AVOIR ABSOLUMENT BESOIN DE LA SELLE BASSE DE LA LOW, LA CUSTOM EST LA 883 À ACHETER, ET CE, MALGRÉ LE SUPPLÉMENT.

avec quelques modifications internes apportées à la mécanique, il y a 2 ans, a légèrement amélioré le niveau de performances de la petite Sportster qui satisfera surtout les motocyclistes peu expérimentés ou peu exigeants en matière de chevaux. Si la force des accélérations reste modeste, le couple livré à bas et moyen régimes a au moins le mérite d'être suffisamment intéressant pour qu'on arrive à circuler sans aucun problème, surtout si l'esprit est à la promenade. La plus grande qualité du V-Twin de 883 cc reste néanmoins les sensations aussi franches que plaisantes qu'il communique au pilote sous la forme d'agréables pulsations et d'une sonorité américaine authentique. À ce sujet, presque toutes les concurrentes directes de la 883 traînent sérieusement derrière puisqu'elles ont le défaut commun de manquer de caractère.

L'une des indications les plus évidentes de la nature économique des Sportster 883 est le rendement à peine satisfaisant des suspensions. Le constructeur annonce des améliorations à vérifier dans le cas de la Custom, mais la Low, avec ses amortisseurs à débattement réduit, est particulièrement rude sur chaussée abîmée.

Grâce au poids relativement faible et au centre de gravité bas, les 883 se manient avec suffisamment de facilité pour être recommandables à une clientèle novice, ce qu'on ne peut pas souvent dire des plus gros modèles du constructeur américain en raison de leur poids plus élevé et de leur gabarit plus imposant.

Général

Catégorie	Custom
Prix	9 779 $ (Low : 8 469 $)
Immatriculation 2009	518 $
Catégorisation SAAQ 2009	« régulière »
Évolution récente	entièrement revue en 2004
Garantie	2 ans/kilométrage illimité
Couleur(s)	choix multiples
Concurrence	Honda Shadow 750, Kawasaki Vulcan 900, Suzuki Boulevard C50, Yamaha V-Star 950

Moteur

Type	bicylindre 4-temps en V à 45 degrés (Evolution), culbuté, 2 soupapes par cylindre, refroidissement par air
Alimentation	par injection
Rapport volumétrique	8,9:1
Cylindrée	883 cc
Alésage et course	76,2 mm x 96,8 mm
Puissance estimée	53 ch @ 6 000 tr/min
Couple	55 lb-pi @ 3 500 tr/min
Boîte de vitesses	5 rapports
Transmission finale	par courroie
Révolution à 100 km/h	environ 3 100 tr/min
Consommation moyenne	5,8 l/100 km
Autonomie moyenne	293 km (L : 215 km)

Rapport valeur/prix

0 1 2 3 4 5 6 7 8 9 10

166 km/h **14,9,144** km/h
s à

Vitesse de pointe   Accélération sur 1/4 mille

Novice   Intermédaire   Expert

Indice d'expertise

Voir légende en page 7

Partie cycle

Type de cadre	double berceau, en acier
Suspension avant	fourche conventionnelle de 39 mm non ajustable
Suspension arrière	2 amortisseurs ajustables en précharge
Freinage avant	1 disque de 292 mm de Ø avec étrier à 2 pistons
Freinage arrière	1 disque de 292 mm de Ø avec étrier à 1 piston
Pneus avant/arrière	MH90-21 (L : 100/90-19) & 150/80 HB16
Empattement	1 534 mm (L : 1 524 mm)
Hauteur de selle	711 mm (L : 668 mm)
Poids à vide	268 kg (L : 264 kg)
Réservoir de carburant	17 litres (L : 12,5 litres)

QUOI DE NEUF EN 2009 ?

Garde-boue avant abaissé

Suspensions recalibrées et roue arrière allégée sur la version Custom

Retrait de la version 883

Sportster 883 Low coûte 550 $ et Sportster 883 Custom 930 $ de plus qu'en 2008

PAS MAL

Une facilité de prise en main intéressante pour les motocyclistes plus ou moins expérimentés qui prennent rapidement confiance à ses commandes

Un « petit » V-Twin, même s'il fait tout de même près de 900 cc, dont le caractère est indéniablement authentique; le couple des gros modèles n'y est pas, mais le rythme et la sonorité sont un échantillonnage parfaitement légitime de ce qu'offrent les grosses Harley

Une valeur incontestable; pour une somme qui n'achète généralement que des customs japonaises d'entrée de gamme, on se paie une Harley

BOF

Un niveau de performances qui n'a rien d'étincelant, et ce, malgré une certaine amélioration due à l'arrivée de l'injection en 2007; les novices et les pilotes peu exigeants s'en accommoderont, tandis que les autres devraient sérieusement envisager la 1200

Des suspensions rudimentaires qui ont toujours été très rudimentaires; Harley annonce des améliorations pour la Custom en 2009, mais la Low équipée de suspensions abaissées est carrément rude

Une position de conduite un peu étrange dans le cas de la Low qui place les pieds haut et directement sous le pilote

Conclusion

Sans qu'il s'agisse d'une référence en matière de technologie, la 883 se montre aujourd'hui techniquement compétitive avec son alimentation par injection et l'une des plus grosses cylindrées de la classe. Son plus grand attrait réside au niveau du V-Twin qui l'anime puisqu'il est aisément le plus caractériel chez les petites customs. Il ne s'agit toujours pas de montures des plus fonctionnelles qui soient puisqu'elles affichent encore un côté rudimentaire et simpliste, mais il s'agit d'un contraste avec l'absence de caractère de certains produits japonais que certains favoriseront.

Sportster 883 Low

Screamin'Eagle Fat Bob

HARLEY-DAVIDSON
SÉRIE CVO

Ultimes Harley...

Chaque année, la célèbre firme de Milwaukee choisit une poignée de modèles dans sa gamme et charge la toute petite équipe des *Custom Vehicle Operations* d'en faire ni plus ni moins que des Harley ultimes. Généralement accompagnées d'une facture 70 pour cent plus élevée que celle des modèles de série, ces montures bien particulières ne s'adressent pas aux amateurs de customs communs, mais plutôt à quelques maniaques de personnalisation qui savent reconnaître la valeur d'une custom déjà apprêtée et qui demeure parfaitement fonctionnelle malgré toutes les modifications. En fait, pour ces derniers, les produits de la division CVO représentent même un genre d'aubaine.

Pour le motocycliste moyen, celui qui s'affirme parfaitement heureux au guidon de sa V-Strom 650 achetée neuve pour 9 000 $, l'idée d'une Electra Glide de 43 000 $ trafiquée par la division des *Custom Vehicle Operations* de Harley-Davidson n'a à peu près aucun sens. Tout à fait compréhensible. Mais la clientèle qui s'intéresse à ces créations n'a rien du motocycliste moyen. Il s'agit plutôt d'une race ni plus ni moins qu'obsédée d'amateurs de produits Milwaukiens qui arrivent même à voir des aubaines en ces Harley hautement personnalisées !

Un tel raisonnement, aussi étrange puisse-t-il sembler, devient malgré tout logique lorsqu'on réalise que l'obsession de cette clientèle la pousse très souvent à débourser des montants bien supérieurs au surplus demandé pour les modèles de la division CVO, et ce, pour des résultats pas toujours réussis.

Un modèle de la gamme régulière offert en version Screamin'Eagle bénéficie d'abord du remplacement du V-Twin standard de 96 pouces cubes par une version de 110 pouces cubes beaucoup plus puissante et coupleuse. Puis, on ouvre la bible des propriétaires de Harley, le catalogue de pièces Screamin'Eagle, et on se sert sans la moindre retenue. Si le résultat est une moto littéralement recouverte de ces pièces convoitées, il doit néanmoins demeurer de bon goût. On ne visse pas bêtement n'importe quoi n'importe où. Une peinture spéciale appliquée à la main complète le tableau.

> L'IDÉE D'UNE ELECTRA GLIDE DE 43 000 $ N'A AUCUN SENS POUR LE MOTOCYCLISTE MOYEN. MAIS POUR L'AMATEUR OBSÉDÉ DE HARLEY, OUI.

Les quatre modèles élus en 2009 pour recevoir ce traitement royal sont l'Ultra Classic Electra Glide, la Road Glide, la Softail Springer et la Fat Bob. Chacun y réagit à sa façon.

L'Electra Glide, par exemple, semble enfin avoir le muscle requis pour bouger toute sa masse confortablement. On en descend en concluant immédiatement que toutes les montures de tourisme du constructeur devraient être livrées de série avec cette mécanique.

Si la Road Glide amène des commentaires similaires d'un point de vue mécanique, dans son cas, la médecine Screamin'Eagle a aussi pour but d'en faire un modèle visuellement plus intéressant, ou disons moins inintéressant.

La Springer est un cas très intéressant en 2009 puisqu'elle reçoit un large pneu arrière de 240 mm qui contraste de manière marquée avec le mince pneu avant et la classique fourche Springer. La particularité du modèle est qu'il s'agit en fait d'une Rocker, une moto conçue à l'origine pour être équipée d'un pneu arrière aussi large, qu'on a déguisée en Springer.

La plus récente addition à la famille des modèles Screamin'Eagle est basée sur la Fat Bob présentée l'an dernier. En raison du montage souple de sa mécanique, il s'agit d'un des modèles qui réagit le mieux à l'installation du gros V-Twin de 110 pouces cubes. Celui-ci lui donne non seulement des ailes en ligne droite, mais, par ses pulsations franches et profondes, il amène aussi un côté tactile à l'expérience qui est aussi exquis qu'unique.

Avec ses magnifiques roues chromées, sa fourche hallucinante, sa peinture très particulière et l'infinité de pièces Screamin'Eagle qui l'habillent, la Softail Springer —qui ne figure plus au catalogue ordinaire— préparée par la division CVO est hors de tout doute l'une des plus belles Harley-Davidson jamais produites. La plateforme Softail réagit correctement au surplus de puissance et de couple généré par le Twin Cam 110, mais l'ensemble se montre surtout plaisant lorsqu'on évite les derniers régimes qui amènent avec eux des vibrations déplaisantes et semblent stresser la transmission au point de la rendre capricieuse. Roulez toutefois sur le couple à bas et moyen régimes, et tout revient dans l'ordre. La Screamin'Eagle Softail Springer est le seul modèle équipé de cette fourche dont le frein avant bénéficie d'un étrier à 4 pistons plutôt qu'un. Ironiquement, la performance n'est guère meilleure qu'avec l'antique étrier à piston unique puisque la tendance qu'a la fourche Springer à s'affaisser en freinage intense demeure intacte. Quant au large pneu arrière, il n'affecte pas négativement le comporte-ment de la moto, ce qui s'explique par le fait qu'Harley-Davidson a construit cette version de la Softail Springer en partant de la base de la Rocker, une moto conçue à l'origine pour un pneu arrière d'une telle dimension.

Screamin'Eagle Softail Springer

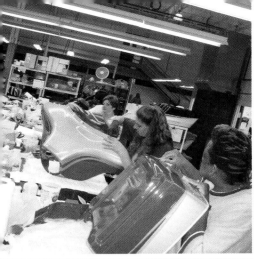

Cousu main

Difficile de croire, en cette période d'automatisation et de «Made in China» toujours plus grande, que la peinture des éditions Screamin'Eagle de la division CVO est vraiment appliquée à la main, mais c'est le cas. Une visite à l'usine de Caliber, dans le Wisconsin, m'a permis de le constater. La Caliber Plant est une entreprise privée n'appartenant pas à Harley-Davidson, mais que le géant américain emploie plutôt à titre de sous-traitant pour réaliser la finition de ses modèles Sceamin'Eagle. Chaque pièce arrive à l'usine à l'état brut, puis passe par une série d'étapes allant du premier sablage jusqu'au polissage des imperfections en passant par le masquage au ruban des motifs souhaités. Tout est fait à la chaîne, mais à la main, par une petite armée d'employés minutieux, et sans l'aide du moindre robot. Si cette façon de faire compte certainement pour une partie du surplus que commandent les versions Screamin'Eagle, elle ajoute aussi à la fierté des propriétaires qui apprécient non seulement cet aspect «fait main», mais aussi qu'un tel procédé assure une certaine unicité à chacune de ces motos. Par ailleurs, le mandat de la firme privée s'est récemment étendu au-delà de l'application de la peinture. L'effet de métal brossé sur les pièces de la Screamin'Eagle Softail Springer, par exemple, n'est pas le résultat d'un quelconque jeu de décalques, mais est plutôt réalisé en... brossant le métal. Le procédé semble simple, mais le responsable de l'usine est devenu nerveux lorsque je me suis un peu trop approché, caméra à la main, d'un employé en train de traiter une aile arrière. Atteint grâce à l'effet d'un disque rotatif passé sur des pièces métalliques préalablement peintes en noir, le look aurait apparemment requis beaucoup de temps à parfaire. Sans exiger que les photos ne soient pas publiées, ce que nous aurions respecté, il a toutefois insisté afin que mon attention pour ce poste particulier soit détournée ailleurs. Ailes, nacelle de phare et réservoir d'essence sont autant de pièces qui subissent cette préparation sur la Springer CVO. Cette visite de la Caliber Plant a non seulement permis de vérifier que «peintes à la main» n'était pas qu'une vérité partielle imaginée par le service du marketing, mais elle a aussi servi à rappeler et démontrer la détermination de Harley-Davidson de demeurer à l'avant-plan de l'univers custom en matière de style. BG

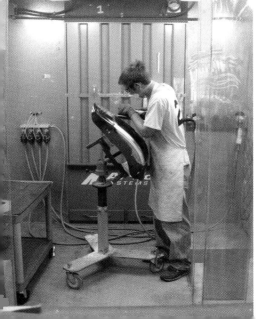

Screamin'Eagle Ultra Classic Electra Glide

Général

Catégorie	Custom/Tourisme de luxe et léger
Prix	SE Ultra Classic : 42 999 $ SE Road Glide : 37 539 $ SE Softail Springer : 32 699 $ SE Fat Bob : 30 649 $
Immatriculation 2009	518 $
Catégorisation SAAQ 2009	« régulière »
Évolution récente	série introduite en 1999; TC110 introduit en 2007
Garantie	2 ans/kilométrage illimité
Couleur(s)	choix multiples
Concurrence	Victory Arlen Ness Vision et Cory Ness Jackpot

Moteur

Type	bicylindre 4-temps en V à 45 degrés (Twin Cam 110/B), culbuté, 2 soupapes par cylindre, refroidissement par air
Alimentation	injection séquentielle
Rapport volumétrique	9,15:1
Cylindrée	1 803 cc
Alésage et course	101,6 mm x 111,25 mm
Puissance estimée	90 ch @ 5 000 tr/min
Couple	EG : 113 lb-pi @ 3750 tr/min RG : 115 lb-pi @ 4000 tr/min SS : 110 lb-pi @ 3000 tr/min FB : 114 lb-pi @ 3500 tr/min
Boîte de vitesses	6 rapports
Transmission finale	par courroie
Révolution à 100 km/h	environ 2 300 tr/min
Consommation moyenne	EG, RG : 6,3 l/100 km (SS, FB : 5,9 l)
Autonomie moyenne	EG, RG : 360 km; SS, FB : 320 km

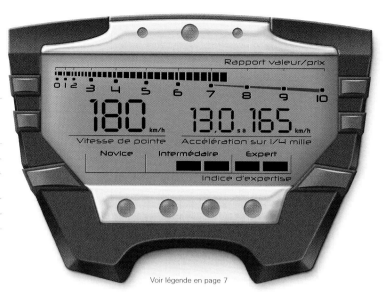

Voir légende en page 7

Partie cycle

Type de cadre	double berceau, en acier
Suspension avant	fourche conventionnelle de 49 mm (FB); 41,3 mm (EG/RG); Springer (SS)
Suspension arrière	2 amortisseurs ajustables en précharge
Freinage avant	2 (SS : 1) disques de 300 (SS : 292) mm de Ø avec étriers à 4 pistons
Freinage arrière	1 disque de 300 (FB, SS : 292) mm de Ø avec étrier à 4 (FB, SS : 2) pistons
Pneus avant/arrière	EG : 130/80 B17 & 180/65 B16 RG : 130/70 B18 & 180/55 B18 SS : 130/80 B18 & 240/55 R18 FB : 130/90 B16 & 180/70 B16
Empattement	EG : 1 614 mm; RG : 1 614 mm; SS : 1 656 mm; FB : 1 617 mm
Hauteur de selle	EG : 757 mm; RG : 709 mm; SS : 666 mm; FB : 683 mm
Poids tous pleins faits	EG : 419 kg; RG : 399 kg; SS : 341 kg; FB : 330 kg
Réservoir de carburant	EG, RG : 22,7 litres; SS, FB : 18,9 litres

QUOI DE NEUF EN 2009 ?

Retrait des Screamin'Eagle Dyna et Road King

Retour de la Screamin'Eagle Road Glide; nouvelle partie cycle pour les Screamin'Eagle Ultra Classic Electra Glide et Road Glide

Introduction d'une Screamin'Eagle Fat Bob et évolution de la Screamin'Eagle Softail Springer qui est désormais basée sur le châssis de la Rocker Ultra coûte 4 160 $ et Springer 5 050 $ de plus qu'en 2008

PAS MAL

Des valeurs intéressantes pour une clientèle qui débourserait aisément plus dans le but de créer une Harley personnalisée

Un produit final qui possède un comportement routier aussi bon que celui des modèles d'origine et dont la mécanique fonctionne aussi bien, ce qui n'est pas toujours le cas des « ambitieux projets personnels »

Un V-Twin gonflé à 110 pouces cubes qui génère nettement plus de puissance et de couple que le 96 pouces cubes d'origine

BOF

L'absence du côté unique d'une monture entièrement personnalisée par le propriétaire; les modèles de la division CVO sont produits en nombres limités, mais on parle quand même de plusieurs milliers d'unités

Un V-Twin qui, bien qu'il pousse fort, n'aime pas vraiment tourner très haut où on le sent surmené; la transmission devient aussi capricieuse lors de changements de rapports à haut régime, en pleine accélération

Un pare-brise écourté sur la Road Glide qui crée d'agaçantes turbulences à la hauteur du casque sur autoroute; son remplacement est toutefois facile

Conclusion

La proposition est la suivante. Vous pouvez acheter l'une de ces motos dans sa version d'origine et vous engager dans un projet de personnalisation assurément plus complexe et coûteux que vous le prévoyez, ou tout de suite débourser le supplément exigé par Harley-Davidson pour l'une de ces versions Screamin'Eagle et vous épargner le travail. Le résultat sera évidemment moins unique avec la seconde option, puisqu'il s'agit toujours de motos fabriquées en série, mais il garantit un degré de fonctionnalité élevé, une valeur de revente beaucoup plus prévisible et, ce qui n'est certes pas à négliger pour certains, le montant final du projet. Car s'il est une réalité dans cet univers, elle est que ceux et celles qui se lancent dans l'aventure de faire d'une Harley « la leur » savent quand le chéquier s'ouvre, mais jamais quand il se ferme.

Screamin'Eagle Road Glide

GOLD WING

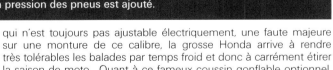

Géographie appliquée...

Le voyage à moto peut prendre bien des formes. Qui n'a pas entendu le récit d'un jeune parti à la découverte du continent aux commandes d'une 175 cc deux fois plus vieille que lui. À l'autre extrême de ce type de voyage se trouve une manière de joindre deux points sur une carte qui rivalise presque en termes de luxe avec le confort d'une automobile. Introduite au milieu des années 70, la Gold Wing de Honda n'a jamais cessé de peaufiner cette «autre» manière de voyager. Plus équipée que bien des voitures et propulsée par un génial 6-cylindres Boxer de 1,8 litre, elle est aujourd'hui devenue le symbole de ce genre de motocyclisme. Pour 2009, un système de surveillance de la pression des pneus est ajouté.

Depuis l'arrivée de la dernière génération du modèle en 2001, la Gold Wing est demeurée relativement intacte d'un point de vue mécanique. Cela dit, comme il n'a d'ailleurs jamais cessé de le faire depuis l'introduction du modèle il y a plus de 30 ans, Honda a régulièrement fait taire certaines critiques en améliorant ici et là sa vénérable voyageuse. Quelques retouches esthétiques furent faites à la partie arrière il y a 3 ans, tandis que Honda profitait de l'occasion pour également remanier de façon assez sérieuse le niveau d'équipement offert ainsi que la manière dont celui-ci est présenté. Le résultat est un tableau de bord d'inspiration automobile offrant une quantité de fonctions presque étourdissante. Le point focal est un système de navigation dont le large écran couleur sert en plus à afficher les informations reliées aux systèmes audio et de communication. Si un petit cours est nécessaire pour tirer le meilleur parti de toute cette technologie, on y arrive sans trop de difficultés et on s'attache même vite non seulement à l'excellent GPS, mais aussi à la chaîne audio qui est à la fois la plus puissante jamais installée sur une moto et celle dont la qualité sonore est la meilleure dans des situations difficiles comme la conduite sur l'autoroute où les bruits ambiants sont élevés.

C'est à la BMW K1200LT, qui a innové en proposant la première des équipements chauffants, qu'on doit les selles et les poignées chauffantes de la Gold Wing. En combinant ces dernières à l'excellente protection au vent offerte par le grand pare-brise

AUSSI PUISSANT QUE SOYEUX, LE 6-CYLINDRES BOXER DE LA HONDA GOLD WING EST DEVENU UNE VÉRITABLE SIGNATURE MÉCANIQUE.

qui n'est toujours pas ajustable électriquement, une faute majeure sur une monture de ce calibre, la grosse Honda arrive à rendre très tolérables les balades par temps froid et donc à carrément étirer la saison de moto. Quant à ce fameux coussin gonflable optionnel, le premier et toujours le seul de l'industrie, le surplus de près de 1 500 $ qu'il commande pourrait faire toute la différence si le pire arrivait.

Le comportement routier de la Gold Wing conserve toute la grâce et l'aisance auxquelles la génération du modèle présenté en 2001 nous a habitués. Si elle est très lourde à l'arrêt, on ne peut qu'admirer à quel point la grosse Honda devient agile dès qu'on se met en mouvement. La légèreté de la direction en amorce de virage, la stabilité à très haute vitesse en ligne droite ou en courbe, l'efficacité du système de freinage combiné avec ABS et la superbe souplesse du vénérable 6-cylindres à plat sont toutes des caractéristiques responsables du statut dont jouit de plein droit la Gold Wing. Sans oublier, évidemment, le confort royal offert par ses selles moelleuses et ses suspensions souples, ainsi que la puissance tant majestueuse que soyeuse de son génial 6-cylindres Boxer, une configuration qui est d'ailleurs devenue la signature mécanique de la Gold Wing. Celle-ci n'est pas pour autant parfaite comme en témoigne son poids tout simplement trop élevé, son pare-brise qui ne s'ajuste que peu et de façon manuelle et dont l'écoulement de l'air est accompagné de légères turbulences, ainsi que sa transmission au caractère rugueux et presque vieillot.

Général

Catégorie	Tourisme de luxe
Prix	29 399 $ (AD : 30 849 $)
Immatriculation 2009	518 $
Catégorisation SAAQ 2009	« régulière »
Évolution récente	introduite en 1975, revue en 1980, en 1984, en 1988 et en 2001
Garantie	3 ans/kilométrage illimité
Couleur(s)	gris, bleu, bourgogne, gris foncé
Concurrence	BMW K1200LT, Victory Vision Tour

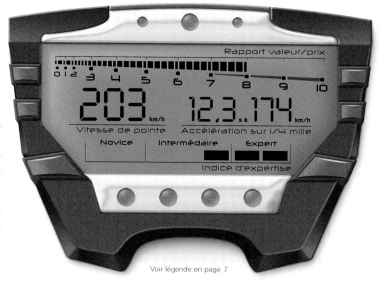

Voir légende en page 7

Moteur

Type	6-cylindres 4-temps boxer, SACT, 2 soupapes par cylindre, refroidissement par liquide
Alimentation	injection à 2 corps de 40 mm
Rapport volumétrique	9,8:1
Cylindrée	1 832 cc
Alésage et course	74 mm x 71 mm
Puissance	118 ch @ 5 500 tr/min
Couple	125 lb-pi @ 4 000 tr/min
Boîte de vitesses	5 rapports avec marche arrière électrique
Transmission finale	par arbre
Révolution à 100 km/h	environ 2 800 tr/min
Consommation moyenne	7,6 l/100 km
Autonomie moyenne	329 km

Partie cycle

Type de cadre	périmétrique, en aluminium
Suspension avant	fourche conventionnelle de 45 mm non ajustable
Suspension arrière	monoamortisseur ajustable en précharge
Freinage avant	2 disques de 296 mm de Ø avec étriers à 3 pistons et systèmes ABS et CBS
Freinage arrière	1 disque de 316 mm de Ø avec étrier à 3 pistons et systèmes ABS et CBS
Pneus avant/arrière	130/70 R18 & 180/80 R16
Empattement	1 689 mm
Hauteur de selle	739 mm
Poids tous pleins faits	412 kg (AD : 421 kg)
Réservoir de carburant	25 litres

QUOI DE NEUF EN 2009 ?

Système de surveillance de pression des pneus

Aucune augmentation de prix

PAS MAL

Une configuration mécanique unique dans le monde de la moto et qui contribue fortement à l'agrément de pilotage; tant la sonorité du 6-cylindres Boxer que sa souplesse et sa puissance constituent certaines des plus grandes forces du modèle

Un niveau de confort pratiquement inégalé sur une moto; la selle est presque un fauteuil, la protection au vent est totale, les vibrations sont quasi inexistantes et la liste d'équipements est interminable

Un comportement étonnamment solide et précis; si elle est balourde à l'arrêt, la Gold Wing devient agile une fois en mouvement

BOF

Un poids immense qui se fait surtout sentir à l'arrêt et dans les manœuvres à basse vitesse; une bonne expérience de pilotage est requise non seulement pour maîtriser le mastodonte, mais aussi pour éviter des chutes banales dans le garage ou dans un stationnement

Une efficacité aérodynamique qui n'est pas parfaite; l'écoulement du vent n'est pas exempt de turbulences à la hauteur du casque tandis que l'ajustement manuel du pare-brise n'a pas sa place sur une monture de ce prix et de ce calibre

Une transmission qui fait son travail sans accroc, mais qui se montre un peu rugueuse et pas très précise lors des passages de vitesses

Conclusion

Parce qu'elle est propulsée par le meilleur moteur de la classe, parce qu'elle n'a rien à envier à sa rivale la BMW K1200LT en matière d'équipements et parce qu'elle affiche un comportement sain et sans surprise une fois sur la route, la Gold Wing peut aujourd'hui être considérée comme le plus haut échelon de l'élitiste créneau du tourisme de luxe. Mais la vénérable Honda n'est pas sans défauts et la rumeur veut que sa rivale chez BMW soit sur le point d'être renouvelée de manière très sérieuse. Sans que la suprématie de la Gold Wing en soit pour autant menacée — c'est bien, les rumeurs, mais encore faut-il voir ce fameux modèle et l'évaluer avant de même penser à conclure quoi que ce soit—, disons qu'une petite mise à niveau ne lui ferait pas mal.

HONDA
ST 1300

Le jeu de la moyenne...

L'une des seules motos à avoir contesté la domination de BMW dans le créneau du tourisme sportif — la Kawasaki Concours pourrait être considérée comme la première —, la ST de Honda fut lancée il y a déjà presque 20 ans. Alors une 1100, elle offrit la seule alternative moderne aux allemandes durant plus d'une décennie, jusqu'à l'arrivée de la Yamaha FJR1300 en 2001. La génération actuelle, la seconde pour la ST, fut introduite en 2003, puis jamais retouchée. Au sein de cette catégorie qui compte aujourd'hui plus de choix que jamais, la Honda se veut l'option sûre et établie. Son équipement est suffisant, mais minimal, et c'est plutôt par son unique et charmant V4 longitudinal qu'elle se distingue.

La filiale moto de Honda se montre très — et probablement trop — tranquille depuis plusieurs années. La ST1300 fut l'une des dernières machines introduites avant ce ralentissement technologique dont la source et la raison n'ont jamais été dévoilées par le constructeur qu'on a pourtant surnommé le Géant Rouge pour ses innovations aussi spectaculaires que régulières. La ST1300 témoigne d'ailleurs de ce savoir-faire et cette volonté de risquer par la configuration de la mécanique qui l'anime. Il s'agit d'un V4 disposé de façon longitudinale et qui joue un important rôle dans le plaisir de conduite. Il produit une mélodie unique, feutrée, qui accompagne et agrémente chaque instant de la conduite. Bourré de couple dans les premiers tours, il est assez puissant pour soulever la roue avant sur le premier rapport si les gaz sont ouverts de façon brusque. L'accélération est ensuite linéaire jusqu'à la zone rouge, si bien qu'on a toujours la sensation de disposer d'assez de puissance, et qu'on ne pense pratiquement jamais à rétrograder pour rendre les choses plus intéressantes. La boîte de vitesses à 5 rapports est douce, précise et bien étagée. La ST n'est pas ultrarapide, mais elle possède cette caractéristique mécanique qui satisfait pleinement.

Compte tenu de la nature de la classe à laquelle appartient la ST1300, le niveau de confort qu'elle offre est d'une grande importance pour les acheteurs. À ce chapitre, la Honda excelle.

La position de conduite est agréablement équilibrée, la selle n'appelle presque pas de critiques et les suspensions sont à

> **LE CONCEPT DE LA ST1300 FUT RÉALISÉ ALORS QUE HONDA INNOVAIT ET RISQUAIT. LE SUPERBE V4 QUI L'ANIME EST SON PLUS BEL ATOUT.**

la fois souples et juste assez fermes. L'un des rares commentaires négatifs à ce chapitre concerne l'agaçant retour d'air que provoque le pare-brise à ajustement électrique — qui offre autrement une protection assez généreuse — lorsqu'il se trouve en position élevée.

L'écoulement de l'air n'est pas totalement exempt de turbulences, mais ça reste acceptable. Par temps chaud, on note un dégagement important de chaleur dans des situations lentes comme la conduite urbaine.

Au-delà de leur niveau de confort et des prestations de leur mécanique, les montures comme la ST1300 sont aussi jugées sur leur comportement routier. Après tout, sport-tourisme implique aussi sport. Encore là, la Honda se tire d'affaire avec d'excellentes notes.

Étonnamment agile et maniable pour une monture de son gabarit, la ST1300 ne demande qu'un effort minime pour s'engager en virage ou se basculer d'un angle à l'autre. Le châssis renvoie une forte impression de solidité et de précision dans les courbes de tous genres. Il fait également preuve d'une grande agilité dans les enfilades de courbes, qui sont un exercice à la fois plaisant et étonnamment accessible.

Si le comportement de la ST1300 est irréprochable jusqu'à plus ou moins 140 km/h, on arrive à le prendre en défaut en poussant les choses plus loin dans l'illégalité. On note ici des vitesses de 180 km/h et plus lors desquelles on note une réduction de la stabilité, et ce, surtout lorsqu'on transporte un passager et que le pare-brise est en position haute. Il ne s'agit donc pas d'une situation fréquente.

Général

Catégorie	Sport-Tourisme
Prix	19 699 $
Immatriculation 2009	518 $
Catégorisation SAAQ 2009	«régulière»
Évolution récente	introduite en 1990, revue en 2003
Garantie	3 ans/kilométrage illimité
Couleur(s)	noir
Concurrence	BMW K1300GT, Kawasaki Concours 14, Yamaha FJR1300

Moteur

Type	4-cylindre longitudinal 4-temps en V à 90 degrés, DACT, 4 soupapes par cylindre, refroidissement par liquide
Alimentation	injection à 4 corps de 36 mm
Rapport volumétrique	10,8:1
Cylindrée	1 261 cc
Alésage et course	78 mm x 66 mm
Puissance	125 ch @ 8 000 tr/min
Couple	85 lb-pi @ 6 000 tr/min
Boîte de vitesses	5 rapports
Transmission finale	par arbre
Révolution à 100 km/h	environ 3 400 tr/min
Consommation moyenne	6,5 l/100 km
Autonomie moyenne	446 km

Voir légende en page 7

Partie cycle

Type de cadre	périmétrique, en aluminium
Suspension avant	fourche conventionnelle de 45 mm non ajustable
Suspension arrière	monoamortisseur ajustable en précharge
Freinage avant	2 disques de 310 mm de Ø avec étriers à 3 pistons et systèmes ABS et CBS
Freinage arrière	1 disque de 316 mm de Ø avec étrier à 3 pistons et systèmes ABS et CBS
Pneus avant/arrière	120/70 ZR18 & 170/60 ZR17
Empattement	1 491 mm
Hauteur de selle	775/790/805 mm
Poids tous pleins faits	331 kg (à vide : 289 kg)
Réservoir de carburant	29 litres

QUOI DE NEUF EN 2009 ?

Aucun changement

Aucune augmentation de prix

PAS MAL

Un niveau de confort très difficile à prendre en faute; la protection au vent est très bonne, la position de conduite est bien équilibrée, les suspensions sont bien calibrées et la selle est bonne tant pour le pilote que pour son passager

Un caractère facile à vivre dans l'environnement quotidien qui vient s'ajouter aux excellentes qualités du modèle dans les situations comme les longues distances parsemées de routes en lacets

Un plaisir de conduite élevé amené par un niveau de performances plus que satisfaisant et surtout par le caractère bien particulier du superbe V4 qui anime le modèle

BOF

Un pare-brise électrique qui crée de la turbulence à la hauteur du casque et génère un retour d'air dans le dos du pilote, lorsqu'il se trouve en position haute à vitesse élevée

Une grande quantité de chaleur dégagée par le moteur lors de journées chaudes, et ce, surtout dans des conditions sans déplacement d'air comme la circulation dense

Un léger louvoiement à très haute vitesse, surtout lorsque le pare-brise est en position haute; les utilisateurs respectueux des limites de vitesse ne s'en rendront toutefois jamais compte

Une ligne qui, même si elle vieillit bien, commence à dater

Un niveau d'équipement qui pourrait être plus généreux, surtout compte tenu du prix qui n'est pas particulièrement bas

Conclusion

Nous disons souvent que les machines de sport-tourisme devraient être choisies non seulement selon les besoins des acheteurs, mais aussi selon leur caractère. La ST1300 est probablement la plus sobre et la plus discrète de sa classe, sans que cela en fasse une monture moins qu'excellente. Elle ne s'adresse pas à l'amateur de sensations fortes ni au coureur à la retraite, mais plutôt au motocycliste moyen et commun, celui qui ne demande qu'à rouler longtemps et confortablement avec un minimum de tracas. Un peu moins fine en pilotage sportif que la Yamaha FJR1300, moins puissante et pointue que la Kawasaki Concours 14 et moins dispendieuse que la BMW K1300GT, elle incarne aujourd'hui le modèle établi, la valeur sûre de la classe, la moto qui plaît au plus grand nombre.

CBF 1000

Aventurière ?

Le Guide de la Moto porte relativement peu d'attention aux angles suivis par les équipes de marketing des constructeurs. Disons que nous préférons simplement monter sur les modèles et nous faire notre propre opinion. Mais lorsque Honda Canada a annoncé qu'il comptait vendre la CBF1000 qu'il avait empruntée au marché européen comme « aventurière », nous nous sommes dit que ce discours-là devrait être divertissant. L'argument de la filiale canadienne du constructeur serait qu'on n'a pas besoin d'être aux commandes d'une BMW R1200GS pour partir à l'aventure et qu'une moto bien construite et polyvalente peut très bien faire l'affaire. Une moto comme la CBF1000, bien entendu.

Le moment où le discours de Honda Canada s'est mis à devenir vraiment intrigant arriva lorsqu'il fut question de routes non pavées. Toute aventure digne de ce nom a de fortes chances de traverser des endroits reculés où le pavage est, soit vieux et abîmé, soit inexistant. Selon le constructeur, la CBF1000 affronterait ce genre d'environnement sans le moindre problème. « *C'est* une aventurière. »

Une minute.

Sur le marché européen pour lequel la CBF1000 a été conçue —rappelons qu'en Amérique du Nord, il s'agit d'un modèle disponible uniquement au Canada, une initiative de Honda Canada— celle-ci est vendue comme une routière sportive simple, amicale et plutôt économique, mais rien de plus. Ici, elle serait une aventurière ? De deux choses l'une. Ou l'imagination de Honda est très fertile, ou il y a plus à la CBF1000 que nos yeux ne nous le disent. Une balade organisée au Québec —pour une fois— par le manufacturier allait démontrer que la réalité comporte un peu des deux.

La CBF1000 est d'abord et avant tout une routière. Évidemment, d'ailleurs. Vous y êtes installé de façon sportive, un peu comme sur une Bandit 1250S, le dos bien droit, les jambes pliées juste sous le bassin, les pieds légèrement reculés. Le guidon tombe sous les mains sans faire supporter de poids superflu aux poignets, la selle est excellente autant pour le pilote que pour le passager, et sa hauteur est raisonnable. Le carénage et son pare-brise plutôt bas font, quant à eux, très bien leur travail.

> **IL S'AGIT D'UN TOUT INTÉGRÉ DE MANIÈRE ABSOLUE ET DONT LA SIMPLICITÉ APPARENTE CACHE UNE COMPLEXE RECHERCHE D'ÉQUILIBRE.**

Dès les premiers tours de roues à ses commandes, la CBF1000 se distingue en offrant une combinaison de simplicité, de qualité et d'efficacité qu'on retrouve trop rarement dans le marché toujours plus spécialisé qu'est celui de la moto moderne. La BMW F800ST est l'une des rares autres motos qui nous aient laissé la même impression. Sur la CBF1000, chaque opération est aisée, de la réponse de l'accélérateur jusqu'à l'approche d'une courbe en passant par le freinage et les changements de rapports. Il s'agit d'un tout intégré de manière absolue dont la simplicité apparente cache une recherche très complexe d'un comportement équilibré. Le résultat est un régal dans un tas de situations.

L'esprit de confort et de confiance dont sont responsables la bonne position, la douceur et la remarquable souplesse du 4-cylindres emprunté à la CBR1000RR de première génération ainsi que l'imperturbable stabilité et la rassurante sérénité du châssis en pilotage sportif sont autant de qualités qui rendent la conduite tellement naturelle et accessible que nous n'aurions pas la moindre difficulté à recommander la CBF1000 comme première moto. Ce qui n'empêche pas du tout les bonnes performances offertes par la centaine de chevaux de satisfaire un motocycliste expérimenté, du moins tant qu'il n'a pas absolument besoin d'accélérations étincelantes.

Quant aux fameuses routes non pavées, nous avons amené la CBF1000 sur une longue section en gravier... pour constater qu'elle s'est très bien tirée d'affaire. Mais de là à en faire une aventurière...

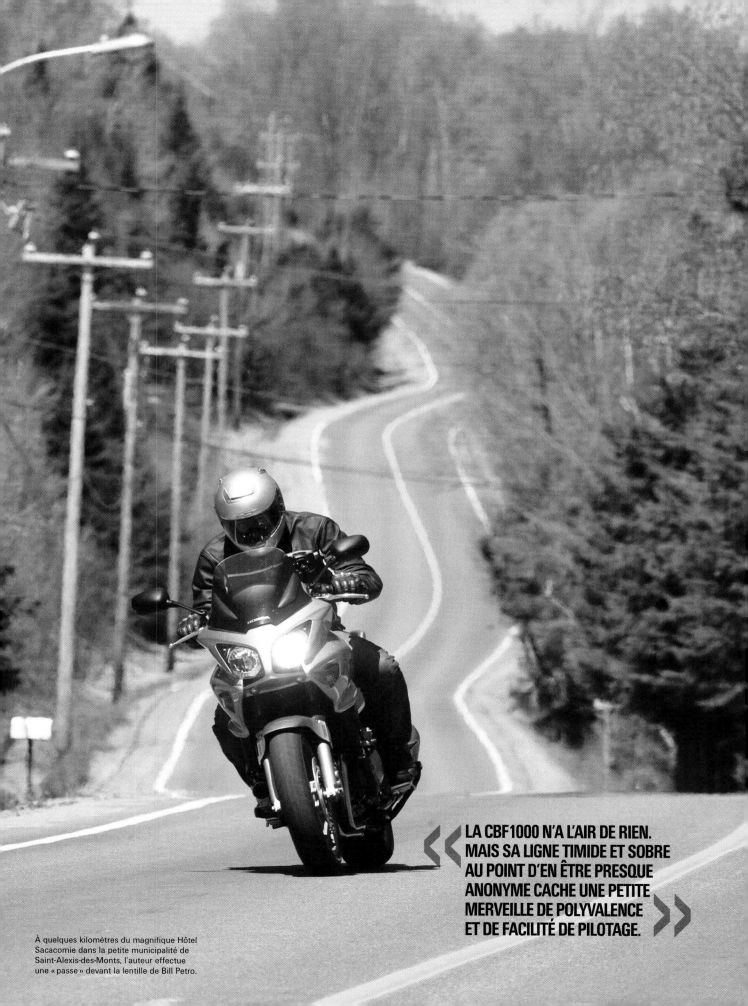

LA CBF1000 N'A L'AIR DE RIEN. MAIS SA LIGNE TIMIDE ET SOBRE AU POINT D'EN ÊTRE PRESQUE ANONYME CACHE UNE PETITE MERVEILLE DE POLYVALENCE ET DE FACILITÉ DE PILOTAGE.

À quelques kilomètres du magnifique Hôtel Sacacomie dans la petite municipalité de Saint-Alexis-des-Monts, l'auteur effectue une « passe » devant la lentille de Bill Petro.

L'aventure selon Honda

Si le concept de l'aventure à moto présenté par Honda Canada pour décrire la classe à laquelle appartiendrait la CBF1000 est clairement le fruit d'une équipe de marketing — un fort intéressant site web (www.laventureattend.ca) fait d'ailleurs partie de l'effort —, le fait est qu'affirmer qu'on n'a pas besoin d'une BMW R1200GS pour partir justement à l'aventure n'est absolument pas un mensonge, mais comporte au contraire une bonne part de vérité. La moto s'est tellement spécialisée et les motocyclistes ont tellement été gâtés par les constructeurs que nous en sommes arrivés à croire que seule une GS peut nous amener n'importe où et que seule une Gold Wing, voire une ST1300, est vraiment apte à voyager. C'est bien entendu faux. Même s'il ne s'agit pas d'une machine tout terrain, la CBF1000 — et bien d'autres routières, d'ailleurs — se débrouille très bien sur une route de terre ou de gravier. De plus, avec les valises offertes par Honda en option, elle se transforme en avaleuse de longues distances étonnamment pratique et efficace. En fait, pour bon nombre de motocyclistes, ce type de moto représente possiblement une meilleure façon d'aborder le voyage que ne le ferait une grosse monture de tourisme de luxe ou une pure sport-tourisme. Plus économique, plus légère, plus agile, plus joueuse que ces dernières et moins encombrante dans le quotidien une fois les valises retirées, la CBF1000 se veut une option à laquelle beaucoup n'auraient souvent simplement pas pensé pour faire face à l'environnement du voyage. Encore une fois, la même chose pourrait être dite de plusieurs autres modèles à vocation routière.

Notons que, comme la Varadero, la nouvelle DN-01 et plusieurs autres modèles « spéciaux », la CBF1000 n'est offerte que dans les Centres Honda. Il s'agit d'une manière pour Honda de diriger sa clientèle vers ces nouveaux concessionnaires exclusifs à la marque et que la firme estime être la voie de l'avenir pour elle. Cette nouvelle génération d'établissements a aussi la fonction de distinguer Honda des autres constructeurs, surtout des japonais. Il s'agit d'une restructuration directement liée aux nombreux inconvénients de la cohabitation inhérente aux concessionnaires multimarque, et ce, surtout pour une compagnie désirant être perçue de façon plus prestigieuse que simplement comme l'un des constructeurs japonais.

Général

Catégorie	Routière Sportive
Prix	11 999 $
Immatriculation 2009	518 $
Catégorisation SAAQ 2009	« régulière »
Évolution récente	introduite en 2006
Garantie	1 an/kilométrage illimité
Couleur(s)	argent, blanc, noir, rouge
Concurrence	Suzuki Bandit 1250S, Yamaha FZ1

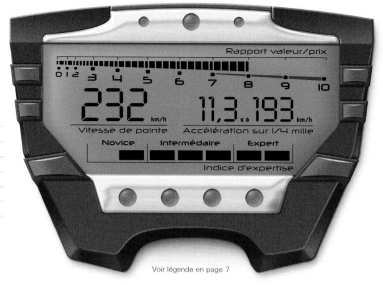

Voir légende en page 7

Moteur

Type	4-cylindres en ligne 4-temps, DACT, 4 soupapes par cylindre, refroidissement par liquide
Alimentation	injection à 4 corps de 36 mm
Rapport volumétrique	11,1:1
Cylindrée	998 cc
Alésage et course	75 mm x 56,5 mm
Puissance sans Ram Air	98 ch @ 8 000 tr/min
Couple	68 lb-pi @ 6 500 tr/min
Boîte de vitesses	6 rapports
Transmission finale	par chaîne
Révolution à 100 km/h	environ 4 100 tr/min
Consommation moyenne	7,5 l/100 km
Autonomie moyenne	253 km

Partie cycle

Type de cadre	épine dorsale rectangulaire, en acier
Suspension avant	fourche conventionnelle de 41 mm non ajustable
Suspension arrière	monoamortisseur ajustable en précharge
Freinage avant	2 disques de 296 mm de Ø avec étriers à 3 pistons et systèmes ABS et CBS
Freinage arrière	1 disque de 240 mm de Ø avec étrier à 3 pistons et systèmes ABS et CBS
Pneus avant/arrière	120/70 ZR17 & 160/60 ZR17
Empattement	1 480 mm
Hauteur de selle	780/795/810 mm
Poids tous pleins faits	250 kg (à vide : 228 kg)
Réservoir de carburant	19 litres

QUOI DE NEUF EN 2009 ?

Aucun changement

Aucune augmentation de prix

PAS MAL

Une petite merveille de polyvalence qui se montre non seulement tout à fait à l'aise dans une multitude de situations, mais aussi dont le niveau d'accessibilité est tellement élevé qu'elle peut être chaudement recommandée à un éventail de motocyclistes dont les niveaux d'expérience et d'habileté sont très variés

Une mécanique provenant de la CBR1000RR de première génération et dont la transformation est aussi totale que bien adaptée puisqu'il s'agit d'un des moteurs d'un litre les plus coupleux jamais produits

Une qualité de tenue de route dont on ne se douterait pas en jetant un coup d'œil rapide au modèle; grâce aux réglages judicieux des suspensions et à la solidité de l'ensemble des composantes, on peut pousser le rythme en virage sans jamais qu'elle ne devienne nerveuse

BOF

Une mécanique extrêmement bien réglée en termes de souplesse et de douceur, mais qui serait beaucoup plus intéressante si elle perdait sa linéarité à l'approche de la zone rouge en produisant un certain « punch » à haut régime

Une ligne qui n'est pas laide, mais dont l'esprit est tellement sobre et neutre qu'elle semble dessinée en vitesse et ne communique pas grand-chose; un peu de « pep » bien placé ne lui ferait aucun tort

Un positionnement « aventure » qui pourrait porter à confusion; la CBF1000 possède en effet la capacité de rouler confortablement sur tous types de routes et se comporte étonnamment bien sur les chemins de terre secs ou de gravier, mais il ne faudrait pas pousser les choses jusqu'à la comparer à une GS

Conclusion

Nous ne pouvons nous empêcher de percevoir une certaine ironie derrière la nature simple, accessible et merveilleusement polyvalente de la CBF1000. C'est que, nonobstant l'intéressant positionnement que Honda tente de lui donner, il s'agit d'un des plus beaux exemples de ce qu'on appelle tout bonnement une moto à tout faire. Une machine qui vous amène vous et votre passager n'importe où, qui vous permet de vous amuser en exploitant pleinement tant son châssis que sa mécanique. Une moto qui prend le rôle du simple moyen de transport avec autant d'aise qu'elle prend celui de voyageuse. Elle est l'incarnation moderne d'un genre que la spécialisation des dernières décennies nous a aujourd'hui fait oublier et que « les Anglais » ont très justement surnommé *Universal Japanese Motorcycle*. Une expression qui se passe de traduction.

HONDA
VFR800

Bien assise...

Dire que la VFR800 se trouve bien assise sur ses lauriers n'aurait rien d'exagéré. Il s'agit même du modèle de la gamme Honda illustrant le mieux le récent ralentissement de la division moto du constructeur, et ce, même si celui-ci refuse de parler de ralentissement. Introduite en 1986, la VFR a inconditionnellement été revue tous les 4 ans. En 90, en 94, en 98 et en 2002. Puis, rien. D'ailleurs, selon ce rythme, la VFR n'aura plus une, mais bien deux générations de retard si elle n'est pas renouvelée l'an prochain, en 2010. À la défense du constructeur, tout ça ne change rien au fait que sa vénérable et vénérée VFR demeure toujours l'une des meilleures routières du marché.

Avec les années, la VFR s'est taillé une enviable réputation tournant surtout autour du thème de la polyvalence. Avec l'arrivée de chaque nouvelle génération, la Honda se montrait capable de satisfaire les goûts et les besoins d'une variété toujours plus grande de motocyclistes grâce à sa capacité de jouer une multitude de rôles. La version courante, dont l'introduction remonte à 2002, propose un équilibre fort intéressant entre les différentes missions habituellement attendues d'une routière, et plus précisément, entre sportivité et confort. Cet équilibre demeure toutefois un compromis qui gagnerait à être légèrement moins axé sur l'aspect sportif de la conduite. On note, par exemple, un peu trop de poids sur les poignets ainsi que des suspensions un peu plus fermes que nécessaire. Une VFR qui offrirait un positionnement à mi-chemin entre celui de la génération présente et celui de la génération précédente, qui était plus confortable, mais moins sportive, représenterait probablement une proposition très alléchante.

Même si elle n'appartient clairement pas à la même race que les sportives pures comme les CBR-RR ou les GSX-R, pour ne nommer que celles-là, la VFR800 reste parfaitement capable de boucler des tours de piste à un rythme étonnant, ce qui en dit long sur le calibre de sa tenue de route. Dans les conditions extrêmes que sont celles du pilotage sur circuit, son comportement n'affiche pas la finesse de celui d'une hypersportive, mais la précision et la solidité de sa partie cycle demeurent surprenantes. Peu importe le genre

> **LA VFR A DÉMONTRÉ IL Y A LONGTEMPS QUE PILOTAGE SPORTIF ET ABS NE SONT PAS EXCLUSIFS. LES CBR 2009 REPRENNENT LE MÊME CONCEPT.**

d'abus qu'on lui fait subir, la VFR fait preuve d'une stabilité imperturbable, d'un aplomb impressionnant en pleine inclinaison et d'une remarquable légèreté de direction. Le freinage est sans reproche puisque le système LBS qui lie les freins avant et arrière fonctionne très bien et que l'ABS livré de série travaille de façon efficace et transparente. La VFR a d'ailleurs démontré il y a longtemps qu'ABS et pilotage sportif ne sont pas exclusifs, un concept que Honda pousse un cran plus loin en 2009 avec ses CBR.

Aussi original que plaisant, le V4 qui anime la VFR n'a rien d'un monstre de puissance, mais offre quand même des montées en régimes franches. Si sa sonorité n'est plus aussi exotique que celle de la génération précédente, elle reste l'un des points les plus attrayants du modèle. Malgré ses nombreuses qualités, il ne s'agit pas d'une mécanique parfaite. Son système VTEC —qui ouvre 8 soupapes sous 6 400 tr/min et 16 soupapes ensuite— continue de déranger par son entrée en action plus ou moins douce, tandis que le couple relativement faible généré par les 800 cc à bas et moyen régimes constitue une autre lacune. On arrive à vivre sans problèmes avec ces caractéristiques, mais compte tenu de la vocation à la fois haut de gamme et routière de la VFR, on aimerait vraiment voir le VTEC soit évoluer soit disparaître, et le couple bénéficier d'une augmentation considérable aux régimes utilisés de manière fréquente dans le quotidien. Nous ne le répéterons jamais assez souvent, la solution idéale passerait par un nouveau V4 léger, compact et sophistiqué d'environ un litre.

Général

Catégorie	Routière Sportive
Prix	14 699 $
Immatriculation 2009	518 $
Catégorisation SAAQ 2009	« régulière »
Évolution récente	introduite en 1986, revue en 1990, en 1994, en 1998 et en 2002
Garantie	1 an/kilométrage illimité
Couleur(s)	blanc
Concurrence	BMW F800ST, Triumph Sprint ST

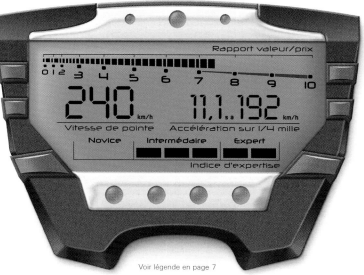

Rapport valeur/prix

240 km/h — Vitesse de pointe

11,1,192 km/h — Accélération sur 1/4 mille

Novice | Intermédaire | Expert

Indice d'expertise

Voir légende en page 7

Moteur

Type	4-cylindres 4-temps en V à 90 degrés, DACT, 4 soupapes par cylindre, refroidissement par liquide
Alimentation	injection à 4 corps de 36 mm
Rapport volumétrique	11,6:1
Cylindrée	782 cc
Alésage et course	72 mm x 48 mm
Puissance	109,5 ch @ 10 500 tr/min
Couple	60 lb-pi @ 8 750 tr/min
Boîte de vitesses	6 rapports
Transmission finale	par chaîne
Révolution à 100 km/h	environ 5 500 tr/min
Consommation moyenne	6,0 l/100 km
Autonomie moyenne	366 km

Partie cycle

Type de cadre	périmétrique, en aluminium
Suspension avant	fourche conventionnelle de 43 mm ajustable en précharge
Suspension arrière	monoamortisseur ajustable en précharge et détente
Freinage avant	2 disques de 296 mm de Ø avec étriers à 3 pistons et systèmes ABS et CBS
Freinage arrière	1 disque de 256 mm de Ø avec étrier à 3 pistons et systèmes ABS et CBS
Pneus avant/arrière	120/70 ZR17 & 180/55 ZR17
Empattement	1 458 mm
Hauteur de selle	805 mm
Poids tous pleins faits	250 kg (à vide : 219 kg)
Réservoir de carburant	22 litres

QUOI DE NEUF EN 2009 ?

Aucun changement

Aucune augmentation de prix

PAS MAL

Une polyvalence remarquable; en usage quotidien, en balade rapide, en voyage, même lors de journées d'essais libres, la VFR arrive à satisfaire une clientèle exigeante

Une tenue de route assez relevée pour permettre une utilisation sur piste, mais aussi très facile d'accès; malgré ses bonnes performances, la VFR800 peut parfaitement convenir aux néophytes

L'une des rares motos de ce type et de cette cylindrée équipées de l'ABS; de plus, le système de freinage combiné est le meilleur sur le marché en raison de sa transparence totale

BOF

Un système VTEC qui, bien que modifié en 2006, ne semble pas être la solution au problème qu'il tente de régler; on le sent clairement s'activer puis se désactiver autour de 6 400 tr/min; il reste agaçant, la sonorité qu'il génère est désagréable et les bénéfices qu'il apporte en termes de couple supplémentaire sont très discutables

Un positionnement un peu trop sportif; on est basculé sur l'avant et les suspensions sont fermes; l'ancienne génération de la VFR800, produite jusqu'en 2001, était plus confortable; le marché regorge de sportives radicales et la VFR devrait offrir autre chose

Un niveau de performances très satisfaisant, mais un couple à bas régime qu'on souhaiterait plus musclé; la solution semble passer par l'augmentation de la cylindrée à environ un litre, ce que la technologie moderne permet de faire sans perdre une once d'agilité; en ce qui nous concerne, nous croyons qu'une VFR d'au moins un litre qui remplacerait à la fois le modèle courant et la CBR1100XX pourrait être très intéressante

Conclusion

Malgré toutes ses belles qualités, malgré le fait qu'elle demeure toujours parfaitement recommandable et qu'elle reste l'une des meilleures motos du monde motocycliste, la VFR *doit* évoluer. D'abord parce que, techniquement, elle commence à traîner la patte. Les dernières tendances dictées par les préférences des motocyclistes pointent vers de plus grosses cylindrées que ses 800 cc. Le rôle du VTEC était d'ailleurs de combler ce besoin, ce qu'il n'a pas fait. Ensuite, il y ce prix élevé qu'on peut justifier dans le cas d'une machine à la fine pointe, mais qui, franchement, commence à devenir difficilement explicable vu l'âge du modèle. Puis finalement, et surtout, il y a ce que la VFR représente pour Honda. Avec les années, elle est non seulement devenue une carte d'affaires pour le constructeur, mais aussi l'incarnation de sa capacité d'innover. Une nouvelle VFR digne des plus hautes attentes tomberait à point pour rappeler à tout un chacun que Honda est encore Honda.

HONDA
DN-01

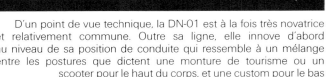

L'énigme Honda...

On devra un jour nous expliquer comment Honda, à qui on reproche depuis quelques années d'être carrément endormi en raison des nouveautés relativement peu excitantes qu'il présente —n'oublions pas qu'on parle d'un constructeur qui, jusqu'à récemment, nous étonnait chaque année en bousculant l'ordre établi des choses et prenant sans cesse le rôle de pionnier—, revient soudainement à ses anciennes habitudes avec une monture comme la DN-01. Non pas que cet ex-concept ne soit pas intéressant, au contraire, mais avouons qu'on se serait attendu à une remplaçante de la CBR1100XX à moteur V5, ou à une nouvelle VFR, ou à quoi que ce soit d'autre avant cela.

TECHNIQUE

Notre dernière intention, en rappelant la relative léthargie de Honda ces dernières années en matière de nouveautés, serait de juger prématurément une monture sur laquelle nous n'avons pas roulé un seul mètre. La DN-01 incarne peut-être l'avenir de la moto, personne ne le sait. Il arrive à l'occasion qu'on ne comprenne pas tout à fait les décisions et les directions prises par les compagnies. Parfois, elles ont raison, comme BRP et son engin à 3 roues, et parfois elles ont tort, comme BMW et son inutilisable G650 Xmoto. La DN-01 semble susciter exactement ce type de questionnement de la part de plusieurs motocyclistes. Ce n'est pas qu'ils aient quoi que ce soit contre le concept, mais plutôt qu'ils auraient aimé pouvoir se mettre aussi autre chose de nouveau sous la dent.

C'est en s'inspirant du thème *Discovery of a New Concept* que Honda présente la DN-01. On s'étonne un peu de constater à quel point le constructeur reste flou en ce qui concerne la clientèle visée par la nouveauté. Il ne s'engage d'ailleurs pas plus à en décrire la nature de manière précise. Doit-on voir en la DN-01 un scooter, une moto, une custom ou une fusion de tous ces concepts ? Honda ne le dit pas. Nous croyons que cette imprécision est volontaire de la part du constructeur qui aurait mis en production la DN-01 non pas en raison d'une quelconque demande, mais plutôt afin d'observer comment les motocyclistes réagissent face à un tout nouveau type de moto.

> **DOIT-ON VOIR EN LA DN-01 UNE MOTO, UNE CUSTOM, UN SCOOTER OU UNE QUELCONQUE FUSION DE TOUS CES CONCEPTS ? HONDA NE LE DIT PAS.**

D'un point de vue technique, la DN-01 est à la fois très novatrice et relativement commune. Outre sa ligne, elle innove d'abord au niveau de sa position de conduite qui ressemble à un mélange entre les postures que dictent une monture de tourisme ou un scooter pour le haut du corps, et une custom pour le bas du corps. Sa transmission automatique constitue une autre caractéristique unique au modèle. Il s'agit d'une vraie transmission à rapport infiniment variable dont la compacité permet une installation à l'intérieur des carters moteur. Elle n'a pas recours à des poulies ni à des courroies comme une transmission de scooter, mais s'appuie plutôt sur un mécanisme à base hydraulique. Deux modes automatiques (standard et sport) peuvent être sélectionnés, ainsi qu'un mode «manuel» offrant 6 rapports changeables avec des boutons. Évidemment, il n'y a aucun levier d'embrayage. L'entraînement final est par arbre.

Le reste de la nouveauté est plutôt commun. Le V-Twin de 680 cc est dérivé de la mécanique qui propulse la Deauville et la Transalp, des modèles européens, le cadre est un design assez simple en acier tubulaire, les roues de 17 pouces sont montées de larges pneus sportifs et le freinage est à la fois combiné et muni de l'ABS. Une fourche conventionnelle et un bras oscillant monobranche sont retenus comme éléments de suspension. Enfin, on remarque une instrumentation complètement numérique. Le résultat n'a rien d'un poids plume puisqu'on parle de 270 kilos tous pleins faits, tandis que le prix est, lui aussi, assez imposant à 17 999 $

<< TIRÉ DU THÈME « *DÉCOUVERTE D'UN NOUVEAU CONCEPT* »,
LE NOM DN-01 INDIQUE VAGUEMENT CE QU'EST CENSÉE
ÊTRE L'ÉTRANGE MACHINE. MAIS SA NATURE DEMEURE
FLOUE. HONDA PARLE D'UNE MONTURE INDIVIDUALISTE
ET D'UNE NOUVELLE DIRECTION, MAIS SEMBLE VOULOIR
RESTER VOLONTAIREMENT IMPRÉCIS, PEUT-ÊTRE AFIN
DE LAISSER LES MOTOCYCLISTES EUX-MÊMES LUI DIRE CE
QU'ILS VOIENT OU NE VOIENT PAS DANS CE CONCEPT INÉDIT. >>

Expérience routière

C'est en général à l'occasion des salons internationaux que les constructeurs jaugent les réactions des motocyclistes face à de nouveaux concepts en présentant des prototypes tous plus inusités les uns que les autres. La DN-01 a d'ailleurs été aperçue pour la première fois sous cette forme, mais rien n'indiquait alors qu'elle serait l'un des très rares modèles de ce type à se rendre jusqu'à l'étape de la production. Il semblerait que Honda veuille pousser ce processus un peu plus loin en utilisant sa nouveauté pour amener l'expérience des salons sur la route, ce qui a toutes les caractéristiques d'une idée très intéressante, mais possiblement très risquée et coûteuse pour le constructeur. Pour le motocycliste moyen qui n'achètera probablement pas une DN-01, celle-ci représente une expérience tout aussi intéressante puisqu'il aura une rare chance d'observer en temps réel comment ce risque arrivera ou n'arrivera pas à faire réagir le monde du motocyclisme, et si oui, de quelle façon.

Alors, observons.

Général

Catégorie	Indéfinie
Prix	17 999 $
Immatriculation 2009	NC - probabilité : 518 $
Catégorisation SAAQ 2009	NC - probabilité : « régulière »
Évolution récente	introduite en 2008
Garantie	1 an/kilométrage illimité
Couleur(s)	noir
Concurrence	aucune

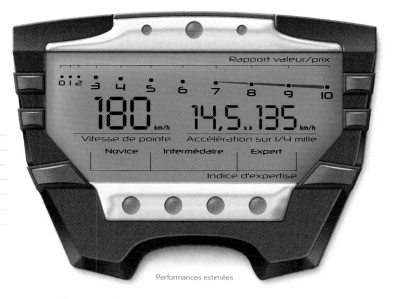

Rapport valeur/prix

0 1 2 3 4 5 6 7 8 9 10

180 km/h   **14,5,135** km/h

Vitesse de pointe   Accélération sur 1/4 mille

Novice   Intermédaire   Expert

Indice d'expertise

Performances estimées

Moteur

Type	bicylindre 4-temps en V à 52 degrés, SACT, 4 soupapes par cylindre, refroidissement par liquide
Alimentation	injection à corps de 40 mm
Rapport volumétrique	10:1
Cylindrée	680 cc
Alésage et course	81 mm x 66 mm
Puissance	60,3 ch @ 7 500 tr/min
Couple	47,2 lb-pi @ 6 000 tr/min
Boîte de vitesses	automatique
Transmission finale	par arbre
Révolution à 100 km/h	n/d
Consommation moyenne	n/d
Autonomie moyenne	n/d

Partie cycle

Type de cadre	périmétrique, en acier tubulaire
Suspension avant	fourche conventionnelle de 41 mm non ajustable
Suspension arrière	monoamortisseur ajustable en précharge
Freinage avant	2 disques de 296 mm de Ø avec étriers à 3 pistons et systèmes ABS et CBS
Freinage arrière	1 disque de 276 mm de Ø avec étrier à 3 pistons et systèmes ABS et CBS
Pneus avant/arrière	130/70 ZR17 & 190/50 ZR17
Empattement	1 605 mm
Hauteur de selle	690 mm
Poids tous pleins faits	270 kg
Réservoir de carburant	22 litres

QUOI DE NEUF EN 2009 ?

Nouveau modèle

PAS MAL

Un concept audacieux qui ne correspond à rien qu'on connaisse ou qu'on ait déjà vu; on peut aimer ou pas, mais on ne peut nier le courage de Honda qui tente tout simplement d'essayer autre chose

Une « vraie » transmission automatique moderne sur une moto, enfin

Une conception qui aurait fait très attention à la centralisation des masses, ce qui diminuerait l'impact du poids relativement élevé

BOF

Une ligne qui est peut-être spectaculaire, mais qui est plus souvent qualifiée d'étrange que d'innovatrice

Un prix qui semble presque illogiquement élevé; à moins que cet aspect aussi de la DN-01 soit volontairement déterminé par Honda et fasse partie de « l'expérience » qu'est finalement le modèle

Une partie cycle qui paraît sérieusement construite, mais qui risque d'être limitée en termes d'inclinaison par les plateformes, comme c'est le cas sur toutes les customs

Des performances qu'on ne doit pas attendre très élevées compte tenu de la puissance limitée du V-Twin et du poids considérable de la nouveauté

Conclusion

Nous serons honnêtes. Nous n'avons aucune idée de quoi penser de la DN-01. Si l'intention de Honda était d'aller à la pêche en lançant un concept que personne n'a pensé à demander — ce que nous croyons être le cas — juste pour voir la réaction du monde motocycliste face à une manière de rouler à moto qui ne cadre pas avec les catégories déjà existantes, c'est réussi. Si le but est par contre de réinventer la roue et que l'attente du constructeur est d'atteindre des ventes records, alors, nous nous permettons de respectueusement douter. Mais nous ne croyons pas que ce soit le cas. La DN-01 ressemble plus qu'autre chose à une expérience où un constructeur examinant de potentielles directions futures déstabilise volontairement son public habituel afin d'en jauger les réactions.

CBR1000RR ABS Édition Exclusive

HONDA
CBR1000RR ABS

À jour...

Honda résistait depuis plusieurs années aux demandes des amateurs de machines hypersportives et leur suggérait plutôt d'adhérer à sa propre vision d'une sportive pure d'un litre. Plus stable et plus accessible que ses rivales, mais aussi légèrement plus lourde et moins rapide que les formidables 1000 de Yamaha, Suzuki et Kawasaki, la CBR1000RR produite entre 2004 et 2007 n'est pas arrivée à clairement s'imposer. La seconde génération du modèle introduite l'an dernier représente un changement de direction marqué pour le constructeur qui, finalement, offre une 1000 sportive à la fois très puissante et très légère. Pour 2009, Honda innove en offrant l'ABS, une première chez ces motos.

Entre deux générations de sportives, les différences sont parfois tellement fines qu'elles deviennent difficiles à sentir, même en poussant fort sur circuit. Ça n'est pas le cas de la CBR1000RR actuelle qui propose une expérience très différente de celle qu'offrait le modèle 2004-2007. En termes de concept et de comportement, la plus récente version du porte-drapeau sportif de Honda est maintenant très similaire à ses concurrentes chez les autres constructeurs japonais.

Plus compacte et plus légère que l'ancienne version que nous avons toujours trouvée un peu grassette, la CBR1000RR courante est aussi nettement plus vivante. Le tempérament relativement docile et coupleux de l'ancien 4-cylindres fait désormais place à une nature axée sur la puissance maximale et les hauts régimes.

Plutôt ordinaire selon les critères de la classe sous les 5000 ou 6000 tr/min, le moteur de la CBR1000RR s'emballe et se transforme en véritable monstre à partir de ces régimes. L'accélération devient alors phénoménale jusqu'à la zone rouge maintenant fixée à 13000 tr/min, 750 tr/min plus haut que sur l'ancienne version, soulevant la roue avant en seconde vitesse sans que le pilote ait le moindre besoin d'insister. Comme sur toutes les autres 1000, exploiter la première vitesse demande beaucoup de doigté. La mécanique, qui est étonnamment douce, laisse s'échapper un sifflement presque électrique en montant en régime. Seule l'ouverture très audible de la valve d'échappement ajoute une plaisante note rauque à l'expérience.

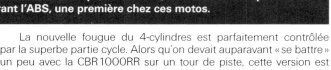

PLUS COMPACTE ET PLUS TRANCHANTE QUE L'ANCIEN MODÈLE, LA CBR1000RR ACTUELLE N'A ENFIN RIEN À ENVIER AUX AUTRE 1000 JAPONAISES.

La nouvelle fougue du 4-cylindres est parfaitement contrôlée par la superbe partie cycle. Alors qu'on devait auparavant « se battre » un peu avec la CBR1000RR sur un tour de piste, cette version est d'une facilité déconcertante à piloter. Dans l'environnement du circuit où ces motos sont en fin de compte définies, toutes les manœuvres requises pour effectuer un tour de manière précise et coulée sont accomplies dans une ambiance remarquablement sereine. Précise et demandant peu d'efforts, l'entrée en courbe est assistée par le bon travail du limiteur de contre-couple. La grande précision et la rassurante solidité du châssis en virage sont celles auxquelles on s'attend aujourd'hui de n'importe quelle sportive de haut calibre, tandis que la progressivité de la livrée de puissance permet d'ouvrir l'accélérateur tôt en sortie de courbe. Bref, en ce qui concerne la tenue de route, on trouve difficilement un point qui serait clairement supérieur à ce qu'offrent les rivales de la CBR, mais rien qui serait inférieur.

La version 2009 de la CBR1000RR peut être livrée avec le premier système ABS offert sur une monture de ce type. Honda poursuit ainsi sa quête en matière de sécurité sur deux roues. Il s'agit d'un très complexe système qui tient compte du type de conduite sportive auquel une moto comme la CBR1000RR est destinée. Selon le constructeur, ce système serait conçu de manière à entrer en jeu très tardivement afin de laisser aux pilotes experts toute la liberté sportive dont ils jouissent habituellement. Notons qu'il est contrôlé par ordinateur et lié à un système de freinage combiné (CBS).

Général

Catégorie	Sportive
Prix	CBR1000RR ABS : 16 599 $ CBR1000RR Éd. Exclusive : 16 999$
Immatriculation 2009	1 030 $
Catégorisation SAAQ 2009	« sport »
Évolution récente	introduite en 1992, revue en 1996, en 1998, en 2000, en 2002, en 2004, en 2006 et en 2008
Garantie	1 an/kilométrage illimité
Couleur(s)	rouge, noir (Éd. Exclusive : Repsol)
Concurrence	Kawasaki Ninja ZX-10R, Suzuki GSX-R1000, Yamaha YZF-R1

Moteur

Type	4-cylindres en ligne 4-temps, DACT, 4 soupapes par cylindre, refroidissement par liquide
Alimentation	injection à 4 corps de 46 mm
Rapport volumétrique	12,3:1
Cylindrée	999,8 cc
Alésage et course	76 mm x 55,1 mm
Puissance sans Ram Air	177,5 ch @ 12 000 tr/min
Couple	84 lb-pi @ 8 500 tr/min
Boîte de vitesses	6 rapports
Transmission finale	par chaîne
Révolution à 100 km/h	4 200 tr/min
Consommation moyenne	6,9 l/100 km
Autonomie moyenne	256 km

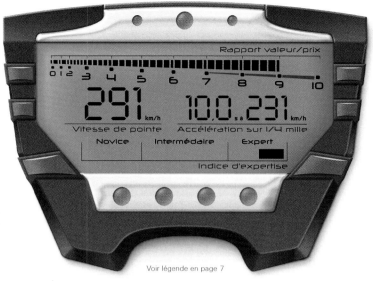

Voir légende en page 7

Partie cycle

Type de cadre	périmétrique, en aluminium
Suspension avant	fourche inversée de 43 mm ajustable en précharge, compression et détente
Suspension arrière	monoamortisseur ajustable en précharge, compression et détente
Freinage avant	2 disques de 320 mm de Ø avec étriers radiaux à 4 pistons et systèmes ABS et CBS
Freinage arrière	1 disque de 220 mm de Ø avec étrier à 1 piston et systèmes ABS et CBS
Pneus avant/arrière	120/70 ZR17 & 190/50 ZR17
Empattement	1 407 mm
Hauteur de selle	831 mm
Poids tous pleins faits	210 kg
Réservoir de carburant	17,7 litres

QUOI DE NEUF EN 2009 ?

Systèmes ABS et CBS contrôlés par ordinateurs

Version sans ABS ni CBS existe encore, mais n'est pas offerte sur le marché canadien

PAS MAL

Un niveau de performances qui n'a rien à envier à celui qu'offraient jusque-là les autres 1000 japonaises; si elle n'est pas une référence en termes de souplesse, la CBR1000RR pousse furieusement à haut régime

Une partie cycle remarquablement facile à exploiter sur circuit en raison de la légèreté de l'ensemble, mais aussi de la fluidité avec laquelle toutes les opérations du pilotage s'exécutent

Une initiative remarquable en matière de sécurité en ce qui concerne les systèmes ABS et CBS développés spécifiquement pour une utilisation sportive, ce qui représente une première

BOF

Des systèmes ABS et CBS qui constituent normalement une option, mais que Honda Canada a choisi d'offrir sur toutes les CBR1000RR

Un surplus de poids de l'ordre de 11 kg amené par l'installation des systèmes ABS et CBS

Une direction plus extrême que les acheteurs réclament depuis plusieurs années, mais qui amène avec elle un tempérament plus pointu et moins accessible; on ne peut pas tout avoir...

Un niveau de confort que seuls les amateurs de sportives pures trouveront acceptable

Des performances tellement élevées qu'elles en sont essentiellement inutilisables dans le quotidien; on peine même maintenant à trouver des pistes qui laissent ces puissantes 1000 se délier les jambes

Conclusion

À force de se faire offrir des machines toujours plus racées, plus légères et plus rapides, les amateurs de sportives pures sont devenus très difficiles à satisfaire ces dernières années. La CBR1000RR actuelle arrive à nous faire dire quelque chose que la version précédente n'est jamais vraiment parvenue à nous soutirer : « enfin, Honda joue dans la même ligue que les autres constructeurs japonais, et ce, autant en termes de puissance qu'en matière de tenue de route ». Honda semble néanmoins ne pas être satisfait par ce niveau de performances. L'ajout du premier système ABS sur une telle moto —et des 11 kilos qui viennent avec— témoigne de la volonté du constructeur de ne pas simplement suivre la parade, mais de plutôt se distinguer en innovant parallèlement au chapitre de la sécurité. Il sera très intéressant d'observer comment les acheteurs de ce type de motos, eux qui ne se sont jamais souciés de cet aspect, voient cette nouvelle proposition.

HONDA

CBR600RR

RÉVISION 2009

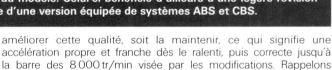

La sécurité en vente chez les 600...

Répétera-t-on assez souvent que le temps est un impitoyable ennemi chez les 600? Que passer de championne à retardataire en un an y est chose courante? Chaque constructeur sans exception a goûté à la médecine de la classe et a vu sa candidate reléguée aux oubliettes en raison de la quelconque «supériorité» de modèles rivaux à peine plus jeunes. Le fait que la génération actuelle de la CBR600RR en est à sa troisième année de production et qu'elle demeure quand même très désirable en dit long sur les qualités du modèle. Celui-ci bénéficie d'ailleurs d'une légère révision cette année, mais la grande nouvelle pour 2009 concerne l'arrivée d'une version équipée de systèmes ABS et CBS.

Les compétences des 600 ont atteint de tels niveaux que les constructeurs peinent aujourd'hui à trouver une façon de rendre la leur distincte au sein de la classe. S'il est bien connu que la performance et le style représentent toujours les facteurs primordiaux pour les acheteurs, la sécurité, elle, n'a jamais fait partie de l'équation, du moins jusqu'à maintenant. Pour 2009, Honda propose une version de son excellente CBR600RR équipée d'un système de freinage ABS combiné contrôlé par ordinateur et qui serait adapté à une utilisation sportive. Il s'agit d'une première sur ce type de moto. Compte tenu du fait que cette option ajoute une dizaine de kilos et engage un déboursé considérable, la réponse du public sera décidément intéressante à observer. Sans égard à cette dernière, Honda mérite d'être applaudi pour son initiative puisque les bénéfices de l'ABS en matière de sécurité sont absolument indéniables sur une moto.

Outre l'arrivée d'une version ABS et quelques modifications mécaniques dont le but est d'améliorer le couple entre 8 000 et 12 000 tr/min, la version 2009 de la CBR600RR est presque identique au modèle précédent. Ce qui n'a rien d'une mauvaise nouvelle puisque ce dernier s'était montré exceptionnel à bien des niveaux.

Mince, très légère et compacte sans qu'elle coince son pilote, la 600 de Honda proposait déjà une mécanique à la fois très puissante et relativement souple. Les améliorations promises cette année en termes de souplesse devraient donc soit

LES BÉNÉFICES DE L'ABS EN MATIÈRE DE SÉCURITÉ À MOTO SONT INDÉNIABLES. BRAVO À HONDA POUR OSER LES OFFRIR SUR UNE SPORTIVE.

améliorer cette qualité, soit la maintenir, ce qui signifie une accélération propre et franche dès le ralenti, puis correcte jusqu'à la barre des 8 000 tr/min visée par les modifications. Rappelons que la version 2008 s'était avérée surprenante en s'éveillant dès ce régime, donc tôt pour cette classe, puis en amplifiant régulièrement la force de la poussée à chaque graduation du compte-tours jusqu'à une accélération brillante en route vers la zone rouge. L'excellent 4-cylindres de la CBR impressionne également par sa facilité à prendre des tours et par son aisance absolue lorsqu'il tourne à des régimes très élevés. Des facteurs comme la très bonne transmission, l'embrayage léger et progressif, et l'injection à point ne font qu'ajouter à la sensation de qualité et de sophistication qui se dégage du modèle.

Si, grâce à sa selle décente, à sa position tolérable et à ses suspensions fermes, mais pas rudes, la CBR ne constitue pas une mauvaise routière, elle reste avant tout une machine conçue pour la piste, un environnement où elle se montre carrément magique. Sereine, posée, précise et agile en même temps, elle donne non seulement l'impression d'être capable de n'importe quoi, mais facilite aussi le pilotage sur circuit plus qu'on ne le croirait possible. Des freins superbes, un châssis imperturbable, des suspensions parfaitement calibrées et une légèreté remarquable sont autant de qualités qui permettent cette particularité. Seule l'absence d'un limiteur de contre-couple, un équipement qui lui permettrait de combler la seule lacune du modèle en piste, peut lui être reprochée.

Général

Catégorie	Sportive
Prix	CBR600RR : 12 499 $ CBR600RR Éd. Exclusive : 12 799 $ CBR600RR ABS : 13 499 $
Immatriculation 2009	1 030 $
Catégorisation SAAQ 2009	« sport »
Évolution récente	introduite en 2003, revue en 2005 et en 2007
Garantie	1 an/kilométrage illimité
Couleur(s)	CBR600RR : noir et vert, noir et gris (Éd. Exclusive : bleu, blanc, rouge) CBR600RR ABS : noir et gris
Concurrence	Kawasaki Ninja ZX-6R, Suzuki GSX-R600, Triumph Daytona 675, Yamaha YZF-R6

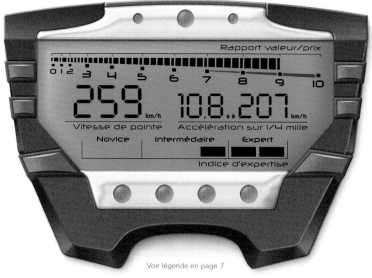

Voir légende en page 7

Moteur

Type	4-cylindres en ligne 4-temps, DACT, 4 soupapes par cylindre, refroidissement par liquide
Alimentation	injection à 4 corps de 40 mm
Rapport volumétrique	12,2:1
Cylindrée	599 cc
Alésage et course	67 mm x 42,5 mm
Puissance sans Ram Air	119,6 ch @ 13 500 tr/min
Couple sans Ram air	48,8 lb-pi @ 11 250 tr/min
Boîte de vitesses	6 rapports
Transmission finale	par chaîne
Révolution à 100 km/h	5 500 tr/min
Consommation moyenne	6,6 l/100 km
Autonomie moyenne	274 km

Partie cycle

Type de cadre	périmétrique, en aluminium
Suspension avant	fourche inversée de 41 mm ajustable en précharge, compression et détente
Suspension arrière	monoamortisseur ajustable en précharge, compression et détente
Freinage avant	2 disques de 310 mm de Ø avec étriers radiaux à 4 pistons (CBR600RR ABS : systèmes ABS et CBS)
Freinage arrière	1 disque de 220 mm de Ø avec étrier à 1 piston (CBR600RR ABS : systèmes ABS et CBS)
Pneus avant/arrière	120/70 ZR17 & 180/55 ZR17
Empattement	1 369 mm
Hauteur de selle	820 mm
Poids tous pleins faits	186 kg (ABS : 196 kg)
Réservoir de carburant	18,1 litres

QUOI DE NEUF EN 2009 ?

Pistons, culasse et échappement modifiés afin d'améliorer le couple entre 8 000 et 12 000 tr/min

Style des clignotants et bas du carénage revus; étriers avant allégés

Systèmes ABS et CBS contrôlés par ordinateur offerts en option

Aucune augmentation de prix

PAS MAL

Une mécanique superbe puisque douce, relativement souple, très puissante et incroyablement à l'aise à haut régime

Une partie cycle tellement réussie qu'elle transforme les motocyclistes ordinaires en pilotes compétents sur une piste, où la CBR600RR est par ailleurs une véritable merveille de précision et d'agilité

Une nature qui semble vouloir revenir à ses origines en proposant à la fois un niveau de performances très élevé et, en utilisation quotidienne, une polyvalence supérieure à celle de la moyenne de la classe

BOF

Une répartition relativement large de la puissance et une arrivée progressive des chevaux à partir des mi-régimes qui donnaient l'impression que la version 2008 manquait de punch à haut régime; les améliorations apportées à la CBR600RR 2009 pourraient rendre ce point encore plus évident

Un embrayage sans limiteur de contre-couple; il s'agit d'un équipement dont la présence aurait été fort souhaitable en piste; toutes les rivales de la CBR en sont d'ailleurs équipées

Un niveau de confort inexistant pour le passager, quoique tolérable pour le pilote

Une version ABS dont le surplus de poids et le supplément monétaire vont à contre-courant de la normale chez les 600

Conclusion

À une certaine époque, la CBR s'était établie comme la plus polyvalente des 600, comme une monture à la fois redoutable en piste et tolérable sur la route, voire même confortable. Ce positionnement lui avait très bien réussi jusqu'à ce que la classe tout entière se dirige vers le côté extrême de l'équation sportive, direction que la Honda a aussi suivie durant quelques années, sans toutefois que cela serve particulièrement bien la CBR. Avec cette génération, la 600 de Honda revient d'une certaine manière à ses origines, un fait appuyé par l'arrivée d'une version ABS cette année. Il s'agit d'une 600 ni plus ni moins que brillante dont la liste des qualités est extrêmement impressionnante, et dont celle des défauts s'avère non seulement courte, mais aussi très difficile à dresser.

CBR600RR Édition Exclusive

CBR125R Édition Spéciale

HONDA
CBR 125R

Sportive miniature...

La CBR125R ne devrait pas être vendue au Canada. Ce n'est pas pour le marché nord-américain qu'elle a été conçue, et elle n'y a jamais été destinée. Mais les hautes instances chez Honda Canada croyaient fermement qu'un besoin pourrait être comblé par ce modèle et il fut décidé d'importer la CBR miniature chez nous, et ce, même si les États-Unis demeuraient froids à l'idée. La vision de Honda Canada s'avéra juste et son risque fut récompensé par un franc succès. L'arrivée de la CBR125R semble par ailleurs avoir amorcé une intéressante tendance vers les petites cylindrées et les petits prix, ce qui ne réjouit peut-être pas complètement Honda, mais qui fait par contre le bonheur de bien des motocyclistes.

Selon le raisonnement de Honda Canada, une grande proportion des motocyclistes actuels pratiquent la moto depuis de nombreuses années. Peu importe le genre de montures qui les intéressent, ils sont sans cesse devenus plus exigeants, créant un besoin que les constructeurs se sont fait un plaisir de combler. Mais qu'est-il advenu des petits modèles de 125 ou 175 cc sur lesquels ces mêmes individus ont été initiés à la conduite d'une moto? Oubliés et disparus il y a des décennies, et avec eux, la porte d'entrée d'une nouvelle génération d'amateurs de motos. La CBR125R a pour but de remettre en service les économiques petites motos qui ont attiré et initié les motocyclistes actuels.

Honda a déployé de considérables efforts afin d'offrir la petite CBR et le programme Go Combo (www.honda.ca/go) qui l'accompagne au plus bas prix possible. Il y est joliment arrivé puisqu'à 3 499 $, la petite Honda est moins chère que ce que bien des jeunes paient régulièrement pour un scooter de 50 centimètres cubes tenant davantage du jouet que de la vraie motocyclette. Le constructeur offre même la possibilité aux intéressés de financer non seulement l'achat de la CBR, mais aussi celui d'un équipement presque complet qu'il a prédéterminé. Bref, tout est fait pour permettre une entrée aussi facile que possible dans l'univers du motocyclisme.

La CBR125R est une toute petite moto propulsée par un tout petit moteur monocylindre 4-temps de 125 cc générant environ 13 chevaux. Les intéressés ne doivent donc pas s'attendre à

> QU'EST-IL ADVENU DE TOUTES CES 125 ET CES 175 QUI ONT INITIÉ TANT DE GENS À LA MOTO? ON LES A COMPLÈTEMENT OUBLIÉES IL Y A DES DÉCENNIES.

des prestations particulièrement grisantes. Cela dit, dans le contexte de l'apprentissage, pour une catégorie de motocyclistes en herbe facilement intimidables par un poids trop élevé, par des dimensions trop importantes ou par des réactions trop nerveuses, on trouve difficilement plus amical et plus accessible que la petite CBR125R. Elle est même tellement mince, basse et légère que nous la comparons à l'occasion à une bicyclette afin d'illustrer sa très grande facilité de prise en main.

La petite mécanique arrive à propulser la CBR miniature sans aucun problème en ville où la circulation automobile est assez facilement laissée derrière. Le petit mono se montre aussi étonnamment doux. La vitesse maximale de l'ordre de 125 km/h permet de s'engager de façon sécuritaire sur la plupart des voies rapides. Un bon vent de face vous coûtera toutefois plusieurs kilomètres à l'heure. La légèreté de l'embrayage et la fluidité de la boîte de vitesses assurent que les fréquents passages de rapports ne sont jamais une corvée. Un poids ultra-faible, une direction directe, un châssis solide à souhait et un système de freinage parfaitement adéquat permettent par ailleurs à la CBR125R d'offrir un comportement étonnamment précis et serein, et ce, même en pilotage sportif. Nous avons vérifié ce point en amenant la petite CBR en piste, où son comportement pouvait facilement être identifié à celui d'une sportive de plus grosse cylindrée. Pour ceux que ça intéresserait, une série de courses réservée à la CBR125R et aux jeunes existe même au Canada.

Général

Catégorie	Routière Sportive
Prix	CBR125R : 3 499 $ CBR125R Éd. Exclusive : 3 549 $
Immatriculation 2009	218 $
Catégorisation SAAQ 2009	« régulière »
Évolution récente	introduite en 2007
Garantie	1 an/kilométrage illimité
Couleur(s)	rouge et noir, rouge et gris Éd. Exclusive : bleu, blanc, rouge
Concurrence	Kawasaki Ninja 250R

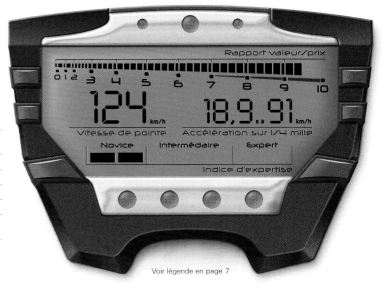

Voir légende en page 7

Moteur

Type	monocylindre 4-temps, DACT, 2 soupapes, refroidissement par liquide
Alimentation	injection à corps simple de 30 mm
Rapport volumétrique	11:1
Cylindrée	124,7 cc
Alésage et course	58 mm x 47,2 mm
Puissance	13,6 ch @ 10 000 tr/min
Couple	7,8 lb-pi @ 8 000 tr/min
Boîte de vitesses	6 rapports
Transmission finale	par chaîne
Révolution à 100 km/h	environ 7 500 tr/min
Consommation moyenne	3,4 l/100 km
Autonomie moyenne	294 km

Partie cycle

Type de cadre	périmétrique, en acier
Suspension avant	fourche conventionnelle de 31 mm non ajustable
Suspension arrière	monoamortisseur non ajustable
Freinage avant	1 disque de 276 mm de Ø avec étrier à 2 pistons
Freinage arrière	1 disque de 220 mm de Ø avec étrier à 1 piston
Pneus avant/arrière	80/90-17 & 100/80-17
Empattement	1 294 mm
Hauteur de selle	780 mm
Poids tous pleins faits	127,3 kg (à vide : 119 kg)
Réservoir de carburant	10 litres

QUOI DE NEUF EN 2009 ?

Édition spéciale aux couleurs HRC

Aucune augmentation de prix

PAS MAL

Une ligne sportive crédible et sympathique qui compte pour une grande part du succès du modèle

Un petit moteur qui se débrouille étonnamment bien en ville; la CBR125R n'est évidemment pas une bombe, mais elle exploite tellement bien la puissance dont elle dispose qu'on finit par oublier qu'on a affaire à si peu de chevaux et à si peu de centimètres cubes

Une partie cycle très bien maniérée, à la fois très accessible, très solide, très légère et étonnamment précise

BOF

Des dimensions minuscules, du moins pour quiconque descend d'une moto « normale »; pour la clientèle visée, toutefois, il s'agit plutôt d'un point fort

Un niveau de performances sympathique et accessible, mais faible; il convient lors de l'apprentissage du pilotage et contribue à mettre la clientèle visée en confiance, mais dès la période d'initiation terminée, ce niveau devient simplement faible; une CBR250R à prix semblable pourrait partiellement résoudre ce problème; il semblerait d'ailleurs qu'une certaine 250 verte profite d'un grand succès pour cette raison

Un problème commun à toutes les motos d'apprentissage de très petite cylindrée : on les achète, on les utilise pour s'initier, puis on arrive inévitablement trop tôt au moment de les vendre, ce qui ne fait l'affaire de personne; une idée pour Honda : offrir aussi une 250 ou une 400 et mettre en place un programme de reprise des 125

Conclusion

En acquiesçant sans trop réfléchir aux demandes toujours plus grandes de l'important bassin de motocyclistes expérimentés, les constructeurs ont fini par s'éloigner de la notion d'accessibilité au point de presque en oublier toute la signification. Plusieurs firmes croient d'ailleurs aujourd'hui qu'une 600 « peu puissante » d'environ 85 chevaux constitue la machine d'apprentissage idéale, ce qui est vrai pour une certaine catégorie de novices. Mais pour un autre groupe beaucoup plus craintif face à l'idée de piloter une moto, une 600 de 85 chevaux est un monstre. La CBR125R s'adresse très précisément à ce groupe qu'elle ravira grâce à sa maniabilité de bicyclette et à son ultra-docile monocylindre de 125 cc. Il est très probable que cette clientèle se lassera relativement vite de la CBR miniature et désirera passer à autre chose. La petite Honda aura alors permis à ces néophytes de mettre le pied dans l'univers du motocyclisme non seulement sans se faire peur, mais aussi en appréciant tellement l'expérience qu'ils souhaiteront la poursuivre sur une machine un peu plus substantielle. Et sa mission aura été remplie.

HONDA
VARADERO

Routière aventurière avec un grand R...

Les mots aventure et moto sont presque liés par définition. Soudez-les ensemble et vous obtenez une classe de montures aux prétentions pratiquement infinies, les routières aventurières. Alors qu'il y a déjà plusieurs décennies que BMW exploite le concept avec sa GS, ce n'est que récemment que les autres constructeurs se sont intéressés à l'idée. Chez Honda, le résultat de cet intérêt est la Varadero, offerte depuis 1999 sur le marché européen, mais seulement depuis l'an dernier ici. Comme la CBF1000 et la CBR125R, il s'agit d'un modèle présent chez nous uniquement grâce aux efforts de Honda Canada, puisque la filiale américaine du géant rouge ne les inclut pas dans sa gamme.

Malgré le fait que la Varadero roule sur l'Ancien Continent depuis une bonne dizaine d'années, le modèle n'est offert ici que depuis l'an dernier. Sans trop en dévoiler sur l'univers glissant de la politique interne des constructeurs, disons simplement que la raison derrière cette absence est surtout liée à l'indifférence du marché des États-Unis envers le modèle. Or, comme de manière générale le Canada reçoit ce que les États-Unis choisissent, nombre de modèles européens ne se rendent jamais ici. La présence de la Varadero dans la gamme canadienne est due à la persévérance de Honda Canada qui s'est tout simplement engagé à l'importer sans l'accord des américains. Tiens toi !

Dessinées comme des machines à traverser le désert, les aventurières ont toutes la faculté de faire rêver leur propriétaire à ce fameux jour où ils partiront à la conquête de l'inconnu. Mais en ont-elles vraiment la capacité ?

Honda répond de manière plutôt habile à cette question en se gardant bien de limiter les capacités de sa Varadero, mais en définissant plutôt la signification du terme aventure de manière un peu moins romantique. « Elle vous amènera absolument n'importe où... tant que vous ne restez pas trop loin des sentiers battus. »

La réalité est que la Varadero est une routière avant tout. Si le débattement généreux de ses suspensions et le dessin relativement agressif de ses pneus lui permettent d'affronter des routes non pavées à volonté, pousser l'expérience plus loin la sort de son élément. Ainsi, bien que traverser un terrain très abîmé reste

> **DESSINÉES COMME DES MACHINES À TRAVERSER LE DÉSERT, LES AVENTURIÈRES ONT TOUTES LA FACULTÉ DE FAIRE RÊVER À LA QUÊTE DE L'INCONNU.**

dans le domaine du possible, c'est sur la route qu'on la sent chez elle.

Assis droit, bien protégé des éléments, bénéficiant d'une excellente selle et profitant de très bonnes suspensions, le pilote de la Varadero est choyé par le genre d'environnement qui fait de l'enfilade de nombreux kilomètres un plaisir. Les routes sinueuses sont négociées avec facilité, précision et aplomb, tandis que les chemins en mauvais état sont affrontés sans tracas. En fait, les distances sont traversées avec une telle aisance que certains équipements semblent manquer à l'appel. Une instrumentation plus complète avec jauge à essence et affichage de la température ambiante, ainsi que des poignées chauffantes de série sont le genre de demandes qu'on ne tarde pas à faire. En revanche, l'ABS et le système de combinaison des freins avant et arrière, tous deux de série, représentent des atouts franchement appréciés. Notons que Honda propose en option un trio de valises rigides qui transforment la Varadero en monture de tourisme en bonne et due forme.

Bien caché derrière le carénage se trouve un adorable V-Twin d'un litre dont l'origine est sportive puisqu'il s'agit d'un proche parent du moteur qui a propulsé la regrettée VTR1000F. Sans être un monstre de puissance, il suffit à pousser autoritairement la masse tout de même importante de l'ensemble. Étonnamment doux, il a été calibré pour livrer un maximum de couple à bas et moyen régimes au détriment de la puissance à haut régime, ce qui représente une proposition tout à fait logique sur ce type de moto.

Général

Catégorie	Routière Aventurière
Prix	13 999 $
Immatriculation 2009	518 $
Catégorisation SAAQ 2009	« régulière »
Évolution récente	introduite en 1999, revue en 2003 et en 2007
Garantie	1 an/kilométrage illimité
Couleur(s)	orangé et noir
Concurrence	BMW R1200GS, Moto Guzzi Stelvio, Suzuki V-Strom 1000

Moteur

Type	bicylindre 4-temps en V à 90 degrés, DACT, 4 soupapes par cylindre, refroidissement par liquide
Alimentation	injection à 2 corps de 42 mm
Rapport volumétrique	9,8:1
Cylindrée	996 cc
Alésage et course	98 mm x 66 mm
Puissance	93,7 ch @ 7 500 tr/min
Couple	72,4 lb-pi @ 6 000 tr/min
Boîte de vitesses	6 rapports
Transmission finale	par chaîne
Révolution à 100 km/h	environ 3 700 tr/min
Consommation moyenne	6,6 l/100 km
Autonomie moyenne	378 km

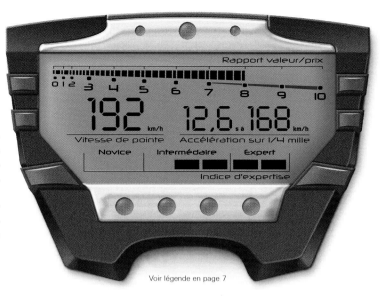

Voir légende en page 7

Partie cycle

Type de cadre	type diamant, en acier
Suspension avant	fourche conventionnelle de 43 mm non ajustable
Suspension arrière	monoamortisseur ajustable en précharge et détente
Freinage avant	2 disques de 296 mm de Ø avec étriers à 3 pistons et systèmes ABS et CBS
Freinage arrière	1 disque de 256 mm de Ø avec étrier à 3 pistons et systèmes ABS et CBS
Pneus avant/arrière	110/80 R19 & 150/70 R17
Empattement	1 560 mm
Hauteur de selle	838 mm
Poids tous pleins faits	276,7 kg (à vide : 241 kg)
Réservoir de carburant	25 litres

QUOI DE NEUF EN 2009 ?

Aucun changement

Aucune augmentation de prix

PAS MAL

Un V-Twin linéaire qui fait preuve d'une grande souplesse en distillant un couple important et une puissance très intéressante

Un niveau de confort royal — carénage protecteur ne générant pas de turbulence, selle confortable pour le pilote et le passager et une douceur de roulement incroyable — qui donne l'impression de voyager sur un tapis volant

Un niveau d'équipements, options incluses, qui nous donne accès aux grands espaces et nous permet de découvrir de nouveaux horizons

BOF

Une hauteur de selle importante qui gênera les pilotes courts, surtout en raison de la concentration haute de la masse

Un poids non seulement élevé, mais aussi positionné haut qui force le pilote à porter une attention toute particulière aux manœuvres lentes, ou à l'arrêt ; ce centre de gravité haut est le plus grand défaut de la Varadero en pilotage hors route puisqu'il la rend floue et imprécise lorsque le terrain devient meuble, comme du sable ou du gravier

Une mécanique qui demande un bon petit filet de gaz pour ne pas caler au démarrage, surtout lorsque la moto est chargée

Une instrumentation qui mériterait d'être plus complète afin de mieux servir les capacités de voyageuse du modèle

Conclusion

Honda prétend qu'il n'est pas essentiel de complètement sortir des sentiers battus pour qu'une randonnée devienne une aventure. Une destination quelconque et l'assurance que la monture choisie pourra confortablement affronter tous les types de routes rencontrés sont les seuls critères obligatoires, selon le géant nippon. Présentée de cette façon, la Varadero ne peut être qualifiée autrement que de réussite. Car sous sa robe de machine de rallye se trouve l'une des motos les plus polyvalentes sur le marché. Tant qu'on se contente de longer les champs plutôt que de piquer à travers, on peut décidément parler d'une belle façon de se perdre.

VTX1300T Tourer

VTX 1300

Le jeu du juste milieu...

Le genre custom a cela d'unique qu'il n'est régi par aucune règle. Gros ou petit, V-Twin ou pas V-Twin, les constructeurs ont la liberté de vendre ce qu'ils veulent. Bien qu'on s'en tienne généralement à des formules établies, on note aujourd'hui de plus en plus de cylindrées inhabituelles ayant pour but de redistribuer les cartes du créneau. Honda fut l'un des premiers à offrir ce type de proposition lorsqu'il lança en 2002 une VTX1300 un peu moins puissante, mais moins chère que les 1500, et bien plus intéressante, quoiqu'un peu plus chère que les « petites » 750-1100. Cette façon de scinder les cylindrées « au milieu » de deux classes est même devenue une tendance chez les customs.

Le commentaire est aussi fréquent qu'il est logique. Entre les gros modèles plus désirables, certes, mais aussi considérablement plus lourds et chers, et les machines « abordables » de 750 à 1 100 cc, le fossé est grand. D'où la justification d'une cylindrée intermédiaire de 1 300 cc offerte à juste prix, ce qui décrit très bien les VTX1300. Et la V-Star 1300 de Yamaha aussi...

La mission de la VTX1300 est de présenter un compromis acceptable entre le commun désir de rouler une cylindrée aussi grosse que possible et celui de terminer l'exercice avec une facture aussi basse que possible. La justesse de cette formule est démontrée non seulement par la réception relativement bonne qu'ont réservée les motocyclistes à la Honda, mais aussi par l'apparition de la V-Star 1300, une monture qui ne fait que reprendre la formule de la VTX.

D'une façon générale, toute augmentation de cylindrée sur une mécanique de custom équivaut à un agrément de pilotage accru. Par rapport à une 1100, la VTX1300 propose donc nettement plus de couple à bas régime et un réel accroissement du plaisir de conduite dans toutes les situations.

Pour autant qu'on ne soit pas un habitué du genre de caractère beaucoup plus explosif proposé par la version de 1 800 cc de la VTX —version qui, par ailleurs, disparaît de la gamme 2009 chez Honda—, ou même du couple nettement plus gras d'une 1700 classique, on devrait se déclarer satisfait des accélérations offertes par le V-Twin de la VTX1300. Cet aspect doit être très

> ## LA PUISSANCE DES VTX1300 DOIT ÊTRE BIEN ÉVALUÉE AVANT L'ACHAT. UN MOTOCYCLISTE GOURMAND EN COUPLE POURRAIT EXIGER PLUS.

sérieusement évalué avant d'envisager l'achat d'une des versions de la Honda, puisqu'un motocycliste gourmand en couple pourrait avoir à opter pour l'échelon supérieur afin de ne pas être déçu, et ce, même s'il doit absorber un supplément. Au-delà de sa puissance, le moteur de la VTX1300 se distingue par son caractère sympathique. Honda s'est débrouillé pour qu'on sente toujours la présence du V-Twin sans que son tremblement devienne gênant. La sonorité est franche et suffisamment audible pour qu'on ne soit pas immédiatement tenté d'installer des silencieux plus bruyants.

Le comportement routier de la VTX1300 est lui aussi défini par un compromis subtil entre le poids et les dimensions. Assez légère pour rester accessible aux pilotes peu expérimentés, elle se révèle peu intimidante à piloter, même à basse vitesse. La direction des modèles R et T, avec leur très large guidon, ne demande qu'un effort minimal pour amorcer un virage, tandis que toutes les variantes se montrent solides et rassurantes en courbe, du moins tant que le revêtement est en bon état. Les modèles R et T équipés de plateformes frottent par contre prématurément en virage, même pour des customs, une caractéristique qui demande une sérieuse attention de la part des propriétaires. Toutes les versions s'équivalent plus ou moins au niveau du confort, avec leur selle correcte et leur suspension arrière occasionnellement rude. La position de conduite des modèles R et T s'avère, quant à elle, particulièrement plaisante et décontractée.

Général

Catégorie	Custom/Tourisme Léger
Prix	C : 11 799 $ R : 11 599 $ Tourer : 13 199 $
Immatriculation 2009	518 $
Catégorisation SAAQ 2009	« régulière »
Évolution récente	VTX1300S introduite en 2002; variante C introduite en 2003, R en 2005 et T en 2006
Garantie	1 an/kilométrage illimité
Couleur(s)	C : rouge, noir R : bleu, noir T : titane, violet
Concurrence	Harley-Davidson Sportster 1200, Suzuki Boulevard C50, Yamaha V-Star 1300

Moteur

Type	bicylindre 4-temps en V à 52 degrés, SACT, 3 soupapes par cylindre, refroidissement par liquide
Alimentation	1 carburateur à corps de 38 mm
Rapport volumétrique	9,2:1
Cylindrée	1 312 cc
Alésage et course	89,5 mm x 104,3 mm
Puissance	76 ch @ 5 000 tr/min
Couple	78 lb-pi @ 3 000 tr/min
Boîte de vitesses	5 rapports
Transmission finale	par arbre
Révolution à 100 km/h	n/d
Consommation moyenne	6,5 l/100 km
Autonomie moyenne	280 km

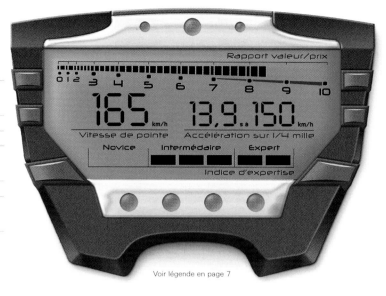

Voir légende en page 7

Partie cycle

Type de cadre	double berceau, en acier
Suspension avant	fourche conventionnelle de 41 mm non ajustable
Suspension arrière	2 amortisseurs ajustables en précharge
Freinage avant	1 disque de 336 mm de Ø avec étrier à 2 pistons
Freinage arrière	1 disque de 296 mm de Ø avec étrier à 1 piston
Pneus avant/arrière	140/80-17 (C : 110/90-19) & 170/80-15
Empattement	R,T : 1 669 mm; C : 1 662 mm
Hauteur de selle	R,T : 695 mm; C : 698 mm
Poids tous pleins faits	R : 323 kg, T : 340 kg, C : 308 kg (à vide : R : 304 kg, T : 319 kg, C : 291 kg)
Réservoir de carburant	18,2 litres

QUOI DE NEUF EN 2009 ?

Aucun changement

Versions C et R coûtent 300 $ et version T coûte 400 $ de plus qu'en 2008

PAS MAL

Un excellent compromis prix/performances/poids qui rend la VTX1300 plus plaisante à conduire que les « petits » modèles et moins encombrante/chère que les grosses cylindrées

Un pilotage accessible même pour des motocyclistes ne détenant pas une expérience très grande et qui pourraient être intimidés ou dérangés par la masse supérieure d'un modèle plus gros

Une ligne classique et des proportions qui semblent plaire; les VTX1300 ne réinventent pas la roue en matière de style chez les customs, mais elles ont la gueule de l'emploi

BOF

Une alimentation par carburateur sans faille, mais qui exige l'utilisation de l'enrichisseur au démarrage, un geste qu'on a presque oublié

Un comportement généralement correct, mais qui devient moyen en courbe, sur chaussée abîmée, alors que la tenue de route se détériore

Une garde au sol tout juste suffisante en pilotage normal sur les modèles à plateforme, un facteur dont on doit tenir compte même dans les virages normaux pris à vitesse normale

Une suspension arrière ferme qui devient sèche sur chaussée abîmée

Un pare-brise qui offre une bonne protection sur la version T sans gêner la vue, mais dont la hauteur n'est pas ajustable et qui génère une agaçante turbulence au niveau du casque

Une proposition qui demeure un compromis : les vrais amateurs de grosses cylindrées ne se suffiront pas de 1 300 cc

Conclusion

D'une manière générale, le rapport Valeur/Prix du Guide de la Moto n'a pas souvent été bien généreux envers les customs, et ce, pour la simple et bonne raison que leur prix est souvent trop élevé pour la marchandise qu'elles livrent. La VTX1300 a tenté de déjouer les règles, mais le prix de modèle original n'était toujours pas assez bas pour qu'on puisse parler de bonne affaire. La valeur de ces VTX a toutefois considérablement augmenté depuis l'importante baisse de prix de l'an dernier. Bien plus intéressantes à piloter que les « petites » cylindrées, mais affichant désormais une différence de prix raisonnable avec l'échelon inférieur que sont les 900, 950 et 1100, les VTX1300 sont curieusement plus attrayantes aujourd'hui qu'elles ne l'ont jamais été. Si Honda pouvait les mettre à jour au chapitre mécanique en laissant par exemple les carburateurs de côté en faveur de l'injection, elles seraient dans une position encore meilleure. Et tant qu'à y être, pourquoi ne pas augmenter la cylindrée à 1400 pour déjouer la Yamaha tout en demeurant sous les poids lourds qui ne sont plus des 1500 depuis un moment, mais plutôt des 1600 et des 1700 ? On n'en sort pas...

VTX1300C

Shadow Aero 750 Tourer

HONDA
SHADOW AERO 750

Bon endroit, bon moment...

Les autres constructeurs n'aiment pas beaucoup l'entendre, mais le fait est que la force du nom Honda, même si elle s'est un peu estompée ces dernières années chez les motocyclistes experts, demeure remarquable chez les amateurs de motos soit nouveaux, soit moins « collés » au domaine. Et comme ces derniers accèdent souvent à la moto par la classe à laquelle appartiennent les Shadow 750, Honda enregistre de bonnes ventes. Mais la force de ce célèbre nom a une limite et si les Shadow arrivent à convaincre autant d'acheteurs, c'est qu'elles livrent quand même une marchandise très correcte. Trois versions sont offertes : la classique Aero, la typée Spirit et la Tourer de tourisme léger.

L a formule retenue par Honda pour séduire la clientèle potentielle des Shadow 750 est simple et efficace puisqu'il s'agit de modèles d'entrée de gamme sans surprises propulsées par un V-Twin aussi coupleux que sa cylindrée le permet et dont le comportement est basé sur l'accessibilité. Évidemment, le style joue aussi un grand rôle.

La Spirit est la variante la plus récente et aussi celle dont le « look » est le plus à jour. La ligne tombante de son garde-boue arrière, la selle de style Gunfighter et le V-Twin bien en vue sont autant de points responsables de son élégance. Cela dit, c'est surtout sa partie avant qui définit son identité. Le guidon fuyant, l'angle de fourche ouvert, le phare compact en forme d'obus et la mince et grande roue avant de 21 pouces contribuent à en faire l'une des customs les plus attrayantes du constructeur. En plus, personne ne saura qu'il s'agit « seulement » de 750, le chiffre étant littéralement absent sur chacune des versions.

Le petit V-Twin qui anime les Shadow 750 est en service depuis une bonne douzaine d'années. Il est moins puissant que celui des modèles rivaux qui bénéficient tous d'une cylindrée supérieure, mais il parvient quand même à tirer son épingle du jeu en se montrant assez coupleux à bas régime. Comme c'est typique sur une custom Honda, toutes les commandes fonctionnent de façon directe et transparente, qu'il s'agisse de l'embrayage, de la transmission, des freins ou même des commandes électriques. Le poids est suffisamment faible

> **LEUR CENTRE DE GRAVITÉ BAS ET LEUR DIRECTION LÉGÈRE EN FONT DES CUSTOMS AU COMPORTEMENT TRÈS ACCESSIBLE.**

pour que tout pilote, peu importe son gabarit ou son expérience, puisse manier les Shadow en confiance.

Les performances sont décentes. Les Shadow s'élancent d'un arrêt avec assez d'autorité pour laisser loin derrière la majorité des voitures tandis que les 100 km/h sont aisément atteints. Si le moteur se tire honorablement d'affaire jusque-là, vrombissant de façon plaisante et ne vibrant jamais au point d'agacer, les vitesses plus élevées, elles, sont moins évidentes. Le V-Twin soutiendra un rythme plus élevé si on le lui demande, mais plus la vitesse grimpe et plus l'agrément de conduite se dissipe. L'agréable vrombissement de la mécanique se transforme alors en une vibration à haute fréquence qui ne présente plus d'intérêt, tandis que la sonorité perd tout son charme et que l'exposition au vent devient déplaisante.

Grâce à leur centre de gravité bas et à leur direction vive et légère, toutes les Shadow 750 affichent un comportement extrêmement accessible. Un minimum d'effort au guidon suffit à les incliner et elles demeurent relativement solides et précises en courbe. À cause du grand diamètre de la roue avant de la Spirit, sa direction semble vouloir tomber vers l'intérieur lors des virages lents. Plus classiques et détendues, les versions Aero et Tourer sont plus confortables que la Spirit dont la suspension arrière est rude et la selle étroite.

Notons enfin que la toute petite Rebel 250 (non illustrée) demeure présente dans la gamme 2009 pour ceux qui souhaiteraient une custom encore plus accessible. Le modèle est d'ailleurs souvent retrouvé dans des écoles de conduite.

Général

Catégorie	Custom/Tourisme Léger
Prix	Aero : 8 699 $ Aero Édition Exclusive : 8 899 $ Spirit : 8 799 $ (motifs : 8 999 $) Tourer : 10 099 $
Immatriculation 2009	518 $
Catégorisation SAAQ 2009	« régulière »
Évolution récente	Aero introduite en 1997 sous le nom Ace, revue en 2004; Spirit introduite en 2001, revue en 2007; Tourer introduite en 2006
Garantie	1 an/kilométrage illimité
Couleur(s)	A : noir A Éd. Excl. : noir « peau de serpent » Spirit : rouge (motifs : noir, blanc) T : argent et bleu, titane et blanc
Concurrence	Kawasaki Vulcan 900, Suzuki Boulevard C50/M50, Yamaha V-Star 950

Moteur

Type	bicylindre 4-temps en V à 52 degrés, SACT, 3 soupapes par cylindre, refroidissement par liquide
Alimentation	1 carburateur à corps de 34 mm
Rapport volumétrique	9,6:1
Cylindrée	745 cc
Alésage et course	79 mm x 76 mm
Puissance	45 ch @ 5 000 tr/min
Couple	45 lb-pi @ 3 000 tr/min
Boîte de vitesses	5 rapports
Transmission finale	par arbre
Révolution à 100 km/h	n/d
Consommation moyenne	6,5 l/100 km
Autonomie moyenne	215 km

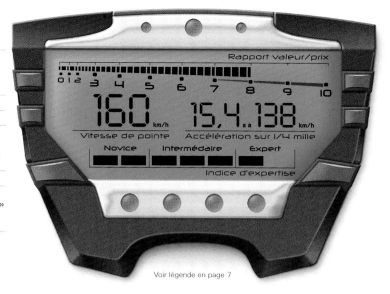

Voir légende en page 7

Partie cycle

Type de cadre	double berceau, en acier
Suspension avant	fourche conventionnelle de 41 mm non ajustable
Suspension arrière	2 amortisseurs ajustables en précharge
Freinage avant	1 disque de 296 mm de Ø avec étrier à 2 pistons
Freinage arrière	tambour mécanique de 180 mm de Ø
Pneus avant/arrière	A, T : 120/90-17 & 160/80-15 S : 90/90-21 & 160/80-15
Empattement	A, T : 1 638 mm; S : 1 651 mm
Hauteur de selle	A, T : 658 mm; S : 652 mm
Poids tous pleins faits	A : 250 kg, T : 265 kg, S : 243 kg (à vide : A : 236 kg, T : 251 kg, S : 225 kg)
Réservoir de carburant	14 litres

QUOI DE NEUF EN 2009 ?

Édition spéciale de la Shadow Aero à motifs « peau de serpent »

Aucune augmentation de prix

PAS MAL

Un petit V-Twin qui s'essouffle un peu vite, mais qui se montre agréablement coupleux et qui produit une agréable sonorité saccadée donnant même l'impression que la cylindrée est plus grosse

Un pilotage accessible même pour les motocyclistes ayant peu d'expérience qui peuvent envisager sans problème l'achat de l'une ou l'autre des variantes de la Shadow 750

Une jolie ligne tant pour la classique version Aero que pour la Spirit plus élancée, ainsi qu'une finition correcte pour des montures d'entrée en matière

BOF

Un niveau de performances correct, mais pas excitant; tout motocycliste le moindrement expérimenté ou souhaitant profiter d'une livrée de couple un tant soit peu intéressante agirait de manière sage en envisageant une plus grosse cylindrée

Une suspension arrière qui devient rude sur mauvaise route, et ce, pour toutes les versions

Une selle dont la forme est flatteuse sur la Spirit, mais qui se montre vite inconfortable

Un pare-brise qui cause de la turbulence au niveau du casque sur la version Tourer

Un concept qui mériterait d'être révisé par Honda qui pourrait facilement augmenter la cylindrée en gardant le poids et le prix sous contrôle, comme l'ont d'ailleurs fait certains constructeurs rivaux

Conclusion

Tout prend de l'ampleur dans le créneau custom. Les anciens poids lourds de 1 500 cc sont désormais des 1 700 cc et les 1 300 cc doivent maintenant presque être qualifiés de poids moyens. Quant à la classe à laquelle les Shadow 750 appartiennent, des montures de 900 et 950 cc en font maintenant partie, ce qui place les Honda dans une drôle de position. Elles restent les customs très accessibles et bien maniérées qu'on connaît depuis nombre d'années, et elles restent aussi de bonnes valeurs. Pour beaucoup d'acheteurs plus ou moins connaisseurs, ces qualités associées au nom Honda sont tout ce qu'il y a lieu de savoir, ce qui explique les très bonnes ventes des modèles. Ceux qui se sentiraient néanmoins prêts à « risquer » l'achat d'une Kawasaki ou d'une Yamaha découvriront que pour quelques maigres centaines de dollars supplémentaires, 150 ou 200 cc de plus représentent une différence très importante sur ces motos.

Shadow 750 Spirit

HYOSUNG
GT650R

Le sport par les petits moyens...

Le créneau sportif a longtemps été le terrain de jeu exclusif des constructeurs japonais, mais plusieurs marques tentent aujourd'hui de l'infiltrer. Certaines le font de plein front comme Triumph avec sa Daytona 675 ou BMW avec sa prochaine S1000RR, mais les ressources et l'expérience limitées de la firme coréenne Hyosung ont poussé cette dernière à accéder au créneau en jouant plutôt la carte de l'économie. Un choix qui correspond, soit dit en passant, à la culture des constructeurs automobiles du même pays. Presque intact depuis son arrivée sur le marché, le modèle évolue en 2009 grâce à l'ajout de l'injection, à la mise à jour du système de freinage et à quelques améliorations d'ordre visuel.

Il est essentiellement impossible de parler de la Hyosung GT650R sans d'abord engager une discussion de prix et de comparaison avec des produits rivaux établis. Car la réalité est que si la possibilité de faire une certaine économie en optant pour la coréenne n'existait pas, l'intérêt pour le modèle s'estomperait très rapidement. Cette réalité est directement liée à la qualité aussi élevée que bien documentée des modèles concurrents que sont les Suzuki SV650S et GSX650F, Kawasaki Ninja 650R et Yamaha FZ6R. Toutes sont plus coûteuses, mais aussi nettement plus évoluées que la Hyosong, ce qui amène l'inévitable question : l'économie en vaut-elle la peine ?

La réponse est que ça dépend. Quiconque possède les moyens d'envisager la différence de prix devrait probablement le faire, surtout dans le cas de modèles comme les Suzuki qui offrent l'avantage certainement pas négligeable d'être équipées de l'ABS. La GT650R devient intéressante lorsqu'on n'a absolument pas ce genre de moyens et qu'on veut absolument rester dans le marché de la moto neuve. En fait, la coréenne est même le seul choix possible dans un tel cas.

L'impression générale qu'on ressent aux commandes de la GT650R est celle de piloter une sportive japonaise d'une autre époque, disons de la fin des années 80, ce qui correspond d'ailleurs au niveau de technologie utilisé. Avec son cadre périmétrique, sa fourche inversée ajustable et ses roues larges chaussées de pneus sportifs de qualité, la partie cycle de la GT650R se

montre néanmoins solide et relativement précise. Pilotée très agressivement, sur une piste, la coréenne se débrouille, mais sans démontrer la pureté de comportement d'une sportive japonaise actuelle. La stabilité est sans reproche dans toutes les circonstances, bien qu'elle vienne au détriment d'une direction qui ne s'avère pas particulièrement rapide dans les enfilades de virages. Sur la route, l'écart existant en piste par rapport aux prestations d'une SV650S devient beaucoup moins grand, surtout si le rythme de pilotage est plus calme. Dans cet environnement, qui est d'ailleurs celui de la grande majorité des propriétaires, on découvre également des suspensions qui travaillent correctement et une bonne protection au vent. L'un des défauts du modèle jusque-là, ses freins peu puissants, serait réglé en 2009 grâce à l'adoption de nouvelles composantes.

> **LES DISCUSSIONS CONCERNANT LA GT650R ARRIVENT TRÈS VITE À UNE QUESTION : L'ÉCONOMIE EN VAUT-ELLE LA PEINE ?**

Le petit V-Twin de 647 cc est l'un des principaux attraits des GT650R. Son niveau de performances était légèrement inférieur à celui de la SV650S, mais l'arrivée d'une alimentation par injection en 2009 pourrait réduire cet écart. Agréablement coupleuse à bas et moyen régimes et réservant un amusant punch juste avant la zone rouge, la GT650R carburée — la version injectée n'a pu être évaluée avant d'aller sous presse — faisait vivre à son pilote l'expérience du V-Twin sportif au moyen d'une plaisante sonorité et de pulsations clairement ressenties par les poignées. Comme sur la Suzuki, il s'agit de sensations agréables qui permettent d'oublier le fait qu'on n'est pas aux commandes d'une sportive super puissante.

Général

Catégorie	Sportive
Prix	7 395 $ (2 tons : 7 495 $)
Immatriculation 2009	518 $
Catégorisation SAAQ 2009	« régulière »
Évolution récente	GT650 introduite en 2004, GT650R introduite en 2006
Garantie	2 ans/kilométrage illimité
Couleur(s)	rouge, noir, orange et noir, gris et noir, rouge et noir
Concurrence	Kawasaki Ninja 650R, Suzuki SV650S et GSX650F, Yamaha FZ6R

Moteur

Type	bicylindre 4-temps en V à 90 degrés, DACT, 4 soupapes par cylindre, refroidissement par liquide
Alimentation	injection
Rapport volumétrique	11,6:1
Cylindrée	647 cc
Alésage et course	81,5 mm x 62 mm
Puissance	79,2 ch @ 9 250 tr/min
Couple	49,3 lb-pi @ 7 250 tr/min
Boîte de vitesses	6 rapports
Transmission finale	par chaîne
Révolution à 100 km/h	environ 4 200 tr/min (2008)
Consommation moyenne	6,9 l/100 km (2008)
Autonomie moyenne	246 km (2008)

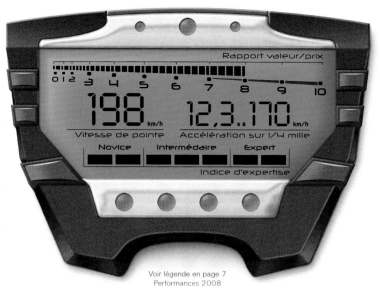

Voir légende en page 7
Performances 2008

Partie cycle

Type de cadre	périmétrique, en aluminium tubulaire
Suspension avant	fourche inversée de 41 mm ajustable en compression et détente
Suspension arrière	monoamortisseur ajustable en précharge
Freinage avant	2 disques de 300 mm de Ø avec étriers radiaux à 4 pistons
Freinage arrière	1 disque de 230 mm de Ø avec étrier à 1 piston
Pneus avant/arrière	120/60 ZR17 & 160/60 ZR17
Empattement	1 435 mm
Hauteur de selle	810 mm
Poids à vide	208 kg
Réservoir de carburant	17 litres

QUOI DE NEUF EN 2009 ?

Alimentation par injection, partie arrière revue avec feu DEL et selle 30 mm plus haute, instrumentation revue, étriers du frein avant à 4 pistons et montage radial, étrier du frein arrière à un piston, système antivol

Coûte de 300 $ (2 tons) à 400 $ (1 couleur) de plus qu'en 2008

PAS MAL

Une valeur intéressante puisque le prix est honnête compte tenu de la marchandise livrée; cela dit, la GT650R devrait être encore moins chère afin que l'écart de prix qui la sépare de modèles comme la SV650S ABS et la Ninja 650R soit clair et prononcé

Un petit V-Twin au caractère plaisant, dont la souplesse à bas et mi-régimes est agréable et dont les performances sont très acceptables; l'arrivée de l'injection pourrait rehausser légèrement le rendement

Un comportement qui satisfait en raison de son accessibilité et de la stabilité dont la moto fait preuve dans toutes les circonstances

Une jolie ligne qui semble en général plaire à la clientèle visée

BOF

Une tenue de route qui n'est pas aussi pure que celle de la SV650S à laquelle Hyosung compare le modèle, et ce, surtout en pilotage sportif

Un système d'injection qui, compte tenu du manque d'expérience de la firme dans ce domaine, devra faire ses preuves

Un système de freinage qui était spongieux et flou sur le modèle 2008; celui-ci devrait en théorie être considérablement plus puissant

Un retard technologique qui constitue la plus grande lacune du modèle; Hyosung progresse lentement à ce niveau et pendant ce temps, les japonaises rivales évoluent

Conclusion

Le fait que la GT650R reçoit certaines améliorations techniques cette année, dont l'injection est d'ailleurs la plus importante, ne change pas vraiment son positionnement ou sa valeur relative sur le marché. Il s'agit d'une sympathique et jolie petite sportive qui représente une alternative économique aux produits rivaux que sont les SV650S ABS et les Ninja 650R. Mais la GT650R est aussi une monture nettement en recul d'un point de vue technologique par rapport à ces modèles. Elle satisfera, mais seulement si l'on ne connaît pas le côté plus raffiné des produits japonais ou si l'on n'en a pas besoin.

GT250R

Rareté...

Le marché de la moto nord-américain ne manque décidément pas de modèles sportifs. Alimenté par des constructeurs se livrant une guerre à finir au chapitre de la performance, ce marché propose certains des véhicules les plus rapides et les plus avancés au monde et constitue un rêve pour tout amateur de calibre expert. Mais pour une clientèle novice, l'histoire est très différente puisque les choix deviennent soudainement extrêmement restreints. Basée sur la Hyosung GT250 standard, la GT250R est l'une des rares motos de ce type qui s'adressent aux néophytes. Elle partage ce créneau avec quelques autres modèles seulement, dont la Kawasaki Ninja 250R et la Honda CBR125R.

Entrer dans l'univers de la moto sportive en évitant de le faire aux commandes d'une 600 dernier cri n'a jamais été la chose la plus facile sur notre marché. S'il existe des montures d'apprentissage, il semble commun chez elle d'avoir comme seule priorité de satisfaire le côté technique de l'initiation. L'idée d'aguicher les sens, elle, est absente de la liste des buts. La présence de montures d'initiation à la fois abordables et excitantes est un des besoins les plus grands de notre marché.

Bien que l'arrivée de Hyosung dans le créneau des «grosses» cylindrées soit relativement récente, les petits cubages sont produits par la firme depuis longtemps. Avec sa jolie petite GT250R imitant à s'y méprendre la version 650 du même modèle, Hyosung joint toute cette expertise à un style n'ayant rien à envier à celui d'une sportive de pointe, ce qui constitue actuellement une proposition que très peu d'autres modèles sont en mesure de concurrencer. La Kawasaki Ninja 250R et la Honda CBR125R sont en fait les seules rivales de la Hyosung.

Des sportives de 125, 250 et 400 cc existent ailleurs dans le monde, mais les constructeurs ne les importent pas chez nous sous prétexte que leur prix serait illogiquement élevé. Hyosung fait la démonstration du contraire avec sa GT250R qui offre pour environ 5 000 $ un carénage intégral, une paire de disques de frein à l'avant, des repose-pieds ajustables et une instrumentation analogique/numérique, entre autres. À l'exception de certains détails comme le guidon plus haut et le frein avant à disque

simple de la GT250, les deux versions du modèle sont techniquement identiques. Elles proposent le même niveau de performances et presque le même comportement routier. Les sensations de conduite diffèrent légèrement en raison de la position de conduite plus agressive de la GT250R. En revanche, sa protection au vent facilite les déplacements sur l'autoroute.

L'une des caractéristiques les plus intéressantes des GT250 est l'engouement démontré par leur minuscule V-Twin. Timide, mais quand même parfaitement utilisable sous les 6 000 ou 7 000 tr/min, il s'éveille ensuite jusqu'à sa zone rouge. Étonnamment doux à tous les régimes sauf les plus hauts, il ne demande qu'à tourner. On arrive à 100 km/h en milieu de troisième et maintenir une telle vitesse sur l'autoroute ne cause pas le moindre problème. Comme la transmission travaille bien et que l'embrayage est léger et facile à doser, exploiter tout le potentiel du petit moulin n'a rien d'une corvée. On s'attend à ce qu'une standard de 250 cc soit légère et agile, et c'est le cas des petites coréennes. Construites autour d'un cadre qui semble être une proche copie de celui de la Suzuki GS500, elles sont généralement stables, surtout la GT250 avec sa position relevée. La GT250R, pourtant bâtie autour des mêmes composantes, perd toutefois ses bonnes manières en courbe si on la pousse, même modérément. Le niveau de confort de la GT250 est bon en raison de sa position assise, mais la GT250R et la posture sévère qu'elle impose au pilote n'est pas particulièrement invitante sur un long trajet.

> **ON ATTEINT UNE VITESSE DE 100 KM/H SUR LE TROISIÈME RAPPORT ET LA MAINTENIR SUR L'AUTOROUTE NE CAUSE AUCUN PROBLÈME.**

Général

Catégorie	Routière Sportive/Standard
Prix	GT250R : 4 995 $ (2 tons : 5 295 $) GT250 : 4 495 $
Immatriculation 2009	329 $
Catégorisation SAAQ 2009	« régulière »
Évolution récente	GT250 introduite en 2003, GT250R introduite en 2006
Garantie	2 ans/kilométrage illimité
Couleur(s)	rouge, noir, rouge et noir, orange et noir, gris et noir
Concurrence	Honda CBR125R, Kawasaki Ninja 250R

Moteur

Type	bicylindre 4-temps en V à 75 degrés, DACT, 4 soupapes par cylindre, refroidissement par air et huile
Alimentation	2 carburateurs
Rapport volumétrique	11,2:1
Cylindrée	249 cc
Alésage et course	57 mm x 48,8 mm
Puissance	27,5 ch @ 10 250 tr/min
Couple	15,5 lb-pi @ 7 500 tr/min
Boîte de vitesses	5 rapports
Transmission finale	par chaîne
Révolution à 100 km/h	environ 7 000 tr/min
Consommation moyenne	4,8 l/100 km
Autonomie moyenne	354 km

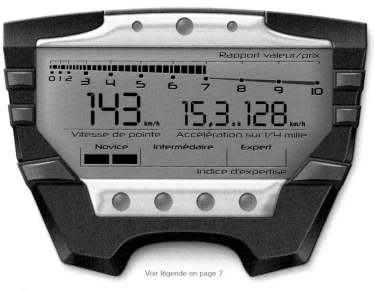

Rapport valeur/prix

143 km/h — Vitesse de pointe
15.3.128 km/h — Accélération sur 1/4 mille

Novice   Intermédiare   Expert

Indice d'expertise

Voir légende en page 7

Partie cycle

Type de cadre	périmétrique, en acier
Suspension avant	fourche inversée non ajustable
Suspension arrière	monoamortisseur non ajustable
Freinage avant	2 (GT250 :1) disques de 300 mm de Ø avec étriers à 2 pistons
Freinage arrière	1 disque de 220 mm de Ø avec étrier à 1 piston
Pneus avant/arrière	110/70-17 & 150/70-17
Empattement	1 445 mm
Hauteur de selle	810 mm (GT250 : 795 mm)
Poids à vide	168 kg (GT250 : 155 kg)
Réservoir de carburant	17 litres

QUOI DE NEUF EN 2009 ?

Aucun changement

GT250R coûte de 100 $ (2 tons) à 200 $ (1 couleur) de moins qu'en 2008; GT250 coûte 100 $ de moins qu'en 2008

PAS MAL

Une très belle ligne pour la GT250R; elle ressemble à s'y méprendre à celle de la GT650R et représente l'un des meilleurs atouts du modèle

Un petit V-Twin unique en son genre qui n'est évidemment pas très puissant, mais qui arrive à suivre la circulation en ville et sur l'autoroute sans problème

Une quantité impressionnante de composantes de performances comme une fourche inversée, un frein avant à disque double et de belles roues sport qui ajoutent à la fois à la valeur du modèle et à la crédibilité de son look sportif

BOF

Un prix supérieur à celui de la Kawasaki Ninja 250R, ce qui est illogique puisque la japonaise est une monture nettement plus évoluée et considérablement mieux maniérée que la GT250R

Une tenue de route qui se comporte correctement en conduite tranquille, mais qui digère mal un rythme plus agressif en courbe; la GT250R perd alors l'aplomb qu'elle démontre en ligne droite en se dandinant et en devenant imprécise

Une belle position de conduite sur la GT250, mais qui devient inutilement extrême sur la GT250R qui force le pilote à s'étirer le torse au-dessus du réservoir pour aller rejoindre des poignées basses

Conclusion

Le rôle principal d'une monture comme la GT250R et sa version standard, la GT250, est de permettre au motocycliste débutant de faire ses premiers tours de roues dans un environnement accessible et qui ne le surprendra jamais. À ce niveau, elles livrent toutes les deux la marchandise. Quiconque les envisage doit toutefois s'attendre à acquérir une monture dont le côté technologique vieillot est évident à pratiquement tous les niveaux du pilotage et du comportement. Comme c'est le cas pour la 650, une telle réalité est acceptable dans la mesure où un prix d'achat correspondant accompagne le modèle. On aurait pu considérer cette condition remplie il y a quelques années, alors que d'autres modèles semblables n'existaient pas. Mais dans un contexte où un produit supérieur comme la Ninja 250R peut être obtenu pour un prix inférieur, il faudrait pratiquement que les stocks de Kawasaki soient épuisés pour considérer la coréenne. Ce qui s'est d'ailleurs produit l'an dernier, au grand bonheur de Hyosung.

GT250

AQUILA 650

Harley de Corée...

Historiquement, et surtout dans le cas de compagnies jeunes, les produits asiatiques sont souvent nés d'une «inspiration» générée par des biens déjà existants. L'Aquila 650 de Hyosung est un bon exemple de cette culture puisqu'il s'agit d'un design profondément «inspiré» de la Harley-Davidson V-Rod. L'aspect le plus flagrant à ce chapitre est probablement le cadre, qui est apparent plutôt que caché comme le veut la coutume chez les custom. Il s'agit d'une caractéristique qu'on ne retrouve que sur la V-Rod et... sur l'Aquila 650. Appartenant à une tout autre classe que la Harley-Davidson, le modèle coréen demeure une proposition unique sur le marché malgré ces ressemblances.

Les constructeurs asiatiques, surtout lorsqu'ils sont jeunes ou qu'ils entrent dans un marché, ont souvent tendance à adopter un modèle d'affaires basé sur la reproduction de produits populaires. Si la ressemblance entre la GT650R et la SV650S de Suzuki s'explique par l'entente qui a déjà existé entre les deux compagnies au niveau de la production de la première génération de la SV, le cas de l'Aquila 650 est différent. Lorsque Hyosung s'est engagé à offrir des motos de grosse cylindrée au début de la décennie, il n'avait aucune expérience en matière de customs. Celles-ci constituant une très grande part du marché, il fut naturel pour le constructeur de désirer en produire une, ce qu'il fit en combinant l'un des design les plus remarquables du moment, celui de la Harley-Davidson V-Rod, aux pièces sportives qu'il produisait déjà grâce à une entente avec Suzuki.

Compte tenu de l'étrange processus qui a mené à la création du modèle qu'on connaît aujourd'hui sous le nom Aquila 650, la qualité du résultat est franchement étonnante. Le fait d'être propulsée par le V-Twin de la GT donne des ailes à la custom tandis que le comportement routier résultant de l'utilisation de pièces conçues pour une partie cycle sportive s'avère facilement supérieur à celui des montures peuplant cette classe économique.

Sur la route, on ne tarde pas à constater que l'Aquila 650 possède un caractère double. En effet, d'un côté, son sympathique petit V-Twin démontre suffisamment de souplesse pour traîner sans jamais rouspéter sur la première moitié de sa plage de

régimes dont la zone rouge s'élève au-delà des 10 000 tr/min, un régime normal pour une sportive, mais extrêmement élevé pour une custom. Retardez toutefois les changements de vitesse en laissant le moteur tirer librement jusqu'à l'entrée en jeu du limiteur de régimes et vous aurez droit à des performances qui sont simplement dans une autre ligue pour une monture de cette catégorie. En ligne droite, en pleine accélération, l'Aquila 650 se moque de customs profitant d'une cylindrée deux fois plus importante, et même plus. Le couple généré à bas régime n'est pas extraordinaire, cylindrée limitée oblige, mais les performances sont tout de même de l'ordre de celles de la GT650R.

Le niveau de confort est intéressant puisque la position est à la fois relaxe, très dégagée et bien équilibrée. Les repose-pieds ajustables en deux positions permettent aux pilotes de grande taille d'étirer les jambes et aux plus courts de ne pas se sentir mal à l'aise. Comme les suspensions travaillent très correctement et comme la selle est plutôt bonne et basse, l'Aquila se montre même étonnamment invitante sur des trajets autres que courts.

L'une des plus belles qualités de cette custom coréenne est une tenue de route qui fait l'envie de plusieurs rivales. Stable en ligne droite comme en courbe à haute vitesse, précise et bien plantée en virage, l'Aquila 650 bénéficie nettement de ses roues larges montées de pneus sportifs, de sa solide fourche inversée et de son système de freinage à 3 disques.

> **L'AQUILA 650 BÉNÉFICIE NETTEMENT DE SES ROUES LARGES MONTÉES DE PNEUS SPORTIFS ET DE SA FOURCHE INVERSÉE.**

Général

Catégorie	Custom
Prix	8 395 $ (SE 2 tons : 8 495 $)
Immatriculation 2009	518 $
Catégorisation SAAQ 2009	« régulière »
Évolution récente	introduite en 2005
Garantie	2 ans/kilométrage illimité
Couleur(s)	noir, gris, orange et noir
Concurrence	Harley-Davidson Sportster 883, Honda Shadow Spirit 750, Yamaha V-Star 650

Moteur

Type	bicylindre 4-temps en V à 90 degrés, DACT, 4 soupapes par cylindre, refroidissement par liquide
Alimentation	injection
Rapport volumétrique	11,4:1
Cylindrée	647 cc
Alésage et course	81,5 mm x 62 mm
Puissance	72,4 ch @ 9 000 tr/min (2008)
Couple	55,2 lb-pi @ 7 200 tr/min (2008)
Boîte de vitesses	5 rapports
Transmission finale	par courroie
Révolution à 100 km/h	environ 4 100 tr/min (2008)
Consommation moyenne	6,8 l/100 km (2008)
Autonomie moyenne	250 km (2008)

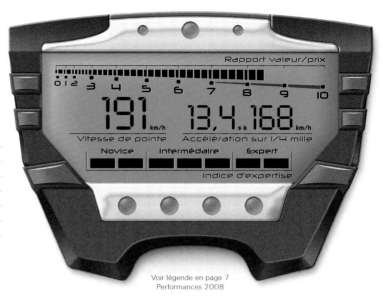

Voir légende en page 7
Performances 2008

Partie cycle

Type de cadre	double berceau, en acier
Suspension avant	fourche inversée de 41 mm ajustable en compression et détente
Suspension arrière	2 amortisseurs ajustable en précharge
Freinage avant	2 disques de 300 mm de Ø avec étriers à 2 pistons
Freinage arrière	1 disque de 230 mm de Ø avec étrier à 2 pistons
Pneus avant/arrière	120/70 ZR18 & 180/55 ZR17
Empattement	1 700 mm
Hauteur de selle	705 mm
Poids à vide	200 kg
Réservoir de carburant	17 litres

QUOI DE NEUF EN 2009 ?

Alimentation par injection

Retrait de la version de tourisme léger

Coûte 500 $ de plus qu'en 2008

PAS MAL

Une mécanique provenant de la sportive GT650R qui donne à l'Aquila des ailes en ligne droite — pour une custom, bien entendu — pour autant qu'on soit prêt à faire tourner le V-Twin à haut régime

Une tenue de route solide et sans surprise qui se combine à un poids relativement faible pour en faire une monture dont la prise en main est d'une grande facilité

Une excellente valeur et une jolie ligne qui semble plaire à la majorité des observateurs

BOF

Une fiabilité à long terme qui ne semble pas mauvaise jusqu'à maintenant, mais qui constitue toujours une crainte de la part des acheteurs potentiels, ce qui affecte la valeur de revente

Une qualité de finition très correcte compte tenu du prix, mais on ne peut que constater l'aspect plastique et un peu bon marché des pièces chromées qui abondent sur l'Aquila

Un système de freinage dont la puissance est honnête, mais sans plus

Une tendance des modèles à vieillir plus vite que la moyenne, surtout du point de vue de la finition

Conclusion

L'Aquila 650 est, et de loin, le meilleur produit du catalogue actuel du constructeur coréen Hyosung. Contrairement à la GT650R qui est une monture en retrait du point de vue technique par rapport à sa concurrence directe, l'Aquila 650 est à plusieurs égards supérieure à ses rivales, et ce, tout en affichant une facture très concurrentielle. Qu'il soit question du niveau de performances, du plaisir de conduite ou de qualité de la tenue de route, la custom coréenne surpasse aisément les modèles de 650 ou 750 cc avec lesquels elle partage sa classe. Il s'agit d'une situation attribuable au fait que l'Aquila est en réalité une custom de performances de petite cylindrée, la seule en existence, d'ailleurs, tandis que ses rivales sont plutôt des modèles classiques de faible cylindrée. Outre une qualité de fabrication en retrait par rapport à celle des modèles japonais, il ne s'agit pas du tout d'un mauvais achat.

HYOSUNG
AQUILA 250

Custom miniature...

Si les sportives de très faible cylindrée ont historiquement été très peu nombreuses sur notre marché, la situation est différente lorsqu'il s'agit de customs puisque ceux qui le désiraient ont presque toujours pu faire l'acquisition d'un petit modèle du genre, que ce soit avec l'éternelle Honda Rebel 250, la Suzuki Marauder 250 ou l'ex-Virago 250 qu'est la V-Star 250. La Hyosung Aquila 250 a d'ailleurs un point en commun avec cette dernière puisqu'il s'agit des seules montures du genre propulsées par un V-Twin, la configuration de choix chez ces motos. La coréenne profite en 2009 d'une alimentation par injection pour se distinguer du reste des modèles rivaux qui sont tous carburés.

Comme c'est le cas avec tous les autres modèles de Hyosung, l'Aquila 250 propose un style inspiré d'un modèle bien connu et très populaire. On vous laisse un instant pour réfléchir à la moto imitée, mais ne vous cassez pas la tête, c'est assez simple. Cette créativité hautement basée sur le style des modèles établis ne devrait, soit dit en passant, choquer personne puisqu'elle fait pratiquement partie de la culture chez les constructeurs chinois, taiwanais et coréens.

C'est une autre célèbre Harley-Davidson (l'Aquila 650 est basée sur la V-Rod) qui a servi de moule à l'Aquila 250: la Fat Boy. Les garde-boue, les caches de fourche et les roues massives de type disque constituent autant d'éléments qui définissent le style de l'américaine et qui sont retrouvés sur la Hyosung. Remarquez, la Fat Boy est probablement la moto la plus imitée de tous les temps puisque ses lignes rondes sont à la base du style d'une liste interminable de customs provenant de constructeurs pourtant réputés pour innover dans d'autres créneaux. On ne peut donc pas vraiment reprocher grand-chose à Hyosung à ce sujet.

Propulsée par un tout petit bicylindre en V de 250 cc qui profite désormais d'une alimentation par injection —une première dans la classe—, la petite custom coréenne s'adresse aux motocyclistes novices à qui elle propose non seulement une grande facilité de maniement, mais aussi des performances d'un niveau respectable, ce qui n'est pas toujours la norme chez ces petites motos.

222   Comme c'est le cas avec la GT, l'autre petite 250 de Hyosung,

> **CES PETITES CYLINDRÉES PEUVENT PARFOIS S'AVÉRER LÉTHARGIQUES EN LIGNE DROITE. CE N'EST PAS LE CAS DE LA PETITE AQUILA.**

l'Aquila 250 accomplit sa mission de petite moto d'initiation de belle façon. Très basse, même si c'est grâce à une selle un peu étrangement formée, elle est aussi très légère, bien que ce ne soit pas au point de paraître frêle. La position de conduite, qui n'était pas la plus naturelle qui soit sur la version 2008, a été modifiée cette année en abaissant le guidon et en déplaçant légèrement les repose-pieds.

La maniabilité du modèle est certainement l'une de ses plus grandes qualités puisque les manœuvres les plus serrées s'accomplissent avec beaucoup d'aisance, une caractéristique qu'on doit en partie au poids faible et à la direction légère, mais aussi à la facilité de modulation de l'embrayage et aux bonnes prestations de la petite mécanique dans les tout premiers tours de sa plage de régimes. S'il est un autre aspect de l'Aquila qui doit être considéré par un éventuel acheteur, il s'agit de celui de la mécanique puisqu'une si petite cylindrée peut parfois s'avérer carrément léthargique. Ce n'est heureusement pas le cas ici, le petit V-Twin permettant même de circuler en ville sans devoir constamment tourner très haut. Les 100 km/h sont atteints avec aisance sur le troisième rapport et sont maintenus sans problème puisque le moteur ne tourne qu'à 7 000 tr/min à cette vitesse, bien en dessous de sa zone rouge de 12 000 tr/min. L'arrivée de l'injection devrait au moins conserver ces qualités. La sonorité de la petite mécanique est par ailleurs sympathique et les vibrations ne sont jamais un problème, même lorsqu'on fait abondamment monter les régimes.

Général

Catégorie	Custom
Prix	4 895 $
Immatriculation 2009	329 $
Catégorisation SAAQ 2009	« régulière »
Évolution récente	introduite en 2001
Garantie	2 ans/kilométrage illimité
Couleur(s)	noir, noir et gris, rouge et noir, orange et noir
Concurrence	Honda Rebel 250, Suzuki Marauder 250, Yamaha V-Star 250

Moteur

Type	bicylindre 4-temps en V à 75 degrés, DACT, 4 soupapes par cylindre, refroidissement par air et huile
Alimentation	injection
Rapport volumétrique	10,3:1
Cylindrée	249 cc
Alésage et course	57 mm x 48,8 mm
Puissance	27,6 ch @ 10 000 tr/min
Couple	16,2 lb-pi @ 7 500 tr/min
Boîte de vitesses	5 rapports
Transmission finale	par chaîne
Révolution à 100 km/h	environ 7 000 tr/min (2008)
Consommation moyenne	4,8 l/100 km (2008)
Autonomie moyenne	291 km (2008)

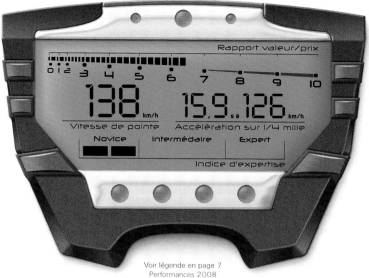

Voir légende en page 7
Performances 2008

Partie cycle

Type de cadre	double berceau, en acier
Suspension avant	fourche conventionnelle non ajustable
Suspension arrière	2 amortisseurs non ajustables
Freinage avant	1 disque de 275 mm de Ø avec étrier à 2 pistons
Freinage arrière	tambour mécanique de 130 mm
Pneus avant/arrière	110/90-16 & 150/80-15
Empattement	1 508 mm
Hauteur de selle	700 mm
Poids à vide	167 kg
Réservoir de carburant	14 litres

QUOI DE NEUF EN 2009 ?

Alimentation par injection avec système antivol, guidon abaissé, système d'échappement repensé

Retrait de la version de tourisme léger

Coûte 600 $ de plus qu'en 2008

PAS MAL

Une ligne sympathique qui s'inspire de plusieurs traits retrouvés sur la Fat Boy, comme les roues de style disque et les garde-boue ronds

Un petit moteur dont la configuration en V est la plus désirable chez ces motos et dont les prestations ne sont pas mauvaises du tout puisqu'il permet de suivre la circulation autant en ville que sur l'autoroute; l'ajout de l'injection en 2009 est un avantage

Un pilotage très accessible en raison du poids faible et bien positionné et de l'aisance de la mécanique sur les premiers régimes

BOF

Une position de conduite qui était un peu étrange et pas vraiment naturelle sur la version 2008 puisqu'elle coinçait les pilotes de grande taille; celle de la version 2009 serait améliorée

Un prix qui est beaucoup trop près de celui des modèles japonais rivaux; il devrait logiquement être nettement inférieur

Un problème récurant chez ces très petites cylindrées : les acheteurs ne tardent généralement pas à demander quelque chose de plus gros, ce qui implique la revente et une nouvelle acquisition; d'un autre côté, ces inconvénients font partie intégrante du principe de l'apprentissage progressif

Conclusion

L'Aquila 250 constitue une manière aussi bonne d'accéder au motocyclisme que n'importe laquelle des customs rivales de chez Suzuki, Yamaha et Honda. Elle ne satisfera toutefois que durant la période d'apprentissage, ce dont il faut rester conscient lors de la décision d'achat. Elle a toutefois le désavantage d'être offerte à un prix qui n'est pas vraiment inférieur à celui des modèles japonais que la majorité des gens considèrent comme des valeurs plus sûres. L'arrivée de l'injection la distingue un peu des autres modèles qui sont tous carburés, mais cela ne semble pas assez. Pour le moment, les Hyosung doivent être nettement moins chères que les produits japonais correspondants. Sinon, leur intérêt devient très difficile à saisir.

Voyager 1700 ABS

KAWASAKI
VOYAGER 1700

NOUVEAUTÉ 2009

Plus Electra que Wing...

Étant complètement absent de la catégorie du tourisme de luxe depuis la mise au rancard de sa vétuste Voyager XII en 2004, Kawasaki ne cause pas vraiment de surprise en revenant à la classe en 2009 avec cette toute nouvelle Voyager. Ce qui étonne, toutefois, c'est le format de la nouveauté puisque celle-ci ne reprend pas une formule « à la Gold Wing », mais vise plutôt le genre de tourisme proposé par une Harley-Davidson Electra Glide. La Voyager 1700 est en effet basée sur la même plateforme que celle des customs Vulcan 1700 Classic, LT et Nomad, plateforme que la firme d'Akashi a d'ailleurs renouvelée cette année. Une version équipée d'un système ABS de nouvelle génération est aussi offerte.

TECHNIQUE

Les constructeurs désirant offrir une monture de tourisme de luxe le font généralement selon l'une de deux approches. La première consiste à viser les Honda Gold Wing et BMW K1200LT, une option qui équivaut évidemment à un projet très complexe. La seconde approche s'inspire plutôt des Electra Glide de Harley-Davidson et se résume à équiper une custom jusqu'à la rendre apte au tourisme. C'est cette option qu'a choisie Kawasaki pour élaborer sa toute nouvelle Voyager 1700.

L'introduction de la nouveauté correspond avec le renouvellement de la Vulcan 1600 qui devient cette année une 1700. Les modèles Vulcan 1700 Classic, Classic LT et Nomad 2009 sont ainsi basés sur la même plateforme que la nouvelle Voyager.

Dérivé du moteur de la Vulcan 2000, le V-Twin qui anime la Voyager 1700 possède quand même sa propre architecture. Similaire avec ses cylindres ouverts à 52 degrés et sa lubrification par carter semi-sec, il n'est plus culbuté et a plutôt recours à un simple arbre à cames en tête. Une sixième vitesse surmultipliée est ajoutée. Son couple serait augmenté d'environ 15 pour cent par rapport à la valeur du 1600 tandis que l'alimentation est confiée à un système d'ouverture électronique des gaz qui a la particularité d'avoir malgré cela recours à des câbles reliant la poignée à l'injection.

Entièrement nouveau, le cadre reprend une technologie mise au point sur des sportives puisqu'il est composé d'un

> **LA VERSION ABS DE LA VOYAGER 1700 EST ÉQUIPÉE D'UN SYSTÈME DE FREINAGE APPELÉ K-ACT QUI RAPPELLE L'ABS INTEGRAL DE BMW.**

minimum de pièces coulées. Les composantes des suspensions sont, on s'en doute, particulièrement massives, mais n'ont autrement rien de très particulier. Cela dit, on note à l'arrière une différence majeure avec les anciennes Vulcan puisque cette nouvelle génération est entraînée par une courroie et non plus par un arbre.

Qui dit tourisme dit évidemment équipement et, à ce chapitre, la nouvelle Voyager se montre assez généreuse, mais sans plus. Car si un système audio conçu pour accepter un lecteur de fichiers MP3, un régulateur de vitesse et un trio de volumineuses valises fait partie de l'équipement de série, on note en revanche l'absence de selle ou de poignées chauffantes, de possibilités de réglage du pare-brise et d'une seconde paire de haut-parleurs à l'arrière.

Kawasaki surprend toutefois au chapitre de la sécurité en proposant en option un système ABS qu'il nomme K-ACT pour *Kawasaki Advanced Coactive Braking Technology* et dont les propriétés ressemblent beaucoup à celles de l'ABS Integral de BMW puisqu'il combine les freins avant et arrière et maximise la force de freinage lorsqu'il croit sentir une situation d'urgence. Pour éviter les réactions brusques ou indésirables à basse vitesse, l'assistance de la version de Kawasaki se désengage sous les 20 km/h, alors qu'en dessous de 6 km/h, c'est l'ABS qui se désactive.

Selon le constructeur, les «muscle cars» des années 60 ont servi d'inspiration aux stylistes responsables de la ligne et de l'instrumentation, un fait qui semble indiquer de manière assez claire l'âge de la clientèle visée par Kawasaki avec ce modèle.

LA NOUVELLE VOYAGER EST À LA VULCAN 1700 CE QU'UNE HARLEY-DAVIDSON ELECTRA GLIDE EST À UNE ROAD KING. IL S'AGIT D'UNE VERSION ACCESSOIRISÉE DE LA CUSTOM.

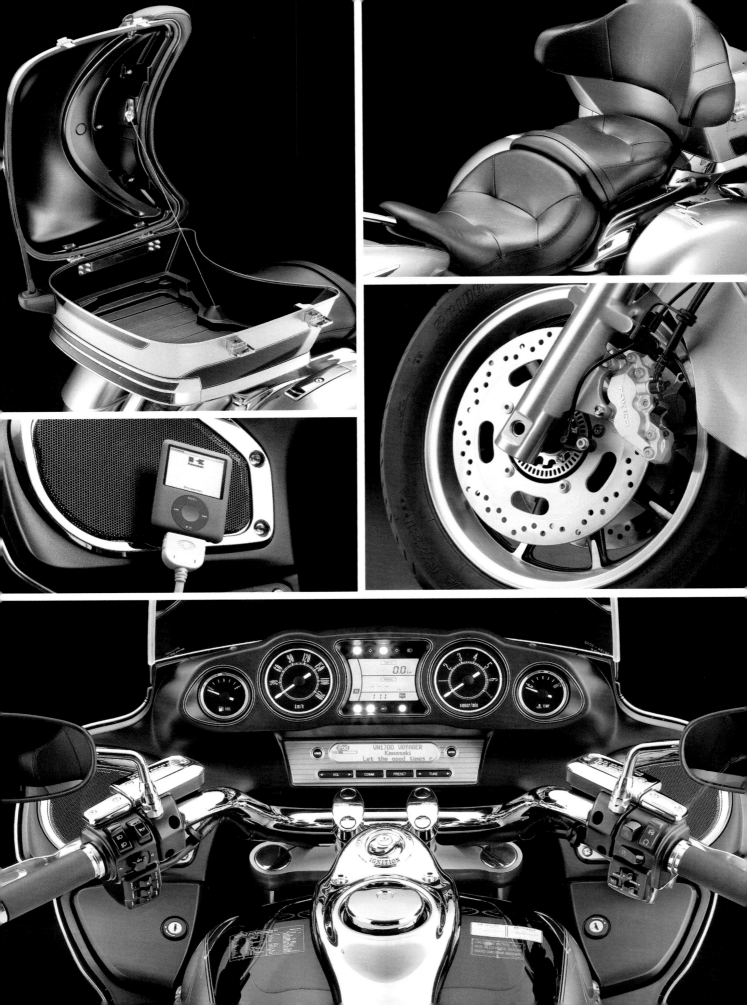

Général

Catégorie	Tourisme de luxe
Prix	20 249 $ (ABS : 21 699 $)
Immatriculation 2009	NC - probabilité : 518 $
Catégorisation SAAQ 2009	NC - probabilité : « régulière »
Évolution récente	introduite en 2009
Garantie	3 ans/kilométrage illimité
Couleur(s)	bourgogne, bleu, titane
Concurrence	Harley-Davidson Electra Glide, Victory Vision Tour, Yamaha Royal Star Venture

Moteur

Type	bicylindre 4-temps en V à 52 degrés, SACT, 4 soupapes par cylindre, refroidissement par liquide
Alimentation	injection à 2 corps de 42 mm
Rapport volumétrique	9,5:1
Cylindrée	1 699 cc
Alésage et course	102 mm x 104 mm
Puissance	82 ch @ 5 000 tr/min
Couple	107,8 lb-pi @ 2 750 tr/min
Boîte de vitesses	6 rapports
Transmission finale	par courroie
Révolution à 100 km/h	n/d
Consommation moyenne	n/d
Autonomie moyenne	n/d

Rapport valeur/prix

170 km/h — Vitesse de pointe
14.5.150 km/h — Accélération sur 1/4 mille
Novice Intermédaire Expert
Indice d'expertise

Voir légende en page 7
Performances estimées

Partie cycle

Type de cadre	double berceau, en acier
Suspension avant	fourche conventionnelle de 43 mm non ajustable
Suspension arrière	2 amortisseurs ajustables en précharge et détente
Freinage avant	2 disques de 300 mm de Ø avec étriers à 4 pistons (et système ABS K-ACT)
Freinage arrière	1 disque de 300 mm de Ø avec étrier à 2 pistons (et système ABS K-ACT)
Pneus avant/arrière	130/90 B16 & 170/70 B16
Empattement	1 665 mm
Hauteur de selle	750 mm
Poids tous pleins faits	n/d (environ 400 kg)
Réservoir de carburant	20 litres

QUOI DE NEUF EN 2009 ?

Nouveau modèle

PAS MAL

Un concept intéressant puisqu'il reprend une idée qui n'était jusque-là vraiment offerte que par Harley-Davidson, celle d'une monture de tourisme de luxe de style custom animée par un V-Twin

Une plateforme attrayante puisqu'elle est construite avec des technologies de pointe tant au niveau de la mécanique qu'à celui du châssis

Un aspect sécuritaire remarquable puisque le système ABS combiné et assisté K-ACT qui équipe la Voyager 1700 ABS est le plus avancé jamais offert par Kawasaki

BOF

Un niveau d'équipement de série décent, mais qui n'a rien de vraiment épatant : on sera peut-être surpris en l'écoutant, mais sur papier, le système audio à seulement 2 haut-parleurs et 40 watts semble un peu juste, tandis que ni selles ni poignées chauffantes ne sont offertes

Un pare-brise dont la hauteur importante laisse envisager une bonne protection, mais aussi l'obligation de regarder au travers puisqu'il n'est pas ajustable; comme sur les Harley-Davidson, on peut néanmoins s'attendre à ce que des versions plus courtes soient offertes

Une ligne plutôt réussie, mais dont l'aspect rétro très poussé risque d'être polarisant en plaisant ou en ne plaisant pas

Conclusion

La nouvelle Voyager 1700 semble avoir été conçue de façon judicieuse. Kawasaki a intelligemment résisté à la tentation de la construire autour du V-Twin de la Vulcan 2000, ce qui l'aurait rendue à la fois plus lourde et plus chère, mais pas nécessairement plus désirable aux yeux de la clientèle visée. Une sympathique ligne rétro, un bon gros V-Twin, un équipement décent et des valises de dimensions généreuses décrivent un concept qui fonctionne très bien pour une certaine firme de Milwaukee. Alors pourquoi pas pour Kawasaki ? En fait, on trouve même curieux que personne ne se soit aussi directement attaqué à Harley-Davidson et ses très populaires Electra Glide plus tôt.

Concours 14 ABS

KAWASAKI
CONCOURS 14

Pour l'amour du Sport...

Une ZX-14 à valises. Voilà comment Kawasaki décrivait sa Concours 14 lorsqu'il l'a lancée l'an dernier. Dans les faits, l'image colle surtout à la nature technique du modèle puisqu'une fois sur la route, une certaine nuance est de mise. Car si la Concours partage en effet plusieurs détails de conception avec la fusée qu'est la ZX-14, comme son châssis monocoque et l'architecture du 4-cylindres en ligne, elle s'en distingue en revanche à bien des égards et se veut avant tout une sport-tourisme à part entière. La réalité est que les comparaisons avec la ZX-14 sont relativement futiles et que c'est plutôt en mettant la Concours 14 face aux autres modèles de la classe que sa véritable nature apparaît.

Les montures de la classe sport-tourisme sont traditionnellement construites de manière à cajoler un propriétaire souvent grisonnant. Un bon gros moteur coupleux, une selle reposante, une position naturelle, assez d'équipements pour rouler longtemps et un châssis sain sont autant de facteurs qui gardent ces sages rouleux tout à fait heureux. Ceux-ci peuvent choisir entre la docile ST 1300 de Honda, la luxueuse K 1300 GT de BMW et la polyvalente FJR 1300 de Yamaha. Pour les autres, pour ceux qui ne s'identifient ni à la rectitude politique de ces modèles ni aux sages et responsables individus qui les achètent, il y a la Kawasaki Concours 14. Car si on doit admettre qu'un peu plus de confort et d'équipements sont retrouvés sur les modèles plus traditionnels, le fait est qu'aucune machine du genre n'offre l'authenticité sportive de la Concours qui, soit dit en passant, s'avère quand même parfaitement apte à parcourir de longues distances. Elle le fera seulement en éveillant un peu plus les sens du pilote que ses rivales.

L'idée de la sportivité rime souvent avec inconfort, mais la Concours 14 fait relativement peu de fautes à ce sujet. Elle pèche, par exemple, par son pare-brise électrique causant de la turbulence en position haute, par l'absence d'équipements chauffants ou d'un régulateur de vitesse, et par sa tendance à dégager beaucoup de chaleur par temps très chaud. Mais ces lacunes relativement mineures sont un très maigre prix à payer pour profiter de l'ensemble de qualités sportives uniques au modèle.

> **AUCUNE MOTO DU GENRE NE PROPOSE UNE TELLE AUTHENTICITÉ SPORTIVE. C'EST SURTOUT À CE NIVEAU QUE LA CONCOURS SE DISTINGUE.**

Il faut idéalement avoir possédé une sportive assez récente pour arriver à saisir pleinement les qualités du comportement routier de la Concours puisqu'elle réagit de façon très similaire à une machine bien plus pointue en termes de précision sur un trajet sinueux et de solidité en courbe, côté nerveux et extrême en moins.

À ce chapitre, l'entraînement final par arbre que Kawasaki appelle Terta-Lever est digne de mention puisqu'on jurerait avoir affaire à une chaîne tellement son travail est transparent. Il s'agit du meilleur système du genre. Une certaine capacité à ajuster les suspensions est par ailleurs préférable pour tirer le meilleur de la partie cycle puisque celle-ci répond de manière assez prononcée aux différents réglages.

En raison du poids beaucoup plus élevé que dans le cas d'une sportive pure, on ne peut tout simplement pas s'attendre au genre d'accélérations que réserve une ZX-14, ce que certains ont cru possible à cause le l'image de «la ZX-14 à valises» véhiculée par le matériel promotionnel du constructeur lors du lancement du modèle. Cela dit, avec près de 160 chevaux à sa disposition, le pilote de la Concours a de quoi se distraire, et ce, même s'il est habitué au niveau de performances plus élevé d'une sportive extrême. Cette puissance arrive sous la forme d'une dose de couple allant de très appréciable sur les premiers tours à exceptionnelle à mi-régime. L'accélération continue de s'intensifier jusqu'à devenir une impressionnante poussée à haut régime qui arrive même à soulever l'avant en pleine accélération. On trouve difficilement plus rapide chez ces motos.

Général

Catégorie	Sport-Tourisme
Prix	17 799 $ (ABS : 19 099 $)
Immatriculation 2009	518 $
Catégorisation SAAQ 2009	« régulière »
Évolution récente	introduite en 2008
Garantie	3 ans/kilométrage illimité
Couleur(s)	noir, bourgogne
Concurrence	BMW K1300GT, Honda ST1300, Yamaha FJR1300

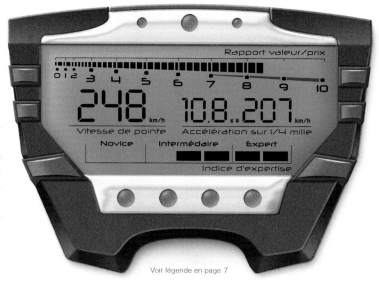

Voir légende en page 7

Moteur

Type	4-cylindres en ligne 4-temps, DACT, 4 soupapes par cylindre, refroidissement par liquide
Alimentation	injection à 4 corps de 40 mm
Rapport volumétrique	10,7:1
Cylindrée	1 352 cc
Alésage et course	84 mm x 61 mm
Puissance	156 ch @ 8 800 tr/min
Couple	102,5 lb-pi @ 6 200 tr/min
Boîte de vitesses	6 rapports
Transmission finale	par arbre
Révolution à 100 km/h	environ 2 900 tr/min
Consommation moyenne	7,1 l/100 km
Autonomie moyenne	310 km

Partie cycle

Type de cadre	monocoque, en aluminium
Suspension avant	fourche inversée de 43 mm ajustable en précharge et détente
Suspension arrière	monoamortisseur ajustable en précharge et détente
Freinage avant	2 disques « à pétales » de 310 mm de Ø avec étriers radiaux à 4 pistons (et ABS)
Freinage arrière	1 disque « à pétales » de 270 mm de Ø avec étrier à 1 piston (et système ABS)
Pneus avant/arrière	120/70 ZR17 & 190/50 ZR17
Empattement	1 520 mm
Hauteur de selle	815 mm
Poids tous pleins faits	304 kg (ABS : 308 kg) (à vide : 275 kg; ABS : 279 kg)
Réservoir de carburant	22 litres

QUOI DE NEUF EN 2009 ?

Aucun changement

Aucune augmentation de prix

PAS MAL

Un gros 4-cylindres non seulement coupleux à souhait, mais aussi assez puissant pour sérieusement distraire un pilote habitué à une vraie sportive

Une partie cycle qui est pratiquement celle d'une vraie sportive et qui procure donc le même genre de pilotage; la Concours 14 possède des suspensions dont les ajustements changent le caractère de la moto, son freinage n'est pas combiné, son châssis est capable d'encaisser un rythme très agressif, etc.

Un niveau de confort qui n'a rien à envier à celui des autres sport-tourisme

BOF

Un choix de la part du constructeur de mettre beaucoup l'accent sur l'aspect sportif du modèle qui est à la base de l'absence d'équipements comme des selles et des poignées chauffantes ou un régulateur de vitesse; nous croyons qu'il s'agit d'une erreur et d'un manque qui, s'il était comblé, pourrait même attirer les acheteurs des modèles plus « sages » de la classe

Un pare-brise qui fonctionne bien, mais qui cause de la turbulence à la hauteur du casque en position haute

Une mécanique qui peut faire cuire le pilote par temps chaud dans la circulation

Un système de reconnaissance qui rend l'usage de la clé de contact optionnel et qui fonctionne correctement, mais auquel il faut s'habituer et dont les avantages concrets restent flous

Conclusion

Il est fort possible que la Concours 14 suscite un intérêt plutôt limité pour les motocyclistes que les modèles de sport-tourisme traditionnels attirent. Mais il y a une autre catégorie de pilotes pour qui la Kawasaki est une proposition presque inespérée. Pour l'amateur de sportives arrivant au bout de la période où il peut tolérer le cruel inconfort et le côté pratique absent de ces machines, ou encore pour l'individu envisageant la classe sport-tourisme sans pour autant qu'il désire s'installer aux commandes d'une monture si efficace qu'elle en devient aseptisée, la Concours offre un ensemble de qualités et de caractéristiques qui ne se retrouve nulle part ailleurs dans la catégorie. Elle est *la* sport-tourisme des sportifs.

Concours 14

Ninja ZX-14 édition spéciale

NINJA ZX-14

Culture de vitesse...

De nombreuses motos ayant marqué le motocyclisme par leur révolutionnaire niveau de performances ont été produites par Kawasaki. Si les années 70 ont vu leur part d'action en termes de modèles, c'est surtout durant les années 80 que la firme d'Akashi a non seulement établi sa domination en matière de performances, mais qu'elle a aussi littéralement dessiné le visage de la vitesse en lançant des montures comme les Ninja 1000R, ZX-10 et ZX-11. Au même titre que les GSX-R de Suzuki en sont arrivées à représenter l'image de la sportive pure, les grosses Ninja de Kawasaki sont devenues l'incarnation de la vitesse. La ZX-14 est l'héritière de ce riche passé.

À moto, la vitesse et les performances peuvent prendre bien des formes. On peut, par exemple, y accéder grâce à des modèles conçus pour exceller en piste dont l'agilité et la précision sont remarquables, mais dont la légèreté et les dimensions compactes rendent en revanche la conduite assez pointue. Surtout lorsqu'on tente d'en extraire le plein potentiel. Une autre possibilité est d'envisager un modèle comme la ZX-14 pour laquelle la vitesse est une formalité. À ses commandes, le pilote commun n'a besoin que d'un bout d'asphalte droit, long et préférablement désert pour vivre des sensations d'une intensité presque indescriptible. Nul besoin de faire grimper les régimes avant le départ, pas plus que d'anticiper un violent wheelie dès que l'aiguille du compte-tours s'animera sur les premiers rapports. Avec la ZX-14, vous pointez et vous tirez. Quelques maigres secondes suffisent à doubler la vitesse légale, quelques-unes de plus pour la tripler, un exercice durant lequel la Kawasaki demeure d'une sérénité absolue. Évidemment, si la grosse Ninja accomplit l'exploit qu'est rendre un tel niveau de performances aussi accessible, il reste que le pilote qui s'engage à découvrir ce potentiel de vitesse doit quand même détenir une expérience solide. Et c'est là le paradoxe de la ZX-14 puisqu'elle rend à portée de main un genre de performances qui s'avère très difficile à vivre de manière légale et vraiment sécuritaire. Les «bouts d'asphalte» longs, droits et déserts font partie de votre environnement quotidien, vous?

> **POUR LA MAJORITÉ DES ACHETEURS DE CE TYPE DE MOTOS COMME POUR LES PROPRIÉTAIRES DE SUPERVOITURES, BIEN SOUVENT, SAVOIR SUFFIT.**

Le fait est que ce paradoxe n'est toutefois pas unique à la ZX-14. Prenez le volant de n'importe quelle supervoiture —dont certaines laisseraient même la Kawasaki et ses 299 km/h derrière elles— et vous le retrouverez de manière intégrale. Heureusement, ce paradoxe n'est pas plus un problème pour la majorité des propriétaires de ZX-14 qu'il ne l'est pour les fortunés automobilistes roulant en Carrera GT. Car dans les deux cas, la réalité est qu'on se trouve bien davantage attiré par les capacités de ces bolides plutôt que par l'idée d'expérimenter ces dernières de façon quotidienne. Pour la majorité des acheteurs de ce type de motos, savoir suffit.

La ZX-14 a bien entendu d'autres qualités que celle d'être capable de vitesses folles en ligne droite. Par exemple, même si elle n'est pas particulièrement légère, la grosse Ninja surprend par l'agilité dont elle fait preuve ainsi que par sa grande légèreté de direction. Elle n'est pas conçue pour ce genre d'utilisation, mais rien ne l'empêcherait de bien se débrouiller sur un circuit. Animée par un 4-cylindres exceptionnellement doux, dotée de suspensions un peu fermes, mais quand même calibrées de manière réaliste pour la route et équipée d'une bonne selle, la ZX-14 s'avère par ailleurs étonnamment confortable pour une moto dont le thème de la performance est aussi proéminent. Une excellente protection au vent est offerte par le large carénage tandis que la position de conduite, bien que sportive et compacte, ne met pas de poids superflu sur les mains. Enfin, la moto tout entière renvoie une sensation de qualité et de sophistication très agréable.

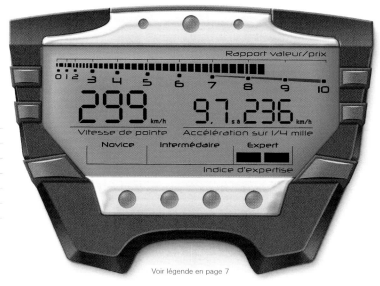

Général

Catégorie	Sportive
Prix	15 099 $ (éd. spéciale : 15 399 $)
Immatriculation 2009	1 030 $
Catégorisation SAAQ 2009	« sport »
Évolution récente	introduite en 2006
Garantie	1 an/kilométrage illimité
Couleur(s)	vert (éd. spéciale : orange)
Concurrence	BMW K1300S, Suzuki GSX1300R Hayabusa

Moteur

Type	4-cylindres en ligne 4-temps, DACT, 4 soupapes par cylindre, refroidissement par liquide
Alimentation	injection à 4 corps de 44 mm
Rapport volumétrique	12,0:1
Cylindrée	1 352 cc
Alésage et course	84 mm x 61 mm
Puissance sans Ram Air	191 ch @ 9 500 tr/min
Puissance avec Ram Air	201 ch @ 9 500 tr/min
Couple	114 lb-pi @ 7 500 tr/min
Boîte de vitesses	6 rapports
Transmission finale	par chaîne
Révolution à 100 km/h	environ 3 500 tr/min
Consommation moyenne	6,3 l/100 km
Autonomie moyenne	349 km

Voir légende en page 7

Partie cycle

Type de cadre	monocoque, en aluminium
Suspension avant	fourche inversée de 43 mm ajustable en précharge, compression et détente
Suspension arrière	monoamortisseur ajustable en précharge, compression et détente
Freinage avant	2 disques « à pétales » de 310 mm de Ø avec étriers radiaux à 4 pistons
Freinage arrière	1 disque « à pétales » de 250 mm de Ø avec étrier à 2 pistons
Pneus avant/arrière	120/70 ZR17 & 190/50 ZR17
Empattement	1 460 mm
Hauteur de selle	800 mm
Poids tous pleins faits	257 kg (à vide : 220 kg)
Réservoir de carburant	22 litres

QUOI DE NEUF EN 2009 ?

Aucun changement

Aucune augmentation de prix

PAS MAL

Un niveau de puissance fabuleux, particulièrement à partir des mi-régimes jusqu'à la zone rouge lorsque la ZX-14 génère une accélération d'une intensité inimaginable

Une partie cycle qui encaisse toute la furie du gros 4-cylindres comme si de rien n'était et qui se montre par ailleurs étonnamment agile et légère compte tenu du poids et des dimensions considérables du modèle

Une ligne réussie puisqu'elle ne laisse planer aucune confusion en ce qui concerne la nature et les intentions du modèle, en plus d'être instantanément identifiable

BOF

Une puissance à bas régime qui a été améliorée l'an dernier, mais qui ne transforme pas la ZX-14 en tracteur sous les mi-régimes

Une direction qui se montre très stable dans la majorité des situations, mais qui peut occasionnellement s'agiter, si un certain nombre de circonstances sont réunies; le montage en série d'un amortisseur de direction ne serait pas superflu sur la ZX-14

Un potentiel de vitesse tellement élevé et si facilement atteint qu'une conduite quotidienne « tranquille » devient un défi

Conclusion

La ZX-14 est plus qu'un modèle pour Kawasaki, elle est un symbole. Elle affiche au grand jour les capacités de la firme d'Akashi et se veut ni plus ni moins qu'une démonstration de savoir-faire en matière de performances. Si une partie de sa mission est ainsi de reproduire, en version deux-roues, l'image de King Kong se frappant la poitrine en rugissant, son autre rôle est de ravir les motocyclistes qui s'en portent acquéreurs non seulement grâce à ses accélérations tout bonnement phénoménales, mais aussi à ses qualités de routières presque insoupçonnées. Car sous tout ce machisme se cache une moto aux manières impeccables, et ce, qu'elle se trouve dans une position où elle doit prouver ce dont elle est capable ou qu'elle soit plutôt simplement en mode promenade.

Ninja ZX-10R

KAWASAKI
NINJA ZX-10R

Tout ou rien...

Lorsqu'il décida enfin de donner congé à sa vieillissante ZX-9R en 2004, Kawasaki prit l'un des engagements les plus ardus à respecter de l'univers motocycliste : celui de produire une sportive pure d'un litre qui non seulement dominerait la catégorie, mais qui serait aussi complètement renouvelée chaque 2 ans. La ZX-10R naissait la même année, puis, comme promis, fut revue en 2006 et en 2008. Affirmer qu'elle a dominé la classe serait difficile compte tenu du niveau de compétitivité extrême qu'on y retrouve. Comme ce le serait pour les autres 1000, d'ailleurs. En plus d'une puissance très élevée et d'une grande légèreté, la 10R actuelle s'attaque au problème de la gestion de chevaux aussi nombreux.

Tout ou rien. Voilà à quoi équivaut une entrée dans cette catégorie sans cesse en évolution. Ou on s'engage à suivre son rythme fou, ou il est préférable qu'on ne fasse rien. Comme tous les autres constructeurs japonais, Kawasaki a opté pour «le tout». Ce qui signifie que l'objectif de sa ZX-10R n'a qu'un but et un seul, celui de boucler un tour de piste le plus rapidement possible. Pour y arriver, les ingénieurs de la firme d'Akashi n'ont pu se contenter d'augmenter la puissance et d'abaisser le poids de la version précédente. Ils ont dû s'attaquer aux problèmes que pose une quantité de chevaux si grande qu'elle peut devenir un handicap plutôt qu'un atout. Le résultat de cette attention est une monture extraordinairement rapide, on s'en doute, mais qui surprend par la facilité avec laquelle elle se laisse piloter sur un tour de piste.

Lors de situations particulièrement délicates comme l'accélération suivant un virage lent et serré, alors que le pneu arrière peut facilement déraper, la ZX-10R impressionne franchement en se montrant presque amicale et en permettant au pilote d'enrouler l'accélérateur de manière assez agressive sans que l'arrière se dérobe. Il s'agit d'une qualité étonnante pour une sportive courte et légère crachant environ 180 chevaux. En fait, l'arrivée de la puissance est tellement progressive qu'on est tenté de douter du chiffre, mais il est bel et bien réel. Cette qualité est due à un système que Kawasaki appelle KIMS, pour *Kawasaki Ignition Management System*, et qui gère la puissance disponible de façon numérique en

la limitant durant les régimes correspondant aux sorties de virages. Il ne s'agit absolument pas d'un système antipatinage déguisé comme beaucoup le croient encore, mais plutôt d'un «truc» permettant d'augmenter la confiance du pilote lors de la très délicate manœuvre qu'est la sortie de courbe.

Toute la puissance de la ZX-10R ainsi que la technologie qui l'accompagne seraient inutiles sans une partie cycle à la hauteur, et celle de la 1000 de Kawasaki l'est décidément. Superbe dans son aisance et dans sa précision en freinage intense durant l'amorce de virage, la ZX-10R aide son pilote dans ces circonstances grâce à un excellent embrayage à limiteur de contre-couple. Parfaitement sereine en complète inclinaison et inébranlable en pleine accélération en sortie de courbe, la partie cycle de la 10R constitue un magnifique ensemble. Le freinage est bien entendu très puissant, mais il a aussi la particularité de ne pas « mordre » immédiatement et de laisser un bref délai au pilote avant de sérieusement ralentir la moto. Il s'agit d'encore une autre caractéristique dont le but est d'aider le pilote à se concentrer sur le travail qu'est un tour de circuit.

Comme routière, la ZX-10R n'est pas beaucoup plus ou beaucoup moins intéressante que n'importe quelle autre 1000 rivale. Dès qu'on quitte l'environnement de la piste, la puissance qui paraissait amicale semble tout d'un coup immense et la position qui était parfaite devient soudainement trop sévère. Faire grimper un passager est une possibilité, mais pourquoi ferait-on subir un tel martyre à quelqu'un?

> LA TECHNOLOGIE QUE KAWASAKI APPELLE KIMS N'EST PAS UN SYSTÈME ANTIPATINAGE COMME PLUSIEURS LE CROIENT ENCORE.

« IL NOUS RESTE ENCORE UNE COURSE AVANT LA FIN DE LA SAISON, PIS ON TRAVAILLE PAS MAL FORT POUR GAGNER NOTRE TROISIÈME CHAMPIONNAT DE SUITE. MAIS ON A BESOIN DE LA MOTO POUR ÇA. POURRAIS-TU T'ARRANGER POUR PAS L'ÉCHAPPER ? »

Une ZX-10R légèrement modifiée...

Je vais avoir l'air blasé, mais les motos de route apprêtées pour la course ne m'ont jamais vraiment intéressé. La vérité est que je n'en ai roulé que quelques-unes, la plupart il y a des années, et qu'à chaque fois je me suis demandé comment les gars qui compétitionnaient avec arrivaient à rouler de manière efficace. Suspensions durcies au point d'en être ridicule, alimentation déficiente à bas et moyen régimes dans le but de gagner quelques chevaux en haut et position de conduite inutilement sévère ne sont que quelques exemples du genre de caractéristiques qui, presque chaque fois, m'ont fait descendre de ces engins en me disant que je m'alignerais sur une grille de départ avec une machine de série chaussée de bons pneus bien avant de m'aventurer en piste sur de telles choses. Immanquablement, mes remarques étaient reçues avec ni plus ni moins que du mépris par messieurs les cousins de Rossi. « Ben non ! Kocé tu comptes mon homme ? Stock, ça vaut pas d'la marde ! Faut toute tu changes pour faire un vrai race bike, man ! » Un jour très lointain, j'aurai peut-être la patience pour écouter ça.

Quand Kawasaki Canada m'offrit quelques tours de piste durant la saison 2008 au guidon de la ZX-10R gagnante du championnat canadien 2007, j'ai donc poliment dit non merci en donnant comme

préparation de ces motos. La 10R Superbike était immaculée, absolument aussi propre qu'une neuve. La position est pratiquement la même, elle démarre instantanément et même la sonorité de l'échappement de course semble discrète. Jordan Szoke, qui allait remporter quelques semaines plus tard son troisième titre national consécutif pour Kawasaki sur cette même moto, avait peu de conseils à donner. « Just ride it ! » lança-t-il sans la moindre inquiétude. Selon Jeff Comello, qui n'était pas très bavard à propos des modifications faites à la 10R, celle-ci produit exactement — et facilement — 180 chevaux à la roue arrière, soit la limite permise par le règlement du championnat. Puis, il ajouta en souriant que les règles ne disent pas à quel régime cette puissance doit être atteinte et qu'ils sont donc libres de gonfler la puissance et le couple à bas et moyen régimes comme bon leur semble, tant que les 180 chevaux sont respectés. Le résultat est une poussée tellement forte dans les tours bas et moyens qu'il est pratiquement impossible de garder la roue avant au sol en pleine accélération. Une bonne partie de mes quelques tours aux commandes de cette ZX-10R de course furent donc passés à essayer d'empêcher l'avant de se soulever. Sinon, je n'arrivais pas à accélérer puisque la moto se levait debout, et je n'arrivais pas à tourner non plus puisque la roue avant se soulevait avant que j'aie fini un virage. Szoke m'a dit qu'il contournait le

Le circuit ICAR a la particularité d'être construit sur l'ancien site de l'aéroport de Mirabel. On roule donc sur des dalles de béton séparées par un bon pouce de caoutchouc. Elle n'est pas désagréable, mais on doit s'habituer à plusieurs facteurs, dont le manque de points de repère. Crédit photo : Rob O'Brien

raison — très bonne d'ailleurs — que je travaillais sur le Guide 2009 et qu'une 2007, ça commençait à faire vieux. « Veux-tu dire que tu veux rouler la 2008 ? » Ce fut la fin de la discussion. Quelques mois passèrent avant que je ne reçoive un nouvel appel. « On a un test à Mirabel. On pourrait te laisser quelques tours sur la 2008. Mais la saison est pas finie. Il reste une course pour qu'on puisse gagner notre troisième championnat. Faut pas que tu plantes. Mais t'as l'habitude, donc y'a pas de problème. » Il faut savoir qu'en général, au niveau professionnel, PERSONNE ne touche à une moto qui n'a pas fini sa saison, encore moins si le championnat est en jeu. Le risque est simplement trop grand. Comme l'invitation venait de Stéphane Nadon, représentant Kawasaki au Québec, et non de Kawasaki Canada, je devais vérifier. Joint au téléphone, Jeff Comello, responsable de l'équipe de course officielle de Kawasaki, marmonna en anglais en répétant le nom Stéphane à quelques reprises, puis précisa qu'ils avaient parlé de la 10R 2007, pas de la 2008 qui devait finir le championnat. « On verra » conclut-il. Plusieurs semaines passèrent jusqu'au matin où le téléphone sonna à nouveau. Monsieur Comello m'offrait lui-même quelques tours seulement sur la ZX-10R 2008 sur la nouvelle piste ICAR située sur le site de l'aéroport de Mirabel. Je lui dis que j'appréciais l'offre, surtout la journée de ma fête, mais que je me devais de lui demander si prendre un tel risque était vraiment logique compte tenu de l'enjeu. Il m'a nerveusement répondu de bouger avant qu'il change d'idée.

La ZX-10R Superbike de Kawasaki Canada a complètement changé ma vision des motos apprêtées pour la course. Une vision qui était, je m'en rends compte aujourd'hui, faussée par la pauvre

problème en tenant les régimes très haut, et qu'il n'avait recours à l'immense couple des mi-régimes que dans certaines circonstances. D'accord, mais avant d'arriver à haut régime, il faut passer par les bas et les mi-régimes, non ? Clairement, une livrée de puissance aussi particulière, du moins pour un pilote habitué à des machines de série, demande une bonne période d'acclimatation.

J'ai été par ailleurs très surpris de la facilité avec laquelle la ZX-10R s'est laissé manier. À ses commandes, rien n'est lourd ou rude. Au contraire, tout, du freinage jusqu'à la sensation de traction en courbe en passant par le travail de la transmission et de l'embrayage, laisse plutôt une impression de sophistication et de finesse. On jurerait avoir affaire à une ZX-10R de série qu'on a légèrement raffinée ici et là, mais sans jamais la rendre moins fonctionnelle et sans jamais exagérer ou trop s'éloigner du concept de base. Même l'accélération ne semble pas si extraordinaire tellement elle est générée de manière progressive. Mais elle l'est ! On le constate à chaque fois que la moindre portion droite permet d'ouvrir les gaz, ou plutôt à chaque fois qu'on doit freiner, lorsqu'on réalise que la vitesse est bien plus élevée qu'on l'aurait cru. Encore une fois, il s'agit d'une caractéristique à laquelle je pourrais assez facilement m'habituer avec du temps en selle.

Je retiens plusieurs choses de ces courts moments passés aux commandes d'une machine de ce calibre. D'abord, que les motos de courses, si elles sont bien apprêtées, peuvent être un régal. Mais je retiens surtout à quel point le modèle de route est clairement ressenti derrière toutes ces modifications. Ce qui en dit très long sur la valeur des sportives actuelles. - BG

Général

Catégorie	Sportive
Prix	14 599 $ (éd. spéciale : 14 799 $)
Immatriculation 2009	1 030 $
Catégorisation SAAQ 2009	« sport »
Évolution récente	introduite en 2004, revue en 2006 et en 2008
Garantie	1 an/kilométrage illimité
Couleur(s)	vert, noir, orange (éd. spéciale : vert et noir)
Concurrence	Honda CBR1000RR, Suzuki GSX-R1000, Yamaha YZF-R1

Moteur

Type	4-cylindres en ligne 4-temps, DACT, 4 soupapes par cylindre, refroidissement par liquide
Alimentation	injection à 4 corps de 43 mm
Rapport volumétrique	12,9:1
Cylindrée	998 cc
Alésage et course	76 mm x 55 mm
Puissance sans Ram Air	179 ch @ 11 500 tr/min
Puissance avec Ram Air	190 ch @ 11 500 tr/min
Couple	83,3 lb-pi @ 8 700 tr/min
Boîte de vitesses	6 rapports
Transmission finale	par chaîne
Révolution à 100 km/h	environ 4 100 tr/min
Consommation moyenne	7,0 l/100 km
Autonomie moyenne	242 km

Rapport valeur/prix

0 1 2 3 4 5 6 7 8 9 10

294 km/h   10.0.234 km/h

Vitesse de pointe   Accélération sur 1/4 mille

Novice | Intermédaire | Expert

Indice d'expertise

Voir légende en page 7

Partie cycle

Type de cadre	périmétrique, en aluminium
Suspension avant	fourche inversée de 43 mm ajustable en précharge, compression et détente
Suspension arrière	monoamortisseur ajustable en précharge, en haute et basse vitesses de compression, et en détente
Freinage avant	2 disques « à pétales » de 310 mm de Ø avec étriers radiaux à 4 pistons
Freinage arrière	1 disque à « pétales » de 220 mm de Ø avec étrier à 1 piston
Pneus avant/arrière	120/70 ZR17 & 190/55 ZR17
Empattement	1 415 mm
Hauteur de selle	830 mm
Poids tous pleins faits	208 kg (à vide : 179 kg)
Réservoir de carburant	17 litres

QUOI DE NEUF EN 2009 ?

Aucun changement

Édition spéciale à peinture verte et noire offerte

Aucune augmentation de prix

PAS MAL

Une livrée de puissance à la fois élevée et étonnamment exploitable qui permet vraiment un pilotage plus efficace en piste

Un comportement solide et d'une extrême précision sur circuit, et un châssis qui seconde parfaitement les qualités de la mécanique

Une minceur étonnante et des dimensions généralement compactes et bien étudiées afin de mettre le pilote à l'aise dans l'environnement du circuit

BOF

Un niveau de performances évidemment très élevé, mais qui est livré de manière si contrôlée et docile qu'on a parfois l'impression d'être aux commandes d'une moto moins puissante que la ZX-10R ne l'est en réalité

Une approche tellement concentrée sur le pilotage en piste que tout autre critère prend une importance très secondaire, comme le confort sur la route, par exemple

Un niveau de praticité aussi faible que la performance est élevée; dans l'environnement routier qui lui est réservé dans la très grande majorité des cas, le plaisir qu'on retire d'un tel modèle est très limité, du moins tant qu'on n'est pas prêt à tomber dans l'illégalité de manière aussi régulière que sévère

Conclusion

Les sportives pures d'un litre sont en constante évolution, chaque manufacturier tentant à tout prix de mettre sur le marché LA machine pour la simple et bonne raison que c'est ce que les acheteurs demandent. Pour atteindre un tel but, on a retranché le poids, augmenté les chevaux et affûté la ligne. Et on a recommencé à le faire chaque 2 ans. Nous en sommes maintenant à un stade où 180 chevaux représentent presque un pré requis. Or, à mesure qu'on approche des 200 chevaux, la façon avec laquelle cette puissance est utilisée et maîtrisée devient clairement plus importante que le chiffre lui-même. C'est à cet égard que la ZX-10R excelle. Elle ne rend pas les fabuleuses performances qu'elle génère aussi exploitables qu'une sportive munie d'un système antipatinage comme la Ducati 1198, mais l'une de ses plus grandes qualités reste la facilité relative avec laquelle elle laisse son pilote accéder à toute cette puissance, dans l'environnement du circuit.

Ninja ZX-10R édition spéciale

Ninja ZX-6R

KAWASAKI

NINJA ZX-6R

NOUVEAUTÉ 2009

Plus légère, plus puissante...

Bien qu'elle fasse complètement peau neuve cette année et qu'elle affiche une liste de changements assez longue pour justifier l'appellation « nouveauté », la ZX-6R 2009 est en réalité une évolution plutôt sérieuse du modèle 2008. L'engagement, pris par Kawasaki il y a quelques années, de renouveler ses sportives chaque 2 ans est donc respecté. Parmi les caractéristiques les plus intéressantes de cette 600, on note évidemment une ligne inspirée de celle de la ZX-10R, mais aussi la présence de ce qui serait une première sur une sportive, soit un type de fourche appelé BPF — pour *Big Piston Fork* — qui, selon Kawasaki, représenterait une avancée considérable en matière de suspension sur une monture de série.

TECHNIQUE

Lorsque la version précédente de la ZX-6R fut officiellement présentée en 2007, nous avions demandé aux ingénieurs responsables du modèle, tous présents pour l'occasion, à quel moment ils se mettraient à travailler sur la prochaine génération. Instantanément, leur calme fit place à un rire nerveux. Ils expliquèrent que le compte à rebours de 2 ans, soit le temps qu'ils avaient pour surpasser à tous les niveaux le modèle qu'ils étaient alors en train de présenter, était déjà amorcé. La ZX-6R 2009 est le résultat de ce travail. Et si on leur posait encore cette question aujourd'hui, ils expliqueraient tout aussi nerveusement qu'il leur reste moins de 2 ans pour accoucher du modèle 2011.

La ZX-6R présentée cette année représente une évolution profonde de la version précédente et non un concept entièrement nouveau. Ce qui ne veut certes pas dire que les améliorations ne sont pas nombreuses et substantielles, au contraire. Par exemple, Kawasaki affirme avoir retranché une dizaine de kilos au poids de la 6R 2007-2008, ce qui est énorme pour une 600 de ce calibre. Il s'agit d'un allégement accompli en examinant chaque pièce de la moto et en retranchant chaque fois quelques grammes. Parmi les composantes « payantes » en termes de poids, on note les divers couvercles du moteur désormais fabriqués en magnésium plutôt qu'en aluminium ainsi que les nouveaux arbres à cames. La fourche de type *Big Piston Fork* signée Showa contribuerait aussi à l'abaissement du poids. Nommée ainsi à cause du diamètre

presque doublé du piston interne, elle aurait la particularité d'améliorer la qualité de l'amortissement de façon notable, ce qui représenterait un avantage considérable sur un tour de piste, selon Kawasaki. En raison des nombreuses différences de conception par rapport à une fourche commune, les ajustements de détente et de compression sont réunis en haut, tandis que le réglage de la précharge du ressort est déplacé tout en bas.

Une autre amélioration de la ZX-6R 2009 se trouverait au niveau de l'augmentation de la puissance à mi-régime, ce qui comblerait l'une des rares lacunes de la version précédente. Un travail de raffinement général du compact 4-cylindres serait responsable des quelques chevaux supplémentaires. La puissance grimpe de 8 chevaux, ce qui, comme l'abaissement du poids de 10 kilos, est énorme sur une 600.

Au niveau du châssis, les différences sont plus subtiles puisque le cadre est essentiellement le même, mais dont on a légèrement modifié la rigidité au niveau du pivot du bras oscillant et des points d'ancrage du moteur, le tout dans le but de maximiser la sensation de traction. Le reste de la partie cycle est presque identique.

Si l'adoption d'une ligne très similaire à celle de la ZX-10R est évidente, on note plusieurs touches intéressantes comme les silencieux désormais en position centrale afin de favoriser la centralisation des masses, ou le réservoir aidant le pilotage en piste grâce à sa forme qui permet aux bras et aux jambes de mieux s'y appuyer. Enfin, on remarque que des efforts ont été faits pour cacher la partie laide de l'échappement qui paraît souvent sous les récentes sportives.

> **SELON KAWASAKI, CETTE « ÉVOLUTION » GAGNERAIT 8 CHEVAUX ET PERDRAIT 10 KILOS, CE QUI EST ÉNORME POUR UNE 600 DE CE CALIBRE.**

Ninja ZX-6R édition spéciale « Monster Energy »

Général

Catégorie	Sportive
Prix	12 299 $ (éd. spéciale : 12 599 $)
Immatriculation 2009	1 030 $
Catégorisation SAAQ 2009	« sport »
Évolution récente	introduite en 1995, revue en 1998, en 2000, en 2003, en 2005, en 2007 et en 2009
Garantie	1 an/kilométrage illimité
Couleur(s)	vert, bleu, orange (éd. spéciale : noir/Monster Energy)
Concurrence	Honda CBR600RR, Suzuki GSX-R600, Triumph Daytona 675, Yamaha YZF-R6

Moteur

Type	4-cylindres en ligne 4-temps, DACT, 4 soupapes par cylindre, refroidissement par liquide
Alimentation	injection à 4 corps de 38 mm
Rapport volumétrique	13,3:1
Cylindrée	599 cc
Alésage et course	67 mm x 42,5 mm
Puissance sans Ram Air	125 ch @ 13 500 tr/min
Puissance avec Ram Air	131 ch @ 13 500 tr/min
Couple	49,2 lb-pi @ 11 800 tr/min
Boîte de vitesses	6 rapports
Transmission finale	par chaîne
Révolution à 100 km/h	n/d
Consommation moyenne	n/d
Autonomie moyenne	n/d

Voir légende en page 7
Performances 2008

Partie cycle

Type de cadre	périmétrique, en aluminium
Suspension avant	fourche inversée de 41 mm ajustable en précharge, compression et détente
Suspension arrière	monoamortisseur ajustable en précharge, en haute et en basse vitesse de compression, et détente
Freinage avant	2 disques « à pétales » de 300 mm de Ø avec étriers radiaux à 4 pistons
Freinage arrière	1 disque « à pétales » de 220 mm de Ø avec étrier à 1 piston
Pneus avant/arrière	120/70 ZR17 & 180/55 ZR17
Empattement	1 400 mm
Hauteur de selle	815 mm
Poids tous pleins faits	191 kg
Réservoir de carburant	17 litres

QUOI DE NEUF EN 2009 ?

Nouvelle génération de la Ninja ZX-6R

Coûte 200 $ de plus qu'en 2008

PAS MAL

Une partie cycle que nous avions qualifiée de magique en piste sur l'ancienne version et qui devrait se montrer encore plus relevée grâce à tous les ajustements de rigidité et à la nouvelle fourche

Un niveau de performances qu'on attend considérablement relevé par rapport à celui de l'ancien modèle, du moins si l'augmentation de 8 chevaux et la réduction de poids de 10 kilos sont authentiques

Des pièces extrêmement intéressantes comme l'amortisseur de direction Öhlins, l'excellent embrayage à limiteur de contre-couple ou encore les disques à pétales, pour ne nommer que celles-là, qui contribuent au degré élevé de désirabilité du modèle

BOF

Un côté pratique qui semble presque absent du cahier des charges des ingénieurs dont la seule mission est de faire de la nouvelle génération une meilleure machine de piste que l'ancienne; évidemment, pour les pilotes qui comptent surtout rouler sur circuit, cette remarque se veut plutôt une bonne nouvelle

Un accueil pour le passager qui semble être le fruit d'une obligation légale et qui n'a rien d'invitant

Une ligne qui n'a absolument rien de critiquable outre le fait qu'on la connaît déjà

Conclusion

En tant qu'instrument de piste, cette version de la ZX-6R fait littéralement saliver. Le modèle précédent excellait déjà dans cet environnement, mais n'avait qu'un véritable défaut, celui d'une livrée de puissance relativement terne à mi-régime. En allégeant la nouvelle 6R et en augmentant sa puissance justement à mi-régime, Kawasaki a très bien ciblé le travail effectué. Quant à cette fameuse nouvelle fourche, elle semble aussi représenter une fort intéressante amélioration. Un rendez-vous sur circuit sera la seule manière de constater à quel point toutes ces prétentions sont réalité, ou pas. Par ailleurs, on ne peut que constater que la direction prise par le manufacturier pour ce modèle devient de plus en plus axée vers une utilisation en piste, un environnement auquel Kawasaki donne une importance presque totale.

Ninja 650R

KAWASAKI

NINJA 650R & ER-6N

L'accessibilité prise au sérieux...

Il est surprenant que la Ninja 650R évolue en 2009, seulement 3 ans après son introduction. Car les constructeurs n'ont historiquement accordé que très peu d'importance à ces motos destinées avant tout à servir de porte d'entrée dans le monde du motocyclisme moderne pour tous ceux et celles pour qui une sportive pure de 600 cc est inappropriée. La Ninja 500R est d'ailleurs le meilleur exemple de ce manque d'intérêt. Mais les temps changent et on semble enfin commencer à saisir l'importance de s'adresser à une nouvelle génération de motocyclistes avec des produits à la fois très accessibles et excitants visuellement, ce qui décrit très bien cette évolution de la 650R et sa version standard, la ER-6n.

Les manières plus accessibles et plus amicales d'entrer dans l'univers du motocyclisme que ces Kawasaki sont très difficiles à trouver, et ce, surtout si on tient à faire cette entrée de façon sportive.

Si les versions 2009 de ces modèles, que nous n'avons pu tester avant d'aller sous presse, représentent une évolution sérieuse des modèles originaux présentés en 2006, leur mission reste absolument intacte. Quant à leur comportement, compte tenu des modifications faites par Kawasaki, il devrait être très similaire.

La Ninja 650R est une routière sportive avant tout facile à apprivoiser, proposant une position de conduite relevée et un moteur assez performant, mais par-dessus tout docile.

Kawasaki annonce une amélioration de la souplesse à bas et moyen régimes pour 2009, ce qui ne ferait que renforcer l'une des plus belles qualités du modèle précédent qui proposait des accélérations très satisfaisantes sans qu'il soit nécessaire de recourir à des régimes élevés, ce qui n'est certainement pas chose commune pour un moteur de seulement 650 cc. Ce Twin parallèle acceptait volontiers de rouler à des régimes aussi bas que 2 000 ou 3 000 tr/min sur les derniers rapports de l'excellente boîte à 6 vitesses tout en offrant des reprises étonnantes. Le niveau de performances maximal reste quand même intéressant et ne demande pour être atteint que de faire monter en régime le petit bicylindre. Il serait encore plus doux que par le passé grâce à un montage sur supports souples, une nouveauté pour 2009.

UNE NOUVELLE LIGNE BIEN PLUS RACÉE CONSTITUE L'UNE DES AMÉLIORATIONS LES PLUS INTÉRESSANTES DE CES VERSIONS REVUES.

L'une des premières caractéristiques qu'on remarque aux commandes de ces modèles est la position de conduite détendue malgré une certaine saveur sportive. Elle assoit le pilote droit, ne transfère presque pas de poids sur les poignets, plie les jambes de manière modérée. La selle basse permet à un pilote de taille moyenne de poser les pieds au sol à l'arrêt, une qualité que Kawasaki annonce améliorée cette année grâce à une nouvelle forme dans le rembourrage.

La Ninja 650R est l'une des routières les plus agiles et les plus maniables du marché, un fait en partie attribuable à sa grande légèreté et à son étonnante minceur. Elle s'incline avec une très grande facilité en amorce de courbe et ne requiert presque aucun effort à diriger dans une enfilade de virages. Bien que les suspensions des versions précédentes arrivaient à encaisser un rythme étonnant en conduite sportive, leur travail avait un aspect rudimentaire. Il s'agit d'une autre amélioration que Kawasaki promet cette année. Le châssis, lui aussi légèrement révisé en 2009, se montrait par contre stable, précis et parfaitement à l'aise dans ces circonstances, tandis que les freins sont toujours à la hauteur de la situation. Notons que des versions ABS de ces modèles existent en Europe, mais qu'elles ne sont malheureusement pas offertes ici.

L'une des améliorations les plus intéressantes des nouvelles versions est leur ligne beaucoup plus racée ainsi qu'une attention aux détails visiblement bien plus poussée. Même l'instrumentation est revue de façon assez impressionnante

Général

Catégorie	Routière Sportive/Standard
Prix	Ninja 650R : 8 199 $ ER-6n : 7 799 $
Immatriculation 2009	518 $
Catégorisation SAAQ 2009	« régulière »
Évolution récente	introduites en 2006, revues en 2009
Garantie	1 an/kilométrage illimité
Couleur(s)	Ninja 650R : bleu, vert ER-6n : bleu
Concurrence	Hyosung GT650R, Suzuki SV650, Suzuki Gladius

Moteur

Type	bicylindre parallèle 4-temps, DACT, 4 soupapes par cylindre, refroidissement par liquide
Alimentation	injection à 2 corps de 38 mm
Rapport volumétrique	11,3:1
Cylindrée	649 cc
Alésage et course	83 mm x 60 mm
Puissance	72 ch @ 8 500 tr/min
Couple	48,7 lb-pi @ 7 000 tr/min
Boîte de vitesses	6 rapports
Transmission finale	par chaîne
Révolution à 100 km/h	environ 4 500 tr/min (2008)
Consommation moyenne	5,4 l/100 km (2008)
Autonomie moyenne	287 km (2008)

Voir légende en page 7
Performances 2008

Partie cycle

Type de cadre	treillis tubulaire, en acier
Suspension avant	fourche conventionnelle de 41 mm non ajustable
Suspension arrière	monoamortisseur ajustable en précharge
Freinage avant	2 disques « à pétales » de 300 mm de Ø avec étriers à 2 pistons
Freinage arrière	1 disque « à pétales » de 220 mm de Ø avec étrier à 1 piston
Pneus avant/arrière	120/70 ZR17 & 160/60 ZR17
Empattement	1 405 mm
Hauteur de selle	785 mm
Poids tous pleins faits	204 kg (ER-6n : 200 kg)
Réservoir de carburant	15,5 litres

QUOI DE NEUF EN 2009 ?

Évolution de la Ninja 650R

Version standard de la Ninja 650R, la ER-6n, offerte au Canada

Aucune augmentation de prix pour la Ninja 650R

PAS MAL

Un moteur qui impressionne surtout par sa souplesse à bas et moyen régimes — une qualité que Kawasaki annonce même améliorée cette année — et un niveau de performances à la fois amusant et accessible tout à fait approprié pour la clientèle visée

Un châssis agile, précis et stable qui se prête volontiers à tous les aspects de la conduite sportive et propose un avant-goût très représentatif du comportement des modèles plus pointus

Une facilité de prise en main exceptionnelle amenée par une selle plutôt basse, par une grande légèreté et par une position de conduite qui met même les motocyclistes craintifs ou peu expérimentés immédiatement en confiance

Une ligne beaucoup plus dynamique que celle des anciennes versions

BOF

Un niveau de performances correct pour les motocyclistes novices, mais trop juste pour les plus exigeants; une version de ces motos propulsée par un Twin parallèle de plus grosse cylindrée serait par contre extrêmement intéressante pour les motocyclistes plus expérimentés

Des suspensions dont le travail était un peu rudimentaire sur les anciennes versions, mais que Kawasaki affirme avoir améliorées sur les versions 2009

Des versions ABS qui existent, mais que Kawasaki n'offre pas au Canada, ce qui est très dommage

Conclusion

L'arrivée de cette évolution de la Ninja 650R nous ravit au plus haut point, tout comme celle de la version standard du modèle, la ER-6n. Elles représentent une façon d'accéder à la moto qu'on ne pourrait recommander davantage, particulièrement pour une catégorie d'individus qui souhaitent rouler une monture sportive amusante et accessible, et non une moto de course en tenue routière. Un peu moins pointues que les SV650 de Suzuki tant par la façon plus pratique avec laquelle elles livrent leur puissance que par leur position de conduite plus détendue, elles incarnent la notion d'accessibilité dans un format sportif.

ER-6n

Ninja 250R édition spéciale

KAWASAKI
NINJA 250R

Unique...

Les motos de petite cylindrée ne sont certainement pas une nouveauté puisqu'elles ont toujours fait partie des gammes de la plupart des grands manufacturiers. Cela dit, elles n'auraient pas existé que personne ne s'en serait ni plaint ni peut-être même rendu compte. La génération actuelle de la Ninja 250R est l'exception à ce manque d'intérêt total de la part du public motocycliste. En fait, elle se vend même comme des petits pains chauds. La raison est simple. Enfin, un constructeur propose une petite moto à la fois racée, moderne et abordable. Enlevez l'une de ces trois qualités et vous manquez le bateau, comme presque toutes les petites cylindrées avant celle-là l'on fait.

La dernière évolution du plus petit membre de la célèbre lignée des Ninja de Kawasaki est conçue de manière simple, mais habile. Dans le but de garder le coût du modèle aussi bas que possible, le constructeur a inhabituellement reculé à certains égards. Par exemple, un cadre en acier tubulaire plus commun remplace l'ancien châssis en aluminium, tandis qu'on a préféré conserver une alimentation par carburateur plutôt que de faire le saut à l'injection d'essence. On note d'ailleurs que le moteur est moins puissant que celui de l'ancienne génération. Sur papier, tout semble donc pointer vers une monture beaucoup plus économique à produire, mais aussi potentiellement moins intéressante à piloter. La réalité est néanmoins tout autre.

Les proportions du modèle sont similaires à celles d'une sportive pure de 600 cc, mais la petite Kawasaki est beaucoup plus accueillante et beaucoup moins intimidante. Ultra-mince, dotée d'une selle inhabituellement basse pour la classe et affichant presque une légèreté de bicyclette, la Ninja 250R possède toutes les qualités pour mettre immédiatement à l'aise les débutants les plus craintifs.

Fait intéressant, malgré sa nature sportive, le modèle offre un confort très convenable grâce à une bonne selle, à une position de conduite relevée et à une bonne protection au vent.

Si le niveau de performances n'est évidemment pas miraculeux, il n'en demeure pas moins tout à fait suffisant pour suivre tout genre de circulation, ce qui inclut même un

À SES COMMANDES, TOUT RESSEMBLE À L'EXPÉRIENCE QUE PROPOSE UNE PLUS GROSSE CYLINDRÉE DU MÊME GENRE.

rythme rapide sur l'autoroute. Une vitesse de 120 km/h est, par exemple, maintenue sans problème puisqu'une bonne trentaine de kilomètres à l'heure sont alors encore en réserve, et même un peu plus avec de la patience. Bien qu'on ne puisse pas vraiment parler de souplesse mécanique, la petite Ninja produit assez de puissance à bas et moyen régimes pour ne pas forcer le pilote à étirer les rapports jusqu'à la zone rouge en conduite normale. On s'en sort même très bien en ville en passant les vitesses vers les mi-régimes. Même si le petit moulin tourne régulièrement haut et semble toujours travailler fort, ses vibrations sont très bien contrôlées et ne deviennent jamais gênantes.

L'une des caractéristiques les plus étonnantes de la Ninja miniature est qu'au-delà de ses belles qualités de monture d'initiation, il s'agit d'une sportive en bonne et due forme en ce qui concerne le comportement routier.

Le calibre de la tenue de route a même de quoi impressionner puisque la petite Ninja se montre capable de supporter un rythme très élevé sur une route sinueuse et qu'il faut avoir piloté de « vraies » sportives pour réaliser à quel point le comportement général de la 250R est authentiquement sportif. Une direction légère et précise, mais pas nerveuse, une grande sérénité en pleine courbe, une stabilité sans faute, un freinage aussi puissant que facile à doser et des suspensions capables d'encaisser une cadence agressive sont autant d'éléments faisant que tout, à ses commandes, ressemble à l'expérience offerte par une plus grosse cylindrée du même genre.

Général

Catégorie	Routière Sportive
Prix	4 549 $ (éd. spéciale : 4 699 $)
Immatriculation 2009	329 $
Catégorisation SAAQ 2009	« régulière »
Évolution récente	introduites en 1987, revue en 1988, en 2000 et en 2008
Garantie	1 an/kilométrage illimité
Couleur(s)	noir, bleu, rouge (éd. spéciale : vert et noir)
Concurrence	Honda CBR125R, Hyosung GT250R

Moteur

Type	bicylindre parallèle 4-temps, DACT, 4 soupapes par cylindre, refroidissement par liquide
Alimentation	2 carburateurs à corps 30 mm
Rapport volumétrique	11,6:1
Cylindrée	249 cc
Alésage et course	62,0 mm x 41,2 mm
Puissance	32 ch @ 11 000 tr/min
Couple	16 lb-pi @ 10 000 tr/min
Boîte de vitesses	6 rapports
Transmission finale	par chaîne
Révolution à 100 km/h	environ 7 400 tr/min
Consommation moyenne	4,3 l/100 km
Autonomie moyenne	418 km

Rapport valeur/prix

0 1 2 3 4 5 6 7 8 9 10

158 km/h   14,9,137 km/h

Vitesse de pointe   Accélération sur 1/4 mille

Novice   Intermédiaire   Expert

Indice d'expertise

Voir légende en page 7

Partie cycle

Type de cadre	épine dorsale, en acier
Suspension avant	fourche conventionnelle de 37 mm non ajustable
Suspension arrière	monoamortisseur ajustable en précharge
Freinage avant	1 disque « à pétales » de 290 mm de Ø avec étrier à 2 pistons
Freinage arrière	1 disque « à pétales » de 220 mm de Ø avec étrier à 2 pistons
Pneus avant/arrière	110/70-17 & 130/70-17
Empattement	1 390 mm
Hauteur de selle	780 mm
Poids tous pleins faits	170 kg (à vide : 151 kg)
Réservoir de carburant	18 litres

QUOI DE NEUF EN 2009 ?

Aucun changement

Édition spéciale à peinture verte et noire offerte

Coûte 300 $ de plus qu'en 2008

PAS MAL

Un niveau d'accessibilité extraordinaire qui n'est surpassé que par celui d'une Honda CBR125R; la Kawasaki a en revanche l'avantage non négligeable d'offrir deux fois plus de puissance, ce qui rend la conduite quotidienne beaucoup plus aisée

Un comportement dont l'authenticité sportive étonne franchement; l'ancienne génération de la Ninja 250R était limitée par des suspensions trop molles, mais celle-ci propose un véritable avant-goût de la tenue de route qu'offre une plus grosse cylindrée

Une excellente valeur puisque pour le montant demandé, on obtient une vraie moto, bien fabriquée et bien finie, et non un jouet

Une ligne qui semble non seulement beaucoup plaire, mais aussi faire partie intégrante du succès du modèle

BOF

Un niveau de performances très correct et tout à fait approprié compte tenu de la mission de la moto, mais que même un débutant exploitera pleinement presque instantanément; on doit en être conscient, surtout si on n'achète pas le modèle pour s'initier au monde sportif, mais plutôt parce qu'il est seulement économique

Un problème récurrent chez toutes ces très petites cylindrées qui n'arrivent souvent à distraire les acheteurs que sur une période relativement courte; la revente et le rachat d'un autre modèle arrivent donc plus vite qu'on l'anticipe parfois; cela dit, il s'agit du prix à payer pour une entrée progressive dans le monde du motocyclisme et pour un nouvel arrivant craintif, ce prix en vaut pleinement le coup

Conclusion

On ne trouve rien, sur notre marché, qui rivalise de manière directe avec la Ninja 250R de Kawasaki. La Honda CBR125R représente évidemment un concept similaire, mais ses dimensions lilliputiennes et le fait qu'elle génère environ la moitié de la puissance offerte par la « verte » et ses 250 cc font qu'on n'a pas vraiment affaire au même genre de moto. On pourrait considérer la Ninja comme une suite logique de la Honda, mais nous préférons conclure que les deux s'adressent à une clientèle qui, même si elle est dans les deux cas novice, se distingue au niveau du confort avec lequel elle envisage son entrée dans le monde du motocyclisme. Pour un nouveau motocycliste à la fois excité et terrorisé par l'idée de piloter une moto, la CBR est imbattable. Mais pour celui (ou celle, bien sûr) qui désire plutôt simplement commencer sa carrière de pilote sportif consciencieusement en bas de l'échelle, la Ninja est l'outil tout désigné pour le travail.

Ninja 250R

KAWASAKI
VERSYS

Polyvalence d'un autre genre...

On sait ce qu'est une moto polyvalente, mais la Versys pousse le concept jusqu'à une zone où peu de constructeurs se sont aventurés. Contrairement à des modèles comme la Suzuki V-Strom ou la Honda CBF1000 qui atteignent leur polyvalence grâce à leur nature particulièrement équilibrée, la Versys cherche à parvenir à un but semblable en mélangeant les catégories Routière Sportive, Routière Aventurière et Standard. Elle nous a d'ailleurs forcés à établir une nouvelle catégorisation, Routière Crossover, puisqu'elle ne correspondait tout simplement pas à une classe existante. Il s'agit d'une proche parente de la Ninja 650R puisqu'elle utilise la même mécanique et le même cadre que la sportive.

L'une des réactions les plus fréquentes quant à la Versys en est une de confusion. On la regarde, on l'examine, on se demande bien ce que c'est exactement, et même à quoi ça sert. Avec sa silhouette haute sur pattes et sa position de conduite avancée et relevée, la mettre dans le même bain que des pseudo-routières aventurières comme les Ducati Multistrada ou Triumph Tiger serait une tendance naturelle. Mais la Versys est quelque chose d'autre.

Si l'étrange Kawasaki —dont le nom est une composition des mots « *Versatil System* »— est si difficile à catégoriser, c'est qu'à l'exception possible de la Triumph Tiger, il n'y a pas d'autres motos du genre sur le marché. Avec sa position relevée, son absence quasi totale de protection au vent, ses suspensions à long débattement et sa partie cycle de nature sportive, la Versys se veut le résultat d'un mélange entre une routière sportive, une standard et une routière aventurière.

En raison de sa hauteur de selle relativement importante, elle vous perche assez haut au-dessus du sol, tandis que sa position de conduite est un mélange des postures dictées par une sportive pour le bas du corps et par une routière aventurière pour le haut du corps. La première impression en est une de confusion légère, mais il ne faut qu'un court temps pour s'habituer à cette façon d'être installé aux commandes d'une moto. On se fait toutefois moins facilement à la selle qui s'avère décente pour des sorties de courte ou moyenne durée, mais qui devient inconfortable sur long trajet.

Il s'agit d'un point non seulement difficile à comprendre, mais aussi malheureux puisque l'un des buts premiers d'une moto ainsi conçue devrait être d'offrir un confort exemplaire.

Dans le même ordre d'idée, contrairement à ce que laissent présager les longs débattements des suspensions, celles-ci sont ajustées plutôt fermement, comme sur une sportive. Il s'agit d'une caractéristique qui, lorsqu'elle est combinée avec l'excellente partie cycle, permet à la Versys d'offrir une tenue de route de haut calibre. Nous croyons qu'un réglage plus souple qui favoriserait un peu plus le confort sans miner la tenue de route serait plus approprié.

L'effort requis pour placer la Versys en angle est presque nul en raison du large guidon, tandis que la moto encaisse sans broncher un rythme sportif sur une route sinueuse. L'envers de la médaille en ce qui concerne cette grande légèreté de direction est un genre d'instabilité due aux mouvements du pilote qui retransmet une impulsion dans le guidon chaque fois qu'il bouge le moindrement.

Très similaire à celui qui anime la Ninja 650R mais ajusté pour produire plus de couple, plus tôt, le Twin parallèle de la Versys est un petit bijou. Sa souplesse est exemplaire malgré sa cylindrée relativement faible —il accélère proprement en sixième dès 2 000 tr/min— et ses performances sont étonnamment satisfaisantes même si elles ne sont bien évidemment pas très élevées. Un meilleur contrôle des vibrations qu'il transmet par les poignées et les repose-pieds serait toutefois souhaitable.

> **L'EFFORT REQUIS POUR PLACER LA VERSYS EN ANGLE EST PRESQUE NUL ET ELLE ENCAISSE UN RYTHME SPORTIF SANS BRONCHER.**

Général

Catégorie	Routière Crossover
Prix	8 499 $
Immatriculation 2009	518 $
Catégorisation SAAQ 2009	« régulière »
Évolution récente	introduite en 2007
Garantie	1 an/kilométrage illimité
Couleur(s)	gris, vert
Concurrence	aucune

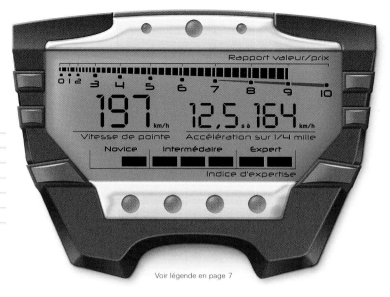

Voir légende en page 7

Moteur

Type	bicylindre parallèle 4-temps, DACT, 4 soupapes par cylindre, refroidissement par liquide
Alimentation	injection à 2 corps de 38 mm
Rapport volumétrique	10,6:1
Cylindrée	649 cc
Alésage et course	83 mm x 60 mm
Puissance	64 ch @ 8 000 tr/min
Couple	45 lb-pi @ 7 000 tr/min
Boîte de vitesses	6 rapports
Transmission finale	par chaîne
Révolution à 100 km/h	environ 4 500 tr/min
Consommation moyenne	4,9 l/100 km
Autonomie moyenne	387 km

Partie cycle

Type de cadre	treillis tubulaire, en acier
Suspension avant	fourche inversée de 41 mm ajustable en précharge et détente
Suspension arrière	monoamortisseur ajustable en précharge et détente
Freinage avant	2 disques « à pétales » de 300 mm de Ø avec étriers à 2 pistons
Freinage arrière	1 disque « à pétales » de 220 mm de Ø avec étrier à 1 piston
Pneus avant/arrière	120/70 ZR17 & 160/60 ZR17
Empattement	1 415 mm
Hauteur de selle	840 mm
Poids tous pleins faits	206 kg (à vide : 181 kg)
Réservoir de carburant	19 litres

QUOI DE NEUF EN 2009 ?

Aucun changement

Aucune augmentation

PAS MAL

Une partie cycle dont la précision et la légèreté de direction permettent à la Versys d'offrir un comportement routier décidément relevé; elle aime se retrouver inclinée et ne craint pas du tout un rythme carrément sportif

Un charmant petit Twin parallèle qui semble plus souple qu'un moteur de cette cylindrée ne devrait normalement pouvoir l'être

Une position de conduite un peu particulière, mais à laquelle on s'habitue vite et qui donne un grand niveau de contrôle sur la moto

BOF

Une selle non seulement haute, mais aussi inconfortable sur long trajet en raison de sa forme peu naturelle

Des suspensions qui devraient bénéficier de leur long débattement afin d'être souples, mais qui sont plutôt ajustées de manière assez ferme; cela enlève l'avantage d'avoir de tels débattements et fait simplement de la Versys une moto haute

Une direction qui est légère au point d'être nerveuse si le pilote ne porte pas une attention particulière aux impulsions qu'il envoie dans le guidon par ses mouvements

Un concept nouveau qui ne semble pas arrivé à maturité; une révision simple, mais bien ciblée est tout ce dont la Versys a besoin

Conclusion

La Versys nous a à la fois conquis et laissés sur notre faim. Elle a, en théorie, grâce à sa position dégagée et à ses excellentes composantes, le potentiel d'être un formidable outil à tout faire capable d'offrir un éventail de possibilités d'utilisation très impressionnant. Et la réalité n'est pas bien loin. Mais il semble incompréhensible qu'on équipe une moto de suspensions à long débattement si celles-ci sont ajustées fermement, ou qu'on prenne la peine d'établir une position de conduite aussi reposante, mais qu'on mine le confort avec une selle aussi peu confortable sur long trajet. Le modèle offre une polyvalence extraordinaire tel qu'il est, mais de petits ajustements sont nécessaires avant que ce nouveau concept arrive à maturité.

Vulcan 1700 Nomad

KAWASAKI
VULCAN 1700

NOUVEAUTÉ 2009

Des customs modernes...

Beaucoup de customs actuelles sont les descendantes de montures dont les origines remontent souvent très loin. C'était le cas des Vulcan 1600. Les nouvelles Classic, Classic LT et Nomad 1700 —la Mean Streak ne fait plus partie de la gamme pour le moment— que Kawasaki présente en 2009 sont des concepts complètement repensés, une caractéristique qui les place parmi les customs les plus modernes du marché. On doit faire une certaine distinction entre les modèles puisqu'ils ne partagent pas exactement la même base. Alors que les Classic et LT sont en fait la même moto avec plus ou moins d'équipement, la Nomad, elle, est plutôt une version moins garnie de la nouvelle Voyager 1700.

TECHNIQUE

Après plusieurs années de croissance fulgurante, le genre custom est en perte de vitesse. Il n'est pas à l'agonie ni menacé, très loin de là, mais dire qu'on arrive à la fin d'une période où n'importe quelle monture affichant des ailes rondes et du chrome trouvait preneur presque instantanément n'aurait rien d'exagéré. D'abord, beaucoup de Bébés Boomers sont arrivés, ont roulé et sont partis. Puis, il y a le fait que ceux qui restent sont maintenant plus exigeants et demandent plus que du chrome et des courbes. Kawasaki croit que sa nouvelle Vulcan 1700, dans l'une ou l'autre de ses variantes, a ce qu'il faut pour les satisfaire. Un coup d'œil sur les nouveautés révèle que la firme d'Akashi a fait ses devoirs.

Faire évoluer une custom n'a rien de facile. Dans le cas d'une sportive, les attentes sont claires puisque directement liées à la performance. Mais dans celui d'une custom, la notion de progression est beaucoup plus floue. Compte tenu de cette réalité, Kawasaki semble avoir joué les bonnes cartes avec ses Vulcan 1700. D'abord, l'augmentation de cylindrée est toujours bienvenue, surtout qu'elle amène une généreuse dose additionnelle de puissance et de couple avec elle. On parle de 12 à 15 chevaux de plus et d'environ une quinzaine de lb-pi de couple supplémentaire, ce qui n'a rien de banal. Mais l'évolution mécanique ne s'arrête pas là et s'avère même judicieuse. Par exemple, au lieu de gonfler l'ancien V-Twin dont l'origine remontait aux années 80, Kawasaki a plutôt modifié le moteur de la Vulcan 2000.

> **L'ACHETEUR DE CUSTOM DEVIENT DE PLUS EN PLUS EXIGEANT. LE PRODUIT QUE LUI OFFRE KAWASAKI MONTRE QUE LA FIRME A FAIT SES DEVOIRS.**

Une sixième vitesse surmultipliée a par ailleurs été ajoutée. L'attention qu'on a apportée à l'aspect extérieur de la mécanique est évidente. La forme des cylindres et des ailettes, les différents couvercles et le dessin du système d'échappement ne sont que quelques exemples de la finition nettement plus poussée dont bénéficient ces versions. Notons que le passage d'un entraînement final par arbre à un système à courroie a permis d'épurer de jolie façon l'arrière des modèles. En fait, rien sur ces 1700 n'est repris des 1600 et tout, du cadre au moteur en passant par les freins et les suspensions, est complètement repensé.

La Nomad est un peu particulière au sein de ce groupe puisqu'elle sert aussi de base à la nouvelle Voyager 1700. La dernière génération du modèle s'était démarquée dans sa classe en offrant un niveau de confort inégalé au passager et tout semble indiquer que cette nouvelle version pousse l'exercice encore plus loin, comme en témoigne d'ailleurs la générosité de la selle et du dossier. Un nouveau régulateur de vitesse, des valises latérales rigides s'ouvrant par le haut plutôt que par le côté et un gros pare-brise ajustable en hauteur font également partie de l'équipement de la Nomad. Quant à la LT, il s'agit d'une Classic accessoirisée, ni plus ni moins. Le pare-brise est le même que sur la Nomad, mais les sacoches sont souples et l'équipement du passager est davantage axé sur la promenade que sur le tourisme. Enfin, on remarque une toute nouvelle instrumentation à double écran numérique dont les diverses fonctions sont actionnées à partir d'un bouton sur la poignée droite.

Vulcan Classic LT

LES VULCAN 1700 REPRÉSENTENT UNE ÉVOLUTION INHABITUELLEMENT PROFONDE POUR DES CUSTOMS. ON A AFFAIRE À DES MODÈLES REPENSÉS DE BOUT EN BOUT.

Vulcan 1700 Classic

Kawasaki a fait beaucoup de bons choix avec ses nouvelles 1700. Un entraînement par courroie plutôt que par arbre, une ligne raffinée, mais encore classique, des pneus de taille raisonnable afin de conserver un comportement léger et naturel, et une attention générale aux détails nettement plus poussés sont autant d'exemples de caractéristiques que les amateurs de customs remarqueront et apprécieront.

La Vulcan 1700 Nomad est probablement la custom de tourisme léger la plus sérieusement apprêtée pour le voyage du marché. Par rapport à des accessoires normaux, la grosse selle, le généreux dossier et les plateformes font toute la différence pour le passager. Les valises rigides de 38 litres chacune sont une touche très convoitée sur ce genre de moto.

Général

Catégorie	Custom/Tourisme léger
Prix	Vulcan 1700 Classic : 15 399 $ Vulcan 1700 Classic LT : 17 249 $ Vulcan 1700 Nomad : 17 999 $
Immatriculation 2009	518 $
Catégorisation SAAQ 2009	« régulière »
Évolution récente	Vulcan 1500 introduite en 1996, 1600 en 2003, 1700 en 2009
Garantie	2 ans (Classic : 1 an)/km. illimité
Couleur(s)	Classic : noir, blanc et champagne Classic LT : beige et bleu, beige et vert Nomad : noir, beige et rouge
Concurrence	Classic : Harley-Davidson Softail Deluxe, Suzuki Boulevard C90, Yamaha Road Star Classic LT : Harley-Davidson Heritage Softail Classic, Suzuki Boulevard C90SE, Yamaha Road Star Silverado Nomad : Harley-Davidson Road King, Suzuki Boulevard C90T, Yamaha Road Star Silverado S

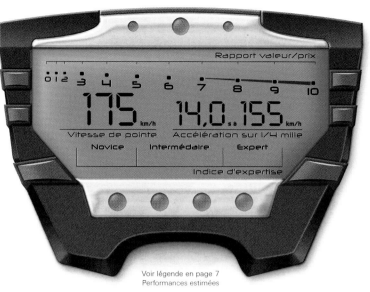

Voir légende en page 7
Performances estimées

Moteur

Type	bicylindre 4-temps en V à 52 degrés, SACT, 4 soupapes par cylindre, refroidissement par liquide
Alimentation	injection à 2 corps de 42 mm
Rapport volumétrique	9:5
Cylindrée	1 699 cc
Alésage et course	102 mm x 104 mm
Puissance	79 ch @ 4 500 tr/min (Classic, LT) 82 ch @ 5 000 tr/min (Nomad)
Couple	108,4 lb-pi @ 2 250 tr/min (Cla., LT) 107,7 lb-pi @ 2 750 tr/min (Nomad)
Boîte de vitesses	6 rapports
Transmission finale	par courroie
Révolution à 100 km/h	n/d
Consommation moyenne	n/d
Autonomie moyenne	n/d

Partie cycle

Type de cadre	double berceau, en acier
Suspension avant	fourche conventionnelle de 43 mm non ajustable
Suspension arrière	2 amortisseurs ajustables en précharge et détente
Freinage avant	2 disques de 300 mm de Ø avec étriers à 4 pistons
Freinage arrière	1 disque de 300 mm de Ø avec étrier à 2 pistons
Pneus avant/arrière	130/90 B16 & 170/70 B16
Empattement	1 665 mm
Hauteur de selle	720 mm (Nomad : 750 mm)
Poids tous pleins faits	Classic : 345 kg, LT : 365 kg, Nomad : 373 kg
Réservoir de carburant	20 litres

QUOI DE NEUF EN 2009 ?

Nouvelle génération des différentes variantes de la Vulcan 1600

Retrait de la version Mean Streak, introduction d'une version LT

Classic coûte 100 $ de moins et Nomad 700 $ de plus qu'en 2008

PAS MAL

Une qualité de finition qui n'est pas qu'améliorée; on est carrément dans une autre ligue par rapport aux modèles précédents

Une évolution mécanique intelligente; le fait d'avoir pris le V-Twin de la Vulcan 2000 comme base amène la mécanique des Vulcan dans l'ère moderne et fait aussi considérablement progresser le côté visuel

Un niveau d'équipement destiné au passager qui semble encore plus sérieux qu'auparavant sur la Nomad qui devrait continuer d'être l'une des customs de tourisme léger les plus confortables du marché

BOF

Une faible différence de prix qui n'a pas beaucoup de sens entre la Classic LT et la Nomad puisque l'équipement destiné au passager de cette dernière est considérablement supérieur; les motocyclistes qui ont l'intention d'amener régulièrement leur tendre moitié avec eux sur la route devraient considérer le surplus exigé par la Nomad comme l'un des meilleurs investissements possible

Une progression qui se fait de façon presque opulente et sans beaucoup de retenue; ce n'est certainement pas matière à se plaindre, du moins pas tant que la masse n'a pas été augmentée de manière exagérée comme c'était le cas avec la Vulcan 2000

Un très intéressant système de freinage assisté et combiné K-ACT qui n'est malheureusement pas offert sur la Nomad, qui est pourtant très proche techniquement de la Voyager qui, elle, en est équipé

Conclusion

Comme c'est le cas de la Voyager 1700, il semble, sur papier, que ces nouvelles Vulcan afficheraient toutes les qualités recherchées par les amateurs de customs qui deviennent de plus en plus connaisseurs et donc difficiles. La mécanique est bien choisie et présentée, la ligne des différents modèles est raffinée, mais ne s'écarte surtout pas trop de la formule populaire et la finition a carrément changé de niveau. Bref, dans un créneau où on devra très bientôt faire plus qu'être simplement présent, Kawasaki semble s'être donné les bons outils pour plaire à cette clientèle très particulière que sont les amateurs de chrome, de rondeurs et de grondants V-Twin.

Vulcan 900 Custom édition spéciale

KAWASAKI
VULCAN 900

Plus...

On crée une meilleure sportive en l'allégeant et en augmentant sa puissance, une meilleure monture de tourisme et démultipliant son équipement. Et une custom économique, on l'améliore comment? Kawasaki a répondu à cette question d'une manière assez convaincante lorsqu'il a introduit la Vulcan 900 Classic en 2006. On en donne plus, et on garde la facture sous contrôle. Voilà comment on fait. Trois ans plus tard, la famille de modèles basée sur la plateforme Vulcan 900 se distingue toujours de cette façon. La direction prise par Kawasaki a d'ailleurs forcé Yamaha à répondre en proposant une custom rivale de 950 cc, et d'autres suivront probablement.

Par définition, la catégorie des customs de cylindrée moyenne propose des modèles qui représentent chacun une bonne affaire. Les économies réalisées ont toutefois traditionnellement amené avec elles certaines conséquences indésirables, comme des mécaniques correctes, mais aux performances limitées, une finition décente, mais sans plus et une certaine retenue au niveau des composantes utilisées. Encore une fois, tant que la facture restait raisonnable, on ne pouvait trop se plaindre. En lançant la Vulcan 900 Classic en 2006, Kawasaki a changé ces règles en éliminant presque tous les désavantages jusque-là inhérents à la classe. Soudainement, pour un déboursé similaire à celui des autres modèles, on obtenait plus de cubage, une finition plus soignée, des composantes plus désirables et, finalement, une meilleure moto.

Parce que la Vulcan 900 possède une mécanique plus grosse que celle de modèles rivaux de 750 ou 800 cc, on pense parfois que ses performances sont largement supérieures. Cela ne reflète pas nécessairement la réalité puisqu'on ne peut pas vraiment qualifier les accélérations du V-Twin de 903 cc d'excitantes. Elles s'avèrent plutôt satisfaisantes et décidément plus intéressantes que celles des cylindrées plus faibles. Cette différence de performance peut ne pas paraître très importante, mais dans cette classe où l'agrément de conduite est toujours restreint par la cylindrée, le cubage supérieur des Vulcan 900 est l'un de leurs plus grands atouts. Le niveau de performance n'est pas équivalent à celui d'une

> DEPUIS L'ARRIVÉE DES VULCAN 900, ON OBTIENT POUR UNE FACTURE SEMBLABLE UNE MEILLEURE FINITION ET PLUS DE CUBAGE.

1100 comme la V-Star de Yamaha, mais il permet aux Vulcan 900 de se montrer plus puissantes à tous les régimes, à toutes les vitesses et dans toutes les situations que les plus petits modèles. Ainsi, les accélérations sont plus plaisantes, les dépassements plus francs et le maintien d'une vitesse de croisière raisonnable sur l'autoroute plus aisé.

La transmission n'attire aucune critique, ni l'injection ou l'entraînement final par courroie, d'ailleurs. En fait, mécaniquement, tout semble léger et précis, du relâchement de l'embrayage jusqu'au changement des vitesses en passant par le travail des freins, qui se montrent toujours à la hauteur de la situation.

Les proportions de ces Vulcan sont plus généreuses que celles des autres montures de la catégorie et se rapprochent de celles d'une machine de grosse cylindrée comme l'ancienne Vulcan 1500 Classic ou la Harley-Davidson Fat Boy. Grâce à une répartition judicieuse de la masse, elles font preuve d'une bonne facilité de prise en main, ce qui les rend parfaitement envisageables par une clientèle novice. Malgré leur poids considérable, elles s'allègent dès qu'elles sont en mouvement, se montrent agréablement légères en amorce de virage et solides lorsque inclinées. Enfin, le pilote bénéficie d'une position de conduite dégagée et équilibrée, mais la selle ne reste confortable que sur des distances moyennes. La suspension arrière peut se montrer sèche à l'occasion si l'état de la route se dégrade, ce qui n'est d'ailleurs pas rare chez les customs.

Général

Catégorie	Custom/Tourisme léger
Prix	Classic : 8 949 $ Custom : 8 999 $ (éd. spéc. : 9 399 $) Classic LT : 10 499 $
Immatriculation 2009	518 $
Catégorisation SAAQ 2009	« régulière »
Évolution récente	introduite en 2006
Garantie	1 an (LT : 2 ans)/kilométrage illimité
Couleur(s)	Classic : bourgogne, noir, bleu Custom : noir (SE), bleu, orange Classic LT : bleu et noir, rouge et beige, blanc et titane
Concurrence	Harley-Davidson Sportster 883, Honda Shadow 750, Suzuki Boulevard C50, Yamaha V-Star 950

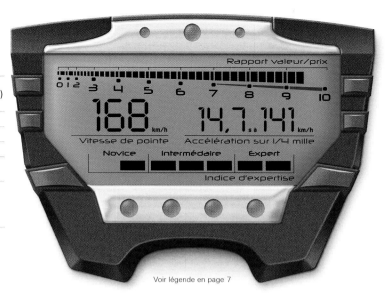

Voir légende en page 7

Moteur

Type	bicylindre 4-temps en V à 55 degrés, SACT, 4 soupapes par cylindre, refroidissement par liquide
Alimentation	injection à 2 corps de 34 mm
Rapport volumétrique	9,5:1
Cylindrée	903 cc
Alésage et course	88 mm x 74,2 mm
Puissance	54 ch @ 6 000 tr/min
Couple	60,6 lb-pi @ 3 500 tr/min
Boîte de vitesses	5 rapports
Transmission finale	par courroie
Révolution à 100 km/h	n/d
Consommation moyenne	5,8 l/100 km
Autonomie moyenne	344 km

Partie cycle

Type de cadre	double berceau, en acier
Suspension avant	fourche conventionnelle de 41 mm non ajustable
Suspension arrière	monoamortisseur ajustable en précharge
Freinage avant	1 disque de 300 mm de Ø avec étrier à 2 pistons
Freinage arrière	1 disque de 270 mm de Ø avec étrier à 2 pistons
Pneus avant/arrière	130/90-16 (Custom : 80/90-21) & 180/70-15
Empattement	1 645 mm
Hauteur de selle	680 mm (Custom : 685 mm)
Poids tous pleins faits	Classic : 281 kg, LT : 298 kg, Custom : 277 kg (à vide : Cl : 253 kg, LT : 270 kg, Cu : 249 kg)
Réservoir de carburant	20 litres

QUOI DE NEUF EN 2009 ?

Aucun changement

Édition spéciale noire de la variante Custom offerte

Aucune augmentation de prix

PAS MAL

Une mécanique douce, relativement puissante qui travaille bien à tous les niveaux du pilotage — accélérations, dépassements, reprises, vitesse de croisière — si bien qu'à lui seul, le plus gros V-Twin justifie d'envisager les modèles

Un châssis sain et une facilité de prise en main étonnante pour une moto d'un poids et d'un gabarit aussi importants

Une excellente valeur résultant d'un moteur de plus grosse cylindrée, mais aussi d'un niveau de finition élevé, de l'attention accordée aux détails, de l'injection, de l'entraînement par courroie, etc.

BOF

Une selle acceptable sur de courtes ou moyennes distances, mais dont le confort est limité sur de longs trajets

Une suspension arrière occasionnellement sèche lorsque la qualité du revêtement se dégrade

Un pare-brise qui génère d'agaçantes turbulences au niveau du casque, à des vitesses d'autoroute, sur la version LT, comme c'est d'ailleurs le cas pour la majorité des customs ainsi équipées, malheureusement

Conclusion

Les Vulcan 900 profitent d'une belle finition, d'un moteur plaisant, de lignes soignées et d'un souci du détail évident, mais aussi de composantes prisées comme l'entraînement par courroie et l'injection. L'agrément de conduite supérieur que procure le cubage supplémentaire de leur mécanique par rapport aux plus petits V-Twin rivaux est néanmoins leur plus grand atout. En fait, on pourrait dire qu'elles ont changé les règles du jeu dans cette catégorie qui a longtemps été meublée par de bonnes petites motos sur lesquelles on acceptait que les coins soient coupés ronds en raison d'une facture raisonnable. Mais cette réalité est en train de changer comme en témoigne d'ailleurs l'arrivée de la V-Star 950 de Yamaha cette année.

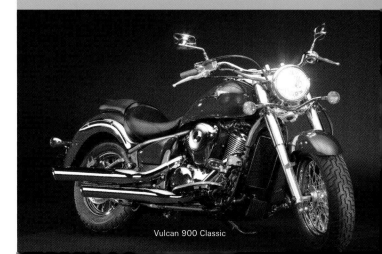

Vulcan 900 Classic

Kawasaki

Irrégularité...

Malgré le fait que la tradition insiste fortement pour que la configuration d'une mécanique de custom soit du type V-Twin, c'est un bicylindre parallèle aux origines sportives qui anime la petite Vulcan 500 LTD. Le modèle qui traîne depuis de nombreuses années tout en bas de la gamme de customs de Kawasaki, revient en 2009 sans le moindre changement.

La Vulcan 500 LTD est ce qu'on appelle une monture d'entrée de gamme. Une moto pas franchement excellente, pas franchement mauvaise, conçue pour attirer le motocycliste vers une marque ou un concept. Pour cela, les arguments sont simples et bien choisis : une puissance pas trop importante, mais assez pour se sentir sur une moto, un prix raisonnable, une esthétique légèrement aguichante, mais pas aguicheuse, une facilité de prise en main, etc. Elle existe pour donner le goût... d'aller voir plus loin. Honda faisait de même avec sa Shadow VLX600, et Yamaha avec sa plus petite V-Star. Contrairement à ces dernières, la Kawasaki commet toutefois une faute de style. C'est que sur un custom, idéalement, c'est un V-Twin, pas un Twin parallèle comme celui de la 500 LTD. Non pas que ce soit un mauvais moteur, au contraire. Ses origines sportives — il a été emprunté à la Ninja 500R — lui valent une puissance et des performances plus qu'honnêtes pour une 500. Mais ces performances sont atteintes avec des tours relativement élevés, ce qui va à l'encontre de la philosophie custom de généreux couple à bas régime. Pour le reste, les qualités sont nombreuses : un poids faible et une selle basse qui permettent une excellente agilité et une grande facilité de prise en main, une bonne stabilité, un comportement sain en virage, une position relaxe sans tomber dans l'excès et un freinage décent. Bref, il s'agit d'une excellente manière de faire ses premiers tours de roues avec facilité et simplicité, mais le tout se fera sans la traditionnelle ambiance d'un V-Twin.

KAWASAKI
VULCAN 500 LTD

Général

Catégorie	Custom
Prix	6 799 $
Immatriculation 2009	518 $
Catégorisation SAAQ 2009	« régulière »
Évolution récente	introduite en 1991, revue en 1996
Garantie	1 an/kilométrage illimité
Couleur(s)	rouge
Concurrence	Suzuki Boulevard S40, Yamaha V-Star 650

Moteur

Type	bicylindre parallèle 4-temps, DACT, 4 soupapes par cylindre, refroidissement par liquide
Alimentation	2 carburateurs à corps de 32 mm
Rapport volumétrique	10,2:1
Cylindrée	498 cc
Alésage et course	74 mm x 58 mm
Puissance	46 ch @ 7 000 tr/min
Couple	33 lb-pi @ 6 000 tr/min
Boîte de vitesses	6 rapports
Transmission finale	par chaîne
Révolution à 100 km/h	environ 5 000 tr/min
Consommation moyenne	5 l/100 km
Autonomie moyenne	300 km

Partie cycle

Type de cadre	double berceau, en acier
Suspension avant	fourche conventionnelle de 41 mm non ajustable
Suspension arrière	2 amortisseurs ajustables en précharge
Freinage avant	1 disque de 300 mm de Ø avec étrier à 1 piston
Freinage arrière	tambour mécanique
Pneus avant/arrière	100/90-19 & 140/90-15
Empattement	1 595 mm
Hauteur de selle	715 mm
Poids tous pleins faits	214 kg (à vide : 199 kg)
Réservoir de carburant	15 litres

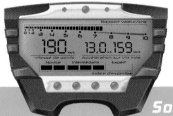

Général

Catégorie	Routière Sportive
Prix	6 899 $
Immatriculation 2009	518 $
Catégorisation SAAQ 2009	« régulière »
Évolution récente	introduite en 1987, revue en 1994
Garantie	1 an/kilométrage illimité
Couleur(s)	bleu
Concurrence	Suzuki GS500F

Moteur

Type	bicylindre parallèle 4-temps, DACT, 4 soupapes par cylindre, refroidissement par liquide
Alimentation	2 carburateurs à corps de 34 mm
Rapport volumétrique	10,8:1
Cylindrée	498 cc
Alésage et course	74 mm x 58 mm
Puissance	60 ch @ 10 000 tr/min
Couple	34 lb-pi @ 8 500 tr/min
Boîte de vitesses	6 rapports
Transmission finale	par chaîne
Révolution à 100 km/h	environ 6 500 tr/min
Consommation moyenne	5,0 l/100 km
Autonomie moyenne	360 km

Partie cycle

Type de cadre	périmétrique, en acier
Suspension avant	fourche conventionnelle de 37 mm non ajustable
Suspension arrière	monoamortisseur ajustable en précharge
Freinage avant	1 disque de 280 mm de Ø avec étrier à 2 pistons
Freinage arrière	1 disque de 230 mm de Ø avec étrier à 1 piston
Pneus avant/arrière	110/70-17 & 130/70-17
Empattement	1 435 mm
Hauteur de selle	775 mm
Poids à vide	176 kg
Réservoir de carburant	18 litres

Solution du débat ?

La meilleure façon de faire ses premiers pas à moto reste encore à définir, malgré les débats qui font rage à ce sujet. Même s'il existe un consensus autour de l'idée que la formation du futur pilote est plus importante que l'évaluation du modèle idéal pour y parvenir, dans les faits on applique souvent la démarche inverse, et ce, pour diverses raisons qui ne sont pas toujours faciles à comprendre.

Grâce à son comportement sain et convivial, la Ninja 500R est l'une des rares montures qui peuvent convenir à n'importe quel néophyte. Bien qu'elle n'affiche pas la ligne la plus aguichante qui soit, la bonne vieille Ninja 500R demeure une excellente moto d'initiation. Amusante et consciencieuse, elle vous fera découvrir les joies et les mystères du pilotage d'une sportive sans vous faire prendre de risques démesurés. Le moteur de 60 chevaux assure des accélérations qui satisferont un pilote débutant, voire intermédiaire, sans jamais menacer de le surprendre. La puissance utilisable arrive étonnamment tôt sur la plage de régimes et grimpe ensuite de façon constante jusqu'au punch final délivré à l'approche de la zone rouge. Les vibrations sont toujours présentes, mais leur nature n'affecte pas le confort.

La Ninja 500R met immédiatement le pilote en confiance grâce à une hauteur de selle raisonnable et à un poids peu élevé. Stable en toutes circonstances et très facile à inscrire en courbe, la Ninja 500R fait preuve d'un comportement neutre en virage. Elle est toujours bien plantée sur ses appuis et se montre précise, même lorsque l'angle d'inclinaison est important. Les freinages s'effectuent de manière nette et prévisible. Grâce à sa très bonne selle, à une protection adéquate, au calibrage réaliste des suspensions et à la position de conduite relevée, elle s'avère confortable, même sur de longs trajets.

KTM
KTM 1190 RC8

Test ultime...

Le fait que KTM est un joueur tout jeune dans l'univers de la moto de route ne l'a pas empêché de rapidement se créer une identité grâce à des modèles étonnamment compétents, comme l'Adventure, ou incroyablement délinquants, comme la Super Duke et surtout la Supermoto 950/990. La 1190 RC8 lancée l'an dernier marquait l'entrée du petit constructeur autrichien dans un tout autre genre de créneau, celui des sportives pures où le niveau de compétitivité est tellement élevé que seule une poignée de marques se le partagent. En se mesurant directement à ces monstres de l'industrie du motocyclisme, KTM s'est lui-même lancé le plus grand des défis.

Nous ne savions pas trop quoi attendre de la RC8. La combinaison de la version la plus puissante à ce jour de l'insolent V-Twin autrichien à une partie cycle extrêmement sérieuse laissait prévoir une monture de très haut niveau. D'un autre côté, rien de moins qu'un tel niveau n'est aujourd'hui suffisant pour même penser affronter un modèle comme la fabuleuse 1198 de Ducati, la rivale directe de la RC8. Pour plusieurs raisons, nous sommes restés sur notre faim. L'accès au modèle fut le plus grand problème. Aucun Canadien n'ayant participé à la présentation officielle, un essai maison devait être organisé. Ce qui aurait été facile si la moto avait été disponible. Mais les RC8 ne sont arrivées qu'à l'automne et les circonstances firent qu'une très froide et très venteuse journée d'octobre devint notre seule fenêtre pour un essai. Dans ces circonstances moins qu'idéales, la KTM a fait preuve de manières surprenantes sur la route, du moins pour une sportive aussi pointue. Animée par une mécanique coupleuse, dotée d'une protection au vent très correcte et proposant une position de conduite beaucoup moins radicale que la moyenne chez ces motos, la légère RC8 s'est en plus avérée relativement confortable grâce à des suspensions étonnamment souples. L'une des seules ombres au tableau fut trouvée au niveau de l'injection dont le manque de douceur à l'ouverture des gaz rendait la conduite saccadée par moments. Évidemment, comme c'est le cas pour n'importe quelle sportive pure, toutes ces caractéristiques, bien qu'utiles, ne constituent pas l'intérêt du

> **LA RC8 COMBINE LA PLUS PUISSANTE VERSION DE L'INSOLENT V-TWIN AUTRICHIEN ET UN CHÂSSIS TECHNIQUEMENT TRÈS SÉRIEUX.**

modèle. Comme seule une séance en piste fournirait les réponses recherchées, la RC8 fut amenée sur le circuit de l'Autodrôme Saint-Eustache, par une température de quelques degrés à peine supérieure au point de congélation. Même si la traction réduite découlant d'un tel froid limita l'intensité du rythme en piste, elle n'empêcha pas la KTM de révéler une bonne partie de sa personnalité.

Il devint clair dès les premiers tours que la RC8 ne fait pas partie de ces sportives qui se laissent immédiatement piloter vite. En fait, à ses commandes, nous avons eu la sensation d'avoir affaire à une monture dotée d'une foule de qualités dont une très grande légèreté de direction, une très forte impression de solidité provenant du châssis, et un V-Twin à la fois puissant et coupleux, quoique pas tout à fait aussi rapide que celui de la Ducati 1098. Les freins sont également de très haut calibre. Mais deux facteurs ont littéralement miné le reste. Le premier était une mollesse incompréhensible de la fourche, et le second, une nature beaucoup trop abrupte du système d'injection lors de la transition entre la fermeture et l'ouverture des gaz. Ensemble, ces problèmes ont rendu très difficile l'atteinte d'un rythme rapide et ont complètement empêché un pilotage coulé. Avec une suspension avant calibrée différemment et une injection adoucie, la RC8 serait transformée et pourrait alors commencer à faire l'étalage de son potentiel qui, nous en sommes convaincus, est beaucoup plus élevé que ce que nous avons découvert lors de ce premier contact.

NOUS AURIONS BIEN AIMÉ PRENDRE CONTACT AVEC LA TRÈS ATTENDUE RC8 SUR UNE EXOTIQUE PISTE QUELQUE PART DANS LE MONDE, LORS D'UN LANCEMENT OFFICIEL. MAIS CETTE PREMIÈRE RENCONTRE SE DÉROULA PLUTÔT SUR LE CIRCUIT DE SAINT-EUSTACHE, LORS D'UNE VENTEUSE JOURNÉE D'OCTOBRE ET PAR UNE TEMPÉRATURE DE 5 DEGRÉS.

Passé proche...

Le marché canadien est passé très près de recevoir cette splendide version R de la 1190 RC8. Un prix de 24 998 $ et une date de livraison en mars avaient même été établis. Mais la crise financière a eu raison de la présence du modèle chez nous, comme c'est d'ailleurs exactement le cas de la 990 Super Duke, elle aussi absente de la gamme canadienne en 2009. Selon KTM Canada, la sévérité de la situation financière aux États-Unis aurait poussé la compagnie à annuler l'importation du modèle sur ce marché, privant du même coup le Canada. Il ne reste qu'à espérer que la situation se stabilise assez pour que cette version —tout comme la 990 Super Duke— soit offerte chez nous en 2010.

La version R de la 1190 RC8 est un genre de réponse aux versions plus évoluées de la Ducati 1198 que sont les S et R. La cylindrée gagne 47 cc grâce à des cylindres dont l'alésage augmente de 2 mm, ce qui permettrait une puissance annoncée de 165 chevaux. Un kit de course ferait passer ce chiffre à 180 chevaux, un territoire où la 1098R de Ducati se trouve déjà. Des suspensions de meilleure qualité et des roues allégées amélioreraient la tenue de route et permettraient une baisse du poids de l'ordre de 2 kilos. Enfin, une peinture noire et blanche distingue cette édition spéciale de la version de base du modèle.

1190 RC8 R

Général

Categorie	Sportive
Prix	20 898 $
Immatriculation 2009	NC - probabilité : 1 030 $
Catégorisation SAAQ 2009	NC - probabilité : « sport »
Évolution récente	introduite en 2008
Garantie	1 an/20 000 km
Couleur(s)	orange
Concurrence	Aprilia RSV 1000 R, Buell 1125R, Ducati 1198

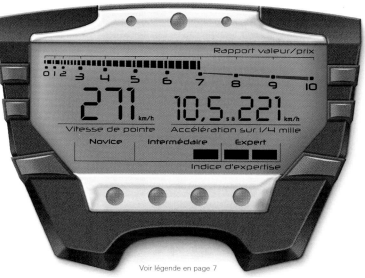

Voir légende en page 7

Moteur

Type	bicylindre 4-temps en V à 75 degrés, DACT, 4 soupapes par cylindre, refroidissement par liquide
Alimentation	injection à 2 corps de 52 mm
Rapport volumétrique	12,5:1
Cylindrée	1 148 cc
Alésage et course	103 mm x 69 mm
Puissance	152,6 ch @ 10 000 tr/min
Couple	88,5 lb-pi @ 8 000 tr/min
Boîte de vitesses	6 rapports
Transmission finale	par chaîne
Révolution à 100 km/h	environ 3 500 tr/mn
Consommation moyenne	6,7 l/100 km
Autonomie moyenne	246 km

Partie cycle

Type de cadre	treillis, en acier
Suspension avant	fourche inversée de 43 mm ajustable en précharge, compression et détente
Suspension arrière	monoamortisseur ajustable en précharge, en haute et basse vitesse de compression, et en détente
Freinage avant	2 disques de 320 mm de Ø avec étriers radiaux à 4 pistons
Freinage arrière	1 disque de 220 mm de Ø avec étrier à 2 pistons
Pneus avant/arrière	120/70 ZR17 & 190/55 ZR17
Empattement	1 430 mm
Hauteur de selle	805/825 mm
Poids tous pleins faits	198 kg
Réservoir de carburant	16,5 litres

QUOI DE NEUF EN 2009 ?

Aucun changement

Introduction d'une version R non importée au Canada

PAS MAL

Un V-Twin puissant et coupleux offrant des montées en régime très vives et une sonorité rauque non seulement plaisante, mais aussi typique des produits KTM

Un châssis extrêmement solide en courbe, du moins lorsque le modèle est déjà en angle

Un niveau de confort étonnamment bon sur la route et découlant d'une position moins radicale que la moyenne chez ces motos et d'une souplesse inhabituellement grande des suspensions

BOF

Une fourche dont l'agréable souplesse sur la route devient une sérieuse limite en piste puisqu'elle empêche la RC8 de rester stable en la faisant plonger vers l'avant ou basculer vers l'arrière à la moindre ouverture ou fermeture des gaz

Une injection bien trop abrupte lors de la transition entre la fermeture et l'ouverture des gaz; il s'agit d'un problème surtout en piste puisque cette caractéristique amplifie le problème de la mollesse excessive de la fourche

Une compétition très dure de la part de la Ducati 1198 dont la puissance a grimpé cette année, dont le prix est très similaire à celui de la KTM et dont le comportement est d'un calibre très impressionnant

Conclusion

Avec un temps limité et des conditions difficiles, réaliser un essai de ce genre comme il se doit devient un véritable défi. C'est d'ailleurs pourquoi nous aimons beaucoup les lancements officiels, surtout ceux sur piste, puisque le niveau de préparation est tellement grand qu'aucune excuse n'est possible. Le type de circonstances dans lequel s'est déroulé notre premier contact avec la RC8 n'est ni plus ni moins que frustrant, et ce, tant pour nous que pour le constructeur. Pour nous parce que nous tenons à fournir l'information juste et entière, ce que nous ne sommes pas certains d'avoir accompli, et pour le constructeur parce que son produit n'a peut-être pas bénéficié d'une évaluation aussi approfondie qu'elle aurait pu l'être. Nous restons donc sur notre position en ce qui concerne la RC8, mais en nous réservant un jugement final après un essai plus concluant.

690 Duke

KTM
KTM 690 DUKE & SMC

Monos de rêves...

Les 690 Duke et 690 SMC sont des motos très particulières qui ne s'adressent pas au grand public, mais qui sont plutôt destinées aux sérieux amateurs de monocylindres. Elles sont chères, mais proposent une expérience de conduite qu'on ne retrouve nulle part ailleurs, celle livrée par des montures offrant à la fois une partie cycle très sérieuse et une mécanique à 1 cylindre inhabituellement performante. La Duke est techniquement si proche de l'ancienne 690 Supermoto qu'on pourrait la considérer comme une version esthétiquement corrigée du controversé modèle. Quant à la SMC, il s'agit plutôt d'une version Supermoto de la double-usage 690 Enduro.

Les 690 Duke et SMC se veulent, chacune à leur façon, un genre d'interprétation ultime du concept de la mince et agile monture de type Supermoto. Cette nature très pointue est d'ailleurs la raison nous faisant dire qu'elles offrent une expérience unique puisque KTM est présentement la seule compagnie qui pousse le concept Supermoto aussi loin sur une plateforme à monocylindre. En effet, la plupart des constructeurs proposent soit de petites machines sympathiques, mais plus ou moins sérieuses comme la Suzuki DR-Z400SM, soit des «monstres» comme la Ducati Hypermotard. La marque autrichienne fait d'ailleurs payer cher cet effort puisque la facture d'environ 11 000 $ qui accompagne ces modèles permettrait d'envisager nombre de montures beaucoup plus polyvalentes. Cela dit, encore une fois, elles ne s'adressent pas à la masse, mais plutôt aux connaisseurs fanatiques de monocylindres.

En raison de sa ligne tout en arêtes très particulière, la 690 Duke est celle des deux risquant le plus d'attirer l'attention du motocycliste moyen qui pourrait aussi bien l'envisager comme monture d'initiation que comme une machine à monocylindre de haut calibre. La Duke arrive d'ailleurs très bien à remplir le premier de ces deux rôles en se montrant docile, légère et agile dans les mains d'un pilote possédant une expérience limitée. À l'exception d'une selle haute et d'une injection légèrement abrupte à l'ouverture des gaz, la Duke est essentiellement dépourvue de caractéristiques qui compromettraient sa grande accessibilité.

> **KTM EST LA SEULE COMPAGNIE QUI POUSSE AUSSI LOIN LE CONCEPT DE LA MONTURE DE TYPE SUPERMOTO À MOTEUR MONOCYLINDRE.**

À l'amateur et au connaisseur de modèles à moteur monocylindre, la 690 Duke offre, bien entendu, toutes les mêmes qualités, mais propose aussi un niveau de performances étonnamment élevé pour une telle mécanique. En pleine accélération, sur le premier rapport, la Duke ne tarde d'ailleurs pas à se mettre à la verticale. Les rapports suivants procurent un plaisir inhabituel en ce sens qu'on n'a plus l'habitude de pouvoir étirer les vitesses d'une moto, poignée de droite bien tordue, sans immédiatement se retrouver dans une zone d'illégalité sévère. La 690 vous laisse assouvir ce genre de désir de manière régulière. Parce qu'une moto qui se dresse sur sa roue arrière sans provocation n'est pas un choix idéal pour un pilote en formation, la 690 Duke — et la SMC dont la mécanique est identique — possède un sélecteur de courbe de puissance «à la S-DMS de Suzuki» permettant d'adoucir considérablement l'arrivée des chevaux. Son emplacement n'est par contre pas pratique.

Si la SMC propose un niveau de performances très semblable à celui de la Duke, les deux modèles sont très différents lorsqu'on s'installe à leurs commandes. Même si elle est très mince, la Duke possède une selle presque «normale» et pourrait même être considérée comme une standard. Haute et très mince, la SMC donne en revanche à son pilote l'impression d'être assis sur une machine hors-route, ce qui est normal puisqu'il s'agit du modèle 690 Enduro duquel on a retiré les roues à rayons et les pneus à crampons pour installer des équipements sportifs.

Général

Catégorie	Supermoto
Prix	Duke : 11 398 $ SMC : 10 998 $
Immatriculation 2009	518 $
Catégorisation SAAQ 2009	« régulière »
Évolution récente	introduites en 2008
Garantie	1 ans/20 000 km
Couleur(s)	Duke : orange SMC : orange
Concurrence	Aprilia SXV 5.5

Moteur

Type	monocylindre 4-temps, SACT, 4 soupapes, refroidissement par liquide
Alimentation	injection
Rapport volumétrique	11,8:1
Cylindrée	654 cc
Alésage et course	102 mm x 80 mm
Puissance	Duke : 64,4 ch @ 7 500 tr/min SMC : 62,1 ch @ 7 500 tr/min
Couple	Duke : 49,4 lb-pi @ 5 500 tr/min SMC : 47,2 lb-pi @ 6 000 tr/min
Boîte de vitesses	6 rapports
Transmission finale	par chaîne
Révolution à 100 km/h	environ 4 000 tr/mn
Consommation moyenne	5,7 l/100 km
Autonomie moyenne	237 km

Voir légende en page 7

Partie cycle

Type de cadre	treillis, en acier
Suspension avant	fourche inversée de 48 mm ajustable en compression et détente
Suspension arrière	monoamortisseur ajustable en précharge, compression et détente
Freinage avant	1 disque de 320 mm de Ø avec étrier radial à 4 pistons
Freinage arrière	1 disque de 240 mm de Ø avec étrier à 1 piston
Pneus avant/arrière	120/70 ZR17 & 160/60 ZR17
Empattement	1 472 mm (SMC : 1 480 mm)
Hauteur de selle	865 mm (SMC : 900 mm)
Poids à vide	148,5 kg (SMC : 139,5 kg)
Réservoir de carburant	13,5 litres (SMC : 12 litres)

QUOI DE NEUF EN 2009 ?

Modèle 690 Supermoto retiré du catalogue

690 Duke coûte 900 $ et 690 SMC 1 100 $ de plus qu'en 2008

PAS MAL

Un monocylindre qui figure parmi les plus puissantes mécaniques du genre; les performances qu'il offre sont impressionnantes et raviront les amateurs de ce type de moteur

Une tenue de route de qualité sportive qui découle du sérieux de la partie cycle dont la construction n'a rien d'économique

Un style tout en arêtes très particulier dans le cas de la 690 Duke qui fait régulièrement tourner les têtes sur son passage

BOF

Une hauteur de selle importante qui gêne les pilotes courts, surtout ceux dont l'expérience est limitée

Un concept qui demande presque d'être un fanatique de monocylindres pour être vraiment apprécié, surtout compte tenu du prix élevé qui accompagne les deux modèles

Une faible autonomie qui résulte de la petite contenance du réservoir

Un confort limité dans les deux cas, mais surtout dans celui de la SMC dont la selle très étroite n'est pas un endroit privilégié pour accumuler les kilomètres

Conclusion

Ce duo est l'incarnation même de la notion de moto de niche. Dans les deux cas, l'idée est d'explorer le concept de la monture de type Supermoto d'une manière beaucoup plus sérieuse que la coutume ne le veut. Elles représentent l'autre extrême d'une classe très souvent peuplée par de banales machines de sentiers auxquelles on a greffé des roues de 17 pouces chaussées de pneus sportifs. Comme c'est souvent le cas avec des motos de niche, elles ne sont ni économiques ni destinées au motocycliste moyen. Par contre, ceux qui reconnaissent l'exclusivité d'un monocylindre aussi avancé, qui apprécient l'agilité et la minceur inhérente à ce type de monture et qui ne sont pas refroidis par la facture sont au bon endroit. En fait, ils sont même au seul endroit où ce genre de moto est offert.

690 SMC

990 Adventure R

KTM
990 ADVENTURE

Digne de ses gènes...

Comme c'est le cas chez les routières sportives où l'on retrouve des modèles plus ou moins pointus, les différentes aventurières se distinguent aussi les unes des autres par nuances. Certaines machines, malgré un style qui laisse rêver aux grands espaces vierges, sont davantage orientées vers la route. La 990 Adventure n'en fait pas partie, ce dont on peut d'ailleurs facilement se douter en se rappelant que c'est en produisant de très respectés modèles hors-route que la marque autrichienne a bâti sa réputation. Cette nature place la KTM nez à nez avec la BMW R1200GS, la seule autre aventurière de cette taille dont les capacités hors-route soient dignes de mention. Une version R est offerte en 2009.

La 990 Adventure ne tarde pas à trahir son héritage hors-route lorsqu'on s'installe à ses commandes. Guidon large et plat, selle longue, étroite et haut perchée —la plupart des pilotes sont sur la pointe des pieds—, la KTM propose une posture assise et avancée typique d'une moto de sentier. Par rapport à la BMW R1200GS à laquelle l'autrichienne est souvent comparée, la saveur hors-route de cette position est aussi marquée et évidente que peut l'être le penchant routier qu'offre la position de l'allemande. Loin d'être un handicap, la position de conduite de l'Adventure est au contraire dégagée et laisse au pilote une impression de contrôle très marquée.

Les capacités hors-route de la KTM ne sont évidemment pas illimitées, fort gabarit oblige, mais elles restent impressionnantes pour une machine de telles dimensions. Sur une route non pavée, peu importe qu'elle soit recouverte de gravier ou de terre, l'Adventure maintient facilement des vitesses élevées agrémentées de dérapages contrôlés et de nuages de poussière spectaculaires. Pousser l'exploration jusqu'à s'engager carrément en sentier sur des revêtements plus glissants révèle que tout l'héritage de KTM ne suffit pas à transformer une haute routière de 200 kilos en agile machine de sous-bois. Cela dit, bien qu'elle semble devenir plus haute et plus lourde au fur et à mesure que les conditions deviennent plus serrées, la 990 possède quand même d'excellentes qualités de passe-partout, du moins tant qu'on a assez d'expérience pour en profiter. Notons que la version R, qui est nouvelle

> **PAR RAPPORT À LA R1200GS, SA PRINCIPALE RIVALE, LA SAVEUR HORS-ROUTE DE LA NATURE DE LA 990 ADVENTURE EST MARQUÉE ET ÉVIDENTE.**

cette année, mais qui remplace un peu l'ancienne version S, propose des possibilités encore plus sérieuses en pilotage hors-route grâce à ses suspensions à très long débattement.

Les talents de l'Adventure dépassent l'environnement de la poussière et se retrouvent aussi sur la route où elle affiche même quelques étonnantes qualités. La 990 est en effet capable d'enfiler une succession de virages avec un aplomb surprenant. Haute sur pattes, dotée de suspensions souples et chaussée de pneus double-usage à gomme tendre, elle se dandine un peu lorsqu'on attaque, mais pas au point de réduire le rythme. Malgré son guidon plat et large qui allège la direction, il faut pousser énergiquement sur celui-ci pour incliner l'Adventure en amorce de virage ou pour passer d'un angle à l'autre, un phénomène attribuable à la longueur de l'arc que sa hauteur la force à décrire.

Le V-Twin d'un litre de l'Adventure reçoit un bon nombre d'améliorations cette année et voit sa puissance grimper de 7 à 17 chevaux selon qu'on opte pour la version de base ou pour la R. Les bicylindre en V de KTM, qu'il s'agisse des anciens 950 carburés ou du puissant moteur de la RC8, proposent tous une expérience mécanique particulièrement excitante, ce qui nous porte à croire que cette version, que nous n'avons pas pu évaluer avant d'aller sous presse, aura un comportement semblable. À titre indicatif, le moteur du dernier modèle était à la fois puissant, vif et souple, mais n'aimait pas trop traîner à bas régime sur un rapport élevé.

Général

Catégorie	Routière Aventurière
Prix	16 998 $ (R : 17 198 $)
Immatriculation 2009	518 $
Catégorisation SAAQ 2009	« régulière »
Évolution récente	introduite en 2003
Garantie	2 ans/40 000 km
Couleur(s)	noir, orange (R : noir et blanc)
Concurrence	BMW R1200GS et R1200GS Adventure

Moteur

Type	bicylindre 4-temps en V à 75 degrés, DACT, 4 soupapes par cylindre, refroidissement par liquide
Alimentation	injection à 2 corps de 48 mm
Rapport volumétrique	11,5:1
Cylindrée	999 cc
Alésage et course	101 mm x 62,4 mm
Puissance	Adventure : 104,6 ch @ 8 250 tr/min R : 114,9 ch @ 8 750 tr/min
Couple	73,7 lb-pi @ 6 750 tr/min
Boîte de vitesses	6 rapports
Transmission finale	par chaîne
Révolution à 100 km/h	environ 3 500 tr/mn (2008)
Consommation moyenne	6,5 l/100 km (2008)
Autonomie moyenne	338 km (2008)

Voir légende en page 7
Performances 2008

Partie cycle

Type de cadre	treillis, en acier
Suspension avant	fourche inversée de 48 mm ajustable en précharge, compression et détente
Suspension arrière	monoamortisseur ajustable en précharge, compression et détente
Freinage avant	2 disques de 300 mm de Ø avec étriers à 2 pistons et système ABS
Freinage arrière	1 disque de 240 mm de Ø avec étrier à 2 pistons et système ABS
Pneus avant/arrière	90/90-21 & 150/70 R18
Empattement	1 570 mm
Hauteur de selle	860 mm (R : 915 mm)
Poids à vide	209 kg (R : 207 kg)
Réservoir de carburant	19,5 litres

QUOI DE NEUF EN 2009 ?

Mécanique révisée : plus de puissance et de couple

Version R plus puissante et plus haute offerte moyennant un supplément de 200 $

Nouveau coffre à gants

Adventure coûte 100 $ de plus qu'en 2008

PAS MAL

Un V-Twin qu'on a toujours connu aussi caractériel que vif et puissant, des qualités qui devraient logiquement être encore au rendez-vous après cette révision

Des suspensions souples à long débattement qui gomment les pires défauts de la route et se débrouillent très bien sur les chemins non pavés où l'Adventure roule comme s'il s'agissait d'asphalte

Un comportement routier étonnamment solide et précis qui permet un amusement réel en pilotage sportif

BOF

Une selle qui, bien qu'améliorée par rapport à celle du modèle d'origine, n'est pas encore un standard en matière de confort

Une hauteur de selle considérable qui gênera les pilotes courts sur pattes ; la version R avec ses suspensions encore plus hautes et sa selle perchée à plus de 900 mm du sol n'est décidément pas à mettre dans les mains de pilotes inexpérimentés

Une allure torturée aux lignes angulaires qui dégage une certaine authenticité puisqu'elle est tirée de la silhouette des machines de rallye du constructeur, mais qui n'a jamais fait l'unanimité

Conclusion

Le terme aventure commence décidément à être utilisé de manière très large dans l'univers du motocyclisme. Mais lorsqu'on le ramène à sa signification la plus franche, l'image qu'on se fait d'une aventure inclut inévitablement des paysages désertiques, des pays en voie de développement et des coins tellement reculés qu'on n'en connaissait pas l'existence. Bref, on parle de beaucoup plus qu'une route de gravier. Si les montures affirmant être aptes à partir à l'aventure sont de plus en plus nombreuses, celles détenant vraiment les capacités de le faire, du moins selon notre définition de cette fameuse aventure, sont au contraire très rares. En fait, il n'y en a que deux : la BMW R1200GS et la KTM 990 Adventure.

990 Adventure

MOTO GUZZI
NORGE 1200

Tourisme inusité...

Après avoir frôlé la disparition, Moto Guzzi a été sauvée par le groupe Piaggio (Aprilia, Derbi, Gilera, Piaggio, Vespa) qui a acheté en 2005 la légendaire firme de Madello del Lario, située sur les rives du lac de Côme, dans le nord de l'Italie. Depuis, Moto Guzzi multiplie les nouveautés dans le but de revenir à l'avant-scène du marché européen. La Norge 1200 se veut une réponse italienne aux BMW R1200RT et autres sport-tourisme de ce monde.

TECHNIQUE

La Moto Guzzi Norge 1200 est l'anti-BMW R1200RT par excellence. Alors que le constructeur allemand mise sur les qualités routières bien documentées de sa RT, Moto Guzzi table plutôt sur le charme de son V-Twin historique et de sa marque pour convaincre les amateurs de tourisme sportif de pencher vers sa Norge. Développée autour du châssis de la Breva 1100, qui n'est d'ailleurs plus offerte au catalogue de l'importateur canadien de la marque, la Norge bénéficie de la dernière mouture du bicylindre en V à 90 degrés à 2 soupapes par cylindre et refroidissement par air. Ce moteur monté en position transversale affiche une cylindrée de 1 151 cc. Il développe une puissance de 95 chevaux et un couple de 74 lb-pi, ce qui représente un déficit de 15 chevaux et de 10 lb-pi par rapport à la BMW. Le poids de la Norge est toutefois légèrement inférieur. Les avantages que la Guzzi semble offrir sont des dimensions raisonnables pour la classe et un niveau d'équipement soigné. Un pare-brise ajustable manuellement — ou électriquement, en option — surplombe un carénage enveloppant. Le cadre en acier tubulaire utilise le moteur comme élément structural. Il est complété par des suspensions ajustées de manière à favoriser le confort. Le freinage est assuré par des composantes Brembo Or, tandis que l'ABS fait partie de l'équipement disponible. Offerte à 19 295 $, la Norge est plus chère que la BMW R1200RT d'environ 300 $.

Général

Catégorie	Sport-Tourisme
Prix	19 295 $
Immatriculation 2009	518 $
Catégorisation SAAQ 2009	« régulière »
Évolution récente	introduite en 2006
Garantie	2 ans/kilométrage illimité
Couleur(s)	champagne, argent
Concurrence	BMW R1200RT, Honda ST1300, Yamaha FJR1300A, Kawasaki Concours 14

Moteur

Type	bicylindre transversal 4-temps en V à 90 degrés, SACT, 2 soupapes par cylindre, refroidissement par air
Alimentation	injection à 2 corps de 45 mm
Rapport volumétrique	9,8:1
Cylindrée	1 151 cc
Alésage et course	95 mm x 81,2 mm
Puissance	95 ch @ 7 500 tr/min
Couple	73,8 lb-pi @ 5 800 tr/min
Boîte de vitesses	6 rapports
Transmission finale	par arbre

Partie cycle

Type de cadre	en acier
Suspension avant	fourche conventionnelle de 45 mm ajustable en précharge
Suspension arrière	monoamortisseur ajustable en précharge et détente
Freinage avant	2 disques de 320 mm de Ø avec étriers à 4 pistons
Freinage arrière	1 disque de 282 mm de Ø avec étrier à 2 pistons
Pneus avant/arrière	120/70 ZR17 & 180/55 ZR17
Empattement	1 495 mm
Hauteur de selle	800 mm
Poids à vide	246 kg
Réservoir de carburant	23 litres

MOTO GUZZI
GRISO 1200 8V

Général

Catégorie	Standard
Prix	17 295 $
Immatriculation 2009	518 $
Catégorisation SAAQ 2009	« régulière »
Évolution récente	introduite en 2006
Garantie	2 ans/kilométrage illimité
Couleur(s)	noir, blanc
Concurrence	BMW R1200R, Ducati Monster 1100

Moteur

Type	bicylindre transversal 4-temps en V à 90 degrés, SACT, 4 soupapes par cylindre, refroidissement par air
Alimentation	injection à 2 corps de 50 mm
Rapport volumétrique	11:1
Cylindrée	1 151 cc
Alésage et course	95 mm x 81,2 mm
Puissance	110 ch @ 7 500 tr/min
Couple	79,7 lb-pi @ 6 400 tr/min
Boîte de vitesses	6 rapports
Transmission finale	par arbre

Partie cycle

Type de cadre	périmétrique, en acier
Suspension avant	fourche inversée de 43 mm ajustable en précharge, compression et détente
Suspension arrière	monoamortisseur ajustable en précharge, compression et détente
Freinage avant	2 disques de 320 mm de Ø avec étriers radiaux à 4 pistons
Freinage arrière	1 disque de 282 mm de Ø avec étrier à 2 pistons
Pneus avant/arrière	120/70 ZR17 & 180/55 ZR17
Empattement	1 554 mm
Hauteur de selle	800 mm
Poids à vide	222 kg
Réservoir de carburant	16,7 litres

Une custom, vraiment ?

Dérivée de la Griso 1100 qui a été offerte pendant plusieurs années, la nouvelle Griso 1200 8V reprend la mécanique Quadravolve (4 soupapes) que l'on retrouve également sur la Stelvio. Le légendaire constructeur la qualifie dans sa documentation de « Power Cruiser » et de « Techno Custom », mais la Griso est, évidemment, une standard. Elle fut montrée publiquement pour la première fois à la fin de 2002. Il s'agissait alors, selon Moto Guzzi, d'un prototype.

TECHNIQUE

La Griso fait partie de ces motos qui ne laissent pas indifférent. Elle charme ou elle déplaît. Sur-le-champ et sans concessions. Peu de choses distinguent visuellement la nouvelle Griso 1200 8V de sa devancière, la Griso 1100. Si leurs lignes sont en tout point identiques, la 8V bénéficie en revanche d'un rapport poids/puissance nettement meilleur puisqu'elle a gagné 87 cc et 22 chevaux, en plus de perdre 5 kilos. Elle conserve le châssis de la 1100 réputé pour sa rigidité et sa rigueur. Sans être une sportive dans l'âme — la Griso 8V est plutôt une simple standard —, son comportement s'annonce relativement sain. En fait, en raison de la mécanique qui l'anime, elle semble plutôt s'inscrire dans la catégorie des motos à caractère.

La Griso est propulsée par un bicylindre en V à 90 degrés ayant la particularité d'être installé de manière transversale — il s'agit de la signature mécanique de toutes les Moto Guzzi — dans le châssis plutôt que de façon longitudinale comme tous les autres V-Twin actuellement sur le marché. Plus classique qu'à la fine pointe avec son SACT et son refroidissement par air, ce moteur est quand même annoncé à 110 chevaux, ce qui n'a rien de gênant. Il bénéficie d'une injection électronique, d'une boîte à 6 rapports et d'un entraînement final par cardan moderne. Offerte à 17 295 $, la Griso 1200 8V n'est pas vraiment bon marché, mais ses ventes très faibles chez nous garantissent une certaine exclusivité aux intéressés.

California Vintage

V7 Classic

MOTO GUZZI

Retro fois deux...

À l'instar de la California Vintage lancée en 2006, la V7 Classic puise dans l'histoire récente de la légendaire marque de Mandello del Lario pour trouver son inspiration et séduire un public de nostalgiques invétérés. Elle réinterprète donc une partition connue qu'elle remet au goût du jour. Elle s'inspire de la mythique V7 de 1967, une moto basique et utilitaire qui avait propulsé la marque dans l'ère moderne et lui avait donné ses lettres de noblesse.

TECHNIQUE

Jouer la carte rétro ne garantit pas forcément le succès. Dans le cas de la nouvelle V7 Classic, on est en présence d'une simple Breva 750 en habits d'époque. Ce nouveau traitement esthétique (avec réservoir en plastique, malheureusement) donne des airs «d'ancienne jeune fille» à la V7 Classic et s'avère à la fois réussi, classique et sobre. Offerte en blanc avec accents rouges ou en noir avec accents dorés, elle a de quoi séduire visuellement. Cependant, elle est propulsée par un bicylindre en V de seulement 48 chevaux. En termes de puissance et de caractère, il s'agit d'un choix mécanique qui pourrait autant s'avérer suffisant pour les néophytes que trop juste et retenu pour les nostalgiques pourtant visés par le modèle.

La V7 Classic est construite autour d'un simple cadre à double berceau en acier tubulaire. Tout ce qui a trait à la partie cycle affiche d'ailleurs une simplicité semblable, une caractéristique qui permet au modèle d'être offert pour la somme relativement raisonnable de 9 995 $.

À l'autre extrême de la notion de «prix raisonnable» se trouve la California Vintage de 18 995 $. Équipée de manière à évoquer les motos de la police américaine d'une certaine époque, elle est une interprétation moderne du mythe de la California que Moto Guzzi produit depuis 1971. La Vintage est une custom à l'italienne.

MOTO GUZZI
V7 CLASSIC

Général

Catégorie	Standard
Prix	9 995 $
Immatriculation 2009	518 $
Catégorisation SAAQ 2009	«régulière»
Évolution récente	introduite en 2008
Garantie	2 ans/kilométrage illimité
Couleur(s)	blanche
Concurrence	Ducati Monster 696, Triumph Scrambler

Moteur

Type	bicylindre transversal 4-temps en V à 90 degrés, SACT, 2 soupapes par cylindre, refroidissement par air
Alimentation	injection à 2 corps de 36 mm
Rapport volumétrique	9,6:1
Cylindrée	744 cc
Alésage et course	80 mm x 74 mm
Puissance	48 ch @ 6 800 tr/min
Couple	40,3 lb-pi @ 3 600 tr/min
Boîte de vitesses	5 rapports
Transmission finale	par arbre

Partie cycle

Type de cadre	double berceau, en acier
Suspension avant	fourche conventionnelle de 40 mm non ajustable
Suspension arrière	monoamortisseur ajustable en précharge
Freinage avant	1 disque de 320 mm de Ø avec étrier à 4 pistons
Freinage arrière	1 disque de 260 mm de Ø avec étrier à 2 pistons
Pneus avant/arrière	100/90-18 & 130/80-17
Empattement	1 495 mm
Hauteur de selle	805 mm
Poids à vide	182 kg
Réservoir de carburant	23 litres

MOTO GUZZI
STELVIO

Général

Catégorie	Routière Aventurière
Prix	17 995 $
Immatriculation 2009	518 $
Catégorisation SAAQ 2009	« régulière »
Évolution récente	introduite en 2008
Garantie	2 ans/kilométrage illimité
Couleur(s)	noir, rouge
Concurrence	BMW R1200GS, KTM 990 Adventure

Moteur

Type	bicylindre transversal 4-temps en V à 90 degrés, SACT, 4 soupapes par cylindre, refroidissement par air
Alimentation	injection à 2 corps de 50 mm
Rapport volumétrique	11:1
Cylindrée	1 151 cc
Alésage et course	95 mm x 81,2 mm
Puissance	105 ch @ 7 500 tr/min
Couple	79,6 lb-pi @ 6 400 tr/min
Boîte de vitesses	6 rapports
Transmission finale	par arbre

Partie cycle

Type de cadre	périmétrique, en acier
Suspension avant	fourche inversée de 50 mm ajustable en précharge, compression et détente
Suspension arrière	monoamortisseur ajustable en précharge et détente
Freinage avant	2 disques de 320 mm de Ø avec étriers radiaux à 4 pistons
Freinage arrière	1 disque de 282 mm de Ø avec étrier à 2 pistons
Pneus avant/arrière	110/80 R19 & 180/55 R17
Empattement	1 535 mm
Hauteur de selle	820/840 mm
Poids à vide	214 kg
Réservoir de carburant	18 litres

Simili-GS...

Dévoilée en 2007, lors du Salon de Milan, la Moto Guzzi Stelvio est indicatrice de la créativité retrouvée du manufacturier italien. Avec cette première incursion dans le créneau des aventurières, il affirme sa volonté de renouveler sa gamme et de se mesurer aux meilleures machines du marché. En prenant la BMW R1200GS dans sa mire, la moto emblématique de la catégorie, Moto Guzzi fait preuve soit d'un courage immense, soit d'une témérité aveugle.

TECHNIQUE

Jusqu'à présent, toutes les motos qui ont voulu se mesurer à l'indétrônable GS se sont cassé les dents dans l'aventure. L'allemande est en effet une très grosse bouchée à avaler, surtout pour un constructeur de la taille de Moto Guzzi. Malgré cela, la Stelvio semble être équipée pour relever le défi. Du moins sur papier... Très proche visuellement de sa concurrente munichoise, elle en reprend tous les ingrédients de base afin de tenter de se tailler une place de choix dans la catégorie. Mais s'il suffisait d'appliquer une recette à la lettre pour être couronnée « reine des aventurières », la BMW aurait été détrônée il y a longtemps. L'entreprise est donc bien plus complexe.

La Stelvio est propulsée par le même V-Twin Quadravolve (à 4 soupapes) à 90 degrés que la Griso 1200 8V. Pour une mécanique refroidie par air, la puissance annoncée de 105 chevaux est très respectable, tout comme le couple de 80 lb-pi. De même que sur la BMW, l'entraînement final est assuré par un cadran.

La partie cycle n'est pas en reste et propose un bras oscillant qui intègre l'arbre de transmission, tel que sur la GS. À l'avant, on retrouve une massive fourche inversée à poteaux de 50 mm offrant 170 mm de débattement, tandis qu'à l'arrière un monoamortisseur doté d'un débattement généreux de 155 mm se charge de gommer les irrégularités de la chaussée. L'ABS est livré en option, et on retrouve des étriers radiaux à l'avant, comme sur les sportives.

SUZUKI

GSX1300R HAYABUSA

Supermoto...

Le monde de l'automobile compte plusieurs modèles qui collent à la définition du terme «supervoiture», mais très peu de deux-roues peuvent prétendre en être l'équivalent dans notre univers. En combinant une incroyable facilité à filer à des vitesses faramineuses en ligne droite et une silhouette qui aurait pu être dessinée par Boeing, Suzuki a donné naissance à une telle moto en 1999 en présentant la Hayabusa. Le constructeur a même visé tellement juste avec ce premier essai qu'il a fallu attendre presque une dizaine d'années avant qu'une remplaçante soit présentée en 2008. La force du concept original est d'autant plus évidente que cette remplaçante est une proche évolution de celui-ci.

Le club auquel appartient la légendaire Hayabusa de Suzuki est on ne peut plus exclusif puisque sa seule véritable concurrence vient de la Kawasaki Ninja ZX-14. Si le genre de performances qu'elle offre peut être plus ou moins retrouvé sur une poignée de sportives d'un litre ultralégères, un facteur majeur distingue ces dernières de la grosse Suzuki puisqu'aucune ne possède la capacité de générer des vitesses aussi élevées d'une manière aussi naturelle. Pour ne pas dire que la Busa transforme l'acte de les atteindre en un jeu d'enfant. Bien installé derrière un pare-brise et un carénage qui semblent avoir été dessinés pour briser le mur du son, un seul geste suffit pour transformer la vision périphérique du pilote en une image floue et confuse : celui d'enrouler l'accélérateur. En quelques instants à peine, tout disparaît sauf un point au loin. En fait, la vitesse augmente à un tel rythme qu'on peine à s'y habituer, au point d'éprouver de la difficulté à évaluer précisément les distances. Le phénomène est normal pour qui ne se retrouve pas couramment dans ce genre de situation, et peut être complètement éliminé avec une période d'acclimatation. Un exercice que la Hayabusa rend d'ailleurs incroyablement accessible grâce à sa stabilité stupéfiante dans ce genre d'environnement. Tout ce qu'il faut, c'est une piste permettant de régulièrement frôler les 300 km/h... La vérité est que la Hayabusa paraît aussi paisible et naturelle à deux fois et demie la limite légale sur l'autoroute qu'un train ne l'est à vitesse de croisière. La vitesse est son élément. Évidemment, de retour à la réalité,

> LE GROS AVANTAGE DE LA HAYABUSA EST QUE TOUT CE FLATTAGE D'EGO VOUS COÛTERA PAS MAL MOINS QU'UN DEMI-MILLION DE DOLLARS.

tout ce qui précède ne représente qu'un potentiel extrêmement flatteur pour les propriétaires qui, dans la presque totalité des cas, choisissent un tel modèle pour ses fantastiques capacités, mais certainement pas pour tenter de les vérifier. Les gens demandent souvent pourquoi le monde a besoin d'une moto capable de tripler les limites légales. Personne n'en a besoin, bien entendu, mais nombreux sont ceux qui désirent fortement posséder une telle machine. Le succès de la Hayabusa ne tient ainsi qu'à un élément : flatter l'ego. Croyez-vous qu'on ait vraiment besoin d'une Rolls et de tout son luxe ou d'une Lamborghini encore plus rapide que la Suzuki ? Oui, mais seulement pour flatter son ego. Le gros avantage de la Hayabusa est que tout ce flattage vous coûtera une quinzaine de milliers de dollars, pas un demi-million. Sans parler du fait qu'au-delà de ses extraordinaires performances, la Suzuki est aussi une routière fiable, relativement économe en carburant, étonnamment bien maniérée et qui offre en plus un niveau de confort tout à fait raisonnable. Même la tenue de route s'avère très respectable puisqu'il s'agit d'une sportive en bonne et due forme dont les seuls réels handicaps en piste sont une masse et des dimensions clairement supérieures à la norme chez les machines construites pour tourner autour d'un circuit. L'explication des capacités sportives de la Busa tient du fait que sous son excentrique, mais très populaire robe, elle est construite exactement comme une GSX-R, mais en plus gros, et ce, tant au chapitre des dimensions générales qu'à celui du moteur.

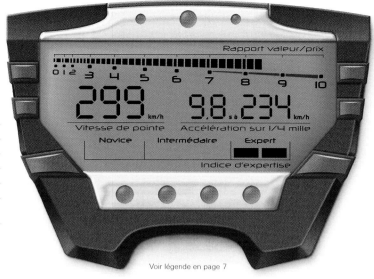

Général

Catégorie	Sportive
Prix	15 199 $
Immatriculation 2009	1 030 $
Catégorisation SAAQ 2009	« sport »
Évolution récente	introduite en 1999, revue en 2008
Garantie	1 an/kilométrage illimité
Couleur(s)	noir et or, blanc et argent, gris et argent
Concurrence	BMW K1300S, Kawasaki Ninja ZX-14

Moteur

Type	4-cylindres en ligne 4-temps, DACT, 4 soupapes par cylindre, refroidissement par liquide
Alimentation	injection à 4 corps de 44 mm
Rapport volumétrique	12,5:1
Cylindrée	1 340 cc
Alésage et course	81 mm x 65 mm
Puissance	194 ch @ 9 700 tr/min
Couple	114 lb-pi @ 7 100 tr/min
Boîte de vitesses	6 rapports
Transmission finale	par chaîne
Révolution à 100 km/h	environ 3 400 tr/min
Consommation moyenne	7,3 l/100 km
Autonomie moyenne	287 km

Voir légende en page 7

Partie cycle

Type de cadre	périmétrique, en aluminium
Suspension avant	fourche inversée de 43 mm ajustable en précharge, compression et détente
Suspension arrière	monoamortisseur ajustable en précharge, compression et détente
Freinage avant	2 disques de 310 mm de Ø avec étriers radiaux à 4 pistons
Freinage arrière	1 disque de 260 mm de Ø avec étrier à 1 piston
Pneus avant/arrière	120/70 ZR17 & 190/50 ZR17
Empattement	1 480 mm
Hauteur de selle	805 mm
Poids tous pleins faits	260 kg (à vide 220 kg)
Réservoir de carburant	21 litres

QUOI DE NEUF EN 2009 ?

Aucun changement

Coûte 100 $ de plus qu'en 2008

PAS MAL

Des performances absolument ahurissantes, mais aussi étonnamment accessibles; si elle est capable de vitesses et d'accélérations démentes, la Hayabusa reste aussi une moto relativement calme et posée lorsqu'elle livre son plein potentiel

Un châssis long et un poids plutôt élevé qui garantissent une stabilité de tous les instants malgré le niveau faramineux de performances, en plus de se montrer étonnamment agile en utilisation routière

Une ligne qui semble être une exagération de l'originale et qui colle très bien à la nature du modèle; n'importe quoi d'autre aurait été une erreur de la part de Suzuki

BOF

Une deuxième génération dont l'ampleur des améliorations techniques est plutôt faible; on a affaire à la même moto que Suzuki a introduit en 1999, mais à laquelle ont été greffées diverses technologies devenues courantes sur les GSX-R; d'un autre côté, ça marche

Un 4-cylindres qui vibre moins que dans le passé, mais qui n'est pas aussi doux et qu'on ne sent pas aussi sophistiqué que celui de la ZX-14, la seule vraie rivale de la Hayabusa

Un niveau de performances tellement élevé qu'il devient non seulement difficile, mais carrément impossible d'en profiter au jour le jour à moins d'habiter dans le désert ou d'avoir de très bons amis dans les communautés policières et juridiques

Conclusion

La seconde génération de la Hayabusa introduite l'an dernier s'adresse à une clientèle très particulière, clientèle que le constructeur d'Hamamatsu connaît d'ailleurs comme le fond de sa poche. Contrairement à ce qu'on croit souvent, les acheteurs de Hayabusa sont bien plus souvent dans la trentaine et la quarantaine que dans la vingtaine. Ils ne font pas l'acquisition du modèle pour tripler les limites légales, mais plutôt pour laisser savoir à toutes les têtes se tournant sur leur passage que s'ils le voulaient, ils n'auraient qu'à enrouler la poignée magique pour le faire. La ligne très distinctive du modèle est instrumentale à ce sujet puisqu'on sait exactement à quelle moto on a affaire dès l'instant où on l'aperçoit. La Hayabusa est au motocyclisme ce qu'une quelconque supervoiture est au monde de l'automobile.

SUZUKI
GSX-R 1000

NOUVEAUTÉ 2009

Surenchère sur la surenchère...

Si BMW veut joindre la classe des sportives pures d'un litre et s'il compte y faire belle figure, c'est entre autres à des montures comme la GSX-R1000 qu'il devra se mesurer. Pour accomplir cette tâche colossale, le constructeur bavarois n'aura d'autre choix que d'avoir recours à ses ressources les plus avancées. En fait, nous serions les derniers surpris d'apprendre qu'on a confié une partie du dossier de la prochaine BMW S1000RR à des ingénieurs du programme de Formule 1. Car rien de moins ne serait suffisant pour même penser à déloger des engins comme cette toute nouvelle version de la grosse GSX-R que Suzuki a revue jusque dans ses moindres détails pour 2009.

TECHNIQUE

Depuis l'introduction de la toute première GSX-R1000 en 2001, Suzuki n'a jamais ralenti le rythme de développement du modèle, forçant même très souvent les rivales de la réputée sportive à faire du rattrapage pour garder celle-ci en vue. Pour 2009, la firme d'Hamamatsu maintient ce rythme effréné en révisant complètement la grosse GSX-R, encore une fois.

Toute évolution de ce genre cherche en général à soustraire du poids, à centraliser la masse et à augmenter la puissance du moteur. S'il s'agit d'objectifs qui ont tous été atteints sur la version 2009 de la GSX-R1000, la réalité est qu'en raison du niveau de technologie et de compétitivité extraordinairement avancé de la classe, Suzuki a dû pousser les choses encore plus loin. Par exemple, les ingénieurs sont arrivés à superposer les axes de la transmission d'une nouvelle façon, réduisant la distance qui la sépare du vilebrequin de près de 60 mm, ce qui est énorme. Cette nouvelle architecture a par ailleurs permis de concevoir un moteur réalisé en 2 pièces, une haute et une basse, plutôt qu'en 3 comme sur l'ancien modèle. En plus d'amener une intéressante réduction de poids — Suzuki parle de 5 kilos en moins sur l'ensemble de la GSX-R1000 —, cette nouvelle architecture a permis de raccourcir la longueur du moteur et de réduire l'empattement tout en allongeant le bras oscillant de 33 mm. Il s'agit d'une autre modification majeure dont les bénéfices au niveau de la réduction de la tendance aux wheelies en pleine accélération,

> **LE CADRE EST FAIT DE 5 PIÈCES COULÉES, LE BRAS OSCILLANT DE 3 ET LE SOUS-CADRE ARRIÈRE D'UN SEUL MORCEAU. QUELLE TECHNOLOGIE!**

de l'augmentation de la rapidité de direction et de l'amélioration du travail de la suspension arrière sont bien documentés. Évidemment, un tout nouveau cadre a dû être construit afin de tirer profit du moteur plus compact. Le châssis de la GSX-R1000 2009 colle littéralement au 4-cylindres. Sa fabrication fait appel aux toutes dernières techniques de coulage qui lui permettent d'être conçu à partir de 5 pièces coulées : la colonne de direction, les côtés gauche et droit et deux ponts joignant ces derniers ensemble. Le bras oscillant est, quant à lui, composé de 3 pièces coulées, tandis que la partie arrière ne nécessite qu'un coulage sans aucune soudure. Il s'agit d'une technologie qui est en train de complètement changer la façon dont les châssis de sportives sont construits.

Les améliorations apportées à la partie cycle ne s'arrêtent pas là. La GSX-R1000 propose même une première (partagée avec la Kawasaki ZX-6R 2009) chez les sportives de production puisqu'elle est équipée d'une fourche Showa de type Big Piston Fork dont l'architecture interne est complètement repensée par rapport à une fourche à cartouche habituelle. On annonce une série d'avantages découlant de l'utilisation d'un tel genre de suspension avant. Parlant de belles pièces, les superbes étriers avant monoblocs taillés dans la masse et les roues allégées ne sont que quelques exemples de plus. Enfin, la ligne progresse dans une direction semblable à celle des GSX-R600/750 lancées l'an dernier, mais elle semble profiter d'un degré d'agressivité encore plus élevé sur la nouvelle 1000.

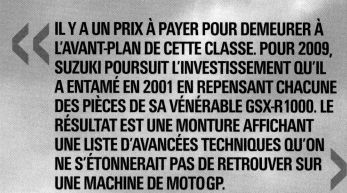

« IL Y A UN PRIX À PAYER POUR DEMEURER À L'AVANT-PLAN DE CETTE CLASSE. POUR 2009, SUZUKI POURSUIT L'INVESTISSEMENT QU'IL A ENTAMÉ EN 2001 EN REPENSANT CHACUNE DES PIÈCES DE SA VÉNÉRABLE GSX-R1000. LE RÉSULTAT EST UNE MONTURE AFFICHANT UNE LISTE D'AVANCÉES TECHNIQUES QU'ON NE S'ÉTONNERAIT PAS DE RETROUVER SUR UNE MACHINE DE MOTO GP. »

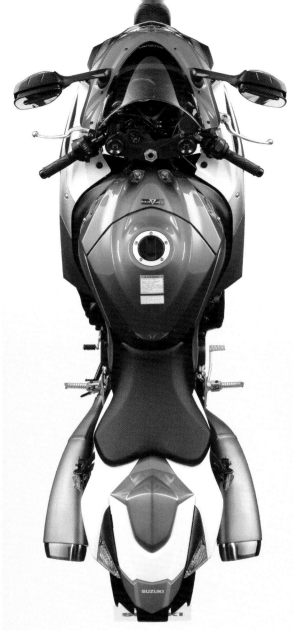

Plus qu'un nouveau carénage

Il y a les révisions de surface et il y a les refontes complètes, comme c'est le cas en 2009 pour la GSX-R 1000. Si l'architecture générale reste la même, tout le reste est nouveau. Un moteur plus court a permis de concevoir un cadre moins long et donc de réduire l'empattement tout en allongeant le bras oscillant. Construire le moteur entier à partir de 2 pièces principales plutôt que 3 a par ailleurs amené une baisse de poids de l'ordre de 5 kilos. Plusieurs modifications internes dont une réduction de la course des pistons permettent d'amener la zone rouge à 14 000 tr/min, ce qui est stupéfiant pour une 1000. Suzuki ne dit pas de combien la puissance et le couple ont grimpé grâce à tous ces efforts, mais ils sont plus élevés dans les deux cas. Le système S-DMS permettant de choisir parmi 3 cartographies d'injection est toujours de la partie. Selon le constructeur, ses caractéristiques auraient été développées d'après les données recueillies en course, lorsque les conditions varient et se prêtent mieux à une puissance gérée différemment.

Général

Catégorie	Sportive
Prix	15 499 $
Immatriculation 2009	1 030 $
Catégorisation SAAQ 2009	« sport »
Évolution récente	introduite en 2001, revue en 2003, 2005, 2007 et 2009
Garantie	1 an/kilométrage illimité
Couleur(s)	bleu et blanc, blanc et argent, bourgogne et noir
Concurrence	Honda CBR1000RR, Kawasaki Ninja ZX-10R, Yamaha YZF-R1

Moteur

Type	4-cylindres en ligne 4-temps, DACT, 4 soupapes par cylindre, refroidissement par liquide
Alimentation	injection à 4 corps de 44 mm
Rapport volumétrique	12,8:1
Cylindrée	999 cc
Alésage et course	74,5 mm x 57,3 mm
Puissance	185 ch @ 12 000 tr/min (2008)
Couple	86 lb-pi @ 10 000 tr/min (2008)
Boîte de vitesses	6 rapports
Transmission finale	par chaîne
Révolution à 100 km/h	n/d
Consommation moyenne	n/d
Autonomie moyenne	n/d

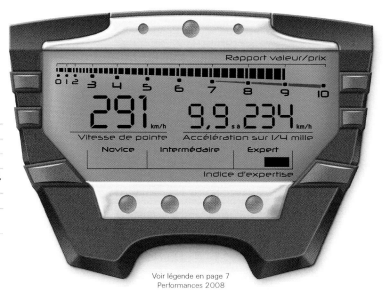

Voir légende en page 7
Performances 2008

Partie cycle

Type de cadre	périmétrique, en aluminium
Suspension avant	fourche inversée de 43 mm ajustable en précharge, compression, et détente
Suspension arrière	monoamortisseur ajustable en précharge, en haute et en basse vitesses de compression, et détente
Freinage avant	2 disques de 310 mm de Ø avec étriers radiaux à 4 pistons
Freinage arrière	1 disque de 220 mm de Ø avec étrier à 1 piston
Pneus avant/arrière	120/70 ZR17 & 190/50 ZR17
Empattement	1 405 mm
Hauteur de selle	810 mm
Poids tous pleins faits	203 kg
Réservoir de carburant	17,5 litres

QUOI DE NEUF EN 2009 ?

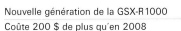

Nouvelle génération de la GSX-R1000

Coûte 200 $ de plus qu'en 2008

PAS MAL

Un travail de révision extrêmement sérieux qui risque non seulement de rendre le comportement encore plus intéressant sur circuit, mais qui compte aussi pour beaucoup dans les décisions d'achat

Un niveau de performances qu'on attend extraordinairement élevé, et ce, tant au chapitre de la mécanique qu'à celui de la tenue de route

Un niveau de technologie extraordinairement avancé pour lequel la logique voudrait qu'on paie plusieurs fois le prix de détail suggéré; ces machines représentent des valeurs exceptionnelles

Une ligne qui progresse d'une manière presque prévisible, mais non moins réussie; il est intéressant de constater comment Suzuki arrive à garder un certain air de famille d'une génération à l'autre tout en continuant de plaire aux amateurs du genre

BOF

Une réalité quotidienne qui rend toutes ces améliorations très difficiles à exploiter régulièrement; même en s'isolant de cette réalité, exploiter le plein potentiel de ces machines n'est pas évident puisque les pistes sont souvent trop courtes et serrées pour les laisser s'exprimer

Un système S-DMS dont les différents réglages serviraient en théorie à adapter la puissance aux différents circuits et aux différentes conditions qu'on y retrouve; dans la pratique, l'utilité du système, qui fonctionne d'ailleurs exactement tel qu'annoncé, est moins évidente

Une paire de silencieux qui risque de créer bien des différences d'opinions; ce n'est pas du tout une première pour Suzuki qui va finir par nous faire croire qu'il place volontairement une pièce « à discussion » sur ses sportives pour générer des débats

Conclusion

Les sportives pures sont à Suzuki ce que les customs sont à Harley-Davidson : une marque de commerce. Ce fait, le constructeur l'a démontré durant de nombreuses années par les efforts qu'il déployait pour garder son modèle fétiche qu'est la GSX-R750 non seulement concurrentiel, mais aussi devant les produits rivaux. Depuis la disparition de la classe de la GSX-R750, celle-ci a pris un rôle symbolique au sein de la gamme Suzuki, cédant sa place de modèle phare à la GSX-R d'un litre. Le fait que Suzuki se définit par ses sportives combiné à celui que la GSX-R1000 est désormais le porte-drapeau du constructeur explique pourquoi tant d'efforts sont consacrés à la faire évoluer aussi rapidement, aussi radicalement. C'est évidemment en piste qu'on verra ce que celle-ci a dans le ventre, mais dire que ça promet n'aurait certainement rien de farfelu.

GSX-R600

SUZUKI
GSX-R600/750

« Fine Tuning »...

À une certaine époque, chaque nouvelle génération de 600 élevait la barre de la catégorie de façon considérable, ce qui forçait évidemment les modèles rivaux à répliquer en amenant cette barre à un niveau encore plus élevé. Il semblerait qu'il s'agisse d'une époque aujourd'hui révolue puisque cette fameuse barre est désormais si haute qu'il est extrêmement difficile de faire beaucoup progresser une monture de cette classe. Les GSX-R600 et GSX-R750 reflètent bien cette réalité puisqu'elles n'ont évolué que marginalement à la suite de leur révision de l'an dernier. Cette situation n'enlève absolument rien à la 600, tandis que la 750 demeure toujours la seule et unique façon de rouler une sportive de cette cylindrée.

On a vu la catégorie des sportives de 600 cc évoluer à un rythme tellement incroyable qu'il semble presque impensable de commencer à parler aujourd'hui de plafonnement. Cela dit, on ne peut que constater un certain ralentissement chez ces véritables magiciennes de la tenue de route. En effet, tant la Yamaha que la Honda n'ont que peu changé depuis leur introduction de 2006 et 2007, tandis que si la Kawasaki est revue cette année, ce n'est pas d'une façon radicale. Les GSX-R600/750 suivent cette tendance puisqu'elles ont seulement évolué légèrement l'an dernier par rapport aux modèles lancés en 2006. Si personne ne sait s'il s'agit d'une accalmie ou plutôt du calme avant la tempête, une chose reste certaine : le calibre extraordinaire des produits actuels rendrait toute plainte au sujet de cette tranquillité relative très difficile à prendre au sérieux.

Les GSX-R600/750 sont d'excellents exemples de cette situation puisqu'en dépit de la quantité relativement mineure d'améliorations qu'elles ont reçues l'an dernier, tant l'une que l'autre demeure une sportive absolument brillante en piste.

Même si toutes les 600 peuvent presque être décrites de la même façon, il reste que chacune d'elles se distingue d'une certaine manière. Dans le cas de la GSX-R, on a affaire à une monture accomplissant tellement bien tous les aspects du pilotage sportif qu'il devient carrément difficile d'en pointer les faiblesses. Comment pourrait-on donc s'en plaindre ?

La GSX-R600 est une machine absolument brillante en piste. D'une précision absolue et d'une légèreté essentiellement insurpassée dans l'univers sportif actuel, elle offre une tenue de route qu'on peine vraiment à critiquer. Les freins sont aussi puissants que progressifs, tandis que l'embrayage à limiteur de contre-couple qui empêche l'arrière de sautiller en approche de courbe aide grandement à raffiner son pilotage. En ce qui concerne la puissance, elle se compare avec celle des autres 600, mais se montre un peu plus remplie que la moyenne en bas et au milieu, ce dont on profite tout particulièrement sur la route où ce sont surtout ces régimes qu'on utilise. Évidemment, le confort est très limité, mais dans l'ensemble, ça reste quand même tolérable pour ce genre de moto.

Même si elle est une jumelle parfaite de la 600 à tous les niveaux autres que celui de la mécanique, la 750 est un tout autre animal. Ses 150 cc additionnels font non seulement disparaître complètement le manque de souplesse commun chez toutes les 600, mais ils transforment la petite GSX-R en une «mini-1000». Comme la puissance est bien plus facile à exploiter que sur une machine d'un litre, la GSX-R750 devient un outil de piste redoutable. Avec presque la puissance d'une 1000 et presque l'agilité d'une 600 —l'inertie supérieure des plus grosses pièces internes la rend un peu plus dure à incliner que la GSX-R600—, la GSX-R750 propose un équilibre sportif qui est non seulement absolument unique sur le marché actuel, mais qui équivaut aussi à une formule très, très efficace sur circuit.

> LA GSX-R750 OFFRE UN ÉQUILIBRE SPORTIF NON SEULEMENT UNIQUE SUR LE MARCHÉ ACTUEL, MAIS AUSSI TRÈS, TRÈS EFFICACE SUR CIRCUIT.

Général

Catégorie	Sportive
Prix	GSX-R600 : 12 399 $ GSX-R750 : 12 999 $
Immatriculation 2009	1 030 $
Catégorisation SAAQ 2009	« sport »
Évolution récente	750 introduite en 1985, revue en 1988, 1992, 1996, 2000, 2004, 2006 et 2008 600 introduite en 1997, revue en 2001, 2004, 2006 et 2008
Garantie	1 an/kilométrage illimité
Couleur(s)	GSX-R600 : bleu et blanc, blanc, orange et noir GSX-R750 : bleu et blanc, noir, blanc et argent
Concurrence	GSX-R600 : Honda CBR600RR, Kawasaki ZX-6R, Triumph Daytona 675, Yamaha YZF-R6 GSX-R750 : aucune

Voir légende en page 7

Moteur

Type	4-cylindres en ligne 4-temps, DACT, 4 soupapes par cylindre, refroidissement par liquide
Alimentation	injection à 4 corps de 40 (42) mm
Rapport volumétrique	12,8:1 (12,5:1)
Cylindrée	599 (749) cc
Alésage et course	67 (70) mm x 42,5 (48.7) mm
Puissance	600 : 124 ch @ 13 000 tr/min 750 : 150 ch @ 12 800 tr/min
Couple	600 : 51,7 lb-pi @ 10 800 tr/min 750 : 65,4 lb-pi @ 10 800 tr/min
Boîte de vitesses	6 rapports
Transmission finale	par chaîne
Révolution à 100 km/h	environ 5 500 (4 600) tr/min
Consommation moyenne	6,4 (6,7) l/100 km
Autonomie moyenne	258 (246) km

Partie cycle

Type de cadre	périmétrique, en aluminium
Suspension avant	fourche inversée de 41 mm ajustable en précharge, (750 : haute et basse vitesses de comp.) compression et détente
Suspension arrière	monoamortisseur ajustable en précharge, haute et basse vitesses de compression, et détente
Freinage avant	2 disques de 310 mm de Ø avec étriers radiaux à 4 pistons
Freinage arrière	1 disque de 220 mm de Ø avec étrier à 1 piston
Pneus avant/arrière	120/70 ZR17 & 180/55 ZR17
Empattement	1 400 mm (1 405 mm)
Hauteur de selle	810 mm
Poids tous pleins faits	600 : 196 kg (à vide : 163 kg) 750 : 198 kg (à vide : 165 kg)
Réservoir de carburant	17 litres

QUOI DE NEUF EN 2009 ?

Aucun changement

GSX-R600 coûte 400 $ de plus qu'en 2008

Aucune augmentation de prix pour la GSX-R750

PAS MAL

Une tenue de route sublime dans le cas de la 600 qui s'avère aussi légère qu'elle est précise; sa mécanique relativement bien remplie à mi-régime est également un avantage dans toutes les situations

Un équilibre absolument unique dans le cas de la 750 qui offre presque l'agilité d'une 600 et presque la puissance d'une 1000

Une ligne que Suzuki fait progresser à petits pas, mais de façon fort habile puisqu'elle continue de plaire à beaucoup d'amateurs

BOF

Un côté pratique presque inexistant, que ce soit en raison de l'inconfort sur des distances le moindrement longues ou de l'accueil symbolique offert au passager

Un système S-DMS modifiant les performances selon la sélection de l'une de trois cartographies d'injection dont la réelle utilité reste floue; le système fonctionne exactement comme Suzuki l'annonce, en réduisant soit un peu, soit beaucoup la puissance maximale produite par les versions 600 et 750; ça pourrait être utile sous la pluie alors que la chaussée est glissante, et ça pourrait aussi s'avérer pratique pour enlever le côté brutal et surprenant des performances pour un pilote moins expérimenté ou moins à l'aise avec le comportement parfois extrême inhérent à ces sportives de hautes performances

Si Suzuki pouvait trouver le moyen de rendre la 750 aussi légère à piloter en piste que la 600, on pourrait avoir affaire à la sportive parfaite

Conclusion

Les GSX-R600 et 750 rendent à la fois notre travail extrêmement excitant et très difficile. Excitant parce que piloter une GSX-R600 sur circuit est l'une des expériences les plus plaisantes qui soient tellement le modèle excelle à tous les niveaux, et aussi parce que la GSX-R750 continue d'offrir ce fabuleux équilibre entre l'agilité d'une 600 et la puissance d'une 1000. Équilibre qui nous fait encore répéter qu'il s'agit d'une formule extraordinaire. Et tout ça ne coûte maintenant que 600 $ de plus que la 600? Ces GSX-R rendent par ailleurs notre travail difficile parce qu'en étant si bien manièrées à tous les niveaux sportifs, on peine carrément à leur trouver des défauts. Nous n'avons pas le choix. Il nous faudra retourner en piste avec elles, pour chercher un peu plus...

GSX-R750

GSX650F

Donnez-nous ce qu'on demande...

Les routières semi-carénées et les standards n'ont jamais obtenu de véritable succès sur notre marché. Il s'agit pourtant d'excellentes motos qui sont même très souvent les modèles les plus vendus en Europe. Mais chez nous au Canada comme aux États-Unis, elles ne nous parlent pas. Pas assez aguichantes, pas assez sexy selon nos goûts, qui sait? Mais la conclusion reste la même. Ce que notre marché demande, ce sont des montures entièrement carénées et d'allure sportive racée. Combien de standards doit-on importer ici, puis retirer du marché pour le comprendre? Basée sur la Bandit 650S, mais habillée d'un carénage rappelant celui d'une GSX-R, la GSX650F répond enfin à cette demande.

Les motocyclistes nord-américains n'ont jamais «dit» aux manufacturiers qu'ils exigeaient d'une sportive qu'elle atteigne la vitesse du son ou qu'elle gagne des courses pour qu'ils l'acceptent. Il y a bien entendu une clientèle pour ce genre de motos, mais il y en a aussi une pour des montures d'allure sportive, mais au comportement accessible et au côté pratique élevé. C'est à cette dernière clientèle qu'on a tenté depuis des années—mais en vain— de faire acheter ce que les Européens adorent: des standards, des «naked», des roadsters, appelez ça comme vous le voulez. La réponse de notre marché a toujours été non, bof ou pas vraiment. Ils y ont mis le temps, mais finalement, les constructeurs commencent à comprendre.

La GSX650F est l'une des motos que Suzuki propose afin de combler ce besoin. Il s'agit d'une certaine manière d'une «fausse sportive» puisque sous cette robe «à la GSX-R» se trouve nulle autre que la Bandit 650S, une excellente petite routière sportive vendue sur notre marché seulement en 2007, l'année de son introduction.

Ainsi, malgré les traits effilés de son carénage sportif, malgré les graphiques faisant allusion au style des GSX-R, malgré une instrumentation «sport», la GSX650F fait partie des routières sportives les plus accessibles et pratiques qu'on puisse trouver. Étonnamment légère de direction, la GSX650F se distingue dès les premiers tours de roues par une très agréable agilité dont est essentiellement responsable une bonne répartition du poids. La selle exceptionnellement basse pour une machine de style

> LA SELLE EST EXCEPTIONNELLEMENT BASSE POUR UNE MACHINE DE STYLE SPORTIF. MÊME UN PILOTE DE GRANDEUR MOYENNE TOUCHE LE SOL

sportif contribue également à mettre le pilote en confiance puisque, pour une rare fois, ce dernier touchera le sol même s'il n'est que de taille moyenne. Comme cette selle est également confortable, comme la position de conduite de type assise est naturelle et équilibrée et comme la protection au vent est très bonne, les longs trajets comme les courtes promenades peuvent être entrepris sans crainte de courbatures.

Les quelque 85 chevaux ne battront aucun record, mais pour se déplacer confortablement dans toutes les situations et même pour s'amuser, surtout si on n'a pas une grande expérience de la conduite d'une deux-roues, c'est absolument parfait comme niveau de performances. L'une des plus belles qualités du 4-cylindres est une souplesse qui surprend franchement compte tenu de la cylindrée. Le moteur accepte sans jamais rouspéter de tourner à 2 000 tr/min sur le sixième rapport en pleine ville, ce qui n'a rien de banal.

En dépit du fait qu'elle ne soit pas construite pour gagner des courses, il reste que la GSX650F se débrouille admirablement bien au chapitre de la tenue de route. Stable en toutes circonstances même en pleine accélération, légère en entrée de courbe et solide une fois inclinée, elle dispose d'une réelle capacité de rouler vite et précisément sur une route sinueuse. À ce sujet, on pourrait d'ailleurs lui reprocher ses réglages de suspensions un peu trop fermes. Compte tenu de la nature du modèle, un peu plus de souplesse à ce niveau serait probablement une direction judicieuse à prendre.

Général

Catégorie	Routière Sportive
Prix	8 799 $
Immatriculation 2009	518 $
Catégorisation SAAQ 2009	« régulière »
Évolution récente	introduite en 2008
Garantie	1 an/kilométrage illimité
Couleur(s)	bleu et blanc, orange et noir
Concurrence	Kawasaki Ninja 650R, Yamaha FZ6R, Yamaha FZ6

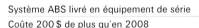

Voir légende en page 7

Moteur

Type	4-cylindres en ligne 4-temps, DACT, 4 soupapes par cylindre, refroidissement par liquide
Alimentation	injection à 4 corps de 36 mm
Rapport volumétrique	11,5:1
Cylindrée	656 cc
Alésage et course	65,5 mm x 48,7 mm
Puissance	85 ch @ 10 500 tr/min
Couple	45,6 lb-pi @ 8 900 tr/min
Boîte de vitesses	6 rapports
Transmission finale	par chaîne
Révolution à 100 km/h	environ 5 200 tr/min
Consommation moyenne	5,4 l/100 km
Autonomie moyenne	351 km

Partie cycle

Type de cadre	double berceau, en acier
Suspension avant	fourche conventionnelle de 41 mm ajustable en précharge
Suspension arrière	monoamortisseur ajustable en précharge et détente
Freinage avant	2 disques de 310 mm de Ø avec étriers à 4 pistons
Freinage arrière	1 disque de 240 mm de Ø avec étrier à 1 piston
Pneus avant/arrière	120/70 ZR17 & 160/60 ZR17
Empattement	1 470 mm
Hauteur de selle	770 mm
Poids tous pleins faits	245 kg
Réservoir de carburant	19 litres

QUOI DE NEUF EN 2009 ?

Système ABS livré en équipement de série

Coûte 200 $ de plus qu'en 2008

PAS MAL

Une ligne sympathique qui réussit très bien à imiter les traits des sportives extrêmes que sont les GSX-R et qui donne donc au modèle la crédibilité nécessaire aux yeux d'une clientèle qui exige un certain sex appeal de la monture qu'elle choisit

Un comportement routier qui n'est pas du tout aussi vif et pointu que celui d'une GSX-R, mais qui reste d'une excellente qualité et qui se montre très accessible

Un très bon niveau de confort amené par une protection au vent correcte, une bonne selle, une position de conduite relevée et dégagée, et une mécanique douce, du moins à bas et moyen régimes

Une très bonne valeur, surtout maintenant que l'ABS est livré de série

BOF

Un niveau de performances que les amateurs de sensations fortes pourraient trouver un peu juste, et ce, même s'ils ne possèdent pas une grande expérience de la moto; tous les autres devraient s'en déclarer satisfaits

Des suspensions qui ne sont absolument pas rudes, mais qui restent calibrées avec une certaine fermeté dans le but de maximiser le potentiel de la tenue de route; si nous avions le choix, compte tenu de la vocation routière du modèle, nous les aurions souhaitées un peu plus souples

Une injection qui travaille bien dans la plupart des situations, mais qui n'est pas tout à fait douce à la remise des gaz; le système donne l'impression d'être une version satisfaisante, mais économique

Conclusion

L'une des raisons principales derrière la popularité des sportives est la ligne racée qu'elles affichent fièrement. Beaucoup de motocyclistes exigent qu'un niveau de performances très élevé accompagne ces lignes. Les choix qui s'offrent à eux ne les décevront certainement pas. D'autres, toutefois, probablement plus sages ou moins téméraires ou moins expérimentés, peu importe, préfèrent néanmoins la polyvalence et le confort à la vitesse pure. La GSX650F leur est destinée. Elle propose un adorable mélange de tempérament sportif et d'accessibilité dans un ensemble qui favorise le côté routier de l'équation bien avant un quelconque aspect extrême de la conduite. Ajoutez l'ABS de série et le bon prix et si les caractéristiques du modèle vous ressemblent, vous ne pouvez littéralement pas vous tromper.

B-KING

Si Albator avait une moto...

L'amateur moyen de véhicules motorisés entretient une relation de type amour-haine avec ces spectaculaires créations qu'on appelle prototypes : il en tombe follement amoureux lorsqu'il les découvre, puis, inévitablement, devient inconsolable en apprenant que jamais il n'aura la chance d'en posséder un. Les prototypes existent dans le but de laisser libre cours à l'imagination des stylistes et pour piquer la nôtre. Mais ils ne sont pas à vendre. La B-King est l'exception à cette règle puisqu'il s'agit d'un des très rares modèles qui sont passés du stade de prototype à celui de machine de production. Construite autour de la mécanique de la Hayabusa, rien de moins, elle est livrée avec l'ABS en 2009.

L'un des aspects les plus extraordinaires de la B-King est sa ligne. Si le constat peut sembler évident compte tenu de l'origine du modèle, le fait est que les exigences de la production à grande échelle sont souvent fatales pour le côté magique des prototypes. Pas dans ce cas puisque la version de production et le prototype sont littéralement identiques. Les photos ne rendent d'ailleurs pas justice à la B-King et ce n'est qu'une fois en sa présence que la démesure de ses proportions et l'exagération de ses traits deviennent concrètes. Le coup de crayon général, la partie arrière dominée par ces silencieux fous et le réservoir d'essence auquel on a greffé des « épaules » se combinent pour donner à l'ensemble un saisissant effet d'animation japonaise. Si Albator avait une moto, elle aurait probablement une mine semblable à celle-là...

Aussi étonnant soit-il, le style de la B-King ne représente qu'une partie de l'intérêt du modèle, son véritable attrait se découvrant plutôt sur la route.

Certaines routières issues d'un prototype se retrouvent handicapées par leur origine en ce sens où que le style a joué une trop grande part dans l'élaboration de la version grand public. La B-King dégage au contraire une pureté de comportement très impressionnante. On doit s'habituer à son poids élevé et concentré haut sur la moto, surtout lors des manœuvres lentes et serrées, mais une fois en mouvement, c'est à du pur bonbon qu'on a droit.

À tort ou à raison, Suzuki tente sans cesse d'injecter son savoir-faire en matière de sportives dans autant de modèles

que possible. Dans le cas de la B-King, l'héritage et l'ADN de sa série GSX-R sont non seulement clairement perceptibles, mais ils sont aussi les grands responsables d'un comportement routier qu'on doit qualifier de superbe. L'arrivée de l'ABS cette année est par ailleurs un ajout très appréciable.

Avec sa mécanique de 1 340 cc —crachant pas moins de 181 chevaux— piratée à la dernière génération de la Hayabusa, sa position de conduite relevée et son absence quasi totale de protection au vent, la B-King semble être une invitation au rodéo routier, mais on découvre plutôt en elle une force de la nature aux manières étonnamment amicales.

Très légère de direction malgré sa masse considérable, précise en courbe, fermement suspendue sans être rude, dotée d'une selle très correcte et proposant une position naturelle à saveur sportive, la B-King se conduit au jour le jour avec une facilité que sa ligne et sa fiche technique ne laisseraient jamais soupçonner. Poussez toutefois les boutons de la bête —ce qui se résume à tordre sans retenue la poignée droite— et elle vous télégraphiera dans un univers où tout sauf une toute petite fenêtre, devant au loin, est flou.

Et nul besoin d'avoir recours à des tours élevés pour se livrer à ce manège puisque la B-King génère une très impressionnante poussée dès les tout premiers régimes. Vraiment très peu de motos, toutes catégories confondues, arrivent à étirer les bras de leur pilote avec une telle vigueur et de façon aussi instantanée.

> **VRAIMENT PEU DE MOTOS ARRIVENT À ÉTIRER LES BRAS DE LEUR PILOTE AVEC UNE TELLE VIGUEUR ET DE FAÇON AUSSI INSTANTANÉE.**

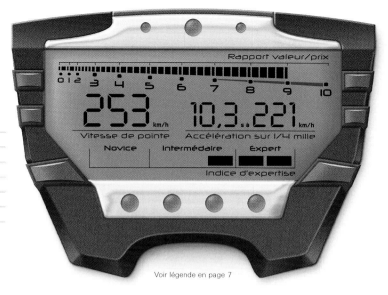

Voir légende en page 7

Général

Catégorie	Standard
Prix	15 699 $
Immatriculation 2009	518 $
Catégorisation SAAQ 2009	« régulière »
Évolution récente	introduite en 2008
Garantie	1 an/kilométrage illimité
Couleur(s)	noir, gris et argent
Concurrence	BMW K1300R, Yamaha V-Max

Moteur

Type	4-cylindres en ligne 4-temps, DACT, 4 soupapes par cylindre, refroidissement par liquide
Alimentation	injection à 4 corps de 44 mm
Rapport volumétrique	12,5:1
Cylindrée	1 340 cc
Alésage et course	81 mm x 65 mm
Puissance	181,5 ch @ 9 500 tr/min
Couple	108 lb-pi @ 7 200 tr/min
Boîte de vitesses	6 rapports
Transmission finale	par chaîne
Révolution à 100 km/h	environ 3 200 tr/min
Consommation moyenne	7,1 l/100 km
Autonomie moyenne	232 km

Partie cycle

Type de cadre	périmétrique, en aluminium
Suspension avant	fourche inversée de 43 mm ajustable en précharge, compression et détente
Suspension arrière	monoamortisseur ajustable en précharge, compression et détente
Freinage avant	2 disques de 310 mm de Ø avec étriers radiaux à 4 pistons et système ABS
Freinage arrière	1 disque de 260 mm de Ø avec étrier à 1 piston et système ABS
Pneus avant/arrière	120/70 ZR17 & 200/55 ZR17
Empattement	1 525 mm
Hauteur de selle	805 mm
Poids tous pleins faits	259 kg (à vide : 239 kg)
Réservoir de carburant	16,5 litres

QUOI DE NEUF EN 2009 ?

Système ABS livré en équipement de série
Coûte 700 $ de plus qu'en 2008

PAS MAL

Une standard absolument exceptionnelle en raison de son look unique, bien entendu, mais aussi de ses performances spectaculaires et de la délicieuse puissance qu'elle génère à bas régime

Un châssis merveilleusement équilibré qui transforme tout tracé sinueux en pure joie; la B-King n'est pas ce qu'on appellerait mince, mais elle sait bouger

Un système de freinage ABS livré en équipement de série, et un prix qui n'a augmenté que relativement peu

Un niveau de confort étonnant venant d'abord d'une excellente position de conduite, mais aussi d'une mécanique douce et d'une selle large et bien rembourrée

BOF

Une ligne aussi inhabituelle qu'osée qui fera le bonheur de ceux qui aiment faire tourner les têtes sur leur passage, mais qui ne fait quand même pas du tout l'unanimité; certains trouvent le style de la B-King génial, d'autres le trouvent tout simplement étrange

Des suspensions calibrées assez fermement; sans qu'elle soit rude sur une route abîmée, la B-King ne peut être qualifiée de confortable à ce chapitre

Une transmission qui, sur notre modèle d'essai, n'avait pas la fluidité habituelle des boîtes Suzuki et qui se montre quelque peu sèche

Conclusion

La décision d'amener un prototype jusqu'à l'étape de la production en est une qui est rarement prise par les constructeurs, pour une panoplie de raisons. Pourtant, la B-King est une preuve irréfutable que si l'exécution est respectueuse du concept original et que si on donne non seulement une jolie ligne, mais aussi du cœur au produit final, on ne peut pratiquement pas se tromper. Il s'agit d'une standard comme nous n'en avons jamais vu. À la fois majestueusement puissante et civilisée, à la fois extravagante et sophistiquée, elle est plus qu'une proposition unique. Elle est avant tout et par-dessus tout une excellente moto et un choix que nous recommandons chaudement à quiconque « connecte » avec le style.

Bandit 1250 ABS

SUZUKI

BANDIT 1250S

Cubage à bas prix...

Voilà déjà une bonne quinzaine d'années que la grosse Bandit de Suzuki offre une occasion pratiquement unique aux motocyclistes dont les moyens sont limités. En l'assemblant à partir de pièces efficaces, mais économiques, le constructeur a réussi à créer une monture à la fois plaisante, polyvalente et surtout abordable. La version actuelle, qui est imprégnée du même esprit de simplicité et de fonctionnalité que le modèle original, représente toujours l'une des meilleures valeurs du marché. La version SE est une initiative de Suzuki Canada. Il s'agit d'une Bandit 1250S à laquelle ont été greffés plusieurs accessoires, notamment des valises et un bas de carénage. Seule la version avec ABS est offerte chez nous.

La grosse Bandit a toujours été présentée de la même façon par Suzuki et n'a jamais cessé de faire la même promesse, celle d'offrir un niveau de fonctionnalité aussi élevé et une mécanique aussi grosse que possible pour un prix aussi bas que possible. Longtemps l'une des motos les plus vendues en Europe, elle a dernièrement reçu une importante série de modifications qui tombaient d'ailleurs à point vu la vieillesse de plus en plus évidente du concept. Alors que la ligne et la partie cycle furent revues en 2006, c'est en 2007 que la plus importante évolution de l'histoire du modèle fut annoncée. Finalement, la Bandit abandonnait sa vénérable mais rustique mécanique refroidie par huile et la remplaçait par un tout nouveau 4-cylindres injecté dont la cylindrée passait de 1200 à 1250. La vocation du modèle, elle, restait intacte.

La Bandit 1250S renvoie une impression de finesse jamais ressentie sur l'ancienne version. Cette sensation ne vient pas de la partie cycle, qui reste très similaire, mais plutôt du nouveau moteur. Beaucoup plus doux que l'ancien 4-cylindres sans toutefois être soyeux, il est clairement calibré pour produire autant de couple que possible dès les premiers tours. Sa puissance maximale relativement modeste et ses montées en régimes absolument linéaires n'en font pas la plus excitante mécanique qui soit, mais à l'exception des inconditionnels de hautes performances, la plupart des motocyclistes devraient se déclarer satisfaits des accélérations, surtout s'ils apprécient le couple à bas régime et la souplesse.

> **LA BANDIT 1250S RENVOIE UNE IMPRESSION DE FINESSE JAMAIS RESSENTIE AUX COMMANDES DE L'ANCIENNE 1200S.**

La Bandit 1250S s'élance avec grâce et force à partir d'un arrêt. L'avant reste sagement au sol et la stabilité n'attire aucun reproche. Si une chose est claire à propos de cette mécanique, c'est qu'elle a été conçue dès le départ pour la réalité de la route, et non adaptée pour la route après avoir été conçue pour une hypersportive.

Le gros 4-cylindres s'éveille dès le ralenti et offre une poussée musclée et plaisante à partir de régimes aussi bas que 2 000 tr/min. On peut même faire descendre les tours jusqu'à 1 500 tr/min en sixième, puis ouvrir les gaz en grand sans jamais que la Bandit rouspète. L'injection se montre impeccable dans toutes les situations, sauf à une exception près. Elle est en effet abrupte à l'ouverture des gaz, ce qui provoque une conduite saccadée. Compte tenu du degré de sophistication qu'ont atteint les systèmes d'injection aujourd'hui, on comprend mal la présence d'un tel défaut. Serait-il dû à l'utilisation d'une injection «économique»? Au moins, embrayage et transmission fonctionnent sans le moindre accroc. D'ailleurs, la sixième vitesse présente sur cette version — et que la Bandit 1200S n'a jamais eue — est vraiment appréciée parce qu'elle abaisse les tours sur l'autoroute.

Comme le modèle qui l'a précédée, la Bandit 1250S est une moto étonnamment agile, mais pas nerveuse qui se débrouille de manière très honorable sur une route sinueuse. Elle offre un niveau de confort suffisamment bon pour être envisagée pour de longs trajets, et ce, bien que sa selle soit bonne, mais pas exceptionnelle et bien que ses suspensions soient plus fermes qu'elles n'ont besoin de l'être.

Général

Catégorie	Routière Sportive
Prix	10 899 $ (SE : 12 399 $)
Immatriculation 2009	518 $
Catégorisation SAAQ 2009	« régulière »
Évolution récente	introduite en 1996, revue en 2001, 2006 et 2007
Garantie	1 an/kilométrage illimité
Couleur(s)	bleu, noir
Concurrence	Honda CBF 1000, Yamaha FZ 1

Moteur

Type	4-cylindres en ligne 4-temps, DACT, 4 soupapes par cylindre, refroidissement par liquide
Alimentation	injection à 4 corps de 36 mm
Rapport volumétrique	10,5:1
Cylindrée	1 255 cc
Alésage et course	79 mm x 64 mm
Puissance	98 ch @ 7 500 tr/min
Couple	79,6 lb-pi @ 3 700 tr/min
Boîte de vitesses	6 rapports
Transmission finale	par chaîne
Révolution à 100 km/h	environ 3 300 tr/min
Consommation moyenne	6,1 l/100 km
Autonomie moyenne	311 km

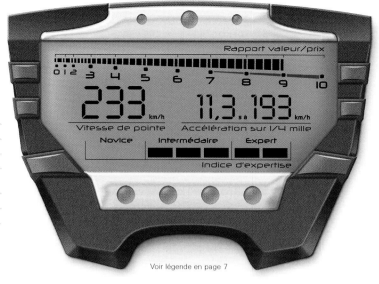

Voir légende en page 7

Partie cycle

Type de cadre	double berceau, en acier
Suspension avant	fourche conventionnelle de 43 mm ajustable en précharge
Suspension arrière	monoamortisseur ajustable en précharge et détente
Freinage avant	2 disques de 310 mm de Ø avec étriers à 4 pistons et système ABS
Freinage arrière	1 disque de 240 mm de Ø avec étrier à 1 piston et système ABS
Pneus avant/arrière	120/70 ZR17 & 180/55 ZR17
Empattement	1 480 mm
Hauteur de selle	790/810 mm
Poids tous pleins faits	254 kg (à vide : 229 kg)
Réservoir de carburant	19 litres

QUOI DE NEUF EN 2009 ?

Aucun changement

Version standard coûte 100 $ et version SE 400 $ de plus qu'en 2008

PAS MAL

Une excellente valeur, et ce, plus que jamais depuis la récente révision du modèle puisque la grosse Bandit est depuis beaucoup plus moderne avec sa mécanique refroidie par liquide et son système ABS

Un 4-cylindres conçu avec une seule et unique mission, celle de produire beaucoup de couple, tôt en régime, ce qu'il fait très bien

Une partie cycle dont l'accessibilité étonne toujours; malgré sa forte cylindrée, la Bandit 1250S peut être envisagée sans problème par des motocyclistes dont le niveau d'expérience est très varié, ce qui inclut les nouveaux arrivants au sport

BOF

Une selle qui se montre très confortable lors de déplacements de courte et moyenne durée, mais qui n'est pas exceptionnelle lorsque la longueur des trajets augmente beaucoup

Une injection qui se comporte parfaitement dans toutes les situations, mais qui se montre abrupte lors de l'ouverture des gaz

Des suspensions qui se sont raffermies lors de la dernière révision et qui sont maintenant plus fermes qu'elles n'ont besoin de l'être sur une moto de ce genre

Conclusion

Suzuki est depuis longtemps reconnu comme le roi de la bonne affaire. Si d'autres constructeurs ont récemment commencé à proposer des montures à la fois intéressantes et économiques, le fait est que la firme d'Hamamatsu possède une bonne longueur d'avance dans le domaine. La Bandit 1250S représente probablement le meilleur exemple de ce talent puisqu'elle demeure inégalée en termes de valeur dans ce créneau. On pourrait argumenter que la Honda CBF 1000, le modèle qui s'en rapproche le plus, offre un degré de raffinement supérieur, mais la facture qui l'accompagne est également plus élevée. Une moto de cette cylindrée, bien maniérée, bien finie et même équipée de l'ABS en série à moins de 11 000 $ n'existe tout simplement pas ailleurs.

Bandit 1250 SE ABS

SV650S ABS

SV650 & GLADIUS

NOUVEAUTÉ 2009

Deuxième rôle...

La SV650S a un peu pris le monde du motocyclisme par surprise lorsqu'elle fut introduite en 1999, il y déjà 10 ans. Alors que des sportives propulsées par un V-Twin comme la TL1000S et la VTR1000F venaient d'arriver sur le marché, l'idée d'une machine semblable, mais propulsée par un plus petit moteur semblait décidément étrange. Du moins, jusqu'à ce qu'on la roule et qu'on constate à quel point sa combinaison de légèreté, d'agilité et de caractère pouvait être plaisante. Aujourd'hui, la SV650 est presque une icône, un classique moderne. Donc, pas étonnant que Suzuki l'ait choisie comme base pour créer sa nouvelle Gladius avec laquelle il tente de séduire une nouvelle génération de motocyclistes.

Le positionnement de la SV650 est l'un des plus difficiles du marché puisqu'il implique qu'une clientèle aux attentes assez large doit être comblée. Car même si elle est souvent perçue comme une sportive dirigée vers des pilotes de calibre novice, la réalité est que la SV650 est beaucoup plus qu'une simple moto de débutant, comme le serait par exemple une GS500.

Il s'agit avant tout d'une sportive très compétente dont le comportement n'est peut-être pas aussi fin que celui d'une 600 plus pointue comme une GSX-R600, mais qui a tout de même la capacité d'effectuer des tours de piste à un rythme très élevé. De nombreuses séries sont même organisées autour de la SV, un fait qui illustre très bien son potentiel sportif.

La formule offerte par la sympathique petite Suzuki est extrêmement rare puisqu'avant que Kawasaki introduise sa Ninja 650R il y a quelques années, la proposition faite par la SV était pratiquement exclusive au modèle. Du moins si on fait exception de la Hyosung GT650R qui offre un concept semblable, quoi que loin d'être aussi raffiné.

Le cœur de la SV650 et l'un de ses plus grands attraits est le bijou de petit V-Twin qui l'anime de façon étonnamment excitante compte tenu de sa puissance relativement modeste. Il s'agit d'une mécanique qui surprend autant par sa bonne volonté à bas régime que par sa fougue lorsqu'il file vers la zone rouge. L'agréable sonorité qui se dégage des échappements est également digne de mention.

> LE CŒUR DE LA SV ET L'UN DE SES PLUS GRANDS ATTRAITS EST LE PETIT BIJOU DE V-TWIN QUI L'ANIME. IL EST À LA FOIS SOUPLE ET FOUGUEUX.

La SV possède la très rare qualité d'arriver à divertir son pilote sans le placer dans une fâcheuse position ou lui faire enfreindre — trop — la loi. Une belle route sinueuse constitue l'une des situations où elle brille le plus en devenant une fantastique pourvoyeuse d'émotions fortes, bien servie par son moteur souple et vivant, mais aussi par une partie cycle excellente.

Extrêmement facile à inscrire en courbe, la SV est un délice absolu dans un tel environnement où elle se montre à la fois très précise, solide et accessible. Contrairement aux modèles plus spécialisés qui sont parfois intimidants à pousser, la SV650S est extraordinairement facile à exploiter en pilotage sportif et possède une tenue de route assez relevée pour facilement rester dans la roue d'une sportive pure tant sur la route que sur la piste. Le freinage est tout à fait satisfaisant tandis que le fait de pouvoir profiter de l'ABS en équipement de série est génial. S'il fallait formuler une critique à l'encontre de la SV650, celle-ci concernerait son confort, du moins dans le cas de la version S. Ni la selle, ni les suspensions, ni les vibrations de la mécanique ne sont en cause, mais sa position de conduite sportive transfère par contre trop de poids sur les poignets sans que ce soit justifié. Par ailleurs, si la version sans carénage possède un guidon tubulaire relevé qui détend la position de pilotage, celle-ci devient dans ce cas si ramassée que les pilotes de grande taille se sentent un peu coincés. En revanche, les pilotes plus courts ou moins costauds s'y sentent très à l'aise justement grâce à cette combinaison de compacité et de légèreté.

<< **LA NOUVELLE GLADIUS EST NI PLUS NI MOINS QU'UNE ÉDITION «DESIGNER» DE LA SV650. LE SOUHAIT DU CONSTRUCTEUR EST QUE SA LIGNE PLUS ARTISTIQUE QU'AGRESSIVE ATTIRERA L'ATTENTION D'UNE CLIENTÈLE NOUVELLE. ON PARLE DES FEMMES, QUI COMMENCENT DÉCIDÉMENT À ÊTRE DANS LA MIRE DES MANUFACTURIERS, AINSI QUE DES JEUNES ET DES HOMMES «BRANCHÉS».** >>

La SV d'une nouvelle génération

Un très grand nombre de non-motocyclistes affirment ressentir une certaine terreur à la vue d'une moto de classe sportive, et ce, peu importe qu'il s'agisse d'une «inoffensive» SV650 ou d'une féroce GSX-R1000. Le carénage complet, la partie avant toujours plus agressive, la position de conduite extrême et la hauteur de selle importante sont toutes des caractéristiques qui nourrissent les craintes de cette clientèle potentielle. Suzuki croit que les traits à la fois plus retenus, moins agressifs et plus «fashion» de la Gladius pourraient réduire ce sentiment de peur que les modèles sportifs semblent habituellement générer chez ces gens qui pourraient représenter nouvelle génération de motocyclistes. Notons que Suzuki est loin d'être le seul constructeur qui cherche à gagner l'attention d'un public nouveau et complètement différent de celui auquel il s'adresse d'habitude. Tout d'un coup, on semble s'être aperçu que la « vieille » clientèle ne sera pas toujours là et qu'il serait peut-être temps de préparer la relève. On parle des femmes qui sont soudainement beaucoup plus présentes dans le matériel promotionnel des manufacturiers, ainsi que des jeunes et des hommes «branchés», ce que vous pouvez interpréter comme bon vous semble.

D'un point de vue technique, la Gladius est très proche de la SV650 bien que plusieurs différences les distinguent. Le V-Twin de 645 cc est très semblable, mais Suzuki affirme lui avoir fait subir un certain nombre de modifications internes qui augmenteraient sa livrée de couple à bas et moyen régimes sans affecter sa puissance à haut régime. Le joli cadre en treillis d'acier tubulaire est évidemment nouveau, mais les proportions de la Gladius et sa masse sont pratiquement identiques à celle d'une SV non carénée. Afin de faciliter la mise en confiance de la clientèle visée, la largeur de la moto au niveau de la partie avant de la selle a été amincie autant que possible tandis que la hauteur du siège est légèrement réduite par rapport celle de la SV. Pour éviter de coincer les pilotes de grande taille, Suzuki offre une selle plus haute en option. Malheureusement, la Gladius n'est pas offerte avec un système ABS chez nous, ce qui aurait pourtant clairement été un avantage pour la clientèle plus jeune et peu ou pas expérimentée visée par le modèle. Cette version existant sur d'autres marchés, nous ne serions pas étonnés de la voir éventuellement arriver chez nous.

Général

Catégorie	Sportive (SV650/Gladius : Standard)
Prix	SV650S ABS : 8 899 $ SV650 ABS : 8 599 $ Gladius : 8 899 $
Immatriculation 2009	518 $
Catégorisation SAAQ 2009	« régulière »
Évolution récente	SV650 introduite en 1999, revue en 2003; Gladius introduite en 2009
Garantie	1 an/kilométrage illimité
Couleur(s)	SV650 : gris, noir Gladius : bleu et blan, rouge et blanc
Concurrence	Ducati Monster 696, Hyosung GT650, Kawasaki Ninja 650R

Moteur

Type	bicylindre 4-temps en V à 90 degrés, DACT, 4 soupapes par cylindre, refroidissement par liquide
Alimentation	injection à 2 corps de 39 mm
Rapport volumétrique	11,5:1
Cylindrée	645 cc
Alésage et course	81 mm x 62,6 mm
Puissance	74 ch @ 9 000 tr/min
Couple	45 lb-pi @ 7 400 tr/min
Boîte de vitesses	6 rapports
Transmission finale	par chaîne
Révolution à 100 km/h	environ 4 700 tr/min
Consommation moyenne	6,0 l / 100 km
Autonomie moyenne	283 km

Rapport valeur/prix

204 km/h Vitesse de pointe

12.0.173 km/h Accélération sur 1/4 mille

Novice | Intermédaire | Expert

Indice d'expertise

Voir légende en page 7

Partie cycle

Type de cadre	treillis périmétrique, en aluminium
Suspension avant	fourche conventionnelle de 41 mm ajustable en précharge
Suspension arrière	monoamortisseur ajustable en précharge
Freinage avant	2 disques de 290 mm de Ø avec étriers à 2 pistons avec système ABS
Freinage arrière	1 disque de 220 mm de Ø avec étrier à 1 piston avec système ABS
Pneus avant/arrière	120/60 ZR17 & 160/60 ZR17
Empattement	1 430 mm
Hauteur de selle	800 mm
Poids tous pleins faits	SV650S : 203 kg (à vide : 169 kg) SV650 : 199 kg (à vide : 165 kg)
Réservoir de carburant	17 litres

QUOI DE NEUF EN 2009 ?

Introduction du modèle Gladius basé sur la SV650

Versions S et standard de la SV650 coûtent 100 $ de plus qu'en 2008

PAS MAL

Un petit V-Twin charmant au caractère débordant dont la puissance est assez élevée pour permettre à un large éventail de pilotes de s'amuser sans pour autant — trop — enfreindre la loi

Une tenue de route sportive facile à exploiter; la petite SV est l'outil idéal pour s'initier à la conduite sur piste, ou encore simplement au pilotage d'une moto de type sportif

Une ligne très intéressante pour la Gladius qui troque le style haute performance de la SV en faveur d'une apparence haute couture et qui prend une attitude beaucoup plus amicale

Une excellente valeur puisque le prix est très intéressant et que le produit s'avère exceptionnel, surtout maintenant que l'ABS est livré en équipement de série, du moins sur les SV

BOF

Un niveau de performances qui pourrait être plus excitant, du moins pour les pilotes expérimentés et exigeants qui rêvent d'une SV aussi légère et agile, mais de 750 ou 800 cc

Une position de conduite trop radicale qui taxe les poignets au-delà du raisonnable puisqu'il ne s'agit pas d'une sportive extrême (650S)

Une version non carénée dont le guidon plus haut et plus reculé rend la position considérablement plus compacte, ce qu'un pilote de grande taille pourrait trouver inconfortable

Une nouvelle variante, la Gladius, qui s'adresse à une nouvelle génération de motocyclistes, mais qui n'est pas équipée de l'ABS; une telle version existe pourtant sur d'autres marchés et semblerait bien plus appropriée pour la clientèle visée

Conclusion

La SV650 est probablement l'une des meilleures motos de l'histoire du motocyclisme. Assez fougueuse et précise pour divertir un pilote relativement expérimenté, assez accessible pour servir de monture d'initiation et assez abordable pour permettre aux bourses les plus serrées de l'envisager, elle est en plus animée par l'un des plus attachants moteurs qui soient. Toutes ces qualités expliquent d'ailleurs parfaitement pourquoi Suzuki a choisi s'inspirer de la SV pour élaborer un nouveau modèle dont le but est avant tout d'afficher une attitude invitante : la Gladius. Il reste à voir si la génération des amateurs de iPod, de fringues à la mode et de messages texte mordra à l'hameçon. Mais si elle le fait, elle aura au moins la chance d'accéder à la moto de la bonne façon.

Couleur non offerte au Canada

V-Strom 1000 SE

SUZUKI
V-STROM 1000

L'aventurière du peuple...

Rendons à César ce qui lui appartient de plein droit. BMW eut une idée révolutionnaire en créant une routière aux capacités tellement variées en termes de conditions et de terrains qu'on la qualifierait d'aventurière. C'est de cette idée que sont d'ailleurs nées non seulement la V-Strom, mais aussi le nombre sans cesse grandissant de ce genre de monture sur le marché. Construite autour d'une mécanique en V dérivée de celle des regrettées TL et dotée d'un cadre qui ne se sentirait aucunement égaré sur une sportive, la V-Strom représente en plus la meilleure valeur du créneau en raison de son bas prix. Pour 2009, Suzuki ajoute à la gamme une intéressante version SE accessoirisée avec un trio de valises rigides.

Même s'il y a des décennies que BMW a inventé la catégorie des routières aventurières avec sa GS, ce n'est que tout récemment que les autres constructeurs, comme la moyenne des motocyclistes d'ailleurs, se sont mis à s'intéresser à ce genre de motos. Le résultat est une catégorie dont les produits sont assez variés pour que de sérieuses différences de nature existent. Au sein de celle-ci, la V-Strom d'un litre se distingue surtout par le comportement accessible et le caractère charmeur de son V-Twin.

L'un des principaux attraits du modèle est sa capacité à rendre tout trajet à ses commandes plaisant, et ce, qu'il s'agisse d'une courte course ou d'une longue balade.

La V-Strom a la faculté de mettre son pilote immédiatement à l'aise lorsqu'il y prend place. Seule la selle haute constitue une ombre au tableau à ce sujet. En revanche, la position de conduite se montre particulièrement équilibrée. Le large guidon tubulaire tombe naturellement sous les mains tandis que son effet de levier important permet d'incliner la V-Strom avec une facilité déconcertante. La qualité de la tenue de route est de calibre sportif et le châssis renvoie une impression surprenante de rigueur et de précision pour une moto de ce genre. La V-Strom 1000 se laisse d'ailleurs facilement convaincre de jouer les sportives sur une route sinueuse.

L'une des plus belles qualités du modèle est l'impressionnante capacité d'absorption des suspensions à long débattement. En plus d'être en bonne partie responsables du très bon

> LA V-STROM 1000 PEUT FACILEMENT SE MONTRER PLUS RAPIDE QU'UNE SPORTIVE SUR UNE ROUTE SINUEUSE DONT L'ÉTAT EST MAUVAIS.

niveau de confort, ces suspensions permettent d'élever le rythme du pilotage jusqu'à un degré très surprenant. En fait, parce que la V-Strom laisse le pilote se concentrer sur la route plutôt que sur l'état dans lequel elle se trouve, le modèle peut même facilement se montrer plus rapide qu'une sportive pointue sur un tracé en lacet dont le revêtement est abîmé.

L'autre grand attrait du modèle est le très plaisant V-Twin qui l'anime. Générant près d'une centaine de chevaux, bien injecté et marié à une boîte à 6 rapports douce et précise, il gronde et tremble d'une façon non seulement typique des V-Twin, mais aussi très agréable.

Si son niveau de performances absolu ne s'avère pas époustouflant, le couple qu'il produit est par contre abondant à tous les régimes. Ses reprises franches et ses accélérations assez intenses pour soulever l'avant en pleine accélération sont amplement suffisantes pour distraire un motocycliste expérimenté. Parmi les rares reproches qu'on peut formuler à l'égard de la V-Strom 1000 se trouve un certain jeu dans le rouage d'entraînement qui, combiné avec le couple élevé et le frein moteur important du V-Twin, peut provoquer une conduite saccadée à basse vitesse sur les rapports inférieurs. Par ailleurs, même si elle est très à l'aise sur des sorties de longues distances, la V-Strom mériterait une selle mieux dessinée et plus confortable. La situation du pare-brise est semblable puisque s'il offre une bonne protection du torse et qu'il possède deux ajustements en hauteur, il génère en revanche une turbulence constante et gênante au niveau du casque.

Général

Catégorie	Routière Aventurière
Prix	11 499 $ (SE : 12 499 $)
Immatriculation 2009	518 $
Catégorisation SAAQ 2009	« régulière »
Évolution récente	introduite en 2002
Garantie	1 an/kilométrage illimité
Couleur(s)	noir, violet
Concurrence	Buell Ulysses XB12X, Honda Varadero, Ducati Multistrada, Triumph Tiger

Moteur

Type	bicylindre 4-temps en V à 90 degrés, DACT, 4 soupapes par cylindre, refroidissement par liquide
Alimentation	injection à 2 corps de 45 mm
Rapport volumétrique	11,3:1
Cylindrée	996 cc
Alésage et course	98 mm x 66 mm
Puissance	98 ch @ 8 200 tr/min
Couple	65 lb-pi @ 7 000 tr/min
Boîte de vitesses	6 rapports
Transmission finale	par chaîne
Révolution à 100 km/h	environ 3 700 tr/min
Consommation moyenne	7,0 l/100 km
Autonomie moyenne	314 km

Rapport valeur/prix

203 km/h — Vitesse de pointe
12.0.177 km/h — Accélération sur 1/4 mille
Novice / Intermédaire / Expert
Indice d'expertise

Voir légende en page 7

Partie cycle

Type de cadre	périmétrique, en aluminium
Suspension avant	fourche conventionnelle de 43 mm ajustable en détente
Suspension arrière	monoamortisseur ajustable en précharge et détente
Freinage avant	2 disques de 310 mm de Ø avec étriers à 2 pistons
Freinage arrière	1 disque de 260 mm de Ø avec étrier à 1 piston
Pneus avant/arrière	110/80 R19 & 150/70 R17
Empattement	1 535 mm
Hauteur de selle	840 mm
Poids tous pleins faits	238 kg (à vide : 208 kg) SE : 252 kg (à vide : 222 kg)
Réservoir de carburant	22 litres

QUOI DE NEUF EN 2009 ?

Introduction d'une version SE équipée par Suzuki Canada d'un trio de valises rigides et offerte moyennant un supplément de 1 000 $

V-Strom 1000 de base coûte 500 $ de moins qu'en 2008

PAS MAL

Un V-Twin d'un litre performant et très plaisant, car aussi souple et fougueux que doté d'un caractère absolument charmant

Une tenue de route étonnamment solide et précise, mais aussi très facilement exploitable; la V-Strom ne se fait pas prier pour jouer les sportives de manière très convaincante sur une route sinueuse, et se montre même particulièrement efficace si la chaussée est abîmée

Un niveau de confort élevé pour le pilote et le passager qui découle d'une position de conduite équilibrée et de suspensions dont la souplesse arrive à aplanir les pires routes

Une version SE qui a le potentiel de transformer l'excellente routière qu'est la V-Strom 1000 en machine à voyager, et de le faire pour un supplément fort raisonnable

BOF

Une hauteur de selle trop importante pour une moto dont le rôle n'est pas d'explorer les sentiers, mais plutôt de circuler sur la route

Un pare-brise qui se règle sur deux positions, mais qui crée une turbulence gênante au niveau du casque quel que soit l'ajustement

Une selle perfectible qui nuit légèrement aux aptitudes de la V-Strom pour les voyages au long cours

Un système ABS qui tarde toujours à faire son apparition sur la V-Strom 1000 bien qu'il soit désormais offert de série sur la version 650 du modèle, sans parler de sa présence sur plusieurs autres Suzuki

Conclusion

Positionnée entre une BMW R1200GS plus orientée vers l'exploration hors route, du moins en théorie, et des modèles comme la Triumph Tiger ou la Ducati Multistrada dont la vocation est beaucoup plus sportive, la V-Strom 1000 se veut un genre presque unique d'aventurière. Très efficace sur tout genre de routes tant pavées que non, beaucoup plus abordable que ses rivales et assez confortable pour permettre d'envisager de longs trajets sans crainte de souffrir, elle se montre en plus aussi facile que plaisante à vivre au quotidien. Ajoutez à cette liste de qualités déjà très impressionnante des capacités sportives étonnantes ainsi qu'un niveau de praticité plus élevé que jamais dans le cas de la nouvelle version SE, et vous avez l'essentiel des raisons pour lesquelles la grosse V-Strom est l'une de nos montures favorites depuis sa toute première apparition sur le marché.

V-Strom 1000

V-Strom 650 SE ABS

SUZUKI
V-STROM 650

Un bijou...

À force d'en vouloir toujours plus, les motocyclistes ont fini par en avoir plus. Plus de puissance, plus de cubage, plus d'équipements, plus d'ajustements. Un vrai rêve. Puis, au milieu de cette mer d'excès, débarque un modèle d'une simplicité tellement plaisante qu'il nous force ni plus ni moins qu'à remettre en question tout ces « plus ». Ce modèle, c'est la V-Strom 650, petite sœur de la 1000 du même nom. À la fois économique et sophistiquée, à la fois simple et gratifiante, elle est beaucoup plus qu'une « autre » moto. Il s'agit d'un des très rares modèles du monde motocycliste qui soit plus grand que sa catégorie ou sa cylindrée. Une version SE équipée de trois valises rigides est offerte en 2009.

Avec sa cylindrée tout à fait commune, voire faible, sa ligne qui ne dit pas grand-chose et ses suspensions au débattement anormalement grand par rapport au châssis d'apparence sportive, la V-Strom 650 a toutes les raisons d'être rapidement écartée des choix d'un motocycliste n'en ayant jamais fait l'essai. Surtout si, comme c'est souvent le cas, ses connaissances en matière routières aventurières sont limitées. À la défense de Suzuki, il serait très difficile et peut-être même impossible de souligner les qualités fondamentales et l'identité réelle de la V-Strom 650 avec un traitement visuel différent. On comprend d'un coup d'œil qu'une sportive est rapide et qu'une moto de tourisme est confortable, mais une V-Strom, ça sert à quoi ? Évidemment, les pneus double-usage et les suspensions hautes nourrissent l'idée d'une moto capable d'affronter des routes non pavées, mais la réalité est qu'il y a beaucoup, beaucoup plus à la V-Strom 650.

La mission première du modèle consiste à remplir une multitude de rôles, et de le faire à bon compte. Pour y parvenir, Suzuki a combiné le V-Twin injecté de 645 cc de la sportive SV650S à la partie cycle de la V-Strom 1000. Le résultat est une monture au comportement absolument charmant qui, grâce à son faible poids et au caractère docile de sa mécanique, se montre extrêmement facile d'accès, et ce, sans égard au degré d'expérience du pilote.

En dépit d'une puissance limitée découlant de sa cylindrée moyenne, le petit V-Twin se montre étonnamment coupleux

> SON IMAGE NOURRIT L'IDÉE D'UNE MOTO CAPABLE D'AFFRONTER DES ROUTES NON PAVÉES, MAIS IL Y A BEAUCOUP PLUS À LA V-STROM 650.

à bas régime et propose une aisance d'utilisation hors du commun. Une injection qui fonctionne parfaitement à l'exception d'un léger à-coup à l'ouverture des gaz ainsi qu'une excellente transmission et un embrayage doux confèrent à la petite mécanique une très agréable finesse. Il s'agit d'un V-Twin extrêmement attachant en raison du caractère unique qu'il dégage. Ses vibrations très bien contrôlées rendent possible l'utilisation fréquente des hauts régimes.

Compte tenu de la très raisonnable facture accompagnant le modèle, on s'étonne franchement de retrouver un comportement routier d'une qualité aussi élevée. L'aisance et la précision avec lesquelles la V-Strom 650 dévore une route tortueuse sont stupéfiantes. La combinaison de suspensions judicieusement calibrées, d'un châssis solide et d'une direction légère, neutre et précise est la grande responsable de cette qualité qui permet au modèle de maintenir un rythme carrément sportif sur un tracé sinueux. Sur une route en lacets au revêtement irrégulier, un bon pilote aux commandes de la V-Strom 650 pourrait même ridiculiser une sportive récente.

Avec une position de conduite relevée, une bonne selle autant pour le pilote que pour le passager, une protection au vent honnête et des suspensions qui semblent comme par magie embellir les routes les plus abîmées, la V-Strom se prête sans problème au jeu des longues distances. Une selle un peu plus confortable pour ce genre de long trajet et un pare-brise ne causant pas de turbulences à la hauteur du casque seraient nos seules demandes à ce sujet.

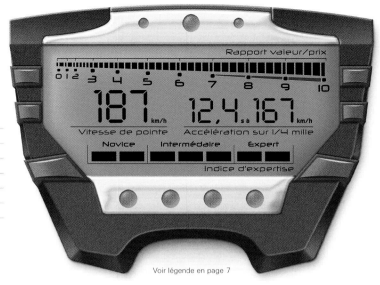

Voir légende en page 7

Général

Catégorie	Routière Aventurière
Prix	8 999 $ (SE : 9 999 $)
Immatriculation 2009	518 $
Catégorisation SAAQ 2009	« régulière »
Évolution récente	introduite en 2004
Garantie	1 an/kilométrage illimité
Couleur(s)	gris, noir, orange
Concurrence	BMW F650GS

Moteur

Type	bicylindre 4-temps en V à 90 degrés, DACT, 4 soupapes par cylindre, refroidissement par liquide
Alimentation	injection à 2 corps de 39 mm
Rapport volumétrique	11,5:1
Cylindrée	645 cc
Alésage et course	81 mm x 62,6 mm
Puissance (SV650S)	67 ch @ 8 800 tr/min
Couple (SV650S)	44,3 lb-pi @ 6 400 tr/min
Boîte de vitesses	6 rapports
Transmission finale	par chaîne
Révolution à 100 km/h	environ 4 600 tr/min
Consommation moyenne	5,8 l/100 km
Autonomie moyenne	380 km

Partie cycle

Type de cadre	treillis périmétrique, en aluminium
Suspension avant	fourche conventionnelle de 43 mm ajustable en précharge
Suspension arrière	monoamortisseur ajustable en précharge et détente
Freinage avant	2 disques de 310 mm de Ø avec étriers à 2 pistons et système ABS
Freinage arrière	1 disque de 260 mm de Ø avec étrier à 1 piston et système ABS
Pneus avant/arrière	110/80 R19 & 150/70 R17
Empattement	1 540 mm
Hauteur de selle	820 mm
Poids tous pleins faits	220 kg (à vide : 189 kg) SE : 236 kg (à vide : 205 kg)
Réservoir de carburant	22 litres

QUOI DE NEUF EN 2009 ?

Introduction d'une version SE équipée par Suzuki Canada d'un trio de valises rigides et offerte moyennant un supplément de 1 000 $

Aucune augmentation

PAS MAL

Un V-Twin absolument charmant qui compense sa puissance limitée par un caractère étonnamment fort et qui constitue l'une des plus attrayantes caractéristiques de la petite V-Strom

Une tenue de route impressionnante, surtout sur chaussée dégradée; les suspensions gomment les irrégularités sur leur passage et permettent un rythme qui surprend

Un niveau de confort appréciable, une position relevée très agréable et d'excellentes suspensions

Une version SE très intéressante puisqu'elle augmente le côté pratique du modèle de façon considérable moyennant un déboursé raisonnable

Un système ABS efficace livré de série qui ne fait qu'augmenter la valeur déjà exceptionnelle du modèle

BOF

Une bonne selle, mais qui n'est pas du genre à demeurer confortable durant plusieurs centaines de kilomètres sans pauses

Une hauteur de selle légèrement réduite par rapport à celle de la 1000, mais qui reste trop élevée pour la plupart des motocyclistes

Un pare-brise qui génère toujours une turbulence gênante au niveau du casque, et ce, malgré le fait qu'il est réglable en deux positions

Conclusion

Nous serons honnêtes. Nous avons un parti pris pour cette petite version de la V-Strom. Mais ça n'a rien à voir avec un quelconque soudoiement de la part de Suzuki ! Nous nous sommes plutôt attachés au modèle dès le premier essai et malgré le passage des années et des nouveautés, notre affection est demeurée intacte. Qu'une petite moto « à rabais » roule si bien, soit si confortable et procure un tel plaisir de conduite au jour le jour dans une variété situations aussi large nous a tout bonnement impressionnés au plus haut point. Plus qu'assez, même, pour lui pardonner ses petits défauts, le pire étant ce damné pare-brise et ses turbulences. Ajoutez le fait qu'il s'agit d'une monture équipée de l'ABS de série et qu'on peut maintenant la commander en version SE beaucoup plus pratique, et vous avez la plupart des raisons pour lesquelles nous nous sommes tant épris du modèle.

V-Strom 650 ABS

Boulevard M109R

SUZUKI

BOULEVARD M109R

GSX-R édition Boulevard ...

Disons les choses comme elles sont. Suzuki et les customs... disons qu'on ne parle pas du même genre d'intérêt que lorsqu'il s'agit de sportives pures et de vitesses à rendre nerveuse une Formule 1. Le créneau relativement jeune des mégacustoms a toutefois donné la chance au constructeur de joindre l'utile à l'agréable en le laissant s'échapper du moule très serré qu'est celui des modèles traditionnels pour créer une machine à son image. Si le résultat, la M109R, ne possède pas la plus grosse cylindrée de la classe, celle-ci est en revanche l'une des plus remarquables et des plus audacieuses montures du genre, surtout visuellement, ainsi que l'une des plus brutales en termes de puissance.

Le concept de la mégacustom est relativement récent puisqu'il tire son origine de la Honda VTX1800 de 2002. Il est aussi plutôt varié, puisque chaque constructeur s'étant engagé dans ce créneau l'a fait d'une façon qui lui est propre. Triumph et Kawasaki, par exemple, ont tout de suite visé la cylindrée la plus grosse possible, tandis que Yamaha a préféré miser sur l'élégance et l'équilibre. Avec sa cylindrée volontairement limitée à 1 800 cc et son inhabituelle silhouette carénée de manière presque sportive, la M109R fut une surprise totale, surtout compte tenu du manque d'intérêt bien documenté dont avait fait preuve Suzuki envers le genre custom jusque-là.

Ce n'est qu'une fois devant la M109R que ses proportions deviennent claires. Longue, basse et très massive, la moto est immense et renvoie immédiatement une impression de largeur extrême dont sont surtout responsables le réservoir surdimensionné et toute la partie arrière construite autour de l'un de ces fameux très gros pneus de 240 mm.

Les grosses proportions de certaines motos semblent disparaître une fois qu'on y prend place, mais ce n'est pas le cas de la M109R dont le côté massif reste bel et bien présent lorsqu'on s'installe à ses commandes. Ce qui n'a d'ailleurs rien de désagréable et qui, au contraire, est un plus pour les amateurs de machines costaudes.

Si la M109R ne semble pas tellement lourde à l'arrêt en raison de son centre de gravité bas, sa position de conduite très typée, elle, pourrait intimider les pilotes aux jambes courtes

> **SI LA LIGNE EST D'ABORD RESPONSABLE DE L'INTÉRÊT QUE GÉNÈRE LA M109R, UNE FOIS EN ROUTE, LE GROS V-TWIN PREND TOUTE LA PLACE.**

puisqu'il faut étendre les pieds assez loin pour rejoindre les repose-pieds. L'emplacement également avancé du guidon bas et relativement étroit crée une posture en C décidément très accentuée. Le niveau de confort n'est, malgré cela, pas mauvais du tout, en partie grâce à la selle large et bien rembourrée et en partie grâce à la surprenante protection apportée par l'avant de la moto. Celle-ci permet même de maintenir de façon très tolérable des vitesses d'autoroute qui seraient vraiment inconfortables sur une custom classique, ce qui est un gros avantage. La suspension avant n'attire aucune critique, mais l'amortisseur arrière est sec sur tout ce qui est plus que moyennement abîmé.

Bien qu'il soit très possible que la ligne de la M109R génère avant tout autre point un intérêt envers le modèle, une fois en route, toute l'attention se détourne vers le petit —gros serait plus approprié — bijou de V-Twin qui anime l'engin. Ce moteur, qu'on entend carrément renifler et souffler au ralenti, génère non seulement l'une des accélérations les plus puissantes de l'univers custom, mais aussi l'une des plus particulières puisqu'il continue d'étirer les bras du pilote jusqu'aux tout derniers régimes. L'intense tremblement et la profonde sonorité qui s'en échappent à tous les régimes ajoutent également beaucoup à l'agrément de conduite.

Quant au comportement routier, il est caractérisé par une stabilité de tous les instants, par un bon freinage et par une direction qui demande un effort légèrement supérieur à la moyenne en amorce et en milieu de virage à cause du large pneu arrière.

Général

Catégorie	Custom
Prix	M109R : 15 599 $ M109R Limited : 16 099 $ M109R2 : 15 599 $
Immatriculation 2009	518 $
Catégorisation SAAQ 2009	« régulière »
Évolution récente	introduite en 2006
Couleur(s)	M109R : noir, argent, bourgogne M109R Limited : blanc et bleu M109R2 : noir
Concurrence	Harley-Davidson Night Rod Special, Victory Hammer, Yamaha Road Star Warrior

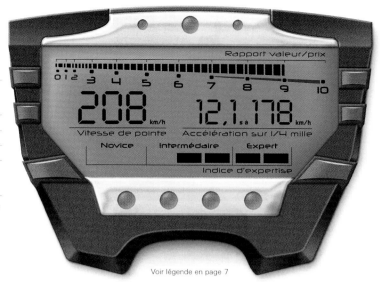

Voir légende en page 7

Moteur

Type	bicylindre 4-temps en V à 54 degrés, DACT, 4 soupapes par cylindre, refroidissement par liquide
Alimentation	injection à 2 corps de 56 mm
Rapport volumétrique	10,5:1
Cylindrée	1 783 cc
Alésage et course	112 mm x 90,5 mm
Puissance	127 ch @ 6 200 tr/min
Couple	118,6 lb-pi @ 3 200 tr/min
Boîte de vitesses	5 rapports
Transmission finale	par arbre
Révolution à 100 km/h	environ 2 900 tr/min
Consommation moyenne	7,8 l/100 km
Autonomie moyenne	250 km

Partie cycle

Type de cadre	double berceau, en acier
Suspension avant	fourche inversée de 46 mm non ajustable
Suspension arrière	monoamortisseur ajustable en précharge
Freinage avant	2 disques de 310 mm de Ø avec étriers radiaux à 4 pistons
Freinage arrière	1 disque de 275 mm de Ø avec étrier à 2 pistons
Pneus avant/arrière	130/70 R18 & 240/40 R18
Empattement	1 710 mm
Hauteur de selle	705 mm
Poids tous pleins faits	347 kg (à vide : 319 kg)
Réservoir de carburant	19,5 litres

QUOI DE NEUF EN 2009 ?

Aucun changement

Coûtent 200 $ de plus qu'en 2008

PAS MAL

Un moteur dont la manière de renifler et de souffler au ralenti est presque bestiale et dont le niveau de performances est vraiment impressionnant

Une partie cycle qui encaisse sans broncher toute la fougue du gros V-Twin et dont le large pneu arrière ne sabote pas trop les bonnes manières dont elle fait preuve dans la plupart des situations

Un prix qui reste raisonnable, contrairement aux factures qui accompagnent d'autres « super customs »

Une ligne qui, même si elle ne fait pas l'unanimité, représente l'un des plus audacieux design customs du moment

BOF

Une injection qui se montre abrupte à la réouverture des gaz et un frein moteur inhabituellement fort qui se combinent pour rendre la conduite saccadée sur les rapports inférieurs, à basse vitesse

Un rouage d'entraînement dont on perçoit le sifflement presque chaque instant en selle et qui compte parmi les raisons pour lesquelles nous disons qu'il ne s'agit pas de la grosse custom la plus raffinée qui soit

Une suspension arrière qui digère mal les routes très abîmées et dont la capacité d'absorption semble se limiter aux revêtements peu endommagés

Conclusion

L'appellation « custom de performances » a tellement été utilisée à tort et à travers qu'elle en est arrivée à ne plus vouloir dire grand-chose. La M109R est un des très rares modèles qui donnent tout son sens à cette appellation. Non seulement affiche-t-elle un style clairement influencé par les lignes fuyantes d'une sportive, mais elle est aussi propulsée par un V-Twin qui crache carrément le feu. À la fois coupleux et puissant, il constitue le cœur du modèle et représente décidément l'une des raisons principales pour lesquelles on devrait s'intéresser à une telle monture. La force de Suzuki se situe du côté des sportives pures que sont les GSX-R, tandis que les customs ont traditionnellement traîné la patte chez le constructeur. Sans qu'elle soit parfaite, cette M109R représente une exception à la règle aussi agréable que réussie.

Boulevard M109R2

Boulevard C109R

SUZUKI
BOULEVARD C109R

De bonnes intentions...

Construire une custom et réussir une custom sont deux choses bien différentes. Même Harley-Davidson, le père du genre et le maître incontesté du « pout-pout » bien cadencé, ne fait pas que de bons coups. D'un autre côté, bien qu'ils y aient mis le temps, les manufacturiers japonais lancent aujourd'hui des machines très impressionnantes de façon régulière. L'excellente M109R laissait d'ailleurs prévoir le meilleur pour la C109R lancée l'an dernier. Mais en dépit de son élégante ligne, en dépit de son moteur aussi gros que technologiquement poussé et en dépit des pièces incroyablement massives qui la composent, la C109R n'est pas réussie. Deux versions de tourisme léger du modèle sont aussi offertes.

Sur papier, la C109R devrait être un succès. Elle est propulsée par la plus grosse mécanique de moto jamais produite par Suzuki, un V-Twin fougueux, vivant et très caractériel sur la M109R. Sa ligne, bien que prévisible, reprend tous les détails populaires et affiche toutes les courbes à la mode. Le modèle offre même un système de freinage combiné, une rareté sur une custom. Le problème est que l'ensemble n'est tout simplement pas à la hauteur des composantes individuelles.

Par exemple, alors que les impressionnantes dimensions du châssis, des suspensions et des roues devraient se traduire par une sensation de solidité et de stabilité sur la route, on sent plutôt la C109R vague et floue dès qu'un virage doit être négocié. Le coupable est le gros pneu arrière qui résiste aux inclinaisons et avec lequel moto et pilote semblent constamment avoir à se battre. On pourrait, à la limite, tolérer un tel comportement sur une monture de style extrême comme un chopper, mais la C109R est, au contraire, une custom classique, une machine de balade qui est même offerte en deux versions de tourisme léger. Un immense pneu arrière était-il vraiment nécessaire sur un tel modèle?

Puis, il y a le moteur qu'on annonce un peu moins puissant, mais supposément plus coupleux que la petite bombe qui anime la M109R. En réalité, il peine à pousser de manière autoritaire le poids énorme de la C109R et semble même, étrangement, moins coupleux à bas régime que la version originale. Inexplicable.

> UN IMMENSE PNEU ARRIÈRE DE 240 MM ÉTAIT-IL VRAIMENT NÉCESSAIRE SUR UN MODÈLE AXÉ SUR LA BALADE ET LE TOURISME?

Quant aux freins, si le système combiné fonctionne adéquatement, il augmente en revanche l'effort au levier de manière démesurée lors d'un arrêt d'urgence.

Cela dit, la C109R n'est pas exempte de qualités puisqu'elle bénéficie quand même d'une partie cycle solidement construite et d'un style classique réussi. Elle offre une position de conduite dégagée typique de ce genre de moto et propose un niveau de confort décent sur un long trajet. Et bien qu'elle soit très lourde à l'arrêt, elle camoufle plutôt bien son embonpoint une fois en mouvement. Elle est aussi mue par une mécanique relativement douce à vitesse d'autoroute et dont la sonorité et le caractère sont assez plaisants.

Mais il reste que dans son ensemble, la C109R fait tellement de fautes qu'on pourrait presque croire que l'équipe responsable du modèle fut pressée de la mettre en production. Notre théorie est toutefois différente puisque nous soupçonnons davantage un chargé de projet qui ne comprend pas vraiment les customs et qui a plutôt cherché, à n'en pas douter, avec les meilleures intentions, à créer une machine exceptionnelle. Pour y arriver, il a conclu qu'elle devrait être plus massive que toutes les autres customs du marché et qu'elle devrait être équipée d'un de ces énormes pneus arrière si populaires ces temps-ci. Une version remaniée du V-Twin de la M109R serait un choix parfait de mécanique. L'installation d'un système de freinage combiné compléterait le tout en augmentant la sécurité. Malheureusement, l'exécution n'est pas ce qu'elle aurait dû être.

Général

Catégorie	Custom
Prix	C109R : 16 199 $ C109R T : 17 999 $ C109R SE : 17 799 $
Immatriculation 2009	518 $
Catégorisation SAAQ 2009	« régulière »
Évolution récente	introduite en 2008
Couleur(s)	C109R et SE : noir, bleu C109R T : rouge et noir, argent et blanc
Concurrence	Triumph Rocket III et Rocket III Touring, Yamaha Roadliner et Stratoliner

Moteur

Type	bicylindre 4-temps en V à 54 degrés, DACT, 4 soupapes par cylindre, refroidissement par liquide
Alimentation	injection à 2 corps de 56 mm
Rapport volumétrique	10:1
Cylindrée	1 783 cc
Alésage et course	112 mm x 90,5 mm
Puissance	114 ch @ 5 800 tr/min
Couple	116 lb-pi @ 3 200 tr/min
Boîte de vitesses	5 rapports
Transmission finale	par arbre
Révolution à 100 km/h	n/d
Consommation moyenne	7,6 l/100 km
Autonomie moyenne	250 km

Rapport valeur/prix

197 km/h
Vitesse de pointe

12,6,169 km/h
Accélération sur 1/4 mille

Novice Intermédaire Expert

Indice d'expertise

Voir légende en page 7

Partie cycle

Type de cadre	double berceau, en acier
Suspension avant	fourche conventionnelle de 49 mm non ajustable
Suspension arrière	monoamortisseur ajustable en précharge
Freinage avant	2 disques de 290 mm de Ø avec étriers à 3 pistons
Freinage arrière	1 disque de 275 mm de Ø avec étrier à 2 pistons
Pneus avant/arrière	150/80 R16 & 240/55 R16
Empattement	1 755 mm
Hauteur de selle	705 mm
Poids tous pleins faits	380 kg (à vide : 357 kg) SE,T : 401 kg (à vide : 378 kg)
Réservoir de carburant	19 litres

QUOI DE NEUF EN 2009 ?

Aucun changement

Coûtent 200 $ de plus qu'en 2008

PAS MAL

Une ligne à la fois costaude et classique que la plupart des amateurs du genre trouvent réussie

Une mécanique plutôt douce et plaisante à l'oreille dont le niveau de performances n'est pas aussi grisant que celui de la M109R, mais qui reste suffisant pour satisfaire la moyenne des pilotes

Une liste de composantes toutes plus massives les unes que les autres qui contribuent non seulement à l'aspect musclé du modèle, mais aussi à la stabilité en ligne droite

BOF

Un comportement affecté par la combinaison du gros pneu arrière et de la direction très légère due au large guidon; le résultat est une série de réactions floues et imprécises chaque fois que la moto doit quitter la verticale pour s'incliner; ça reste tout à fait contrôlable, mais ça n'a rien d'agréable

Un moteur qu'on a retravaillé pour qu'il produise plus de couple à bas régime, mais qui, dans les faits, ne donne pas l'impression d'accomplir ce but; cela dit, quiconque ne connaît pas de quoi est capable le V-Twin de la M109R n'aura pas de déception liée à la comparaison

Un système combinant la pédale de frein arrière au frein avant qui fonctionne, mais qui augmente trop la pression au levier

Un pare-brise qui crée d'agaçantes turbulences à la hauteur du casque à vitesses d'autoroute sur les versions de tourisme léger, et ce, pour des pilotes courts ou grands; la C109R est loin d'être la seule custom affligée par ce défaut que les constructeurs devraient sérieusement tenter de régler un de ces jours

Conclusion

Nous croyons que la C109R a été conçue avec beaucoup de bonnes intentions, mais avec une connaissance de l'univers custom trop restreinte. Un gros pneu arrière a sa place dans cet univers, mais pas sur n'importe quel genre de modèle, surtout si ce genre possède un large guidon qui démultiplie les effets indésirables souvent associés à ces pneus, et surtout si ce genre affiche un style classique auquel un tel pneu n'amène rien. Quant à la mécanique, nous comprenons très bien que le but de l'exercice était d'adoucir la livrée de puissance de la fougueuse M109R, mais sans qu'il soit désagréable, le résultat n'est pas à la hauteur de ce but. La C109R n'est pas une mauvaise moto, mais d'embêtants défauts l'empêchent de briller comme une digne version classique de la M109R aurait dû le faire

Boulevard C109R T

Boulevard C90 T

SUZUKI

BOULEVARD C90 & M90

NOUVEAUTÉ 2009

Serait-ce la fin ?

La C90 a très bien servi Suzuki. Très peu changée depuis son arrivée en 1998 et construite autour d'une mécanique qui existait déjà sur la vieille Intruder 1400, elle a très longtemps été le plus gros modèle custom offert par la firme d'Hamamatsu. Si la C90 a donc permis à Suzuki d'avoir une présence dans le créneau des customs poids lourds, le fait est que cette catégorie a beaucoup changé ces dernières années, ce qui rendrait logique le raisonnement voulant qu'une mise à la retraite prochaine du modèle soit possible. Ce raisonnement voudrait aussi que, comme la M109R fut suivie d'une C109R, l'arrivée cette année de la nouvelle et fort intéressante M90 annonce le dévoilement prochain d'une nouvelle C90.

En toute franchise, même s'il y a beaucoup de bon sens derrière le raisonnement voulant que la nouvelle M90 annonce l'introduction éventuelle d'une C90 construite autour de la même plateforme, le fait est qu'on parle d'une compagnie qui traîne encore dans sa gamme des Intruder 800 et 1400 n'ayant pratiquement pas évolué depuis leur arrivée sur le marché il y a presque un quart de siècle. La C90 sous sa forme actuelle pourrait donc être avec nous encore longtemps... Pas que cela soit un problème, du moins tant que le constructeur garde le prix du modèle suffisamment bas pour qu'il reflète son âge et sa valeur réelle. Car malgré tout, la ligne classique de la C90 reste encore tout à fait d'actualité aujourd'hui, du moins selon les goûts des amateurs traditionnels de customs.

Bien que ses 1 500 cc représentent aujourd'hui une cylindrée relativement faible chez les customs poids lourd, grâce à son prix, la C90 peut plutôt être comparée avantageusement à des 1300 par rapport auxquelles elle propose un meilleur niveau de performances. Les intéressés doivent cependant s'attendre à un charisme très ordinaire et à une sonorité quelque peu industrielle de la part du V-Twin. Ce n'est toutefois rien qui rend la moto désagréable, surtout que les bas régimes sont musclés et que les accélérations sont très correctes pour la cylindrée.

Les vibrations ne sont jamais un problème tandis que l'ensemble embrayage/transmission, à l'image du reste, fonctionne adéquatement sans toutefois rien avoir d'exceptionnel.

> **LA C90 PEUT ÊTRE AVANTAGEUSEMENT COMPARÉE AUX MODÈLES DE 1300 CC PUISQU'ELLE OFFRE UN MEILLEUR NIVEAU DE PERFORMANCES.**

La C90 demeure une moto imposante même si sa masse semble s'alléger dès qu'elle commence à rouler. L'impression de machine substantielle qu'elle renvoie est agréable, surtout que la générosité des dimensions se retrouve aussi au niveau des selles qui sont particulièrement larges pour le pilote comme pour le passager. La version canadienne C90 SE et la version d'usine C90 T sont équipées de la même façon, même si les accessoires ne sont pas tout à fait identiques. Il s'agit de versions de tourisme léger qui se montrent plus à l'aise lors de longs trajets sur l'autoroute grâce à la protection accrue apportée par leur gros pare-brise qui a la belle qualité de ne pas trop provoquer de turbulences. Par ailleurs, le confort sur toutes les versions de la C90 est bon puisque la position de conduite est naturelle et généreusement dégagée et que les suspensions accomplissent un travail honnête lorsque la chaussée n'est pas parfaite.

Dans l'ensemble, la tenue de route peut être qualifiée de saine puisqu'elle n'attire pas de critique particulière en conduite normale, du moins à l'exception d'une garde au sol typiquement limitée qu'il faut respecter. Le freinage s'avère par ailleurs correct, tandis que la stabilité est irréprochable dans toutes les circonstances. Grâce au large guidon, l'effort à la direction est faible en entrée de courbe et le comportement reste solide et neutre en virage. Comme la plupart des customs de ce gabarit, la C90 est lourde et demande une attention particulière de la part du pilote durant les manipulations à l'arrêt comme lors des manœuvres lentes et serrées.

LE POSITIONNEMENT DE LA M90 EST TRÈS INTÉRESSANT. IL RESSEMBLE À CELUI D'UNE 1300 PUISQU'IL VISE L'ÉCART ENTRE LES «PETITES» CYLINDRÉES ET LES POIDS LOURDS QUI AFFICHENT AUJOURD'HUI PRESQUE TOUS 1 700 CC. MAIS CONTRAIREMENT AUX 1300, LA NOUVEAUTÉ DE SUZUKI PROPOSE PLUTÔT 1 500 CC, UN STYLE SPORTIF ET DE TRÈS BELLES PIÈCES, LE TOUT POUR UN PRIX ACCROCHEUR. LA VALEUR DU MODÈLE SEMBLE ÉLEVÉE.

Boulevard M90

Plus qu'une C90 déguisée

À cause de leur nom semblable, de leur cylindrée identique et de la valeur d'alésage et de course inchangée de leur V-Twin, on serait facilement porté à croire que la nouvelle M90 est une version rhabillée de la C90 dont le but est de jouer le rôle d'une M109R économique. Bien qu'on ait raison en ce qui concerne le rôle de la nouveauté, on se tromperait par contre complètement pour le reste puisque la M90 représente un nouveau concept en bonne et due forme et non une version déguisée d'un modèle déjà présent.

Bien qu'il existe quelques similitudes techniques entre les V-Twin des C90 et M90, ceux-ci sont fondamentalement différents. Alors que le moteur de la C90 et celui de l'Intruder 1400 lancée durant les années 80 sont de proches parents, la mécanique de la M90 utilise des cylindres ouverts à 54 degrés (plutôt que 45 degrés), un refroidissement par liquide (plutôt que par air et huile) et 4 soupapes par cylindre (plutôt que 3). En fait, le nouveau V-Twin est beaucoup plus près de celui de la M109R. Les valeurs de puissance et de couple annoncées par Suzuki pour la M90 sont d'ailleurs nettement supérieures à celles de la C90.

Le cadre est, lui aussi, fraîchement dessiné. Conçu pour accepter un pneu arrière de 200 mm, il est suspendu à l'avant par une fourche inversée non ajustable et à l'arrière par un monoamortisseur caché de manière à laisser le bras oscillant donner une apparence de châssis rigide.

L'influence de la M109R au niveau de la ligne est évidente et témoigne du succès que Suzuki a obtenu avec ce modèle. Si le mini carénage avant et la partie arrière affichent une ressemblance très prononcée avec les pièces correspondantes de la M109R, on note que le traitement esthétique entourant le radiateur est manquant sur la M90, probablement par souci d'économie. Cela dit, la nouveauté se montre quand même assez généreuse compte tenu de la facture qui l'accompagne, comme en témoignent les massives roues coulées, les freins à triple disque, l'entraînement final par cardan et l'injection d'essence à puissant processeur double papillon, entre autres. Des éléments additionnels comme l'instrumentation stylisée et le massif système d'échappement contribuent aussi à augmenter la valeur du modèle. Sans que nous ayons pu faire l'essai de la nouveauté pour la confirmer, cette valeur semble élevée puisque le montant demandé n'est pas beaucoup plus important que celui exigé pour une custom de 1 300 cc comme la Yamaha V-Star ou la VTX de Honda. Ne serait-ce qu'en raison des avantages que sa mécanique plus grosse et plus puissante devrait amener, la nouvelle M90 semble donc être très judicieusement positionnée pour attirer une clientèle cherchant à la fois une bonne affaire et une bonne quantité de centimètres cubes.

Général

Catégorie	Custom/Tourisme léger
Prix	C90 : 12 599 $ (SE : 14 499 $) C90 T : 14 699 $ M90 : 12 899 $
Immatriculation 2009	518 $
Catégorisation SAAQ 2009	« régulière »
Évolution récente	C90 introduite en 1998, revue en 2005; M90 introduite en 2009
Garantie	1 an/kilométrage illimité
Couleur(s)	C90 et C90 SE : noir, gris T : noir et gris, noir et orange M90 : noir, rouge, bleu
Concurrence	Harley-Davidson Sportster XR1200, Honda VTX1300, Yamaha V-Star 1300

Moteur

Type	bicylindre 4-temps en V à 45 (M90 : 54) degrés, SACT, 3 (M90 : 4) soupapes par cylindre, refroidissement par air et huile (M90 : refroidissement par liquide)
Alimentation	injection (M90 : 2 corps de 42 mm)
Rapport volumétrique	8,5:1 (M90 : 9,5:1)
Cylindrée	1 462 cc
Alésage et course	96 mm x 101 mm
Puissance	C90 : 67 ch @ 4 800 tr/min M90 : 80 ch @ 4 800 tr/min
Couple	C90 : 84 lb-pi @ 2 300 tr/min M90 : 90,4 lb-pi @ 2 700 tr/min
Boîte de vitesses	5 rapports
Transmission finale	par arbre
Révolution à 100 km/h	environ 2 700 tr/min (C90)
Consommation moyenne	6,6 l/100 km (C90)
Autonomie moyenne	227 km (C90)

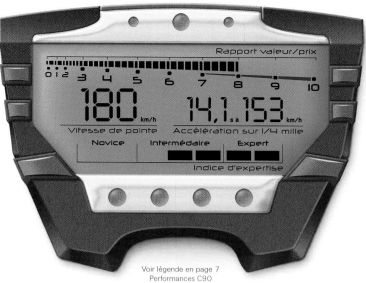

Voir légende en page 7
Performances C90

Partie cycle

Type de cadre	double berceau, en acier
Suspension avant	fourche conventionnelle de 41 mm non ajustable (M90 : inversée de 43 mm)
Suspension arrière	monoamortisseur ajustable en précharge
Freinage avant	2 disques de 300 mm (M90 : 290 mm) de Ø avec étriers à 2 pistons
Freinage arrière	1 disque de 275 mm de Ø avec étrier à 4 pistons (M90 : 2 pistons)
Pneus avant/arrière	C90 : 150/80-16 & 180/70-15 M90 : 120/70 ZR18 & 200/50 ZR17
Empattement	1 700 mm (M90 : 1 690 mm)
Hauteur de selle	700 mm (M90 : 716 mm)
Poids tous pleins faits	C90 : 320 kg (SE, T : 339 kg) M90 : 328 kg
Réservoir de carburant	14 litres (M90 : 18 litres)

QUOI DE NEUF EN 2009?

Nouveau modèle introduit, la M90

C90 coûtent toutes 100 $ de plus qu'en 2008

PAS MAL

Un bon pare-brise pour les versions SE et T puisqu'il a la rare qualité de ne pas trop générer de turbulences; il s'agit probablement d'un accident, mais cela n'enlève rien à cette agréable qualité

Un bon niveau de confort rendu par des selles généreuses, des suspensions correctes et une position dégagée

Un comportement routier qui reste solide et sain même s'il n'a pas de qualités exceptionnelles

Un nouveau modèle, la M90, qui semble représenter une très bonne valeur et proposer un ensemble fort intéressant

BOF

Un poids élevé qui demande du muscle pour bouger la moto à l'arrêt et une attention particulière lors de manœuvres lentes et serrées

Des sacoches en cuir dont l'accès n'est pas toujours aisé et dont la position avancée gène les pieds du passager

Un V-Twin qui joue son rôle de façon un peu fade et qui manque un peu de caractère; on est loin de la cadence profonde et finement ajustée de certaines concurrentes; peut-être ce trait sera-t-il corrigé sur la toute nouvelle mécanique qui anime la M90 ?

Conclusion

La C90, dans l'une ou l'autre de ses variantes, a depuis quelques années pris le rôle de la custom qui fait le bonheur des amateurs du genre désirant une grosse cylindrée à bon prix sans pour autant s'attendre à quoi que ce soit d'autre qu'une machine fonctionnelle et honnête. Tant que ces attentes sont bien claires, elle peut constituer une intéressante alternative aux plus petites 1300. Un commentaire identique pourrait être fait à l'égard de la toute nouvelle M90 puisque le supplément qu'elle commande par rapport à ces 1300 est étonnamment raisonnable. En fait, nous ne serions pas du tout surpris de la voir obtenir un franc succès. Car tant qu'elle ne nous réserve pas le même genre de surprises que la C109R et que son comportement est davantage calqué sur celui de la M109R, ce qui semblerait être le cas sur papier, on parlerait bel et bien d'une bonne affaire.

Boulevard C90

Boulevard C50 Édition Spéciale (modèle américain)

Boulevard C50

SUZUKI
BOULEVARD C50

Choix multiples...

Pour attirer les nombreux amateurs de customs chez eux, les constructeurs sont prêts à aller très loin. Dernièrement, certains se sont même risqués à proposer de nouvelles cylindrées. L'approche de Suzuki est différente. Dans le cas de la très populaire classe de cylindrée moyenne, la firme a plutôt choisi d'offrir plusieurs variantes de la même moto. Introduite en 2001 sous le nom de Volusia 800, la C50 est proposée en pas moins de quatre versions en 2009 : une custom standard et ni un ni deux, mais bien trois modèles de tourisme léger. La SE est accessoirisée par Suzuki Canada, tandis que la T est équipée en usine. Enfin, une SE construite à partir d'une édition spéciale provenant du marché américain est ajoutée en 2009.

Même si elles ne comptent généralement pas parmi les modèles les plus désirables du genre en raison de leur cylindrée limitée, les customs de cylindrée moyenne représentent certaines des meilleures valeurs du marché et se vendent en très grand nombre. Elles constituent un défi de taille pour leur constructeur puisque les acheteurs insistent pour retrouver toutes les caractéristiques des convoités modèles de plus grosse cylindrée, mais à une fraction du prix. Le modèle le plus généreux verra ses ventes grimper tandis que celui qui résiste à la tendance sera délaissé. La C50 se débrouille assez bien dans cet environnement en offrant pratiquement tous les critères recherchés des consommateurs avertis. Une alimentation par injection, une ligne à jour et réussie, des proportions généreuses, une finition soignée et un entraînement final propre par arbre sont autant de critères qui sont aujourd'hui exigés par les acheteurs de montures de cette classe. La C50 se montre par contre avare au niveau du frein arrière qui est toujours du type à tambour. Par ailleurs, sa cylindrée de 800 cc, qui a longtemps été la norme de la classe, commence maintenant à être surpassée par d'autres modèles. Suzuki cédera-t-il à la pression ? La situation des versions de tourisme léger de la C50 est unique au modèle puisqu'il y en a maintenant trois. En plus de la SE assemblée par Suzuki Canada avec des accessoires du catalogue et de la T équipée de façon identique, mais provenant de l'usine, une SE à roues coulées plutôt qu'à rayons fait son apparition en 2009.

> **LONGTEMPS LA NORME DE LA CLASSE, LA CYLINDRÉE DE 800 CC DE LA C50 EST MAINTENANT DÉPASSÉE PAR DES 900 ET 950. SUZUKI SUIVRA-T-IL ?**

La C50 se présente comme le choix moyen dans sa catégorie en se situant entre les 900/950 de Kawasaki et Yamaha et la 750 de Honda, et ce, tant au niveau du prix qu'à celui de la performance.

Le V-Twin de 805 cc qui anime la C50 fait correctement son travail sans toutefois montrer beaucoup de caractère. Il est doux, tremble et gronde gentiment, et procure des accélérations et des reprises satisfaisantes.

L'injection fonctionne sans accroc tandis que les performances, sans s'avérer excitantes, peuvent être qualifiées d'honnêtes et de tout à fait suffisantes lorsque l'esprit reste à la balade. Un effort léger au levier d'embrayage et une transmission plutôt douce et précise sont d'autres points qui rendent la C50 amicale durant la besogne quotidienne. En raison du poids modéré, de la selle basse et de la position de conduite naturelle et décontractée, la prise en main se montre très aisée, même pour un pilote peu expérimenté. Les manœuvres lentes et serrées souvent délicates sur les customs de plus grosse cylindrée s'accomplissent ici sans complication, tandis qu'une fois en mouvement, la C50 se montre facile à mettre en angle tout en demeurant neutre et saine le long des virages. Les plateformes finissent par frotter, mais pas trop prématurément pour la classe. Si la stabilité reste généralement bonne quand la vitesse grimpe, la sensation de mollesse du levier et la puissance limitée du frein avant sont responsables d'un freinage qui n'est que moyen. De meilleures composantes et un frein à disque à l'arrière seraient ainsi des améliorations bienvenues.

Général

Catégorie	Custom/Tourisme léger
Prix	C50 : 8 699 $ (SE : 9 899 $) C50 T : 9 999 $ (Ltd : 9 999 $)
Immatriculation 2009	518 $
Catégorisation SAAQ 2009	« régulière »
Évolution récente	introduite en 2001
Garantie	1 an/kilométrage illimité
Couleur(s)	C50 et C50 SE : noir, rouge T : noir et gris, bleu et blanc Ltd : vert et blanc, gris et argent
Concurrence	Harley-Davidson Sportster 883, Honda Shadow 750, Kawasaki Vulcan 900, Yamaha V-Star 950

Moteur

Type	bicylindre 4-temps en V à 45 degrés, SACT, 4 soupapes par cylindre, refroidissement par liquide
Alimentation	injection à 2 corps de 34 mm
Rapport volumétrique	9,4:1
Cylindrée	805 cc
Alésage et course	83 mm x 74,4 mm
Puissance	51 ch @ 6 000 tr/min
Couple	51 lb-pi @ 3 500 tr/min
Boîte de vitesses	5 rapports
Transmission finale	par arbre
Révolution à 100 km/h	environ 3 800 tr/min
Consommation moyenne	5,2 l/100 km
Autonomie moyenne	298 km

Voir légende en page 7

Partie cycle

Type de cadre	double berceau, en acier
Suspension avant	fourche conventionnelle de 41 mm non ajustable
Suspension arrière	monoamortisseur ajustable en précharge
Freinage avant	1 disque de 300 mm de Ø avec étrier à 2 pistons
Freinage arrière	tambour mécanique de 180 mm de Ø
Pneus avant/arrière	130/90 H16 & 170/80 H15
Empattement	1 655 mm
Hauteur de selle	700 mm
Poids tous pleins faits	277 kg (SE/Ltd/T : 295 kg)
Réservoir de carburant	15,5 litres

QUOI DE NEUF EN 2009 ?

Garde-boue avant et arrière redessinés

Feu arrière redessiné et maintenant de type DEL

Culasse à deux bougies par cylindre plutôt qu'une

Instrumentation revue

Selle du pilote revue

C50 et C50SE coûtent 100 $ de plus qu'en 2008, aucune augmentation pour la C50T

PAS MAL

De bonnes customs de cylindrée moyenne affichant une finition soignée et une ligne classique

Une tenue de route relativement solide et équilibrée et un comportement général facile d'accès

Un V-Twin qui fonctionne en douceur et dont les performances sont dans la moyenne pour la catégorie

BOF

Un moteur qui n'est pas très caractériel sans toutefois que cela en fasse une mécanique désagréable; par ailleurs, bien qu'il soit plus puissant que le V-Twin des Shadow 750, il n'est pas aussi intéressant que les moteurs des Yamaha V-Star 950 et Kawasaki Vulcan 900

Une suspension arrière qui ne digère pas toujours avec élégance les routes abîmées

Un freinage qui n'impressionne pas, surtout à cause du frein avant peu puissant et spongieux

Conclusion

La clientèle envisageant une custom de cette classe est à la fois exigeante et très gâtée par les constructeurs. Certains ont même récemment commencé à augmenter les cylindrées, ce qui n'a rien de banal. Dans cet environnement, la C50 propose un comportement et des performances honnêtes pour un prix correct. Les quelques améliorations faites par Suzuki cette année sont bienvenues même si elles ne transforment pas le modèle dont la ligne est classique, la finition soignée, la mécanique amicale et le comportement accessible. Les trois versions de tourisme léger offrent une série d'équipements qui coûteraient plus cher à acheter et à faire installer séparément. Aucune n'est supérieure à l'autre et on peut donc simplement choisir celle qu'on préfère visuellement.

Boulevard C50 T

 SUZUKI
BOULEVARD M50

T-shirt serré...

Malgré le fait qu'elles partagent une plateforme presque identique, le message qu'envoie la ligne des cousines que sont les Boulevard C50 et M50 est très différent. Alors que les rondeurs et le style classique de la première font allusion à la typique custom de balade, les traits fuyants et musclés de la M50 laissent plutôt entrevoir une machine dont le thème est axé sur la performance, surtout si on s'attarde à des détails comme les roues sport coulées et la fourche inversée. Mais il ne s'agit que d'un thème puisque le V-Twin de 800 cc qui anime les deux modèles est exactement le même. Celui-ci est d'ailleurs légèrement modifié cette année puisqu'il a désormais deux bougies par cylindre plutôt qu'une.

La M50 a cela en commun avec ses grandes sœurs les M90 et M109R qu'elle affiche une ligne la détachant de manière claire du reste de sa classe grâce à un thème musclé qui n'a rien de prévisible ou de commun. Le but du modèle est d'attirer l'attention d'une certaine catégorie d'amateurs de customs intéressés à s'éloigner du style rond et classique très commun chez ces dernières. La tactique n'est d'ailleurs pas unique à Suzuki. La Hyosung Aquila 650, la Harley-Davidson Night Train, la Honda Shadow Spirit 750 —ainsi que la nouvelle Fury— et la Kawasaki Vulcan 900 Custom sont autant de modèles qui, à leur façon, tentent aussi de proposer une alternative à ce style classique.

Si la M50 s'éloigne des sentiers battus du point de vue de son apparence, elle s'avère en revanche bien plus conservatrice en termes de partie cycle et de mécanique. La réalité est que la M50 n'est pas beaucoup plus qu'une C50 déguisée. Le moteur qui les anime, une version moderne du bon vieux V-Twin de 805 cc avec lequel Suzuki propulse ses customs de moyenne cylindrée depuis des lustres, est identique. Il s'agit d'une mécanique raisonnablement performante compte tenu de sa cylindrée, ce qui revient à dire que ses accélérations sont satisfaisantes et surtout caractérisées par une bonne livrée de couple à partir des régimes bas, mais surtout moyens. Bien qu'il soit audible, le grondement du V-Twin reste plutôt timide, si bien qu'on n'a pas affaire au plus communicatif des moteurs du genre.

À la défense de Suzuki, ce commentaire s'applique à la plupart des modèles de la catégorie en raison de leur cylindrée limitée. L'important est toutefois de retenir que malgré l'apparence musclée de la M50, on doit s'attendre à des performances identiques à celles d'une C50. Comme il s'agit d'un moteur dont les vibrations sont toujours bien contrôlées et dont les tours restent relativement bas sur l'autoroute, la M50 se révèle être une compagne plutôt agréable en mode balade.

Une suspension arrière sèche sur mauvais revêtement, une selle correcte, mais dont le confort n'est pas sans limites et une exposition complète au vent sont les seules sources d'inconfort lorsque les kilomètres s'accumulent.

Malgré sa ligne agressive, la M50 propose une position de conduite classique rappelant celle de la C50. Les repose-pieds sont juste assez avancés et le guidon juste assez reculé pour permettre au pilote de garder le dos droit et d'avoir les jambes confortablement dégagées.

Comme la plupart de customs de conception moderne, la M50 est construite autour d'un châssis solide dont l'une des caractéristiques prépondérantes est la facilité de prise en main. En raison d'un centre de gravité bas et d'un poids raisonnable, la M50 se manie avec assez d'aisance à l'arrêt ou dans les situations serrées, tandis que son comportement s'allège dès qu'on se met à rouler. On la sent stable dans toutes les circonstances, légère à lancer en courbe et solide en pleine inclinaison. Le frein arrière à tambour travaille décemment, mais un disque double à l'avant permettrait de donner au freinage un peu plus de mordant.

> **LE STYLE DIFFÉRENT DE LA M50 A POUR BUT D'ATTIRER L'ATTENTION D'UNE CLIENTÈLE BLASÉE PAR LES LIGNES À SAVEUR CLASSIQUE.**

Général

Catégorie	Custom
Prix	8 899 $
Immatriculation 2009	518 $
Catégorisation SAAQ 2009	« régulière »
Évolution récente	introduite en 1997, revue en 2005
Garantie	1 an/kilométrage illimité
Couleur(s)	noir, orange et noir, noir et blanc
Concurrence	Honda Shadow Spirit 750, Hyosung Aquila 650, Kawasaki Vulcan 900 Custom, Triumph Speedmaster

Moteur

Type	bicylindre 4-temps en V à 45 degrés, SACT, 4 soupapes par cylindre, refroidissement par liquide
Alimentation	injection à 2 corps de 34 mm
Rapport volumétrique	9,4:1
Cylindrée	805 cc
Alésage et course	83 mm x 74,4 mm
Puissance	51 ch @ 6 000 tr/min
Couple	51 lb-pi @ 3 500 tr/min
Boîte de vitesses	5 rapports
Transmission finale	par arbre
Révolution à 100 km/h	environ 3 800 tr/min
Consommation moyenne	5,2 l/100 km
Autonomie moyenne	298 km

Partie cycle

Type de cadre	double berceau, en acier
Suspension avant	fourche inversée de 41 mm non ajustable
Suspension arrière	monoamortisseur ajustable en précharge
Freinage avant	1 disque de 300 mm de Ø avec étrier à 2 pistons
Freinage arrière	tambour mécanique de 180 mm de Ø
Pneus avant/arrière	130/90 H16 & 170/80 H15
Empattement	1 655 mm
Hauteur de selle	700 mm
Poids tous pleins faits	265 kg (à vide : 245 kg)
Réservoir de carburant	15,5 litres

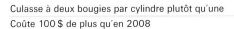

Voir légende en page 7

QUOI DE NEUF EN 2009 ?

Culasse à deux bougies par cylindre plutôt qu'une

Coûte 100 $ de plus qu'en 2008

PAS MAL

Une ligne originale qu'on peut trouver belle ou pas, mais qui a au moins le mérite de proposer un autre choix de style que le genre classique arboré par la majorité des customs sur le marché

Un V-Twin doux et suffisamment coupleux à bas et moyen régimes pour rendre la conduite plaisante, à défaut de la rendre excitante

Une partie cycle aux réactions saines et solides qui rend le pilotage accessible et amical même aux moins expérimentés

BOF

Une suspension arrière qui se débrouille honnêtement la plupart du temps, mais qui se montre sèche sur mauvais revêtement

Une mécanique qu'on souhaiterait un peu plus communicative dans ses sensations; il s'agit toutefois d'un reproche commun avec ce genre de cylindrée

Une image musclée qui ne se traduit en aucun genre de performances particulières, qu'on parle de mécanique ou de tenue de route

Conclusion

Grâce à sa fourche inversée, à ses roues sportives et à sa partie arrière fuyante, la M50 dégage une impression de machine musclée tellement réussie qu'on penserait avoir affaire à la petite sœur légitime de la puissante M109R, voire de la nouvelle M90. Mais il est de mise de prendre ce thème avec un grain de sel puisque le modèle n'offre rien de vraiment plus sportif que la classique C50. En fait, les deux Suzuki sont même très proches l'une de l'autre, ce dont on ne peut d'ailleurs se plaindre puisque les manières de ces cousines sont généralement très correctes à défaut d'être très excitantes. Le plus grand atout de la M50 est finalement d'oser s'éloigner des lignes de type classique trop prévisibles qu'affichent beaucoup de customs.

SUZUKI
BOULEVARD S83

Général

Catégorie	Custom
Prix	10 899 $
Immatriculation 2009	518 $
Catégorisation SAAQ 2009	« régulière »
Évolution récente	introduite en 1987
Garantie	1 an/kilométrage illimité
Couleur(s)	noir, gris
Concurrence	Harley-Davidson Sportster 1200, Yamaha V-Star 1100

Moteur

Type	bicylindre 4-temps en V à 45 degrés, SACT, 3 soupapes par cylindre, refroidissement par air et huile
Alimentation	2 carburateurs à corps de 36 mm
Rapport volumétrique	9,3:1
Cylindrée	1 360 cc
Alésage et course	94 mm x 98 mm
Puissance	71 ch @ 4 800 tr/min
Couple	88 lb-pi @ 3 000 tr/min
Boîte de vitesses	5 rapports
Transmission finale	par arbre
Révolution à 100 km/h	environ 3 100 tr/min
Consommation moyenne	5,7 l/100 km
Autonomie moyenne	228 km

Partie cycle

Type de cadre	double berceau, en acier
Suspension avant	fourche conventionnelle de 39 mm non ajustable
Suspension arrière	2 amortisseurs ajustables en précharge
Freinage avant	1 disque de 292 mm de Ø
Freinage arrière	1 disque
Pneus avant/arrière	100/90-19 & 170/80-15
Empattement	1 620 mm
Hauteur de selle	740 mm
Poids tous pleins faits	n/d (à vide : 243 kg)
Réservoir de carburant	13 litres

Mystère...

La Boulevard S83 est l'une des plus vieilles motos sur le marché toutes catégories confondues et la raison pour laquelle Suzuki s'entête à la garder dans son catalogue est franchement inconnue. Il s'agit d'un modèle qui n'a pratiquement pas changé depuis son introduction en 1987. Non seulement son prix ne reflète pas du tout cette réalité, mais la facture qui l'accompagne est tellement élevée qu'elle semble indiquer qu'il s'agit d'une moto courante. Nous suggérons de l'éviter, ni plus ni moins.

Bien que Suzuki ait profité de l'adoption en 2005 de la nouvelle appellation Boulevard pour sa gamme de customs afin d'effectuer quelques changements sur sa vieille Intruder 1400, ces derniers sont demeurés d'ordre mineur. Lancé il y a plus de 20 ans, le modèle n'a donc en réalité jamais évolué.

À l'époque, le concept d'origine était l'un des plus sérieux en matière de style et de mécanique pour une custom japonaise. On notait parmi les caractéristiques prépondérantes du modèle une apparence particulièrement soignée. L'attention qui fut portée à l'épuration de l'aspect visuel de la mécanique est digne de mention puisqu'un travail impressionnant fut réalisé afin de faire disparaître tout câblage, tandis que le choix de refroidissement par air élimina la nécessité d'un gros radiateur et de sa plomberie. Un cadre de couleur agencée à celle de la moto et d'élégantes roues à rayons sont encore aujourd'hui des touches appréciées. Le V-Twin qui anime la vieille S83 est son meilleur atout. Il n'a pas une sonorité ou un rythme qui sortent vraiment de l'ordinaire, mais il génère des performances quand même intéressantes pour la catégorie et fait preuve d'une agréable souplesse à bas régime. À l'inverse de la mécanique, la partie cycle de la S83 n'offre pas un comportement impressionnant. La direction est plutôt lourde en entrée de courbe et demande une pression constante au guidon pour maintenir un arc régulier, ce qui reflète bien le genre de caractéristiques typiques des motos d'une autre époque, ce qu'est en fin de compte la S83.

SUZUKI
BOULEVARD S50

Rapport valeur/prix
172 13.2..150.
Vitesse de pointe Accélération sur 1/4 mile
Novice   Intermédiaire Expert
Indice d'expertise

Général

Catégorie	Custom
Prix	8 399 $
Immatriculation 2009	518 $
Catégorisation SAAQ 2009	« régulière »
Évolution récente	introduite en 1985, revue en 1992
Garantie	1 an/kilométrage illimité
Couleur(s)	noir, bleu
Concurrence	Harley-Davidson Sportster 883, Honda Shadow 750, Kawasaki Vulcan 900, Suzuki M50

Moteur

Type	bicylindre 4-temps en V à 45 degrés, SACT, 4 soupapes par cylindre, refroidissement par liquide
Alimentation	2 carburateurs à corps de 36 mm
Rapport volumétrique	10:1
Cylindrée	805 cc
Alésage et course	83 mm x 74,4 mm
Puissance	60 ch @ 7 500 tr/min
Couple	50,6 lb-pi @ 5 500 tr/min
Boîte de vitesses	5 rapports
Transmission finale	par arbre
Révolution à 100 km/h	environ 3 800 tr/min
Consommation moyenne	5,2 l/100 km
Autonomie moyenne	230 km

Partie cycle

Type de cadre	double berceau, en acier
Suspension avant	fourche conventionnelle de 39 mm non ajustable
Suspension arrière	2 amortisseurs ajustables en précharge
Freinage avant	1 disque de 292 mm de Ø
Freinage arrière	tambour mécanique
Pneus avant/arrière	100/90-19 & 140/90-15
Empattement	1 560 mm
Hauteur de selle	700 mm
Poids tous pleins faits	217 kg (à vide : 201 kg)
Réservoir de carburant	12 litres

Avant son temps...

En cette période de renaissance pour le style chopper, la ligne mince et élancée de la très vieille S50 pourrait être mise à bon usage. Mais d'ici à ce que Suzuki en fasse une révision technique complète — l'introduction du modèle remonte à 1985 ! —, celle qui était encore connue il n'y a pas si longtemps sous le nom d'Intruder 800 se veut une véritable relique dont le prix est incompréhensiblement très similaire à celui des modèles courants. Comme c'est le cas pour la S83, nous recommandons d'éviter son achat.

Au moment où l'Intruder 750 fut introduite, en 1985, les constructeurs japonais commençaient à peine à prendre le genre custom au sérieux. Personne ne sait exactement ce qui pousse Suzuki à continuer de l'inclure dans son catalogue, mais le constructeur affirme qu'il continue d'en vendre quelques-unes chaque année, ce qui serait surtout grâce à son style que certains motocyclistes semblent toujours apprécier. Peut-être. Gonflé à 800 cc en 1992 et rebaptisé Boulevard S83 en 2005, le modèle a également reçu un nouveau guidon et une selle revue pour cette occasion. La S50 dicte une position de conduite inhabituelle qui ne reflète pas la posture plus dégagée et naturelle des customs récentes. L'une des seules véritables qualités du modèle, outre ce fameux style mince et effilé, est son niveau de performances. Le modèle vient d'une époque à laquelle les ingénieurs japonais concentraient encore toute leur énergie à rendre un moteur performant et n'accordaient qu'une importance minime aux sensations renvoyées au pilote par la mécanique. Le résultat est une moto dont les accélérations sont relativement bonnes, mais dont la présence mécanique n'a rien de très agréable. L'âge du concept de la S50 se ressent aussi clairement dans son comportement routier puisque ce dernier n'exhibe pas la facilité de prise en main et le plaisant équilibre qui caractérise la conduite de la plupart des customs actuelles. Malgré toutes ses années de production, la S50 reste aussi chère que ses rivales modernes, ce qui reste l'un des aspects les plus difficiles à accepter du modèle.

Boulevard S40

BOULEVARD S40 & MARAUDER 250

Avis aux novices...

L'aspect le plus particulier de la petite custom d'initiation qu'est la S40 est qu'un monocylindre de 650 cc lui sert de mécanique au lieu d'un traditionnel V-Twin, une caractéristique qu'elle possède surtout par souci d'économie. La S40, qui était connue depuis 1986 sous le nom de Savage, bénéficie depuis 2005 d'un guidon de style drag reflétant mieux le goût du jour. Quant à la Marauder 250 (non illustrée) elle est une minuscule custom dont les rivales sont des modèles comme la Honda Rebel 250 et la V-Star 250.

L a principale raison pour laquelle la S40, alias Savage 650, n'a jamais vraiment évolué durant sa carrière qui s'étend maintenant sur plus de deux décennies est qu'elle n'est ni plus ni moins qu'un outil d'initiation. Son rôle n'est donc pas d'exciter les sens, d'être performante ou de faire tourner les têtes, mais plutôt de permettre à une catégorie bien précise de motocyclistes d'entreprendre l'aventure du pilotage d'une moto dans les conditions les plus simples et les plus amicales possible. Ces derniers la trouvent en général immédiatement basse et légère, ce qui augmente leur niveau de confiance. Bien qu'elles n'aient rien de très excitant, même pour un novice, les performances que propose la S40 sont quand même beaucoup plus intéressantes que celles des petites 250 d'initiation. La sonorité agricole du monocylindre n'a rien de vraiment agréable non plus. Il n'y a pas de problème à suivre la circulation automobile, mais cela devient toutefois plus ardu avec un passager ou s'il faut dépasser rapidement. Comme la mécanique se débrouille bien à bas régime, on peut généralement éviter les tours élevés et leurs vibrations. Le prix peut sembler bas pour une moto neuve, mais on doit réaliser que ce qu'il permet d'obtenir est un véhicule techniquement vétuste. La S40 est en fin de compte une moto qui ne devrait être envisagée que si et seulement si le seul but de l'exercice est d'acquérir une monture qui permettra une période d'apprentissage aussi amicale que possible.

Général

Catégorie	Custom
Prix	6 299 $ (Marauder 250 : 4 699 $)
Immatriculation 2009	518 $ (Marauder 250 : 329 $)
Catégorisation SAAQ 2009	« régulière »
Évolution récente	introduite en 1986 (Marauder 250 : 1999)
Garantie	1 an/kilométrage illimité
Couleur(s)	S40 : noir, blanc et argent, rouge et blanc Marauder 250 : noir, blanc
Concurrence	Kawasaki Vulcan 500 LTD

Moteur

Type	monocylindre 4-temps, SACT, 4 soupapes, refroidissement par air
Alimentation	1 carburateur à corps de 40 mm
Rapport volumétrique	8,5:1
Cylindrée	652 cc
Alésage et course	94 mm x 94 mm
Puissance	31 ch @ 5 400 tr/min
Couple	37 lb-pi @ 3 000 tr/min
Boîte de vitesses	5 rapports
Transmission finale	par courroie
Révolution à 100 km/h	n/d
Consommation moyenne	5,1 l/100 km
Autonomie moyenne	206 km

Partie cycle

Type de cadre	berceau semi-double, en acier
Suspension avant	fourche conventionnelle de 36 mm non ajustable
Suspension arrière	2 amortisseurs ajustables en précharge
Freinage avant	1 disque de 260 mm de Ø avec étrier à 2 pistons
Freinage arrière	tambour mécanique
Pneus avant/arrière	110/90-19 & 140/80-15
Empattement	1 480 mm
Hauteur de selle	700 mm
Poids tous pleins faits	173 kg (à vide : 160 kg)
Réservoir de carburant	10,5 litres

GS500F

SUZUKI
GS500

Général

Catégorie	Routière Sportive
Prix	GS500F : 6 899 $; GS500 : 6 499 $
Immatriculation 2009	518 $
Catégorisation SAAQ 2009	« régulière »
Évolution récente	introduite en 1989, version F en 2004
Garantie	1 an/kilométrage illimité
Couleur(s)	GS500F : bleu et blanc, noir et gris GS500 : bleu et noir, noir
Concurrence	Kawasaki Ninja 500R

Moteur

Type	bicylindre parallèle 4-temps, DACT, 4 soupapes, refroidissement par air
Alimentation	2 carburateurs à corps de 34 mm
Rapport volumétrique	9:1
Cylindrée	487 cc
Alésage et course	74 mm x 56.6 mm
Puissance	52 ch @ 9 200 tr/min
Couple	30,4 lb-pi @ 7 500 tr/min
Boîte de vitesses	6 rapports
Transmission finale	par chaîne
Révolution à 100 km/h	environ 6 700 tr/min
Consommation moyenne	5,5 l/100 km
Autonomie moyenne	363 km

Partie cycle

Type de cadre	périmétrique, en acier
Suspension avant	fourche conventionnelle de 37 mm non ajustable
Suspension arrière	monoamortisseur ajustable en précharge
Freinage avant	1 disque de 310 mm de Ø avec étrier à 4 pistons
Freinage arrière	1 disque de 250 mm de Ø avec étrier à 2 pistons
Pneus avant/arrière	110/70-17 & 130/70-17
Empattement	1 405 mm
Hauteur de selle	790 mm
Poids tous pleins faits	192 kg, F : 199 kg (à vide : 173kg, F : 180 kg)
Réservoir de carburant	20 litres

Une bonne idée...

Utilisée depuis toujours par les écoles de conduite, la bonne vieille GS500 représente l'une des manières les plus amicales de s'initier au pilotage d'une moto. Suzuki a eu la bonne idée il y a quelques années d'installer un plein carénage sur le modèle jusque-là dénudé. La réaction de la clientèle débutante fut excellente et la recette a depuis été appliquée à quelques autres sportives du catalogue du constructeur, comme la SV650S et l'ex Bandit 650S qu'est la GSX650F. Rien ne change en 2009

L
a GS500F n'est rien de plus ou de moins que le modèle bien connu qui n'a pratiquement pas changé depuis la fin des années 90, la GS500E, auquel on a greffé un carénage dont la ligne a un lien de famille avec celle des sportives GSX-R. Grâce à ce carénage, la GS500 est passée d'une standard à l'allure timide dont la fonctionnalité et le confort étaient limités par l'absence de toute protection à une vraie petite moto d'allure fière qui ne craint désormais plus les journées venteuses ou les distances prolongées sur l'autoroute. L'aspect confort du modèle est d'autant plus intéressant que la position relevée dictée par le guidon haut soulage les mains de tout poids, que de la selle est bonne et que les suspensions sont calibrées de façon souple.
L'une des facettes du pilotage de la GS500 qui a toujours été exceptionnelle est l'agilité du modèle. Le poids faible, la hauteur de selle modérée, la minceur de la moto et l'effet de levier considérable du large guidon se combinent pour en faire une monture qui se montre à la fois facile à manœuvrer dans les situations serrées, et légère et précise dans les situations plus rapides, comme une route sinueuse parcourue à un bon rythme. La cinquantaine de chevaux du petit Twin permet aux débutants de se divertir sans problème, et même d'atteindre et de maintenir des vitesses plutôt élevées. Le bicylindre parallèle n'est pas un exemple de souplesse, mais la manière linéaire avec laquelle il livre ses chevaux, le bon contrôle des vibrations qu'il génère, et la légèreté de l'embrayage et de la transmission le rendent plaisant à solliciter.

TRIUMPH *TRIUMPH* *SPRINT ST*

Un peu de tout...

Malgré le fait que la catégorie des routières sportives comprend une grande quantité de modèles, la réalité est qu'elle est bondée de minuscules sous-classes établies par les différents aspects du pilotage que les constructeurs ont choisi de favoriser. Le cas de la Sprint ST est peut-être unique puisque Triumph n'a pas voulu l'équiper ni l'alourdir jusqu'à en faire une rivale de la FJR, mais qu'il n'a pas non plus voulu en pousser les capacités sportives jusqu'à en faire une concurrente directe de la VFR. La Sprint ST offre plutôt une combinaison de plusieurs genres de motos en se montrant à la fois très à l'aise sur long trajet et très compétente en mode sport. Elle est livrée de série avec ABS et valises.

La Sprint ST était déjà une moto que nous avions particulièrement encensée lorsque Triumph lui avait apporté une série de judicieuses améliorations en 2007. Mieux équipée avec ses valises de série et son système ABS, plus confortable avec son pare-brise haut et ses poignées relevées et même plus écologique avec son injection revue, cette version de la Sprint ST a tout pour elle.

Rien n'est déplacé ou extrême sur la Sprint. Son embrayage doux et progressif, sa transmission fluide et précise et son injection bien calibrée sont autant de points responsables de l'impression de qualité et d'aisance dégagée par le modèle. L'une des plus plaisantes caractéristiques de la Sprint est néanmoins son tricylindre dont la sonorité en pleine accélération tient de la véritable symphonie.

Le niveau de performances généré par la mécanique anglaise est parfaitement approprié compte tenu de la nature du modèle. Ça tire suffisamment sur toute la plage des régimes pour se faire plaisir en toute occasion. La puissance est livrée de façon exceptionnellement linéaire, chaque graduation du tachymètre amenant un niveau plus intense d'accélération. Le couple est impressionnant. Il se manifeste dès les premiers tours et il suffit d'enrouler l'accélérateur pour s'élancer avec autorité à partir d'un arrêt, tandis qu'on se retrouve à moins utiliser l'embrayage et la boîte de vitesses et à davantage se fier à la puissance à bas et moyen régimes pour faire le travail. Oserions-nous malgré tout suggérer une cylindrée accrue à 1 200 cc ?

> **LE COMPROMIS ENTRE CONFORT ET SPORT DE LA SPRINT ST RIVALISE AVEC CELUI QU'OFFRENT DE «VRAIS» MODÈLES SPORT-TOURISME.**

La ST ne se distingue pas qu'en ce qui concerne son agréable mécanique puisqu'elle excelle de manière tout aussi admirable au niveau du comportement routier. On comprend vite qu'on n'a pas affaire à une sportive pure dotée d'un confort supérieur à la moyenne, mais plutôt à une routière mature tout à fait capable de soutenir un rythme élevé sur une route en lacet.

L'effort qu'elle demande pour s'inscrire en virage tient de la formalité, tandis que le reste de la manœuvre se fait de façon instinctive et rassurante. L'équilibre est particulièrement plaisant puisqu'il demande seulement une légère implication du pilote et que l'agilité ne devient jamais de la nervosité. Le réglage des suspensions est très habile aussi bien en utilisation routière qu'en conduite sportive. Quant aux freins, ils sont efficaces, mais pourraient bénéficier d'un peu plus de mordant, surtout que l'ABS est là pour prévenir tout enthousiasme mal calculé.

Malgré sa saveur sportive, la position de conduite de la Sprint ST précédente restait parfaitement raisonnable. Triumph a quand même relevé les poignées de cette version, soulageant désormais les mains de toute pression inutile. La posture garde un caractère joueur, mais ne taxe aucune partie de votre anatomie. Ajoutez à l'équation une selle aussi bien formée que rembourrée, une douceur de roulement remarquable et une excellente protection contre les éléments et vous obtenez non seulement l'une des meilleures routières sportives sur long trajet, mais aussi une moto offrant un compromis entre sport et confort qui rivalise avec celui de véritables modèles sport-tourisme.

Général

Catégorie	Routière Sportive
Prix	13 599 $
Immatriculation 2009	518 $
Catégorisation SAAQ 2009	« régulière »
Évolution récente	introduite en 1999, revue en 2005
Garantie	2 ans/kilométrage illimité
Couleur(s)	bleu, graphite, noir
Concurrence	Honda VFR800

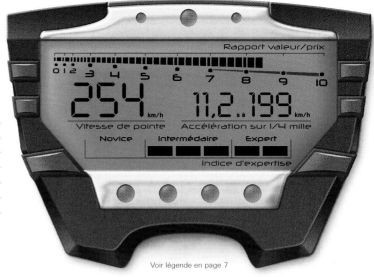

Voir légende en page 7

Moteur

Type	3-cylindres en ligne 4-temps, DACT, 4 soupapes par cylindre, refroidissement par liquide
Alimentation	injection à 3 corps
Rapport volumétrique	12:1
Cylindrée	1 050 cc
Alésage et course	79 mm x 71,4 mm
Puissance	125 ch @ 9 250 tr/min
Couple	77 lb-pi @ 7 500 tr/min
Boîte de vitesses	6 rapports
Transmission finale	par chaîne
Révolution à 100 km/h	environ 3 600 tr/min
Consommation moyenne	7,2 l/100 km
Autonomie moyenne	277 km

Partie cycle

Type de cadre	périmétrique, en aluminium
Suspension avant	fourche conventionnelle de 43 mm ajustable en précharge
Suspension arrière	monoamortisseur ajustable en précharge et détente
Freinage avant	2 disques de 320 mm de Ø avec étriers à 4 pistons avec système ABS
Freinage arrière	1 disque de 255 mm de Ø avec étrier à 2 pistons avec système ABS
Pneus avant/arrière	120/70 ZR17 & 180/55 ZR17
Empattement	1 457 mm
Hauteur de selle	805 mm
Poids à vide	213 kg (sans valises)
Réservoir de carburant	20 litres

QUOI DE NEUF EN 2009 ?

Aucun changement

Coûte 400 $ de moins qu'en 2008

PAS MAL

L'un des meilleurs moteurs sur le marché; puissant et doté d'une large plage de régimes utilisables, il émet une mélodie envoûtante à l'accélération et offre des accélérations excitantes

L'une des routières sportives les plus équilibrées du marché; le niveau de confort est excellent, le comportement sportif est admirable et le côté pratique est rehaussé par un pare-brise haut, des valises de série et des poignées relevées

Une valeur dure à battre; pour moins cher qu'une VFR800, on obtient plus d'équipement, plus de caractère et plus de puissance

BOF

Un compromis quasi idéal entre sport et confort, mais la ST favorise le second aspect; efficace sur une route sinueuse, elle n'a cependant pas sa place sur une piste, tandis que son moteur n'affiche pas le côté explosif d'une mécanique de sportive plus pointue; d'ailleurs, 1 050 cc, c'est bien, mais 1200 — sans rien changer d'autre —, ce serait mieux

Une certaine quantité de chaleur qui rejoint le pilote par temps chaud

Une ligne qui pourrait bénéficier d'un petit rajeunissement même si elle n'est pas très vieille

Un système de freinage satisfaisant, mais qui serait bien plus impressionnant si les excellentes composantes de la Speed Triple étaient installées sur la Sprint ST

Conclusion

Rapide, coupleuse, confortable, agile, stable, caractérielle, bien équipée et même raisonnablement facturée, la Sprint ST est l'incarnation de l'appellation Routière Sportive. Ce qu'elle arrive à offrir est même tellement rare que nous sommes presque tentés de dire qu'elle n'a pas de concurrence. La Honda VFR800 vient évidemment à l'esprit lorsqu'on parle de la Triumph, mais cette dernière possède tellement de qualités en plus dans l'environnement routier que la comparaison devient difficile. En fait, la Sprint ST représente un pont entre la classe des « vraies » — et grosses — machines de sport-tourisme que sont les Yamaha FJR, BMW K-GT et compagnie, et celle des routières plus axées vers le côté sportif de la conduite comme la VFR. L'une de nos motos favorites.

TRIUMPH *TRIUMPH* *TIGER*

Aventure sur route...

Depuis ses tout premiers tours de roues, la Tiger a tenté de se mesurer à la vénérable GS de BMW. Le résultat n'était pas mauvais, loin de là, mais à l'exception du tricylindre qui l'animait, la Triumph n'avait rien de vraiment particulier. Cette situation a complètement été renversée depuis la refonte du modèle en 2007 lorsque le constructeur anglais a transformé sa Tiger en quelque chose d'autre. D'une routière aventurière à vocation double-usage, le modèle s'est métamorphosé en monture exclusivement destinée à un usage routier, et ce, malgré la présence de suspensions à grand débattement. La Tiger fait depuis partie d'une classe nouvelle que nous appelons Crossover, ou multidisciplinaire.

Triumph a pris le monde du motocyclisme par surprise en revoyant sa Tiger de manière à l'éloigner de tout environnement hors route. Mais cette réaction n'a pas tardé à faire place à un sentiment d'approbation pour la nouvelle direction routière du modèle. La situation a même quelque chose d'ironique en ce sens que la Tiger originale n'étant guère plus qu'une routière équipée de suspensions à long débattement et de pneus de type double-usage, son statut d'aventurière n'a jamais vraiment pu être établi. Le fait que la Tiger de nouvelle génération fasse, d'une certaine façon, l'aveu de ce penchant routier représente un retour à la case départ et montre ce que le modèle aurait peut-être toujours dû être.

En dépit de son changement d'orientation, la Tiger a conservé une position de conduite relevée typique des aventurières tandis que ses suspensions affichent encore un débattement relativement long. Ces caractéristiques expliquent d'ailleurs l'impression de déjà vu qu'on ressent lorsqu'on s'installe à ses commandes. Toutefois, dès l'instant où l'on enroule l'accélérateur ou que l'on s'engage sur un tracé sinueux, il devient vite clair que cette génération de la Tiger n'a rien à envier aux modèles plus sportifs de la gamme anglaise. En fait, sur le genre de routes tortueuses et bosselées souvent retrouvées lorsqu'on s'éloigne des centres urbains, la Tiger s'avère même facilement supérieure à la plupart de sportives pures pourtant beaucoup plus pointues du point de vue technique. La raison est simple puisqu'il s'agit d'une conséquence directe de l'utilisation de ces fameuses suspensions capables à la fois d'absorber d'importants défauts de la chaussée et de demeurer posées en courbe.

Évidemment, qui dit Triumph dit aussi tricylindre charismatique et à ce chapitre, la Tiger livre décidément la marchandise. Bien que la version du renommé moteur anglais qui anime ce modèle soit un peu moins puissante que celle qu'on retrouve sur les Speed Triple et Sprint ST, elle conserve une personnalité tout aussi forte. Souple et coupleux à souhait, et ce, quel que soit le régime, le tricylindre en ligne de 1 050 cc donne l'impression de toujours livrer suffisamment de puissance pour satisfaire et amuser. L'avant s'envoie doucement en l'air en pleine accélération sur le premier rapport et la poussée demeure très divertissante sur le reste des 6 vitesses. Au-delà de ses belles performances et de son étonnante douceur de fonctionnement, l'une des caractéristiques les plus attrayantes de cette mécanique est l'unique sonorité rauque qu'elle émet lorsqu'elle est sollicitée, surtout lorsqu'un silencieux accessoire est installé.

Les qualités de routières de la Tiger sont nombreuses. En plus de l'ABS offert en équipement de série et de la paire de valises rigides incluses dans le raisonnable prix d'achat, la Triumph se distingue par un niveau de confort découlant d'une position très équilibrée, d'une bonne selle, d'une bonne protection au vent et de suspensions bien calibrées dans la plupart des situations. L'un des seuls reproches à ce chapitre est un pare-brise qui génère de la turbulence au niveau du casque.

> **L'ASPECT ROUTIER DE LA TIGER DE NOUVELLE GÉNÉRATION NOUS MONTRE CE QUE LE MODÈLE AURAIT PEUT-ÊTRE TOUJOURS DÛ ÊTRE.**

Général

Catégorie	Routière Crossover
Prix	13 599 $
Immatriculation 2009	518 $
Catégorisation SAAQ 2009	« régulière »
Évolution récente	introduite en 1994, revue en 1999 et 2007
Garantie	2 ans/kilométrage illimité
Couleur(s)	noir, blanc, orange brulé
Concurrence	Buell Ulysses XB12XT, Ducati Multistrada

Moteur

Type	3-cylindres en ligne 4-temps, DACT, 4 soupapes par cylindre, refroidissement par liquide
Alimentation	injection à 3 corps
Rapport volumétrique	12:1
Cylindrée	1 050 cc
Alésage et course	79 mm x 71,4 mm
Puissance	114 ch @ 9 400 tr/min
Couple	74 lb-pi @ 6 250 tr/min
Boîte de vitesses	6 rapports
Transmission finale	par chaîne
Révolution à 100 km/h	environ 3 600 tr/min
Consommation moyenne	6,3 l/100 km
Autonomie moyenne	277 km

Voir légende en page 7

Partie cycle

Type de cadre	périmétrique, en aluminium
Suspension avant	fourche inversée de 43 mm ajustable en précharge, compression et étente
Suspension arrière	monoamortisseur ajustable en précharge et détente
Freinage avant	2 disques de 320 mm de Ø avec étriers radiaux à 4 pistons avec système ABS
Freinage arrière	1 disque de 255 mm de Ø avec étrier à 2 pistons avec système ABS
Pneus avant/arrière	120/70 ZR17 & 180/55 ZR17
Empattement	1 510 mm
Hauteur de selle	835 mm
Poids à vide	201 kg
Réservoir de carburant	20 litres

QUOI DE NEUF EN 2009 ?

Aucun changement

Coûte 400 $ de moins qu'en 2008

PAS MAL

Une moto d'un nouveau genre qui tente d'être plusieurs choses à plusieurs types de pilotes, et dans ce cas, c'est plutôt réussi

Un moteur délicieux du ralenti à la zone rouge; il livre des performances élevées, se montre très coupleux et produit une véritable musique, surtout avec l'un des silencieux accessoires de Triumph, dont certains conservent un niveau sonore raisonnable

Une tenue de route impressionnante qui découle de la manière avec laquelle la Tiger est construite; il s'agit d'une sportive avec des suspensions à long débattement, ni plus ni moins

BOF

Un pare-brise qui offre une bonne protection, mais qui génère un niveau de turbulences agaçant à la hauteur du casque dès qu'on dépasse les limites légales sur l'autoroute

Une transmission qui fonctionne correctement, mais sans plus et qui pourrait se montrer plus fluide

Une hauteur de selle considérable qui n'a pas sa raison d'être puisque le modèle n'est plus du tout appelé à rouler en terrain abîmé

Une suspension arrière qui se montre occasionnellement un peu trop ferme

Conclusion

Triumph a pris une décision à la fois audacieuse et judicieuse en réorientant sa Tiger vers l'asphalte et en l'éloignant de modèles concurrents aussi bien établis que la BMW R1200GS. Le constructeur anglais évite ainsi non seulement une difficile confrontation avec l'allemande, mais il propose aussi une option nouvelle aux motocyclistes attirés par la catégorie aventurière en leur offrant une monture bâtie pour la route, sans compromis liés à une hypothétique utilisation hors route. La Tiger représente un nouveau genre de moto.

Daytona 675

TRIUMPH

TRIUMPH
DAYTONA 675 & STREET TRIPLE

NOUVELLE VARIANTE 2009

Déjoueuse...

En lançant sa défunte Daytona 600 au tout début de la décennie et en tentant d'affronter les 600 japonaises sur leur propre terrain, Triumph s'est engagé dans une bataille à laquelle il n'avait tout simplement pas les moyens de survivre. D'ailleurs, qui les auraient ? Plutôt que de capituler et d'abandonner la catégorie aux 4 firmes nippones, le constructeur anglais a eu l'audacieuse idée de les déjouer avec une 675 à 3 cylindres. Le coup fut l'un des plus intelligents de l'histoire sportive. Tout aussi agile, mais beaucoup plus coupleuse et infiniment plus caractérielle qu'une 600 à 4 cylindres, la Daytona 675 est géniale. La Street Triple est la version standard du modèle, la nouvelle R étant la plus poussée.

TECHNIQUE

Un coup de génie. Il n'y a aucune autre manière de décrire la Triumph Daytona 675 tellement ses qualités la démarquent dans cette classe où le niveau de performances des modèles japonais est tellement similaire que les amateurs éprouvent franchement de la difficulté à choisir. Les qualités des 600 traditionnelles sont les mêmes, soit une tenue de route extraordinaire et des accélérations étonnamment fortes pour la cylindrée, tandis que les défauts sont, eux aussi, très semblables puisqu'on reproche à chaque modèle une souplesse déficiente et un caractère inexistant. Avec sa 675, Triumph a fait d'une pierre trois coups. Le premier fut de créer une moto de cette classe offrant une souplesse dont les 600 japonaises ne peuvent que rêver. Le second fut de remplacer la sonorité « électrique » commune à ces modèles par une musique aussi unique qu'enivrante. Enfin, le troisième et non le moindre, fut de créer une sportive de cylindrée moyenne construite autour d'un élément inhérent à la marque anglaise : le tricylindre en ligne.

Au-delà de son très intéressant côté technique, c'est toutefois sur la route et en piste que la version originale de la 675 a fait l'étalage de ses qualités. À un cheveu d'offrir la finesse de tenue de route offerte par les 600 japonaises, la 675 laissait littéralement ces dernières dans la poussière au chapitre de la souplesse et du caractère. Même en ce qui concerne la ligne, Triumph a trouvé le moyen de créer une machine qui ne vieillirait pas trop vite.

> LA 675 LAISSE LES 600 JAPONAISES DANS LA POUSSIÈRE AU CHAPITRE DE LA SOUPLESSE ET DU CARACTÈRE MÉCANIQUE.

La mouture 2009 de la Daytona 675 représente une évolution relativement mineure de la version originale qu'on pourrait qualifier de mise à niveau. Le modèle est allégé de 3 kilos grâce surtout à un nouveau système d'échappement qui, à lui seul, compte pour les deux tiers de cet allègement. Un abaissement du poids des couvercles du moteur, ainsi que de roues et des étriers de freins révisés, sont responsables de l'autre tiers. Des modifications au moteur permettent par ailleurs de gagner 3 chevaux et d'augmenter de 450 tr/min l'entrée en jeu du limiteur de régimes. Les suspensions gagnent une capacité d'ajustement en haute et en basse vitesse de compression. Enfin, la partie avant du carénage affiche des traits raffinés.

La Street Triple est une version standard, ou « naked » comme disent les anglophones, de la Daytona 675. Elle conserve exactement le même châssis et la même géométrie de direction que la sportive, mais offre une position de conduite beaucoup plus relevée et une ligne évidemment inspirée de la silhouette de la Speed Triple. Le tricylindre est le même, mais sa puissance est amputée d'une vingtaine de chevaux. Son couple maximum est en revanche livré plus tôt en régime. La nouvelle version R de la Street Triple se distingue du modèle de base par ses suspensions entièrement réglables ainsi que par ses étriers de freins à montage radial, comme sur la 675. La selle est légèrement plus haute afin de rendre la position un peu plus sportive. On aurait toutefois souhaité que cette version offre une puissance égale à celle de la sportive, mais ce n'est pas le cas.

Général

Catégorie	Sportive/Standard
Prix	Daytona 675 : 10 799 $ Street Triple : 9 699 $ Street Triple R : 10 499 $
Immatriculation 2009	1 030 $ (675)/518 $ (Street Triple)
Catégorisation SAAQ 2009	« sport »/« régulière »
Évolution récente	675 introduite en 2006, revue en 2009; Street Triple introduite en 2008
Garantie	2 ans/kilométrage illimité
Couleur(s)	Daytona 675 : rouge, noir Street Triple : noir, vert, blanc Street Triple R : graphite, orange
Concurrence	Daytona 675 : Honda CBR600RR, Kawasaki ZX-6R, Suzuki GSX-R600, Yamaha YZF-R6 Street Triple : Aprilia Shiver 750, Ducati Monster 1100, Yamaha FZ6

Moteur

Type	3-cylindres en ligne 4-temps, DACT, 4 soupapes par cylindre, refroidissement par liquide
Alimentation	injection à 3 corps 44 mm
Rapport volumétrique	12,65:1
Cylindrée	675 cc
Alésage et course	74 mm x 52,3 mm
Puissance	675 : 126 ch @ 12 600 tr/min Street : 107 ch @ 11 700 tr/min
Couple	675 : 53 lb-pi @ 11 750 tr/min Street : 51 lb-pi @ 9 100 tr/min
Boîte de vitesses	6 rapports
Transmission finale	par chaîne
Révolution à 100 km/h	environ 5 100 tr/min (675 2008)
Consommation moyenne	6,4 l/100 km (675 2008)
Autonomie moyenne	272 km (675 2008)

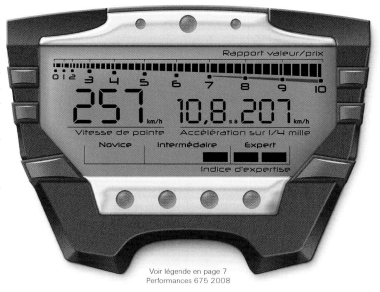

Voir légende en page 7
Performances 675 2008

Partie cycle

Type de cadre	périmétrique, en aluminium
Suspension avant	fourche inversée de 41 mm ajustable en précharge, compression (675 haute et basse vitesse) et détente (Street : non ajustable)
Suspension arrière	monoamortisseur ajustable en précharge, compression (675 haute et basse vitesse) et détente (Street : précharge)
Freinage avant	2 disques de 308 mm de Ø avec étriers radiaux à 4 pistons (Street : 2 pistons)
Freinage arrière	1 disque de 220 mm de Ø avec étrier à 1 piston
Pneus avant/arrière	120/70 ZR17 & 180/55 ZR17
Empattement	1 395 mm
Hauteur de selle	825 mm (Street : 800 mm; R : 805 mm)
Poids à vide	162 kg (Street : 167 kg)
Réservoir de carburant	17,4 litres

QUOI DE NEUF EN 2009 ?

Introduction d'une version R de la Street Triple

Mise à niveau de la 675

675 coûte 1 200 $ et Street Triple 300 $ de moins qu'en 2008

PAS MAL

Un moteur à 3 cylindres absolument brillant qui se montre plus coupleux à bas et moyen régimes que celui d'une 600 courante, mais aussi beaucoup plus agréable à l'oreille

Un niveau de performances maximal très proche de celui des 600 pour la 675, donc très élevé, et une tenue de route très similaire

Une ligne presque exotique pour la 675 ainsi qu'une baisse de prix qui en fait une véritable aubaine puisqu'il s'agit d'environ 2 000 $ de moins que le prix d'une 600 japonaise; les Street Triple sont aussi de très intéressantes valeurs

BOF

Une position de conduite très agressive qui met beaucoup de poids sur les poignets et un niveau de confort général qui n'est pas très impressionnant pour la 675

Une hauteur de selle considérable qui ne fera pas l'affaire des pilotes un peu courts sur pattes pour la 675

Un accueil très sommaire réservé au passager, et ce, tant dans le cas de la 675 que dans celui des Street Triple

Une version R de la Street Triple qui ne s'en distingue que par des suspensions et des freins plus performants; une puissance équivalant à celle de la 675 aurait dû faire partie de l'offre

Conclusion

La Daytona 675 est l'un des coups les plus brillants de l'univers du motocyclisme sportif moderne. Il s'agit non seulement d'une « 600 » sans les défauts d'une 600, mais aussi d'une sportive de cylindrée moyenne affichant des qualités jamais vues dans ce créneau comme un caractère mécanique génial et une souplesse remarquable. Au nouveau prix de 10 800 $, il s'agit d'une aubaine qui semble presque trop belle pour être vraie. Quant à la Street Triple et sa version R nouvellement introduite, elles semblent intéressantes surtout en raison de l'unique moteur qui les anime. N'ayant pu en faire l'essai, il est difficile d'en dire plus à leur sujet. Elles aussi semblent représenter de bonnes affaires.

Street Triple R

TRIUMPH *TRIUMPH* *SPEED TRIPLE*

Revue, mais pas corrigée...

Les propriétaires de motos parlent souvent de leur monture comme si celle-ci respirait carrément. Remaniée subtilement l'an dernier, la Speed Triple de Triumph semble avoir la capacité de développer cette relation jusqu'à la transformer en véritable partenariat de délinquance. Le modèle le plus connu provenant des usines de Hinckley possède toutefois une double personnalité puisqu'au-delà de son étrange pouvoir de corruption, la Speed Triple démontre aussi de merveilleuses manières en conduite —plus ou moins...— normale. Tout dépend de l'humeur du pilote, comme de sa capacité à résister à la tentation du vice routier.

Aussi mélodieux à écouter qu'envoûtant à solliciter, le tricylindre anglais demeure l'âme de la Speed Triple. Produisant quelque 130 chevaux, il offre une expérience de conduite décidément hors du commun. Dès les premiers moments aux commandes de la Speed Triple, son caractère unique devient d'ailleurs évident, et ce, tant pour les motocyclistes de longue date que pour les moins expérimentés. Fait étrange, rares sont ceux qui descendent de l'anglaise en arrivant à décrire de manière précise le pourquoi de cet envoûtement. L'explication réside en grande partie dans la manière avec laquelle le tricylindre livre sa puissance. La plupart des mécaniques, peu importe leur configuration ou leur cylindrée, s'éveillent et sont vraiment gratifiantes à solliciter seulement sur une partie de leur plage de régimes. Sur la Speed Triple, cette plage s'étend de manière exceptionnelle du ralenti jusqu'à la zone rouge, ce qui se traduit par une capacité à bondir dès les premiers tours, par une aisance déconcertante à tourner haut et par un couple abondant à n'importe quel régime entre ces deux extrêmes. Le fait que cette livrée très particulière est accompagnée d'une mélodie unique à Triumph ne fait qu'ajouter à la longue liste de points positifs de la mécanique. En réalité, celle-ci n'a de défauts qu'une très légère tendance à vibrer à haut régime et un niveau de performances qui, bien que très satisfaisant, n'est pas nécessairement exceptionnel.

> **LA SPEED TRIPLE OFFRE UNE PLAGE DE RÉGIMES UTILISABLES QUI S'ÉTEND DU RALENTI JUSQU'À LA ZONE ROUGE. C'EST EXCEPTIONNEL.**

Donc, si le moteur se retrouve au cœur de l'agrément de conduite offert par la Speed Triple, le châssis, lui, contribue aussi grandement à rendre l'expérience plaisante. Légère, relativement mince et extrêmement maniable, l'anglaise donne l'impression à son pilote qu'il peut accomplir n'importe quoi, surtout lorsqu'on ajoute des facteurs comme l'absence de carénage à l'avant, la position de conduite relevée et le guidon large. C'est d'ailleurs la combinaison de toutes ces caractéristiques exceptionnellement amicales et de la générosité du moteur en couple à bas régime qui est à la base de la réputation de délinquante du modèle puisqu'elle met tellement le pilote en confiance qu'il se trouve inévitablement incité à tenter le diable. Rares sont les motos demandant moins d'effort pour se dresser sur leur roue arrière et encore moins nombreuses sont celles qui semblent aussi naturelles dans une telle position.

Cela dit, la Speed Triple a d'autres «qualités» que celle de pousser son pilote à l'irresponsabilité. Amenez-la par exemple sur une route sinueuse et elle brillera par son accessibilité. Les modèles sportifs plus incisifs et plus efficaces en conduite rapide pullulent sur le marché, mais la Speed Triple offre une facilité d'opération qu'on ne retrouve tout simplement pas sur ceux-ci. Grâce au large guidon qui tombe naturellement sous les mains, la direction est très légère tandis que la précision et la solidité du châssis sont sans reproches en courbe. Les freins, qui ont été complètement revus l'an dernier, sont quant à eux excellents puisqu'à la fois très puissants et faciles à moduler.

À quand une Speed Triple 1200?

Général

Catégorie	Standard
Prix	12 199 $
Immatriculation 2009	518 $
Catégorisation SAAQ 2009	« régulière »
Évolution récente	introduite en 1994, revue en 1997, 2002 et 2005
Garantie	2 ans/kilométrage illimité
Couleur(s)	blanc, orange, noir, noir mat
Concurrence	Aprilia Tuono 1000, BMW R1200R, Buell XB12S Lightning

Moteur

Type	3-cylindres en ligne 4-temps, DACT, 4 soupapes par cylindre, refroidissement par liquide
Alimentation	injection à 3 corps
Rapport volumétrique	12:1
Cylindrée	1 050 cc
Alésage et course	79 mm x 71,4 mm
Puissance	131 ch @ 9 250 tr/min
Couple	77 lb-pi @ 7 550 tr/min
Boîte de vitesses	6 rapports
Transmission finale	par chaîne
Révolution à 100 km/h	environ 3 600 tr/min
Consommation moyenne	7,3 l/100 km
Autonomie moyenne	246 km

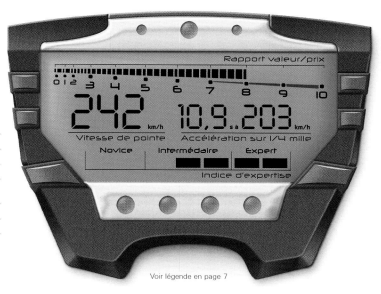

Voir légende en page 7

Partie cycle

Type de cadre	périmétrique, en aluminium tubulaire
Suspension avant	fourche inversée de 43 mm ajustable en précharge, compression et détente
Suspension arrière	monoamortisseur ajustable en précharge, compression et détente
Freinage avant	2 disques de 320 mm de Ø avec étriers radiaux à 4 pistons
Freinage arrière	1 disque de 220 mm de Ø avec étrier à 2 pistons
Pneus avant/arrière	120/70 ZR17 & 180/55 ZR17
Empattement	1 429 mm
Hauteur de selle	815 mm
Poids à vide	189 kg
Réservoir de carburant	18 litres

QUOI DE NEUF EN 2009 ?

Aucun changement

Coûte 800 $ de moins qu'en 2008

PAS MAL

Un tricylindre envoûtant dont Triumph peut être fier; il est à lui seul responsable d'une grande partie de l'agrément que l'on ressent au guidon de l'anglaise et représente l'un des atouts du modèle

Une puissance étonnante, mais surtout bien répartie sur l'ensemble de la plage des régimes; on ne manque jamais de chevaux

Une partie cycle dont on oublie parfois les origines sportives; la Speed Triple offre à son pilote la capacité très réelle de tourner en piste si le coeur lui en dit, ce qui s'avère révélateur du niveau de sa tenue de route

BOF

Un manque de protection contre les éléments qui, s'il est inhérent au style standard, ne permet pas d'exploiter pleinement les performances de la machine; la pression de l'air devient vite trop forte avec la vitesse

Un réglage des suspensions trop ferme qui génère un certain inconfort sur mauvais revêtement

Une légèreté de direction extrême qui a le potentiel de se transformer en instabilité, surtout si le pilote ne fait pas attention aux mouvements qu'il induit lui-même au guidon, lorsque la pression du vent à haute vitesse le bouscule, par exemple

Conclusion

Nous avons eu la chance d'évaluer cette version de la Speed Triple sur une célèbre route surnommée *Tale of the Dragon* à Deal's Gap. En ce qui sembla être un clin d'œil, 318 courbes inconnues étalées sur à peine 18 kilomètres furent négociées non seulement sans le moindre tracas, mais aussi avec un niveau de stress presque nul et, surtout, avec un plaisir immense. Si la Speed Triple réunit les caractéristiques nécessaires pour pousser les pilotes les plus matures à l'indiscipline, en contraste, elle possède aussi toutes les qualités d'une monture agile et accessible à un grand éventail de motocyclistes.

Rocket III Classic

TRIUMPH *TRIUMPH* *ROCKET III*

Le plus gros moteur du monde...

Même si la course au cubage semble aujourd'hui s'être estompée, encore tout récemment, plusieurs constructeurs cherchaient à tout prix à offrir la custom possédant la plus grosse cylindrée au monde. Peut-être motivé par la croyance qu'il avait quelque chose à prouver, Triumph fut le récipiendaire du titre lorsqu'il lança la Rocket III est ses 2 300 cc en 2004, un record de cylindrée qui tient d'ailleurs toujours. En raison des ventes moins élevées que prévu pour ce genre de customs extrêmes, plusieurs compagnies ont beaucoup réduit leur intérêt envers le créneau. Dans le cas de Triumph, c'est par d'intéressantes baisses de prix qu'on tente de garder cet intérêt à un niveau au moins rentable.

Peu de motos sont aussi visuellement choquantes que la Rocket III. En fait, les proportions du modèle semblent n'avoir qu'une logique, celle d'accommoder l'immensité du tricylindre longitudinal de 2,3 litres animant l'engin. En donnant un style classique beaucoup moins extravagant à la version Touring, Triumph confirme d'ailleurs que si elle est osée, la ligne de la version originale de la Rocket III n'est peut-être pas la plus judicieuse d'un point de vue commercial.

L'attrait principal du modèle tient à l'énorme mécanique qui le propulse et qui, encore aujourd'hui, propose la plus grosse cylindrée du monde du motocyclisme. À peine quelques instants en selle sont suffisants pour réaliser que les gros chiffres de puissance et de couple qui accompagnent ce tricylindre géant sont tout sauf de la frime. On se doute bien qu'une moto de 2,3 litres a la capacité de s'élancer de façon grandiose lors d'une pleine accélération sur le premier rapport, mais rien ne permet de prévoir que cette intensité demeure pratiquement la même lorsqu'on passe la seconde, la troisième... et même la quatrième ! Notons que la variante Touring est propulsée par une version moins puissante, mais plus coupleuse du même moteur. Par ailleurs, si la sonorité «automobile» que dégage la Rocket III en pleine accélération n'a rien de très flatteur, on conviendra en revanche qu'il n'est certes pas banal de piloter une moto avec une sonorité «automobile»...

En dépit de tout ce dont elle est capable à pleins gaz, la Rocket III se montre étonnamment civilisée dès le moment

> **AU-DELÀ SA LIGNE ENCORE CONTROVERSÉE, LA ROCKET III A COMME PRINCIPAL POINT D'INTÉRÊT L'IMMENSE ET UNIQUE TRICYLINDRE QUI L'ANIME.**

où l'on ramène l'intensité du pilotage à un rythme de balade. Malgré sa cylindrée hors-norme, le gros tricylindre travaille toujours en douceur et sans jamais montrer de manières déplacées. La vérité à propos de la Rocket III est que tant qu'on ne l'utilise pas comme un missile ou comme une machine à brûler des pneus, on découvre en elle une moto qui s'avère tout aussi à l'aise dans la besogne quotidienne que sur de longues distances. Mécanique douce et ultrasouple, transmission très convenable, embrayage léger, position classique et dégagée typique d'une grosse custom, et sonorité feutrée sont autant de facteurs qui laissent conclure que la décision prise par Triumph d'en faire une monture de tourisme léger avec la variante Touring, est pleinement justifiée.

La docilité dont fait preuve la Rocket III en conduite normale ne s'arrête pas qu'à la mécanique, mais s'étend aussi au comportement. Malgré ses immenses proportions, on s'étonne qu'un effort minimal suffise à la soulever de sa béquille, tandis qu'une fois en route, on découvre une moto agréablement équilibrée. Une des rares critiques envers le comportement concerne l'impression que donne la Rocket III (mais pas la Touring) de résister à la poussée du guidon en entrée de courbe, une conséquence directe de la largeur extrême du pneu arrière. On s'y habitue toutefois.

Avec de bonnes selles, des suspensions qui travaillent correctement et une position dégagée plaisante, le niveau de confort est très acceptable sur les customs et supérieur sur la Touring.

Général

Catégorie	Tourisme léger
Prix	Rocket III : 16 899 $ Classic : 17 699 $ Touring : 18 999 $ (noir : 18 699 $)
Immatriculation 2009	518 $
Catégorisation SAAQ 2009	« régulière »
Évolution récente	Rocket III introduite en 2004, Touring introduite en 2008
Garantie	2 ans/kilométrage illimité
Couleur(s)	Rocket III : noir, violet Classic : bourgogne et blanc, bleu et gris Touring : noir et rouge, noir
Concurrence	Rocket III : V-Max Classic : Suzuki Boulevard C109R Touring : Harley-Davidson Road King, Kawasaki Vulcan 1700 Nomad, Yamaha Stratoliner

Moteur

Type	3-cylindres en ligne 4-temps, DACT, 4 soupapes par cylindre, refroidissement par liquide
Alimentation	injection à 3 corps de 56 mm
Rapport volumétrique	8,7:1
Cylindrée	2 294 cc
Alésage et course	101,6 mm x 94,3 mm
Puissance	Rocket III : 140 ch @ 6 000 tr/min Touring : 106 ch @ 5 400 tr/min
Couple	Rocket III : 147 lb-pi @ 2 500 tr/min Touring : 154 lb-pi @ 2 000 tr/min
Boîte de vitesses	5 rapports
Transmission finale	par arbre
Révolution à 100 km/h	environ 2 400 tr/min
Consommation moyenne	7,1 l/100 km
Autonomie moyenne	352 km (Touring : 314 km)

Voir légende en page 7

Partie cycle

Type de cadre	double épine dorsale, en acier
Suspension avant	fourche inversée de 43 mm non ajustable (Touring : conventionnelle)
Suspension arrière	2 amortisseurs ajustables en précharge
Freinage avant	2 disques de 320 mm de Ø avec étriers à 4 pistons
Freinage arrière	1 disque de 316 mm de Ø avec étrier à 2 pistons
Pneus avant/arrière	Classic : 150/80 R17 & 240/50 R16 Touring : 150/80 R16 & 180/70 R16
Empattement	1 695 mm (Touring : 1 705 mm)
Hauteur de selle	740 mm (Touring : 730 mm)
Poids à vide	320 kg (Touring : 358 kg)
Réservoir de carburant	24 litres (Touring : 22,3 litres)

QUOI DE NEUF EN 2009 ?

Retour de la variante Rocket III, soit le modèle original

Rocket III coûte 5 100 $ que le dernier modèle offert au Canada en 2006;
Rocket III Classic et Touring coûtent 1 300 $ de moins qu'en 2008

PAS MAL

Un tricylindre unique autant par son concept que par les sensations
qu'il fait vivre à chaque ouverture des gaz; il s'agit d'une des rares
configurations mécaniques dont on ne peut vivre l'expérience
qu'à une et une seule adresse

Un niveau de confort intéressant puisqu'il est au bout du compte
identique à celui d'une custom poids lourd haut de gamme;
la version Touring propose encore mieux

Une accessibilité de pilotage qui étonne compte tenu de la cylindrée
monstre; la Rocket III est moins difficile à manier que ses proportions
ne le laissent croire, tandis que la Touring a en partie été conçue
pour améliorer cette qualité

Une intéressante valeur dans le cas de la Rocket III qui coûte 7 000 $
de moins en 2009 que lorsqu'elle a été lancée en 2004

BOF

Une ligne qui continue d'alimenter des discussions animées dans le
cas des variantes custom; elle a le mérite d'être différente et originale,
mais le fait est que si la Rocket III n'avait pas « l'excuse » d'être la moto
affichant la plus grosse cylindrée au monde, on n'aurait probablement
pas beaucoup de bons mots pour sa ligne; la version Touring est
d'ailleurs proportionnée de manière beaucoup plus classique

Une direction alourdie par la largeur du pneu arrière sur les variantes
customs et à laquelle il faut bien prendre le temps de s'habituer

Des proportions géantes qui requièrent un certain niveau d'expérience

Conclusion

La Rocket III a permis à Triumph de démontrer de manière
indiscutable qu'il détient les ressources créatives et techniques
pour concevoir des montures révolutionnaires. Dans l'une ou
l'autre de ses variantes, le modèle livre la marchandise de façon
tout aussi indiscutable puisqu'il permet de vivre une expérience
unique, celle de piloter la monture de production affichant la plus
grosse cylindrée au monde. La Rocket III est un produit très
particulier s'adressant soit aux connaisseurs que son unicité
mécanique attire beaucoup, soit aux amateurs de customs qui
recherchent un modèle que peu de motocyclistes possèdent.
Dans les deux cas, l'adresse est décidément la bonne.

Rocket III Touring

America

TRIUMPH

TRIUMPH

AMERICA & SPEEDMASTER

Commerciales...

Le fait que les customs représentent plus de la moitié des ventes de routières en Amérique du Nord est à la base de la présence de l'America et de la Speedmaster dans la gamme du constructeur britannique. Ainsi, elles existent uniquement dans le but de s'approprier une portion de ces ventes, aussi petite soit-elle. Leur mission s'avère d'ailleurs identique à celle de la défunte BMW R1200C. Comme les Allemands, les Anglais ne sont jamais allés jusqu'à produire une custom à moteur V-Twin, préférant plutôt garder leur mécanique traditionnelle, même si ça fait faux... Techniquement très proche de l'America de style classique, la Speedmaster prend le rôle de la « sportive » du duo.

La plateforme de la Bonneville a décidément donné naissance à une variété intéressante de modèles. Car si on retrouve d'un côté des designs rétro admirablement bien réussis comme la Scrambler, la Thruxton ou encore, justement, la Bonneville, de l'autre, on découvre deux créations plus ou moins éthiques dont l'intérêt est purement commercial : l'America et la Speedmaster. Comme ce fut le cas avec la R1200C chez BMW, le fait d'associer la mécanique traditionnelle du constructeur de Hinckley à un tel style n'a pas fait que des heureux chez les puristes de la marque. Par ailleurs, si du côté des sérieux amateurs de customs on n'est jamais vraiment arrivé à accepter le mélange de la marque anglaise, du style custom et d'une mécanique autre qu'un V-Twin, l'America et la Speedmaster arrivent malgré tout à trouver preneur en raison de l'immensité du créneau. Tant que ça durera, elles figureront au catalogue, et, comme la BMW, elles disparaîtront dès que l'intérêt s'estompera. Pour le moment, toutefois, Triumph semble vouloir mettre tous les efforts nécessaires pour que cet intérêt demeure au moins stable. Par exemple, en plus des prix qui continuent de baisser, l'injection a enfin fait son apparition l'an dernier tandis qu'un nouveau réservoir à la fois plus gros et esthétiquement plus soigné fut également installé tant sur l'America que sur la Speedmaster. Toutes deux sont aujourd'hui animées par la même version de 865 cc du Twin britannique, celle dont la Speedmaster profite depuis 2005. Comme l'un des défauts majeurs de l'America depuis

LES PERFORMANCES SONT MODESTES, MAIS LE DEGRÉ D'ACCESSIBILITÉ EST TRÈS ÉLEVÉ. MÊME DES PILOTES NOVICES PEUVENT AISÉMENT LES ENVISAGER.

sa mise en marché de 2002 concernait le caractère timide et les accélérations faibles de la version de 790 cc de cette mécanique, les améliorations amenées par cette mise à niveau sont bienvenues. Les performances maximales demeurent toutefois relativement modestes et, comme les selles sont basses et que le poids ne sont pas trop élevés, l'une ou l'autre des variantes peut être envisagée par une très large variété de pilotes. Leur position de conduite à saveur custom allonge généreusement les jambes vers l'avant et laisse tomber les mains de façon naturelle sur un guidon de type large et bas sur l'America, et de type droit et avancé sur la Speedmaster. Cette dernière affiche un comportement routier légèrement plus intéressant que celui de l'America en raison de ses pneus de meilleure qualité et de son frein avant à disque double plutôt que simple. Les deux versions s'inscrivent sans effort en courbe et se montrent assez précises et neutres une fois inclinées. À moins qu'on exagère, la stabilité n'attire pas de critique en courbe ni en ligne droite.

Le niveau de confort n'est pas mauvais, car les positions dégagées sont agréables, du moins pour des périodes limitées, et parce que la selle est bien formée et bien rembourrée. Sans être rude, la suspension arrière reste ferme. Or, comme sur plusieurs customs, la position concentre une bonne partie du poids du pilote sur le bas de son dos, si bien qu'on finit assez rapidement par adapter sa conduite en tentant autant que possible de contourner les trous plutôt que sauter dedans.

Général

Catégorie	Custom
Prix	America : 9 899 $ (noir : 9 699 $) Speedmaster : 9 899 $ (noir : 9 699 $)
Immatriculation 2009	518 $
Catégorisation SAAQ 2009	« régulière »
Évolution récente	America introduite en 2002, Speedmaster introduite en 2003
Garantie	2 ans/kilométrage illimité
Couleur(s)	America : noir, bleu et bleu, bleu et blanc Speedmaster : noir, bleu et blanc
Concurrence	Harley-Davidson Sportster 883, Honda Shadow 750, Kawasaki Vulcan 900 Classic, Suzuki Boulevard C50 et M50, Yamaha V-Star 950

Moteur

Type	bicylindre parallèle 4-temps, DACT, 4 soupapes par cylindre, refroidissement par air
Alimentation	injection à 2 corps
Rapport volumétrique	9,2:1
Cylindrée	865 cc
Alésage et course	90 mm x 68 mm
Puissance	61 ch @ 6 800 tr/min
Couple	55 lb-pi @ 3 300 tr/min
Boîte de vitesses	5 rapports
Transmission finale	par chaîne
Révolution à 100 km/h	environ 3 500 tr/min
Consommation moyenne	4,9 l/100 km
Autonomie moyenne	393 km

Partie cycle

Type de cadre	double berceau, en acier
Suspension avant	fourche conventionnelle de 41 mm non ajustable
Suspension arrière	2 amortisseurs ajustables en précharge
Freinage avant	1 disque (Speedmaster : 2) de 310 mm de Ø avec 1 étrier (Speedmaster : 2) à 2 pistons
Freinage arrière	1 disque de 285 mm de Ø avec étrier à 2 pistons
Pneus avant/arrière	America : 110/90 R18 & 170/80 R15 Speedmaster : 110/80 R18 & 170/80 R15
Empattement	1 655 mm
Hauteur de selle	720 mm
Poids à vide	226 kg (Speedmaster : 229 kg)
Réservoir de carburant	19,3 litres

Voir légende en page 7

QUOI DE NEUF EN 2009 ?

Aucun changement

Speedmaster coûte 900 $ et America 600 $ de moins qu'en 2008

PAS MAL

Une ligne qui semble plaire à une certaine catégorie d'acheteurs à la fois liée de manière émotionnelle à la marque anglaise et fortement intéressée à se joindre au phénomène custom

Un comportement routier qui fait preuve de belles manières à presque tous les niveaux, de la stabilité en ligne droite à la solidité en virage en passant par la légèreté de direction

Une facilité de prise en main indéniable; basses et pas trop lourdes, l'America comme la Speedmaster peuvent facilement être envisagées par des novices

Des factures qui arrivent finalement à un niveau plus représentatif de la valeur réelle des modèles

BOF

Un style qui triche un peu; il s'agit indéniablement de customs, mais le Twin parallèle ne semble tout simplement pas être à sa place dans un tel ensemble

Un niveau de performances qui n'est pas mauvais, surtout maintenant que la mécanique de 790 cc a enfin disparu, mais qui n'arrivera à satisfaire que les pilotes peu gourmands en chevaux; en revanche, on peut dire la même chose de la plupart des customs de 750 ou 800 cc

Une mécanique dont le caractère est encore et toujours très timide, en partie en raison de la grande douceur de fonctionnement du moteur, et en partie à cause de la sonorité bien trop étouffée du système d'échappement

Conclusion

Les Speedmaster et America n'auraient jamais vu le jour si ce n'était de la force du segment custom. Mais les affaires sont les affaires et Triumph voulait sa part de ce lucratif gâteau. Et pourquoi pas? Cela dit, il reste qu'une certaine impression d'imposture suit ces modèles depuis leur introduction puisqu'il s'agit de customs sans moteur de custom... Exception faite de ce « détail », leur comportement est aussi amical, sinon plus, que celui des autres customs de cylindrées similaires. Bien finies, techniquement à jour et affichant désormais des factures beaucoup plus raisonnables que dans le passé, elles peuvent malgré tout être considérées comme des achats recommandables. Du moins tant qu'on n'est pas dérangé par cet étrange mélange de culture qui définit leur nature.

Speedmaster

TRIUMPH SCRAMBLER

TRIUMPH

Affaires d'histoire...

Rares sont les constructeurs dont l'histoire est aussi riche que celle de Triumph. Après être revenue à la vie au début des années 90 grâce à des modèles décents, mais relativement fades, la firme de Hinckley a fini par réaliser la valeur commerciale de son passé et mise aujourd'hui beaucoup sur la nostalgie pour vendre ses produits. La Scrambler est l'exemple parfait de cette stratégie puisqu'elle se veut la réincarnation de la légendaire Triumph TR6C qui a permis à Steve McQueen de s'évader de prison de façon spectaculaire dans le classique long métrage de 1963 The Great Escape. Inchangée depuis son lancement en 2006, la version canadienne reçoit l'injection d'essence cette année.

Les stylistes de la firme anglaise Triumph sont au moins aussi talentueux que ceux de l'autre constructeur de moto jouant beaucoup sur le sentiment de nostalgie émanant de son passé, Harley-Davidson. Le talent des stylistes de Triumph est d'autant plus évident que tous les modèles à saveur rétro du catalogue anglais sont élaborés à partir de la même plateforme. Un fait qui n'empêche aucune de ces motos d'afficher une authenticité visuelle remarquable, un accomplissement dont la Scrambler est un parfait exemple.

Les réactions générées par la Scrambler sont étonnantes puisqu'elle n'a aucune difficulté à passer pour la vraie chose, donc pour une vieille moto restaurée, du moins aux yeux d'observateurs non spécialisés. L'alimentation, qui est désormais assurée par un système d'injection à double corps, est particulièrement intéressante à ce sujet puisque Triumph a installé les composantes du système à l'intérieur de boîtiers imitant des carburateurs. Toutes les autres pièces de la moto sont également à jour et parfaitement fonctionnelles. Sous sa silhouette rétro extrêmement réussie, la Scrambler cache ainsi un niveau de technologie tout à fait actuel.

Si cette façon de procéder, qui est tout à l'honneur de Triumph, explique en partie le succès que ses modèles néo-rétro remportent sur le marché, elle se justifie aussi lorsqu'on constate les belles manières dont fait preuve la Scrambler sur la route. Car au-delà du rôle qu'elle joue avec brio, l'anglaise s'avère aussi une monture d'une surprenante facilité de prise en main. Dotée d'une selle

un peu haute, affichant un poids plutôt faible, agréablement étroite et très légère de direction, elle est propulsée par un Twin parallèle dont les performances sont livrées de manière on ne peut plus amicale. À ses commandes, rien n'intimide, si bien que même un débutant s'y sentirait à l'aise. Cela dit, elle saura satisfaire les pilotes plus expérimentés par des performances raisonnables et surtout par une capacité à transformer la moindre balade en petit plaisir instantané. Sortie imprévue de quelques kilomètres, escapade de quelques heures ou promenade sans but, la Scrambler s'adapte aisément à toutes ces situations et constitue un retour rafraîchissant à l'essentiel.

IL N'Y NI PROTECTION CONTRE LE VENT NI SUSPENSIONS TRÈS SOPHISTIQUÉES NI ORDINATEUR NI GADGET DE LA MOINDRE ESPÈCE.

En ces temps de spécialisation aiguë où tout semble finement calculé et déterminé par de puissants logiciels d'analyse, la position de conduite de cette ancêtre des double-usage est tellement simple et logique qu'on se demande à quoi sert tout cet arsenal. On est tout bonnement assis sur une selle plate avec un large guidon entre les mains. La posture est bêtement celle que le corps demande. Toutes les commandes fonctionnent de manière fluide et naturelle. La puissance n'est pas énorme, mais le bicylindre est suffisamment coupleux pour qu'on ne manque jamais de rien en conduite urbaine comme sur l'autoroute. Il n'y a pas de protection contre le vent ni de suspensions très sophistiquées. Pas d'ordinateur de bord, pas d'instrumentation numérique et pas le moindre gadget en vue non plus. Aux commandes de la Scrambler, on se contente de rouler. Et on le fait avec plaisir.

Général

Catégorie	Standard
Prix	9 499 $
Immatriculation 2009	518 $
Catégorisation SAAQ 2009	« régulière »
Évolution récente	introduite en 2006
Garantie	2 ans/kilométrage illimité
Couleur(s)	vert, noir
Concurrence	BMW G650Xcountry

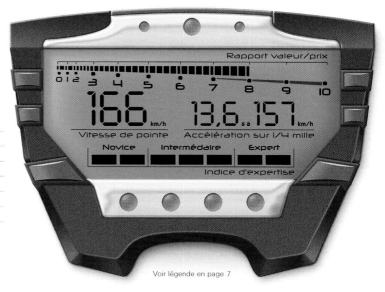

Rapport valeur/prix

0 1 2 3 4 5 6 7 8 9 10

166 km/h   **13,6.157** km/h

Vitesse de pointe   Accélération sur 1/4 mille

Novice   Intermédiaire   Expert

Indice d'expertise

Voir légende en page 7

Moteur

Type	bicylindre parallèle 4-temps, DACT, 4 soupapes par cylindre, refroidissement par air
Alimentation	injection à 2 corps
Rapport volumétrique	9,2:1
Cylindrée	865 cc
Alésage et course	90 mm x 68 mm
Puissance	59 ch @ 6 800 tr/min
Couple	51 lb-pi @ 4 750 tr/min
Boîte de vitesses	5 rapports
Transmission finale	par chaîne
Révolution à 100 km/h	environ 3 500 tr/min
Consommation moyenne	5,5 l/100 km
Autonomie moyenne	291 km

Partie cycle

Type de cadre	double berceau, en acier
Suspension avant	fourche conventionnelle de 41 mm non ajustable
Suspension arrière	2 amortisseurs ajustables en précharge
Freinage avant	1 disque de 310 mm de Ø avec étrier à 2 pistons
Freinage arrière	1 disque de 255 mm de Ø avec étrier à 2 pistons
Pneus avant/arrière	100/90 R19 & 130/80 R17
Empattement	1 500 mm
Hauteur de selle	825 mm
Poids à vide	205 kg
Réservoir de carburant	16 litres

QUOI DE NEUF EN 2009 ?

Injection d'essence remplace l'alimentation par carburateurs

Coûte 500 $ de moins qu'en 2008

PAS MAL

Une autre néo-rétro de Triumph au style classique réussi; cette machine dérivée de la Bonneville démontre bien que Harley n'est plus le seul à multiplier les modèles sur une plateforme commune

Une facilité de pilotage hors du commun qui la rend accessible à tous; la solidité de la partie cycle, la position de conduite naturelle et à la livrée de puissance très amicale du Twin parallèle anglais en font une excellente moto d'initiation que même les pilotes expérimentés peuvent apprécier, du moins s'ils comprennent le thème du modèle

Une bonne valeur, même si la Scrambler n'est pas à proprement parler une aubaine

BOF

Une capacité hors-route limitée, malgré un look tout-terrain à l'ancienne; s'aventurer à l'occasion sur une route de gravier demeure néanmoins possible

Une selle plate qui est parfaite pour la besogne quotidienne, mais qui n'est pas vraiment dessinée pour être confortable sur de longues distances

Un moteur dont le niveau de performances est correct lorsque l'on a l'esprit à la balade, mais qui n'a rien de très excitant; comme sur tous les modèles dérivés de la Bonneville, le caractère du bicylindre doux et silencieux s'avère plutôt timide; une sérieuse augmentation de cylindrée transformerait le modèle

Conclusion

Grâce à la magie de la technologie moderne, l'attachante silhouette antique de la Scrambler ne l'empêche pas de se comporter avec solidité et précision en courbe, de freiner avec assurance ni même —une fois n'est pas coutume— de s'aventurer dans un sentier pas trop abîmé. Comme d'autres Triumph conçues dans le but de replonger leur propriétaire dans le passé, la Scrambler n'est pas destinée au motocycliste moyen, qui ne s'y intéressera pas plus qu'il ne la comprendra. Mais pour une poignée de nostalgiques jeunes et moins jeunes, la seule vue de la Triumph Scrambler générera un sourire qui ne s'effacera assurément pas une fois sur la route. Sa simplicité en fait un genre de retour à la case départ, une moto qu'on enfourche simplement pour le plaisir de rouler.

Scrambler accessoirisée

TRIUMPH

TRIUMPH

THRUXTON

Comme à la belle époque...

Les vieux routiers à barbe blanche pourraient vous raconter des heures durant des anecdotes remontant à l'époque lointaine où les sportives du Royaume-Uni dominaient les circuits du monde entier. La Thruxton est l'héritière de cette tradition qu'elle a pour mission de perpétuer en vous faisant revivre cette ère de gloire qui a fait de Triumph l'un des constructeurs le plus en vue du globe. Basée sur la plateforme de la Bonneville, elle se distingue par son style d'époque très soigné et par sa position de conduite basculée vers l'avant. Les versions canadiennes du modèle reçoivent en 2009 une alimentation par injection, un guidon repositionné et des rétroviseurs placés en bout de poignées.

Une «moto à thème». Voilà comment nous qualifions les rares montures qui, comme la Thruxton, n'ont d'autre mission ou utilité que d'évoquer un passé révolu. Elle s'adresse soit à ceux qui ont vécu cette époque, soit à ceux que cette période fascine. Son allure très «British» éveillera à coup sûr chez ces passionnés un fort sentiment de nostalgie. Comme ses sœurs de la lignée Bonneville, la Thruxton semble tout droit sortie des années glorieuses de l'industrie motocycliste anglaise et se veut l'une des motos rétro les plus réussies sur le marché. En suivant méticuleusement le thème de la sportive d'antan, Triumph a créé une monture unique, ce que l'on remarque d'ailleurs dès l'instant où on l'enfourche. L'étonnante fidélité avec laquelle la Thruxton respecte les proportions qui étaient courantes il y a un demi-siècle —mais considérées minuscules aujourd'hui— attire immanquablement l'attention. La selle est basse, étroite et mince, tandis que la moto ne semble pas plus large que son pneu avant. Cette impression n'est d'ailleurs pas très loin de la réalité puisqu'à l'exception du réservoir, des silencieux de style mégaphone et des couvercles latéraux du Twin parallèle, tout est étonnamment étroit. La position de conduite surprend elle aussi. Le buste penché vers l'avant, les poignets supportant tout le poids du corps basculé au-dessus du guidon bas et les jambes repliées à l'excès, le pilote se sent décidément à l'étroit. Bien qu'on finisse par s'y habituer après un moment, il s'agit d'une posture vraiment peu commune.

> **LA THRUXTON SEMBLE TOUT DROIT SORTIE DES ANNÉES GLORIEUSES DE L'INDUSTRIE MOTOCYCLISTE ANGLAISE. ELLE INCARNE UN THÈME.**

En dépit de ses 865 cc, le bicylindre vertical se montre peu énergique et ses performances n'impressionnent pas vraiment, pas plus que son caractère d'ailleurs. Délivrant sa puissance de façon très linéaire, il génère des accélérations modestes à bas régime, décentes au milieu et qui finissent par s'intensifier à mesure que les tours grimpent. Doux jusqu'à 5 000 tr/min, il s'agite par la suite jusqu'à devenir considérablement vibreux à l'approche de la zone rouge de 7 500 tr/min. Il est donc préférable de ne pas tirer les rapports à l'excès et de maintenir les révolutions dans la partie médiane de la bande de puissance. La Thruxton n'est pas lente, mais elle décevra les accros de puissance et de sensations fortes.

Le faible effet de levier généré par le guidon étroit nuit à la maniabilité de la Thruxton. Il faut pousser fort sur les poignées pour l'inscrire en virage et tirer aussi fort pour la faire passer d'un angle à l'autre rapidement. La sensation n'est pas désagréable puisqu'elle donne l'impression d'avoir à travailler un peu pour manier la moto, ce qui semble presque rafraîchissant de nos jours. Neutre et solide en courbe, la Thruxton fait toujours preuve d'une stabilité irréprochable.

Le confort n'est pas le point fort de la petite sportive rétro d'Hinckley. La suspension arrière est simpliste et se montre rude sur une route en mauvais état, un fait que la dureté de la selle ne parvient pas à faire oublier. Sans que le niveau de confort soit inférieur à celui d'une sportive pure, il n'a rien d'invitant lors de longues sorties.

Général

Catégorie	Standard
Prix	9 599 $
Immatriculation 2009	518 $
Catégorisation SAAQ 2009	« régulière »
Évolution récente	introduite en 2004
Garantie	2 ans/kilométrage illimité
Couleur(s)	noir et or, rouge et blanc
Concurrence	Harley-Davidson Sportster XR1200, Ducati SportClassic Sport 1000

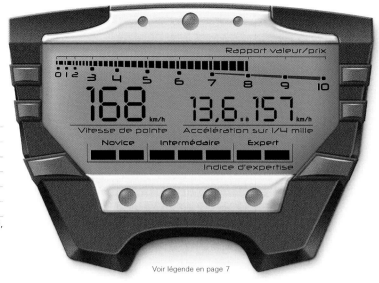

Voir légende en page 7

Moteur

Type	bicylindre parallèle 4-temps, DACT, 4 soupapes par cylindre, refroidissement par air
Alimentation	injection à 2 corps
Rapport volumétrique	9,2:1
Cylindrée	865 cc
Alésage et course	90 mm x 68 mm
Puissance	69 ch @ 7 400 tr/min
Couple	52 lb-pi @ 5 800 tr/min
Boîte de vitesses	5 rapports
Transmission finale	par chaîne
Révolution à 100 km/h	environ 3 900 tr/min
Consommation moyenne	5,5 l/100 km
Autonomie moyenne	291 km

Partie cycle

Type de cadre	double berceau, en acier
Suspension avant	fourche conventionnelle de 41 mm ajustable en précharge
Suspension arrière	2 amortisseurs ajustables en précharge
Freinage avant	1 disque de 320 mm de Ø avec étrier à 2 pistons
Freinage arrière	1 disque de 255 mm de Ø avec étrier à 2 pistons
Pneus avant/arrière	100/90 R18 & 130/80 R17
Empattement	1 490 mm
Hauteur de selle	790 mm
Poids à vide	205 kg
Réservoir de carburant	16 litres

QUOI DE NEUF EN 2009 ?

Injection d'essence remplace l'alimentation par carburateurs

Guidon repositionné avec rétroviseurs placés en bout de poignées

Coûte 400 $ de moins qu'en 2008

PAS MAL

Une allure néo-rétro admirablement bien rendue et des mensurations équilibrées; la Thruxton joue la carte de la nostalgie sans la moindre retenue

Une tenue de route contemporaine; ni la stabilité en ligne droite ni le comportement en courbe n'attirent de critiques, du moins tant qu'on ne se met pas à jouer aux « vraies » sportives

Une expérience de conduite « sportive » rafraîchissante puisqu'elle n'est pas axée que sur les performances

BOF

Un niveau de confort à l'ancienne; les poignées basses mettent du poids sur les mains, la selle étroite ne tarde pas à devenir douloureuse, la mécanique vibre à haut régime et les suspensions ne sont pas particulièrement souples, surtout à l'arrière

Des performances peu impressionnantes; la Thruxton n'arrive à satisfaire que les pilotes qui la comprennent et qui ne s'attendent pas à une avalanche de chevaux, ce que le Twin anglais est loin de générer

Une mécanique qui manque de caractère surtout en raison du système d'échappement étouffé qui semble être commun à tous les modèles dérivés de la Bonneville

Conclusion

La Thruxton est l'une de ces motos envers lesquelles on se sent attiré pour des raisons purement émotives. Les intéressés doivent donc bien réaliser qu'au-delà de ses attrayantes proportions, la Thruxton affiche nombre de caprices avec lesquels il faut apprendre à vivre. Plutôt lente, vibreuse, lourde de direction et assez inconfortable, elle n'a finalement rien pour intéresser le motocycliste moyen. Heureusement pour elle, la Thruxton ne s'adresse pas à ce dernier, mais plutôt au nostalgique recherchant autre chose qu'une quantité infinie de chevaux ou une technologie extrême. La Thruxton est destinée au puriste, au romantique qui veut rouler à l'ancienne, comme on le faisait il y a un demi-siècle. Elle s'adresse au motocycliste qui cherche à retrouver l'âme du mythique Café Racer.

Bonneville

TRIUMPH *TRIUMPH* BONNEVILLE

Évolution rétro...

Comme c'est le cas pour les customs, faire évoluer une monture affichant un thème rétro n'est pas une affaire aussi simple qu'il le semblerait. Afin de faire progresser sa Bonneville tout en respectant son côté historique, Triumph a volontairement limité ses interventions à quelques détails visuels et à une poignée de changements techniques.

Ainsi, des roues coulées remplacent les roues à rayons, les vieux silencieux « tire-pois » font place à ceux de la Thruxton et les garde-boue sont redessinés. Le résultat donne l'impression de voir le modèle évoluer comme il l'aurait fait il y a un demi-siècle. Notons que la Bonneville originale est toujours offerte sous la forme des modèles T100 et de l'édition limitée 50ᵉ anniversaire.

Les amateurs de modèles anglais des années 60 ne peuvent que tomber sous le charme de la Bonneville et de tout ce que son look véhicule d'émotions et de souvenirs. Si plusieurs constructeurs jouent aussi la carte de la nostalgie, Triumph s'en distingue en proposant des produits dont l'apparence est étonnamment fidèle à celle des modèles originaux. La méthode qu'il utilise pour arriver à un tel résultat est simple, du moins dans le cas de la Bonneville, puisqu'il a tout simplement calqué la version d'époque pour créer le modèle courant. Notons que les versions de base et SE évoluent légèrement cette année, mais que les variantes T100 et 50ᵉ anniversaire conservent l'ancienne ligne. En plus de proportions très fidèlement reproduites, une foule de détails allant de la forme des couvercles du moteur à celle des silencieux en passant par le respect des emblèmes d'époque se combinent pour donner à l'ensemble un air très authentique. Pas étonnant donc que les curieux confondent souvent la Bonneville avec une moto restaurée. L'ironie est que malgré son apparence, la petite Triumph est construite avec des technologies contemporaines.

Avec une puissance relativement faible de 67 chevaux, le Twin parallèle de la Bonnie fait le travail, mais n'est pas la plus excitante mécanique qui soit. Il est très silencieux et étonnamment doux, au point que ses vibrations sont presque imperceptibles une fois en mouvement. Certains motocyclistes apprécieront une telle tranquillité, mais d'autres aimeraient un caractère plus fort.

IRONIQUEMENT, MALGRÉ TOUS LES EFFORTS DÉPLOYÉS AFIN DE RESPECTER LE STYLE D'ÉPOQUE, LA BONNEVILLE RESTE MODERNE.

Ces derniers pourront au moins s'estimer heureux que Triumph ait doté la Bonneville de la version de 865 cc de cette mécanique puisque celle-ci représente une amélioration notable par rapport à la très anonyme version originale de 790 cc.

Si la partie cycle a été élaborée de manière à ne pas entrer en conflit avec le style d'époque recherché par Triumph, elle reste solide et moderne. Et même si les composantes des suspensions sont plutôt rudimentaires, l'ensemble reste assez bien conçu pour garantir un comportement routier sûr et précis. À moins de la pousser dans ses derniers retranchements, la Bonneville ne louvoie pas en courbe. Elle s'incline avec facilité et maintient son cap sur l'angle. Basse, mince et légère, il s'agit d'une petite moto très facile d'accès qui démontre une grande maniabilité dans les situations serrées de la conduite urbaine. Bien que la Bonnie ne se soit jamais prise pour une sportive, elle alloue quand même un certain amusement sur les routes secondaires sinueuses.

Sa position de pilotage est typique de celle d'une standard puisqu'elle offre amplement de dégagement pour les jambes et laisse le dos droit. Comme la selle n'est pas mauvaise et que les suspensions accomplissent décemment leur travail, le confort est acceptable. Il ne s'agit pas néanmoins d'une moto conçue pour les voyages sur de longues distances, mais plutôt d'une sympathique et nostalgique petite moto qui prend tout son sens lorsque l'athmosphère est à la balade.

Général

Catégorie	Standard
Prix	Bonneville 50ᵉ anniversaire : 11 199 $ Bonneville T100 : 9 799 $ Bonneville SE : 9 399 $ Bonneville : 8 699 $
Immatriculation 2009	518 $
Catégorisation SAAQ 2009	« régulière »
Évolution récente	introduite en 2001, revue en 2009
Garantie	2 ans/kilométrage illimité
Couleur(s)	Bonneville 50ᵉ : bleu et orange Bonneville T100 : vert et blanc, violet et gris, noir et blanc Bonneville SE : bleu et blanc, noir Bonneville : noir, blanc
Concurrence	Harley-Davidson Sportster 883, Moto Guzzi V7 Classic

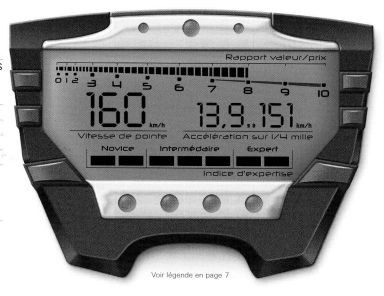

Voir légende en page 7

Moteur

Type	bicylindre parallèle 4-temps, DACT, 4 soupapes par cylindre, refroidissement par air
Alimentation	injection à 2 corps
Rapport volumétrique	9,2:1
Cylindrée	865 cc
Alésage et course	90 mm x 68 mm
Puissance	67 ch @ 7 500 tr/min
Couple	51 lb-pi @ 5 800 tr/min
Boîte de vitesses	5 rapports
Transmission finale	par chaîne
Révolution à 100 km/h	environ 3 700 tr/min
Consommation moyenne	5,0 l/100 km
Autonomie moyenne	320 km

Partie cycle

Type de cadre	double berceau, en acier
Suspension avant	fourche conventionnelle de 41 mm non ajustable
Suspension arrière	2 amortisseurs ajustables en précharge
Freinage avant	1 disque de 310 mm de Ø avec étrier à 2 pistons
Freinage arrière	1 disque de 255 mm de Ø avec étrier à 2 pistons
Pneus avant/arrière	110/70 R17 & 130/80 R17 T100/50ᵉ : 100/90 R19 & 130/80 R17
Empattement	1 454 mm (T100/50ᵉ : 1 500 mm)
Hauteur de selle	751 mm (T100/50ᵉ : 775 mm)
Poids à vide	200 kg (T100/50ᵉ : 205 kg)
Réservoir de carburant	16 litres

QUOI DE NEUF EN 2009 ?

Révision de la Bonneville : roues coulées de 17 pouces (sauf T100 et 50ᵉ), nouveaux garde-boue, silencieux de la Thruxton, guidon rapproché du pilote, selle abaissée de 25 mm

Version SE offerte avec meilleure finition et instrumentation complète

Version limitée 50ᵉ anniversaire

Bonneville coûte 300 $ et T100 500 $ de moins qu'en 2008

PAS MAL

Un style rétro fidèle à celui des Bonneville d'antan au point que certains observateurs la confondent avec une moto restaurée

Un comportement satisfaisant en harmonie avec la mission que Triumph lui a confiée et un niveau de confort très acceptable qui font de la Bonneville une moto à la fois attachante et pratique

Un prix de plus en plus raisonnable qui, lorsque combiné à la bonne qualité de l'ensemble fait de la Bonneville une bonne valeur

BOF

Un niveau de performances bien plus intéressant que celui des premiers modèles de 790 cc, mais qui reste quand même modeste ; le Twin manque toujours de vigueur, il est plaisant, mais pas excitant et on ne dirait certes pas non à une version de plus de 1 000 cc

Un moteur au caractère fade ; ses pulsations sont presque imperceptibles et ses silencieux souffrent d'un étouffement profond ; Triumph offre bien des échappements de remplacement, mais ils sont plus bruyants que plaisants

Un niveau de confort très correct pour la besogne quotidienne et les balades de moyennes durées, mais la selle plate n'est pas conçue pour demeurer confortable sur de longues distances

Conclusion

La Bonneville est la carte d'affaire de Triumph. De toutes les montures présentes dans le catalogue de la firme de Hinckley, elle est la plus importante, celle qui ancre la réputation de la marque et qui donne toute sa profondeur à son histoire. La version 50ᵉ anniversaire du modèle célèbre d'ailleurs le demi siècle qui s'est écoulé depuis la présentation du premier exemplaire en 1958. La Bonneville a cela en commun avec les Thruxton et Scrambler qu'elle doit d'abord être comprise pour être appréciée. Sinon, ce n'est tout simplement pas la peine. On doit donc bien saisir qu'il s'agit d'une monture dont le but est d'abord de remonter le temps, un peu comme une Harley, et ensuite de le faire de manière aussi aisée et fonctionnelle que possible en s'appuyant sur de la technologie moderne. Cette mission, la sympatique et attachante petite anglaise la remplit haut la main.

Bonneville 50ᵉ Anniversaire

Vision Tour 10e Anniversaire

VICTORY
VISION

Saviez-vous que...?

La Vision est sans conteste l'une des nouveautés les plus marquantes des dernières années et une moto que nous considérons même comme une sorte de révolution de la portion touristique de l'univers custom. Elle a été créée par Victory non seulement pour « réveiller » une clientèle qui semble n'avoir d'yeux que pour les produits de Milwaukee lorsqu'il s'agit de customs américaines, mais aussi dans le but de faire réaliser au reste du motocyclisme les capacités de la marque de Medina. Car malgré maintenant plus de 10 ans d'existence, le fait est que les motos Victory sont étrangement méconnues. Et vous, saviez-vous quel était le constructeur responsable de cette unique monture de tourisme ?

Peu importe la catégorie, la marque ou le prix, le fait est que bien peu de motos génèrent autant de curiosité de la part du grand public que la Vision. Ce qui est encore plus particulier dans le cas de ce modèle, c'est que la plupart des intéressés ne savent pas qu'il s'agit d'une Victory. L'aspect positif de cette constatation est que partout où elle passe, la Vision accomplit haut la main sa mission de relations publiques. Mais la Vision démontre aussi l'ampleur du travail qui reste à réaliser de la part de Victory avant d'arriver à un niveau de reconnaissance équivalent à celui des autres grandes marques. Au moins, le constructeur du Minnesota semble désormais sur la bonne voie.

L'intérêt de la Vision va bien au-delà de ces questions d'image de marque puisqu'elle représente essentiellement une nouvelle manière d'approcher le voyage à moto. En effet, elle a la particularité de n'appartenir à aucune des classes déjà existantes puisqu'elle ne fait partie ni du créneau de la Gold Wing de Honda ni de celui de la Harley-Davidson Electra Glide. La Vision se situe plutôt quelque part entre les deux, dans une niche qu'on pourrait qualifier de celle des «customs de tourisme», à ne pas confondre avec celle des montures de tourisme de luxe et celle des customs équipées pour le tourisme. La Vision est en fait la première custom construite à la base pour exceller sur un long parcours.

Sous le capot de la Vision se trouve l'un des plus puissants V-Twin refroidis par air du motocyclisme. Ses 92 chevaux suffisent à faire accélérer la Vision de manière plutôt autoritaire à partir

> **LA VISION EST LA PREMIÈRE CUSTOM CONSTRUITE À LA BASE POUR EXCELLER DANS L'ENVIRONNEMENT DU VOYAGE.**

d'un arrêt et à permettre des dépassements francs et rapides sur l'autoroute, deux qualités qui n'ont rien de banal lorsqu'on tient compte du poids très élevé du modèle, qui est presque équivalent à celui de la Honda Gold Wing. Il s'agit aussi de performances clairement supérieures à celles d'une Harley-Davidson Electra Glide, la seule autre monture de tourisme de catégorie custom propulsée par un V-Twin. Bien injectée et douce, cette mécanique n'a comme défauts qu'une sonorité un peu terne et machinale ainsi qu'une transmission dont les changements de rapports sont accompagnés de bruits mécaniques prononcés, une caractéristique voulue.

Lourde à l'arrêt et demandant toute l'attention du pilote dans les manœuvres serrées (une marche arrière est d'ailleurs offerte cette année), la Vision devient incroyablement légère à manier dès qu'elle se met en mouvement. Le comportement routier surprend puisqu'il est non seulement caractérisé par une stabilité impériale dans toutes les situations, mais aussi par une sensation de solidité et de précision qui rappelle bien plus une Gold Wing qu'une quelconque custom.

Le confort attendu d'une moto de tourisme est décidément au rendez-vous puisqu'on peut compter sur une selle large et mœlleuse, sur des plateformes surdimensionnées permettant au pilote de varier sa position à souhait, sur une très bonne protection au vent, sur un système audio prêt à accueillir un iPod et même sur des poignées et des selles chauffantes. Certains équipements sont toutefois des options.

Général

Catégorie	Tourisme de luxe
Prix	Vision Tour : 22 299 $ Vision Street : 21 184 $
Immatriculation 2009	518 $
Catégorisation SAAQ 2009	« régulière »
Évolution récente	introduite en 2008
Garantie	1 an/kilométrage illimité
Couleur(s)	noir, bourgogne, bleu
Concurrence	Harley-Davidson Electra Glide, Yamaha Royal Star Venture, Yamaha Royal Star Tour Deluxe

Moteur

Type	bicylindre 4-temps en V à 50 degrés (Freedom 106/6), SACT, 4 soupapes par cylindre, refroidissement par air et huile
Alimentation	injection à 2 corps de 45 mm
Rapport volumétrique	9,4:1
Cylindrée	1 731 cc
Alésage et course	101 mm x 108 mm
Puissance	92 ch
Couple	109 lb-pi
Boîte de vitesses	6 rapports
Transmission finale	par courroie
Révolution à 100 km/h	environ 2 300 tr/mn
Consommation moyenne	6,6 l/100 km
Autonomie moyenne	345 km

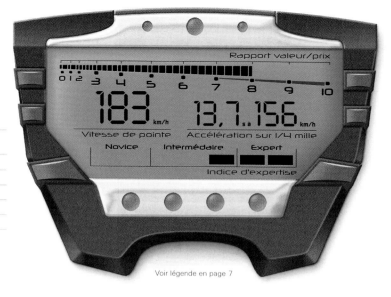

Voir légende en page 7

Partie cycle

Type de cadre	épine dorsale, en aluminium
Suspension avant	fourche conventionnelle de 46 mm non ajustable
Suspension arrière	monoamortisseur ajustable en pression d'air
Freinage avant	2 disques de 300 mm de Ø avec étriers à 3 pistons
Freinage arrière	1 disque de 300 mm de Ø avec étrier à 2 pistons
Pneus avant/arrière	130/70 R18 & 180/60 R16
Empattement	1 670 mm
Hauteur de selle	673 mm
Poids à vide	386 kg (Street : 365 kg)
Réservoir de carburant	22,7 litres

QUOI DE NEUF EN 2009 ?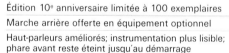

Édition 10e anniversaire limitée à 100 exemplaires

Marche arrière offerte en équipement optionnel

Haut-parleurs améliorés; instrumentation plus lisible;
phare avant reste éteint jusqu'au démarrage

Coûtent de 285 à 1 338 $ de plus qu'en 2008

PAS MAL

Un excellent niveau de confort découlant d'une très bonne selle,
d'une position très dégagée et variable, de bonnes suspensions et
d'un pare-brise électrique qui ne génère presque pas de turbulences

Une partie cycle extrêmement solide qui se montre stable et
rassurante peu importe les conditions ou la vitesse

Un niveau d'équipements intéressant

Une selle exceptionnellement basse pour une monture de tourisme

BOF

Un V-Twin qui réussit à pousser toute cette masse avec une étonnante
facilité, mais qui le fait sans sonorité vraiment particulière

Une transmission qui fonctionne correctement, mais en émettant de
lourds bruits lors des changements de rapports

Un poids très élevé qui ne dérange aucunement une fois en
mouvement, mais qui demande toute l'attention du pilote à basse
vitesse dans les situations serrées

Des plateformes de passager qui cognent l'arrière des mollets du
pilote lorsqu'il recule la moto en étant assis dessus; elles agissent
comme protection en cas de chute et ne sont donc pas repliables

Des valises latérales dont le volume n'est pas très généreux

Conclusion

Malgré une gamme remplie de produits techniquement sains,
malgré 10 ans à répéter qu'il offre « la nouvelle moto
américaine », Victory, le constructeur du Minnesota, semble
incapable de percer le marché custom de manière satisfaisante.
La réalité est même que si le géant Polaris n'était pas derrière la
marque, celle-ci aurait une sérieuse remise en question à faire.
Notre humble opinion à ce sujet est que le message n'est
peut-être pas le bon, puisque « la nouvelle moto américaine » v
eut aussi dire « l'autre moto américaine » et qu'en général, les
gens préfèrent le produit original, donc Harley-Davidson et pas
« l'autre ». Pour retenir l'intérêt de cette foule, innover devient
donc essentiel, afin de ne plus simplement représenter « l'autre ».
Et si possible, innover de façon cool et pas juste technique. La
Vision représente le genre de produit indéniablement unique qui
non seulement permettrait à Victory de se démarquer, mais qui
ferait aussi en sorte que la marque soit finalement « découverte ».
Il s'agit d'une machine à avaler les kilomètres d'un calibre très
impressionnant qui n'a tout simplement pas d'égal sur le marché.

Vegas Jackpot accessoirisée

VEGAS & KINGPIN

Grande famille...

L'une des plus grandes forces de Harley-Davidson est d'arriver à créer divers modèles à partir d'une même plateforme. Victory a repris le principe en créant à partir d'une base identique une famille entière de customs. Les Vegas se distinguent par leurs garde-boue diminutifs, une grande roue avant de 21 pouces et une fourche conventionnelle, tandis que les Kingpin affichent plutôt des garde-boue enveloppants, une roue avant de 18 pouces et une fourche inversée. Des versions 8-Ball moins coûteuses et Low abaissées sont offertes dans les deux cas, mais une variante Tour existe en plus du côté de la Kingpin. Quant à la Vegas, elle peut aussi être commandée en version Jackpot à gros pneu arrière.

Les Vegas et Kingpin sont à Victory ce que la Vulcan 1700 est à Kawasaki et ce que la Road Star 1700 est à Yamaha. Bien sûr, Victory, qui vise surtout le marché américain, préférerait entendre qu'elles sont ce que la Fat Boy est à Harley-Davidson, mais l'idée est qu'il s'agit du genre de customs faisant peu de compromis et se trouvant généralement au sommet d'une gamme.

On découvre dès les premiers tours de roues aux commandes de l'une ou de l'autre des montures agréablement bien maniérées. Très basses, élancées et relativement minces, elles s'avèrent étonnamment peu intimidantes pour des machines d'un tel poids, d'une telle cylindrée et de telles proportions. Il s'agit d'une qualité qui n'est pas du tout commune chez Victory qui produit aussi une immense et lourde Vision, sans parler d'une Hammer dont le large pneu arrière engendre un comportement qui demande un certain apprivoisement. À la fois très stables et légères de direction, les Vegas et Kingpin sont en fait si faciles d'accès qu'on pourrait sans problème les recommander à une clientèle ne détenant pas un niveau d'expérience très élevé.

La position de conduite est à très peu de choses près la même sur les deux variantes. Très typée sans être extrême, elle tend les jambes et place les pieds assez loin devant tout en offrant un guidon juste assez reculé pour qu'il tombe bien sous les mains. Toutes les commandes renvoient une impression de qualité.

Le V-Twin qui anime les Vegas et Kingpin est responsable de l'un des avantages les plus clairs des modèles puisqu'il livre

> **TANT LA KINGPIN QUE LA VEGAS S'AVÈRENT ÉTONNAMMENT PEU INTIMIDANTES À PILOTER POUR DES CUSTOMS DE CE CALIBRE.**

un niveau de performances plus élevé qu'on s'y attendrait sur des montures dont ni le style ni le positionnement ne font allusion à des accélérations particulièrement fortes. S'il ne s'agit tout de même pas de customs de performance, il reste que leur V-Twin, appelé Freedom 100/6 en raison de ses 100 pouces cubes et de sa boîte à 6 rapports, tire proprement à partir de très bas régimes sur n'importe quel rapport et qu'il continue de générer une poussée étonnamment forte jusqu'à l'entrée en jeu du rupteur.

Pour ceux que les autres versions intéressent, on note que la performance des versions 8-Ball est pratiquement identique et que leur transmission à 5 rapports ne constitue aucunement un désavantage. Les versions Low sont plus accessibles pour les pilotes de petite stature, mais on doit s'attendre à une suspension arrière plus rude que celle des modèles normaux. Quant à la Kingpin Tour, elle est pratique, mais son prix semble illogiquement élevé.

Et puis, il y a la Jackpot. Oubliez les belles manières et l'invitante accessibilité des modèles normaux puisqu'il s'agit de qualités inapplicables dans ce cas. En fait, le comportement de la Jackpot rappelle presque celui d'un chopper artisanal. Sa direction est lourdement affectée par la largeur extrême du pneu arrière et demande de la part du pilote une bonne dose expérience dans presque toutes les situations. Malgré cela, elle a quelque chose de charmant. Peut-être est-ce cette jolie ligne, ou alors le défi qu'elle est à piloter ? Allez comprendre...

TOUTES LES VEGAS ET KINGPIN PARTAGENT LE MÊME CHÂSSIS SAUF UNE, LA JACKPOT. DANS SON CAS, L'ARRIÈRE DU CADRE VIENT PLUTÔT DE LA HAMMER, CELLE-CI ÉTANT DÉJÀ CONÇUE POUR ACCEPTER UN PNEU ARRIÈRE DE 250 MM. VISUELLEMENT, LE RÉSULTAT EST ADMIRABLE. SUR LA ROUTE, IL L'EST MOINS.

Vegas Jackpot accessoirisée

Vegas

La première Victory, la V92C lancée en 1998, a servi de base à tous les modèles produits par le constructeur de Medina durant 4 ans. L'introduction de la Vegas en 2003 constitue le premier tournant de l'histoire de la marque puisqu'elle correspond avec l'arrivée d'une plateforme beaucoup plus moderne qui sert d'ailleurs aujourd'hui de base à toutes les Victory sauf la Vision et la Hammer. Étant le modèle le plus abordable de la gamme, la Vegas peut être commandée en version de base (illustrée), en version Low abaissée et en version 8-Ball noire et moins équipée, mais aussi vendue à moindre coût.

Vegas

Kingpin

Si les Vegas et Kingpin étaient des modèles japonais, la première serait la version «Custom» et la seconde serait la «Classic». Construites autour du même cadre et propulsées par le même V-Twin de 100 pouces cubes (ou 1 634 cc) avec transmission à 6 rapports (5 pour les 8-Ball), elles se distinguent par leurs garde-boue, diminutifs sur la Vegas et enveloppants sur la Kingpin, et par leur train avant, à fourche conventionnelle et roue de 21 pouces sur la Vegas, et à fourche inversée et roue de 18 pouces sur la Kingpin. Notons que des versions Low réduisant la hauteur de selle de 33 mm sont offertes dans les 2 cas, et ce, sans supplément.

Kingpin

Général

Catégorie	Custom
Prix	Kingpin : 18 285 $ (8-Ball : 15 609 $) Vegas : 18 173 $ (8-Ball : 15 386 $) Jackpot : 20 626 $; Tour : 22 299 $
Immatriculation 2009	518 $
Catégorisation SAAQ 2009	« régulière »
Évolution récente	Vegas introduite en 2003, Kingpin en 2004 et Jackpot en 2006
Garantie	1 an/kilométrage illimité
Couleur(s)	noir, bleu, blanc, rouge, bleu et blanc, mauve et blanc; 8-Ball : noir Jackpot : bleu, rouge, orange, vert, noir
Concurrence	Kingpin : Harley-Davidson Fat Boy, Vegas : Harley-Davidson Night Train Jackpot : Yamaha Raider

Moteur

Type	bicylindre 4-temps en V à 50 degrés, SACT, 4 soupapes par cylindre, refroidissement par air et huile
Alimentation	injection à 2 corps de 45 mm
Rapport volumétrique	8,7:1 (JPT : 9,4:1)
Cylindrée	1 634 cc (JPT : 1 731 cc)
Alésage et course	101 mm x 102 mm (JPT : 108 mm)
Puissance	85 ch (JPT : 97 ch)
Couple	106 lb-pi (JPT : 113 lb-pi)
Boîte de vitesses	6 rapports (8-Ball : 5 rapports)
Transmission finale	par courroie
Révolution à 100 km/h	environ 2 200 tr/mn
Consommation moyenne	6,4 l/100 km
Autonomie moyenne	265 km

Partie cycle

Type de cadre	double berceau, en acier
Suspension avant	fourche inversée de 43 mm non ajustable
Suspension arrière	monoamortisseur ajustable en précharge
Freinage avant	1 disque de 300 mm de Ø avec étrier à 4 pistons
Freinage arrière	1 disque de 300 mm de Ø avec étrier à 2 pistons
Pneus avant/arrière	130/70 R18 (Vegas : 90/90-21) & 180/55 R18 (Jackpot : 250/40R18)
Empattement	1 666 mm (Vegas : 1 684 mm)
Hauteur de selle	673 mm (Low : 640 mm)
Poids à vide	Kingpin : 300 kg; Vegas : 290 kg; Jackpot : 294 kg; Tour : 330 kg
Réservoir de carburant	17 litres

Voir légende en page 7

QUOI DE NEUF EN 2009 ?

V-Twin Freedom 106/6 de 97 chevaux remplace le 100/6 sur Jackpot

Roues « Stingray »; réservoir et pompe à essence revus; feu arrière DEL plus lumineux; filage pour régulateur de vitesse

Introduction d'une version Low de la Kingpin

Coûtent de 47 à 557 $ de plus qu'en 2008

PAS MAL

Des lignes fluides sympathiques qui semblent identifier Victory et des options de finition percutantes, quoique relativement coûteuses; à ce sujet, la version Jackpot est possiblement la Victory la plus osée

Un V-Twin dont les performances sont très respectables

Des versions basses que les pilotes de petite stature apprécieront

Un comportement solide, stable et plutôt précis qui rend la conduite accessible sur toutes les variantes sauf la Jackpot

BOF

Des factures suffisamment élevées pour envisager bien d'autres modèles, dont des Harley-Davidson; Victory tient à maintenir ces prix parce qu'il affirme vendre des « customs de luxe »

Un comportement routier étonnamment pauvre dans le cas de la Jackpot

Une mécanique puissante, mais qui fait son travail de manière un peu froide, sans caractère ou sonorité particulière

Une version Tour de la Kingpin dont la raison d'être et le positionnement sont difficiles à saisir; au prix qu'on en demande, une Vision Street est à peine plus chère, ce qui n'a pas beaucoup de sens

Conclusion

Les Vegas et Kingpin représentent ce que Victory offre de plus commun dans l'univers custom, soit des genres d'équivalents aux Road Star, Vulcan et Boulevard de cylindrée semblable chez les manufacturiers japonais. Animées par une mécanique dont les prestations sont très respectables et se comportant de manière très saine sur la route, elles sont plutôt difficiles à prendre en faute d'un point de vue technique tellement elles jouent bien leur rôle de custom poids lourd. Les recommanderions-nous ? Si leur facture un peu salée ne vous dérange pas, absolument. Compte tenu de tout ce qui précède, le fait qu'on ne fasse pas la file pour les acheter constitue l'une des situations les plus intéressantes du moment. Si nous devions risquer une explication, elle commencerait en précisant que le « problème » n'est pas de nature technique. Les Vegas et Kingpin ne sont pas des produits phares, mais plutôt des modèles qu'on achète après avoir « acheté » la marque. Or, la réalité est que relativement peu de gens s'intéressent pour le moment à Victory. Peut-être les 10 prochaines années amèneront-elles des nouveautés qui, comme la Vision, sauront nourrir l'imaginaire du motocyclisme et enfin donner à cette marque l'identité forte dont elle a tant besoin ?

Kingpin Tour

Hammer S accessoirisée

VICTORY
HAMMER

La Fat Boy de Victory ?

La Hammer doit compter parmi les bons coups de Victory. Un nom bien choisi, l'un des premiers pneus arrière surdimensionnés sur une moto de production et une ligne agressive sont autant d'éléments qui l'ont immédiatement rendue remarquable lorsqu'elle fut introduite en 2005. Aujourd'hui offerte en version S équipée de roues allégées et présentée sous un thème graphique sportif, la Hammer semble être spontanément devenue l'un des modèles les plus reconnaissables de la gamme Victory. Les deux versions évoluent de manière intéressante en 2009 puisqu'elles reçoivent une version encore plus puissante du V-Twin de 106 pouces cubes inauguré l'an dernier sur la Vision.

S'il est un modèle dont le style est parfaitement à point dans la gamme Victory, il s'agit de la Hammer. Contrairement à la Vision dont le coup de crayon réussit très habilement à choquer et intriguer, celui de la Hammer génère plutôt un sentiment d'approbation de la part de la large majorité des observateurs. Évidemment, la vue arrière est particulièrement impressionnante en raison de l'immense pneu de 250 mm qui domine l'image.

La position de pilotage colle bien au thème agressif du modèle sans toutefois qu'elle verse dans l'extrême. Pieds devant, mains qui tombent sur un guidon relativement bas et plat reculant juste assez, assis sur une selle très basse, on s'y sent rapidement à l'aise.

L'effet du gros pneu arrière sur le comportement devient toutefois évident dès qu'on se met à rouler. En gros, cet effet se résume à un effort à la direction considérablement plus élevé que la normale pour une même manœuvre. Qu'il s'agisse d'amorcer une longue courbe prononcée à vitesse d'autoroute ou de circuler dans un stationnement, on sent toujours le gros pneu arrière tenter d'empêcher la moto de s'incliner. On s'y habitue en apprenant simplement à pousser plus fort et de manière plus déterminée sur le guidon. Une fois accoutumé aux exigences particulières de la Hammer, le tout devient tout à fait vivable. La stabilité en ligne droite est imperturbable tandis qu'on est presque surpris de découvrir une bonne tenue de cap dans les longues courbes ainsi qu'un étonnant aplomb dans une enfilade de virages. Du moins si cette dernière est négociée

> ON S'HABITUE AUX EFFETS DU GROS PNEU ARRIÈRE EN APPRENANT À POUSSER LE GUIDON PLUS FORT ET DE MANIÈRE PLUS DÉTERMINÉE.

avec un minimum de retenue. Car ces «belles manières» ne sont pas inconditionnelles et se détériorent rapidement sur chaussée dégradée, si le rythme est exagéré ou même s'il pleut.

Le niveau de performances livré par la Hammer surprend agréablement. Victory a fait passer la cylindrée à 106 pouces cubes en 2009 en adoptant une version modifiée du V-Twin Freedom 106/6 de la Vision. Quoique laissant toujours à désirer en matière de sonorité, il s'agit d'une mécanique qui impressionne par la force avec laquelle elle arrive à faire accélérer la Hammer à partir des tout premiers tours et sur toute la plage de régimes. En plus d'être admirablement souple, il s'agit d'un V-Twin au fonctionnement doux qui ne tremble franchement qu'en pleine accélération. Il est dommage que cette mécanique manque de charisme puisqu'une présence sensorielle plus recherchée en ferait potentiellement une référence. Dans son état actuel, elle rappelle un peu les V-Twin des premières customs japonaises qui tiraient fort, mais n'avaient pas de caractère particulier. On n'a donc pas affaire à un moteur déplaisant, mais le fait est qu'on est très loin des sensations finement orchestrées d'une Dyna ou d'une Raider.

Enfin, en ce qui concerne le niveau de confort, la Hammer est dotée d'une selle correcte puisque large et bien rembourrée. Suspendue de façon ferme, mais pas rude, il s'agit d'une moto qui n'est clairement pas destinée à traverser le continent, mais qui s'avère néanmoins tout à fait tolérable au jour le jour.

Général

Catégorie	Custom
Prix	Hammer : 19 511 $ Hammer S : 20 626 $
Immatriculation 2009	518 $
Catégorisation SAAQ 2009	« régulière »
Évolution récente	introduite en 2005
Garantie	1 an/kilométrage illimité
Couleur(s)	noir, rouge, orange, graphite S : bleu avec bande blanche
Concurrence	Harley-Davidson V-Rod (tous) Yamaha Road Star Warrior

Moteur

Type	bicylindre 4-temps en V à 50 degrés (Freedom 106/6), SACT, 4 soupapes par cylindre, refroidissement par air et huile
Alimentation	injection à 2 corps de 45 mm
Rapport volumétrique	9,4:1
Cylindrée	1 731 cc
Alésage et course	101 mm x 108 mm
Puissance	97 ch
Couple	113 lb-pi
Boîte de vitesses	6 rapports
Transmission finale	par courroie
Révolution à 100 km/h	environ 2 100 tr/mn
Consommation moyenne	6,4 l/100 km
Autonomie moyenne	265 km

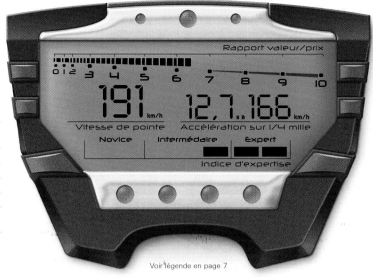

Rapport valeur/prix

191 km/h — Vitesse de pointe

12,7,166 km/h — Accélération sur 1/4 mille

Novice — Intermédiaire — Expert — Indice d'expertise

Voir légende en page 7

Partie cycle

Type de cadre	double berceau, en acier
Suspension avant	fourche inversée de 43 mm non ajustable
Suspension arrière	monoamortisseur ajustable en précharge
Freinage avant	2 disques de 300 mm de Ø avec étriers à 4 pistons
Freinage arrière	1 disque de 300 mm de Ø avec étrier à 2 pistons
Pneus avant/arrière	130/70 R18 & 250/40 R18
Empattement	1 669 mm
Hauteur de selle	673 mm
Poids à vide	304 kg
Réservoir de carburant	17 litres

QUOI DE NEUF EN 2009 ?

V-Twin Freedom 106/6 de 97 chevaux remplace le 100/6

Roues « X-Factor » allégées de 7 kilos sur la Hammer S

Roues « Stingray » (Hammer) ; réservoir et pompe à essence revus ; feu arrière DEL plus lumineux ; filage pour régulateur de vitesse

Hammer coûte 557 $ de plus et Hammer S coûte 1 524 $ de moins qu'en 2008

PAS MAL

Une ligne marquée par l'immense pneu arrière et qui semble plaire à la majorité des observateurs ; elle compte beaucoup dans la décision d'achat ; le thème sportif de la version S est par ailleurs bien réussi

Un V-Twin dont les performances sont impressionnantes et dont la livrée de couple à bas régime est grasse, dense et très plaisante

Une belle position de conduite, typée sans être extrême, et qui colle bien au modèle

BOF

Un V-Twin qui, au-delà de ses bonnes performances, ne communique rien de très spécial ; on dirait que Victory fait passer les performances avant l'aspect sensoriel de son moteur

Un gros pneu arrière qui affecte beaucoup le comportement et la direction ; la Hammer demande au pilote de constamment compenser pour la résistance du pneu à l'inclinaison ; on s'y fait, mais une bonne expérience de pilotage est préférable et il faut rester sur ses gardes sous la pluie lorsque ces réactions sont plus délicates

Une facture corsée qui demande des acheteurs qu'ils soient vraiment vendus au produit ; Victory s'entête à garder ses prix élevés afin de conserver l'image haut de gamme de ses produits, mais c'est un couteau à deux tranchants

Conclusion

Même si son prix reste un peu trop élevé, la Hammer vieillit bien. Surtout reconnue pour son pneu arrière aussi large que rare lorsqu'elle fut introduite, elle entame sa cinquième année sur le marché avec une liste d'arguments qui ne s'arrête désormais plus à son joli derrière. Le plus important de ces derniers est une mécanique qui, si elle n'est toujours pas la plus charismatique du genre, donne littéralement des ailes au modèle. Voilà maintenant des années que Victory fignole son V-Twin et cette version démontre de manière on ne peut plus claire que ses efforts n'ont pas été vains. Quiconque envisage la Hammer doit toutefois rester conscient qu'il s'agit d'une moto dont chaque facette du comportement est affectée par la largeur extrême du pneu arrière. On devra donc s'habituer à vivre avec des réactions parfois lourdes, quoique toujours tolérables.

Hammer

Royal Star Venture S

YAMAHA
ROYAL STAR VENTURE

10 ans plus tard...

On parle souvent de la situation supposément unique des Harley-Davidson leur permettant de rester pratiquement figées dans le temps, mais le fait est que Yamaha ne donne pas sa place à cet égard, du moins dans le cas de certains modèles. La Royal Star Venture en est un excellent exemple, ayant été lancée à la toute fin du millénaire dernier et n'ayant jamais évolué depuis. Il s'agit d'une monture de tourisme de luxe basée sur les premières Royal Star de 1996 et dont le style rétro est évidemment inspiré des modèles Electra Glide de la firme de Milwaukee. La Venture se distingue toutefois de ses concurrentes par son grondant V4 de 1,3 litre produisant presque une centaine de chevaux.

Bâtie autour de la plateforme des défuntes customs Royal Star du milieu des années 90, la Venture représente une option unique sur le marché courant même 10 ans après son arrivée. Malgré ses origines boulevardières, elle est suffisamment équipée pour qu'on puisse l'inclure dans la classe des touristes de luxe. Son moteur, l'un des très rares 4-cylindres en V sur le marché, la distingue de toutes ses concurrentes directes. En effet, celles-ci sont toutes propulsées par des gros V-Twin, et ce, même dans le cas de la toute nouvelle Kawasaki Vulcan 1700 Voyager.

Depuis leur arrivée sur le marché, les Royal Star ont été louangées pour leur bonne tenue de route. Leur châssis a été rigidifié lors de la conception de la Venture. Il arrive à supporter sans problème l'excès de poids qu'elle affiche par rapport aux customs dont elle est dérivée. Dans les virages pris à grande vitesse, ou en ligne droite, la Venture fait preuve d'une stabilité irréprochable alors que la direction s'avère agréablement légère et précise, pour une moto de ce genre bien sûr. En courbe, son comportement est solide tandis que la direction se montre neutre. Les imperfections de la route rencontrées en virage ne l'incommodent pas outre mesure. Le freinage est puissant et précis. Il serait néanmoins grand temps que Yamaha la dote d'un système de freinage ABS, une technologie que même les Harley-Davidson offrent désormais. En raison de son gros gabarit et de son poids élevé, la Venture demande une certaine expérience et un bon

niveau d'attention lors des manœuvres à l'arrêt ou à très basse vitesse. Le centre de gravité bas facilite la conduite dès qu'on se met en mouvement, mais une hauteur de selle un peu plus faible aiderait à donner encore plus confiance au pilote dans ces circonstances.

En utilisation routière, le pilote et son passager avalent les kilomètres en tout confort et bénéficient de la plupart des accessoires habituellement associés aux machines de tourisme de luxe comme la Gold Wing. L'équipement s'avère fonctionnel et plutôt complet, la position de conduite est détendue et dégagée, la selle reste confortable pendant des heures, les suspensions s'en tirent avec une surprenante efficacité et la protection au vent demeure excellente. La hauteur du pare-brise risque néanmoins d'entraver la visibilité par temps pluvieux puisqu'on doit regarder au travers plutôt qu'au-dessus. La finition est irréprochable et la garantie de 5 ans est la meilleure de l'industrie.

Les performances du gros V4 de 1,3 litre qui anime la plus grosse des Royal Star sont intéressantes. Il faut dire qu'il développe tout de même près d'une centaine de chevaux, ce qui est facilement supérieur au rendement des V-Twin des modèles rivaux. Très coupleuse à bas et moyen régimes, la Venture accélère franchement jusqu'à sa zone rouge, tandis que la sonorité rauque et veloutée qui accompagne chaque montée en régime contribue, elle aussi, à l'agrément de conduite que l'on ressent à ses commandes.

> LE MOTEUR QUI L'ANIME, L'UN DES TRÈS RARES V4 SUR LE MARCHÉ, LA DISTINGUE DE TOUTES SES CONCURRENTES. IL GÉNÈRE PRESQUE UNE CENTAINE DE CHEVAUX.

Général

Catégorie	Tourisme de luxe
Prix	21 899 $ (S : 22 499 $)
Immatriculation 2009	518 $
Classification SAAQ 2009	« régulière »
Évolution récente	introduite en 1999; aucune évolution
Garantie	5 ans/kilométrage illimité
Couleur(s)	rouge (S : champagne)
Concurrence	Harley-Davidson Electra Glide, Kawasaki Vulcan 1700 Voyager, Victory Vision Tour

Moteur

Type	4-cylindres 4-temps en V à 70 degrés, DACT, 4 soupapes par cylindre, refroidissement par liquide
Alimentation	4 carburateurs à corps de 32 mm
Rapport volumétrique	10:1
Cylindrée	1 294 cc
Alésage et course	79 mm x 66 mm
Puissance	98 ch @ 6 000 tr/min
Couple	89 lb-pi @ 4 750 tr/min
Boîte de vitesses	5 rapports
Transmission finale	par arbre
Révolution à 100 km/h	environ 3 000 tr/min
Consommation moyenne	7,5 l/100 km
Autonomie moyenne	300 km

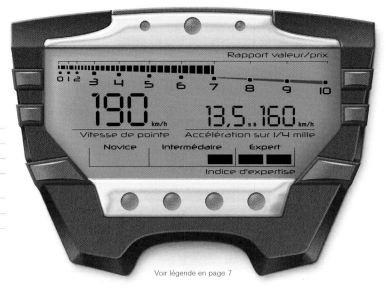

Voir légende en page 7

Partie cycle

Type de cadre	double berceau, en acier
Suspension avant	fourche conventionnelle de 43 mm avec ajustement pneumatique
Suspension arrière	monoamortisseur avec ajustement pneumatique
Freinage avant	2 disques de 298 mm de Ø avec étriers à 4 pistons
Freinage arrière	1 disque de 320 mm de Ø avec étrier à 4 pistons
Pneus avant/arrière	150/80-16 & 150/90-15
Empattement	1 705 mm
Hauteur de selle	750 mm
Poids tous pleins faits	394 kg (à vide : 366 kg)
Réservoir de carburant	22,5 litres

QUOI DE NEUF EN 2009 ?

Nécessaire de branchement pour un lecteur/changeur de CD installé dans la valise gauche

Aucune augmentation de prix

PAS MAL

Un V4 doux et souple qui gronde de façon plaisante; il s'agit d'une architecture moteur unique dans la classe

Une solide partie cycle dont le comportement sain est bien secondé par des suspensions judicieusement calibrées

Une liste d'équipements exhaustive, un confort royal, une finition sans reproche et la meilleure garantie de l'industrie

BOF

Un gabarit imposant qui complique les manœuvres lentes et demande une bonne expérience de conduite

Un pare-brise dont la hauteur fait qu'on doit regarder au travers plutôt qu'au-dessus, ce qui devient dérangeant par temps pluvieux ou lorsqu'il est couvert d'insectes, une situation qui empire la nuit

Un concept qui commence à dater, même s'il est encore intéressant; de plus, on regrette l'absence d'options indispensables aujourd'hui sur ce type de motos : poignées et selle chauffantes, ABS, injection, GPS, système audio moderne...

Conclusion

10 ans plus tard, la Venture est toujours offerte sous la même forme qu'à sa sortie en 1999. Comme tout bouge traditionnellement très lentement dans le créneau custom, cette léthargie n'en a pas pour autant fait un modèle dépassé. Au contraire, puisque la Venture demeure un moyen efficace, confortable et plaisant de parcourir de longues distances. La proposition unique qu'est son moteur V4, dans cet univers dominé par des V-Twin, ajoute par ailleurs un côté très particulier à son pilotage. Impeccablement finie et appuyée par la meilleure garantie de l'industrie, la Venture mériterait toutefois une bonne mise à jour technique ou, au cas où Yamaha compterait la conserver intacte encore longtemps, une petite baisse de prix.

Royal Star Venture

Royal star Tour Deluxe

YAMAHA
ROYAL STAR TOUR DELUXE

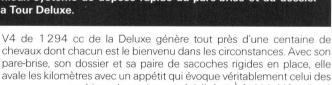

Décapotable...

C'est en soustrayant quelques pièces et quelques kilos de sa luxueuse Venture que Yamaha a créé la version actuelle de la Royal Star Tour Deluxe. Rappelons qu'un modèle du même nom, mais basé sur la première Royal Star, était apparu en 1997. Aussi unique que la Venture en raison du V4 qui l'anime, elle s'adresse aux motocyclistes qui caressent l'idée de parcourir de longues distances sur une custom, mais qui désirent le faire aux commandes d'une monture construite à la base pour rouler plutôt que pour parader. Un ingénieux système de dépose rapide du pare-brise et du dossier permet, en quelques secondes, de varier l'allure et la fonction de la Tour Deluxe.

Alors que la majorité des customs de tourisme léger arrivent à cette catégorie par la voie du compromis, pour ne pas dire de la modification expéditive, la Yamaha Tour Deluxe fait plutôt les choses selon les règles de l'art. Car équiper une custom d'un pare-brise et d'une paire de sacoches plus ou moins bien conçus ne suffit tout simplement pas à créer un modèle réellement capable de tourisme. La recette retenue par Yamaha, soit déshabiller sa luxueuse Venture pour en faire une machine plus facile à vivre au quotidien, elle, est à la base de toute la crédibilité de routière de la Tour Deluxe. Des accessoires spécifiques étudiés pour répondre aux exigences particulières du tourisme et du style custom, comme un pare-brise ne causant pas de turbulences, une selle ample et confortable et des sacoches rigides de grande capacité ajoutent à l'agrément de l'ensemble. Le côté pratique et polyvalent du modèle bénéficie par ailleurs grandement de l'ingénieux système à dépose rapide qui permet de transformer la Tour Deluxe en quelques secondes à peine. Installer un dossier pour le passager, un pare-brise court pour avoir plus de vent, un pare-brise haut pour plus de protection, ou même tout retirer afin de changer l'aspect de la moto est littéralement l'affaire de quelques instants. Il s'agit d'un système tellement logique et pratique que toutes les customs du genre devraient en être équipées.

Contrairement aux traditionnelles customs à moteur V-Twin qui distillent un niveau de performances trop juste pour propulser moto, passagers et bagages avec un peu de cœur, le grondant

LA TOUR DELUXE EST L'UN DES RARES MODÈLES DE CETTE CLASSE CAPABLE D'ASSUMER PLEINEMENT SON RÔLE DE MONTURE DE TOURISME.

V4 de 1 294 cc de la Deluxe génère tout près d'une centaine de chevaux dont chacun est le bienvenu dans les circonstances. Avec son pare-brise, son dossier et sa paire de sacoches rigides en place, elle avale les kilomètres avec un appétit qui évoque véritablement celui des machines de tourisme spécialisées. À froid, le V4 carburé demande un « petit coup d'enrichisseur » avant de se réveiller, mais il est ensuite irréprochable et s'acquitte parfaitement de sa tâche. Souple, doux, rapide et très agréable à l'oreille, il propulse l'importante masse de la Tour Deluxe avec facilité et agrément, en plus de se montrer parfaitement à l'aise sur de longues distances, et ce, que l'on choisisse de respecter les limites de vitesse ou non.

La Tour Deluxe est l'un des rares modèles de cette classe capable d'assumer pleinement son rôle de moto de tourisme. Sa selle est confortable, tant pour le pilote que pour le passager —qui apprécie toujours le confort et la sécurité du large dossier—, les suspensions, sans être du niveau de celles d'une Gold Wing, se montrent souples la majorité du temps, tandis que la position de conduite s'avère aussi dégagée qu'équilibrée.

La Tour Deluxe démontre un comportement tellement solide et précis qu'on croirait par moment avoir affaire à une routière accomplie en habits de custom. Malgré la masse imposante, la stabilité reste impériale tandis que la direction se montre légère en amorce de virage et neutre en pleine inclinaison. Les freins sont toujours à la hauteur de la tâche, mais un système ABS ne serait pas de refus vu le prix.

Général

Catégorie	Tourisme léger
Prix	18 599 $ (S : 18 999 $)
Immatriculation 2009	518 $
Catégorisation SAAQ 2009	« régulière »
Évolution récente	introduite en 1997 ; modèle courant lancé en 2005
Garantie	5 ans/kilométrage illimité
Couleur(s)	rouge (S : gris)
Concurrence	Harley-Davidson Electra Glide Standard, Triumph Rocket III Touring, Victory Vision Street

Moteur

Type	4-cylindres 4-temps en V à 70 degrés, DACT, 4 soupapes par cylindre, refroidissement par liquide
Alimentation	4 carburateurs à corps de 32 mm
Rapport volumétrique	10:1
Cylindrée	1 294 cc
Alésage et course	79 mm x 66 mm
Puissance	98 ch @ 6 000 tr/min
Couple	89 lb-pi @ 4 750 tr/min
Boîte de vitesses	5 rapports
Transmission finale	par arbre
Révolution à 100 km/h	environ 3 000 tr/min
Consommation moyenne	7,5 l/100 km
Autonomie moyenne	266 km

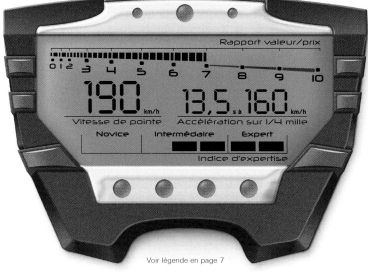

Rapport valeur/prix

190 km/h
Vitesse de pointe

13,5,160 km/h
Accélération sur 1/4 mille

Novice | Intermédiaire | Expert
Indice d'expertise

Voir légende en page 7

Partie cycle

Type de cadre	double berceau, en acier
Suspension avant	fourche conventionnelle de 43 mm avec ajustement pneumatique
Suspension arrière	monoamortisseur avec ajustement pneumatique
Freinage avant	2 disques de 298 mm de Ø avec étriers à 4 pistons
Freinage arrière	1 disque de 320 mm de Ø avec étrier à 4 pistons
Pneus avant/arrière	150/80-16 & 150/90-15
Empattement	1 715 mm
Hauteur de selle	740 mm
Poids tous pleins faits	383 kg (à vide : 357 kg)
Réservoir de carburant	20 litres

QUOI DE NEUF EN 2009 ?

Aucun changement

Aucune augmentation de prix

PAS MAL

Un système de détache rapide du pare-brise et du dossier de passager qui permet littéralement de transformer la moto en quelques secondes à peine, rendant la Tour Deluxe facilement adaptable aux conditions

Une mécanique douce, coupleuse, agréable à l'oreille et considérablement plus puissante que celle de la majorité des customs de tourisme léger à moteur V-Twin

Une des rares customs de tourisme léger vraiment à l'aise sur de longues distances grâce à une belle position de conduite, à des suspensions honnêtement souples et à de bonnes selles

BOF

Des dimensions imposantes et un poids considérable qui compliquent les déplacements à l'arrêt et demandent une certaine expérience lors des manœuvres lentes et serrées

Un pare-brise très haut qui demande de regarder au travers plutôt qu'au-dessus, ce qui devient gênant lorsqu'il est tapissé d'insectes ou par temps pluvieux, une situation qui empire la nuit

Une alimentation par carburateur qui fonctionne correctement, mais qui ne reflète ni le prix relativement élevé ni le statut haut de gamme du modèle

Conclusion

Le créneau des customs apprêtées en montures de tourisme léger en est un où on en voit de toutes les couleurs. Disons simplement que malgré un niveau d'équipement relativement similaire, tous les modèles ne sont pas nécessairement aptes au tourisme. La Tour Deluxe fait partie de ceux avec lesquels rouler longtemps est un plaisir, et ce, pour la simple et très bonne raison qu'il s'agit d'une moto de tourisme en tenue custom et non d'une custom décorée d'un pare-brise et de sacoches. Elle n'est pas à la fine pointe avec sa vieillotte alimentation par carburateurs, mais ça fonctionne. Unique grâce à la configuration bien particulière de sa mécanique, elle représente une routière accomplie, impeccablement finie et même polyvalente grâce à son système de dépose rapide.

Royal star Tour Deluxe S

FJR1300AE

YAMAHA
FJR 1300

Ni trop touriste, ni trop sportive...

Arrivée au Canada en 2003, deux ans après avoir été inaugurée en Europe, la FJR1300 amenait non seulement enfin un peu de compétition nippone à la ST de Honda, mais elle se voulait aussi une nouvelle interprétation de la vénérable monture de sport-tourisme en raison de son caractère résolument sportif. Si la Kawasaki Concours 14 l'a depuis surpassée à cet égard, la FJR n'en demeure pas moins un excellent compromis entre la sportivité de cette dernière et la relative tranquillité de la Honda. La version actuelle fut présentée en 2006, en même temps que l'édition AE à contrôle automatisé de l'embrayage, une option pour laquelle Yamaha demande un supplément de 1 900 $

En raison de son homogénéité et de ses performances, la FJR1300 a mis très peu de temps à s'imposer comme un incontournable du micro-univers du tourisme sportif. Avec un châssis rigide, un poids raisonnable et un gros 4-cylindres de 145 chevaux pour le propulser, elle se positionna d'emblée comme la moto de prédilection des pilotes de sportives vieillissants. En plus de son ADN sportif, la FJR leur offrait plus de confort, une position de conduite relevée et une excellente protection contre les éléments. Sans oublier le côté pratique des valises rigides de série et suffisamment de caractéristiques pour rendre un passager heureux. Au fil des ans, l'évolution de la FJR1300 s'est poursuivie dans la même philosophie. Le modèle a bel et bien progressé. En ce qui concerne le comportement routier, on a toujours affaire à une moto qui fait mentir la balance et le ruban à mesurer. Confortablement installé sur une selle dont la hauteur est réglable, assis bien droit et sans poids sur les mains, le pilote audacieux peut attaquer franchement sur une route en lacet sans que la moto semble s'y opposer.

En conduite très sportive, les repose-pieds de la FJR frottent relativement tôt, mais c'est plus en raison de son étonnante facilité à atteindre des angles d'inclinaison importants que par manque de garde au sol. Les freins de type semi-combinés (le frein arrière active le frein avant, mais pas l'inverse afin de garder la tenue de route aussi pure que possible) sont livrés de série avec l'ABS.

> UNE FOIS LANCÉE, LA FJR FAIT MENTIR LA BALANCE ET LE RUBAN À MESURER. PARFAITEMENT STABLE, ELLE REND LES LIMITES DE VITESSE DIFFICILES À RESPECTER.

Quant à la stabilité, elle s'avère toujours irréprochable. Propulsé par la puissance et la souplesse de la mécanique, bien caché derrière la bulle électrique, on se surprend à violer les limites de vitesse avec une facilité dérisoire.

L'un des objectifs principaux de la marque aux trois diapasons, lorsque vint le temps de faire évoluer la FJR1300 en 2006, fut de remédier aux problèmes d'inconfort plus ou moins sérieux soulevés par les propriétaires, dont un dégagement de chaleur excessif. La FJR actuelle chauffe toujours dans la circulation, mais elle le fait désormais de façon normale plutôt qu'extrême.

La volonté d'améliorer l'écoulement de l'air amena plusieurs modifications qui ont toutes eu un effet bénéfique. Le pare-brise n'est toutefois toujours pas un modèle d'efficacité. Il continue de générer, surtout lorsqu'il se trouve en position haute, un niveau de turbulences gênant. Celles-ci sont moins présentes que par le passé cependant. Le retour d'air poussant le pilote dans le dos a quant à lui été considérablement réduit. L'ajout d'ouïes latérales qui s'ouvrent pour dévier l'air des jambes du pilote constitue un dispositif peu complexe qui fonctionne finalement bien.

Sur l'autoroute, le moteur de la FJR1300 a toujours tourné un peu haut. Plutôt qu'ajouter un sixième rapport, ce qui aurait été complexe et coûteux, Yamaha a simplement allongé légèrement le tirage final. Le compromis s'avère acceptable, mais pas idéal. Enfin, l'instrumentation est complète, claire et bien disposée.

Général

Catégorie	Sport-Tourisme
Prix	19 099 $ (FJR1300AE : 20 999 $)
Immatriculation 2009	518 $
Catégorisation SAAQ 2009	« régulière »
Évolution récente	introduite en 2001; revue en 2006; version AE introduite en 2006
Garantie	1 an/kilométrage illimité
Couleur(s)	noir (FJR1300AE : gris charbon)
Concurrence	BMW K1200GT, Honda ST1300, Kawasaki Concours 14

Moteur

Type	4-cylindres en ligne 4-temps, DACT, 4 soupapes par cylindre, refroidissement par liquide
Alimentation	injection à 4 corps de 42 mm
Rapport volumétrique	10,8:1
Cylindrée	1 298 cc
Alésage et course	79 mm x 66,2 mm
Puissance	145 ch @ 8 000 tr/min
Couple	99,1 lb-pi @ 7 000 tr/min
Boîte de vitesses	5 rapports
Transmission finale	par arbre
Révolution à 100 km/h	environ 3 200 tr/min
Consommation moyenne	7,4 l/100 km
Autonomie moyenne	337 km

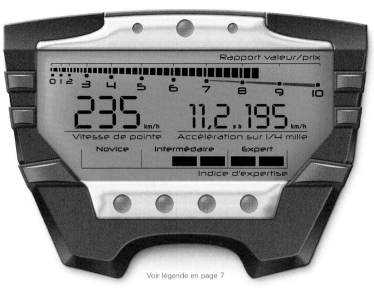

Rapport valeur/prix

235 km/h — Vitesse de pointe
11,2 s à 195 km/h — Accélération sur 1/4 mille

Novice / Intermédiaire / Expert
Indice d'expertise

Voir légende en page 7

Partie cycle

Type de cadre	périmétrique, en aluminium
Suspension avant	fourche conventionnelle de 48 mm ajustable en précharge, compression et détente
Suspension arrière	monoamortisseur ajustable en précharge et détente
Freinage avant	2 disques de 320 mm de Ø avec étriers à 4 pistons et système ABS
Freinage arrière	1 disque de 282 mm de Ø avec étrier à 2 pistons et systèmes ABS et de combinaison avec le frein avant
Pneus avant/arrière	120/70 ZR17 & 180/55 ZR17
Empattement	1 545 mm
Hauteur de selle	800/820 mm
Poids tous pleins faits	291 kg; AE : 295 kg (à vide : 264 kg; AE : 268 kg)
Réservoir de carburant	25 litres

QUOI DE NEUF EN 2009 ?

Système d'embrayage robotisé de la FJR1300AE, le YCC-S, reçoit un nouveau « programme » améliorant les changements de rapports

Nouvel embrayage sur la FJR1300A réduisant l'effort au levier

Aucune augmentation de prix

PAS MAL

Un heureux mélange de sportivité et de confort dans une moto équilibrée qui permet de se faire plaisir sur une route sinueuse tout en proposant un niveau pratique élevé

Un 4-cylindres qui pousse fort des bas régimes à la zone rouge, et qui est bien secondé par une partie cycle qui se montre aussi sportive que stable dans toutes les circonstances

Un système d'embrayage robotisé YCC-S qui fonctionne bien et dont la complexité représente d'une certaine façon une démonstration de savoir-faire de la part de Yamaha

BOF

Un moteur qui tourne un peu moins haut sur l'autoroute que sur le modèle original, mais une sixième vitesse surmultipliée serait toujours la bienvenue

Un pare-brise qui, en position haute, cause un certain retour d'air poussant le pilote vers l'avant et génère toujours d'agaçantes turbulences — moins que le précédent cependant — au niveau du casque, surtout à haute vitesse

Une garantie qui devrait être plus longue; la concurrence offre 3 ans

Conclusion

La plus récente évolution de la FJR représente une amélioration à de nombreux niveaux par rapport à la monture originale. Tout en conservant intactes les qualités innées de la première FJR1300, la version actuelle ajoute à l'ensemble une foule de raffinements qui font de celle-ci une moto plus mûre, plus complète, plus réussie. C'est toujours au motocycliste exigeant de retrouver sport, confort et niveau pratique dans une même moto qu'elle s'adresse. La version E munie de l'étonnant embrayage robotisé est un drôle d'oiseau. D'un côté, la technologie fonctionne bien — sans toutefois être parfaite — et livre exactement la marchandise promise. Mais la réelle utilité du système qui, rappelons-le, ne fait pas de la FJR une moto automatique, reste floue pour nous. Ce qui ne veut évidemment pas dire que quelqu'un, quelque part, recherche exactement une telle technologie. Tant mieux pour lui.

FJR1300A

YAMAHA
FZ1

R1 de vieux...

Nombreux sont les motocyclistes qui, jeunes, ne jurent que par les performances étincelantes des sportives pures, mais rares sont ceux qui vieillissent en demeurant capables de tolérer le confort inexistant de ces engins. La FZ1 s'adresse à ceux qui souhaiteraient laisser derrière le côté pratique complètement absent des sportives pures, sans toutefois qu'ils se sentent tout à fait prêts pour une chaise longue de type FJR ou ST... Lancée en 2001, puis entièrement revue en 2006, elle est depuis beaucoup plus affûtée et se veut probablement le modèle du genre dont le niveau de performances et le comportement représentent le plus fidèlement l'expérience d'une vraie sportive, inconfort en moins.

L'image de la R1 dénudée colle beaucoup mieux à la FZ1 actuelle qu'à la version originale. Celle-ci, en raison de sa grande polyvalence, se voulait plutôt une alternative moderne et performante à une Bandit 1200S. S'il est indéniable que sa remplaçante est moins pratique, son côté sportif, lui, s'est vu vitaminé. À la place des poignées basses d'une sportive pure, on retrouve un large guidon tubulaire plat. Au lieu d'avoir un carénage complet enserrant le massif châssis en aluminium, la dernière FZ1 préfère un tête de fourche minimaliste. Au niveau du look, elle a troqué le graphisme agressif pour une peinture unie passe-partout. Mais malgré son allure presque discrète qui la fait passer inaperçue devant bien des actuaires et même quelques policiers, la FZ1 sait faire monter votre adrénaline autant en ligne droite qu'à l'approche des petites routes sinueuses.

La bête a les bons arguments : 150 chevaux pour un poids inférieur à 200 kg, ça commence à être sérieux. La FZ1 vous catapulte à 140 km/h en première et à 170 km/h en deuxième. Et quand vous enclenchez la troisième, vous violez un facteur de deux la limite de vitesse permise sur l'autoroute. Tout ça en une dizaine de secondes seulement. Et il vous reste encore trois rapports... Bien sûr, ses performances sont légèrement en retrait par rapport à celles d'une sportive pure d'un litre, mais elles suffisent amplement à divertir un pilote habitué aux sensations offertes par ces dernières. Comme le moteur de la FZ1 est une version recalibrée de celui qui animait la YZF-R1 2004-2006, il affiche en gros les mêmes traits de caractère et aime

> ## LA BÊTE A DE BONS ARGUMENTS : 150 CHEVAUX POUR MOINS DE 200 KG À SEC. ON EST DANS LE SÉRIEUX.

donc flirter avec les hauts régimes. Nous n'irons pas jusqu'à dire qu'il est creux en bas ou au milieu, mais un peu mou quand même. Son rendement entre 8 000 et 12 000 tr/min, début de la zone rouge, vous fait toutefois tout oublier de cette « mollesse ». Malgré cette fougue, le nez de la FZ1 résiste étonnamment bien au soulèvement. Les similitudes avec la mécanique de la R1 ne s'arrêtent pas là puisqu'on retrouve aussi une transmission fluide très précise dont les rapports sont rapprochés ainsi que des suspensions fermes, mais pas rudes. Le système d'injection se montre un peu abrupt à la réouverture des gaz, ce qui a pour résultat de rendre la conduite saccadée, surtout avec un passager à bord.

La selle est confortable seulement sur des distances courtes ou moyennes tandis que la protection au vent se situe à mi-chemin entre celle d'une sportive et celle d'une standard munie d'un saute-vent, ce qui équivaut à dire qu'elle n'est décidément pas très généreuse. Par rapport au modèle original, le niveau de confort est d'ailleurs en recul. Heureusement, la position de conduite reste relevée et plaisante. Elle est compacte et ressemble à celle d'une R1 sur laquelle on aurait installé un guidon plat surélevé.

Compte tenu de son héritage génétique et du nombre impressionnant de composantes qu'elle emprunte à sa grande sœur sportive, la FZ1 affiche une tenue de route très affûtée. Si sa devancière pouvait occasionnellement jouer les sportives sur un circuit, la nouvelle se sent tellement chez elle dans cet environnement qu'on croirait avoir affaire à une sportive pure déguisée en routière.

Général

Catégorie	Routière Sportive
Prix	12 499 $
Immatriculation 2009	518 $
Catégorisation SAAQ 2009	« régulière »
Évolution récente	introduite en 2001 ; revue en 2006
Garantie	1 an/kilométrage illimité
Couleur(s)	gris charbon, bleu
Concurrence	Honda CBF 1000 Suzuki Bandit 1250S

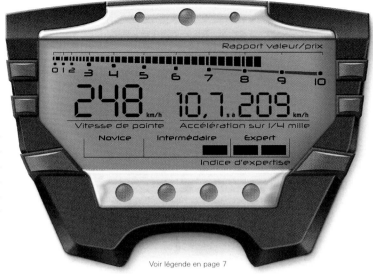

Voir légende en page 7

Moteur

Type	4-cylindres en ligne 4-temps, DACT, 5 soupapes par cylindre, refroidissement par liquide
Alimentation	injection à 4 corps de 45 mm
Rapport volumétrique	11,5:1
Cylindrée	998 cc
Alésage et course	77 mm x 53,6 mm
Puissance	150 ch @ 11 000 tr/min
Couple	78,5 lb-pi @ 8 000 tr/min
Boîte de vitesses	6 rapports
Transmission finale	par chaîne
Révolution à 100 km/h	environ 4 000 tr/min
Consommation moyenne	6,8 l/100 km
Autonomie moyenne	264 km

Partie cycle

Type de cadre	périmétrique, en aluminium
Suspension avant	fourche inversée de 43 mm ajustable en précharge, compression et détente
Suspension arrière	monoamortisseur ajustable en précharge et détente
Freinage avant	2 disques de 320 mm de Ø avec étriers à 4 pistons
Freinage arrière	1 disque de 245 mm de Ø avec étrier à 1 piston
Pneus avant/arrière	120/70 ZR17 & 190/50 ZR17
Empattement	1 460 mm
Hauteur de selle	815 mm
Poids tous pleins faits	220 kg (à vide : 194 kg)
Réservoir de carburant	18 litres

QUOI DE NEUF EN 2009 ?

Aucun changement

Aucune augmentation de prix

PAS MAL

Un niveau de performances de très haut calibre, peut-être pas équivalent à celui d'une R1, mais amplement suffisant pour divertir un pilote expert, même sur circuit

Une tenue de route irréprochable et un comportement routier d'une grande rigueur qui trahissent son héritage sportif; la FZ1 peut tourner en piste toute la journée sans jamais sembler ridicule

Le meilleur de deux mondes : performances et tenue de route de très haut niveau; polyvalence raisonnable et confort décent

BOF

Une injection qui se montre abrupte à la réouverture des gaz, ce qui provoque des à-coups gênants; le problème devient plus évident avec un passager à bord alors qu'on tente justement d'adopter une conduite coulée et douce

Un niveau de confort en recul par rapport à l'ancien modèle puisque la selle est ferme et pas vraiment adaptée aux longues distances, et que les suspensions ont presque une fermeté de sportive pure

Une des rares motos performantes à encore passer à travers les mailles des filets des assureurs et des institutions gouvernementales convaincus que le type de motos est seul responsable du danger, et non le type de pilote...

Conclusion

Le concept original de la FZ1 s'est vu considérablement radicalisé lors de la refonte du modèle en 2006. Si une partie de sa polyvalence fut sacrifiée dans la transformation, un trait de caractère que les rouleurs sportifs aimaient pourtant bien, cela se fit au profit d'un comportement nettement plus agressif. L'intégrité de sa tenue de route étonne et la place dans la même catégorie que les sportives pures, si bien qu'elle est devenue l'une des rares façons d'avoir accès à de sérieuses performances sans trop souffrir en raison d'une posture de jockey. Autant la FZ1 originale n'était pas la « R1 pour la route » qu'elle avait promis être, autant la version actuelle correspond exactement à cette description, et ce, pour le meilleur et pour le pire.

YAMAHA
YZF-R1

Un autre genre d'accessibilité...

L'arrivée sur le marché de nouveaux modèles —comme la FZ6R— ayant la mission d'être accessibles au plus grand nombre de motocyclistes, même si elle est en partie due à l'hyperspécialisation des sportives extrêmes comme la R1, ne change en rien le fait que celles-ci doivent continuer d'évoluer. Or, compte tenu de l'incroyable niveau de performances déjà atteint non seulement par la génération précédente, mais aussi par les modèles rivaux, cette évolution constitue un spectacle fort intéressant à observer. Dans le cas de la toute nouvelle YZF-R1 présentée pour 2009, c'est sur la facilité d'exploiter la qualité de la puissance plutôt que la quantité de puissance que Yamaha a concentré ses efforts.

TECHNIQUE

Après la course aux chevaux, après la course aux cadres, aux roues, aux freins et aux suspensions dignes de véritables machines de course, après l'arrivée de l'injection et de divers mécanismes électroniques destinés à parfaire l'allumage, après l'allégement extrême, comment fait-on évoluer une sportive de la trempe de la R1? Plusieurs pourraient croire que l'on continue simplement de soustraire des kilos et d'ajouter des chevaux, mais une bonne séance en piste suffit pour comprendre qu'évoluer dans la bonne direction ne passe pas nécessairement par ces solutions. Car le but, ne l'oublions pas, demeure celui de réaliser les meilleurs temps sur un tour de piste. Or, il devient très vite évident, sur circuit, que le fait d'avoir à sa disposition une poignée de chevaux de plus que les quelques 180 maintenant devenus communs chez les pures sportives d'un litre, ne constitue pas la manière d'abaisser ces fameux temps. Maintenant que tous les modèles proposent un excellent châssis et que tous possèdent assez de puissance pour faire déraper l'arrière à volonté, la clé du succès devient l'efficacité avec laquelle on arrive à exploiter tous ces chevaux. L'ultime solution à ce problème s'appelle *Traction Control*, ou antipatinage, mais pour le moment, seule la marque Ducati l'offre *vraiment* sur certains de ses modèles. Les autres constructeurs emboîteront le pas très bientôt, mais pour le moment, c'est par d'autres moyens qu'ils tentent d'améliorer cette efficacité.

Décortiquez le pilotage d'une sportive sur piste et vous trouverez qu'une portion bien particulière d'un circuit est plus critique que toutes lorsqu'il s'agit de réaliser un bon temps : la sortie de courbe. Un temps rapide est ainsi lié de manière directe à une ouverture des gaz aussi grande que possible et aussitôt que possible durant le virage. Plus cette tâche est facilitée pour le pilote, meilleurs sont ses temps, et vice versa. Sur la YZF-R1 2009, Yamaha annonce que cette facette bien spécifique du pilotage serait considérablement améliorée grâce à ce qui constituerait une première sur une sportive de production, un vilebrequin de type «Crossplane» qui s'inspire de celui de sa M1 championne du monde de MotoGP. Alors qu'un vilebrequin normal fait monter et descendre les pistons d'un 4-cylindres en ligne par paire (les deux intérieurs montent lorsque les deux extérieurs descendent), cette coutume serait abandonnée sur la nouvelle R1 en faveur d'une disposition où le mouvement de chaque cylindre est unique. Marié à un ordre d'allumage tout aussi différent de ce qu'on a l'habitude de retrouver sur un moteur à 4 cylindres en ligne, ce vilebrequin augmenterait de manière considérable la sensation de traction à la roue arrière en sortie de courbe, ce qui permettrait au pilote d'ouvrir plus grand, plus tôt et avec plus de confiance, selon Yamaha. On comprend donc qu'il ne s'agit absolument pas d'un système de contrôle de la traction, mais plutôt d'une manière de favoriser la qualité de la traction et des sensations ressenties par le pilote.

> **LE VILEBREQUIN DE TYPE «CROSSPLANE» DE LA NOUVELLE R1 SERAIT CALQUÉ SUR CELUI DE LA M1 CHAMPIONNE DU MONDE DE MOTOGP.**

« LE VISAGE DE LA YZF-R1 CHANGE PLUS EN 2009 QUE LORS DE TOUTES LES ÉVOLUTIONS QU'A SUBIES LE MODÈLE DEPUIS 1998. SELON YAMAHA, LE CHOIX DE CONFIER L'ÉCLAIRAGE À 2 FAISCEAUX PLUTÔT QU'À 4 EST À LA BASE DE LA NOUVELLE DIRECTION STYLISTIQUE. »

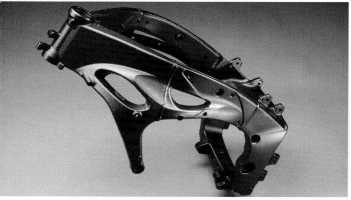

Pas plus de chevaux. Plus de contrôle.

La YZF-R1 2009 ne produit pas une puissance supérieure au modèle 2008, tandis que la livrée de couple maximal n'est que très légèrement augmentée. Ce qui n'empêche pas Yamaha d'annoncer une puissance plus grasse dans les tours inférieurs grâce à de nombreuses modifications à la programmation de l'injection ainsi qu'à une augmentation de la masse du vilebrequin de l'ordre de 20 pour cent. Le but, encore une fois, consiste à maximiser à la fois la puissance et la facilité d'exploitation de cette puissance en sortie de courbe.

Quelques points marquants de l'évolution du modèle 2009 :

- vilebrequin de type « Crossplane » et séquence d'allumage unique
- cadre de construction similaire, mais dont la calibration de la rigidité a été modifiée afin de tirer profit des changements apportés la mécanique
- système d'échappement revu dont la sonorité serait différente en raison du nouvel ordre d'allumage dicté par le nouveau vilebrequin
- fonction D-Mode similaire à celle offerte par Suzuki sur ses GSX-R et qui permet de choisir l'une de 3 cartographies d'allumage
- tous les systèmes électroniques sont présents : le YCC-T qui contrôle l'ouverture des gaz sans câble, le YCC-I qui contrôle la longueur des tubulures d'admission en fonction du régime moteur
- phare avant double muni d'un clapet contrôlé électroniquement qui s'abaisse et cache une partie des faisceaux en position basse et qui se soulève et dégage toute la surface en position haute
- fourche qui sépare désormais complètement les fonctions d'ajustement de compression et détente en chargeant chaque poteau de contrôler seulement l'une de ces fonctions, comme sur la M1
- une fiche technique qui devient plus réaliste grâce au retrait de la donnée hautement théorique de la puissance maximale avec l'effet du système Ram Air. Par ailleurs, toutes les Yamaha 2009 affichent un poids avec tous pleins faits, ce qui devrait donc être beaucoup plus représentatif de la réalité que le poids à sec qui est calculé de manière théorique en ajoutant la masse de chaque pièce de la moto
- bras oscillant repensé et allégé
- repose-pieds ajustables en 2 positions

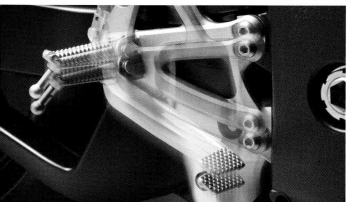

Général

Catégorie	Sportive
Prix	15 899 $ (bleu) 15 999 $ (jaune, noir)
Immatriculation 2009	1 030 $
Catégorisation SAAQ 2009	« sport »
Évolution récente	introduite en 1998 ; revue en 2001, 2004, 2007 et en 2009
Garantie	1 an/kilométrage illimité
Couleur(s)	noir, jaune, bleu
Concurrence	Honda CBR1000RR, Kawasaki ZX-10R, Suzuki GSX-R1000

Moteur

Type	4-cylindres en ligne 4-temps, DACT, 4 soupapes par cylindre, refroidissement par liquide
Alimentation	injection à 4 corps de 45 mm
Rapport volumétrique	12,7:1
Cylindrée	998 cc
Alésage et course	78 mm x 52,2 mm
Puissance sans Ram Air	179,6 ch @ 12 500 tr/min
Couple sans Ram Air	84,6 lb-pi @ 10 000 tr/min
Boîte de vitesses	6 rapports
Transmission finale	par chaîne
Révolution à 100 km/h	n/d
Consommation moyenne	n/d
Autonomie moyenne	n/d

Rapport valeur/prix

0 1 2 3 4 5 6 7 8 9 10

293 km/h **10,1,229** km/h

Vitesse de pointe | Accélération sur 1/4 mille

Novice | Intermédaire | Expert

Indice d'expertise

Voir légende en page 7
Permormances 2008

Partie cycle

Type de cadre	périmétrique « Deltabox », en aluminium
Suspension avant	fourche inversée de 43 mm ajustable en précharge, compression et détente
Suspension arrière	monoamortisseur ajustable en précharge, en haute et en basse vitesses de compression, et en détente
Freinage avant	2 disques de 310 mm de Ø avec étriers radiaux à 6 pistons
Freinage arrière	1 disque de 220 mm de Ø avec étrier à 1 piston
Pneus avant/arrière	120/70 ZR17 & 190/55 ZR17
Empattement	1 415 mm
Hauteur de selle	835 mm
Poids tous pleins faits	206 kg
Réservoir de carburant	18 litres

QUOI DE NEUF EN 2009 ?

Nouvelle génération de la YZF-R1

Coûte entre 300 et 400 $ de plus qu'en 2008

PAS MAL

Une ligne nouvelle, bien qu'encore très particulière, qui représente le plus grand écart stylistique entrepris par Yamaha depuis la première génération de la R1 en 1998

Une panoplie de modifications visant à améliorer l'accessibilité de la puissance avec en tête de liste un vilebrequin d'un design inédit sur une machine de production; voilà qui nous rend très curieux

Une partie cycle construite de manière à se montrer encore plus précise et solide que sur la version précédente, ce qui est presque difficile à imaginer

BOF

Une puissance limitée à bas et moyen régimes qui a toujours été le point faible des dernières générations du modèle; Yamaha l'annonce améliorée sur cette version, mais rien dans les chiffres annoncés ne montre ce progrès; encore une fois, il nous faudra voir pour croire

Une direction qui, bien qu'elle soit extrêmement intéressante, n'est pas aussi spectaculaire qu'elle ne l'aurait été avec une dizaine de chevaux en plus et une demi-douzaine de kilos en moins, par exemple, ce qui est risqué pour Yamaha

Un vilebrequin qui semble réellement très particulier, mais qui n'est toujours pas le véritable système *Traction Control* qu'on attend impatiemment chez les manufacturiers japonais

Conclusion

Nous nous sommes souvent demandé jusqu'à quand chaque nouvelle génération de sportive d'un litre amènerait avec elle un nouveau record de puissance. La R1 2009, toute renouvelée sans être plus puissante, semble indiquer qu'au moins un constructeur est enclin à investiguer une autre direction que celle de la guerre aux chevaux. La nouvelle R1 serait ainsi plus rapide en étant plus contrôlable, plus exploitable. Ce qui est très possible, on verra en piste. La grande question reste toutefois de savoir si cette direction plaira aux gourmands acheteurs ou si Yamaha sera obligé de mettre les bouchées doubles lors de la prochaine révision du modèle afin de rattraper le nouveau plafond atteint par ses rivales.

YZF-R6

La 600 qui ne sait compromettre...

Qualifier une 600 d'extrême et de monture dédiée à la piste est presque devenu un cliché tellement il est aujourd'hui commun de le faire. S'il est un modèle qui incarne ce cliché, c'est la R6. Il ne s'agit pas d'une monture violente ou démesurément rapide, mais plutôt d'une 600 dont la mission est inhabituellement pointue puisqu'elle consiste à tourner des bons temps en piste, un point c'est tout. Peut-être plus que toute autre Yamaha — ce qui n'est pas peu dire —, elle semble avoir pris le rôle de la vitrine technologique du constructeur. Son accélérateur électronique et ses tubulures d'admission à longueur variable sont d'ailleurs deux bons exemples des technologies qui l'habitent.

L'an dernier, afin d'améliorer la puissance du moteur de la YZF-R6 à bas et moyen régimes — l'un des défauts majeurs de cette génération —, Yamaha apportait une cinquantaine de modifications au compact 4-cylindres du modèle. La friction produite par les pièces en mouvement fut réduite et le taux de compression fut encore augmenté. Particulièrement importante était l'arrivée du complexe système YCC-I (*Yamaha Chip Controlled Intake*) ayant la capacité de varier la longueur des tubulures d'admission.

Comme on semble ne jamais en faire trop dans cette classe, surtout lorsqu'on entreprend de la dominer, Yamaha a même été jusqu'à complètement revoir les caractéristiques de rigidité du châssis sur la version 2008. Les suspensions ont été revues et la distribution du poids ajustée par une modification de la position de conduite qui bascule désormais le pilote encore plus sur l'avant de la moto.

L'ensemble de ces modifications n'avait ni plus ni moins comme but que d'aider la R6 à s'approcher encore plus de son unique raison d'être, briller en piste. Bien qu'ils soient réels, les résultats ne sont pas nécessairement évidents à ressentir, surtout pour le motocycliste moyen qui ne roule que sur la route, ou même pour l'occasionnel visiteur de journées d'essais libres en piste. Il reste que si minimes soient-ils à certains niveaux, tous ces changements affectent le comportement de la R6 de manière positive.

> LA R6 RESTE L'UN DES OUTILS LES PLUS IMPRESSIONNANTS QUI SOIENT POUR DISSÉQUER UNE PISTE. ELLE SE MONTRE EXCEPTIONNELLE DANS CET ENVIRONNEMENT.

Ironiquement, l'une des améliorations les plus faciles à percevoir est également l'une de celles qu'on aurait aimé découvrir encore plus prononcées. Elle concerne la livrée de puissance dans les régimes inférieurs. Toute la technologie de Yamaha fonctionne de façon absolument transparente et arrive bel et bien à «réveiller» le moteur plus tôt puisque la R6 actuelle n'oblige désormais plus son pilote à garder l'aiguille en haut de 12 000 tr/min pour livrer ses meilleures performances. Ce régime est maintenant abaissé à environ 10 000 tr/min. Mais il reste que sous cette barre, et particulièrement en bas, dans les tours auxquels on a affaire tous les jours, la nature creuse de la R6 demeure. Bref, dans ce cas, l'électronique aide la situation, mais ne la transforme pas.

Une utilisation routière ne mettra pas en évidence les améliorations apportées à la partie cycle, si ce n'est qu'on note une position légèrement plus sévère. En piste, toutefois, la nouvelle YZF-R6 semble moins exigeante que le modèle 2006-2007. Sa précision dans le choix de lignes, sa capacité à s'inscrire en courbe en plein freinage et son aisance à soutenir chaque once de puissance de la mécanique en sortie de courbe sont autant de qualités qui restent inchangées, mais qui ne demandent plus un effort de concentration aussi élevé pour être atteintes. Cette mouture de la R6 demeure donc l'un des outils les plus impressionnants qui soient si le but de l'exercice est de disséquer une piste. Dans cet environnement, elle est exceptionnelle.

Général

Catégorie	Sportive
Prix	12 499 $
Immatriculation 2009	1 030 $
Catégorisation SAAQ 2009	« sport »
Évolution récente	introduite en 1999 ; revue en 2003 et en 2006
Garantie	1 an/kilométrage illimité
Couleur(s)	bleu, orange, noir
Concurrence	Honda CBR600RR, Kawasaki ZX-6R, Suzuki GSX-R600, Triumph Daytona 675

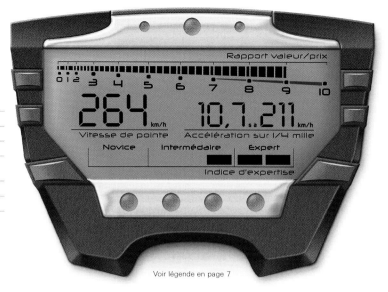

Rapport valeur/prix

264 km/h · Vitesse de pointe
10,7,211 km/h · Accélération sur 1/4 mille

Novice · Intermédaire · Expert
Indice d'expertise

Voir légende en page 7

Moteur

Type	4-cylindres en ligne 4-temps, DACT, 4 soupapes par cylindre, refroidissement par liquide
Alimentation	injection à 4 corps de 41 mm
Rapport volumétrique	13,1:1
Cylindrée	599 cc
Alésage et course	67 mm x 42,5 mm
Puissance avec Ram Air	133 ch @ 14 500 tr/min
Puissance sans Ram Air	127 ch @ 14 500 tr/min
Couple avec Ram Air	49,9 lb-pi @ 10 500 tr/min
Couple sans Ram Air	48,5 lb-pi @ 10 500 tr/min
Boîte de vitesses	6 rapports
Transmission finale	par chaîne
Révolution à 100 km/h	environ 5 600 tr/min
Consommation moyenne	6,4 l / 100 km
Autonomie moyenne	273 km

Partie cycle

Type de cadre	périmétrique, en aluminium
Suspension avant	fourche inversée de 41 mm ajustable en précharge, en haute et en basse vitesses de compression, et en détente
Suspension arrière	monoamortisseur ajustable en précharge, en haute et en basse vitesses de compression, et en détente
Freinage avant	2 disques de 310 mm de Ø avec étriers à 4 pistons
Freinage arrière	1 disque de 220 mm de Ø avec étrier à 1 piston
Pneus avant/arrière	120/70 ZR17 & 180/55 ZR17
Empattement	1 380 mm
Hauteur de selle	850 mm
Poids tous pleins faits	188 kg (à vide : 166 kg)
Réservoir de carburant	17,3 litres

QUOI DE NEUF EN 2009 ?

Aucun changement

Aucune augmentation de prix

PAS MAL

Une mécanique au tempérament furieux à haut régime; garder la R6 dans les tours élevés et l'écouter littéralement hurler jusqu'à sa zone rouge est une expérience en soi

Une partie cycle absolument brillante sur circuit, où la R6 semble enfin prendre tout son sens et dévoiler sa raison d'être

Une ligne qui, malgré qu'elle en soit à sa quatrième année sur le marché sous plus ou moins la même forme, reste rien de moins que spectaculaire; la R6 est l'une de ces motos auxquelles les photos ne rendent pas complètement justice et qu'on n'apprécie vraiment qu'en 3 dimensions

BOF

Une mécanique que Yamaha a tenté de rendre un peu moins creuse par l'ajout de diverses technologies, mais qui demeure probablement la plus faible à bas régime chez les 600; s'il ne s'agit pas d'un défaut en piste, sur la route, il manque décidément de jus en bas

Un concept qui ne fait pas la moindre concession aux réalités d'une utilisation routière et qui n'existe que pour accomplir des choses extraordinaires sur circuit

Conclusion

La YZF-R6 est extrême même dans un contexte où toutes les 600 de premier plan sont conçues d'abord et avant tout pour performer de manière extraordinaire sur circuit. Le fait qu'elle arrive à se démarquer de façon aussi nette dans un tel environnement illustre bien à quel genre de monture unidimensionnelle on a affaire. Pour les amateurs de performances qui doivent absolument posséder la plus belle pièce technologique, il s'agit presque d'un choix évident. Tout aussi évidents, toutefois, sont les sacrifices auxquels on doit s'attendre en choisissant de vivre avec une sportive aussi pointue.

YAMAHA
YZF-R6S

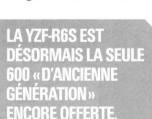

En voie d'extinction?

Copie carbone de la YZF-R6 2003-2004 —la version 2005 est légèrement différente—, la YZF-R6S représente une manière un peu moins extrême et un peu plus économique de rouler sur une pure sportive de 600 cc que ne le sont les derniers modèles de la catégorie. Kawasaki ayant retiré sa ZZR600 de son catalogue en 2009, la Yamaha devient la seule monture du genre offerte sur notre marché. Si le S qui suit son nom a pour but d'indiquer une vocation davantage « Street » que celle de la génération courante, dans les faits, il s'agit toujours d'une monture conçue d'abord et avant tout pour la piste. On ne dirait plus la même chose d'une sportive âgée de 10 ans, mais celle-là n'a qu'une génération de retard.

Garder un modèle présent sur le marché même après l'arrivée d'une nouvelle génération peut aider à amortir ses coûts de recherche et développement sur une plus longue période. Un minimum de ventes est toutefois nécessaire pour arriver à générer cet amortissement. La Yamaha YZF-R6S a-t-elle ce qu'il faut pour obtenir ces ventes ? Tant la Honda CBR600F4i que la Kawasaki ZZR600, deux modèles qui suivaient exactement le même cheminement que la R6S sont aujourd'hui absents des catalogues de leur constructeur.

D'ici à ce que le temps dise s'il s'agit ou non du sort qui attend la R6S, voici à quoi peuvent s'attendre les motocyclistes qui en envisagent l'acquisition. Compte tenu de sa jeunesse relative, la R6S s'affiche comme une machine à peine moins extrême que la dernière génération d'hypersportives japonaises. Elle ne représente évidemment plus le dernier cri en matière de technologie, mais il ne s'agit pas d'une sportive dépassée ou lente par rapport à ce qu'offrent les derniers porte-drapeau de la classe. Ramenez-la où elle est née, sur un circuit, et elle aura tôt fait de retrouver la fougue de sa jeunesse, de se prendre à nouveau pour une bête de course. Elle pourra néanmoins difficilement soutenir le rythme de sa remplaçante, la YZF-R6 courante, sur un tour de circuit. Et c'est là la pire lacune du modèle : malgré tout son potentiel de vitesse, la YZF-R6S paraît moins incisive, moins précise, moins stable, mais surtout moins puissante lorsqu'on la compare aux dernières venues. Les standards de performances établis par celles-ci, dont la R6 actuelle, la relèguent presque au rôle de routière sportive.

Mais oubliez les comparaisons directes et la YZF-R6S continue de briller sur un circuit, de s'avérer ultraprécise et avide de régimes élevés. Malgré le fait que le modèle ne bénéficie pas des dernières améliorations —fourche inversée et étriers avant à montage radial— apportées à la R6 2005, soit la dernière année de cette génération, le comportement reste celui d'une sportive légère et extrêmement précise sur circuit.

Cette machine qui a longtemps été une de nos complices de jeu préférées sur piste s'avère encore un exemple de précision, de légèreté et d'efficacité dans les circonstances. En aucun cas, elle ne nous fait regretter de passer du temps en piste avec elle.

Le haut niveau de technicité du moulin de la R6S reste encore aujourd'hui impressionnant. Le compact 4-cylindres qui l'anime est un moteur excitant qui aime flirter avec les hauts régimes. Il se révèle au-delà de 9 000 tr/min et se plaît à hurler à l'approche de la zone rouge qui culmine à 15 500 tr/min, un seuil très élevé, même selon les normes actuelles. Le couple à bas et moyens régimes est correct, ce qui permet au pilote de la R6S de se faire plaisir sur route sans devoir jouer du sélecteur de vitesses à outrance ou tordre la poignée des gaz de façon excessive à la recherche de régimes stratosphériques. En utilisation routière normale, elle offre des accélérations très vives, à peine inférieures à celles des 600 de dernière génération. Évidemment, le bagage génétique de la R6S fait qu'elle reste une sportive compacte dont la position de conduite est relativement radicale et peu en adéquation avec une vocation de routière au long cours.

> **LA YZF-R6S EST DÉSORMAIS LA SEULE 600 « D'ANCIENNE GÉNÉRATION » ENCORE OFFERTE.**

344

Général

Catégorie	Sportive
Prix	11 599 $
Immatriculation 2009	1 030 $
Catégorisation SAAQ 2009	« sport »
Évolution récente	introduite en 1999 ; revue en 2003
Garantie	1 an/kilométrage illimité
Couleur(s)	bleu, noir
Concurrence	Honda CBR600RR, Kawasaki ZX-6R, Suzuki GSX-R600, Yamaha YZF-R6

Moteur

Type	4-cylindres en ligne 4-temps, DACT, 4 soupapes par cylindre, refroidissement par liquide
Alimentation	injection à 4 corps de 40 mm
Rapport volumétrique	12,4:1
Cylindrée	599 cc
Alésage et course	65,5 mm x 44,5 mm
Puissance avec Ram Air	126 ch @ 13 000 tr/min
Puissance sans Ram Air	120 ch @ 13 000 tr/min
Couple avec Ram Air	50,6 lb-pi @ 12 000 tr/min
Couple sans Ram Air	49,2 lb-pi @ 12 000 tr/min
Boîte de vitesses	6 rapports
Transmission finale	par chaîne
Révolution à 100 km/h	environ 5 400 tr/min
Consommation moyenne	6,2 l / 100 km
Autonomie moyenne	274 km

Rapport valeur/prix

257 km/h — Vitesse de pointe
108.206 km/h — Accélération sur 1/4 mille

Novice | Intermédaire | Expert

Indice d'expertise

Voir légende en page 7

Partie cycle

Type de cadre	périmétrique « Deltabox III » en aluminium
Suspension avant	fourche conventionnelle de 41 mm ajustable en précharge, compression et détente
Suspension arrière	monoamortisseur ajustable en précharge, compression et détente
Freinage avant	2 disques de 310 mm de Ø avec étriers à 4 pistons
Freinage arrière	1 disque de 220 mm de Ø avec étrier à 1 piston
Pneus avant/arrière	120/70 ZR17 & 180/55 ZR17
Empattement	1 385 mm
Hauteur de selle	830 mm
Poids tous pleins faits	182 kg (à vide : 163 kg)
Réservoir de carburant	17 litres

QUOI DE NEUF EN 2009 ?

Aucun changement

Aucune augmentation de prix

PAS MAL

Un moteur enivrant qui produit le meilleur de lui-même dans une plage de régimes qui s'étale de 9 000 à 15 000 tr/min, à l'intérieur de laquelle la puissance est plus que respectable

Une partie cycle dont l'intégrité du comportement a largement contribué au succès de la petite sportive de Yamaha ; malgré les prouesses de sa remplaçante, la R6S reste une pistarde redoutable qui n'a pas l'air ridicule lors des journées d'essais libres

Une mécanique moins creuse que celle de la R6 actuelle et donc, mieux adaptée à une utilisation routière

BOF

Une direction nerveuse qui suggère l'installation d'un amortisseur de direction ; dans des conditions extrêmes — grosse accélération sur l'angle, sur surface bosselée — la R6S peut s'agiter

Une désignation S — pour Street — qui laisse croire que la moto est une routière, ce qui n'est effectivement pas le cas ; la R6S reste une sportive à part entière, une machine qui ne fait pas de compromis et qui se plaît sur piste

Un prix qui ne reflète pas suffisamment sa nouvelle vocation et ne la démarque pas assez des 600 de génération actuelle pourtant plus évoluées et performantes ; le prix de la R6S devrait logiquement se situer confortablement sous les 11 000 $

Conclusion

La logique derrière la présence de la YZF-R6S dans le catalogue Yamaha 2009 semble difficile à comprendre. Depuis l'arrivée de la dernière génération de la R6 en 2006, pourquoi choisirait-on le vieux modèle ? La différence de prix pourrait être une raison, bien que nous croyions qu'elle devrait être considérablement supérieure aux quelque 900 $ actuels pour en valoir le coup. Par ailleurs, compte tenu du caractère extrêmement pointu de la génération présente de la YZF-R6, on pourrait décider de se diriger vers la R6S tout simplement parce qu'il s'agit d'une monture légèrement moins limitée en termes d'utilisation routière. Mais alors, pourquoi ne pas envisager l'une des 600 rivales, comme la Honda ou la Suzuki, des modèles à la fois à la fine pointe et dont le côté routier reste tolérable ? Décidément, l'attrait de la YZF-R6S dans le contexte actuel reste flou pour nous. Cela dit, si vous la trouvez jolie et que rien de ce qui précède ne vous gêne, de grâce, faites-vous plaisir.

YAMAHA
FZ6R

Mieux qu'une 400 ?

Il fut un temps où une 600 se voulait une monture construite pour satisfaire le motocycliste moyen dans une grande variété de circonstances. Puis, quelqu'un décida que la sienne devait être plus puissante que celle de l'autre et la « guerre » éclata. Le résultat est une classe qui est aujourd'hui composée de machines conçues dans le seul et unique but de boucler un tour de piste le plus rapidement possible. Et le but premier d'une 600 dans tout ça ? Oublié depuis longtemps. L'arrivée de la FZ6R cette année représente une preuve supplémentaire non pas de la fin de l'ère des 600 extrêmes, mais plus du retour des cylindrées moyennes construites pour des humains normaux, pas des Rossi.

TECHNIQUE

On blâme trop facilement les motocyclistes novices qui choisissent une sportive pure de 600 cc comme première moto et pas assez souvent les constructeurs qui leur mettent ces beaux bolides sous le nez. Pire encore que la promotion exclusivement basée sur le thème de la performance extrême est l'entêtement des manufacturiers à limiter sévèrement les options. Car lorsqu'on arrive dans l'univers de la moto, que le modèle dont on rêve est une jolie sportive et que le premier échelon dans ce créneau est une machine de piste pure et dure, les chances qu'on choisisse une telle machine comme première moto sont élevées. L'idée d'offrir des versions de 400 cc des modèles de 600 cc a souvent été amenée, mais les constructeurs l'ont toujours rejetée en affirmant que le prix de ces modèles serait pratiquement le même que ceux des 600. D'un autre côté, on aurait toujours affaire à des sportives extrêmes, non ?

Il a fallu attendre très longtemps avant que les constructeurs décident d'offrir aux nouveaux motocyclistes amateurs de sportives d'autres options que celle d'une pure sportive de 600 cc en guise d'entrée en matière. Ironiquement, ils l'ont fait en proposant d'anciennes générations de ces mêmes 600... Il faudrait ainsi accepter qu'un modèle extrême ne l'est plus parce qu'il a été remplacé par une machine légèrement plus rapide ou plus agile. Ben voyons.

Ce n'est que récemment, depuis l'arrivée de nouveautés comme cette FZ6R, que ce choix est enfin vraiment offert.

La FZ6R est une 600 pour ceux et celles qui souhaitent faire leurs premiers tours de roues à moto dans un style sportif, mais qui n'ont pas envie de le faire en s'installant aux commandes d'une imitation de machine de MotoGP. Évidemment, rien n'empêche un motocycliste plus expérimenté d'envisager également l'achat d'une telle moto.

On pourrait croire, en raison de leur nom semblable, que la FZ6R est une proche cousine de la FZ6, ou même une version complètement carénée de cette dernière, mais il n'en est rien. La nouveauté est plutôt un concept tout neuf basé autour du thème de l'accessibilité, et ce, tant au niveau du pilotage que du budget.

> **LEUR NOM POURRAIT LAISSER CROIRE QUE LES FZ6 ET FZ6R SONT DEUX VERSIONS D'UNE MÊME MOTO, MAIS IL S'AGIT DE DEUX MODÈLES DISTINCTS.**

Le 4-cylindres en ligne est dérivé de celui qui propulse la FZ6, mais il a subi de profondes modifications ayant pour but de favoriser la production de couple à bas et moyen régimes. La puissance maximale de 76 chevaux est inférieure à celle de la FZ6 par plus d'une vingtaine de chevaux, mais Yamaha annonce une livrée de puissance plus linéaire et mieux adaptée à une conduite normale au quotidien.

Le cadre en acier tubulaire a été conçu expressément pour ce modèle. Le constructeur annonce une hauteur de selle accueillante et un comportement neutre et facile d'accès, ce dont nous n'avons aucune raison de douter. Suspensions, roues et freins sont tous de calibre sportif, mais pas à la fine pointe, « à la Bandit ». Enfin, plusieurs accessoires seront offerts dont un pare-brise plus haut et une béquille centrale, entre autres.

LA FZ6R EST UNE SURPRISE. ON S'ATTEND PLUS, CES JOURS-CI, EN MATIÈRE DE SPORTIVES, À VOIR DÉBARQUER UN BOLIDE « TRIPLE R » QU'UNE MOTO CONSTRUITE AUTOUR DU THÈME DE L'ACCESSIBILITÉ. IL ÉTAIT TEMPS.

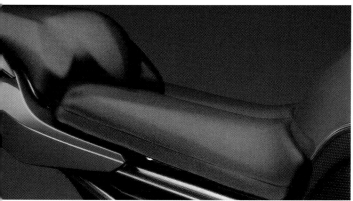

Droit dans la fosse...

Chaque année, lorsque la nouvelle édition du Guide de la Moto est publiée, quand Le Salon de la Moto approche ou que le printemps se montre le bout du nez, quelques émissions de télé et de radio se montrent intéressées à jaser moto quelques minutes. L'une de ces invitations, l'an dernier, est venue de *La fosse aux lionnes*, une émission animée par des femmes. Hum, inhabituel, mais décidément intéressant, me suis-je dit. Curieux de découvrir des questions provenant, pour une rare fois, de points de vue féminins, je me retrouvais ainsi, une froide journée de février, à Radio-Canada, au milieu de trois animatrices, chacune aussi charmante que jolie. Martine Saint-Clair, l'invitée qui me précédait, venait de terminer et quittait le plateau. Ne serait-ce que pour un moment, je troquais ainsi les wheelies, les burnout et les mesures de boulons pour une brève incursion dans le Jet Set. Mon casque semble étrangement plus serré depuis...

D'une façon générale, grâce à des questions intelligentes et intéressantes, l'entrevue se déroula, je crois, plutôt bien. Puis une série de sons arrivèrent à mon oreille gauche : «Bertrand, parmi les centaines de photos publiées dans Le Guide, une seule montre une femme aux commandes d'une moto. Pourquoi?» Heu... Presque immédiatement après, «Scandale!» parvenait cette fois jusqu'à mon oreille droite. Heu... Bien... Peut-être pour la première fois durant une émission, je n'avais pas de réponse à la question qu'on me posait. Sans jamais avoir fait le compte, je réalisais qu'il était tout à fait possible que très peu de photos du livre montrent des femmes conduisant une moto. Il n'y avait évidemment rien d'intentionnel derrière ce compte, mais sur le moment, je ne savais pas comment l'expliquer. En fait, malgré ma grande implication à chaque étape de la production du Guide, je n'avais jamais vraiment porté attention à ce facteur. La raison pour laquelle les femmes roulant des motos sont si peu souvent illustrées dans les pages du Guide est pourtant toute simple, mais elle ne me vint à l'esprit qu'après avoir quitté les studios du diffuseur. Cette raison est que parmi les photos d'action des nouveaux modèles fournies à la presse par les constructeurs, celles qui montrent des femmes pilotes sont particulièrement rares, une omission qui, *elle*, est très intentionnelle. C'est qu'il n'y aurait rien de pire pour l'image et l'ego des très nombreux acheteurs «mâles», selon les constructeurs, qu'une nouveauté portant l'étiquette de moto de fille. On prend même bien soin, lors des présentations de modèles qui pourraient convenir aux besoins des femmes, de préciser qu'il ne s'agit PAS d'une moto de fille. Bref, on ne demande pas mieux que vendre des motos aux femmes, mais on n'est pas prêt à risquer de froisser la clientèle masculine établie pour le faire. Cette mentalité semble toutefois être sur le point de changer. À titre d'exemple, les images de la nouvelle FZ6R 2009 que nous avons reçues de Yamaha contenaient plusieurs prises de vue où une femme pilote clairement la nouveauté dans sa livrée blanche à motifs. La bleue, elle, était toutefois exclusivement pilotée par un homme... BG

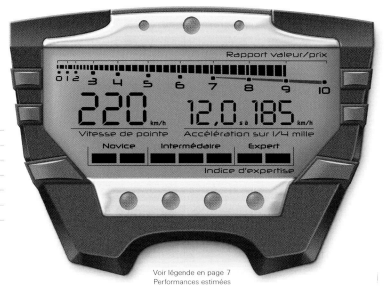

Voir légende en page 7
Performances estimées

Général

Catégorie	Routière Sportive
Prix	8 299 $
Immatriculation 2009	NC - probablité : 518 $
Catégorisation SAAQ 2009	NC - probabilité : régulière
Évolution récente	introduite en 2009
Garantie	1 an/kilométrage illimité
Couleur(s)	bleu, noir, blanc
Concurrence	Kawasaki Ninja 650R, Suzuki GSX650F, Yamaha FZ6

Moteur

Type	4-cylindres en ligne 4-temps, DACT, 4 soupapes par cylindre, refroidissement par liquide
Alimentation	injection à corps de 32 mm
Rapport volumétrique	12,2:1
Cylindrée	599 cc
Alésage et course	65,5 mm x 44,5 mm
Puissance	76,44 ch @ 10 000 tr/min
Couple	44,1 lb-pi @ 8 500 tr/min
Boîte de vitesses	6 rapports
Transmission finale	par chaîne
Révolution à 100 km/h	n/d
Consommation moyenne	n/d
Autonomie moyenne	n/d

Partie cycle

Type de cadre	de type « diamant », en acier tubulaire
Suspension avant	fourche conventionnelle de 41 mm non ajustable
Suspension arrière	monoamortisseur ajustable en précharge
Freinage avant	2 disques de 298 mm de Ø avec étriers à 2 pistons
Freinage arrière	1 disque de 245 mm de Ø avec étrier à 1 piston
Pneus avant/arrière	120/70 ZR17 & 160/60 ZR17
Empattement	1 440 mm
Hauteur de selle	785 mm
Poids tous pleins faits	212 kg
Réservoir de carburant	17,3 litres

QUOI DE NEUF EN 2009 ?

Nouveau modèle

PAS MAL

Un concept qui répond enfin à un besoin criant du motocyclisme, celui d'offrir des sportives tout aussi sexy que celles que les constructeurs alignent sur les lignes de départ des différents circuits routiers, mais dont le comportement et le prix sont beaucoup plus accessibles

Une conception qui semble indiquer que la FZ6R sera exactement ce qu'elle prétend être, soit une moto de style sportif au comportement docile et aux performances destinées à amuser sans effrayer

Une ligne sportive suffisamment soignée pour qu'on accepte de la choisir au lieu de celle d'une YZF-R6, par exemple, et une option de traitement graphique un peu plus « féminine » clairement destiné à attirer l'attention des femmes; après les casques et les blousons, il était plus que temps qu'on « décore » une moto pour ces dames

BOF

Un niveau de puissance qui risque d'être juste pour les amateurs de sensations fortes; 76 chevaux restent amplement suffisants pour divertir durant des années le motocycliste aux besoins limités en termes de vitesse pure, mais les autres pourraient ne pas en avoir assez; heureusement pour eux, Yamaha offre plusieurs échelons, soit la FZ6 et la YZF-R6S avant d'arriver à la YZF-R6

Un système ABS qui brille par son absence alors qu'il est offert sur la version européenne de la FZ6R appelée XJ6 Diversion; Suzuki est arrivé à offrir ces systèmes pour quelques centaines de dollars à peine et on n'en attend pas moins de la part de Yamaha

Conclusion

Les modèles dont la mission est identique à celle de la nouvelle FZ6R existent déjà. On n'a qu'à penser aux SV650S et GSX650F de Suzuki ou à la Ninja 650R de Kawasaki. Mais la Yamaha amène quelque chose de nouveau en ce sens que d'abord, son plein carénage ne constitue pas un ajout, mais fait plutôt partie du concept original. Puis, il y a l'effort déployé par les stylistes de la marque afin de donner au modèle une ligne peut-être pas aussi agressive et profilée que celle d'une sportive pure, mais presque. Bref, si la FZ6R n'est pas la première sportive de cylindrée moyenne (récente) qu'on peut pleinement recommander à un public plus ou moins expérimenté, elle est toutefois la première à laquelle on a donné une ligne suffisamment sexy pour attirer le regard de ladite clientèle, elle qui ne semblait avoir d'yeux, jusque-là, que pour le dernier cri en matière de sportives extrêmes.

FZ6

Au beau milieu...

La sportive pure de 600 cc est un incontournable chez les constructeurs japonais. Or, l'importance du produit en a littéralement fait un objet de concurrence entre les marques qui, avec le temps, l'ont transformé en bête de piste. En lançant la FZ6 en 2004, Yamaha rappelait qu'une 600 pouvait faire plus que courir vers un drapeau à damier. En gardant l'ancienne génération de la YZF-R6 sous le nom YZF-R6S et en lançant la FZ6R cette année, la firme d'Iwata City a développé l'idée de la 600 jusqu'à en faire une véritable famille. Entre l'amicale FZ6R de 76 chevaux et les R6 et R6S destinées à la piste d'environ 125 chevaux, la FZ6 tente, avec ses 98 chevaux, de vendre l'idée du compromis route/performance.

La FZ6 fut l'une des premières motos modernes à la fois vraiment intéressantes et économiques. Elle est même en partie responsable des bonnes affaires qu'on peut faire ces jours-ci avec un budget d'environ 9 000 $. Ce qui la distingue, dans ce segment où l'importance du prix impose parfois des compromis, ce sont les composantes haut de gamme avec lesquelles elle est construite. La FZ6 est techniquement très proche de la YZF-R6S tout en coûtant presque 2 500 $ de moins. Si on fait abstraction des suspensions ajustables en tous sens et du carénage sportif de la R6S, les deux machines se ressemblent énormément. Bien qu'il produise une vingtaine de chevaux de moins — au profit d'un couple accru cependant —, le moteur de la FZ6 est autrement identique. Le massif cadre sans soudure en aluminium coulé est étonnamment évolué tandis que les roues et le frein avant bénéficiant d'étriers monobloc à 4 pistons sont directement empruntés à la R6S. De plus, l'injection, le bras oscillant, le carénage et l'instrumentation ont tous été améliorés en 2007.

Malgré son déficit de puissance par rapport à la R6S, le 4-cylindres ultracompact de la FZ6 hurle dans les tours avec la même intensité que celui de la sportive pure à l'approche de la zone rouge. Lors des tests de reprises, les deux machines font jeu égal jusqu'à 9 000 tr/min, régime au-delà duquel la S se détache irrémédiablement. Cela dit, l'accélération de la FZ6, qui produit tout de même une centaine de chevaux, reste très correcte, surtout pour un motocycliste plus ou moins expérimenté.

> **LA FZ6 EST TECHNIQUEMENT TRÈS PROCHE DE LA YZF-R6S, MAIS ELLE COÛTE PRESQUE 2 500 $ DE MOINS.**

En fait, le seul handicap de ce moulin sportif est qu'il a les défauts de ses qualités. Puissant à haut régime, il souffre d'un manque notable de souplesse. Dans la partie inférieure de sa bande de régimes, le couple est très similaire à celui des 600 sportives, voire un poil inférieur. Les motocyclistes prêts à vivre au quotidien avec une moto au moteur pointu en seront ravis, mais les amateurs de gros couple frappent à la mauvaise porte.

Au chapitre de l'agrément de conduite, le 4-cylindres en ligne se comporte bien. Si on fait exception d'un léger chatouillement qui traverse les poignées à vitesse stabilisée, sur autoroute, les vibrations sont plutôt bien maîtrisées. En ce qui concerne le confort, la FZ6 se tire également bien d'affaire. La position relevée est excellente, la selle est au-dessus de la moyenne et la protection au vent est généreuse et exempte de turbulences. Les amateurs de tourisme remarqueront aussi que la position centrale du silencieux facilite l'installation de sacoches souples.

Pour souligner le caractère sportif du moteur et du châssis, les suspensions ont été calibrées un peu ferme, un compromis qui n'est pas inintéressant. En effet, malgré une sécheresse occasionnelle sur mauvais revêtement, elles font preuve d'une grande rigueur en conduite sportive et semblent en parfaite adéquation avec la partie cycle. Même si sa tenue de route est en retrait par rapport à celle d'une 600 de pointe, la FZ6 se montre très précise en virage. Elle se place facilement en courbe et peut soutenir sans difficulté un rythme intense sur une route sinueuse.

Général

Catégorie	Routière Sportive
Prix	9 299 $
Immatriculation 2009	518 $
Catégorisation SAAQ 2009	« régulière »
Évolution récente	introduite en 2004 ; mise à jour en 2007
Garantie	1 an/kilométrage illimité
Couleur(s)	bleu, noir
Concurrence	BMW F800S, Kawasaki Ninja 650R, Suzuki GSX650F, Yamaha FZ6R

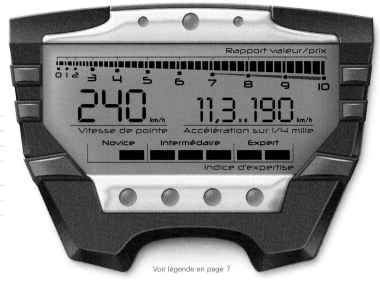

Voir légende en page 7

Moteur

Type	4-cylindres en ligne 4-temps, DACT, 4 soupapes par cylindre, refroidissement par liquide
Alimentation	injection à corps de 36 mm
Rapport volumétrique	12,2:1
Cylindrée	599 cc
Alésage et course	65,5 mm x 44,5 mm
Puissance	98 ch @ 12 000 tr/min
Couple	46,5 lb-pi @ 10 000 tr/min
Boîte de vitesses	6 rapports
Transmission finale	par chaîne
Révolution à 100 km/h	environ 5 100 tr/min
Consommation moyenne	6,0 l / 100 km
Autonomie moyenne	316 km

Partie cycle

Type de cadre	périmétrique, en aluminium
Suspension avant	fourche conventionnelle de 43 mm non ajustable
Suspension arrière	monoamortisseur ajustable en précharge
Freinage avant	2 disques de 298 mm de Ø avec étriers à 4 pistons
Freinage arrière	1 disque de 245 mm de Ø avec étrier à 1 piston
Pneus avant/arrière	120/70 ZR17 & 180/55 ZR17
Empattement	1 440 mm
Hauteur de selle	795 mm
Poids tous pleins faits	207 kg (à vide : 186 kg)
Réservoir de carburant	19,4 litres

QUOI DE NEUF EN 2009 ?

Aucun changement

Aucune augmentation de prix

PAS MAL

Un prix raisonnable, une qualité de fabrication évidente, un comportement irréprochable et de belles performances qui en font un excellent achat

Des accélérations franches pour autant qu'on tienne la mécanique dans la partie grasse — donc élevée — de la bande de puissance, et une sonorité de sportive envoûtante

Une tenue de route qui évoque celle d'une sportive pure de cylindrée équivalente; sur route sinueuse, la FZ6 est légère et incisive

BOF

Un 4-cylindres pointu emprunté à la YZF-R6S qui produit le gros de sa puissance à très haut régime et fait preuve d'une souplesse très moyenne dans les régimes auxquels on a affaire dans le quotidien

Un confort qui lui permet de jouer les voyageuses, mais il lui faudrait un léger assouplissement du réglage des suspensions et une réduction des vibrations pour en faire une excellente routière au long cours

Une boîte de vitesses qui fonctionne relativement bien, mais qui se montre sèche et rugueuse au passage des rapports

Conclusion

Offerte à prix compétitif, la FZ6 est suffisamment docile et accessible pour guider les novices dans leur apprentissage. Mais elle possède aussi toutes les qualités requises — performance, tenue de route, confort — pour satisfaire les pilotes plus exigeants. Sans être exempte de critiques — son moteur creux et sa boîte de vitesses rugueuse mériteraient un peu d'attention de la part de Yamaha —, elle fait preuve d'un très bel équilibre, surtout compte tenu de la facture. En fait, on ne peut que continuer de s'étonner que Yamaha puisse en donner autant pour si peu lorsqu'on tient compte de la provenance du moteur et de la technologie de pointe qui se cache derrière l'ensemble des pièces qui la composent.

NOUVEAUTÉ 2009

Sainte folie...

Très peu de motos sont arrivées à s'élever au-delà du stade de simple modèle. Après presque un quart de siècle sur le marché et sans même qu'elle ait eu besoin d'évoluer pour le faire, la VMAX y est parvenue. Rarement, peut-être même jamais, a-t-on vu un modèle s'ancrer de manière aussi tenace dans l'imaginaire de tous ceux qui l'on croisé. Pourtant, la réalité est qu'on aurait très bien pu ne jamais voir une nouvelle génération de la VMAX, qui aurait discrètement disparu pour ne devenir qu'un souvenir mythique ayant marqué une certaine époque de l'histoire du motocyclisme. Mais Yamaha en a décidé autrement. La marque d'Iwata City y a mis le temps, mais, enfin, la nouvelle VMAX est là.

Il est parfois plus sage de laisser un classique s'éteindre de manière noble que de lui inventer une suite indigne ou maladroite. En raison de la nature légendaire de la VMAX, cette situation est exactement celle à laquelle Yamaha a dû faire face. Comme si la problématique de réaliser une moto qui arriverait à succéder à la VMAX n'était pas assez complexe, dans ce cas, l'option de ne pas produire ce fameux modèle n'aurait pas vraiment été une meilleure solution puisque le constructeur aurait alors donné l'impression de ne pas être capable ou de ne pas vouloir oser affronter un tel défi. Il *devait* donc y avoir une nouvelle VMAX et il *fallait* que celle-ci soit à la hauteur des attentes les plus élevées. Il en allait de la réputation de Yamaha.

Il ne m'a fallu qu'un tour d'accélérateur pour devenir croyant. Un tour qui enfuma beaucoup, beaucoup trop facilement le pneu arrière. Un tour qui fit tellement crier de douleur ce pneu que le sol devant les bureaux du manufacturier en porte probablement encore la trace. Lorsqu'on la provoque et qu'on en ouvre l'accélérateur bien grand, la nouvelle VMAX devient un animal fou. Jamais je n'ai enfourché une moto dont l'accélération est aussi immédiatement brutale. Par cette température automnale relativement fraîche, la traction réduite rend l'exercice de peindre une longue trace noire ridicule. Plusieurs motos, la plupart des customs de gros calibre, ont la capacité d'enfumer leur pneu arrière moyennant un relâchement abrupt de l'embrayage. La VMAX, elle, n'a besoin que d'une ouverture moyennement rapide des gaz. Ridicule, ridicule, ridicule. Mais surtout, génial.

> IL *DEVAIT* Y AVOIR UNE NOUVELLE VMAX ET IL *FALLAIT* QU'ELLE SOIT À LA HAUTEUR DES ATTENTES LES PLUS ÉLEVÉES.

Je ne m'avancerai pas sur des comparaisons puisqu'aucune n'a été formellement faite, mais je ne donne pas cher de l'orgueil du type sur sa sportive d'un litre qui tenterait de rester devant la VMAX en accélérant à partir d'un arrêt. De 0 à, disons, 150 km/h, et peut-être même plus, je n'arrive tout simplement pas à concevoir qu'une sportive puisse rester devant cet incroyable engin. C'est du moins ainsi *qu'on se sent* sur la VMAX, qui livre une expérience n'ayant absolument rien à voir avec celle d'une sportive en raison de l'incroyable intensité de l'accélération ressentie à ses commandes, une sensation que le furieux grondement de V8 survitaminé qui accompagne chaque montée en régime ne fait qu'amplifier. L'expression qui dit qu'une moto veut vous arracher les bras tombe vraiment pile dans ce cas.

Après toutes ces années de critiques dirigées vers le comportement occasionnellement déficient de la première génération, Yamaha se devait d'équiper la nouvelle VMAX d'une partie cycle qui, cette fois, serait à la hauteur des performances. Elle l'est. La stabilité est imperturbable et le châssis encaisse sans broncher toute la rage du V4 de 200 chevaux, tandis qu'en virage, on a affaire à une moto dont la direction n'est pas particulièrement légère, mais qui reste solide et précise même à un bon rythme. Les suspensions travaillent bien, les freins avec système antiblocage de série sont excellents tandis que toutes les commandes, incluant l'ensemble embrayage/boîte de vitesses, s'actionnent avec douceur et précision.

« ÉTONNAMMENT DOCILE AU QUOTIDIEN, LA NOUVELLE VMAX SE TRANSFORME EN BRUTE BARBARE LORSQU'ON LUI DEMANDE D'ÉTALER TOUTE SA PUISSANCE. EN TERMES DE MACHINE DE SÉRIE, VOUS N'AVEZ JAMAIS RIEN PILOTÉ D'AUSSI IMMÉDIATEMENT SAUVAGE ET PUISSANT. GARANTI. »

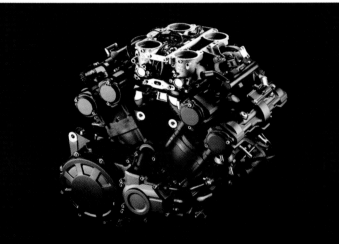

Mon Dieu, mais quelle bête...

On devient un peu blasé à force d'évaluer des motos, c'est inévitable. Dans mon cas, cela ne veut pas dire que je ne sais plus apprécier les modèles pour ce qu'ils sont, mais plutôt que je deviens difficile à impressionner lorsqu'on annonce des caractéristiques extrêmes. Je m'attends à ce qu'une 1000 sportive accélère comme une Formule 1, qu'une 600 ait une tenue de route parfaite ou qu'une custom de 2,3 litres soit incroyablement coupleuse. Ces modèles font certaines promesses qui doivent être intégralement tenues rien que pour mériter d'appartenir à leur classe respective. Les dominer est une autre paire de manches. Tel est le niveau de performances aujourd'hui commun sur le marché. Malgré cela, la nouvelle VMAX m'a bouleversé. En fait, je n'aurais pas cru qu'un constructeur ose un jour mettre sur la route une bête aussi violente. Comprenons-nous bien. N'importe qui peut piloter une VMAX dans la besogne quotidienne et même traverser le pays à ses commandes si tel est son désir. Mais tordre son accélérateur, surtout à partir d'un arrêt ou de vitesses faibles, est un geste qui exige un niveau d'expérience et d'habileté que seuls les motocyclistes avertis détiennent. Le parallèle avec une 1000 sportive est tentant puisque le soulèvement violent de celle-ci à l'accélération est remplacé, sur la VMAX, par une longue glissade de l'arrière. Retrouvez-vous de travers en pleine rue quelques mètres après avoir quitté une intersection, au guidon d'une bête de 300 kilos dont le V4 hurlant force le pneu arrière à peindre une longue trace noire sur le sol, et vous comprendrez vite la nécessité de cette expérience et de cette habileté. Mais faites preuve de ces qualités, et ce que vous réserve la VMAX sera absolument exaltant. En ce qui me concerne, j'ai fui la civilisation pour trouver des routes libres et inhabitées. Et j'ai perdu la carte. Durant des kilomètres, je n'ai fait que m'arrêter au milieu de la route, puis tordre l'accélérateur jusqu'à ce que le vent veuille m'arracher du siège. Les glissades, la poussée, le son du V4... quel engin, mais quel engin ! C'est aussi dans ces circonstances que j'ai très rapidement réalisé l'appétit du gros V4 de 1,7 litre pour le pétrole. On parle de 8 ou 9 litres aux 100 kilomètres, et facilement jusqu'à 10 si on s'amuse. Et comme les stations d'essence se font rares lorsqu'on «fuit la civilisation»...

L'une des qualités de la VMAX qui doit absolument être soulignée, surtout après ce récit d'accélérations furieuses, concerne l'indifférence totale avec laquelle la partie cycle encaisse ces abus. On sent l'avant vouloir quitter le sol, mais être forcé d'y rester. On sent toute cette furie passer du moteur jusqu'à l'arbre d'entraînement, puis à la roue et au cadre, le tout de manière parfaitement contrôlée, et on comprend alors pourquoi tout est si massif. Avec la VMAX, Yamaha a fait un art de la violence sur deux roues.

L'auteur se calme le temps de réfléchir un peu à la VMAX — et de refaire le compte de ses points d'inaptitude... — sur le Mont-Royal à Montréal.
Crédit photo :
Presse Pixels International

Général

Catégorie	Standard
Prix	21 999 $
Immatriculation 2009	518 $
Catégorisation SAAQ 2009	régulière
Évolution récente	introduite en 1985 ; nouvelle génération en 2009
Garantie	1 an/kilométrage illimité
Couleur(s)	noir
Concurrence	Suzuki B-King, Triumph Rocket III

Moteur

Type	4-cylindres 4-temps en V à 65 degrés, DACT, 4 soupapes par cylindre, refroidissement par liquide
Alimentation	injection à 4 corps de 48 mm
Rapport volumétrique	11.3:1
Cylindrée	1 679 cc
Alésage et course	90 mm x 66 mm
Puissance	198 ch @ 9 000 tr/min
Couple	123 lb-pi @ 6 500 tr/min
Boîte de vitesses	5 rapports
Transmission finale	par arbre
Révolution à 100 km/h	environ 3 400 tr/min
Consommation moyenne	9,1 l/100 km
Autonomie moyenne	164 km

Rapport valeur/prix

0 1 2 3 4 5 6 7 8 9 10

220 km/h **10,3,220** km/h

Vitesse de pointe   Accélération sur 1/4 mille

Novice   Intermédaire   Expert

Indice d'expertise

Voir légende en page 7

Partie cycle

Type de cadre	de type « diamant », en aluminium
Suspension avant	fourche conventionnelle de 52 mm ajustable en précharge, compression et détente
Suspension arrière	monoamortisseur ajustable en précharge, compression et détente
Freinage avant	2 disques de 320 mm de Ø avec étriers radiaux à 6 pistons et système ABS
Freinage arrière	1 disque de 298 mm de Ø avec étrier à 1 piston et système ABS
Pneus avant/arrière	120/70 R18 & 200/50 R18
Empattement	1 700 mm
Hauteur de selle	775 mm
Poids tous pleins faits	310 kg
Réservoir de carburant	15 litres

QUOI DE NEUF EN 2009 ?

Nouveau modèle

PAS MAL

Un V4 qui crache littéralement le feu puisque ses 200 chevaux sont non seulement bel et bien réels, mais aussi parce qu'ils se manifestent d'une manière incroyablement immédiate

Une partie cycle qui, cette fois, est parfaitement à la hauteur des incroyables performances de la VMAX

Une ligne qui, quoiqu'un peu prévisible, interprète très bien « l'esprit MAX » et une finition impeccable

BOF

Une livrée de puissance tellement brutale et immédiate qu'elle fait très facilement patiner le pneu arrière ; au même titre qu'une sportive pure d'un litre, la VMAX demande beaucoup d'expérience et de respect de la part du pilote qui compte en extraire tout le potentiel

Un prix costaud qui a déçu plusieurs fanatiques du modèle en le mettant hors de leur portée ; il reste que même à ce prix, la nouvelle VMAX vaut absolument le coup

Un accueil peu intéressant réservé au passager

Un poids élevé et des dimensions imposantes qui alourdissent le comportement lors de manœuvres serrées

Une vitesse de pointe réelle limitée à 220 km/h (235 km/h lus sur les instruments de la moto)

Un réservoir d'essence bien trop petit compte tenu de la consommation très élevée

Conclusion

Beaucoup ont grincé des dents en prenant connaissance de la somme — quelque 22 000 $ — exigée par Yamaha pour la VMAX 2009. Mais les mêmes changeraient probablement d'avis après seulement quelques secondes en selle. La vérité est que réaliser une nouvelle VMAX digne des attentes du motocyclisme entier aurait été impossible à faible coût. D'ailleurs, Yamaha aurait commis une erreur en tentant de limiter le concept pour arriver à une facture plus accessible. Car s'il est une chose que cette moto ne pouvait être, c'est compromise. Or, le monstre dont a accouché la marque aux trois diapasons se veut tout sauf un compromis. Il s'agit d'une moto dont la seule et unique mission est de perpétuer la légende qu'est la VMAX, et de le faire à la fois en estomaquant les chanceux qui pourront se la payer et en amenant au constructeur responsable un immense respect pour avoir osé mener un tel projet à terme. Nous nous levons et applaudissons chaudement Yamaha pour celle-là. Rien de moins ne serait approprié.

YAMAHA
MT-01

Du rêve à la route...

Les prototypes, qu'ils soient futuristes ou simplement excentriques, représentent la matérialisation de l'imaginaire d'un designer. C'est sous cette forme que la MT-01 est née en 1999 au Salon de Tokyo. Quelqu'un chez Yamaha avait eu l'idée de marier une partie cycle sportive au V-Twin de l'alors nouvelle Road Star 1600. Bien qu'un peu étrange, le résultat afficha une étonnante élégance. Probablement en raison de la montée en flèche de la popularité des customs à cette époque, Yamaha donna exceptionnellement son accord pour faire de la grosse MT-01 un modèle de production. Elle arriva finalement sur le marché en 2005, puis un an plus tard au Canada. Elle n'a jamais été offerte aux États-Unis.

Certaines motos livrent une expérience qui ne peut tout bonnement pas être chiffrée. La MT-01 en fait partie, surtout en raison de la mécanique qui l'anime, un V-Twin dérivé de celui de la Road Star Warrior. Il s'agit d'un moteur dont la zone rouge est exceptionnellement basse et dont la production de couple est aussi impressionnante qu'immédiate. Ses accélérations sont très particulières puisque puissantes, mais accompagnées de tours qui grimpent lentement. Accélérez soudainement sous la barre des 2 500 tr/min en cinquième et la MT-01 s'élance en douceur et avec grâce. Le V-Twin tourne seulement à 3 000 tr/min à 130 km/h, tandis que 175 km/h le font grimper d'à peine 1 000 tr/min de plus. Les 200 km/h sont franchis sans effort. L'embrayage est sans reproche et la transmission est excellente.

Malgré sa partie cycle ultramoderne, la MT-01 n'est manifestement pas une machine de piste. Clairement, le respect des lignes du prototype a primé sur la qualité du comportement. Ni la stabilité directionnelle ni la tenue de cap dans les grandes courbes négociées à vive allure ne souffrent de la moindre critique. Mais en raison de son poids élevé et de son centre de gravité très haut perché —la forte hauteur du moteur et le châssis passant au-dessus de celui-ci n'aident décidément pas— la MT-01 n'est pas un exemple d'agilité et elle ne peut suivre le rythme d'une sportive dans les enfilades de virages. La vérité est qu'elle se montre même plutôt physique à piloter dans de telles circonstances.

> LA MT-01 ACCÉLÈRE FORT, MAIS AVEC DES RÉGIMES QUI MONTENT LENTEMENT, CE QUI EST TRÈS PARTICULIER COMME SENSATION.

De plus, la MT-01 tolère mal les courbes bosselées négociées agressivement. Impeccable partout ailleurs, elle se met à se dandiner dans cette situation. Un effort modéré sur le guidon est requis pour l'inscrire en virage, mais la direction manque un peu de neutralité et il faut maintenir une pression constante sur celle-ci pour conserver la trajectoire en courbe.

Même si on s'étonne un peu de ces traits de comportement compte tenu du fait que toutes les composantes sont de haute facture, on s'y habitue sans problème. Le fait de devoir travailler un peu pour piloter une moto a même quelque chose de rafraîchissant en ces temps de tenue de route toujours plus instinctive et accessible.

Si la MT-01 est plutôt lourde à manœuvrer à l'arrêt, son poids n'est plus un facteur dès qu'elle se met en mouvement. Son gabarit affecte néanmoins le freinage puisque celui-ci n'est certainement pas au niveau d'une R1 d'où provient le système.

La position de conduite est parfaite pour une standard. Le pilote, légèrement penché vers l'avant, contrôle bien la direction sans qu'une partie importante de son poids repose sur ses poignets. Ses jambes sont idéalement repliées sous son bassin. La selle est ferme, mais bien dessinée pour le pilote. Par contre, le passager se sentira quelque peu recroquevillé. Malgré une certaine fermeté, les réglages des suspensions reflètent bien la nature routière de la MT-01. À l'exception de la rudesse occasionnelle de l'arrière sur une route en mauvais état, leur travail est satisfaisant.

Général

Catégorie	Standard
Prix	16 099 $
Immatriculation 2009	518 $
Catégorisation SAAQ 2009	« régulière »
Évolution récente	introduite en 2005
Garantie	1 an/kilométrage illimité
Couleur(s)	noir
Concurrence	Buell Lightning XB12S, KTM Super Duke, Suzuki B-King

Moteur

Type	bicylindre 4-temps en V à 48 degrés, culbuté, 4 soupapes par cylindre, refroidissement par air
Alimentation	injection à 2 corps de 40 mm
Rapport volumétrique	8,4:1
Cylindrée	1 670 cc
Alésage et course	97 mm x 113 mm
Puissance	90 ch @ 4 750 tr/min
Couple	111 lb-pi @ 3 750 tr/min
Boîte de vitesses	5 rapports
Transmission finale	par chaîne
Révolution à 100 km/h	environ 2 300 tr/min
Consommation moyenne	6,3 l/100 km
Autonomie moyenne	238 km

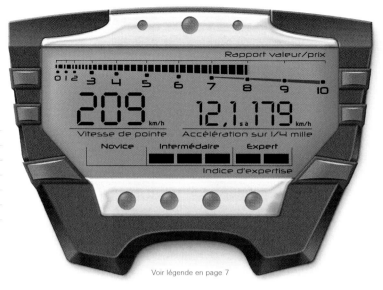

Voir légende en page 7

Partie cycle

Type de cadre	périmétrique, en aluminium
Suspension avant	fourche inversée de 43 mm ajustable en précharge, compression et détente
Suspension arrière	monoamortisseur ajustable en précharge, compression et détente
Freinage avant	2 disques de 310 mm de Ø avec étriers radiaux à 6 pistons
Freinage arrière	1 disque de 267 mm de Ø avec étrier à 2 pistons
Pneus avant/arrière	120/70 ZR17 & 190/50 ZR17
Empattement	1 525 mm
Hauteur de selle	825 mm
Poids tous pleins faits	260 kg (à vide : 241 kg)
Réservoir de carburant	15 litres

QUOI DE NEUF EN 2009 ?

Aucun changement

Aucune augmentation de prix

PAS MAL

Un gros V-Twin gorgé de couple qui procure des sensations inédites et dont le passage d'une vocation custom à standard est particulièrement réussi

Une allure en parfaite adéquation avec les sensations mécaniques distillées; la MT-01 est aussi unique visuellement que différente à rouler

Une moto exclusive au point d'en être presque exotique; en Amérique du Nord, elle est réservée au Canada et y entre en très petit nombre

BOF

Un design découlant d'une étude de style, avec les conséquences que cela impose; des silencieux hauts, gros et lourds, tout comme le V-Twin d'ailleurs, nuisent au comportement en haussant le centre de gravité de manière extrême

Un comportement peu impressionnant dans les courbes bosselées où la moto a tendance à se dandiner

Un caractère tellement fort qu'il peut rendre le modèle difficile à aimer pour certains; les connaisseurs apprécieront, la majorité trouvera que « ça vibre trop »

Conclusion

La MT-01 n'a pas été construite pour la masse. Plutôt, elle existe exclusivement pour les excentriques, les connaisseurs, les amateurs d'expériences nouvelles. Ces derniers devront d'ailleurs absolument faire preuve d'un intérêt marqué pour les mécaniques caractérielles s'ils comptent l'apprécier à sa juste valeur. Car l'attrait de la MT-01 ne se trouve ni au niveau du comportement routier, qui n'a rien d'impressionnant, ni au niveau d'une quelconque présence physique. Cet attrait réside plutôt dans l'unique combinaison de genres qu'elle représente. La MT-01 est non seulement une standard mue par un très gros V-Twin de custom, elle est aussi l'une des expériences mécaniques les plus profondes et particulières qu'on puisse vivre à moto.

Raider S

YAMAHA
RAIDER

Assez d'observer...

Depuis l'arrivée du genre custom dans les gammes des manufacturiers japonais, il semble que chaque nouveau modèle sortant de leurs usines n'ait été rien de plus qu'une réinterprétation de produits dessinés par la marque de Milwaukee. Très rarement, pour ne pas dire jamais, a-t-on vu une quelconque initiative être prise par l'un des constructeurs japonais dans cet univers où, même près de 30 ans après y avoir mis les pieds, ceux-ci demeurent clairement des observateurs, et certes pas des instigateurs. Avec sa ligne inspirée de la rue et du phénomène chopper plutôt que du catalogue Harley-Davidson, la Raider lancée l'an dernier est différente. Enfin, quelqu'un a pris un risque.

La recette qui mène à un nouveau modèle custom est la même depuis toujours chez les constructeurs rivaux de Harley-Davidson. On joue un peu sur le thème de temps à autre, mais sans jamais prendre de trop grands risques. Ça pourrait affecter les ventes...

Bien qu'elle ait d'occasionnels moments d'innovation, la compagnie Yamaha n'est généralement pas différente, offrant des modèles dont la ligne et la mécanique ont toujours comme point d'origine Milwaukee.

Puis, arriva la Raider en 2008.

Inspirée non pas du catalogue Harley-Davidson, mais plutôt de la rue —le même endroit d'où s'inspirent souvent les stylistes de Milwaukee, d'ailleurs—, la Raider n'est pas votre custom typique. Elle fait partie du même univers que les Fat Boy et Cie, mais provient d'une autre galaxie.

La Raider se veut le reflet d'exhaustives recherches menées par la firme Iwata City sur le phénomène custom. Elle représente ainsi la combinaison aussi délicieuse que réussie d'une position de conduite peu habituelle, d'un style bien particulier et de technologie extrêmement avancée. Le tout, proposé dans un ensemble émotionnellement presque bouleversant.

Voilà maintenant quelque temps que Yamaha a saisi l'importance du son et des sensations renvoyées par un V-Twin sur une custom. La Raider représente le point dans le temps où la marque démontre également avoir compris le pouvoir qu'une position de conduite exerce sur l'expérience vécue par le pilote.

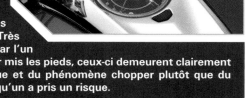

LA COMBINAISON DE STYLE, DE POSITION ET DE TECHNOLOGIE PROPOSÉE PAR LA RAIDER EST PRESQUE BOULEVERSANTE ÉMOTIONNELLEMENT.

Assis très bas sur une selle large et moulante, le pilote de la Raider doit étirer les jambes pour atteindre les repose-pieds et tendre les bras à la hauteur des épaules de manière à ce que ses poings soient positionnés face à la route. La posture est «macho» et rien d'autre. Le magnifique —dans tous les sens du mot— V-Twin de la Roadliner et la solide partie cycle bâtie autour d'un cadre en aluminium complètent un ensemble de première classe.

En résistant à la tentation d'installer un gros pneu arrière de 240 mm et en optant plutôt pour une gomme de 210 mm, Yamaha a épargné à la Raider la lourdeur de direction et la maladresse généralement inhérente à beaucoup de customs à pneu arrière très large. Sans toutefois être particulièrement agile dans les manœuvres serrées, la Raider démontre une stabilité royale, fait preuve d'une direction assez précise et offre un aplomb en virage très correct.

Si le confort offert par la selle est surprenant, et ce, même sur des distances plutôt longues, le passager n'est toutefois pas très gâté, tandis que la suspension arrière peut s'avérer très sèche sur les défauts prononcés de la chaussée. Elle reste correcte ailleurs.

Le V-Twin de la Custom compte pour une très importante partie du plaisir de pilotage qu'elle propose. Puissant et sublimement coupleux à très bas régime, il gronde lourdement sans toutefois trembler outre mesure. On le sent clairement «pulser» en pleine accélération, mais il s'adoucit dès qu'une vitesse de croisière est atteinte. Il s'agit probablement du meilleur V-Twin custom du marché.

Général

Catégorie	Custom
Prix	noir : 17 999 $; argent : 18 199 $ S : 18 499 $ (noir); 18 699 $ (rouge)
Immatriculation 2009	518 $
Catégorisation SAAQ 2009	« régulière »
Évolution récente	introduite en 2008
Garantie	1 an/kilométrage illimité
Couleur(s)	noir, rouge; S : bleu, rouge/flammes
Concurrence	Harley-Davidson Rocker et Dyna Wide Glide; Honda VTX 1800F

Moteur

Type	bicylindre 4-temps en V à 48 degrés, culbuté, 4 soupapes par cylindre, refroidissement par air
Alimentation	injection à 2 corps de 43 mm
Rapport volumétrique	9,5:1
Cylindrée	1 854 cc
Alésage et course	100 mm x 118 mm
Puissance	101 ch @ 4 800 tr/min
Couple	124 lb-pi @ 2 200 tr/min
Boîte de vitesses	5 rapports
Transmission finale	par courroie
Révolution à 100 km/h	environ 2 500 tr/min
Consommation moyenne	6,8 l/100 km
Autonomie moyenne	228 km

Rapport valeur/prix

0 1 2 3 4 5 6 7 8 9 10

197 km/h **12,6 . 171** km/h

Vitesse de pointe   Accélération sur 1/4 mille

Novice   Intermédaire   Expert

Indice d'expertise

Voir légende en page 7

Partie cycle

Type de cadre	double berceau, en aluminium
Suspension avant	fourche conventionnelle de 46 mm non ajustable
Suspension arrière	monoamortisseur ajustable en précharge
Freinage avant	2 disques de 298 mm de Ø avec étriers à 4 pistons
Freinage arrière	1 disque de 310 mm de Ø avec étrier à 1 piston
Pneus avant/arrière	120/70-21 & 210/40 R18
Empattement	1 799 mm
Hauteur de selle	695 mm
Poids tous pleins faits	331 kg (à vide : 314 kg)
Réservoir de carburant	15,5 litres

QUOI DE NEUF EN 2009 ?

Changement de nom; la Custom de 2008 sera désormais la Raider, comme elle a toujours été appelée aux États-Unis, d'ailleurs

Aucune augmentation de prix

PAS MAL

Un véritable joyau de V-Twin gavé de couple lourd et gras dès les tout premiers régimes, doté d'un délicieux grondement sourd et tremblant juste assez, et jamais trop

Une partie cycle étonnamment bien maniérée pour une moto dont la géométrie est aussi extrême

Une selle basse, des repose-pieds avancés et un guidon droit placé bien à l'avant se combinent pour former l'une des positions de conduite les plus cool de l'univers custom

BOF

Une suspension arrière qui ne donne pas beaucoup de chances au pilote sur des défauts prononcés de la chaussée, où elle peut se montrer très rude

Un niveau de confort très précaire pour le passager, tant au chapitre de la position qu'au sujet de la rude suspension arrière

Un style formé d'une foule de petits détails très réussis, mais dont certains ne semblent pas toujours s'agencer de façon homogène avec l'ensemble; la forme des silencieux, par exemple, est souvent critiquée, comme le dessin un peu banal des roues d'ailleurs

Conclusion

Chaque année, *Le Guide de la Moto* passe au crible une quantité considérable de nouveautés. La plupart font le travail, souvent même très bien. Mais peu marquent. La Raider nous a marqués. D'abord, en raison de la manière avec laquelle elle installe le pilote à ses commandes. Tout simplement franchement, le derrière bas, mains et pieds devant, sans offrir d'excuses, sans donner d'explications. C'est néanmoins sa mécanique qui nous a fait craquer. Gros, puissant, coupleux, grondant et pulsant, son V-Twin donne l'impression d'être l'incarnation de ce qu'un V-Twin devrait être. De ce qu'il devrait transmettre. Rares, très rares sont les moteurs qui sont plus qu'un moteur. Celui-ci l'est. La Raider est instantanément devenue l'une de nos customs fétiches.

Raider S

Roadliner S

YAMAHA

ROADLINER ET STRATOLINER

Ultime custom...

Prétendre offrir l'ultime custom pourrait sembler prétentieux, surtout dans un marché en comptant une densité aussi élevée, mais en ne retenant que des solutions extrêmes tout au long du projet «Roadliner», Yamaha s'est donné les moyens d'y arriver. Propulsée par le plus gros V-Twin maintenant offert sur notre marché, construite autour d'un unique cadre en aluminium, dessinée avec goût et classe et affichant l'une des finitions les plus poussées jamais vues sur une moto de série, la Roadliner — et sa version de tourisme léger la Stratoliner — représente ni plus ni moins que le nec plus ultra du genre custom. Les deux versions furent inaugurées en 2006 et n'ont pas été revues depuis.

Aussi impressionnant soit-il, le fait que la Roadliner possède tous les éléments les plus «plus» de l'univers custom, tels le plus gros V-Twin refroidi par air, le cadre le plus avancé et la finition la plus poussée est à lui seul insuffisant pour faire du porte-étendard de la gamme Yamaha une machine méritant le qualificatif «ultime». Ce qui lui mérite cet immense compliment est la finesse, la passion et la justesse avec lesquelles la Roadliner a été conçue.

Construire une custom du calibre de celui de la Roadliner se traduit inévitablement par un produit final dont le poids est très élevé. Pourtant, grâce aux efforts déployés par Yamaha pour éviter que la masse du modèle soit démesurée, le constructeur est arrivé à en faire une monture étonnamment agile qu'on jurerait plus légère qu'elle ne l'est en réalité.

Il se dégage un inhabituel sentiment de pureté de la conduite de la Roadliner qui, par ailleurs, surprend par la facilité avec laquelle elle se laisse piloter. Malgré une masse considérable, elle ne renvoie pas la sensation d'encombrement ressentie sur la plupart des modèles du genre.

L'une des facettes les plus intéressantes du modèle est son cadre en aluminium. Exclusif chez Yamaha et fabriqué avec la même technologie que celle derrière les châssis des sportives de la marque, il est le principal responsable de ce fameux sentiment de pureté, qui traduit en fait une solidité et une précision qu'on ressent communément sur des sportives modernes, elles aussi bâties autour d'un tel cadre.

> **TRAVERSANT LE PILOTE DE SES LOURDES ET GRAVES PULSATIONS, LE GROS V-TWIN CARESSE AUSSI L'OUÏE DE CELUI-CI AVEC UN GRONDEMENT DIGNE DE SA CYLINDRÉE.**

Les bénéfices qu'offre la partie cycle d'allure classique, mais technologiquement avancée de la Roadliner vont plus loin. Ce châssis solide et intègre lui garantit en effet des manières superbes sur la route. Facile à mettre en angle où, imperturbable, elle maintient sa trajectoire, stable en ligne droite et équipée d'excellents freins, la reine de la gamme Star est peut-être le modèle qui offre le comportement le plus efficace et le plus plaisant du genre custom entier. À peu près la seule réelle critique que l'on arrive à formuler à l'égard de ses qualités routières vise une certaine fermeté de la suspension arrière sur mauvais revêtement.

Au-delà des manières impeccables de son châssis, la Roadliner se démarque de ses rivales proches ou lointaines grâce à sa délicieuse mécanique. Le gros V-Twin de 1 854 cc qui l'anime est une réussite absolue, rien de moins. Bien qu'il existe ou qu'il ait déjà existé des V-Twin plus vifs ou brutaux à très bas régime, celui de la Roadliner s'avère gorgé de couple dès le ralenti et arrive à propulser moto et pilote avec une fougue qui devrait ravir les connaisseurs les plus exigeants.

L'importance qu'accorde Yamaha à la «musicalité» de ses moteurs de type V-Twin et à leur «rythmique», élève l'expérience de pilotage à un autre niveau. Durant chaque instant de la conduite, le pilote se retrouve ainsi traversé de pulsations aussi lourdes et graves que plaisantes, tandis que son ouïe est caressée par le doux et profond grondement que seule une telle cylindrée peut produire.

Général

Catégorie	Custom/Tourisme léger
Prix	Roadliner S : 19 999 $ (Midnight : 18 999 $) Stratoliner S : 21 999 $ (Stratoliner : 20 999 $)
Immatriculation 2009	518 $
Catégorisation SAAQ 2009	« régulière »
Évolution récente	introduite en 2006
Garantie	1 an/kilométrage illimité
Couleur(s)	Roadliner S : rouge, argent Roadliner Midnight : noir Stratoliner S : bourgogne, bleu Stratoliner : argent et blanc
Concurrence	Suzuki Boulevard C109R

Moteur

Type	bicylindre 4-temps en V à 48 degrés, culbuté, 4 soupapes par cylindre, refroidissement par air
Alimentation	injection à 2 corps de 43 mm
Rapport volumétrique	9,5:1
Cylindrée	1 854 cc
Alésage et course	100 mm x 118 mm
Puissance	101 ch @ 4 800 tr/min
Couple	124 lb-pi @ 2 200 tr/min
Boîte de vitesses	5 rapports
Transmission finale	par courroie
Révolution à 100 km/h	environ 2 500 tr/min
Consommation moyenne	6,8 l/100 km
Autonomie moyenne	250 km

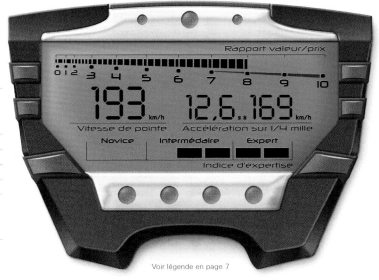

Rapport valeur/prix

193 km/h   12,6,169 km/h
Vitesse de pointe   Accélération sur 1/4 mille

Novice   Intermédiaire   Expert
Indice d'expertise

Voir légende en page 7

Partie cycle

Type de cadre	double berceau, en aluminium
Suspension avant	fourche conventionnelle de 46 mm non ajustable
Suspension arrière	monoamortisseur ajustable en précharge
Freinage avant	2 disques de 298 mm de Ø avec étriers à 4 pistons
Freinage arrière	1 disque de 320 mm de Ø avec étrier à 1 piston
Pneus avant/arrière	130/70 R18 & 190/60 R17
Empattement	1 715 mm
Hauteur de selle	735 mm
Poids tous pleins faits	Roadliner : 340 kg; Stratoliner : 364 kg (à vide : 320 kg et 344 kg)
Réservoir de carburant	17 litres

QUOI DE NEUF EN 2009 ?

Finition Midnight retirée sur la Stratoliner, remplacée par la finition de base qui avait disparu l'an dernier

Aucune augmentation de prix

PAS MAL

Un comportement d'un équilibre bluffant; malgré son gabarit, la Roadliner se balance avec une grâce et une élégance qui étonnent autant qu'elles séduisent

Un V-Twin qui propose à la fois un caractère fort et plaisant combiné à un niveau de performances décidément impressionnant

Une allure non seulement différente, mais aussi très chic et raffinée, ainsi qu'une qualité de finition qui doit être considérée comme le standard de l'industrie

BOF

Une facture tellement salée qu'elle prive malheureusement beaucoup de motocyclistes du plaisir de piloter — et de posséder — une Roadliner; en fait, à ces prix, plusieurs préfèrent opter pour une Harley-Davidson sans donner la moindre importance aux innombrables différences techniques qui séparent ces choix

Une version de tourisme léger qui accomplit son mandat de manière ordinaire, sans plus; une Kawasaki Nomad est, par exemple, bien plus accueillante pour son passager

Un gros silencieux qui ne semble pas être au même niveau de design que l'ensemble et qui nuit à la pureté de l'image, dont l'inspiration « Streamliner » est pourtant du meilleur effet

Conclusion

Le fait que les modèles de cet élitiste groupe que forment les « megacustoms » peinent tout un chacun à trouver preneur semble indiquer que leur présence sur le marché pourrait être éphémère. Honda et Kawasaki se sont d'ailleurs retirés du créneau, du moins au Canada. Dommage, vraiment, car lorsqu'il est mené à terme avec soin et réflexion plutôt qu'avec le besoin de faire plus gros, le projet d'une custom de cylindrée géante a le potentiel de générer les plus agréables montures du genre. De cette réalité, on ne pourrait trouver meilleur exemple que la Roadliner. Malgré ses lignes flatteuses et tout son chrome, elle est avant tout la custom du motocycliste non seulement fanatique de bicylindres en V et des sensations qui leur sont uniques, mais qui exige aussi d'une monture qu'elle se comporte proprement sur la route, fut-elle de style custom. À ces égards, la Roadliner est dans une ligue qu'elle occupe seule.

Stratoliner S

Midnight Warrior

YAMAHA

ROAD STAR WARRIOR

La custom qui voulait faire du sport...

Au beau milieu d'un univers où l'accent est bien davantage mis sur le chrome et les courbes que sur une quelconque facette de la performance, la Warrior fait décidément bande à part en prônant plutôt la sportivité. Dotée du premier châssis en aluminium installé sur une custom, mue par un gros V-Twin de 1 700 cc aussi grondant que charmeur et affichant certaines pièces de partie cycle littéralement piquées chez la YZF-R1, la Warrior n'a presque pas d'équivalent direct sur le marché. Certains modèles s'en rapprochent, comme la Night Rod Special de Harley-Davidson ou la Boulevard M109R de Suzuki, mais aucune ne traite le thème sportif de manière aussi sérieuse.

On peut le dire autrement, de manière moins directe, mais le fait est que la majorité des customs asiatiques n'ont comme seule et unique mission que d'offrir une option moins coûteuse que le modèle en provenance de Milwaukee duquel elles sont inspirées. Sauf exception, la recette derrière ces modèles est commune et prévisible. C'est là que la Warrior se distingue en empruntant une voie originale. En effet, elle est construite autour d'un cadre en aluminium léger et rigide —une solution technique inusitée dans l'univers custom— et d'un V-Twin dont la présence sensorielle est décidément digne de mention, sans parler de la ligne très particulière. Avec ces quelques ingrédients, Yamaha a créé une moto d'exception qui fait mentir la règle. Et en lui greffant une panoplie de composantes piratées aux sportives de la marque —freins, roues, suspensions, pneus—, le constructeur a aussi donné naissance à une machine dont le comportement se veut vraiment un croisement entre celui d'une sportive et celui d'une custom.

L'impression dominante ressentie aux commandes d'une Warrior en est une de rigidité, de solidité d'ensemble qui reste à ce jour presque exclusive au modèle et qui provient du châssis en aluminium retrouvé uniquement sur certaines customs de Yamaha. Une fois en mouvement, elle se montre légère et maniable. La direction est agréablement neutre et précise, tandis que le freinage s'avère être de première classe, gracieuseté des composantes empruntées aux plus sérieuses sportives du constructeur.

Même plusieurs années après son introduction de 2002, la Warrior reste la custom qui affiche la meilleure tenue route de l'industrie. Il suffit de l'emmener sur une route en lacets et de maintenir un rythme rapide et soutenu pour en avoir la preuve puisqu'aucune rivale ne peut suivre sa cadence. Si elle ne peut évidemment pas s'incliner autant qu'une sportive, les angles dont elle est capable demeurent aisément supérieurs à ceux des customs classiques.

Résultat d'un compromis entre allure custom et performances sportives, la position de conduite ne fait pas l'unanimité, mais elle reste tout de même très tolérable. À l'inverse, le travail des suspensions suscite relativement peu de critiques puisqu'elles se montrent à la fois souples et fermes.

Le plaisir qu'on tire de la Warrior ne vient pas seulement de son impressionnant comportement routier puisque le caractère de sa mécanique contribue également à l'agrément de pilotage. Tout le charisme du V-Twin de la Road Star 1700 demeure présent, avec en prime un niveau de performances considérablement remonté. En plus du grondement profond et du tremblement marqué de la custom classique, on a aussi droit sur la Warrior à des accélérations très agréables caractérisées par une production massive de couple dès les premiers tours, suivies d'une augmentation graduelle et linéaire de la puissance. Sans qu'elle soit exceptionnellement rapide, la Warrior propose quand même des accélérations qui arrivent à satisfaire.

> MÊME PLUSIEURS ANNÉES APRÈS SON INTRODUCTION EN 2002, LA WARRIOR POSSÈDE ENCORE LA MEILLEURE TENUE DE ROUTE DE L'UNIVERS CUSTOM.

Général

Catégorie	Custom
Prix	17 999 $ (Midnight : 18 299 $)
Immatriculation 2009	518 $
Catégorisation SAAQ 2009	« régulière »
Évolution récente	introduite en 2002
Garantie	1 an/kilométrage illimité
Couleur(s)	argent (Midnight : noir)
Concurrence	Harley-Davidson Night Rod Special, Suzuki Boulevard M109R, Victory Hammer

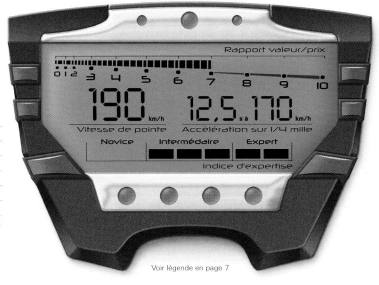

Voir légende en page 7

Moteur

Type	bicylindre 4-temps en V à 48 degrés, culbuté, 4 soupapes par cylindre, refroidissement par air
Alimentation	injection à 2 corps de 40 mm
Rapport volumétrique	8,4:1
Cylindrée	1 670 cc
Alésage et course	97 mm x 113 mm
Puissance	88 ch @ 4 400 tr/min
Couple	109 lb-pi @ 3 500 tr/min
Boîte de vitesses	5 rapports
Transmission finale	par courroie
Révolution à 100 km/h	environ 2 500 tr/min
Consommation moyenne	6,5 l/100 km
Autonomie moyenne	230 km

Partie cycle

Type de cadre	double berceau, en aluminium
Suspension avant	fourche inversée de 41 mm ajustable en précharge
Suspension arrière	monoamortisseur ajustable en précharge et détente
Freinage avant	2 disques de 298 mm de Ø avec étriers radiaux à 4 pistons
Freinage arrière	1 disque de 282 mm de Ø avec étrier à 1 piston
Pneus avant/arrière	120/70 ZR18 & 200/50 ZR17
Empattement	1 665 mm
Hauteur de selle	725 mm
Poids tous pleins faits	295 kg (à vide : 275,5 kg)
Réservoir de carburant	15 litres

QUOI DE NEUF EN 2009 ?

Aucun changement

Aucune augmentation de prix

PAS MAL

Un châssis en aluminium qui reprend les technologies des sportives; son comportement est unique chez les customs

Un V-Twin qui séduit les amateurs de caractère par ses pulsations profondes et sa façon de gronder lourdement

Un succès d'estime qui fait de la Warrior une véritable moto de niche, une custom exclusive et presque exotique

BOF

Une allure très différente et des proportions inusitées qui sont à l'origine de la controverse entourant le style du modèle; son train avant clairement sportif et son énorme silencieux sont deux exemples de pièces qui semblent détonner avec le reste de l'ensemble; peut-être serait-il temps de la rajeunir, ou même de s'interroger sur les justifications de sa présence dans le marché actuel ?

Un niveau de confort toujours limité par une position de conduite particulière et pas aussi équilibrée que la coutume le veut chez ces motos

Une facture salée qui la place parmi les plus chères des customs japonaises, un fait qui, avec l'allure controversée, explique les modestes ventes; l'arrivée de la Raider, dont le style n'est peut-être pas exactement le même, mais dont le prix, lui est identique, complique d'autant plus les choses pour la Warrior

Conclusion

Propulsée par un gros V-Twin gavé de caractère et dotée d'une allure, disons, très particulière, la Warrior illustre la volonté de la firme d'Iwata City d'offrir une custom qui sort des rangs. Arrivée sur le marché à une époque où l'idée de la custom de performances en était à ses balbutiements, elle a réussi à s'imposer comme l'un des rares modèles méritant vraiment cette appellation, d'ailleurs souvent utilisée à tort. Il s'agit d'une custom construite de façon à livrer un certain plaisir de pilotage et non seulement pour la balade et les parades. Bien qu'elle livre la marchandise promise et qu'elle satisfasse pleinement les quelques nouveaux acheteurs qui l'acquièrent chaque année, on se demande combien de temps encore Yamaha la gardera dans sa gamme. Le monde custom serait-il tout simplement passé à autre chose ?

Warrior

Road Star

YAMAHA
ROAD STAR

Aux limites du légal...

C'est un fait bien documenté que la plupart des customs des manufacturiers nippons sont inspirées des produits de Milwaukee, mais aucune n'a poussé l'audace plus loin que la Road Star de Yamaha. On chuchote même que l'angle de ses cylindres, 48 degrés, a été choisi pour ne pas «légalement» trop s'approcher des 45 degrés d'un V-Twin de Harley... Mise en marché en 1999 et ayant vu sa cylindrée grimper de 1 600 à 1 700 cc en 2004, la Road Star est aussi offerte en version de tourisme léger Silverado, qui peut être commandée en version standard à sacoches souples, ou en version S au fini plus poussé et à sacoches rigides. Ni l'une ni l'autre ne subit de modifications en 2009.

Son gros V-Twin culbuté, ouvert à 45+3 degrés et refroidi par air, ses lignes aussi élancées qu'élégantes et classiques et ses généreuses surfaces chromées sont quelques-uns des éléments clés sur lesquels la Road Star appuie sa crédibilité américaine. La particularité du modèle est que cette crédibilité va beaucoup plus loin que la fiche technique. Celle qui a longtemps été le porte-drapeau de la gamme custom de Yamaha s'éveille en effet en émettant l'un des plus profonds grondements de l'univers custom. Bien qu'il existe désormais des cylindrées plus imposantes que ses 1 700 cc, la Road Star ne s'en trouve pas le moindrement gênée puisque rares sont les customs qui surpassent l'ampleur de sa présence mécanique.

Yamaha comprend tout autant que Harley-Davidson l'importance de l'expérience sensorielle découlant de la conduite d'une custom et n'a reculé devant aucun effort pour donner vie au moteur de la Road Star. Il s'agit d'une réalité qui devient évidente sitôt la première enfoncée, l'embrayage relâché et les gaz enroulés, et qui est à la fois ressentie sous la forme de pulsations franches et d'un grondement profond. Sur l'autoroute, les tours sont bas et chaque mouvement des deux gros pistons reste tout aussi clairement audible que palpable. Cette particularité qu'a la Road Star d'accompagner chaque instant de conduite d'une telle présence mécanique en fait même l'une des customs les plus communicatives sur le marché. Si communicative en fait qu'il vaudrait mieux que les intéressés soient certains

> LA PARTICULARITÉ DE LA ROAD STAR EST QUE SA «CRÉDIBILITÉ AMÉRICAINE» VA BEAUCOUP PLUS LOIN QUE SA FICHE TECHNIQUE.

de vouloir vivre avec une telle présence de la part du V-Twin puisqu'un comportement de ce genre n'est pas nécessairement considéré par tous comme un point positif.

Malgré des performances mesurées sortant peu de l'ordinaire, la Road Star arrive quand même à satisfaire en ligne droite, mais elle y arrive surtout grâce au caractère fort et à la nature musclée de son V-Twin à bas régime.

Si le comportement routier et le confort proposés par ce modèle ont toujours été très honnêtes, son fabricant est tout de même arrivé à les peaufiner lors de la révision de 2004. La Road Star a toujours été une moto dont la direction se montre légère, dont le comportement est sain et solide en courbe, dont la position de conduite détendue est bien équilibrée et dont les suspensions se débrouillent de façon correcte sur la route. Le constructeur a toutefois profité de cette révision pour ajouter une selle mieux formée et plus spacieuse ainsi que pour améliorer le freinage, gracieuseté des composantes empruntées à la sportive R1. Les commentaires négatifs au sujet du confort et du comportement routier se résument en trois points : le poids élevé de la moto; les agaçantes turbulences produites par le pare-brise des versions Silverado et le niveau de confort au mieux ordinaire réservé au passager. Les adeptes de longs voyages en duo seraient d'ailleurs bien avisés de sérieusement évaluer les autres choix qui s'offrent à eux avant de s'arrêter sur une Silverado.

Général

Catégorie	Custom/Tourisme léger
Prix	Road Star : 15 449 $ (S : 15 899 $) Silverado : 17 299 $ (S : 17 999 $)
Immatriculation 2009	518 $
Catégorisation SAAQ 2009	« régulière »
Évolution récente	introduite en 1999; revue en 2004
Garantie	1 an/kilométrage illimité
Couleur(s)	Road Star : rouge (S : noir) Silverado : bourgogne (S : gris)
Concurrence	Harley-Davidson Softail Deluxe, Kawasaki Vulcan 1700 Classic, Suzuki Boulevard C109R, Victory King Pin

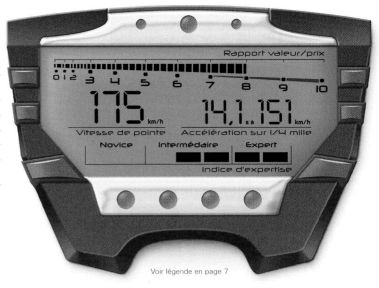

Voir légende en page 7

Moteur

Type	bicylindre 4-temps en V à 48 degrés, culbuté, 4 soupapes par cylindre, refroidissement par air
Alimentation	injection à deux corps de 40 mm
Rapport volumétrique	8,4:1
Cylindrée	1 670 cc
Alésage et course	97 mm x 113 mm
Puissance	72,3 ch @ 4 000 tr/min
Couple	106,3 lb-pi @ 2 500 tr/min
Boîte de vitesses	5 rapports
Transmission finale	par courroie
Révolution à 100 km/h	environ 2 400 tr/min
Consommation moyenne	6,3 l/100 km
Autonomie moyenne	269 km

Partie cycle

Type de cadre	double berceau, en acier
Suspension avant	fourche conventionnelle de 43 mm non ajustable
Suspension arrière	monoamortisseur ajustable en précharge
Freinage avant	2 disques de 298 mm de Ø avec étriers à 4 pistons
Freinage arrière	1 disque de 320 mm de Ø avec étrier à 4 pistons
Pneus avant/arrière	130/90-16 & 150/80-16
Empattement	1 688 mm
Hauteur de selle	710 mm
Poids tous pleins faits	337 kg (Silverado : 352 kg) (à vide : 315 kg; Silverado : 323 kg)
Réservoir de carburant	17 litres

QUOI DE NEUF EN 2009 ?

Aucun changement

Aucune augmentation de prix

PAS MAL

Une mécanique extrêmement communicative et excessivement plaisante pour les sens, du moins pour l'amateur de customs qui s'attend à de franches sensations sonores et tactiles d'un gros V-Twin à l'américaine

Un niveau de confort appréciable pour le pilote grâce à des suspensions bien calibrées et à une position de conduite dégagée et détendue

BOF

Un poids considérable qui complique autant les opérations quotidiennes telle la sortie du garage que les manœuvres serrées et à basse vitesse

Un pare-brise qui mériterait une attention particulière de Yamaha, sur le Silverado, puisqu'il produit depuis toujours d'agaçantes turbulences au niveau du casque

Une très forte présence mécanique qui ne plaît pas à tous; certains sont surpris de retrouver un niveau de pulsations aussi franc, mais s'y habituent, tandis que d'autres le considèrent simplement comme excessif

Un niveau de confort ordinaire pour le passager, qui ne bénéficie pas du même genre d'accueil que sur certains autres modèles de la classe telle la Kawasaki Nomad

Conclusion

La Road Star se distingue dans sa classe en se présentant comme la custom poids lourd qui « s'inspire » avec le plus de fidélité de l'expérience proposée par certaines Harley-Davidson. Elle le fait tant d'un point de vue technique avec son V-Twin culbuté refroidi par air très américain, qu'à bien d'autres niveaux comme la facilité de personnalisation et la popularité des associations de propriétaires. Mais le véritable et le plus intéressant attrait d'une Road Star demeure le caractère fort et franc de son gros bicylindre. Il s'agit d'une particularité qui ne plaît pas nécessairement à tout le monde, mais qu'adoreront ceux qui apprécient qu'un V-Twin ne fasse pas que propulser la moto, mais qu'il leur fasse aussi vivre une expérience mécanique.

Road Star Silverado S

V-Star 1300

YAMAHA
V-STAR 1300

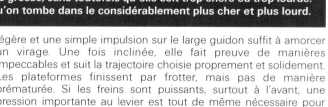

Positionnement judicieux...

Les customs sont très particulières en ce sens qu'aucune règle ne force un manufacturier à respecter une cylindrée ou un barème de prix. Il y eut une époque où l'on pouvait parler de poids faible, moyen et lourd, mais elle est révolue et les modèles sont aujourd'hui aussi variés que difficiles à catégoriser. Toutefois, une règle de base demeure qui dit tout simplement qu'une grosse cylindrée est préférable à une petite. Le poids et le prix constituent les limites. On cherche donc à trouver non seulement la plus jolie, mais aussi la plus grosse, sans toutefois qu'elle soit trop chère ou trop lourde. L'attrait de la V-Star 1300 est qu'elle est le dernier échelon avant qu'on tombe dans le considérablement plus cher et plus lourd.

Honda avait vu juste. Entre les prix alléchants des modèles de 750 à 1 100 cc et les factures bien plus substantielles des désirables machines de plus de 1,5 litre se trouvait un écart méritant d'être comblé. C'est ce qu'il fit en lançant sa VTX 1300 en 2002, et c'est ce que Yamaha fait aussi depuis 2007 avec cette V-Star 1300.

L'écart que visent à combler les 1300 n'est pas que d'ordre économique puisqu'une telle cylindrée garantit aussi une série de bénéfices touchant le plaisir de pilotage. À ce sujet, la beauté d'une 1300 est qu'elle a le potentiel d'améliorer les sensations mécaniques sans du même coup élever le poids de la moto à un niveau qui le rend gênant pour les motocyclistes moins forts, moins grands ou moins expérimentés.

Visuellement, la 1300 est somme toute réussie. Elle possède une présence physique comparable à celle des poids lourds, mais est aussi facile à relever de sa béquille qu'une custom de cylindrée plus faible. Pour un motocycliste que la masse d'une moto de plus gros cubage intimide, il s'agit d'une caractéristique rassurante. Les plus expérimentés trouveront sur la 1300 l'avantage d'une position plus dégagée que sur la V-Star 1100. Ironiquement, et c'est probablement là le seul défaut de l'ergonomie de la V-Star 1300, la courbure prononcée du guidon vers l'arrière provoque un contact avec les genoux du pilote en virage lent et serré.

Or, plus on est grand, plus cela devient fréquent.

La V-Star 1300 affiche une stabilité sans faute, même à haute vitesse. La direction se montre exceptionnellement légère et une simple impulsion sur le large guidon suffit à amorcer un virage. Une fois inclinée, elle fait preuve de manières impeccables et suit la trajectoire choisie proprement et solidement. Les plateformes finissent par frotter, mais pas de manière prématurée. Si les freins sont puissants, surtout à l'avant, une pression importante au levier est tout de même nécessaire pour arriver aux meilleurs résultats.

Le V-Twin qui anime la V-Star 1300 possède une cylindrée juste assez imposante pour éveiller vos sens. Chatouillant le pilote de ses douces pulsations sur l'autoroute, il tremble juste assez à l'accélération pour rendre l'expérience plaisante et ne vibre jamais exagérément. Sa sonorité est propre et pure. Exempte de tout bruit mécanique, elle se caractérise par un profond grondement des silencieux qui varie au rythme des changements de régimes du moteur. Si l'amplitude des sensations n'est pas aussi large que sur la caractérielle Road Star, elle est plus flatteuse que sur la V-Star 1100.

Le couple est omniprésent dès le relâchement de l'embrayage, lequel fait preuve d'une belle progressivité. Les accélérations sont franches sur toute la plage de régimes. Il est clair qu'on n'est pas en présence du genre de couple de tracteur délivré par un gros cubage, mais ça pousse quand même plus fort qu'une 1100. La douceur de l'entraînement final par courroie, l'absence de jeu dans le rouage d'entraînement et l'excellente alimentation par injection renvoient par ailleurs au pilote une sensation de sophistication et de qualité.

> **LA V-STAR 1300 PROPOSE DES DIMENSIONS SEMBLABLES À CELLES D'UNE GROSSE CYLINDRÉE, SANS LE POIDS.**

Général

Catégorie	Custom/Tourisme léger
Prix	V-Star 1300 : 11 499 $ V-Star 1300 Tourer : 12 999 $
Immatriculation 2009	518 $
Catégorisation SAAQ 2009	« régulière »
Évolution récente	introduite en 2007
Garantie	1 an/kilométrage illimité
Couleur(s)	blanc, noir (Tourer : bleu, rouge)
Concurrence	Harley-Davidson Sportster 1200, Honda VTX 1300, Suzuki Boulevard C90

Rapport valeur/prix

0 1 2 3 4 5 6 7 8 9 10

170 km/h   13,8,154 km/h

Vitesse de pointe   Accélération sur 1/4 mille

Novice   Intermédiaire   Expert

Indice d'expertise

Voir légende en page 7

Moteur

Type	bicylindre 4-temps en V à 60 degrés, SACT, 4 soupapes par cylindre, refroidissement par liquide
Alimentation	injection à 2 corps de 40 mm
Rapport volumétrique	9,5:1
Cylindrée	1 304 cc
Alésage et course	100 mm x 83 mm
Puissance	76,8 ch @ 5 500 tr/min
Couple	81,8 lb-pi @ 4 000 tr/min
Boîte de vitesses	5 rapports
Transmission finale	par courroie
Révolution à 100 km/h	n/d
Consommation moyenne	6,3 l/100 km
Autonomie moyenne	293 km

Partie cycle

Type de cadre	double berceau, en acier
Suspension avant	fourche conventionnelle de 41 mm non ajustable
Suspension arrière	monoamortisseur ajustable en précharge
Freinage avant	2 disques de 298 mm de Ø avec étriers à 2 pistons
Freinage arrière	1 disque de 298 mm de Ø avec étrier à 1 piston
Pneus avant/arrière	130/90-16 & 170/70-16
Empattement	1 690 mm
Hauteur de selle	715 mm
Poids tous pleins faits	303 kg (Tourer : 323 kg) (à vide : 283 kg; Tourer : 303 kg)
Réservoir de carburant	18,5 litres

QUOI DE NEUF EN 2009 ?

Aucun changement

Aucune augmentation de prix

PAS MAL

Un comportement équilibré et sain qui satisfait les pilotes expérimentés et rassure les moins avancés

Une mécanique offrant abondamment de couple que l'on prend plaisir à écouter et à sentir vrombir

Une attention aux détails qui surprend pour une moto de ce prix; la V-Star 1300 abonde en pièces travaillées, bien finies et bien présentées

BOF

Un guidon qui ne tombe pas naturellement sous les mains et dont la courbure prononcée vers le bas et l'arrière provoque un contact entre les poignées et les genoux lors de virages lents et serrés

Une suspension arrière plutôt ferme, adéquate sur un revêtement de bonne qualité, mais trop rude quand celui-ci se détériore

Un pare-brise haut, sur la version Tourer, qui ne génère pas trop de turbulences, mais qui force le pilote à regarder au travers, ce qui peut devenir embêtant la nuit ou par temps pluvieux

Conclusion

Proposant de fort respectables performances, démontrant un excellent comportement routier et affichant une impressionnante attention accordée aux détails, la V-Star 1300 représente une excellente manière d'acquérir une custom de bonne cylindrée sans tomber dans les factures d'un niveau beaucoup plus important qu'imposent les modèles plus gros. On se rappellera que Yamaha a considérablement abaissé son prix l'an dernier, probablement en raison d'une guerre de prix avec Honda dont la VTX 1300 est une rivale directe de la V-Star. Nul ne sait si cette guerre durera, mais elle a fait passer le modèle d'un achat ordinaire à une belle occasion. Profitez-en.

V-Star 1300 Tourer

V-Star 950

YAMAHA

V-STAR 950

NOUVEAUTÉ 2009

Bouche-trou...

Alors que la plupart des constructeurs s'estiment heureux d'avoir une simple présence dans les principales classes du large univers custom, chez Yamaha, on refuse tout simplement de laisser le moindre vide inoccupé. Le résultat est qu'il n'existe aujourd'hui aucune compagnie — pas même Harley-Davidson — dont la gamme custom est plus diversifiée. Pour 2009, la firme d'Iwata City poursuit ce « remplissage » en comblant l'écart de cylindrée existant entre les vieillottes V-Star 650 et 1100. Par ailleurs, les modèles de ce créneau offrant de 750 à 900 cc, Yamaha s'est demandé pourquoi ne pas faire un peu mieux avec une nouvelle V-Star de 950 cc ?

L'attitude de Yamaha face au marché custom n'a pas d'égal en termes d'agressivité, à tout le moins chez les marques japonaises. Le constructeur semble s'être carrément donné la mission de noyer l'univers du chrome et des franges avec ses modèles, si bien qu'on ne trouve aujourd'hui plus aucune catégorie, ou même sous-catégorie, où la marque aux trois diapasons n'est pas présente.

La raison d'être de la nouvelle V-Star 950 n'est toutefois pas seulement de combler l'écart de cylindrée existant entre les 650 et 1100 de la même famille. Compte tenu de l'âge avancé de ces dernières, de leur popularité à la baisse, de leur style un peu en retard et des nouvelles tendances du marché, le fait est que la 950 vient aussi un peu prendre leur relève.

Yamaha a en effet très habilement dosé la masse et les proportions de la nouveauté de manière à ce qu'elle soit parfaitement accessible aux motocyclistes novices ou aux femmes qui craignent souvent le poids trop élevé des grosses cylindrées. Par ailleurs, cette accessibilité n'empêche en rien la V-Star 950, qui est tout de même propulsée par une mécanique de près d'un litre, de satisfaire un motocycliste plus expérimenté, pour autant, évidemment, qu'il ne demande pas la lune en termes de performances. Donc, si le niveau de puissance offert par la nouvelle 950 n'est pas exceptionnel, il reste que la quantité de couple produite par le V-Twin est juste assez substantielle pour qu'on n'ait pas l'impression d'être aux commandes d'une custom de petite cylindrée. Cette qualité représente un avantage non

> **LE COUPLE DU V-TWIN DE 950 CC EST JUSTE ASSEZ SUBSTANTIEL POUR QU'ON N'AIT PAS L'IMPRESSION DE PILOTER UNE PETITE CYLINDRÉE.**

négligeable puisqu'elle place la 950 du côté favorable de cette fine ligne qui sépare les customs à « petit » V-Twin des modèles bénéficiant d'une cylindrée qu'on peut commencer à qualifier de grosse. Yamaha a de plus déployé des efforts considérables afin de donner au nouveau V-Twin de la V-Star 950 une sonorité propre et aussi profonde que possible compte tenu de la cylindrée, ce qui ne fait qu'ajouter à l'agrément de conduite.

S'il est une qualité qui ressort de manière prédominante de la dernière V-Star, c'est l'impression d'harmonie et d'homogénéité que renvoie l'ensemble. Tout, et ce, sans exception fonctionne bien et de manière transparente. La selle très basse, le poids étonnamment faible, la position de conduite joliment équilibrée et la direction très légère se combinent pour en faire une custom qu'on semble apprivoiser de manière presque immédiate. L'embrayage progressif et qui demande très peu d'efforts, la transmission douce et précise, les freins assez puissants et les suspensions habilement calibrées sont autant de caractéristiques additionnelles qui ne font que renforcer cette plaisante sensation d'ensemble cohérent et fonctionnel.

Le comportement routier de la V-Star 950 s'avère pratiquement impeccable en proposant une excellente stabilité, une bonne précision en virage et une grande légèreté de direction en entrée de courbe. La seule petite ombre au tableau concerne la garde au sol puisque les plateformes frottent relativement tôt en virage. On ne s'en rend pas compte en conduite normale, mais on doit en être conscient.

« LE DÉFI, POUR LES CONSTRUCTEURS QUI S'AVENTURENT DANS CES CRÉNEAUX ÉCONOMIQUES, RESTE TOUJOURS LE MÊME, SOIT GARDER UNE QUALITÉ ÉLEVÉE MALGRÉ LE PRIX FAIBLE. YAMAHA Y EST ARRIVÉ. AFFICHANT UNE LIGNE QUI N'EST PAS SANS RAPPELER CELLE DE LA V-STAR 1300, LA NOUVELLE 950 EST INDÉNIABLEMENT ÉLÉGANTE. ELLE N'A PAS LE PANACHE D'UNE ROADLINER, MAIS ELLE NE FAIT CERTES PAS BON MARCHÉ. »

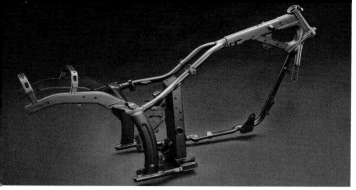

Harley l'a facile...

Les temps présents sont extrêmement intéressants à observer dans l'univers custom. Après s'être inspirés sans gêne des produits de Milwaukee pour créer leur propre gamme de customs, les manufacturiers nippons doivent maintenant faire évoluer ces motos pour en nourrir l'intérêt. Or, ces mêmes marques peuvent difficilement se tourner du côté de Harley-Davidson pour obtenir la réponse en raison de la situation exceptionnelle de ce dernier. En effet, bien que la célèbre firme fasse tranquillement évoluer l'aspect mécanique de ses modèles, leur ligne, elle, reste volontairement intacte. Comment, donc, fait-on évoluer la ligne d'une custom? Comment fait-on évoluer une ligne qui évoque le passé? Combien de fois, au fait, a-t-on vu une véritable seconde génération d'un modèle custom être présentée? La réponse est : pratiquement jamais. On a souvent vu des constructeurs proposer différentes versions, différents styles d'une même custom, mais presque jamais faire évoluer l'une de ces versions. C'est pourtant chose commune sur une sportive ou sur une monture de tourisme, entre autres. Il semblerait ainsi que le style d'une custom, une fois déterminé, soit essentiellement figé dans le temps. Étant l'un des plus actifs constructeurs nippons dans le créneau custom, Yamaha doit tenter de répondre à cette question avec chaque nouveauté. Dans le cas de la V-Star 950, le constructeur explique croire que le futur du style custom passe par un allongement de la silhouette. Cette particularité est perceptible au niveau de la partie avant de la nouveauté où l'on note un cadre allongé déportant la fourche quelques pouces vers l'avant. Évidemment, la création d'un certain style de roues et le soin apporté à la présentation de la mécanique jouent aussi un rôle important au niveau de la ligne dans son ensemble.

V-Star 950 Tourer

Général

Catégorie	Custom/Tourisme léger
Prix	V-Star 950 : 9 049 $ V-Star 950 Tourer : 10 599 $
Immatriculation 2009	518 $
Catégorisation SAAQ 2009	« régulière »
Évolution récente	introduite en 2009
Garantie	1 an/kilométrage illimité
Couleur(s)	rouge, noir, argent (Tourer : bourgogne, gris, argent)
Concurrence	Harley-Davidson Sportster 883, Honda Shadow 750, Kawasaki Vulcan 900, Suzuki Boulevard C50

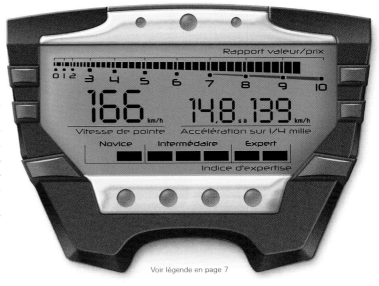

Rapport valeur/prix

0 1 2 3 4 5 6 7 8 9 10

166 km/h   **14.8.139** km/h

Vitesse de pointe   Accélération sur 1/4 mille

Novice   Intermédaire   Expert

Indice d'expertise

Voir légende en page 7

Moteur

Type	bicylindre 4-temps en V à 60 degrés SACT, 4 soupapes par cylindre, refroidissement par air
Alimentation	injection à corps unique de 35 mm
Rapport volumétrique	9:1
Cylindrée	942 cc
Alésage et course	85mm x 83 mm
Puissance	54 ch @ 6 000 tr/min
Couple	58,2 lb-pi @ 3 500 tr/min
Boîte de vitesses	5 rapports
Transmission finale	par courroie
Révolution à 100 km/h	n/d
Consommation moyenne	5,4 l/100 km
Autonomie moyenne	314 km

Partie cycle

Type de cadre	double berceau, en acier
Suspension avant	fourche conventionnelle de 41 mm non ajustable
Suspension arrière	monoamortisseur ajustable en précharge
Freinage avant	1 disque de 320 mm de Ø avec étriers à 2 pistons
Freinage arrière	1 disque de 298 mm de Ø avec étrier à 1 piston
Pneus avant/arrière	130/70-18 & 170/70-16
Empattement	1 685 mm
Hauteur de selle	675 mm
Poids tous pleins faits	278 kg (Tourer : 297 kg)
Réservoir de carburant	17 litres

QUOI DE NEUF EN 2009 ?

Nouveau modèle

PAS MAL

Une excellente valeur puisqu'on obtient, pour un prix très proche de celui des modèles rivaux, une mécanique de cylindrée plus forte, ce qui représente un avantage clair chez les customs

Un comportement absolument impeccable qui se montre à la fois assez relevé pour intéresser les pilotes de longue date et assez facile d'accès pour mettre à l'aise les moins expérimentés

Un V-Twin agréablement coupleux dont la cylindrée est juste assez importante pour qu'il génère un vrombissement plaisant

BOF

Un pare-brise qui provoque une certaine quantité de turbulence à la hauteur du casque sur la version Tourer; on a vu pire, malgré tout

Une faible hauteur de selle dictant un emplacement proportionnellement bas des plateformes qui frottent relativement tôt en virage; il ne s'agit pas d'un défaut majeur, mais plutôt d'un facteur dont il faut tenir compte en s'engageant dans une courbe

Une ligne élégante et propre, mais quand même un peu anonyme; Yamaha tente de faire évoluer le style de ses customs, mais il semble manquer un certain « je ne sais quoi » au résultat

Conclusion

L'arrivée de la nouvelle V-Star 950 va, à n'en pas douter, causer des mots de tête à quelques constructeurs, un peu comme l'a d'ailleurs fait la Vulcan 900 de Kawasaki il y a quelques années. Pour quelques maigres centaines de dollars de plus que les 750 et les 800 de Honda et Suzuki, pour ne pas les nommer, la nouveauté Yamaha offre plus, surtout au niveau mécanique. Et comme l'agrément de l'expérience custom croît généralement avec la cylindrée, la plus-value offerte par cette énième V-Star devient nette. Bref, d'un point de vue stratégique, Yamaha n'aurait pu faire mieux. Au-delà de ces comparaisons, l'important reste toutefois de retenir qu'il s'agit d'un ensemble aussi bien maniéré qu'intégré qui se montre non seulement très accessible, mais aussi intéressant à piloter pour un large éventail de motocyclistes.

V-Star 1100 Classic

Icône...

La V-Star 1100 n'a plus besoin de présentation. Il s'agit d'une des customs japonaises les plus populaires de tous les temps en raison de l'excellente valeur qu'elle représente. Offerte en version Classic, Custom et Silverado, elle fait face cette année, et pour la première fois de sa carrière, à une rivale qui pourrait bousculer sa popularité. Ironiquement, cette moto est une Yamaha, la V-Star 950. Serait-ce le début de la fin de la V-Star 1100, à tout le moins sous cette forme ?

Personne n'est irremplaçable, dit l'expression qui semble être aussi valable pour les modèles de motos qu'elle ne l'est pour les humains. Il faut tout de même dire que durant les 10 années qui ont passé depuis sa mise en production, la V-Star 1100 n'a jamais vraiment été menacée par une seule nouvelle venue. En fait, il est vrai que la Vulcan 900 s'en est un peu approchée, mais c'est surtout aux customs de 750 et 800 cc que la Kawasaki a fait mal. En rehaussant la mise de la Vulcan avec une cylindrée de 950 cc, il se peut toutefois que dans le cas de la nouvelle V-Star 950, plusieurs se demandent s'il ne vaut pas mieux sacrifier quelques chevaux pour acquérir une monture plus moderne et dessinée de manière plus actuelle. Bonne question, à laquelle la réponse n'est d'ailleurs pas évidente. Car malgré son âge, la V-Star 1100 ne fait rien de mal et accomplit encore presque tout bien. On pourrait dire que l'un de ses plus gros défauts — qui, il faut le dire, n'est devenu notable qu'après l'arrivée de montures plus dégagées — serait sa position de conduite un tout petit peu compacte, tandis que ses plus belles qualités seraient son excellent moteur — 1 100 cc sont plus plaisants à solliciter que 900 ou 950 cc, soit dit en passant —, le comportement sain de sa partie cycle et, bien entendu, l'extraordinaire valeur qu'elle représente encore.

La rumeur voudrait que la V-Star 1100 ne soit pas encore tout à fait prête à tirer sa révérence et qu'elle demeure encore présente au catalogue Yamaha au moins pour un an. Sera-t-elle abandonnée ensuite ou remplacée par une nouvelle version ?

Ça, la rumeur n'en parle pas.

Général

Catégorie	Custom/Tourisme léger
Prix	Custom : 9 199 $, Classic : 9 799 $ Silverado : 11 299 $
Immatriculation 2009	518 $
Catégorisation SAAQ 2009	« régulière »
Évolution récente	Custom introduite en 1999, Classic en 2000 et Silverado en 2003
Garantie	1 an/kilométrage illimité
Couleur(s)	Custom : rouge, noir, Classic : rouge, gris Silverado : noir, bleu
Concurrence	Harley-Davidson Sportster 1200, Kawasaki Vulcan 900, Suzuki Boulevard S83, Yamaha V-Star 950

Moteur

Type	bicylindre 4-temps en V à 75 degrés, SACT, 2 soupapes par cylindre, refroidissement par air
Alimentation	2 carburateurs à corps de 37 mm
Rapport volumétrique	8,3:1
Cylindrée	1 063 cc
Alésage et course	95 mm x 75 mm
Puissance	62 ch @ 5 750 tr/min
Couple	63,6 lb-pi @ 2 500 tr/min
Boîte de vitesses	5 rapports
Transmission finale	par arbre
Révolution à 100 km/h	environ 3 400 tr/min
Consommation moyenne	5,5 l/100 km
Autonomie moyenne	309 km

Partie cycle

Type de cadre	double berceau, en acier
Suspension avant	fourche conventionnelle de 41 mm non ajustable
Suspension arrière	monoamortisseur ajustable en précharge
Freinage avant	2 disques de 298 mm de Ø avec étriers à 2 pistons
Freinage arrière	1 disque de 282 mm de Ø avec étrier à 2 pistons
Pneus avant/arrière	130/90-16 (Custom : 110/90-18) & 170/80-15
Empattement	1 645 mm (Custom : 1 640 mm)
Hauteur de selle	710 mm (Custom : 690 mm)
Poids tous pleins faits	285 kg (Custom : 275 kg; Silverado : 303 kg)
Réservoir de carburant	17 litres

V-Star 650 Custom

YAMAHA
V-STAR 650

Général

Catégorie	Custom
Prix	Custom : 7 299 ; Classic : 7 699 $; Silverado : 9 099 $
Immatriculation 2009	518 $
Catégorisation SAAQ 2009	« régulière »
Évolution récente	introduite en 1998
Garantie	1 an/kilométrage illimité
Couleur(s)	rouge, noir, bleu, argent, blanc
Concurrence	Kawasaki Vulcan 500 LTD, Suzuki Boulevard S40

Moteur

Type	bicylindre 4-temps en V à 70 degrés, SACT, 2 soupapes par cylindre, refroidissement par air
Alimentation	2 carburateurs à corps de 28 mm
Rapport volumétrique	9:1
Cylindrée	649 cc
Alésage et course	81 mm x 63 mm
Puissance	40 ch @ 6 500 tr/min
Couple	37,5 lb-pi @ 3 000 tr/min
Boîte de vitesses	5 rapports
Transmission finale	par arbre
Révolution à 100 km/h	environ 4 300 tr/min
Consommation moyenne	5,0 l/100 km
Autonomie moyenne	320 km

Partie cycle

Type de cadre	double berceau, en acier
Suspension avant	fourche conventionnelle de 41 mm non ajustable
Suspension arrière	monoamortisseur ajustable en précharge
Freinage avant	1 disque de 298 mm de Ø avec étrier à 2 pistons
Freinage arrière	tambour mécanique
Pneus avant/arrière	130/90-16 (Custom: 100/90-19) & 170/80-15
Empattement	1 625 mm (Custom : 1 610 mm)
Hauteur de selle	710 mm (Custom : 695 mm)
Poids tous pleins faits	247 kg (Custom : 233 kg, Silverado : 265 kg)
Réservoir de carburant	16 litres

Starlette...

Lancée en 1998, la V-Star 650 inaugurait la famille des V-Star. Grâce à son style sympathique et son prix intéressant, le modèle a joui d'une bonne popularité durant plusieurs années. Le goût du jour étant aux cylindrées plus fortes et le modèle n'ayant aucunement évolué durant tout ce temps, il ne faudrait pas s'étonner qu'il en soit à ses dernières randonnées sous cette forme. Des versions Custom, Classic et Silverado sont offertes.

Malgré ses 10 ans et quoique techniquement vieillotte par rapport au reste de la classe, la V-Star 650 demeure encore un modèle recommandable aujourd'hui, notamment en raison de sa bonne qualité de fabrication, de son comportement sain —elle est stable, légère à manier et aussi facile d'accès qu'une custom peut l'être— et de son prix intéressant.

N'ayant plus comme concurrentes directes sur le marché canadien que la vieille et inintéressante Kawasaki Vulcan 500 LTD et la désuète Suzuki Boulevard S40 —la Shadow VLX 600 ne fait plus partie de la gamme Honda—, la V-Star 650 se retrouve aujourd'hui dans une position un peu inespérée. Car en dépit de son âge avancé et de l'absence de toute amélioration apportée au modèle depuis sa mise en marché, un motocycliste novice cherchant à faire ses premiers tours de roues sur une custom ayant un minimum d'authenticité visuelle et mécanique n'a guère d'autre choix, à moins d'opter pour des modèles un peu plus chers et plus gros.

En dépit de sa faible puissance et d'une livrée de couple modeste, la V-Star 650 demeure capable d'affronter les aléas des déplacements quotidiens de manière honnête. On se satisfait des accélérations tant qu'on n'a jamais connu quelque chose de plus rapide et qu'on n'est pas trop gourmand à ce chapitre. Quiconque ayant des attentes plus élevées devrait envisager un modèle semblable avec une cylindrée de 750, 800, 900 ou même 950 cc.

373

YAMAHA
V-STAR 250

Général

Catégorie	Custom
Prix	4 899 $
Immatriculation 2009	329 $
Catégorisation SAAQ 2009	« régulière »
Évolution récente	introduite en 1988
Garantie	1 an/kilométrage illimité
Couleur(s)	bourgogne
Concurrence	Honda Rebel 250, Hyosung Aquila 250, Suzuki Marauder 250

Moteur

Type	bicylindre 4-temps en V à 60 degrés, SACT, 2 soupapes par cylindre, refroidissement par air
Alimentation	1 carburateur à corps de 26 mm
Rapport volumétrique	10:1
Cylindrée	249 cc
Alésage et course	49 mm x 66 mm
Puissance	21 ch @ 8 000 tr/min
Couple	15,2 lb-pi @ 6 000 tr/min
Boîte de vitesses	5 rapports
Transmission finale	par chaîne

Partie cycle

Type de cadre	double berceau, en acier
Suspension avant	fourche conventionnelle de 33 mm non ajustable
Suspension arrière	2 amortisseurs ajustables en précharge
Freinage avant	1 disque de 282 mm de Ø avec étrier à 2 pistons
Freinage arrière	tambour mécanique
Pneus avant/arrière	3,00-18 & 130/90-15
Empattement	1 488 mm
Hauteur de selle	685 mm
Poids tous pleins faits	147 kg (à vide : 137 kg)
Réservoir de carburant	9,5 litres

Mini-Star...

En 2008, la bonne vieille Virago 250 devenait enfin une V-Star. Rien d'autre que le nom n'a toutefois changé. N'ayant pratiquement que la Hyosung Aquila 250 comme concurrente directe, elle se veut l'une des rares customs d'aussi faible cylindrée propulsées par un bicylindre en V. Elle s'adresse avant tout soit aux motocyclistes de très petite stature, soit aux novices intimidés par l'idée du pilotage d'une moto. Aucun changement en 2009, ni depuis 1988, d'ailleurs.

Longtemps absente du catalogue canadien de Yamaha, la petite Virago 250 fut remise en service en 2003 par le constructeur, un fait surtout attribuable à la volonté de ne pas abandonner la petite et pourtant peu populaire catégorie aux autres manufacturiers. Exhibant désormais fièrement l'écusson V-Star, la petite custom Yamaha est identique au modèle inauguré en 1988. Propulsée par l'un des rares V-Twin de la catégorie, la V-Star 250 offre une authenticité tant visuelle que mécanique à laquelle ne peuvent prétendre les modèles concurrents que sont les Honda Rebel 250 et Suzuki Marauder 250. Avec 21 chevaux « sous le capot » suivre la circulation urbaine, voire s'aventurer occasionnellement sur l'autoroute ne cause aucun problème. Du moins tant qu'on n'est pas pressé... Disons simplement qu'elle s'adresse strictement à une clientèle inexpérimentée et patiente. Son comportement routier honnête est caractérisé par une grande maniabilité imputable surtout à son poids très peu élevé et à une hauteur de selle très faible. La position de conduite n'est toutefois ni naturelle ni au goût du jour, un fait dont est surtout responsable la hauteur importante du guidon ainsi que son étrange courbure et l'angle de ses poignées. Surtout utilisées par l'école de conduite, les motos de ce type sont relativement peu intéressantes sur la route.

Elles peuvent servir durant la période d'apprentissage, mais rares sont les motocyclistes qui ne s'en lassent pas rapidement pour passer à quelque chose de plus sérieux.

INDEX DES CONCESSIONNAIRES

ABITIBI-TÉMISCAMINGUE
CENTRE A.T.C.
16, rue St-André, Ville-Marie
819 629-3367

A.B. SPORT
840, 10e rue, Senneterre
819 737-2373

BIBEAU MOTO SPORT
372, rue Gareau, Jacola (Val-d'Or)
819 824-2541

ÉQUIPEMENT R.S. LACROIX
552, rue Principale S., Amos
819 732-2177

LOCATION BLAIS
280, rue Larivière, Rouyn-Noranda
819 797-9292

MOTO SPORT LA SARRE
427, 2e rue E., La Sarre
819 333-2249

BAS ST-LAURENT
CENTRE | **CENTRE HONDA DEGIRO**
 496, ave. St-David, Montmagny
418 248-2133

CENTRE | **CENTRE THETFORD HONDA**
2319, boul. Frontenac Est, Thetford Mines
418 338-3558

JEAN MORNEAU
91, boul. Cartier, Rivière-du-Loup
418 862-4357

JEAN MORNEAU
735, rue Taché, St-Pascal (Kamouraska)
418 492-3632

MINI-MÉCANIK
178, rue Léonidas, Rimouski
418 723-5132

CENTRE DU QUÉBEC
DRUMMOND MOTO
1200, boul. St-Joseph O., Drummondville
819 472-7666

MOTOSPORT 116
100, route 116, Victoriaville
819 752-3103

CHAUDIÈRE-APPALACHES
J.M. JACQUES SPORT
1314, route 277, Lac-Etchemin
418 625-2081

PRESTIGE MOTO SPORT
15655, boul. Lacroix, St-Georges
418 228-6619

BEAUCE SPORTS
610, boul. Vachon S., Ste-Marie
418 387-6655

GARAGE RÉJEAN ROY
2760, rue Laval, Lac-Mégantic-Nantes
819 583-5266

LES P'TITS MOTEURS
C. P. 428, Ste-Croix
418 926-3960

CÔTE NORD
BENOIT VIGNEAULT LTÉE
1280, rue de la Digue, Havre-St-Pierre
418 538-2313

CAMIL MOTO SPORT
189, route 138, Forestville
418 587-4566

CENTRE | **CENTRE DUFOUR HONDA**
2060, boul. de Comporte, La Malbaie
418 665-6431

HAMILTON BOURASSA
324, boul. Lasalle, Baie-Comeau
418 296-9191

ESTRIE
CENTRE | **CENTRE MAGOG HONDA**
2400, rue Sherbrooke, Magog
819 843-0099

ATELIER MOTOSPORT BEULLAC
1150, ch. Knowlton, West Brome
450 263-6902

LES ENTREPRISES DENIS BOISVERT
2, rue Queen, Sherbrooke
819 565-1376

GASPÉSIE
AMABLE CARON ET FILS (MATANE)
475, rue Phare E., Matane
418 562-1108

GARAGE JACQUES LÉTOURNEAU
750, boul. Ste-Anne O., Ste-Anne-des-Monts
418 763-7979

ANDRÉ HALLÉ & FILS LTÉE
121, boul. St-Benoit, Amqui (Matapédia)
418 629-4111

BERNARD & GAUVIN
148, boul. Perron E., New-Richmond
418 392-5017

JAMES LÉVESQUE & FILS LTÉE
C.P. 967, Chandler
418 689-2624

**LES ÉQUIPEMENTS MOTORISÉS
DE RIVIÈRE-AU-RENARD**
110, montée Morris, Rivière-au-Renard (Gaspé)
418 269-3366

LANAUDIÈRE
PINARD AUTO
1193, route 125, Ste-Julienne
450 831-2212

J. SICARD SPORT
811, boul. St-Laurent E., Louiseville (Maskinongé)
819 228-5803

**JOBIDON MARINE SPORTS
ST-GABRIEL/J.M.S.**
85, rue Cohen, St-Gabriel-de-Brandon
450 835-3407

**LOCATION DE MOTONEIGES
HAUTE-MATAWINIE**
190, rue Brassard, St-Michel-des-Saints
450 833-1355

MOTO DUCHARME
761, ch. des Prairies, Joliette
450 755-4444

LAURENTIDES
GOULET MOTO SPORT ST-JÉROME
55, rue Mathilde, St-Jérôme
450 431-6622

SPORT MOTORISÉ HONDA
1301-B, boul. Albiny-Paquette, Mont-Laurier
819 623-3252

MOTOROUTE DES LAURENTIDES
444, rue St-Jovite, Mont-Tremblant
819 429-6686

ROBIDOUX CENTRE SPORT
56, rue Principale N., L'Annonciation
819 275-2273

MAURICIE
GARAGE G. CHAMPAGNE
83, rue Principale, Lac-aux-Sables (Portneuf)
418 336-2920

MOTO THIBAULT MAURICIE
205, rue Dessureault, Cap-de-la-Madeleine
819 375-2727

NAUTICO LA TUQUE
1041, des Érables, La Tuque
819 523-7092

MONTÉRÉGIE
CENTRE | **CENTRE CHAMBLY HONDA**
850, boul. Périgny, Chambly
450 658-6699

MOTO CENTRE ST-HYACINTHE
625, boul. Laurier, Ste-Madeleine
450 774-3133

LALIBERTÉ MOTO SPORT
1162, route 116, Acton Vale
450 549-4717

ST-CÉSAIRE MOTOSPORTS
800, route 112, St-Césaire (Comté Rouville)
450 469-2733

MARINA TRACY SPORTS
3890, ch. St-Roch, Tracy
450 742-1910

NOUVEAU QUÉBEC
LA FÉD. DES COOP. DU NOUV.-QUÉBEC
19 950, ave. Clark-Graham, Baie-D'Urfé
514 457-9371

OUTAOUAIS
LES SPORTS DAULT ET FRÈRES
383, boul. Desjardins, Maniwaki
819 449-1001

MOTO GATINEAU
656, boul. Maloney E., Gatineau
819 663-6162

RÉGION DE MONTRÉAL
CENTRE | **CENTRE HAMEL HONDA**
332, rue Dubois, voie 640, St-Eustache
450 491-0440

CENTRE | **CENTRE EXCEL HONDA MOTO**
 5480, rue Paré, Ville Mont-Royal
514 342-6360

ACTION MOTOSPORT
124, rue Joseph-Carrier, Vaudreuil-Dorion
450 510-5100

RÉGION DE MONTRÉAL

ALEX BERTHIAUME & FILS LTÉE
4398, rue De La Roche, Montréal
514 521-0230

GOULET MOTO SPORT
110, rue Turgeon, Ste-Thérèse
450 435-2408

MOTO REPENTIGNY
101, rue Grenier, Charlemagne
450 585-5224

NADON SPORT
280, ave. Béthany, Lachute
450 562-2272

RÉGION DE QUÉBEC

CENTRE **CENTRE LAVERTU HONDA**
4, ave. St-Augustin, Breakeyville
418 832-6143

CENTRE **CENTRE HONDA DE AUTO FRANK ET MICHEL**
5788, boul. Ste-Anne, Boischatel
418 822-2252

CENTRE **CENTRE HONDA MOTO RIVE-SUD**
628-1, route Kennedy, Pintendre
418 837-7170

DION MOTO
840, côte Joyeuse, St-Raymond
418 337-2776

S.M. SPORT
113, boul. Valcartier, Loretteville
418 842-2703

RIVE-SUD

PRIDEX SPORTS
239, boul. St-Jean-Baptiste, Mercier
450 691-2931

CLAUDE STE-MARIE SPORT
5925, ch. Chambly, St-Hubert
450 678-4700

SAGUENAY/LAC ST-JEAN

CAMIL MOTO SPORT
336, route 172, Sacré-Coeur, Saguenay
418 236-4564

DANY GIRARD
1101, rue Pelletier, Roberval
418 275-0996

JOS BESSON
66, rue Dequen, Mistassini
418 276-2883

LES ENTREPRISES GERMAIN DALLAIRE
560, rue Melançon, St-Bruno, Lac St-Jean
418 343-3758

SPORTS PLEIN AIR GAGNON
215, 3e rue, Chibougamau
418 748-3134

VILLENEUVE ÉQUIPEMENT
1178, boul. Ste-Geneviève, Chicoutimi-Nord
418 543-3600

DUROY PIÈCES D'AUTOS
264, route 132, St-Constant
450 632-9871

ENDURO KTM
266, Seigneuriale, Beauport
418 661-5683

GRÉGOIRE SPORT
1291, route 343, Joliette
450 752-2442

HARRICANA AVENTURES
211, Principale Sud, Amos
819 732-4677

JA-PER-FORMANCE
410, ave. Pie-X, Victoriaville
819 357-9677

JOS BESSON CHIBOUGAMAU
882, 3e Rue, Chibougamau
418 748-1166

LEBLOND MOTO SPORT
2287, boul. Talbot, Chicoutimi
418 543-4455

MONETTE SPORTS
251, boul. des Laurentides, Laval
450 668-6466

MOTO DES RUISSEAUX
944, boul. des Ruisseaux, Mont-Laurier
819 623-6651

MOTOSPORT 4 SAISONS
465, rue Dessureault, Trois-Rivières
819 374-4444

PICOTTE MOTOSPORT
1257, rue Principale, Granby
450 777-5486

ROCK MOTO SPORT
989, rue Fortier, Sherbrooke
819 564-8008

SPORTS PLUS
5, Du Carrefour, Rivière-du-Loup
418 862-9444

TY MOTEURS
1091, rue Commerciale, St-Jean-Chrysostome
418 833-0500

VTT QUADPRO
100-13930, rue de la Chapelle, Mirabel
450 565-6000

Index des concessionnaires KAWASAKI

www.kawasaki.ca

ANDRÉ JOYAL MOTONEIGE
438, rang Thiersant, St-Aimé Massueville
450 788-2289

AS MOTO INC.
8940, boul. Ste-Anne, Château-Richer
418 824-5585

ATELIER DE RÉPARATION LAFORGE
1167, boul. Laure, Sept-Îles
418 962-6051

CENTRE DU SPORT LAC ST JEAN
2500, avenue du Pont Sud, Alma
418 662-6140

BEAUCE SPORT
610, boul. Vachon Sud, Ste-Marie-de-Beauce
418 387-6655

CENTRE MOTO FOLIE
7777, Métropolitain Est, Montréal
514 493-1956

CENTRE SPORTS MOTORISÉS
186, boul. de L'Aéroport, Gatineau
819 663-4444

CLÉMENT MOTOS
630, Grande Carrière, Louiseville
819 228-5267

DESHAIE'S MOTOSPORT
8568, boul. St-Michel, Montréal
514 593-1950

ENTREPRISE QUIRION & FILS
283, Pabos, Pabos
418 689-2179

ÉQUIPEMENTS MOTORISÉS LES CHUTES
975, 5e avenue, Sawinigan Sud
819 537-5136

ÉQUIPEMENT R.S. LACROIX
552, Principale Sud, Amos
819 732-2177

ÉVASION HORS-PISTE
555, Route 220, St-Élie D'Orford
819 821-3595

GORDON &YVON
529, grand boulvard, Île Perrot
514 453-3327

GUILLEMETTE ET FILS
1731, St-Désire, Thetford-Mines
418 423-4737

JAC MOTOS SPORT
855, des Laurentides, St-Antoine
450 431-1911

MEGA FORMULE D'OCCASION
922, boul. Ste-Anne, Rimouski
418 723-5955

LEHOUX SPORT
1407, Route 277, Lac Etchemin
418 625-3081

LOCATION BLAIS INC.
280, avenue Larivière, Rouyn-Noranda
819 797-9292

LOCATION VAL D'OR
336, avenue Centrale, Val-D'or
819 825-3335

MATANE MOTOSPORT
615, du Phare Est, Matane
418 562-3322

MOTO DUCHARME
761, chemin des Prairies, Joliette
450 755-4444

MOTO EXPERT
6500, boul. Laurier Est, St-Hyacinthe
450 799-3000

MOTO EXPERT BAIE COMEAU
1884, Laflèche, Baie Comeau
418 295-3030

MOTO FALARDEAU
1670, boul. Paquette, Mont-Laurier
819 440-4500

MOTO MAG
2, du Pont, Chicoutimi
418 543-3750

MOTO PERFORMANCE 2000 INC.
1500, Forand, Plessisville
819 362-8505

MOTOPRO GRANBY
564, Dufferin, Granby
450 375-1188

MOTOS ILLIMITÉES
3250, des Entreprises, Terrebonne
450 477-4000

MOTOSPORT NEWMAN
7308, boul. Newman, LaSalle
514 366-4863

MOTO SPORT NEWMAN RIVE-SUD
3259, boul. Taschereau, Greenfield Park
450 656-5006

MOTO SPORT ST-APOLINAIRE
356, rue Laurier, St-Apolinaire
418 881-2202

MOTO VANIER QUÉBEC
776, boul. Wilfrid-Hamel, Québec
418 527-6907

NADON SPORT
280, Béthanie, Lachute
450 562-2272

NADON SPORT
62, St-Louis, St-Eustache
450 473-2381

PELLETIER MOTOSPORT
356, rue Temiscouata, Rivière-du-Loup
418 867-4611

PERFORMANCE N.C.
176, boul. Industriel, St-Germain-de-Grantham
819 395-2464

PÉRUSSE MACHINERIE
329, Gervais, Trois-Rivières
819 376-7436

R-100 SPORTS
512, chemin Chapleau, Bois-des-Filions
450 621-7100

GÉNÉRATION SPORT
945, chemin Rhéaume, St-Michel-de-Napierville
450 454-9711

ROGER A. PELLETIER
6, rue des Érables, Cabano
418 854-2680

R.P.M. RIVE-SUD
4822, boul. de la Rive-Sud, Lévis
418 835-1624

SPORT BG
148, boul. Perron Est, New Richmond
418 392-5017

SPORT PLUS ST-CASMIR
480, Notre-Dame, St-Casimir
418 339-3069

ST-JEAN MOTO
8, route 144, St-Jean-sur-Richelieu
450 347-5999

TECH MINI-MÉCANIQUE
196, chemin Haut-de-la-Rivière, St-Pacôme
418 852-2922

À LA POINTE DE LA PUISSANCE / DE LA PERFORMANCE / DE LA PASSION

Kawasaki

SPORT D.R.C.
3055, avenue du Pont, Alma
418 668-7389

HARRICANA AVENTURES
211, Principale Sud, Amos
819 732-4677

GARAGE J-M VILLENEUVE
206, boul. St-Benoit Est, Amqui
418 629-1500

RMB RÉCRÉATIF
458, Vanier, Aylmer
819 682-6686

BAIE COMEAU MOTOSPORTS
2633, boul. Laflèche, Baie-Comeau
418 589-2012

JAMES LÉVESQUES & FILS
383, Route 132, Chandler
418 689-2624

MOTO REPENTIGNY
101, Grenier, Charlemagne
450 585-5224

PRO-PERFORMANCE GPL
5750, boul. Ste-Anne, Boischatel
418 822-3838

SUZUKI CHATEAUGUAY
201, Principale, Chateauguay
450 697-6697

MARTIAL GAUTHIER LOISIRS
1015, boul. Ste-Geneviève, Chicoutimi
418 543-6537

SUPER MOTO DESCHAILLONS
1101, Marie-Victorin, Deschaillons
819 292-3438

PULSION SUZUKI
150 D, Route 122, (St-Germain) Drummondville
819 395-4040

MOTO GATINEAU
666, boul. Maloney, Gatineau
819 663-6162

PICOTTE MOTOSPORT
1257, rue Principale, Granby
450 777-5486

GERMAIN BOUCHER SPORTS
980, boul. Iberville, Iberville
450 347-3457

ROLAND SPENCE & FILS
4364, boul. du Royaume, Jonquiere
418 542-4456

LA BAIE MOTO SPORTS
1142, avenue du Pont, La Baie
418 544-6530

LACHINE MOTO
2496, Remembrance, Lachine
514 639-1619

MARINE NOR SPORT
25, boul. des Hauteurs, Lafontaine
450 436-2070

LAVAL MOTO
315, boul. Cartier Ouest, Laval
450 662-1919

MOTO FOLIE LAVAL
5952, boul. Arthur-Sauvé, Laval-Ouest
450 627-6686

RPM RIVE-SUD
226, chemin des îles, Lévis
418 835-1624

CLÉMENT MOTOS
630, Grande Carrière, Louiseville
819 228-5267

ZENON FORTIN
874, du Phare, Matane
418 562-3072

SPORTS JLP
1596, boul. Gaboury, Mont-Joli
418 775-3333

MONT-LAURIER SPORTS
224, boul. des Ruisseaux, Mont-Laurier
819 623-4777

CENTRE MOTO FOLIE
7777, boul. Métropolitain Est, Montréal
514 352-9999

MOTOROUTE DES LAURENTIDES
444, Ouimet, Mont-Tremblant
819 429-6686

MOTO SPORT OKA
151 A, Notre-Dame, Oka
450 479-1922

GAÉTAN MOTO
1601, boul. Henri-Bourassa, Québec
418 648-0621

SM SPORT
11337, boul. Valcartier, (Loretteville) Québec
418 842-2703

SUZUKI AUTO & MOTO RC
688, boul. du Rivage, Rimouski
418 723-2233

SPORT PLUS
5, du Carrefour, Rivière-du-Loup
418 862-9444

SPORT PATOINE
1431, Route Kennedy, Scott
418 387-5574

ATELIER RÉPARATION LAFORGE
1167, boul. Laure, Sept-Îles
418 962-6051

MOTOS THIBAULT SHERBROOKE
3750, du Blanc-Côteau, Sherbrooke
819 569-1155

MINI MOTEUR RG
1012, Bergeron, St-Agapit
418 888-3692

GRÉGOIRE SPORT
1291 A, Route 343, St-Ambroise
450 752-2442

ÉQUIPEMENTS F.L.M.
1346, boul. St-Antoine, (St-Antoine) St-Jérome
450 436-8838

LANTHIER SPORTS
116, Ste-Agathe, Ste-Agathe des Monts
819 326-3173

SPORT COLLETTE RIVE-SUD
1233, Armand Frappier, Ste-Julie
450 649-0066

SPORT BELLEVUE
1395, Sacré-Coeur, St-Félicien
418 679-1005

PRESTIGE MOTOSPORT
15655, boul. Lacroix Est, St-Georges (Beauce)
418 228-6619

SUPER MOTO ST-HILAIRE
581, boul. Laurier, St-Hilaire
450 467-1521

CLAUDE STE-MARIE SPORTS
5925, chemin Chambly, St-Hubert
450 678-4700

MOTO R.L. LAPIERRE
1307, rue St-Édouard, St-Jude
450 792-2366

M. BROUSSEAU & FILS
163, Principale, Ste-Justine
418 383-3212

DION MOTO
840, Côte Joyeuse, St-Raymond (Portneuf)
418 337-2776

MOTOS ILLIMITÉES
3250, boul de L'Entreprise, Terrebonne
450 477-4000

MOTO JMF
842, boul. Frontenac Ouest, Thetford Mines
418 335-6226

MARINA TRACY SPORTS
3890, chemin St-Rock, Tracy
450 742-1910

MOTO THIBAULT MAURICIE
205, Dessurault, Trois-Rivières
819 375-2727

MARTIN AUTO CENTRE
1832, 3ᵉ avenue, Val-d'Or
819 824-4575

SPORT BOUTIN
2000, boul. Hébert, Valleyfield
450 373-6565

ACTION MOTOSPORT
124, Joseph-Cartier, Vaudreuil
450 510-5100

RM MOTOSPORT
22, boul. Arthabasca (Route 116), Victoriaville
819 752-6427

ABITIBI-TÉMISCAMINGUE
SCIE ET MARINE FERRON LTÉE
7, rue Principale N., Béarn
819 726-3231

MOTO SPORT DU CUIVRE
175, boul. Évain E., Évain (via Rouyn)
819 768-5611

DIMENSION SPORT
208, route 393 S., La Sarre
819 333-3030

HARRICANA AVENTURES
211, rue Principale S., Amos
819 732-4677

HARRICANA AVENTURES VAL-D'OR
1601, 3e avenue, Val-d'Or
819 874-2233

BAS ST-LAURENT
BELZILE AUTO SQUATEC
168, rue St-Joseph, Squatec
418 855-2112

GÉRARD CASTONGUAY ET FILS
32 Chemin-du-Lac, St-Antonin
418 862-5330

JEAN MORNEAU
91, boul. Cartier, Rivière-du-Loup
418 860-3632

LIONEL CHAREST & FILS
472, rue Principale, Pohénégamook
418 893-5334

P. LABONTÉ ET FILS
1255, rue Industrielle, Mont-Joli
418 775-5877

CENTRE DU QUÉBEC
EUGÈNE FORTIER & FILS
100, boul. Baril, Princeville
819 364-5339

CMS EXTRÊME
2445, rue St-Pierre, Drummondville
819 475-0110

CHAUDIÈRE-APPALACHES
MINI MOTEURS R.G.
1012, ave. Bergeron, St-Agapit
418 888-3692

SPORT TARDIF
428, rue Principale, Vallée-Jonction
418 253-6164

MOTO JMF
842, boul. Frontenac O., Thetford Mines
418 335-6226

MOTO PRO
6685, 127e rue, St-Georges-Est (Beauce)
418 228-7574

CÔTE NORD
BAIE-COMEAU MOTORSPORTS
2633, boul. La Flèche, Baie-Comeau
418 294-4120

CHARLEVOIX MOTO SPORT
531, rue St-Étienne, La Malbaie
418 665-9927

ESTRIE
MOTOS THIBAULT SHERBROOKE
3750, Du Blanc-Coteau, Sherbrooke
819 569-1155

GAGNÉ-LESSARD SPORTS
16, route 147, Coaticook
819 849-4849

MOTOPRO GRANBY
564, rue Dufferin, Granby
450 375-1188

PICOTTE PERFORMANCE
1257, rue Principale, Granby
450 777-5486

GASPÉSIE
ABEL-DENIS HUARD MARINE ET MOTO
12, route Leblanc, Pabos
418 689-6283

AMABLE CARON ET FILS (MATANE)
475, rue du Phare E., Matane
418 562-1108

GARAGE LÉON COULOMBE ET FILS
40, rue Prudent-Cloutier, Mont-St-Pierre
418 797-2103

MINI MÉCANIQUE GASPÉ
5, rue des Lilas (Parc Industriel), Gaspé
418 368-5733

AVENTURES SPORT MAX
141, boul. Interprovincial, Pointe-à-la-Croix
418 788-5666

ILES-DE-LA-MADELEINE
AVENTURES SPORT MAX
161, Perron O., Caplan
418 388-2231

LANAUDIÈRE
GRÉGOIRE SPORT
1291, route 343, St-Ambroise-de-Kildare (comté Joliette)
450 752-2442

GRÉGOIRE SPORT
2061, boul. Barrette (route 131), Notre-Dame-de-Lourdes
450 752-2201

MEGA ÉVASIONS
659, rue Principale, St-Donat
819 424-2124

MOTOS ILLIMITÉES
3250, boul. des Entreprises, Terrebonne
450 477-4000

LAURENTIDES
CENTRE DU SPORT ALARY
1324, route 158 (boul. St-Antoine), St-Jérôme
450 436-2242

NADON SPORT
280, ave. Béthany, Lachute
450 562-2272

DESJARDINS STE-ADÈLE MARINE
1961, boul. Ste-Adèle, Ste-Adèle
450 229-2946

MONT-LAURIER SPORTS
224, boul. des Ruisseaux, Mont-Laurier
819 623-4777

XTREME MILLER SPORT
169 Route 117, Mont-Tremblant
819 681-6686

MAURICIE
J. SICARD SPORT
811, boul. St-Laurent E., Louiseville
819 228-5803

LE DOCTEUR DE LA MOTO
4919, rang St-Joseph, Ste-Perpétue
819 336-6303

DENIS GÉLINAS MOTOS
1430, boul. Ducharme, La Tuque
819 523-8881

MOTOS THIBAULT MAURICIE
205, rue Dessureault, Trois-Rivières
819 375-2222

SPORTS PLUS ST-CASIMIR
480, rue Notre-Dame, St-Casimir
418 339-3069

PRO SPORTS MAURICIE
645, route 153, St-Tite
819 698-2322

MONTÉRÉGIE
JASMIN PÉLOQUIN SPORTS
1210, boul. Fiset, Sorel-Tracy
450 742-7173

MOTONEIGE DE CHÂTEAUGUAY
125, rue Notre-Dame N., Châteauguay
450 698-0295

MOTO R.L. LAPIERRE
1307, rue St-Édouard, St-Jude
450 792-2366

SPORT COLLETTE RIVE-SUD
1233, boul. Armand-Frappier, Ste-Julie
450 652-2405

VARIN YAMAHA
245, rue St-Jacques, Napierville
450 245-3663

OUTAOUAIS
EARL LÉPINE GARAGE
1235, Chapeau Waltham Road, Chapeau
819 689-2972

RÉCRÉATIF RMB
458, rue Vanier, Gatineau
819 682-6686

LES SPORTS DAULT ET FRÈRES
383, boul. Desjardins, Maniwaki
819 449-1001

Index des concessionnaires YAMAHA

www.yamaha-motor.ca

RÉGION DE MONTRÉAL
LA FÉDÉRATION DES CO-OPÉRATIVES
19950 Clark-Graham, Baie d'Urfé
514 457-9371

NADON SPORT
62, rue St-Louis, St-Eustache
450 473-2381

SÉGUIN SPORT
5, rue St-Jean-Baptiste, Rigaud
450 451-5745

M.R. CHICOINE SPORTS
1440, boul. Pierrefonds, Pierrefonds
514 626-1919

RÉGION DE QUÉBEC
PRO-PERFORMANCE
5750, boul. Ste-Anne, Boischatel
418 822-3838

RPM RIVE-SUD
4822, boul. de la Rive S., Lévis
418 835-1624

S.M. SPORT
113, boul. Valcartier, Loretteville
418 842-2703

G.L. SPORT
94, rue Principale, Saint-Gervais-de-Bellechasse
418 887-3691

PERFORMANCE VOYER
125, Grande Ligne, St-Raymond-de-Portneuf
418 337-8744

SAGUENAY/LAC ST-JEAN
SPORTS PLEIN-AIR GAGNON
215, 3e rue, Chibougamau
418 748-3134

MARTIAL GAUTHIER LOISIRS
1015, boul. Ste-Geneviève, Chicoutimi-Nord
418 543-6537

CHAMBORD SPORT YAMAHA
1454, rue Principale, Chambord (Lac St-Jean)
418 342-6202

SAGUENAY MARINE
1911, rue Sainte-Famille, Jonquière
418 547-2022

ÉVASION SPORT D.R.
2639, route 170, Laterrière
418 678-2481

CENTRE DU SPORT LAC ST-JEAN
2500, ave. du Pont S., Alma
418 342-6202

GAUDREAULT YAMAHA
2872, boul. Wallberg, Dolbeau-Mistassini
418 276-2393

Index des concessionnaires TRIUMPH

www.triumphmotorcycles.com

MONETTE SPORTS
251, boul des Laurentides, Laval
450 668-6466

MOTO MONTRÉAL CYCLE
1601, Wellington, Montréal
514 932-9718

Index des concessionnaires VICTORY

www.victorymotorcycles.com

GRAND LIGNE MOTO
3645 chemin Gascon, Mascouche
450 477-9280

MOTO DUCHARME
761 chemin des Prairies, Joliette
450 755-4444

PASSION SPORT
731, bout Saint-Laurent Est, Louiseville
819 228-2066

RM MOTOSPORT
22, boul. Arthabasca Est (Route 116), Victoriaville
819 752-6427

RPM RIVE-SUD
226, chemin des îles, Lévis
418 835-1624

Index des concessionnaires **BMW**

www.bmw-motorrad.ca

ÉVASION BMW
5020, boul. Industriel, Sherbrooke
819 821-3595

MONETTE SPORTS
251, boul. des Laurentides, Laval
450 668-6466

MOTO INTERNATIONALE
6695, rue St-Jacques Ouest, Montréal
514 483-6686

MOTO VANIER QUÉBEC
776, boul. Wilfrid-Hamel, Québec
418 527-6907

Index des concessionnaires **DUCATI**

www.ducati.com

DUCATI MONTRÉAL
6816 St-Laurent, Montréal
514) 658-0610

MOTO VANIER QUÉBEC
776, boul. Wilfrid-Hamel, Québec
418 527-6907
1 888 527-6907

MONETTE SPORTS
251, boul. des Laurentides, Laval
450 668-6466

Index des concessionnaires **HARLEY-DAVIDSON**MD/**BUELL**MD

www.harleycanada.com

ATELIER DE MÉCANIQUE PRÉMONT
2495, boul. Wilfrid-Hamel Ouest, Québec
418 683-1340

VISION HARLEY-DAVIDSONMD
515, rue Leclerc, local 104, Repentigny
450 582-2442

**BOILEAU MOTO SERVICE ET
HARLEY-DAVIDSON**MD **ACTON VALE**
888, route 116 Ouest, Acton Vale
450 549-4341

CENTRE DE MOTOS
8705, boul. Taschereau, Brossard
450 674-3986

**HAMILTON & BOURASSA
ET MULTI-PIÈCES ET ACCESSOIRES**
324, boul. Lasalle, Baie-Comeau
418 296-9191

HARLEY-DAVIDSONMD **DE L'OUTAOUAIS**
22, boul. Mont-Bleu, Gatineau
819 772-8008

HARLEY-DAVIDSONMD/**BUELL**MD **LAVAL**
4501, autoroute 440 Ouest, Laval
450 973-4501

HARLEY-DAVIDSONMD **MONTRÉAL**
6695, rue St-Jacques Ouest, Montréal
514 483-6686

HARLEY-DAVIDSONMD **RIMOUSKI**
424, montée Industrielle, Rimouski
418 724-0883

MOTO SPORT BIBEAU
1704, chemin Sullivan, Val d'Or
819 824-2541

HARLEY-DAVIDSONMD/**BUELL**MD
BLANCHETTE
4350, Arsenault, Bécancour
819 233-3303

MOTOSPORTS G.P.
12, boul. Arthabasca, Victoriaville
819 758-8830

NEW RICHMOND MÉCANIQUE SPORT
162, route 132, New Richmond
418 392-5281

PRÉMONT BEAUCE HARLEY-DAVIDSONMD
3050, route Kennedy, Notre-Dame-des-Pins
418 774-2453

R.P.M. MOTO PLUS
2510, rue Dubose, Saguenay
418 699-7766

SHAWINIGAN HARLEY-DAVIDSONMD
6033, boul. des Hêtres - 5, Shawinigan
819 539-8151

SHERBROOKE HARLEY-DAVIDSONMD
4203, King Ouest, Sherbrooke
819 563-0707

SPORT BOUTIN
2000, boul. Hébert, Valleyfield
450 373-6565